Strafrechtliche
Aufsätze und Vorträge.

Von

Dr. **Franz v. Liszt,**
Professor der Rechte.

Zweiter Band.

1892 bis 1904.

Berlin 1905.
J. Guttentag, Verlagsbuchhandlung,
G. m. b. H.

Photomechanischer Nachdruck
Walter de Gruyter & Co., Berlin 1970

Archiv-Nr. 27 60 70 3

Verlag Walter de Gruyter & Co., Berlin 30

Inhalt.

15. Die Zukunft des Strafrechts.

Vortrag, gehalten in der Budapester juristischen Gesellschaft, den 4. April 1892.

(Ins Ungarische übertragen, Magyar jogászegyleti értekezések, VIII, 5.)

Meine hochgeehrten Herren!

Wenn ich in diesem Augenblicke auch mit dankbarem Stolze mir der Ehre bewußt bin, die mir durch die Einladung zu teil geworden ist, in Ihrem Kreise über die die Strafrechtswissenschaft betreffenden Reformbestrebungen zu sprechen, so sind doch meine Gefühle und Empfindungen — ich gestehe es offen, — keine ungetrübten. Allerdings nicht der Umstand beirrt mich und stört meine Sicherheit, daß ich zu meinem Bedauern nicht in der schönen Sprache Ihres Volkes zu Ihnen sprechen kann. Denn wenn ich auch nicht längst schon die Liebenswürdigkeit der Ungarn und deren Gastfreundschaft anders als vom Hörensagen gekannt hätte, so war mir doch heute schon genügend Gelegenheit geboten, zu sehen, daß Sie dem Fremden, auch wenn er in seiner Sprache zu Ihnen spricht, den liebenswürdigsten Empfang zu bereiten verstehen.

Wohl aber hat das Thema, das ich gewählt und über das ich sprechen werde, mir hinterher manches Bedenken verursacht. Ich habe in der Nummer vom 1. April d. J. des „Pester Lloyd" gelesen, daß das Gewicht meiner Tätigkeit nicht auf dem klassischen Boden der Rechtswissenschaft, sondern in den romantischen Gefilden der Kriminalpolitik gelegen sei.

Daß ich, wenn ich in Budapest vor den hervorragendsten Juristen des Landes spreche, den Ritt ins romantische Land nicht scheuen dürfe, darüber war ich mir von allem Anfang an vollkommen im klaren. Mitten drinnen stehend in den kriminalpolitischen Strömungen unserer Tage, denen ich einen guten Teil meiner Arbeitszeit gewidmet habe, — einen größeren Teil vielleicht, als die Mehrzahl meiner Kollegen mir gutzuschreiben geneigt sein dürften — halte ich es für meine Pflicht, bei jeder Gelegenheit nach meinen Kräften dazu beizutragen, daß die Lage geklärt, daß Mißverständnisse beseitigt, eine Verständigung angebahnt werde. Aber ich weiß wohl, — und das beirrt und stört mich in diesem Augenblicke — daß, wenn ich von der Strafrechtspflege und von deren Zukunft sprechen will, ich außer stande bin, ein abgeschlossenes und abgerundetes Ganze zu bieten, daß ich nur roh behauene Stückwerke geben kann, selbst wenn ich mein Thema nur in den kürzesten Umrissen zu skizzieren versuche. Dazu tritt ein weiterer Umstand. Keine jener Utopien will ich in meinem Vortrage bieten, wie sie die Literatur der letzten Jahre so zahlreich zu Tage gefördert hat, sondern praktische Fragen auf dem Gebiete der Strafrechtswissenschaft will ich im Hinblick auf die allernächste Zukunft erörtern. Und zwar von einem ganz bestimmten Standpunkte aus.

Die Aufgabe, die ich mir gestellt habe, ist eine doppelte. Erstens will ich zeigen, was die Internationale kriminalistische Vereinigung glaubt und zweitens, was die Internationale kriminalistische Vereinigung will. Ich möchte den Nachweis versuchen, daß die Stellung, welche die Internationale kriminalistische Vereinigung gegenüber den wissenschaftlichen Grundfragen des Strafrechtes einnimmt, eine durchaus gemäßigte ist. Weiters möchte ich zeigen, daß wir zwar eine Umgestaltung, aber keine Umwälzung, eine Reformation, aber keine Revolution des geltenden Rechtes wollen. Und hierin liegt derjenige Umstand, der mich am meisten beirrt und stört: gerade weil die Internationale kriminalistische Vereinigung keine dogmatische Sekte ist, weil sie durchaus davon entfernt ist, ein starres wissenschaftliches Glaubensbekenntnis aufzustellen, weil ihre Lebensberechtigung darauf beruht, alle Männer zu vereinigen, die warmen Herzens und klaren Geistes sind, ist es für den einzelnen nicht möglich, im Namen der Internationalen kriminalistischen Vereinigung zu sprechen; und wenn ich gewissermaßen als Vertreter der Internationalen kriminalistischen Vereinigung hier zu sprechen versuche, so weiß ich es und ich möchte es betonen, daß mir das Mandat hierzu fehlt. Und so werde ich gezwungen sein, nach den verschiedensten Richtungen hin Ihre freundliche Nachsicht für mich und meinen Vortrag in Anspruch zu nehmen.

Was die Internationale kriminalistische Vereinigung glaubt oder — darf ich persönlich sprechen — was ich selbst glaube, das will ich in wenigen Worten zusammenfassen. Wir verlangen eine kräftige, zielbewußte Kriminalpolitik; wir verlangen, daß der Staat, die Rechtsordnung zielbewußter als bisher, rücksichtsloser als bisher das Verbrechen und das Verbrechertum bekämpfe. Wer aber das Verbrechen bekämpfen will, muß das Verbrechen kennen; er muß es studieren, nicht als begriffliche Abstraktion, sondern als Erscheinung, als Ereignis des gesellschaftlichen sowohl, wie des individuellen Lebens. Das Verbrechen kennen lernen, das heißt, den Verbrecher kennen lernen. Ich möchte dann weiter unser Glaubensbekenntnis dahin formulieren, daß wir das Verbrechen auffassen müssen als notwendiges Produkt aus der den Verbrecher umgebenden Gesellschaft und den wirtschaftlichen Verhältnissen einerseits und aus der Eigenart der Individualität des Verbrechers andererseits, welche teils angeboren, teils durch Entwicklung und Lebensschicksale erworben ist. Und ich möchte diese Schilderung unseres Glaubensbekenntnisses schließen mit dem Satze, daß gerade, weil das Verbrechen das notwendige Produkt gegebener Verhältnisse ist, die Bekämpfung des Verbrechens, und zwar durch Einwirkung auf diese Verhältnisse, möglich ist.

Indem wir diese Forderungen aufstellen, treten wir zunächst in Widerspruch mit all denjenigen, die die heutigen Zustände so vortrefflich finden, wie sie nur sein können, die nichts zu ändern für notwendig halten und meinen, daß wir es mit notwendigen Uebeln zu tun haben.

Ich möchte an dieser Stelle nicht nachweisen, daß eine kräftigere Bekämpfung des Verbrechens wünschenswert ist;

ich möchte auf den Nachweis verzichten, daß selbst, wenn wir nicht in zahlreichen Ländern beobachtet hätten, wie die Zahl der Kriminalfälle im lebhaften Steigen begriffen ist, selbst wenn diese Zahl einen Stillstand und Rückschritt aufweisen würde, daß es denn doch unsere Aufgabe wäre, mit geringerem Kraftaufwande größere Erfolge zu erzielen. Die Zahl namentlich der rückfälligen Verbrecher ist in den verschiedenen Ländern im steten Steigen begriffen und so ist der Optimismus in manchem Lande, ich spreche auch von Ihrem Lande, durchaus unbegründet und entbehrt jeder Berechtigung.

Wir fassen das Verbrechen auf als Ereignis, als Lebensäußerung, und treten damit in Gegensatz zu all denjenigen, denen das Verbrechen nichts ist als eine begriffliche Abstraktion, und die ihre Aufgabe für gelöst halten, wenn sie in der scharfsinnigsten Weise den Unterschied zwischen Diebstahl und Unterschlagung, zwischen Mord und Totschlag, zwischen Mittäterschaft und Beihilfe demonstrieren und die letzte Aufgabe der Wissenschaft darin erblicken, etwa eine neue, geistvolle Theorie der Kausalität aufzustellen. Indem wir weiter das Verbrechen auffassen als das notwendige Ergebnis gegebener Verhältnisse, treten wir in Gegensatz zu all denjenigen, welche das Dogma der Willensfreiheit zur Grundlage des Strafrechts machen wollen. Aber auch hier möchte ich jede Polemik vermeiden. Eine lockende Aufgabe wäre es freilich, zu zeigen, daß eine zielbewußte Bekämpfung des Verbrechens unmöglich ist, wenn man es auffaßt als die unfaßbare Entäußerung eines über den Gesetzen der Kausalität stehenden freien Willens. Aber ich kann darüber hinweggehen. Denn wesentliche praktische Konsequenzen hat diese Meinungsverschiedenheit nicht. Für die Richtigkeit dieses Satzes berufe ich mich auf das Lehrbuch meines Kollegen Merkel einerseits, auf jenes unseres Nestors Berner andererseits. Jener leugnet, dieser behauptet die Freiheit des Willens; und doch ist der Aufbau des Systems da wie dort nicht wesentlich verschieden.

All das interessiert mich hier nicht; das Schwergewicht meiner Betrachtungen liegt auf einer anderen Seite. Ich sage, das Verbrechen ist das notwendige Produkt aus gesellschaftlichen und individuellen Faktoren und bekämpfe damit alle jene, welche das Verbrechen bloß auf gesellschaftliche oder bloß auf individuelle Verhältnisse zurückführen. Und ich bekämpfe die Anhänger dieser beiden Richtungen mit doppelter Entschiedenheit, wenn sie behaupten, daß das Ankämpfen gegen das Verbrechen nicht möglich sei, weil entweder die gegebenen gesellschaftlichen Verhältnisse nicht geändert werden können, oder weil die angeborene Eigenart des Verbrechers unabänderlich ist. Die Möglichkeit einer kräftigen Kriminalpolitik diesen Ansichten gegenüber zu zeigen, ist die Aufgabe des ersten Teiles meines heutigen Vortrages.

Es ist, meine Herren, das Verdienst Quetelets, des belgischen Astronomen, gezeigt zu haben, daß die Kriminalität ihre Wurzel in den gesellschaftlichen Verhältnissen hat, daß jeder Zusammensetzung der Gesellschaft eine bestimmte Zusammensetzung des Verbrechertums entspricht und daß diesen Verhältnissen angemessen die Kurve der Kriminalität sich ändert, steigert oder sinkt, bald in paralleler, bald in entgegengesetzter Richtung. Es ist ein bleibendes Verdienst Quetelets und seiner Anhänger, auf diese Umstände hingewiesen zu haben und wir brauchen für die Richtigkeit dieser Anschauung keinen besseren Beweis, als die statistischen Daten der einzelnen Länder. Wenn wir uns die geographische Verteilung der Verbrechen im deutschen Reich ansehen, werden wir uns überzeugen, daß vom Nordosten an die ganze Ostseite das Gebiet der größten Kriminalität ist und wir werden auf den ersten Blick sehen, daß dies dieselben Gebiete sind, die vom Hungertyphus heimgesucht werden und wo das Massenelend seine Verheerungen anrichtet. Wenn wir in den letzten Monaten uns wunderten über die stets zunehmende Zahl der in Strafanstalten eingelieferten Personen, sowie darüber, daß die Diebstahlsziffer, deren Abnahme bis zum Jahre 1888 unseren Trost bildete, ebenso wie die der übrigen Verbrechen im lebhaften Steigen begriffen ist, dann müssen wir einsehen, daß die wirtschaftliche Depression es ist, die die Zahl der Verbrechen überhaupt, der Diebstähle insbesondere erhöht. Die Bedeutung der gesellschaftlichen, vor allem der wirtschaftlichen Faktoren der Kriminalität in Abrede zu stellen, kann uns nicht in den Sinn kommen. Ich möchte es noch ganz besonders betonen, daß die Bedeutung dieser Faktoren sich nicht beschränkt auf eine, sondern daß sie sich erstreckt auf mehrere Generationen. Das Elend, das den Vater und die Mutter gebeugt und gebrochen hat, das den Vater dem Alkoholismus und die Mutter der Prostitution in die Arme getrieben hat, äußert sich in der geschwächten Lebenskraft des Kindes, das seinerseits wieder in denselben ungünstigen Verhältnissen aufwächst und der gesteigerten Einwirkung der gesellschaftlichen Faktoren unterliegt. Es ist das dauernde Verdienst Quetelets, auf die Bedeutung dieser Faktoren aufmerksam gemacht zu haben. Doch ist auch er nicht frei von Fehlern, von solchen, deren Aufklärung lange brauchte und die wir heute noch nicht mit voller Klarheit erkennen. Quetelet sieht nämlich nicht die Bedeutung des Individuums, das ihm nicht mehr ist, als eine „cause perturbatrice". Er kennt nicht den einzelnen, sondern nur den statistischen Durchschnittsmenschen, er kennt nur den rechnerischen Durchschnitt, gewonnen durch die große Zahl. Nur zu leicht vergessen wir, wenn wir ihm folgen, daß dieser Durchschnitt nur dann praktischen Wert, wirkliches Leben besitzt, nur dann etwas anderes ist als ein Homunculus, den die Gelehrten in ihrer Studierstube zusammengebraut haben, wenn der Durchschnitt sich dem Typus nähert. Je mehr er sich davon entfernt, desto geringer wird seine Bedeutung. Wenn der eine nichts besitzt und der andere eine Million hat, können wir da sagen, jeder besitze durchschnittlich 500000 Gulden? Und wenn einer 10 Jahre alt wurde und einer starb mit 90 Jahren, können wir da sagen, jeder ist im Durchschnitte 50 Jahre alt geworden? Wir würden da auch nicht mit annähernder Richtigkeit Vermögen und Lebensdauer des einzelnen bestimmt haben.

Betrachten wir die Zahlen der Kriminalstatistik genauer, untersuchen wir, wie sich die Kriminalität verteilt hat in den verschiedenen Gebieten, nach dem Stande, nach den Konfessionen, den Altersstufen, nach dem Geschlechte, so überzeugen wir uns sehr bald, daß der statistische Durchschnittsmensch doch nur in den Zahlenreihen der Kriminalstatistik existiert und nicht etwas ist, was wir greifen können, also auch kein Projekt unserer Kriminalpolitik sein kann. Die Nichtberücksichtigung der Individualität ist der große Fehler Quetelets und der sozialmechanischen Auffassung. Heute denken wir anders über die Bedeutung des Individuums. Wir verkennen nicht, daß es hervorgewachsen ist aus den Verhältnissen, daß es das, was es geworden, den Verhältnissen, aus denen es enstanden ist, verdankt, aber wir übersehen auch nicht, daß der einzelne auch selbst einwirkt auf die Verhältnisse und um so kräftiger, je bedeutender seine Persönlichkeit ist. Ein Beispiel liegt mir als Reichsdeutschem nahe. Wohl war der erste Kanzler des deutschen Reiches ein Kind seiner Zeit und er wäre ein anderer geworden im 16. oder im 12. Jahrhundert. Aber wer möchte leugnen, daß dieser Mann auch bestimmend eingewirkt hat auf seine Zeit, daß die Spur von seinen Erdentagen auch in Aeonen nicht verschwinden wird; daß er etwas anderes, als eine „cause perturbatrice" gewesen ist, so ein kleiner Rechnungsfehler, der die Gesetzmäßigkeit in der Entwicklung der Ereignisse störte?

Ein anderer Fehler Quetelets ist es, an unabänderliche Gesetze zu glauben, die die gesellschaftlichen Verhältnisse vorherbestimmen und gegen die anzukämpfen so vergeblich wäre, wie wenn wir den Gang der Gestirne hemmen und leiten und eingreifen wollten in die ewigen unabänderlichen Naturgesetze. Was soll von diesem Standpunkte aus die Strafe, wenn das Verbrechen das notwendige Produkt der gegebenen gesellschaftlichen Verhältnisse ist? — Das ist der Quietismus, der Fatalismus, der Standpunkt des „laisser faire, laisser aller" auf kriminalistischem, wie auf volkswirtschaftlichem Gebiete. Und dieser Standpunkt ist heute überwunden. Keiner von unseren sozialdemokratischen Arbeitern schreckt heute vor dem „ehernen Lohngesetze" zurück, keiner von ihnen glaubt, daß er für alle Ewigkeit verurteilt sei, am Hungertuche zu nagen. Jeder will seine Stellung verbessern und glaubt, daß sie verbessert werden kann; und wir anderen, wir glauben es mit ihm, wir sind überzeugt, daß wir den Schwachen stützen und den Uebermütigen beugen, daß wir eingreifen können in die gesellschaftlichen Verhältnisse. Gerade weil diese Verhältnisse durch Gesetze bestimmt sind, glauben wir auf sie einwirken zu können. So wie wir dem Fluß sein Bett weisen und die Dampfkraft unseren Zwecken dienstbar machen, so glauben wir, — vielleicht täuschen wir uns, aber wir glauben es — daß wir die gesellschaftlichen Verhältnisse bestimmen können und mit ihnen den Gang der Kriminalität. Wenn Quetelet davon gesprochen hat, es gebe ein Budget, das mit unweigerlicher Regelmäßigkeit bezahlt werden müsse, ein Budget, an dem kein Parlament etwas herabmindern kann, das Budget des Verbrechens, des Schaffots, des Kerkers, so sehen wir in dieser Wendung nichts als ein unglückliches, weil unzutreffendes Bild.

Wenn wir, meine Herren, uns diesen Gesichtspunkt klar machen, so ziehen wir zugleich die Grenze für die Tätigkeit der Kriminalpolitik. Wenn wir die Arbeiterwohnungen umgestalten, eine gerechte Verteilung der Steuerlasten einführen, den Arbeitstag nach Stunden bemessen, wenn wir für die Bildung der Arbeiterklasse sorgen und die staatsbürgerliche Gesinnung des einzelnen entwickeln und so auf die Verminderung der Verbrechen einzuwirken trachten, so haben wir Sozialpolitik getrieben, aber als Kriminalpolitiker sind wir über die Grenze des uns zugewiesenen engeren Gebietes hinausgegangen.

Wir glauben, meine Herren, an die Möglichkeit einer Verbesserung unserer gesellschaftlichen Zustände, und wir glauben durch sozialpolitische Maßregeln auch die Kriminalität günstig beeinflussen zu können. Das ist unser Gegensatz zu den Pessimisten der sozial-physikalischen Schule.

Aber ein anderer Gegensatz ist nicht minder scharf und dessen Betonung nicht minder notwendig: das ist der Gegensatz, in dem wir uns gegenüber den Anhängern der sogenannten anthropologischen Schule befinden, die in Italien durch Lombroso, Ferri, Garofalo begründet und durch zahlreiche andere Männer, insbesondere in den romanischen Ländern, entwickelt worden ist.

Wir stehen in Gegensatz zu denjenigen, welche das

Verbrechen auffassen als das notwendige Ergebnis der angebotenen Anlagen des Täters und welche behaupten, jede verbrecherische Handlung sei bestimmt durch die Eigenart des Täters, durch seine physische und psychische Individualität. Dieser Satz, meine Herren, ist sehr alt. In den Dichtungen und Sprichwörtern aller Völker kehrt immer derselbe Gedanke wieder, daß sich die Hoheit der Gesinnung in der den Typus zur Vollendung bringenden äußeren Erscheinung, wie die Niedrigkeit und Gemeinheit der Seele in der atypischen Häßlichkeit wiederspiegelt. Wir können diesen Gedanken verfolgen von den ältesten Zeiten bis in unser Jahrhundert. Aber in diesem gewinnt er andere Gestalt und erhöhte Bedeutung. Verschiedene Umstände haben zusammengewirkt, um dieses Resultat zu erzielen. Ich erinnere an die Begründung und Ausbildung der Anthropologie, die sich zunächst auf Schädelmessungen stützte; an den unerwarteten Fortschritt der Psychiatrie; besonders aber an die scharfe Betonung des Gesetzes der Vererbung. Alle diese verschiedenen Vorarbeiten haben Lombroso und seine Anhänger zusammengefaßt. Große Verdienste erwarben sie sich durch den Ernst, mit dem sie den Satz durchführten, daß, wer das Verbrechen bekämpfen will, den Verbrecher, d. h. den Menschen, und nicht den Begriff, studieren muß. Unermüdlich wurden neue Gesichtspunkte herangezogen, neue Erforschungsmethoden aufgestellt; kein Glied am Körper des Verbrechers ist sicher gewesen vor ihren Untersuchungen. Schädel und Gehirn, Nase und Augen, Arme und Beine, Sprache und Schrift, Liebe und Haß des Verbrechers wurden mit wissenschaftlichen Instrumenten gemessen, um ein vollständiges Bild von ihm zu gewinnen, und um zu zeigen, wie jene Eigenart beschaffen ist, die mit unabwendbarer Notwendigkeit zum Verbrechen führt.

So ist das Bild des Verbrechers entstanden, wie es vor aller Augen steht. Da sehen wir den homo delinquens vor uns; einen tätowierten Mongolen, stark und schwer, mit langen Armen, mit großen Schädelabnormitäten, hervorstehenden Backenknochen, vorspringender Kinnlade, mit tiefliegenden Augen, krummer Nase, reichlichem Haupthaar, mit spärlichem Bartwuchse. Wir finden krankhafte Erscheinungen und Störungen der Bewegung des Herzens, der Lunge, der Leber, des Magens; die Empfindlichkeit ist herabgesetzt, daher Grausamkeit gegen andere und gegen sich selbst, Todesverachtung, Lust und Freude am Tätowieren; Gehör, Geschmack, Geruch, sämtliche Sinnesempfindungen sind reduziert; vom moralischen Standpunkte erscheint uns der Verbrecher als lügnerisch, unbeständig, den Weibern und dem Wein ergeben, in Orgien Ersatz für das ihm versagte gesellschaftliche Lehen suchend; eigenartig scheidet er sich durch Sprache und Schrift, ja selbst durch seinen Gang von seinen glücklicheren Mitmenschen.

Das ist in wesentlichen Zügen das Bild des Verbrechers, wie Lombroso es gezeichnet. Man hat die einzelnen Züge dieses Bildes vielfach, und zwar gerade in Gelehrtenkreisen, zu ernst genommen und darüber das eine Wesentliche übersehen, das in diesem Bilde enthalten ist. Möge man nachweisen, daß die Arme des Verbrechers nicht länger, sondern kürzer sind, als beim Normalmenschen, daß der Verbrecher nicht schwerer und stärker ist als dieser, daß seine Sprache, seine Schrift, sein Gang nicht abweichen; streiche man alle diese einzelnen Züge aus dem Bilde des Verbrechers, so hat man den Kern der Sache noch immer nicht getroffen. Dieser liegt in der Behauptung, es gebe geborene Verbrecher, die sich durch ihre körperliche und geistige Eigenart von den anderen Menschen unterscheiden; in der Auffassung, das Verbrechen sei ein von den Vätern vererbtes angeborenes Uebel. Damit gelangen wir zur Einsicht, daß die italienische kriminal-anthropologische Schule nur eine Abzweigung einer heute weit verbreiteten Lebensauffassung darstellt; wir sehen, daß das, was auf dem Gebiete der Kriminalanthropologie behauptet wird, nichts anderes ist, als was unsere modernen Dichter in ihren Dramen uns täglich vorführen, von Zola und Ibsen angefangen bis herab auf Richard Voss und Gerhart Hauptmann. Was ist es denn anderes, als das Gesetz der Vererbung, das im Mittelpunkte der ganzen Darstellung steht, die Durchführung des Gedankens, daß der Charakter des Menschen naturgesetzmäßig bestimmt ist, so daß sich dagegen nicht ankämpfen läßt? Wenn Doktor Ranke im Puppenheim (Nora) sagt: „Mein armes unschuldiges Rückenmark muß für meines Vaters lustige Leutnantstage büßen", so könnte dieser Satz eben so gut im Buche Lombrosos stehen, der Grundgedanke ist derselbe; und wenn Alfred Loth in Gerhart Hauptmanns „Vor Sonnenaufgang" das Mädchen seiner Wahl nicht heiraten will, und es in den Tod treibt, weil der Vater ein Säufer ist und bis in die dritte Generation den Hang zur Schnapsflasche fortgepflanzt hat — klingt das nicht wie eine Folgerung aus Lombrosos Lehren? Die Sünden der Väter, die wir als Erbteil mit auf den Lebensweg bekommen, die wir nicht los werden können, das sind die Gespenster — um mit Ibsen zu sprechen — die uns auf Schritt und Tritt begleiten. Vergebens suchen wir sie zu bekämpfen. Wir können sie bannen auf Stunden, auf Tage, vielleicht uns ihrem Einflusse auf Monate und Jahre hinaus entziehen; aber plötzlich, wenn wir es am wenigsten ahnen, hören wir die Gespenster flüstern im Nebenzimmer und mit einem Schlage bricht das ganze stolze Gebäude unseres Lebenszweckes vor uns zusammen wie ein Kartenhaus. Wir sehen: dieselbe Auffassung wie bei Lombroso, dieselbe Auffassung und derselbe Pessimismus da und dort. Deshalb kann es im modernen Drama keinen versöhnenden Abschluß geben und die Aufgabe des Dichters beschränkt sich nach Ansicht der Vertreter dieser Richtung darauf, zu zeichnen, um treu darzustellen, was er im Leben gesehen hat oder zu sehen vermeint. Lombroso und seine Anhänger glauben nicht an die Möglichkeit der Wirkung der Strafe. Wie ein roter Faden zieht sich durch die Schriften der italienischen Schule die Verzweiflung an der Wirkung der Strafe, das Mißtrauen gegen die Strafe, das Bemühen, Ersatzmittel für die Strafe zu finden.

Dieser Auffassung gegenüber, meine Herren, müssen wir Stellung nehmen. Von ihrer Widerlegung hängt es ab, ob Kriminalpolitik möglich ist oder nicht. Nicht in den Anhängern der klassischen Schule, nicht in jenen, die festhalten wollen an den bestehenden Ansichten, haben wir die gefährlichsten Gegner, sondern in den radikalen Naturalisten, die an die Möglichkeit der Erziehung des Menschen nich glauben.

Es kann uns nicht in den Sinn kommen, die Bedeutung des Gesetzes der Vererbung irgendwie unterschätzen zu wollen. Daß die Eigenart der Erzeuger auf die Erzeugten wirkt, daß die guten und schlechten Eigenschaften der Eltern übergehen auf die Kinder, daß die körperlichen und geistigen Schwächen der Eltern sich äußern an dem Sprößlinge, das sind Wahrheiten, die niemand jemals ernstlich bezweifelt hat. Wir wissen sehr gut, daß die geistigen und körperlichen Schwächen der Eltern, daß die Krankheiten der Erzeuger ein belastendes Erbteil für die Kinder bilden. Wir kannten den Begriff der hereditären Belastung, noch bevor Lombroso seinen homo delinquens geschrieben hatte. Diese Belastung, die eine Schwächung der Widerstandskraft des Zentralnervensystems zur Folge hat, stört das Gleichgewicht der geistigen und physischen Kraft. Wir wissen dies längst aus eigener Erfahrung, wir sehen es bei den Kindern der höchsten und bei den Kindern der untersten Volksklassen, bei den Kindern des reichen Aristokraten oder des durch Ueberarbeitung erschöpften Gelehrten ebenso wie bei den Kindern des halbverhungerten Handarbeiters oder des verkommenen Landstreichers.

Aber, meine Herren, dennoch leugnen wir den homo delinquens, dennoch bestreiten wir, daß es einen geborenen Verbrecher gibt. Die erbliche Belastung äußert ihre Wirkung nach den verschiedensten Richtungen; sie bedeutet nur den Keim, die Disposition, die sich anders entwickeln, die unterbrochen werden kann. Sie kann zum Selbstmorde, zum Wahnsinn, zu Krankheiten und Nervenstörungen führen; sie kann den von ihr Betroffenen zu einem unstet dahinlebenden Abenteurer oder zu einem harmlosen Sonderling machen; sie kann ihn aber auch auf die Bahn des Verbrechens führen. Ob es nun zu dem einen oder dem anderen kommt, hängt ganz von dem Lebensschicksale, von den äußeren Verhältnissen und gesellschaftlichen Faktoren ab, unter welchen der Betreffende sich entwickelt und lebt. Der Fehler Lombrosos ist es nun im Gegensatze zu Quetelet, daß er und seine Anhänger die Bedeutung der gesellschaftlichen Faktoren so gut wie gänzlich übersehen haben. Allerdings weisen Lombroso und seine Anhänger auf die kriminalstatistischen Untersuchungen hin, die sie veröffentlicht haben; sie betonen, daß auf den Kongressen der Kriminal-Anthropologen auch eine Abteilung für Kriminal-Soziologie eingerichtet war; daß sie also den gesellschaftlichen Faktoren der Kriminalität stets gebührende Beachtung gewidmet haben. Aber bei genauer Betrachtung sehen wir sofort, daß diese Behauptung nicht ernst zu nehmen ist. Das ist besonders von den französischen Schriftstellern wiederholt und mit aller Bestimmtheit hervorgehoben worden. Und dieser Fehler muß nach den verschiedensten Richtungen hin verhängnisvoll werden. Ein Beispiel statt vieler. Lombroso und seine Anhänger pflegen die geringere Kriminalität des Weibes gegenüber der des Mannes zurückzuführen auf die psychologischen und physiologischen Unterschiede zwischen den beiden Geschlechtern. Sie übersehen dabei, daß, wenn das richtig wäre, die Kriminalität des Weibes gegenüber der des Mannes ungefähr denselben Prozentsatz in den verschiedenen Ländern aufweisen müßte, während tatsächlich das nicht der Fall ist. Sie übersehen vollständig, daß die gesellschaftlichen Faktoren in erster Linie bestimmend sind, daß das Weib eben geringer beteiligt ist am Kampfe ums Dasein, als der Mann. So wie die Durchschnittslebensdauer des Weibes größer ist, als die des Mannes, so wie die schweren Psychosen den Mann viel häufiger befallen, als das Weib, so wird viel häufiger der Mann in die Bahn des Verbrechens gezogen. Ueberall dort aber, wo das Weib eingreift in den Kampf ums Dasein, sei es als Fabrikarbeiterin, sei es, indem es dem Mann im Gelehrtenfache Konkurrenz macht, steigert sich seine Kriminalität — eine Erscheinung, die vom kriminal-anthropologischen Standpunkte nicht erklärt werden kann.

Ein anderes Beispiel. Ferri hat behauptet, daß der Gang der Kriminalität unmittelbar, direkt bestimmt, beeinflußt werde durch die Temperatur: der Winter veranlasse ein Hinaufsteigen der Kurve der Vermögensdelikte, der Sommer bewirke eine Vermehrung der gegen die Person, insbesonders gegen die Sittlichkeit gerichteten Delikte. Lassen wir die letzteren hier bei Seite, so ist doch klar, daß wenn im Winter mehr gestohlen, insbesonders mehr Holz gestohlen wird als im Sommer, die Ursache hiervon nur mittelbar im physiologischen Einfluß der Kälte, unmittelbar aber in dem gesteigerten Bedürfnisse nach Heizung und in dem verminderten Verdienste gelegen ist, daß also auch hier gesellschaftliche und wirtschaftliche Verhältnisse den Gang der Kriminalität bestimmen.

Das Uebersehen dieses Einflusses, das Verkennen seiner ausschlaggebenden Bedeutung ist aber auch nach einer anderen Richtung hin ein schwerer Fehler. Wenn wir zugeben, daß das Individuum nach der verschiedenen Gestaltung der gesellschaftlichen Verhältnisse, unter denen es lebt, sich verschieden entwickeln kann, so ist es klar, daß wir auch im stande sind, den durch die erbliche Belastung gebildeten krankhaften Keim, den „Hang zum Verbrechen" zu bekämpfen. Wie oft ist es schon gelungen, ein Kind tuberkuloser Eltern, in dem der Keim dieser Krankheit vorhanden war, durch rechtzeitige und sorgfältige Pflege zu retten! Wenn es gelingt, hier den Keim der Krankheit zu unterdrücken, warum sollte dies in anderen Fällen nicht gelingen, warum sollte es nicht möglich sein, die Neurasthenie durch kräftige, zielbewußte Einwirkung zu bekämpfen? Ist dies aber möglich, dann schwindet der Typus des homo delinquens, des geborenen Verbrechers, der mit Naturnotwendigkeit, infolge seiner angebornen Eigenart, zum Verbrecher wird; dann ist es klar, daß auch der erblich Belastete, vielleicht zum Verbrechen Disponierte, nicht notwendig zum Dieb, zum Meineidigen, zum Mörder oder Räuber werden muß.

Und damit ist für uns der Boden gewonnen für unsere Kriminalpolitik. Sie wäre unmöglich, wenn das Verbrechen das notwendige Ergebnis nur der angeborenen individuellen Anlagen wäre. Die Einwirkung auf den erblich Belasteten braucht nicht notwendig in der Strafanstalt zu geschehen.

Eine ganze Reihe von anderen Maßregeln wird dem gleichen Ziele dienen. Jene Maßregeln nun, welche in ihrer ganzen Ausgestaltung der Strafe ähnlich sind oder welche sich zeitlich an den Vollzug der Strafe anschließen, werden neben der Strafe in das Gebiet der Kriminalpolitik gerechnet werden können, so namentlich die Zwangserziehung jugendlicher Verbrecher oder verwahrloster Kinder einerseits, die Unterbringung im Arbeitshause nach verbüßter Strafe andererseits. So, meine Herren, sprechen wir von der Kriminalpolitik neben der Sozialpolitik. Die Kriminalpolitik ist nicht Einwirkung auf die gesellschaftlichen Verhältnisse, sondern auf die Individualität, sie hat es nur zu tun mit dem Verbrechen als Erscheinung, als Ereignis des individuellen Lebens, und sie ist nicht das einzige Mittel zu diesem Zwecke, sondern sie tritt in Mitarbeiterschaft mit einer ganzen Reihe von Maßregeln, welche die bessernde Erziehung des einzelnen sich zur Aufgabe stellen. In diesem Sinne nehme ich das Wort Kriminalpolitik, in diesem Sinne verlange ich eine kräftige, zielbewußte Bekämpfung des Verbrechens durch die Kriminalpolitik. Und diese kräftige Kriminalpolitik ist möglich, denn wir haben uns überzeugt, daß wir einwirken können, wie auf die gesellschaftlichen Verhältnisse, so auch auf den einzelnen Menschen. Das wäre das Glaubensbekenntnis der Internationalen kriminalistischen Vereinigung, wie ich es auffasse und in aller Kürze, in den rohesten Umrissen geschildert habe.

Ich möchte noch betonen, daß wir, indem wir die Konsequenzen unserer Ansicht durchführen, zwar das geltende Recht überschreiten, aber an dasselbe anknüpfen, daß wir es umgestalten, aber nicht umstürzen wollen; und daß wir bei dem Streben nach Lösung dieser Aufgabe von den heute noch herrschenden wissenschaftlichen Anschauungen zwar vielfach abweichen, aber keineswegs in einen unlöslichen Gegensatz zu ihnen treten. Ich bin sogar überzeugt, daß über kurz oder lang aus den Anhängern der „klassischen" Schule die wertvollsten Bundesgenossen unserer Bestrebungen sich rekrutieren werden. Das, was uns heute von diesen Herren trennt, ist mehr Gegensatz des Temperaments, als der Ansichten, mehr der Taktik, als des Zieles.

Der Unterschied unserer Auffassung von jener der herrschenden Ansicht pflegt dahin gefaßt zu werden, daß man sagt: diese will die Tat, den Diebstahl bestrafen; wir aber den Täter, den Dieb.

Der Gegensatz ist in dieser Fassung nicht ganz glücklich

ausgedrückt. Auch die „klassische“ Schule kann den Diebstahl nur an dem Dieb, die Tat nur an dem Täter bestrafen; und umgekehrt, auch wir können und wollen den Täter nur bestrafen wegen der von ihm begangenen Tat. Ich möchte unsere Ansicht genauer dahin bestimmen: Wir wollen, daß der Täter bestraft werde wegen der durch seine Tat dokumentierten verbrecherischen Gesinnung und nach Maßgabe derselben. Aber beachten wir es, meine Herren: wegen der durch seine Tat dokumentierten verbrecherischen Gesinnung. Von diesem Erfordernisse können wir nicht abgehen. Ich muß zugeben, daß es vielleicht in der Konsequenz unserer Anschauung wäre, nur auf die Gesinnung Rücksicht zu nehmen, und nicht erst die Tat abzuwarten; wie ja auch der Hausarzt nicht wartet, bis ein Leiden zum Ausbruche kommt, sondern demselben vorzubeugen trachtet.

Und in der Tat scheuen wir uns nicht, diese Konsequenz zu ziehen, wenn wir Kinder, die noch kein Verbrechen begangen haben, aber sittlich verwahrlost sind, um sie vor weiterer Verwahrlosung zu bewahren, der Zwangserziehung überweisen. Anders dem Erwachsenen gegenüber. Die Strafe bedeutet einen so tiefen Eingriff in die individuelle Freiheit des einzelnen, daß wir sie nicht verhängen dürfen, wenn nicht die Gewißheit, sondern bloß der Verdacht, nicht die Tat, sondern nur die verbrecherische Gesinnung gegeben ist.

Die herrschende Richtung dagegen — so sagt man — kennt nicht den Täter und seine Gesinnung, sondern nur die Tat und deren äußeren Erfolg und sie bestraft die Tat nach diesem Erfolge. Anders ist die Strafe, wenn der in feindseliger Absicht vorgenommene Schlag lediglich eine leichte Schwellung der Haut, oder wenn er den Verlust eines Auges, oder gar den Tod zur Folge gehabt hat. Und die herrschende Richtung will weiter nur die einzelne Tat in Betracht ziehen, welche den Gegenstand der Anklage bildet; der Richter soll weder zurückgreifen auf das, was vor der Tat gelegen ist, noch soll er in die Zukunft blicken, nicht die Befürchtungen oder Hoffnungen in Betracht ziehen, die der Täter für die Zukunft weckt. Für die zur Aburteilung stehende Tat soll der Täter büßen; und ist das geschehen, so betrachtet man die Tat als getilgt. Ne bis in idem.

Wenn wir den Gegensatz in dieser Schärfe nehmen, dort die aus dem Leben des Täters herausgerissene und isoliert betrachtete Tat, hier aber die verbrecherische Gesinnung, wie sie sich durch die Tat dokumentiert hat, also die gesamte Individualität des Täters — dann scheint allerdings der Gegensatz in den Auffassungen unüberbrückbar zu sein und die alte und neue Richtung in unversöhnlicher Feindschaft gegenüber zu stehen. Aber in Wahrheit ist dieser Gegensatz nicht so scharf, wie es scheint. Mögen wir ihn in unseren theoretischen Auseinandersetzungen, mögen wir ihn insbesondere im Schulgezänke, wo wir so gerne über das Ziel hinausschießen, zuspitzen wie immer wir wollen — im Leben, in der Gesetzgebung und in der Rechtspflege hat eine weitgehende Annäherung der scheinbar so weit abstehenden Anschauungen bereits stattgefunden.

Nehmen Sie, meine Herren, als Beweis hierfür zunächst die Behandlung des rückfälligen Verbrechens. Allerdings behandelt die moderne Gesetzgebung den Rückfall in der verschiedensten Weise, sowohl was die Voraussetzung, als was die Wirkung des Rückfalles betrifft. Aber darauf kommt es mir hier gar nicht an. Vielmehr frage ich: was berechtigt uns, den Rückfall schärfer zu bestrafen, als die nicht im Rückfalle begangene Tat? Wenn nach dem Deutschen Reichsstrafgesetzbuche ein Diebstahl, der beim ersten Male mit höchstens 5 Jahren Gefängnis bestraft werden konnte, im zweiten Rückfall unter im übrigen völlig gleichen Umständen mit Zuchthaus bis zu 10 Jahren (gleich 15 Jahren Gefängnis) bedroht, wenn also dieselbe Tat dreimal so schwer bestraft wird, bloß deshalb, weil ihr zweimalige Bestrafung vorangegangen war, — womit können wir dies rechtfertigen? Ist es wirklich nur die eine gerade zur Aburteilung stehende Tat, die hier berücksichtigt und bestraft wird, oder ist es nicht vielmehr hier die aus der Tat erkennbare verbrecherische Gesinnung des Täters, die zur Strafschärfung führt? Beurteilen wir hier wenigstens die Tat nicht als isoliert dastehend, sondern die Tat im Zusammenhange mit der ganzen Vorgeschichte des Täters? Berücksichtigen wir nicht alle die Hoffnungen und Befürchtungen für die Zukunft, welche die Tat entstehen macht? Stehen wir demnach nicht heute schon auf dem Boden jener Auffassung, die die Internationale kriminalistische Vereinigung vertritt, jener Auffassung, die man so oft als eine radikale, revolutionäre, mit allem Bestehenden brechende, alles auf den Kopf stellende zu bezeichnen pflegt? Wie weit wir in der Berücksichtigung des Rückfalles gehen sollen, darüber kann man verschiedener Meinung sein. Man hat es getadelt, daß wir die dauernde Unschädlichkeitmachung der unverbesserlichen Gewohnheitsverbrecher fordern, selbst da, wo es sich um kleinere Delikte handelt. Auf den gegen uns erhobenen Einwand: es gebe keine unverbesserlichen, sondern nur ungebesserte Verbrecher — lege ich kein Gewicht. Das ist ein Streit um Worte. Man hat ferner die von uns geforderte dauernde Unschädlichkeitmachung als viel zu hart bezeichnet. Ich erwidere hierauf: Wir haben heute schon die Möglichkeit, den rückfälligen Dieb auf 10 Jahre ins Zuchthaus zu stecken. Ob man sich dabei beruhigen will (vorausgesetzt freilich, daß die Gerichte von dieser Möglichkeit ernsten Gebrauch machen), oder ob man 15 Jahre oder lebenslanges Zuchthaus oder Einsperrung von unbestimmter Dauer fordert, das ist ein Unterschied von quantitativer und nicht qualitativer Bedeutung.

Man sagt uns ferner: Den Bettler, der trotz wiederholter Abstrafung immer wieder bettelt, den wollt ihr dauernd unschädlich machen, d. h. also, ihn bis zum Ende seines Lebens in die Strafanstalt stecken! Ist das nicht barbarisch? Ich erwidere mit dem Hinweise auf das geltende Recht. Wir verhängen heute gegen den Bettler wegen des von ihm begangenen Delikts 3—4 Tage Haft als Sühne und stecken ihn nach Verbüßung dieser Strafe auf 2 Jahre ins Arbeitshaus; die Gesamtdauer der gegen ihn vollstreckten Freiheitsentziehung ist wesentlich größer, als wenn er, statt zu betteln, gestohlen hätte, in welchem Falle er wahrscheinlich mit einigen Wochen Gefängnis davon gekommen wäre. Wohl wird gesagt — und das ist außerordentlich bezeichnend — die Anhaltung im Arbeitshaus sei keine Strafe, sondern nur eine polizeiliche Sicherheitsmaßregel, sie diene nicht der

Sühne, sondern der Besserung. Es ist dies eine merkwürdige Ansicht, die sehr sonderbare Blüten getrieben hat. Habe ich es doch selbst gehört, daß verurteilte Landstreicher, weil sie beim Militär gedient, Feldzüge mitgemacht, Ehrenzeichen erworben hatten, zur Belohnung dem Arbeitshaus überwiesen wurden.

Diese Anschauung macht es möglich, für ein geringfügiges Delikt eine recht intensive Freiheitsentziehung zu verhängen. Das Arbeitshaus, mag es auch keine Strafanstalt sein, wirkt wie eine solche, und mehr noch als sie. Das mag am besten der Umstand beweisen, daß unsere reichsdeutschen Spitzbuben das Zuchthaus und das Gefängnis lange nicht so scheuen, wie das Arbeitshaus und es für eine viel größere Schande halten, hier gesessen zu haben als dort. Und dennoch hält es unsere heute herrschende Anschauung mit dem Gedanken der Gerechtigkeit für verträglich, auf die Begehung einer geringfügigen Uebertretung die Unterbringung in das Arbeitshaus zu setzen!

Wir sind sachlich durchaus einverstanden, und legen auf den Wortstreit, ob das Arbeitshaus Strafe oder Sicherung sei, nicht das geringste Gewicht. Aber wir verlangen Ausdehnung der Maßregel auf Diebstahl, auf Kuppelei und andere Vergehen, sowie Erweiterung der Dauer auf 5 Jahre und mehr. Ueber diese Fragen ließe sich wohl sprechen und es ist die Erzielung eines Einverständnisses durchaus nicht unwahrscheinlich. Aber schon das geltende Recht huldigt, und darauf kommt es mir an, in diesen Fällen unserem Grundgedanken, daß das Maß der Strafe nicht nach der Tat, sondern nach dem Charakter, nach der Eigenart des Täters bestimmt werde.

Mein zweites Beispiel sind die Jugendlichen. Bemerkenswert ist hier ein Erlaß des preußischen Justizministers, der die Staatsanwaltschaften vor kurzem angewiesen hat, sie mögen, wenn es sich um jugendliche Angeklagte handelt, länger dauernde Freiheitsstrafen beantragen, als bei Erwachsenen unter gleichen Umständen. Dieser Erlaß ist von der sehr richtigen Erwägung ausgegangen, daß für das jugendliche Gemüt ein paar Tage Gefängnis in den meisten Fällen eher schädlich als nützlich wirken, während eine länger andauernde Strafe den jugendlichen Täter noch zu einem tüchtigen Menschen machen kann. Die Gerichtshöfe aber haben sich teilweise geweigert, dem Antrage der Staatsanwaltschaft auf schwerere Bestrafung der jugendlichen Verbrecher Folge zu leisten, indem sie von der Auffassung geleitet werden, daß die Jugend viel eher ein Milderungsgrund, als ein Schärfungsgrund sei, und sie hatten dem geltenden Rechte gegenüber zweifellos vollkommen recht. Aber was dachte sich der Justizminister, als er diese Verfügung erließ und die Staatsanwaltschaften, die diesen Erlaß mit Freuden begrüßten und dem entsprechend ihre Anträge auf verschärfte Bestrafung der jugendlichen Verbrecher stellten? Warum soll der jugendliche Verbrecher 2—3 Monate Strafe bekommen für ein Delikt, für das der Erwachsene einige Wochen bekommen hätte? Doch nicht deshalb, weil die Tat schwerer wäre, als die Tat des Erwachsenen, sondern darum, weil wir uns sagen, wir müssen die durch die Tat bewiesene Gesinnung des Täters ins Auge fassen, wir müssen trachten, durch die Strafe einzuwirken auf den Täter und da, wo wir erziehend einwirken sollen, können wir uns mit Gefängnisstrafe von einigen Wochen nicht begnügen. Wir gehen auch noch weiter. Wir verlangen, daß die verwahrlosten Jugendlichen und Kinder der Zwangserziehung überwiesen werden, dort möglichst lange bleiben und erst mit erreichter Großjährigkeit entlassen werden und wir glauben, daß diese Erziehung bestimmend einwirken wird auf das ganze Leben. Die erhöhte Strafe bei den jugendlichen Verbrechern finde ich de lege ferenda ganz gerechtfertigt und ich glaube nicht zu weit zu gehen, wenn ich behaupte, daß sich auch hier der Standpunkt geltend mache, den wir vertreten, daß nicht die Tat, sondern der Täter, nicht die einzelne Tat, sondern die ganze Richtung des Täters als ausschlaggebend betrachtet werden soll.

Bei den rückfälligen Verbrechern und bei den Jugendlichen ist mithin der Gegensatz unserer Auffassung zu dem geltenden Recht und der herrschenden Anschauung kein prinzipieller. Ich glaube nicht zu irren, wenn ich annehme — Zahlen stehen mir nicht zu Gebote — daß, wenn wir die rückfälligen und die jugendlichen Verbrecher zusammenrechnen, wir weit mehr als die Hälfte der gesamten Verbrechen erhalten. In mehr als der Hälfte sämtlicher Fälle sind wir also heute schon zu der Erkenntnis gelangt, daß auf die Individualität des Täters, wie sie in der Tat zum Ausdrucke kommt, entscheidende Rücksicht genommen werden muß. Die Vereinigung verlangt die Anerkennung dieses Satzes auch für den Rest der Fälle. Sie verlangt insbesondere durchgreifende Unterscheidung zwischen Gelegenheits- und Gewohnheitsverbrechern. Und nun bin ich bei jenem Punkte angekommen, der mir am allerwenigsten angenehm ist. Das, was Sie hier von mir verlangen können, ist die Entwicklung des Rechtssystems, das auf diese Unterscheidung aufgebaut werden könnte. Ich bin nicht in der Lage, Ihnen dieses System zu geben. Wir haben es noch nicht, wir suchen es erst. Jedoch darin, daß wir zugeben, es noch nicht zu haben, darin sehe ich den größten Vorzug, das größte Verdienst der Internationalen kriminalistischen Vereinigung. Und wir laden alle diejenigen, die mit uns gehen wollen, ein, mit uns zu arbeiten, Schritt für Schritt, an dem Weiteraufbau des Systems. Eine ganze Reihe von Fragen sind Ihnen geläufig, die durch unser Glaubensbekenntnis nicht nur in die juristischen Fachkreise, sondern in das ganze gebildete Publikum hinausgeworfen worden sind. Was bedeutet die vielfach besprochene bedingte Verurteilung anderes, als die Durchführung des Satzes, daß wir dem Gelegenheitsverbrecher gegenüber anders vorgehen sollen, als dem Gewohnheitsverbrecher gegenüber? Wir müssen einen Unterschied machen zwischen dem Verbrechen, das, wenn die Verhältnisse sich ändern, die es entstehen machten, nicht wiederkehren wird und zwischen dem Gewohnheitsverbrechen. Wir müssen einen Unterschied machen zwischen dem, der die Tat bereut, gesteht, sie sühnen möchte, so gut er kann und zwischen dem Gewohnheitsverbrecher, der davon lebt, der seinen Lebensberuf in dem Kampfe gegen die bestehende Rechtsordnung sucht.

Von demselben Grundgedanken gehen wir aus, wenn wir die kurzzeitige Freiheitsstrafe beschränken oder durch andere Strafmittel ersetzen wollen. Wie weit wir darin gehen wollen, ob wir das Mindestmaß der Freiheitsstrafe auf drei Tage oder eine Woche, auf 14 Tage oder 6 Wochen festsetzen sollen, das sind Fragen, über die man verschiedener Meinung sein kann. Verschärfung der kurzzeitigen Freiheitsstrafe, die Zwangsarbeit ohne Einsperrung, Umgestaltung der Geldstrafe — das sind Maßregeln, die wir geprüft und vorgeschlagen haben. Aber ein vollständiges Strafensystem haben wir, meine Herren, heute noch nicht. Daß wir uns bemühen, es aufzustellen, halte ich an sich schon für ein großes Verdienst.

Die Umgestaltung der Strafgesetzgebung auf Grund der Unterscheidung zwischen Gelegenheits- und Gewohnheitsverbrechen wird kommen, wenn auch nicht so bald. Ich möchte sagen, ich habe gar kein Interesse daran, daß sie recht bald komme. Das Interesse, das wir haben, ist das Interesse an gemeinsamer Arbeit zum gemeinsamen Ziele und in dieser Arbeit können wir uns sehr wohl verbinden mit jenen, die heute noch Anhänger des jetzt geltenden Rechtes und der herrschenden wissenschaftlichen Ansichten sind. Nur das möchte ich noch betonen. Man sagt, daß unsere Auffassung nur als eine durch und durch idealistische bezeichnet werden kann. Ich möchte diesen Vorwurf, — wenn er einer sein soll — lieber hinnehmen, als den, daß wir Materialisten, oder, wie es vor anderthalb Jahren in der Schweiz hieß, daß wir Atheisten seien. Unsere Auffassung ist viel richtiger als eine durch und durch idealistische zu bezeichnen. Denn die Kriminalpolitik, so wie wir sie verstehen, ist bedingt durch den Glauben an die Verbesserungsfähigkeit des Menschen, des einzelnen, wie der Gesellschaft. Aber jeder gesunde Idealismus muß auf realistischer Grundlage ruhen. Dies ist in der Wissenschaft nicht anders, wie in der Kunst. Wie der Künstler das wahre Leben sehen muß wie es ist, im hellen, grellen Tageslichte mit all seinen scharfen Ecken und störenden Häßlichkeiten, so kann auch nur der idealistische Kriminalpolitik treiben, der es nicht verschmäht, hinabzusteigen in die Strafanstalten, sich den Verbrecher anzusehen, wie er leibt und lebt, ihn zu studieren. Aber diese Untersuchung des einzelnen darf uns nicht das letzte Ziel sein. Auch die zur Virtuosität entwickelte Technik ist noch weit entfernt von wahrer Kunst.

Und zum Schlusse noch eine Bemerkung. Die Bewegung, wie sie heute sich auf kriminalistischem Gebiete bemerkbar gemacht hat, hat große Aehnlichkeit mit jener Bewegung in der zweiten Hälfte des 18. Jahrhunderts, die dem ganzen Jahrhunderte einen eigenartigen Stempel aufgedrückt hat. Aber sie unterscheidet sich auch wesentlich von dieser. Wie im 18. Jahrhundert kämpfen wir heute gegen das geltende Recht und die herrschende Wissenschaft. Heute wie damals kämpfen wir gegen eine Gesetzgebung, die sich im wesentlichsten überlebt hat und gegen eine Wissenschaft, die in der Konstruktion und in der Untersuchung der Begriffe, die in der Scholastik aufgegangen ist. Wie im 18. Jahrhunderte ist diese Bewegung nicht hervorgegangen aus den Kreisen der zünftigen Juristen und aus den Vertretern der Wissenschaft auf den Lehrstühlen der Universitäten, sondern aus dem Volke, das mehr und mehr den Zwiespalt zwischen seinem Rechtsgefühle und dem, was tatsächlich als Recht gilt, empfindet.

Und wie damals wenden sich die Vorkämpfer im Kampfe in erster Linie nicht an die Rechtsgelehrten in Theorie und Praxis, sondern an das gebildete Volk. Wir können heute kaum mehr die Broschüren und Zeitungsartikel zählen, die über die Frage der Kriminalpolitik geschrieben worden sind. Diese Broschüren, die Journalistenliteratur, die sozusagen einen ganzen Feldzug auskämpft, ist heute wie damals in einem scharfen Gegensatze zu der Gelehrtenliteratur und deren dickleibigen Folianten.

Und noch eine Aehnlichkeit möchte ich hervorheben: wie im 18. Jahrhundert haben die Professoren der Rechtswissenschaft nur ein geringschätzendes Achselzucken für die Bestrebungen nach Aufklärung auf diesem Gebiete und blicken vornehm auf diese herab. So geschieht es auch mit uns, die wir uns dem Dienste dieser Reformen gewidmet haben. Es geschieht auch uns, daß wir umfangreiche Lehrbücher mit dem ganzen gelehrten Apparate und mit geschichtlichen Einleitungen schreiben müssen, um unsere, durch den Kampf um die Umgestaltung der Gesetzgebung geschwächte wissenschaftliche Autorität diesen Kollegen gegenüber aufrecht zu erhalten. Doch sind wir sicher, daß wir den Sieg davon tragen werden und wir sind sicher, daß unsere Kollegen, wenn sie die Sache ruhiger betrachten werden, langsam auf unsere Seite treten und mit uns kämpfen werden.

Aber auch den Unterschied der heutigen von der damaligen Bewegung wollen wir nicht übersehen. Das 18. Jahrhundert wollte das Verbrechen bekämpfen, ohne es zu studieren. Das 19. Jahrhundert aber stützt sich auf die Kriminalstatistik und auf die Kriminalanthropologie, also auf die wissenschaftliche Erforschung des Verbrechens, und eben darum werden wir den Sieg davon tragen.

Es gehört heute zum guten wissenschaftlichen Tone, daß man über das 18. Jahrhundert wegwerfend aburteilt. Doch begeht man damit ein entschiedenes Unrecht. Die ganze Gesetzgebung unseres Jahrhunderts, der Code pénal, das österreichische Strafgesetzbuch, wie das preußische Landrecht beruht ja hauptsächlich auf der geschmähten Bewegung des 18. Jahrhunderts.

Diese Verachtung ist also historisch unberechtigt. Aber auch wenn sie berechtigt wäre, würde sie uns in unseren Bestrebungen nicht irre machen. Denn jede wissenschaftliche Tätigkeit trägt die Gewähr ihrer Dauer, — wenn ich so sagen darf — ihrer Unsterblichkeit in sich selbst. Nicht die Fülle des Wissens von der Wahrheit, sondern die Kraft und die Tiefe des Strebens nach der Wahrheit bietet die Gewähr für die Zukunft einer wissenschaftlichen Bestrebung. Und nicht was wir gewußt, sondern wie wir gewollt haben, sichert uns die Anerkennung der Gegenwart und der Zukunft.

16. Die deterministischen Gegner der Zweckstrafe.

(1893. Z. XIII, 325.)

Während der Streit um die Grundfragen und Grundlagen des Strafrechts in den außerdeutschen, insbesondere den romanischen Ländern, seit einer Reihe von Jahren die besten Köpfe beschäftigt, die tüchtigsten Federn in Bewegung hält und die lebhafteste Anteilnahme aller gebildeten Kreise wachgerufen hat, geht die deutsche Literatur mit vornehm ruhigem Schweigen an dieser mächtigen Geistesströmung vorbei. Allerdings sind auch bei uns strafrechtliche Fragen heute mehr als seit langen Jahren in den Brennpunkt des Interesses gerückt. Aber es ist nicht die uralte, immer noch ungelöste Frage nach der Berechtigung, nach dem Wesen und nach der Aufgabe der Strafe, was uns beschäftigt, und, innerhalb der Grenzen unseres Volkstemperamentes, uns erhitzt. Sondern um praktisch-legislative Aufgaben dreht sich bei uns der Austausch der Gedanken: um die Mängel der kurzzeitigen Freiheitsstrafe und die bedingte Verurteilung, um die Umgestaltung der Geldstrafe und die Wiedereinführung der Stockprügel, um die Bestrafung der Trunkenbolde und Zuhälter, um das Arbeitshaus und die Polizeiaufsicht, um Jugendliche und um Unverbesserliche, und um gar manches andere noch.

Ich halte diese Tatsache an für sich durchaus erfreulich. Denn auf dem Boden des praktischen Bedürfnisses ist eine Verständigung ungleich leichter möglich als dort, wo Grundsätze aufeinanderstoßen. Nur dort, nicht hier, sind Kompromisse möglich; und ohne diese kann ein Fortschritt der Gesetzgebung, die an gegebene Einrichtungen anknüpfen und mit vorhandenen Anschauungen rechnen muß, kaum gedacht werden. Das größte Verdienst, das die I.K.V. (Internationale kriminalistische Vereinigung) sich bisher erworben hat, liegt in dem Hinweis auf die Möglichkeit einer Verständigung in den verschiedenen praktischen Fragen.

Aber jene Zurückhaltung der deutschen Literatur bietet auch ihre Schattenseiten. Jede tiefergreifende Untersuchung eines einzelnen legislativen Problems führt notwendig auf die Grundfragen des Rechts zurück. Und nicht nach zufälligen Neigungen, sondern nach der grundsätzlichen Stellung scheiden sich die Freunde und Feinde einer durchgreifenden Umgestaltung unseres Strafgesetzbuchs. Ja, die scharfe Betonung der grundlegenden Auffassung fördert sogar die Neigung wie die Fähigkeit, im einzelnen nachzugeben. Nur wer sich völlig darüber klar ist, was er will und warum er es will, kann sich mit einer teilweisen Befriedigung seiner Forderungen zufrieden geben. Nirgends wurzelt das zähe Festhalten an den letzten Folgerungen tiefer als in der Unklarkeit der Grundanschauungen. Und je besser die Gegner sich kennen, desto leichter wird die Verständigung.

Darum habe ich es in den letzten Jahren oft genug bedauert, daß die neuesten kriminalistischen Untersuchungen der Italiener und Franzosen ungleich reichere Belehrung, ungleich kräftigere Anregung bieten, als — im Durchschnitt — die Schriften unserer Landsleute. Und darum habe ich es mit Freuden begrüßt, daß jüngst von zweien unserer bekanntesten deutschen Kriminalisten, einem Theoretiker und einem Praktiker, ein kräftiger Vorstoß gegen die Grundmauern der von mir und andern festgehaltenen Stellung unternommen worden ist[1]). Der Auseinandersetzung mit diesen beiden Gegnern sind die nachstehenden Zeilen bestimmt. Andere Erscheinungen sollen, um die Darstellung nicht zu verwirren, nur nebenher in Betracht gezogen

1) Mittelstädt, Schuld und Strafe. Zur Kritik der heutigen Reformbestrebungen. Gerichtssaal Bd. XLVI, S. 237, 387, XLVII 1. — Merkel, Vergeltungsidee und Zweckgedanke im Strafrecht. Zur Beleuchtung der „neuen Horizonte" in der Strafrechtswissenschaft. Aus der Festgabe der rechts- und staatswissenschaftlichen Fakultät zu Straßburg zum Doktor-Jubiläum von Rudolf v. Ihering 1892.

werden[1]). Und die Klarlegung meiner eigenen Auffassung soll im wesentlichen nur dazu dienen, die großen Probleme zutreffender zu fassen, als dies Merkel und Mittelstädt gelungen ist, und damit ihre künftige Lösung, soweit es mir möglich ist, vorzubereiten.

I. Reichsgerichtsrat Mittelstädt und die I.K.V.

Der sachlichen Erörterung muß ich eine kurze persönliche Bemerkung voranschicken. Den 1. Abschnitt seiner Abhandlung („Die Internationale kriminalistische Vereinigung") beginnt Mittelstädt mit den Worten: „Die folgenden Erörterungen sollen nicht einen Absagebrief an die I.K.V., der ich von ihren ersten Anfängen angehört habe und der ich auch ferner angehören zu dürfen hoffe, wohl aber den Versuch enthalten, mich äußerlich und innerlich mit Gedankeneinrichtungen und Zielen auseinanderzusetzen, welche aus dem Schoße jener Vereinigung hervorgegangen sind, die sich gerade unter ihren jüngeren Mitgliedern lauten Beifalls erfreuen, deren Bedeutung für jede künftige Reform des Strafrechts mir aber besonders verhängnisvoll erscheint."

Auch wir hoffen, Mittelstädt nach wie vor zu den unsrigen zählen zu dürfen; und wir erwarten gerade von seiner scharf ausgeprägten Eigenart manch kräftige Förderung unserer Bestrebungen.

Aber es liegt mir daran, auch öffentlich einem von Mittelstädt selbst ausgesprochenen Bedenken entgegenzutreten.

Ist es nicht ein Zeichen der Schwäche der I.K.V., oder wenigstens ihrer deutschen Landesgruppe, wenn sie Mittelstädt trotz seiner längst bekannten und neuerdings wieder betonten Gegnerschaft in mehr als einer grundlegenden

---

1) Dies gilt insbesondere von Pfenningers ebenfalls zu Iherings Jubiläum verfaßten Festschrift: Grenzbestimmungen zur kriminalistischen Imputationslehre 1892. Der Verfasser, der die außerdeutsche Literatur nicht nur vom Hörensagen kennt, hat eben darum die Probleme meist gründlicher und schärfer gestellt, als Merkel oder Mittelstädt dies zu tun vermochten. Und dieses Verdienst wird dadurch kaum geschmälert, daß des Verf.s Kraft der Lösung der Probleme nicht gewachsen war. — Auf Ferris Sociologia criminale, 3. Aufl., 1892 hoffe ich an anderer Stelle zurückkommen zu können.

Frage nach wie vor als Mitkämpfer, in manchen Beziehungen sogar als Vorkämpfer betrachtet? Ist nicht seine richtige Stellung außerhalb der Vereinigung, etwa neben Merkel, auf den Bänken der „Wilden", deren Unabhängigkeitssinn den Anschluß an jede bestehende Gruppe im beiderseitigen Interesse verbietet?

Nach Mittelstädt ist die Vereinigung der „Niederschlag" sehr „verschiedenartiger Gedanken- und Empfindungskreise" (S. 244 und die vorangehenden); ihre Satzungen sind in ihrem zweiten Teile eine „Musterkarte praktisch-reformatorischer Ideen", die „den disparatesten Geschmacksrichtungen bereitwillig entgegenkam", so daß „jedermann sich auswählen konnte, was ihm schmackhaft erschien und zurückstellen, was seinem Gaumen nicht zusagte" (S. 245); auf der ersten Jahresversammlung der deutschen Gruppe „war es für jeden Unbefangenen klar, daß die die Mehrheit bildenden Anhänger des Institus (der bedingten Verurteitung) . . . . den heterogensten kriminalistischen Glaubensrichtungen angehörten, und die heterogensten Reformziele anstrebten" (S. 249); auf der zweiten Jahresversammlung aber „war der hochfliegende Zug der das alte Strafrecht in seinen ehrwürdigen Grundmauern umstürzenden Bestrebungen, so schien es, verflogen". Und S. 245 lesen wir: „Die hier (in der deutschen Gruppe) unter einen Hut zusammengebrachten Köpfe teilten in ihren Ausgangspunkten, wie in den Zielen ihrer kriminalistischen Bestrebungen im Grunde so wenig miteinander, daß eben nur eine so starke agitatorische Potenz, wie sie v. Liszt besitzt, die Gesellschaft eine Zeit lang zusammenzuhalten im stande war."

In diesen Sätzen ist etwas Wahres mit sehr viel Unwahrem bunt zusammengeworfen, und gerade darum könnten sie den Fernerstehenden Anlaß zu argen Mißverständnissen geben.

Zunächst: „Die bunte Gesellschaft" ist heute noch beisammen, fester als je, siegesbewußter als je [1]). Unsere Be-

1) Wenn v. Buri Gerichtssaal XLVII S. 241 gläubig nachspricht: „gegenwärtig ist nun auch die I.K.V. nicht mehr im Aufstiege befindlich", so ist ihm die völlige Unkenntnis der Sachlage nicht besonders hoch anzurechnen. Leipzig liegt in kriminalpolitischer Beziehung etwas exzentrisch.

strebungen bezüglich der Kinder und Jugendlichen haben in weitesten Kreisen begeisterte Zustimmung gefunden, und ein entscheidender Sieg ist heute schon unzweifelhaft. Der von Appelius verfaßte vortreffliche Bericht läßt wahrlich nicht auf ein Nachlassen unserer Kraft oder unseres Mutes schließen. Und wenn Mittelstädt selbst (XLVII 30) von der I.K.V. und ihren Führern mit warmer Anerkennung sagt: „Solch tüchtigen Bestrebungen kann der Erfolg nicht dauernd versagt bleiben", so weiß ich wahrlich nicht, wie diese Worte auf eine mühsam für kurze Zeit zusammengehaltene, nunmehr im raschen Zerfall begriffene Gesellschaft passen sollen.

Einmal muß sich Mittelstädt geirrt haben; entweder mit dieser Anerkennung, die den sicheren Erfolg verheißt; oder aber mit jener Behauptung der heute bereits eingetretenen Niederlage. Wo der Irrtum steckt, wird die nächste Zukunft zeigen: mir ist vor ihrem Richterspruch nicht bange.

Aber in Beziehung auf die letzte Ursache der bisher von der I.K.V. errungenen Erfolge gibt sich Mittelstädt zweifellos einer argen Täuschung hin. Das gilt zunächst von dem Inhalte unseres Programms.

Die Satzungen der Vereinigung sind kein Glaubensbekenntnis, sondern ein Arbeitsprogramm. Das habe ich zuerst Z. IX 363 unmittelbar nach Gründung der I.K.V., und nachher oft genug ausgesprochen. Das würde an sich allein den Beitritt von Männern verschiedener Richtung genügend gerechtfertigt haben. Für uns, die ersten Gründer der I.K.V., hatten freilich jene Sätze eine ungleich größere Bedeutung. In jedem einzelnen Worte genau überlegt, eingehend besprochen, vielfach geändert, waren sie uns der Beweis, daß zwischen uns, trotz der Verschiedenheit der von uns vertretenen Richtungen[1]), ein Grundstock gemeinsamer Anschauungen vorhanden war, der gemeinsame Arbeit ermöglichte. Weit davon entfernt, jedem etwas bieten zu sollen, waren sie die Zusammenfassung des uns allen Gemeinsamen. An uns selbst hatten wir die Probe gemacht, ob die I.K.V.

1) Daß Prins der klassischen Schule, daß van Hamel den italienischen Kriminalanthropologen viel näher steht als ich das tue, weiß jeder, der unsere Arbeiten kennt. Deren scheinen freilich unter den deutschen Fachmännern herzlich wenige zu sein.

werden könnte, was sie werden sollte: der Sammelplatz für alle, die zur Mitarbeit an der Neugestaltung unserer Strafgesetzgebung willig waren; die in der Begriffsjurisprudenz nicht die einzige, und lange nicht die höchste Aufgabe für Wissenschaft und Anwendung des Strafrechts erblickten.

Das, was sie nach unserer Meinung werden sollte, das ist die I.K.V. geworden. Nach den verschiedensten Richtungen hat sie klärend und anregend gewirkt. Und gerade die deutsche Landesgruppe voran [1]). Niemand wird das heute in Abrede stellen können; Mittelstädt gibt es ausdrücklich zu. Man braucht nur einen Blick auf die letzten Tagesordnungen des Deutschen Juristentages zu werfen, um sich von der weittragenden Wirkung der von uns gegebenen Anregungen zu überzeugen.

Hat der Juristentag, in dessen ständigem Ausschuß Merkel die Wissenschaft des Strafrechts vertritt, die von uns aufgeworfenen Fragen (bedingte Verurteilung, Geldstrafe u. s. w.) etwa schon in früheren Jahren auf seinen Versammlungen beraten, und sind seine Berichterstatter vielleicht in der Lage gewesen, neue wesentliche Gesichtspunkte, die nicht bereits von uns ins Auge gefaßt waren, für die Beratung dieser Fragen zu finden? Ich freue mich dieser Nachfolge und bin dankbar für sie. Weit entfernt, unser Verdienst der Initiative zu schmälern, rückt sie es erst ins rechte Licht.

Die Ursache dieser Tatsache aber liegt nicht in meiner „starken agitatorischen Potenz", wie Mittelstädt behauptet. Ganz im Gegenteil. Die agitatorische Potenz meines verehrten Gegners ist ungleich stärker als die meinige. Und doch, glaube ich, wäre es ihm nie gelungen, „die Gesellschaft zusammenzuhalten". Das Geheimnis unseres Erfolges liegt anderswo. Wir begegneten uns mit einer volkstümlichen

---

1) Es würde mich zu weit führen, hier auf die gesetzgeberische Tätigkeit unserer belgischen und schweizerischen, österreichischen und norwegischen Freunde einzugehen. Der Fortschritt des Strafrechts knüpft in diesen wie in anderen Ländern unbestreitbar an Männer an, die zu den führenden Mitgliedern der Vereinigung gehören, und er enthält die Verwirklichung der von dieser getragenen Bestrebungen. Auch diese Tatsache muß jedem bekannt sein, der die kriminalpolitische Bewegung unserer Tage auch nur oberflächlich verfolgt hat.

Bewegung, von deren Macht und Tiefe wir im Anfange selbst keine Ahnung hatten. Hinter uns stehen die Männer des praktischen Lebens, die Seelsorger und Lehrer, Männer des Verwaltungsdienstes und Gefängnisbeamte, alle diejenigen, die nicht wie der Strafrichter jeder Instanz nur mit den vom Strafgesetzbuch aufgestellten Begriffen, sondern mit dem lebenden Verbrecher zu tun haben.

Die Zustimmung dieser Kreise zu unserer Auffassung der Kriminalität (vor kurzem noch ausdrücklich ausgesprochen in dem zweiten zehnjährigen Verwaltungsbericht des Berliner Polizeipräsidiums) ist die beste Gewähr ihrer Richtigkeit. Und was die in täglicher Berührung mit dem Verbrechertum stehenden Männer wissen, das ahnt und empfindet unser Volk in allen seinen Schichten. Darüber bin ich nach meinen Erfahrungen mir völlig klar: wer die Reformbewegung für künstlich gemacht, auf der Tätigkeit einzelner Personen beruhend, hält, der täuscht sich selbst und die anderen.

Aber noch in einen zweiten Fehler ist Mittelstädt verfallen, wie so viele andere. Die von mir in meinen „kriminalpolitischen Aufgaben“ gemachten Vorschläge sind für die abschließende Fassung der von der I.K.V. vertretenen Reformgedanken gehalten worden. Damit war denn die so überaus bequeme Gelegenheit geboten, auf die Bedenken hinzuweisen, welchen meine Vorschläge im Schoße unserer Versammlungen begegneten; auf Abschwächungen, Einschränkungen, Umgestaltungen, auf vereinzelte Ablehnungen weitgehender, von mir oder anderen aufgestellter Forderungen. Da ich nicht den geringsten Anlaß habe, den guten Glauben meiner Gegner anzuzweifeln, kann ich nur annehmen, daß die Herren sich die Mühe gespart haben, meine Arbeiten zu lesen. Mehr als einmal habe ich es ausgesprochen, wie meine Vorschläge aufzufassen seien. Man vergleiche doch die Einleitung zu meinen „kriminalpolitischen Aufgaben“ Z. IX 452 (oben I 290), auf die ich seither wiederholt verwiesen habe:

„In den folgenden Zeilen möchte ich meine eigenen vorläufigen Ansichten, vorbehaltlich weiterer Prüfung und besserer Belehrung näher ausführen, um auf diese Weise für meine Person zur weiteren Erörterung unserer „„Grundsätze““ anzuregen. Anregen möchte ich, nicht belehren. Abschließende Ergebnisse, ausgearbeitete Vorschläge kann heute wohl niemand bieten; wäre dem anders, so hätte die I.K.V. keinen Zweck. Ihre Daseinsberechtigung liegt in den Aufgaben, die sie als erst zu lösende sich gestellt hat. Sie ist keine dogmatische Sekte, sondern eine Gesellschaft zu gemeinsamer Arbeit."

Wenn nun auf der zweiten deutschen Landesversammlung die Verschärfung der kurzzeitigen Freiheitsstrafe (die ich nicht grundsätzlich verwerfe, aber bei einer Einsperrung auf wenige Tage für völlig unpraktisch halte) den Beifall der Mehrheit gefunden hat, wenn in Christiania 1891 meine Vorschläge bezüglich der Umgestaltung der Geldstrafe nur mit wesentlichen Abschwächungen angenommen wurden, so liegt darin keineswegs, wie Mittelstädt und seinem Vorbilde folgend Stenglein[1]) meinen, eine Niederlage der I.K.V., die ja gerade dazu berufen ist, die von ihren Mitgliedern ausgehenden Vorschläge zu prüfen. Ich hoffe, daß dieser ebenso klare, wie einfache Sachverhalt endlich doch einmal auch von den Gegnern erfaßt werden wird. Weniger wage ich zu hoffen, es zu allgemeinem Verständnisse zu bringen, daß ich in einer Abschwächung, ja selbst in einer Ablehnung meiner Vorschläge auch für mich selbst eine Niederlage nicht zu erblicken vermag. Einsehen, daß man zu weit gegangen ist, und gar noch zugeben, daß man dies einsieht — das liegt freilich so weit ab von unseren deutschen literarischen Gepflogenheiten, daß man mit einem solchen Bekenntnisse keinen Glauben findet.

Gerade darum aber sei es noch einmal betont: Darin,

---

1) Gerichtssaal XLVII 264. Eine Bemerkung gegen diesen im übrigen wenig beachtenswerten Angriff unseres ehemaligen Mitgliedes kann ich mir nicht versagen. Die von mir in Christiania 1891 bezüglich der Geldstrafe gemachten Vorschläge habe ich im wesentlichen bereits Z. X 65 (oben I 406), also Ende 1889, vertreten. Damit ist Stengleins Frage: „Läßt hiermit (d. h. mit den in Christiania gemachten Vorschlägen) der Führer nicht selbst die zuerst erhobene Fahne sinken?" — beantwortet. Ich hätte einem deutschen Kritiker freilich etwas größere Gründlichkeit zugetraut. Da übrigens Stenglein auch für die progressive Einkommensteuer, dieses „Kuckucksei, welches die sozialdemokratische Weisheit in das Nest des bestehenden Staates gelegt hat" (S. 273), keinen „Rechtsgrund" aufzufinden vermag, dürfte ihm noch gar manche weitere unserer Forderungen unverständlich bleiben.

daß wir nicht belehren, sondern lernen wollen, darin, daß wir gemeinsam suchen und arbeiten, ohne vorgefaßte Meinung, ohne persönlichen Ehrgeiz, ohne dogmatischen Eigensinn: darin liegt die sicherste Gewähr unseres steigenden Einflusses, unseres endlichen Sieges.

Ist Mittelstädt nicht doch bei unbefangener Betrachtung geneigt, zuzugeben, daß diese Eigenschaften der I.K.V. und ihrer Führer mit dem Ausdrucke „agitatorische Potenz" nicht ganz zutreffend gekennzeichnet sind?

II. Die „neuen Horizonte".

Merkel wie Mittelstädt haben sich die Bekämpfung der in der I.K.V. verkörperten Ansichten und Bestrebungen sehr wesentlich dadurch erleichtert, daß sie die I.K.V. mit der kriminal-anthropologischen Schule Lombrosos schlechthin in einen Topf werfen.

Der letztere hebt (S. 240, 244) unter den „Gedanken- und Empfindungskreisen", deren „Niederschlag" in der I.K.V. sich zusammengefunden habe, die „italienische Schule Lombrosos" ausdrücklich und an erster Stelle hervor. Merkel aber hat seiner Festgabe die bezeichnende Ueberschrift gegeben:

Zur Beleuchtung der „neuen Horizonte" in der Strafrechtswissenschaft

und durch diesen Hinweis auf eine der bekanntesten Schriften Ferris die Anhänger Lombrosos gewissermaßen als die Bannerträger der neuen Richtung hingestellt. Daß Ferris Buch heute (in dritter Auflage vorliegend) den Titel Sociologia criminale führt und durch diese Aenderung allein den Umschwung in den Anschauungen des Verfassers, das Ergebnis einer mehr als zehnjährigen Entwicklung, zum Ausdrucke bringt, scheint Merkel entgangen zu sein.

Die Vermutung liegt nahe, daß die Identifizierung der I.K.V. mit der Schule Lombrosos bei beiden Schriftstellern in der Unkenntnis der einschlagenden Literatur ihren tieferen Grund hat.

Diese Vermutung wird durch Mittelstädts Aeußerungen zur Gewißheit.

So schreibt Mittelstädt (S. 240): „Deshalb, so behauptete die neue Lehre, gehöre der l'huomo (sic) delinquente überhaupt der degenerierten Lebensform einer in der Rückentwicklung begriffenen Rasse an. Diese Behauptung sollte gelten nicht etwa bloß gewissen äußersten, brutalsten Verbrechergattungen gegenüber, die ohne Rückfall in die Bestialität (also doch?!) kaum denkbar sind, sondern gegenüber dem Verbrecher schlechthin." An dem deutschen Erbfehler pedantischer Gründlichkeit leidet dieser Vorwurf gewiß nicht. Lombroso selbst hat seinen Verbrechertypus auf den „geborenen Verbrecher", den delinquente nato, also nach seiner Berechnung auf die kleinere Hälfte der Verbrecher, beschränkt, nicht aber auf den „Verbrecher schlechthin" ausgedehnt. Er hat sich alle nur erdenkbare Mühe gegeben, den delinquente nato von den übrigen Gruppen der Verbrecher zu trennen. Die atavistische Hypothese aber, deren Unhaltbarkeit an der Richtigkeit der angeblich beobachteten Tatsachen an sich nicht das Geringste ändern würde, hat die „Schule" niemals zum Glaubenssatze gemacht, teilweise sogar von allem Anfange an lebhaft bekämpft. Daß Mittelstädt das Material für sein Urteil über Lombroso aus recht trüben Quellen geschöpft hat, ergibt sich aber auch schon aus der merkwürdigen Verwechslung von Rückschlag (Atavismus) und Entartung (Degeneration), die sich in dem angeführten Satze findet.

Noch bezeichnender aber ist die Bemerkung S. 409: „Doch scheint heute bereits die Phase der Kriminalanthropologie unter den deutschen Kriminalisten zusehends ihrem Ende entgegenzugehen, um als Spezialität in den Köpfen einiger Gerichtsärzte ihr Unwesen fortzufristen."

Die Kriminalanthropologie im Sinne Lombrosos wird scharf und unverkennbar gekennzeichnet durch die Aufstellung eines besonderen anthropologischen Typus des geborenen Verbrechers. Wer sollen nun die „deutschen Kriminalisten" sein, in deren Köpfen die Lehre vom Verbrechertypus eine Zeitlang geherrscht hat, um jetzt erst allmählich aufgegeben zu werden? Es wäre mir recht erwünscht, auf diese Frage nähere Antwort zu erhalten. Einstweilen muß ich Mittelstädts Ausführungen, soweit sie sich gegen diesen Irrwahn wenden, für einen Kampf gegen Windmühlen bezeichnen.

Die Gegner, gegen die er in voller Waffenrüstung ins Feld zieht, leben nur in seiner Einbildung. Schade um die schönen, wuchtigen Hiebe, die da nach rechts und nach links geführt werden.

Ich selbst habe meine eigene Ansicht über Lombroso mehr als einmal ausgesprochen; so insbesondere Z. IX 465 (oben I 296) und in meinem am 14. November 1891 in der juristischen Gesellschaft zu Berlin gehaltenen Vortrage.

Im allgemeinen aber ist der Kampf für und gegen den Verbrechertypus nicht auf deutschem Boden ausgefochten worden. Den Franzosen gebührt das Verdienst, die Unhaltbarkeit der anthropologischen Spielart homo delinquens nicht etwa behauptet, sondern wissenschaftlich nachgewiesen zu haben. Schon auf dem zweiten Kriminal-Anthropologen-Kongreß zu Paris 1889 war Lombrosos Niederlage so überwältigend, daß er und seine Freunde es vorgezogen haben, auf dem diesjährigen dritten Kongreß (Brüssel 1892) durch ihre Abwesenheit zu glänzen. Und hier ist es zum Ueberflusse noch einmal festgestellt worden, daß niemand außerhalb des engsten Lombrososchen Kreises mehr den Mut hat, den Verbrechertypus zu verteidigen[1].

Aber die Niederlage von Lombrosos geborenem Verbrecher bedeutet nichts weniger, als die Vernichtung der Kriminal-Anthropologie, die nach der Beseitigung des wilden Schößlings nur um so kräftigere Triebe ansetzen wird.

Eine Kriminal-Anthropologie hat es — davon scheint Mittelstädt freilich nichts zu wissen — lange vor Lombroso gegeben, und sie wird weiter bestehen, auch wenn selbst die nachhinkenden Spätlinge der antilombrososchen Kritik selbst aus den schlechtorientierten deutschen Fachblättern verschwunden sein werden. In diesem Sinne bedeutet Kriminal-Anthropologie die wissenschaftliche Untersuchung des verbrecherischen Menschen, insbesondere die Abgrenzung der Geistesstörung von der geistigen Gesundheit. Die niemals unterbrochene Phase dieser Kriminal-

1) Vergl. den Bericht von Rosenfeld Z. XIII 161.

Anthropologie geht zweifellos ihrem Ende nicht entgegen. Es mag dahingestellt bleiben, ob sie eine in sich geschlossene Wissenschaft darstellt oder nicht. Aber Mittelstädts Behauptung (S. 407) „für Theorie, wie Praxis des Stafrechts ist der ganze Mischmasch ohne Wert“ richtet sich selbst. Jeder Versuch, solche Sätze ernsthaft zu widerlegen, wäre eine Versündigung an unserer Wissenschaft und eine Mißachtung unserer Strafrechtspflege.

Wie nun die I.K.V. zu Lombroso steht und seit ihrer Gründung gestanden hat, weiß jeder, dem die Mühe nicht zu groß gewesen, einen auch nur ganz oberflächlichen Blick in die Literatur der letzten Jahre zu werfen. Ich will davon gar nicht sprechen, daß die I.K.V. grundsätzlich jedem Schulstreite ferngeblieben ist, daß nur völlige Unkenntnis der tatsächlichen Verhältnisse es erklären kann, wenn Prins oder van Hamel oder Garraud (der nur infolge zufälliger, äußerer Hindernisse an der Abfassung unserer Satzungen keinen Teil genommen, sich uns aber als der Erste angeschlossen hat) oder ich zur „italienischen Schule Lombrosos“ gerechnet werden; daß endlich Lombroso selbst niemals Mitglied der I.K.V. gewesen ist. Aber vielleicht wird selbst unseren deutschen Gegnern die Sachlage klar, wenn sie fast in jeder Nummer der letzten Jahrgänge von Lombrosos Archiv die heftigsten Angriffe gegen Tarde und Prins, gegen mich und andere Führer der I.K.V. lesen; wenn sie erfahren [1]), daß die „terza scuola“, die in gleicher Weise gegen Lombroso wie gegen Lucchini selbständige Stellung nimmt, sich vorzugsweise aus den italienischen Anhängern der I.K.V. gebildet hat. Auch gebe ich endlich zu bedenken, daß Ferri selbst sich mehr und mehr von Lombroso entfernt, während Garofalo von allem Anfange an eine durchaus unabhängige Stellung eingenommen hat, daß man also mit dem gleichen Recht etwa die Namen Merkel, Mittelstädt und Liszt in einen Topf werfen konnte, als wie die Namen Ferri, Garofalo und Lombroso.

Darum also möchte ich künftighin ernstlich gebeten haben: verwirren wir die Sachlage nicht dadurch, daß wir

---

1) Vergl. Rosenfeld in den Mitteilungen der I.K.V. IV. 1.

bei unseren Auseinandersetzungen Lombroso und seine Ansichten willkürlich hereinzerren. Gern werde ich Rede und Antwort stehen für mich und für meine Freunde, soweit ich für diese das Wort führen darf. Aber die Verantwortlichkeit für den von mir stets bekämpften Verbrechertypus Lombrosos lehne ich rundweg ab. Das Recht zu dieser Ablehnung glaube ich mir mehr als irgend ein anderer deutscher Fachmann erworben zu haben.

Wer die „neue Schule" bekämpft, der möge die Mühe nicht scheuen, über den wahren Stand der Dinge sich und seine Leser zu unterrichten. Schon der Untertitel der Merkelschen Schrift enthält eine Verschiebung der wahren Sachlage, die jede streng wissenschaftliche Auseinandersetzung erschwert und den Ruf der deutschen Gründlichkeit im Auslande arg gefährdet[1]).

III. Der Determinismus im Strafrecht.

Aber all das sind Nebendinge. Mir liegt an dieser Stelle ein anderes viel mehr am Herzen. Der Reichsgerichtsrat Mittelstädt und der Rechtslehrer Merkel, sie beide bekennen sich, wie so viele vor ihnen, als Deterministen[2]); aber gerade vom deterministischen Standpunkte aus bekämpfen sie die Zweckstrafe. Hier ist eine gründliche Auseinandersetzung nicht zu umgehen.

1) Pfenninger übertrifft jedenfalls seine beiden reichsdeutschen Kollegen an gründlicher Kenntnis und richtiger Würdigung der Sachlage. Man vergl. S. 6 und S. 98, Note 8, wo er von einem meiner kleinen Aufsätze (1890) sagt, daß er „wie ein Kriegsruf schmettert gegen die lärmenden Anhänger der italienischen Schule"; ferner S. 50, wo die Stellung der „soziologischen oder kriminalpolitischen" Richtung zur „anthropologischen" im allgemeinen richtig gekennzeichnet wird. Und es ist gewiß nicht erfreulich, sich gestehen zu müsssen, daß dieses richtige Urteil nicht etwa in dem größeren Scharfblick des Verfassers, sondern lediglich in dessen gründlicherer Literaturkenntnis seine Erklärung findet.

2) Anders Pfenninger, dessen verunglückten Ausführungen zu folgen für mich um so weniger Anlaß vorliegt, als seine Ansicht inzwischen einen viel schärferen, zugleich aber jede Widerlegung überflüssig machenden Ausdruck gefunden hat bei Keber: Gegen das Verbot der reformatio in peius 1892. Der Verf. erachtet, wie er S. 25 sagt „die Willensfreiheit, wenn auch nicht für nicht beweisbar, so doch nicht für bewiesen. Die offensichtliche Schwierigkeit ist zu beseitigen durch eine Fiktion: Verfasser (Keber spricht von sich selbst)

Zunächst sei es mir gestattet, meine eigene Stellung zu dem Problem der Willensfreiheit noch einmal kurz zu kennzeichnen. Ich werde mich dabei möglichst laienhaft ausdrücken und soweit tunlich die Polemik vermeiden.

Mir war und ist das „Gesetz der Kausalität" nicht mehr, aber auch nicht weniger, als eine Form unseres Erkennens. Eine Veränderung in der Außenwelt ohne Ursache, ohne Wirkung: das wäre ein Widerspruch mit den Gesetzen unseres Denkens, der diesem selbst und damit aller Erkenntnis, aller Erfahrung, aller Wissenschaft ein Ende machen würde. Mithin muß auch, für unser Erkennen, jede menschliche Handlung ihre Ursache in irgend einem sinnfälligen Ereignisse haben, das seinerseits als Wirkung verursacht ist. Das ist alles, was der Determinismus behauptet; aber daran muß er auch unbedingt und ohne alle Einschränkung festhalten.

Aber wohlgemerkt: nur für unser Erkennen gibt es keine Wirkung ohne Ursache, ganz ebenso gut wie keine Ursache ohne Wirkung.

Ueber das, was jenseits unseres Erkennens liegt, soll damit und kann damit nichts ausgesagt sein. Unser Erkennen aber bewegt sich in den Grenzen von Zeit und Raum. Die Annahme einer zeitlich und räumlich unbegrenzten Kausalreihe führt über die Grenzen des Erkennens hinaus, wie ihre Leugnung. Nur für die Welt der unserem Erkennen zugänglichen Erscheinungen gilt das Kausalgesetz. Darüber hinaus beginnt das Gebiet des Glaubens. Mit der ausnahmslosen Geltung des Kausalgesetzes steht der Glaube an die Erschaffung der Welt durch einen persönlichen Gott nicht im Widerspruch; auch nicht der Glaube, daß alles Ge-

fingiert die menschliche Willensfreiheit und hat dadurch mit einem Schlage eine befriedigende Unterlage der staatlichen Strafe gefunden. .... Wird die Willensfreiheit fingiert, so sind die Voraussetzungen der Strafe — Verantwortlichkeit und Schuld — vorhanden, und der Staat straft, weil die Gerechtigkeit es so verlangt." — Keber hat wohl beim Niederschreiben dieser Sätze keine Ahnung von der Freude gehabt, die er seinen Gegnern mit ihnen bereiten würde. Die Grundlage unserer strafenden Gerechtigkeit eine Fiktion: das ist das wertvollste Zngeständnis, das uns von gegnerischer Seite bisher gemacht worden ist. Die Anhänger der Willensfreiheit scheinen, um mit v. Buri zu sprechen, auch nicht mehr recht „im Aufstieg befindlich" zu sein.

schaffene dereinst wieder in den Schoß der Gottheit zurückkehren werde. Nur die Wissenschaft, d. h. unser geordnetes menschliches Erkennen weiß nichts von einer ersten Ursache oder einer letzten Wirkung.

Für das Recht aber kommt nur die Welt der Erscheinungen in Betracht. Nur der „empirische" Mensch kann vor den Strafrichter gestellt, verurteilt, eingesperrt oder geköpft werden. Niemals der „intelligible" Charakter. Ob dieser endlich oder unsterblich, ob er frei oder unfrei ist, das wissen wir nicht und können es niemals wissen, mögen wir auch gerade deshalb das eine oder das andere um so zuversichtlicher glauben. Der über die Grenzen des Erkennens hinausführende Determinismus ist ebenso unwissenschaftlich wie sein Gegenstück [1]).

Der Verbrecher, der vor uns steht als Angeklagter oder als Verurteilter, ist also für uns Menschen unbedingt und uneingeschränkt unfrei; sein Verbrechen die notwendige, unvermeidliche Wirkung der gegebenen Bedingungen. Für das Strafrecht gibt es keine andere Grundlage als den Determinismus. Nochmals sei es, zur Vermeidung der beliebten Mißverständnisse, ausdrücklich gesagt: nicht der Determinismus als Weltanschauung, sondern jener Determinismus, der die ausnahmslose Geltung des Kausalgesetzes für unser Denken, also für die Welt der Erscheinungen behauptet.

Ob bei dieser Auffassung die Begriffe von Schuld und Vergeltung sich noch halten lassen, wird spätere Untersuchung zeigen. Sehen wir einstweilen zu, inwieweit die bisher aufgestellten Grundsätze sich der Zustimmung unserer beiden Gegner zu erfreuen haben.

Für Mittelstädt ist die Willensfreiheit „ein Phantom, das sich noch immer ruhelos und zudringlich im heutigen Strafrecht umhertreibt" (S. 387); „die Tage des philosophischen Indeterminismus, sowohl im Sinne der alten orthodoxen, wie im Sinne der neueren, vermittelnden Schule sind gezählt"

---

1) Ich lehne damit den Determinismus als eine auf wissenschaftliche Begründung Anspruch machende Weltanschauung unbedingt ab. Diese Trennung von Wissen und Glauben ist freilich vielen unverständlich. Aber diesen kann auch nicht geholfen werden.

(S. 391); „es wäre an der Zeit, auf diese spekulative Grundlegung des Strafrechts ganz zu verzichten" (S. 397). So weit stimmen wir also völlig überein. Und besonders wertvoll ist die Erklärung des Verfassers, daß er, obwohl bewußter Determinist, niemals in irgend welchen Konflikt mit seinen Amtspflichten geraten sei (S. 392).

Diese Erklärung sei allen denjenigen zur Beachtung empfohlen, die von dem Siege der deterministischen Anschauung den Untergang der Strafrechtspflege befürchten.

Aber alsbald fängt der Verf. an, einzulenken. Mittelstädt stellt (S. 391, 393) seinen „aufgeklärten" Determinismus dem „vulgären" gegenüber. Letzterer soll „in der Vorstellung befangen sein, Willensbedingtheit bedeute Knechtschaft des Menschen unter dem mechanischen Naturgesetz", während es doch „noch zahlreiche (?) andere Kausalitäten, z. B. (?) solche von psychischer Qualität gibt, welche für die Verursachung menschlicher Handlungen nicht minder wichtig sind, als die Bildung des großen und kleinen Gehirns" (S. 393, 392). Ich weiß nicht, woher der geehrte Verfasser seine Kenntnis des „vulgären" Determinismus geschöpft, und auf welche Schriftsteller er seine Bemerkungen gemünzt hat; aber das glaube ich behaupten zu dürfen, daß den Mitgliedern der I.K.V. gegenüber eine derartige Aufklärung etwas verspätet kommt. Wer von uns hat die Bestimmbarkeit des Menschen durch Motive, also durch Vorstellungen, jemals geleugnet? Schopenhauers Schrift „Ueber die vierfache Wurzel des Satzes vom zureichenden Grunde" ist 1813 erschienen. Der „aufgeklärte" Determinismus ist also nicht erst, wie Mittelstädt anzunehmen scheint, durch Merkels Schriften begründet worden. Und über meine eigene Auffassung habe ich mich schon in der ersten Auflage meines Lehrbuchs (1881, S. 4 und 5) wie auch später wiederholt mit genügender Deutlichkeit ausgesprochen, so daß ich für meine Person wohl jede Belehrung über die Bedeutung der „psychischen Kausalitäten", mögen sie von der „Bildung" des Gehirns abhängig sein oder nicht, dankbar aber entschieden ablehnen darf.

Aber ist Mittelstädt auch wirklich Determinist? Ich muß gestehen, daß mir die Antwort auf die Frage zweifelhaft ist. Nach der ausdrücklichen Erklärung des Verf.'s (S. 394, 395, 396) „bleibt die Macht und Kraft und Fähigkeit unseres Innern, bei der Bildung unseres eigenen Charakters und der davon abhängigen Triebe mitzuwirken, den sittlichen Beweggründen eine stärkere Energie, als den sinnlichen Anreizungen zu verleihen, unter all dieser kausalen Notwendigkeit unberührt bestehen"; wie die Naturkräfte, so vermag der Mensch „die in ihm selbst lebendigen Triebe dunkler Naturgewalten . . . zu beherrschen, diese tierischen Elemente den höheren Bedürfnissen seines der Sonne zustrebenden Wesens untertan zu machen."

Es kann sein, daß Mittelstädt uns mit diesen Sätzen ein Stück seines metaphysischen Glaubensbekenntnisses geben will, das sich selbstverständlich jeder Kritik entzieht. Manche Bemerkung (z. B. S. 397) würde darauf hinweisen. Aber ich möchte es doch nicht annehmen. Ich fürchte vielmehr, daß teils mangelhafte Durchdringung der Merkelschen Auffassung, teils die Abneigung gegen den „vulgären" Determinismus hier ihre verhängnisvolle Rolle gespielt und den Verfasser zu einer Verleugnung der soeben erst von ihm vorgetragenen Ansicht verleitet haben. Wenn Mittelstädt dem Menschen die Fähigkeiten zuschreibt, seine Triebe zu beherrschen, was tut er da anderes, als was die von ihm mit Recht bekämpften „vermittelnden" Schriftsteller getan haben? Ist seine Fassung etwa wirklich mehr wert als Bindings und anderer „ursachlose Willensentscheidung"? Vielleicht (ich weiß es nicht) wollte Mittelstädt sagen: der Angeklagte war zwar unfrei im Augenblicke der Tat, aber er hätte durch andauernde Selbsterziehung sich frei machen können; daß er es nicht getan, darin liegt sein Verschulden. Dieser Gedankengang wäre ebensowenig neu wie überzeugend. Er würde uns dahin führen, nicht wegen der begangenen Tat, sondern wegen der ihr vorangegangenen Lebensführung zu bestrafen. Und dann muß uns auch derjenige strafbar erscheinen, der durch Ausschweifungen aller Art eine Störung seines Geistes herbeigeführt und in diesem Zustande ein Verbrechen begangen hat. Wenn das aufgeklärter Determinismus sein soll, so ziehe ich immer noch den vulgären vor. Dieser vermeidet es wenigstens, alle unsere strafrechtlichen Begriffe auf den Kopf zu stellen.

v. Buri kann gewiß nicht als Vertreter der „neuen Schule" bezeichnet werden. Aber die innere Haltlosigkeit des von Mittelstädt vertretenen „aufgeklärten Determinismus", die heillose Verworrenheit des Grundgedankens, hat v. Buri richtig erkannt und schonungslos klargelegt [1]). „Das ist aber doch kein Determinismus — weder ein aufgeklärter noch ein unaufgeklärter —, sondern es wird in diesen Ausführungen unzweifelhaft das anfänglich verworfene Prinzip der Wahlfreiheit aufgestellt." Man lese nach, was v. Buri zur Begründung dieser Behauptung beibringt: ich habe seinen Ausführungen nichts hinzuzufügen. In dieser Frage gibt es keine Vermittlung; wer sie versucht, muß scheitern.

Bei Merkel finden wir denn auch nicht das kleinste Zugeständnis an die indeterministische Auffassung. Viel weiter gehend als Mittelstädt hat Merkel jetzt wie früher sogar den Nachweis angetreten, daß die Voraussetzungen des Indeterminismus sich mit dem Verantwortlichkeitsprinzip, also mit der Grundlage unseres Strafrechts, nicht vertragen. Insoweit stimmen Merkel und ich gegen Mittelstädt völlig überein.

Aber mit diesem verneinenden Nachweise ist die Sache nicht erledigt; es handelt sich darum, die Verantwortlichkeit unmittelbar auf die deterministische Auffassung zu gründen. Hier scheiden sich meine Wege von jenen Mittelstädts wie Merkels.

IV. Die Vergeltungsstrafe in deterministischem Gewande.

Wenn jede Handlung, mithin auch das Verbrechen, die notwendige, unvermeidliche Wirkung gegebener Bedingungen ist, hat es dann noch einen Sinn, von Schuld, Verantwortlichkeit, Strafe zu sprechen? Wie kommt die Gesellschaft dazu, den Unglücklichen, der das Opfer der Verhältnisse geworden ist, mit einem neuen Leiden zu belegen, statt ihm die rettende Hand zu reichen und an ihm gut zu machen, was sie an ihm gesündigt hat?

---

1) Gerichtssaal XLVII 243.

Mittelstädt geht über diese tiefeinschneidende Frage mit spielender Leichtigkeit hinweg. Ihm ist der Begriff der Schuld ein reiner Rechtsbegriff; das heißt, das geltende Recht bestimmt souverän, unter welchen Voraussetzungen strafrechtliche Verantwortlichkeit eintreten soll; „dafür außerhalb des positiven Rechts irgend welche idealen Grundsätze aufstellen zu wollen, ist Nonsens" (S. 402). Zurechnungsfähigkeit ist bedingt durch die Freiheit von fremder Uebermacht. Zu dieser, als vis maior, gehören auch geistige Anomalien, soweit das positive Recht ihnen diese Wirkung zuerkennen will.

Ich empfehle diese Sätze genauerer Prüfung. Der Aberglaube an die Allmacht des geschriebenen Rechts, wie er durch die moderne deutsche „historisch-dogmatische" Richtung gezeitigt worden ist, tritt kaum irgendwo anders so unverhüllt zu Tage[1]). Das Gesetz hat gesprochen: wer hinter dem Gesetzesworte nach dessen Grund und Zweck forscht, gerät in den Verdacht der „Philosophie" oder der „naturrechtlichen" Neigungen oder gar des „Rationalismus"; gerät in die Gefahr, all die schmückenden Beiwörter auf sich angewendet zu sehen, die Mittelstädt auf jeder Seite seiner Schrift den Gegnern spendet. Soll wohl „die Eintrocknung der Säfte und Verknöcherung der Organe", von der Mittelstädt spricht (XLVII 30) — soll sie wirklich durch die Anwendung des von ihm angepriesenen Mittels, durch das in blinder Ehrfurcht dem Gesetzesworte dargebrachte Opfer des Intellekts, hintangehalten werden?

Nein, es gibt ein festes Kennzeichen der strafrechtlichen Verantwortlichkeit, das den so unzureichenden Bestimmungen der verschiedenen Strafgesetzbücher zu Grunde liegt, und bei deren Handhabung mit herangezogen werden kann und soll.

Ich erblicke (mit der Begründung des norddeutschen Entwurfs) das Wesen der Zurechnungsfähigkeit, also die Voraussetzung der strafrechtlichen Verantwortlichkeit, in der normalen Bestimmbarkeit durch Motive. Wer in anormaler Weise, d. h. anders als der normale Durchschnitts-

1) Vergl. auch v. Buri, S. 246.

mensch, auf Motive reagiert, der ist nicht zurechnungsfähig, und kann daher nicht gestraft werden. Da die Begriffe normal und anormal relative sind, gestattet uns diese dem geltenden Rechte zweifellos zu Grunde liegende, wenn auch in ihm nicht klar zum Ausdruck gebrachte Auffassung, allen Fortschritten der Psychologie und Psychiatrie Rechnung zu tragen, und den Einzelfall in seiner Eigenart voll zu würdigen. Dabei bedarf es für den Kundigen nicht erst des ausdrücklichen Zusatzes, daß nicht jede Abweichung von dem Durchschnitt, sondern nur Abweichungen von einer gewissen Erheblichkeit als die Zurechnungsfähigkeit ausschließend in Betracht kommen. Wenn alle, die einen kleinen Sparren im Kopfe haben, als geisteskrank bezeichnet werden sollten, wie viele von uns würden dann wohl noch übrig bleiben?

Da der Geistesgesunde anders als der Geisteskranke, jener in normaler, dieser in anormaler, der sicheren Berechnung spottender Weise auf Motive reagiert, bietet die Strafe, zum mindesten soweit sie in der Einpflanzung oder Ausrottung, in der Stärkung oder Schwächung von motivierenden Vorstellungen besteht, nur dem Geistesgesunden gegenüber Aussicht auf Erfolg[1]. Den Geisteskranken behandeln wir medizinisch, und nicht pädagogisch. Damit ist die scharfe Unterscheidung des Gefängnisses von der Irrenanstalt gerechtfertigt. Diese Unterscheidung kann einzig und allein durch den Nachweis erschüttert werden, daß auch die Handlungen des Geistesgesunden sich der psychischen Einwirkung, mithin der Berechnung entziehen; oder aber, daß man den Geisteskranken durch Einpflanzung oder Kräftigung altruistischer Motive, die dann die Stelle der ärztlichen Behandlung vertreten könnte, heilen kann. Diesen Nachweis kann ich abwarten.

Die Schwierigkeiten der Sonderung beginnen erst, wenn es sich um die Eliminierung des Verbrechers aus der Gesellschaft, sei es durch Hinrichtung, sei es durch dauernde Einsperrung, handelt. Aber da die Gegner bisher auf diese

1) Man übersehe nicht, daß neben die Androhung der Vollzug der Strafe tritt. Hat jene nichts gefruchtet, so mag dieser helfen. Das gilt insbesondere auch dann, wenn dem Täter bei Begehung der Tat das Bewußtsein der Rechtswidrigkeit gefehlt haben sollte: der Strafvollzug wird es ihm schon einprägen.

Schwierigkeit nicht hingewiesen haben, darf ich wohl darauf verzichten, die, wie ich glaube, recht nahe liegende Lösung hier zu entwickeln.

Nach dem Gesagten bedeutet „Verantwortlichkeit" für mich nicht mehr als die Tatsache, daß wir den geistesgesunden Verbrecher für seine Tat strafrechtlich zur Verantwortung ziehen. Unsere Berechtigung, dies zu tun, liegt einzig und allein in der Zurechnungsfähigkeit des Verbrechers, also in seiner Empfänglichkeit für die durch die Strafe bezweckte Motivsetzung[1]).

Merkel hat in seiner eigenartigen, geistvollen und anregenden Weise die Quellen des Verantwortlichkeitsgefühls genauer untersucht: das Bewußtsein der eigenen Kausalität einerseits, die von der Gesellschaft ausgeprägten Werturteile andererseits. So schön diese Untersuchungen an sich auch unzweifelhaft sind, so entbehrlich sind sie für meine Auffassung der Verantwortlichkeit.

Die von mir festgehaltene Auffassung der strafrechtlichen Verantwortlichkeit entspricht — und darauf allein kommt es mir hier an — einer streng deterministischen Auffassung. An ihr können wir mithin die Folgesätze prüfen, zu welchen diese führen muß.

Eins muß zunächst unbedingt fallen, wenn wir mit dem Determinismus Ernst machen: die pharisäerhafte Ueberhebung über den Verbrecher. Es ist nicht unser „Verdienst", daß wir nicht längst schon vor den Strafrichter gekommen sind; und es ist nicht seine „Schuld", daß ihn die Verhältnisse auf die Bahn des Verbrechens getrieben haben. Unerbittlich fällen wir das Urteil, das dem Angeklagten Leib und Leben, Ehre und Freiheit nimmt; aber der philisterhafte Tugendstolz des wohlgesättigten Durchschnittsmenschen ist nicht am Platze. Alles begreifen heißt nicht alles verzeihen: das weiß jeder von uns, der Kinder erzogen hat. Aber alles begreifen heißt bescheiden sein.

Wer also das Wesen und die eigentliche Aufgabe der staatlichen Strafgewalt in der ethischen Brandmarkung des

1) Bei den Italienern (Garofalo, Alimena, Impallomeni, Poletti u. a.) kehrt dieser Gedanke in den verschiedensten Fassungen wieder.

Verurteilten erblickt, der wird mir nicht mehr zu folgen vermögen; und gern verzichte ich auf diese Gefolgschaft. Wir halten es wohl alle für ebenso töricht wie unsittlich, den Aussätzigen verachten zu wollen; der Determinist kann und darf dem Verbrecher gegenüber keine andere Empfindung haben.

Ein Mißverständnis möchte ich ausdrücklich ausschließen. Die deterministische Auffassung beseitigt nicht jedes Werturteil. Wir werden stets den begabten Mann dem unbegabten unter sonst gleichen Verhältnissen vorziehen, obwohl die Dummheit eine ohne Verdienst oder Schuld gewährte Naturgabe ist; und keine tiefsinnige Spekulation wird uns darüber hinweghelfen, daß eine schöne Frau, unter sonst gleichen Verhältnissen, mehr Anklang findet als eine häßliche. Im staatlichen Leben wie im gesellschaftlichen Verkehr fällen und betätigen wir täglich Werturteile, die nicht auf Verdienst und Schuld sich gründen. Genau die gleiche Stellung hat der Determinist dem Verbrecher gegenüber einzunehmen.

Niemand hat das bestimmter, zutreffender und schöner ausgeführt als Merkel selbst. Ich erinnere an den Satz in seinem Lehrbuche (S. 74): „Für unsere moralischen Achtungsgefühle einer edeln Tat gegenüber sind die Eigenschaften entscheidend, welche in ihr wirksam werden. Die Voraussetzung, daß der Handelnde unter den gegebenen Umständen auch anders, auch unedel hätte handeln können, hat an der Entstehung und dem Inhalte dieser Achtungsgefühle, sowie daran, daß wir die Tat diesen Gefühlen gemäß dem Handelnden zu Verdienst und Ruhm anrechnen und unser Verhalten ihm gegenüber damit in Einklang setzen, keinen Anteil. Wir bewundern das Verhalten des Sokrates in Bezug auf seinen Tod, nicht weil wir annehmen, daß er sich auch feig und selbstisch zeigen und doch derselbe hätte sein können, sondern weil uns in diesem Verhalten Eigenschaften entgegentreten, welche unserem moralischen Sinne eine ebenso unmittelbare Befriedigung gewähren, wie ein Kunstwerk unserem ästhetischen. In Bezug auf Uebeltaten gilt das Analoge. Auch für die Gefühle der Mißachtung, welche diese hervorrufen, und für die Anrechnung derselben zu

Schuld und Schande sind die Eigenschaften entscheidend, welche in ihnen wirksam werden."

Ich habe diesen Worten nichts hinzuzufügen. Sie sind der vollendetste Ausdruck meiner Auffassung.

Aber damit ergeben sich für mich unmittelbar und völlig unabweisbar zwei Folgerungen, welche zu ziehen Merkel sich scheut.

1) Der überlieferte Schuldbegriff ist unhaltbar. Er schließt, wollen wir nicht mit der souveränen Willkür des Stubengelehrten alle Ausdrücke umdeuten, wie es für unsere Zwecke paßt, notwendig neben dem Werturteil das weitere Urteil in sich: du hättest anders handeln können.

Ich kann mich auch hier noch, zunächst wenigstens, auf Merkel berufen. In seinem Lehrbuch (S. 71) sagt er: „Schuld ist das an den geltenden Werturteilen gemessene und demnach in Anrechnung gebrachte kausale Verhalten selbst."

Damit ist der hergebrachte Schuldbegriff aufgegeben. Die Schuld in Merkels Sinne ruht auf unserem Werturteile, und nur auf diesem. Ob wir die Tat eines Mannes schlecht, oder ob wir sein episches Gedicht abgeschmackt und häßlich nennen — stets ist es nach Merkel unser Werturteil allein, auf das wir unsere Berechtigung stützen, seine Tat wie sein Machwerk ihm zur Anrechnung zu bringen. Ist es also zu viel behauptet, wenn ich sage, daß unter Merkels kritischer Beleuchtung der Schuldbegriff sich zur Unkenntlichkeit entstellt? Wird nicht jeder Mensch mit unbefangenen Sinnen zwischen Schlechtigkeit und künstlerischer Unfähigkeit einen unüberbrückbaren Unterschied finden: keiner „kann dafür", daß er kein großer Künstler, aber jeder „kann dafür", daß er schlecht ist? Wer das „Dafür-Können" streicht, der spielt mit den Worten, wenn er dennoch von der „Schuld" des Schlechten spricht.

Merkels „Schuldbegriff" ist also in Wahrheit die Verneinung jeder Schuld in dem von der klassischen Schule jederzeit festgehaltenen, auf der Möglichkeit des „Anders-Könnens" beruhenden Sinne des Wortes. Was ihm noch übrig bleibt, mag dem Gelehrten zum Aufbau seines Systems, kann aber nimmermehr dem Volke oder dem Gesetzgeber als Grundlage des Strafrechts genügen.

Für mich ist Schuld gleichbedeutend mit der Verantwortlichkeit für den Erfolg. Diese ist begründet bei Zurechnungsfähigkeit des Täters und Zurechenbarkeit des Erfolges. Ueber die erstere habe ich mich bereits geäußert. Letztere ist anzunehmen, wenn entweder trotz Voraussicht des Erfolges (vorsätzlich) oder aber ohne Voraussicht, aber trotz Vorhersehbarkeit des Erfolges (fahrlässig) gehandelt worden ist. In dem Schuldurteil ist das Werturteil mit eingeschlossen; die Wahlfreiheit hat mit diesem so wenig zu schaffen, wie mit jenem.

Ich möchte gern wissen, worin sich dieser mein Schuldbegriff inhaltlich von dem Merkelschen unterscheidet. Bisher habe ich keinen Unterschied entdecken können. Aber das scheint mir einleuchtend zu sein, daß mein Schuldbegriff, und daher auch der Merkelsche, mit dem klassischen Schuldbegriffe absolut nichts zu tun hat. Denn dieser steht und fällt mit dem Indeterminismus.

Insoweit also hat der Determinist Merkel den Deterministen der I.K.V. nichts vorzuwerfen.

2) Mit dem Begriff der Schuld fällt aber auch der der Vergeltung. Wollen wir nicht wieder mit den Worten spielen und ihnen eine Bedeutung unterlegen, die sie niemals und nirgends gehabt haben; wollen wir nicht eine Sprache sprechen, die nur dem eingeweihtesten Fachmanne verständlich ist, allen anderen, Gebildeten wie Nichtgebildeten gegenüber nur zur Verhüllung unserer Gedanken dient — so müssen wir daran festhalten: vergolten werden kann nur, was vermieden werden konnte. Die Vergeltung setzt voraus, daß der Täter auch anders hätte handeln können. Ohne Wahlfreiheit weder Schuld noch Vergeltung. Für den folgerichtigen Determinismus bleibt einzig und allein die Zweckstrafe übrig. Das unverschuldete Unglück vergelten wollen — das ist nicht nur rohe Grausamkeit, sondern es ist abgeschmackt. Die Vergeltung auf deterministischer Grundlage ist nicht nur eine Versündigung des Herzens, sondern auch eine Verirrung des Verstandes.

Hier trete ich nun in scharfen Gegensatz zu Merkel. Dieser hält an der Vergeltungsstrafe fest. Darin liegt, wenn ich von seiner mißverständlichen Auffassung der „neuen Horizonte" absehe, der einzige wesentliche Unterschied seiner Auffassung von der unserigen. Und dieser Unterschied allein gibt seiner Polemik ein bestimmbares, greifbares Ziel und damit die innere Berechtigung.

Aber was Merkel zur Begründung der Vergeltungsstrafe vom deterministischen Standpunkte aus anzuführen vermag, entbehrt aller und jeder überzeugenden Kraft. Sehen wir näher zu.

Vergeltung im engeren Sinn ist nach Merkel (S. 10) „Selbstbejahung, Machtäußerung, durch feindliche, leidbringende Gegenwirkung gegen den Urheber von Unlust". Das Recht aber „kann der äußeren Sanktionen nicht entbehren, und diese können, wo die Natur der Sache den Zwang zu einem entsprechenden Verhalten ausschließt, nur in der Androhung und beziehungsweise Verwirklichung von Gegenwirkungen liegen, welche, was immer sie sonst noch bedeuten mögen, für den Betroffenen die Bedeutung einer Minderung an Freiheit und Lustgefühlen haben" (S. 24). „Die staatliche Vergeltung wird daher dauern, solang das staatliche Recht dauert" (S. 26).

Von den Einwendungen, welche ich gegen diese Beweisführung zu erheben hätte, will ich nur die wichtigsten erwähnen.

Zunächst scheint mir, als könne Merkels Ansicht in den an das Hegelsche Vorbild erinnernden Satz gekleidet werden: die Vergeltung ist die Form, in der die Rechtsordnung sich schützt; die Form der Selbstbejahung des verneinten Rechts und zwar die einzig mögliche Form.

Damit ist das eine meiner Hauptbedenken bereits angedeutet: Gibt es wirklich keine andere Form der Selbstbejahung des Rechts als die feindliche Gegenwirkung gegen den Verbrecher, keine andere Form als die Vergeltungsstrafe?

Soviel ich sehe, begegnet Merkel diesem Einwand mit zwei Gründen. Er sagt S. 5: „Danach (nach Ansicht der

Gegner) hätte die Natur dem menschlichen Geschlecht den gewaltigen Vergeltungstrieb für nichts, als einen bloßen verderblichen Wahn, eingepflanzt." Ich meine, die Frage nach dem Zwecke, den „die Natur" bei der „Einpflanzung" dieses und anderer Triebe verfolgt habe — führt uns über die Grenzen der Wissenschaft hinaus in die Naturphilosophie. Innerhalb des Gebietes der Erfahrung, das allein unserer Erkenntnis zugänglich ist, leugnen wir weder die Macht jenes Triebes, noch unterschätzen wir seine Bedeutung für die Entwicklung von Staat, Recht und Sitte. Ich darf wohl daran erinnern, daß ich selbst als die geschichtliche Wurzel der Strafe den Vergeltungstrieb bezeichnet habe, und daß diese Auffassung heute ganz allgemein verbreitet ist. Aber wir behaupten (ich wenigstens tue es), daß es an der Zeit sei, die geschichtliche Entwicklung zum Abschluß zu bringen und die „triebartige" Vergeltungsstrafe völlig zur bewußten Zweckstrafe zu gestalten [1]). Wäre es wohl das erste Mal, daß ein „von der Natur uns eingepflanzter Trieb" in seiner Betätigung begrenzt, mit festen Schranken umgeben, und in dieser geregelten und geläuterten Gestalt in den Dienst gemeinsamer Interessen gestellt würde?

Merkels zweiter Beweisgrund ist der Natur des Rechts entnommen. Die Selbstbejahung des Rechts kann, so behauptet Merkel, vom Zwang zu entsprechendem Verhalten abgesehen, nur durch Zufügung eines Uebels erfolgen. Diese Behauptung steht völlig in der Luft. Zweifellos sind wir in der Lage, die Strafanstalt für Jugendliche wie das Arbeitshaus für „soziale Neurastheniker" so angenehm zu gestalten, daß sie nicht daran denken, fortzulaufen. Und ebenso gewiß können wir das auch in den Gefängnissen für Durchschnittsmenschen erreichen, soweit wir nicht Abschreckung, sondern Besserung des Verbrechers oder auch Sicherung der Gesellschaft verfolgen. Ich gebe zu, daß die Strafe ein malum passionis zwar nicht immer tatsächlich, wohl aber,

1) Vergl. Herold Z. XII 589 „Die Mission des Triebes ist aber erfüllt. Seine Bedeutung gehört der Vorzeit an; im modernen Staate gibt es für Aeußerungen desselben keinen Raum. .... Aus dieser Einsicht mußte als Endresultat die Umsetzung der Triebhandlung in die bewußte, zweckmäßige Willenshandlung sich ergeben."

nach heutiger Auffassung wenigstens, begrifflich ist, aber ich bestreite, daß eine andere Art der Selbstbejahung des Rechts nicht denkbar wäre. Merkel hat für seine Behauptung nicht nur keinen Beweis erbracht; er hat uns sogar selbst den Fehler seiner Schlußfolgerung klargelegt. S. 10 gehört zum Wesen der Vergeltung im engeren Sinne die „Lustminderung"; S. 24 kann die staatliche Vergeltung „eine Minderung an Freiheit und Lustgefühlen" sein. Die „Freiheit" fehlt in der Begriffsbestimmung der Vergeltung. Unvermittelt, ohne jede Begründung tritt sie in dem Begriff der strafenden Vergeltung uns entgegen. Da aber eine „Minderung an Freiheit" ohne „Minderung an Lustgefühlen" sehr gut möglich ist, wie die tägliche Erfahrung uns beweist, so steht nichts im Wege, daß die Selbstbejahung des Rechts dem Verbrecher gegenüber auch anders als durch Zufügung eines Uebels, das heißt in der Gestalt der Vergeltung erfolge. Damit aber ist der Merkelschen Auffassung der Boden entzogen.

Noch deutlicher wird die völlige Unhaltbarkeit und Unbrauchbarheit, die Weltfremdheit der Vergeltung im Sinne Merkels, wenn wir an die Todesstrafe denken. Will man ernstlich daran festhalten, daß die Hinrichtung eine „Lustminderung" sei? Kann man sie nicht mit dem gleichen Rechte eine „Unlustminderung" nennen?

Dazu kommt eine weitere Erwägung. Wir stecken den Geisteskranken, der durch sein Benehmen das Sittlichkeitsgefühl der Mitmenschen verletzt, bis zur erfolgten Besserung in eine Irrenanstalt; wir bringen den gemeingefährlichen Cholerakranken in die Isolierbaracke. Das ist auch Freiheitsminderung, verbunden mit einer vielleicht recht tief einschneidenden Minderung der Lustgefühle; und es ist zweifellos Schutz rechtlicher Interessen, also Selbstbejahung des Rechts. Ist es Vergeltung oder nicht?

Nimmt Merkel das letztere an, so hat er uns das unterscheidende Kennzeichen der Vergeltung verschwiegen; hält er das erstere für richtig, so verflüchtigt sich der Begriff der Strafe. In beiden Fällen aber ist der unternommene Nachweis mißglückt.

Für den Deterministen kann es nur eine Rechtfertigung

der Strafe geben: ihre Notwendigkeit für die Aufrechthaltung der Rechtsordnung. Ihm kann und darf die Strafe nichts anderes sein als ein Schutzmittel für die Gesellschaft. Der folgerichtige Determinismus führt notwendig zur völligen uneingeschränkten Verwerfung der Vergeltungsstrafe, zur ausschließlichen und rückhaltlosen Anerkennung der Zweckstrafe. Merkels Auffassung krankt an einem inneren Widerspruche; sie setzt sich aus zwei völlig heterogenen Elementen zusammen. Auf deterministischer Grundlage stehend, zieht Merkel alle die alten Folgerungen der Indeterministen.

Die psychologische Wurzel dieses inneren Widerspruches liegt klar zu Tage. Es ist Merkels Ueberschätzung der „geltenden ethischen Werturteile", seine Scheu, mit den geschichtlich überlieferten ethischen Anschauungen zu brechen. Weil uns der Vergeltungstrieb noch in allen Gliedern steckt, muß das Strafrecht auf ihm aufgebaut werden. Wozu hätte „die Natur" ihn sonst uns eingepflanzt? Würde Merkel die Forderung aufstellen, daß bei der Ueberführung der Vergeltungsstrafe in die Schutzstrafe tiefgewurzelte Volksüberzeugungen geschont werden sollen, damit eine gefährliche Erschütterung des Volksrechtsbewußtseins vermieden werde — so könnte ich ihm beistimmen. Der Streit würde sich dann nur noch um das bei der Umgestaltung einzuschlagende Tempo drehen; und darüber ließe sich eine Verständigung erzielen. Aber nach Merkel soll die Vergeltungsidee auch nicht allmählich überwunden werden; sie ist ihm die notwendige, die einzig mögliche Grundlage des Strafrechts. Und dabei übersieht Merkel so völlig, daß seine deterministische Auffassung selbst im vollsten Widerspruch zu den herrschenden ethischen Anschauungen steht, daß sie mit einer Jahrtausende alten Volksüberzeugung bricht. Hier rücksichtsloser Radikalismus, dort vorsichtigste Pflege der Ueberlieferung. Unumwunden bekenne ich, daß Merkels Auffassung den ganzen künstlerischen Reiz auf mich ausübt, der mit jeder, nur auf sich gestellten, sich selbst entwickelnden Eigenart verknüpft ist; ebenso unumwunden aber behaupte ich, daß diese Auffassung eben wegen ihrer höchstpersönlichen Eigenart völlig ungeeignet ist, der Wissenschaft oder der Gesetzgebung als Grundlage zu dienen.

Selbst Mittelstädt vermag sich hier seinem Vorbilde nicht anzuschließen. Seinem „geläuterten" Determinismus liegt, trotz aller „Aufgeklärtheit", die Vergeltungsstrafe ebenso fern, wie uns anderen, weniger aufgeklärten, deterministisch gesinnten Sterblichen. Daß er selbst es nicht zugeben will, ändert an der Tatsache nichts.

Zwar spricht Mittelstädt gelegentlich einmal von der „Sühne" (S. 256). Aber im wesentlichen hat doch, soviel ich sehen kann, die Strafe „ausschließlich" den Zweck, „das Schwert der Gerechtigkeit blank und scharf und von allen gefürchtet zu erhalten, die bestehende Rechtsordnung zu wahren, den öffentlichen Frieden gegen Friedensbruch zu schützen" (S. 254). Und an anderer Stelle (XLVII 19) lesen wir: „Die Aufrechterhaltung, der sichere Bestand und Schutz seiner Verbote und Gebote, das ist es, was der Gesetzgeber vor allem anderen im Auge hat, und diesem souveränen Ziel dient die Strafe als Schutz- und Sicherungsmittel. Die Ideen von Besserung, *Vergeltung* u. s. w. liegen ihm so fern wie möglich." Das ist Zweckstrafe, nicht mehr und nicht weniger. Der Scharlachmantel und die übrigen vornehmen Embleme der henkenden Gerechtigkeit ändern daran nichts. Auch auf Mittelstädts Richtschwert steht geschrieben: Schutz der Rechtsordnung. Und nur darum kann es sich handeln, ob der von Mittelstädt allein und mit aller Einseitigkeit betonte Abschreckungszweck die Aufgabe der Strafe erschöpft. Darüber aber hier mit Mittelstädt mich auseinanderzusetzen, lockt mich nicht. Hinter der mittelalterlichen Ritterrüstung erkennt doch jedermann den modernen Staatsanwalt, und den rechne ich gar nicht zu unseren Gegnern.

Darum aber schlägt Mittelstädt sich selbst ins Gesicht, wenn er die Entgegenstellung von Vergeltungsstrafe und Zweckstrafe (XLVII 4) mit einigen unfreundlichen Redensarten bekämpft. Die „unartikulierten Sätze", wie er die Forderung nennt, daß die Strafe mehr als bisher für den Schutz der Rechtsordnung leisten solle — wer hat sie mit größerer Leidenschaft verfochten als Mittelstädt? Ob

„neue Erkenntnis" oder nicht, das verschlägt wohl wenig. Auch die Theorie von Stock und Galgen, durch Mittelstädt (um seine Worte zu gebrauchen) als „jüngste Botschaft selbstgewiß verkündet" — war sie denn wirklich so ganz neu, nie dagewesen? Und wenn sie das nicht war, wie wohl auch Mittelstädt zugestehen dürfte, hat es denn etwa sein Verdienst geschmälert, hat es unsere Hochachtung vor ihm verringert, daß er recht alte Lehren mit großem Aufwande an Kraft und Ueberzeugungstreue vorgetragen? Nein, nicht die Auffassung der Strafe als Zweckstrafe im Gegensatze zur Vergeltungsstrafe trennt mich von Mittelstädt, sondern lediglich die verschiedene Beantwortung der Frage, welches der nähere und der entferntere Zweck der Strafe sei; durch welche Einwirkung auf den Verbrecher die Strafe ihr, von uns beiden in gleicher Weise gefaßtes Ziel: den Schutz der Rechtsordnung, erreichen soll.

Noch eins muß ich bemerken, um meine Auffassung vor Mißverständnissen zu schützen. Daß Zweckgedanke und Vergeltungsidee keine unversöhnlichen Gegensätze seien, glaube ich schon vor Jahren mit aller nur wünschenswerten Bestimmtheit ausgesprochen zu haben. Wer die schroffe Gegenüberstellung des quia peccatum und des ne peccetur, diesen unerschöpflichen Nährboden für das unfruchtbarste Schulgezänke, bekämpfen will, der findet wohl kein dankbareres Ziel für seine Angriffe als Binding, der doch an der Eröffnung der „neuen Horizonte" gewiß recht unschuldig ist. Hier wird die angebliche Unversöhnlichkeit des Gegensatzes mit jener naiven Intoleranz, mit jener doktrinären Selbstüberschätzung gepredigt, die dem Gegner die willkommensten Angriffspunkte bietet.

Ich habe, wie gesagt, niemals an diese Unversöhnlichkeit geglaubt. Aber ich behaupte die wissenschaftliche Unfruchtbarkeit und die praktische Unbrauchbarkeit der Vergeltungsidee. Es läßt sich mit ihr nicht arbeiten, während der Zweckgedanke niemals im Stiche läßt. An dieser Ansicht halte ich auch Merkel gegenüber fest.

Die Vergeltungsidee ist völlig unfähig, die Grenzlinie zwischen dem strafbaren und dem bürgerlichen Unrechte zu ziehen: das wird wohl heute von niemanden mehr geleugnet.

Aber sie ist ebenso unbrauchbar, wenn es sich darum handelt, Art und Maß der Strafe im Gesetz oder im Richterspruch zu bestimmen.

Merkel sucht nun allerdings die Vergeltungsidee für die Lösung dieser Aufgabe zu verwerten. Die Grenzen des Strafrechts und die Strafmaße werden nach ihm bestimmt durch die „geltenden ethischen Wertanschauungen“ [1]), in welchen die Bedeutung der Uebeltaten für die Aufrechterhaltung der Rechtsordnung sich spiegelt (S. 16, 64).

Wir wollen einmal annehmen, daß diese „Wertanschauungen“ der wissenschaftlichen Forschung zugänglich wären, obwohl das Gegenteil der Fall ist; wir wollen annehmen, die Gegner wären sich klar darüber, ob die Anschauungen der großen Masse des Volkes, oder jene der Gebildeten, die der Laien oder die der Juristen, die der Sozialdemokraten oder die der antisemitischen Bauern maßgebend sein sollen; wir wollen annehmen mit einem Worte, daß hinter dem, was ich bis auf nähere Aufklärung eine inhaltsleere Redensart nenne, ein bestimmter, juristischer Begriff erkennbar sei; wir wollen endlich annehmen, daß Gesetzgeber und Richter durch diese Wertanschauungen geführt und bestimmt werden sollen, obwohl ich umgekehrt dem Richter wie dem Gesetzgeber die Aufgabe zuschreibe, das Volk in seinen Urteilen wie in seinen Empfindungen zu leiten, zu erziehen, zu heben — wir wollen das alles, was ich sehr lebhaft bestreite, annehmen, und es bleibt doch noch ein schweres Bedenken. Es ist bezeichnend für den Unterschied der „alten“ und der „neuen“ Richtung, bezeichnend für den völligen Mangel an Verständnis, dem unsere Bestrebungen noch immer ab und zu begegnen, — daß Merkel dieses Bedenken auch nicht einmal nebenher berührt hat.

Die „geltenden ethischen Wertanschauungen“ haben nichts gemein mit unserer juristisch-logischen Abgrenzung der Deliktsbegriffe und mit unserer heutigen Bestimmung der diesen entsprechenden Strafen; unser geltendes Strafrecht steht vielmehr nach meiner Ueberzeugung im vollen Widerspruche zu jenen Anschauungen.

---

1) Die „überlieferten Werturteile“ bei Mittelstädt XLVII 17, der auch hier getreulich seinem Vorbilde folgt.

Der Erfolg der Tat ist es, der die Schwere der Strafdrohungen im geltenden Recht fast ausschließlich bestimmt, wie er fast allein maßgebend ist für die Abgrenzung der Verbrechensbegriffe. Ob das Leben oder das Vermögen, ob die Freiheit oder das Hausrecht angegriffen sind, danach entscheidet sich, welche strafbare Handlung vorliegt; und danach richtet sich Art und Maß der Strafe. Die „geltenden ethischen Wertanschauungen“ aber kümmern sich weniger um den Erfolg der Tat, als um die Gesinnung des Täters. Was die von der I.K.V. entfesselte Bewegung in weiteren Kreisen populär, zugleich aber bei gar manchen zünftigen Juristen unangenehm gemacht hat, das ist gerade der Umstand, daß sie jenen „geltenden ethischen Anschauungen“, die freilich nur als dunkle Empfindung unterhalb der Schwelle des Bewußtseins leben, entgegengekommen ist, sie zu den ihrigen gemacht, ihnen, soweit das heute schon möglich ist, die juristische Fassung gegeben hat. Dem Neuling auf der Bahn des Verbrechens die rettende Hand zu reichen, den unverbesserlichen Gewohnheitsverbrecher unschädlich zu machen — mit diesen Forderungen haben wir das positive Recht gegen uns, die geltenden ethischen Wertanschauungen aber für uns. Gelegentliche Abirrung vom rechten Wege und die zur zweiten Natur gewordene Auflehnung gegen die Rechtsordnung: das ist die erste, weiter zu verzweigende Unterscheidung im Sinne jener Wertanschauungen. Nur von diesem Standpunkte aus ist die Verjüngung der Vergeltungsidee möglich. Hier also und hier allein kann die Verständigung einsetzen. Auch wir wollen ja nichts anderes als ein Strafrecht, das unseren heutigen ethischen Anschauungen besser entspricht als die preußisch-deutsche Ausgabe des Code pénal.

Es mag sein, daß wir uns über den Inhalt dieser Anschauungen täuschen. Aber unsere Erfolge sprechen gegen diese Annahme. Wir sind in der angenehmen Lage, den Beweis unseres Irrtums abwarten zu können.

V. Schutzstrafe und persönliche Freiheit.

Ich habe es als den tiefsten Gegensatz zwischen der alten und der neuen Auffassung bezeichnet, daß jene den Erfolg der Tat, diese die Gesinnung des Täters als das in erster Linie maßgebende Moment betrachtet. Dieser Satz bedarf näherer Erörterung.

Mittelstädt sagt S. 254: „Was ist das für ein entsetzlich schiefer und schielender Gegensatz, mit welchem man eine neue Epoche des Strafrechts inaugurieren möchte, dieser Dualismus vom „Verbrechen" und vom „Verbrecher"! Sind denn „Verbrechen" etwas anderes, als menschliche Handlungen, und sind denn menschliche Handlungen trennbar von den Personen der Handelnden?"

Der geehrte Verfasser hat den von uns aufgestellten Gegensatz doch wohl nicht richtig verstanden. Es ist ja zweifellos richtig und auch ohne tiefergehende Untersuchung klar, daß die heute herrschende Richtung die Tat nur an dem Täter bestraft und daß wir auch den Täter nur wegen der Tat zur Verantwortung ziehen wollen. Aber damit ist die Sache eben noch nicht erledigt.

Nach der heute herrschenden Ansicht hat der Richter nur die einzelne, den Gegenstand der Anklage bildende Tat zu beurteilen, die Tat herausgerissen aus dem Leben des Täters, die auf den Isolierschemel der logisch-juristischen Abstraktion gestellte Tat; der Richter soll nicht zurückgreifen auf das, was vor der Tat gelegen ist, er darf nicht die Befürchtungen und Hoffnungen in Betracht ziehen, die der Täter für die Zukunft weckt. Für die zur Aburteilung stehende Tat soll der Täter büßen; und ist das geschehen, so betrachtet man die Tat als verbüßt: ne bis in idem.

Nach unserer Forderung dagegen soll die durch die Tat bewiesene Gesinnung des Täters den Ausschlag geben. Seine Stellung zur Rechtsordnung, seine ganze Vergangenheit und was sie für die Zukunft erwarten läßt, soll bestimmend sein für Art und Maß der Strafe. Ob der Angeklagte das erste Mal vor Gericht steht oder ob er zu den getreuen ortskundigen Stammgästen unserer Anstalten gehört, soll entscheidend ins Gewicht fallen.

Man kann die Berechtigung dieser Forderung bestreiten, wie es Merkel tut, man kann aber nicht, wie es Mittelstädt versucht, den scharfen Gegensatz der Anschauungen in Abrede stellen, den unsere Forderung zum Ausdrucke bringt, man darf nicht als ein auf Unklarheit des Denkens beruhendes Mißverständnis bezeichnen, was in schärfster und klarster Weise Freunde und Gegner unserer Reformbestrebungen scheidet.

Die Berechtigung unserer Forderung will ich hier ebensowenig untersuchen, wie ihre Tragweite. Nur andeuten will ich, daß in der geschichtlichen Entwicklung der strafrechtlichen Anschauungen der äußere Erfolg der Tat mehr und mehr zurücktritt hinter der Berücksichtigung der Willensrichtung des Täters, daß also auch hier wie sonst unsere Forderungen anknüpfen an vorhandene lebende und treibende Kräfte, deren Bedeutung von niemandem höher geschätzt werden kann als von uns; daß in der Behandlung des Rückfalls die richtige Auffassung stets und überall zu wenigstens teilweiser Anerkennung gelangt ist; daß ich für meine Person endlich mir auch hier die Durchführung des Grundsatzes in der Gesetzgebung nur als eine allmähliche, schrittweise, als eine reformatorische, nicht als eine revolutionäre, denke.

Viel wichtiger ist mir an dieser Stelle die Beseitigung eines nahe liegenden Einwandes.

Wenn wirklich, so kann man fragen, die Gesinnung des Täters das allein Ausschlaggebende ist, warum wartet ihr ab, bis die verbrecherische Tat begangen ist; warum schreitet ihr nicht früher ein, ehe der Schaden geschehen ist?

In den verschiedensten Fassungen tritt uns dieser Einwand entgegen. Die einen machen ihn geltend, um zu der nach ihrer Meinung allein folgerichtigen Forderung zu gelangen, daß wirklich die Gefährlichkeit, die temebilità, des einzelnen an sich genügenden Anlaß zur, wenn nötig, dauernden Ausschließung aus der Gesellschaft geben solle; die anderen weisen auf diesen angeblichen Folgesatz hin, um den Grundsatz selbst als unrichtig und unhaltbar darzutun. Besonders eifrig und besonders gründlich ist die Frage in der außerdeutschen Literatur der letzten Jahre erörtert, aber nicht gelöst worden. Die deutschen Schriftsteller haben sie zumeist nur gestreift. Auch was Merkel (S. 7, 32, 36, 39, 42) beibringt, wird der Tragweite des Problems in keiner Weise gerecht.

Müßten wir die Berechtigung jener Schlußfolgerung zugeben, dann wäre in der Tat für das Straf r e c h t die letzte Stunde gekommen. N i c h t würde, wie M e r k e l sagt, „das spezifisch richterliche Geschäft seine Bedeutung einbüßen, der Richter hinter der Verwaltung verschwinden", sondern die richterliche Tätigkeit wäre überhaupt zu Ende. N i c h t würde die begriffliche Abgrenzung der einzelnen Verbrechen voneinander nur mehr „einen geringen Wert in Anspruch nehmen" (M e r k e l 39), sondern sie wäre völlig wertlos, weil widersinnig. N u r von Verwaltung wäre die Rede, auch wenn wir sie in die Hände von „Richtern" legen wollten; denn Rechtspflege ist nicht denkbar ohne juristisch-logische Methode, ohne Rechtsbegriffe und Rechtsregeln. Die gesetzliche Anerkennung des an die Stelle des Strafgesetzbuchs tretenden einzigen Satzes „jeder gemeingefährliche Mensch ist im Interesse der Gesamtheit unschädlich zu machen", würde in der Tat die Strafrechtspflege durch die „soziale Hygiene" ersetzen, wie M i t t e l s t ä d t sagt. Das Strafgesetzbuch wäre beseitigt; mit ihm der ganze Wust von Lehr- und Handbüchern, von Kommentaren und Monographien, von Streitfragen und Reichsgerichtsentscheidungen. Wer die moderne Bewegung kennt, weiß auch, daß diese letzte, äußerste Folgerung vielfach, selbst von Lehrern des Strafrechts, gezogen worden ist. Die Erörterung und Beantwortung der Frage ist also von grundlegender Bedeutung.

Ich ziehe jene Folgerung n i c h t; aus einem einzigen, sofort zu erwähnenden Grunde. Aber ich halte sie nicht eben für absurd. Dem Jugendlichen gegenüber wollen wir Zwangserziehung bei „bloßer sittlicher Verwahrlosung", also auch wenn eine an sich strafbare Handlung noch nicht begangen ist, und wir weisen zur Unterstützung dieser Forderung auf eine ganze Reihe von Gesetzen hin, die in verschiedenen deutschen Einzelstaaten in unangefochtener Geltung stehen; die Gewohnheitssäufer sollen, nach einer mehr und mehr sich einwurzelnden Ansicht, in Trinkerasylen untergebracht werden; bei den Geisteskranken begnügen wir uns schon lange mit ihrer „Gefährlichkeit", wenn die Entziehung ihrer Bewegungsfreiheit in Frage steht. Warum sollen wir dem gemeingefährlichen Geistesgesunden gegenüber anders verfahren? Ist nicht, gerade weil er im Vollbesitze seiner körperlichen und geistigen Fähigkeiten sich befindet, die Gefahr um so dringender und unsere Berechtigung zu vorbeugendem Einschreiten um so größer[1]?

Mich hat es immer wunder genommen, daß Freunde und Feinde der „neuen Richtung" sich nicht sofort die einzig mögliche Antwort geben. Strafrecht ist (ich darf wohl meine alte Fassung hier in Erinnerung rufen) die rechtlich begrenzte Strafgewalt des Staates. Rechtlich begrenzt nach Voraussetzung und Inhalt; rechtlich begrenzt im Interesse der individuellen Freiheit. Nullum crimen sine lege, nulla poena sine lege. Diese beiden Sätze sind das Bollwerk des Staatsbürgers gegenüber der staatlichen Allgewalt; sie schützen den einzelnen gegen die rücksichtslose Macht der Mehrheit, gegen den Leviathan. So paradox es klingt: das Strafgesetzbuch ist die magna charta des Verbrechers. Es verbrieft ihm das Recht, nur unter den gesetzlichen Voraussetzungen und nur innerhalb der gesetzlichen Grenzen gestraft zu werden.

Und damit ist die uns beschäftigende Frage in den großen Zusammenhang der politischen Entwicklung gestellt, den gerade unsere deutschen Schriftsteller so völlig zu übersehen pflegen. Die Interessen der Gesamtheit mit der Freiheit des einzelnen in Einklang zu bringen, das ist die oberste Aufgabe einer jeden geordneten Gesellschaft. Jedes Volk und jede Zeit zieht die Grenzlinien anders. Das Zeitalter der Aufklärung hat uns jene beiden Sätze gebracht, die seitdem die Grundlage all unserer modernen Gesetzbücher geworden sind. Dem liberalen Individualismus des 19. Jahrhunderts waren sie so selbstverständlich, daß er sie gar nicht prüfte. Aber das heranwachsende sozialistische Geschlecht, das die gemeinsamen Interessen schärfer betont als seine Vorgänger, für dessen Ohren das Wort „Freiheit" einen archaistischen Klang gewonnen hat, rüttelt an diesen Grundlagen. Und wenn auch die Stürmer und Dränger nicht

---

1) Mittelstädt selbst steht dieser Auffassung merkwürdig nahe. Er hätte nichts dagegen einzuwenden (XLVII 12), wenn der Polizei die Befugnis eingeräumt würde, gemeingefährliche Individuen ohne weiteres auf Lebenszeit einzusperren. Wieder zeigt es sich, daß der kampflustige Gegner unseren Anschauungen viel näher steht, als er selbst es ahnt.

ahnen mögen, was sie beginnen; wenn sie auch nicht begreifen wollen, daß das zusammenstürzende Gebäude auch sie unter seinen Trümmern begraben würde — was sie tun, das liegt im Zuge der Zeit, und unsere Pflicht ist es, ihnen Rede und Antwort zu stehen.

Leuchtet es den Gegnern der I.K.V. denn gar nicht ein, daß „Anthropologie" und „Materialismus" hinter dieser großen politischen Frage fast völlig verschwinden? Fühlt Mittelstädt, der Anwalt des Staates und der Rechtsordnung, denn nicht den gesinnungsverwandten Geist, der die Schriften der Lombrosianer durchweht? „Rücksichtsloser Schutz der Rechtsordnung, schonungsloser Kampf gegen die Verbrecher" — ist dieses Losungswort der Italiener nicht auch das seine? Ob Ihrs Zuchthaus nennt oder Irrenhaus, ob Ihr im Namen des Materialismus die Leute lebendig begraben oder als Vorkämpfer „idealistischer" Weltanschauung ihnen vorher die Köpfe abschlagen wollt — das sind querelles de famille, die den Außenstehenden wenig angehen.

Ich halte an jener Ueberlieferung des Zeitalters der Aufklärung grundsätzlich fest. Und soweit die Zukunft sich weissagen läßt, behaupte ich, daß auch die Umgestaltung der Gesetzgebung an ihnen festhalten wird. Die Strafgewalt auch des sozialistischen Staates wird gesetzlich begrenzt bleiben nach Voraussetzung und Inhalt. Die Strafgesetzbücher werden nicht ersetzt werden durch den einzigen Paragraphen: „Der Gemeingefährliche wird unschädlich gemacht". Nach wie vor werden wir die Voraussetzungen einzeln aufzählen, unter welchen allein die staatliche Strafe eintreten darf; werden also die Begriffsbestimmungen der einzelnen Verbrechen im Gesetzbuch festgelegt, von der Wissenschaft nach der juristisch logischen Methode zergliedert, vom Richter nach derselben Methode angewendet werden. Nach wie vor werden wir Art und Maß der Strafe im Gesetz und im Richterspruch bestimmen. Das Strafrecht wird bleiben und mit ihm die Strafrechtswissenschaft wie die Strafrechtspflege. Wir werden weder das Strafgesetzbuch noch die Kommentare verbrennen; und der Strafrichter wird an Bedeutung nicht verlieren, sondern gewaltig gewinnen.

Das glaube ich, das hoffe ich im Interesse der persönlichen Freiheit, die ich nicht schutzlos der „sozialen Hygiene“ preisgeben mag; das habe ich auch stets auf die Gefahr hin und mit dem Erfolge öffentlich gefordert, von den Stimmführern beider Heerlager des Eklektizismus geziehen zu werden.

Aber freilich: Freiheit ist ein relativer Begriff, und in politischen Fragen gibt es keine durch die Logik unverrückbar gezogenen Grenzen. Die Voraussetzungen für den Eintritt der staatlichen Strafgewalt, also die Verbrechensbegriffe, können weiter und enger bestimmt werden, und, wie ich an anderer Stelle gesagt habe, auf die Unterscheidung von Unterschlagung und Diebstahl, von Täterschaft und Beihülfe und gar manche andere Feinheit unseres heutigen Strafrechts leiste ich mit tausend Freuden Verzicht. Art wie Maß der Strafe können der durch die Tat bewiesenen Gesinnung des Täters anders als bisher Rechnung tragen, und sie sollen es. Aber all das sind Fragen, über die sich sprechen läßt. Die Forderung nach einer Umgestaltung der Strafgesetzgebung schließt das doppelte Anerkenntnis in sich: 1) daß wir auch in Zukunft eine Strafrechtspflege brauchen; 2) daß unser geltendes Recht der Umgestaltung bedarf. Dafür, daß diese Umgestaltung im Sinne einer schärferen Betonung der gemeinsamen Interessen erfolgen wird, bürgt die gesamte Entwicklung der letzten Jahrzehnte. Aber völlig verkehrt ist die Behauptung Pfenningers (S. 67), unsere Auffassung führe „in den letzten Konsequenzen zum absoluten Despotismus des Gesetzes oder, wenn man will, zum Ideal des Sozialstaates, in welchem der einzelne sich aller seiner Rechte und seiner Individualität begeben hat, um dafür sein sozial bewilligtes Existenzpartikelchen zurückzunehmen“.

VI. Kriminalpolitik und Strafrecht.

Mit den letzten Auseinandersetzungen bin ich bereits zu derjenigen Frage gelangt, die auf unserem Gebiete gebieterischer als alle anderen nach Lösung verlangt, die, wenn ich anders den Zug in der Entwicklung unserer Wissenschaft recht verstehe, auf Jahre hinaus im Vordergrunde der Erörterungen stehen wird; eine Frage, die freilich erst seit kurzem in greifbarer Fassung gestellt und noch lange nicht gelöst ist. Ich meine die Frage nach dem Verhältnis der Kriminalpolitik zum Strafrecht.

Es ist bezeichnend, aber wenig erfreulich, daß diese Frage, die in der Literatur der romanischen Länder seit einigen Jahren mit ernster Gründlichkeit erörtert wird [1], in Merkels Schrift nicht einmal gestellt und bei Mittelstädt mehr dunkel geahnt als klar erkannt wird, während der Schweizer Pfenninger, dem die außerdeutsche Wissenschaft kein Buch mit sieben Siegeln ist, sie mit voller Bestimmtheit aufwirft [2] und mit derselben Bestimmtheit beantwortet — freilich in einem Sinne, der den Widerspruch aller Anhänger der „neuen Richtung" herausfordert.

Mittelstädt, sage ich, hat die Frage mehr dunkel geahnt als klar erkannt. Er warnt vor der Verquickung des Strafrechts mit „staatssozialistischen Aufgaben" (S. 258, 259 sowie der ganze Abschnitt III), vor der Vermengung von Justiz und Polizei, vor der „sozialpolitischen Konfusion" (XLVII 7).

Ich gestehe gern, daß ich gerade in diesen Ausführungen Mittelstädts, trotz ihrer Verworrenheit, trotz ihrer jungfräulich herben Abgeschlossenheit von dem längst wogenden Kampf der Geister, freudig den genialen Zug, die intuitive Anschauung erkenne, die unserer deutschen Strafrechtswissenschaft, wenigstens den Vertretern ihrer klassischen Richtung, so gänzlich abhanden gekommen zu sein scheint. Wieder einmal hat der streitbare Recke mit dem raschen Blick des geübten Fechters die Schwäche der gegnerischen Stellung instinktiv erkannt und zu seinem Vorteil verwertet.

Es ist in der Tat unsere Pflicht, uns wie anderen gegenüber, die Grenzlinie zwischen Politik und Recht klar und reinlich zu ziehen. Ich gebe zu, daß wir die Erfüllung dieser Pflicht bisher versäumt haben. Allerdings haben Alimena,

1) Vergl. statt aller anderen Frassati, Lo sperimentalismo nel diritto penale 1892, sowie Rosenfeld über die Stellung der „dritten Schule".

2) S. 60 „Bereits ist die Trennung von Strafrecht und Kriminalpolitik . . . als wichtigste und folgenreichste der großen Tagesfragen des Strafrechts bezeichnet."

Carnevale und andere die selbständige Stellung des Strafrechts gegenüber den biologischen und soziologischen Wissenschaften verteidigt. Darin liegt, wie Rosenfeld zutreffend gezeigt hat, der Ausgangspunkt, die Berechtigung, die Zukunft der „dritten Schule“ Italiens. Aber die bisher gefundenen Lösungen befriedigen nicht. Das gilt auch von der Antwort, die ich in meinem Lehrbuche (§ 1) gegeben habe. Sie ist nach meiner Ueberzeugung völlig richtig, aber sie genügt nicht. Ich habe Strafrecht und Kriminalpolitik begrifflich voneinander abgegrenzt, und glaube mit dieser Abgrenzung überall durchzukommen. Aber hier handelt es sich nicht um die Bestimmung und Unterscheidung der Begriffe, sondern um die Umgrenzung der Gebiete, auf welchen jede der beiden voneinander unabhängigen Wissenschaften die praktische Herrschaft zu führen berufen ist, sei es als Alleinherrscherin, sei es neben der Schwester-Disziplin. Sollen Strafgesetzgebung, Strafrechtspflege und Strafvollzug dem Strafrecht oder der Kriminalpolitik unterworfen sein? Sollen die unbeugsamen allgemeinen Regeln des Gesetzes oder die klugen, dem Einzelfalle sich anpassenden Erwägungen der Politik maßgebend sein? Das ist die große Frage, auf die auch mein Lehrbuch keine Antwort gibt.

Die Beratung der Frage steht auf der Tagesordnung der nächsten allgemeinen Versammlung der I.K.V. Aber ich erwarte ihre Lösung nicht mit einem Schlage. Abschließende Antwort wird erst dann gegeben werden können, wenn eine Reihe von einzelnen Problemen (Jugendliche, Rückfällige u. s. w.) gründlich durchberaten worden sind. Und wenn ich im folgenden in allgemeinsten Umrissen meine eigene Antwort gebe, soweit ich sie heute zu geben vermag, so möchte ich mir die Erlaubnis zu späteren Berichtigungen ausdrücklich vorbehalten. Vielleicht erscheint auch meinen nächsten Freunden manches zweifelhaft, was ich heute noch für unbestreitbar halte. Wir, die wir auf der empirischen Grundlage der Lebenserscheinungen unsere Ansichten aufbauen, sind ja nicht in der glücklichen Lage der Dialektiker, aus einem ersten gegebenen oder genommenen Begriff das ganze konstruktive Gebäude im einheitlichen Stile aufbauen zu können. Hätte ich noch den Kinderglauben an die

Normentheorie — dann freilich gäbe es kein zweifelndes Prüfen und kein unsicheres Schwanken; mit dem Ringen nach Erkenntnis fiele auch die Möglichkeit des Irrtums hinweg.

Das Verbrechen ist, nach meiner oft ausgesprochenen Ansicht, wie jede menschliche Handlung, das notwendige Ergebnis aus der teils angeborenen, teils erworbenen Eigenart des Täters einerseits, der ihn im Augenblicke der Tat umgebenden gesellschaftlichen, insbesondere wirtschaftlichen Verhältnisse anderseits [1]).

Die Bekämpfung des Verbrechens hat an dessen Wurzeln anzusetzen. Sie wird, da diese teils gesellschaftlicher, teils individueller Natur sind, notwendig nach einer doppelten Richtung hin sich zu bewegen haben.

Die Bekämpfung des Verbrechens in seinen gesellschaftlichen Wurzeln ist nicht die eigentliche Aufgabe der Kriminalpolitik. Es ist meine (und nicht bloß meine) feste Ueberzeugung, daß eine kräftige und zielbewußte Sozialpolitik gar manche Quelle des Verbrechens verstopfen wird. Die Lösung der Arbeiterwohnungsfrage interessiert daher auch den Kriminalisten, und die Beschäftigung mit dieser Frage wird für ihn lehrreicher sein, als die Auseinandersetzung mit gar mancher begrifflichen Konstruktion. Aber die Mitarbeit an der Lösung fällt nicht mehr in den Rahmen seines Berufs.

Diese kriminalistische Reflexwirkung leugnet ja auch Mittelstädt nicht. Freilich — und hier scheiden sich unsere Wege — glaubt er nicht recht an den Erfolg sozialpolitischer Bestrebungen. „Alle soziale Wirksamkeit der Staatsgewalt", so sagt er (S. 233), „wird stets mit einer gewissen Unfruchtbarkeit behaftet bleiben." Aber darüber

1) Auf das Verhältnis der beiden Faktorengruppen, der individuellen und der gesellschaftlichen, zu einander brauche ich hier nicht einzugehen. Wenn auch die Eigenart des Täters, selbst soweit sie angeboren ist, auf den gesellschaftlichen Verhältnissen beruht, die nicht nur ihn, sondern auch seine Erzeuger bestimmten; wenn also auch die Erscheinung der Kriminalität in letzter Linie stets auf diese zurückführt: so können und so müssen wir doch im Augenblicke der Tat die Gruppe der biologischen und die der soziologischen Faktoren scheiden.

mögen andere mit ihm rechten. Ich möchte nur nebenbei einige seiner Bemerkungen zurückweisen, die ja wahrscheinlich wie andere auf einer nicht genügenden Beherrschung der einschlagenden Literatur beruhen, aber gerade darum gefährlich werden könnten. Mittelstädt hat den „Eindruck, als sei die Existenz dessen, was man die „soziale Frage“ zu nennen sich gewöhnt hat, verhältnismäßig spät von den Kriminalisten entdeckt worden. Sonst würde (von dem Zusammenhange des Rechtslebens mit der wirtschaftlichen Entwicklung) weniger Aufhebens gemacht werden“ (S. 252). Die soziologische Auffassung der Kriminalität hat vor etwa einem halben Jahrhundert Quetelet begründet; das wissen wir alle. Ich möchte aber Mittelstädt bitten, mir unter den heute lebenden Vertretern der klassischen Strafrechtswissenschaft diejenigen zu nennen, denen diese Auffassung in Fleisch und Blut übergegangen ist. In Leipzig wird er sie vergeblich suchen. Daher scheint es doch nicht so ganz überflüssig, immer und immer wieder auf diesen Zusammenhang zurückzukommen.

Nach Mittelstädt (S. 410) „bewegen sich die Soziologen zumeist im Gebiete des beschränktesten Rationalismus und der mit solcher dürren Verstandesrichtung stets verknüpften Leidenschaft für Abstraktionen und Generalisationen“. Dieser Satz bedarf um so weniger der Kritik, als auch nicht der Schatten eines Beweises dafür erbracht ist. Und hat etwa die „konstruktive“ Rechtswissenschaft, die jeder soziologischen Anwandlung entrückt ist, keine Neigung zu Abstraktionen und Generalisationen? Ist etwa das Bindingsche Handbuch oder das Merkelsche Lehrbuch von ihnen frei?

„Von überspannten Menschenfreunden ist wohl gelegentlich mit Emphase behauptet worden, die Gesellschaft trage im Grunde die alleinige Verantwortlichkeit für die von ihren Mitgliedern verübten Verbrechen“ (S. 414). Mittelstädt erinnert sich doch wohl an das, was Alex. von Oettingen über diese Frage sagt. Wer hat heute noch den Mut, die Mitschuld der Gesellschaft zu leugnen?

Die Hungersnot in Rußland hat zahlreiche deliktische Exzesse im Gefolge gehabt (S. 411). „Was würden wir zu dem klugen Staatsmann sagen, der etwa der russischen Regierung breit und selbstgefällig auseinandersetzte, wie diese Verbrechensepidemie lediglich auf „sozialpolitischen“ (sic) Ursachen ruhe, deshalb absolut nicht durch irgend welche Zusammenrottungen, Plündern u. dergl. mit besonders strengen Strafen bedrohende Ukase, sondern lediglich durch Getreidezufuhren bekämpft werden müsse?“ Für meine Person bin ich allerdings — Mittelstädt verzeihe mir meinen Unverstand! — Anhänger der „billigen Weisheit“, daß eine Hungersnot am wirksamsten durch Zufuhr von Lebensmitteln bekämpft wird. Daß daneben Ausschreitungen bestraft werden müssen — ja, wer in aller Welt hat denn das geleugnet? Wo ist der Kriminalist der neuen Richtung, der Mittelstädt zu dem Bilde des „klugen Staatsmannes“ Modell gestanden hat?

Diese temperamentvollen, daher auch nicht immer logischen, kleinen Unfreundlichkeiten Mittelstädts sind kennzeichnend für seine Stellung zur soziologischen Auffassung der Kriminalität; und lediglich deshalb habe ich sie hier angeführt.

Viel unbefangener urteilt Merkel (S. 48). Aber auch er wirft der soziologischen Richtung die „Unterschätzung des Selbständigkeitstriebes und der eigenen Bedeutung der Einzelpersönlichkeit“ vor (S. 50). Ich darf wohl, um diesen Vorwurf wenigstens von mir abzulehnen, die folgende Stelle aus meinem Berliner Vortrage (S. 47) hier anführen: „Der „„Eliminierung des Individuums““ (Gumplovicz) aus der soziologischen Betrachtung treten wir entgegen. Wir verkennen nicht, daß das Individuum hervorgewachsen ist aus den Verhältnissen, daß es das, was es geworden, den Verhältnissen, aus denen es entstanden ist, verdankt; aber wir übersehen auch nicht, daß der einzelne auch selbst wieder einwirkt auf die Verhältnisse, und um so kräftiger, je bedeutender seine Persönlichkeit ist.“ Wenn ich Merkel recht verstehe, steht er genau auf demselben Standpunkte.

Das Verbrechen kann und soll aber auch in seinen individuellen Wurzeln bekämpft werden, als eine im Leben des einzelnen sich konkretisierende soziale Erscheinung. Der Waffen in diesem Kampfe gibt es gar viele. Eine von ihnen ist die staatliche Strafe. Damit erst entsteht der Begriff der Kriminalpolitik. Sie ist nach meiner Auffassung der Inbegriff der Grundsätze über die Bekämpfung des Verbrechens in der Person des Verbrechers durch die Strafe und die dieser verwandten Maßregeln.

Ich kann an dieser Stelle nicht untersuchen, durch welche Kennzeichen sich die Strafe von anderen staatlichen Maßregeln zur Bekämpfung des Verbrechens in der Person des einzelnen unterscheidet. Die wichtige und schwierige, bisher kaum in Angriff genommene Bestimmung des Strafbegriffes muß hier auf sich beruhen. Wir können, um die Beziehungen zwischen Kriminalpolitik und Strafrecht festzustellen, von denjenigen Fällen ausgehen, in welchen wir es nach unbestrittener Ansicht mit Strafe zu tun haben. Auf diese Weise werden wir am sichersten zu einer Abgrenzung der beiden Gebiete gelangen, deren Verwirrung Mittelstädt uns vorwirft.

Zugleich wird damit auch meine Stellung zu Pfenningers Auffassung klar werden. Dieser will (S. 59) den kriminalpolitischen Bestrebungen nicht entgegentreten, soweit sie sich entweder vor begangenem Verbrechen oder dem entlassenen Verbrecher gegenüber zur Geltung bringen wollen. Aber Gesetz und Verfahren und Strafvollzug sollen unberührt bleiben. Pfenninger befindet sich in einer argen Täuschung, wenn er meint, damit der Kriminalpolitik wie dem Strafrecht die richtige gesonderte Stellung zugewiesen und so die große Frage erledigt zu haben. Er hat vielmehr die Kriminalpolitik einfach zum Tempel hinausgeworfen. Gerade erst von dem Augenblicke ab, in welchem die Strafe als anzudrohende, zu verhängende, zu vollstreckende, in Frage steht, und nur solange, als dies der Fall ist, beginnt der Streit um den Einfluß der Kriminalpolitik auf das Strafrecht. Daß vorher wie nachher die Kriminalpolitik — in ihren äußersten Ausläufern — einzusetzen berechtigt sei, das haben wir schon längst gewußt.

Ich möchte, vorbehaltlich besserer Belehrung, in folgender Weise unterscheiden:

1) Der Kriminalpolitik fällt zunächst die Aufgabe zu, die Fälle genau zu umschreiben, in welchen der Schutz

durch die staatliche Strafe einzutreten hat; und die anzuwendenden Strafmittel im allgemeinen zu bestimmen. Die logisch-technische Rechtswissenschaft kann ihr dabei wertvolle Diense leisten; insbesondere fällt ihr die Fassung der gesetzlichen Begriffsbestimmungen zu. Aber die Abfassung eines Strafgesetzbuchs ist in erster und letzter Linie ein Akt der Kriminalpolitik. Das werden auch unsere Gegner bei ruhiger Betrachtung nicht bestreiten wollen.

2) Solange unsere Strafgesetzgebung an dem, in seiner hohen politischen Bedeutung bereits erörterten Satze festhält: nullum crimen sine lege, ebensolange ist die Feststellung, daß der Tatbestand eines Verbrechens als der Voraussetzung für den Eintritt der Strafgewalt des Staates vorliegt, ein ausschließlich richterlicher, nach Rechtsgrundsätzen erfolgender Akt. Damit ist, wie bereits erwähnt, die Fortdauer des Strafrechts zweifellos gesichert. Die Kriminalpolitik hat damit gar nichts zu schaffen. Das wird von meiner Seite als unbestreitbar zugegeben.

3) Ganz anders verhält es sich mit dem zweiten der oben erwähnten Sätze. Nulla poena sine lege bedeutet die gesetzliche Bestimmung der im Einzelfall anzuwendenden Strafe nach Inhalt und Umfang (Art und Größe). Dieser Satz, der folgerichtig durchgeführt, ausschließlich absolute Strafdrohungen fordert, ist in unserer heutigen Gesetzgebung bereits durchbrochen. Die Strafgesetzbücher der Gegenwart lassen dem Richter, von den seltensten Ausnahmefällen abgesehen, die Wahl zwischen einer großen Zahl von Strafgrößen, meist auch zwischen zwei oder mehreren Strafarten. Innerhalb der gesetzlichen Strafrahmen bestimmt der Richter, und nicht das Gesetz, die Strafe.

Das System der gesetzlichen Strafrahmen wird von uns nicht grundsätzlich angefochten, wenn auch die verschiedenartigsten Umgestaltungen unter Beibehaltung der bisherigen Grundlage in Vorschlag gebracht worden sind.

Ueber die Strafzumessung innerhalb der Strafrahmen gehen dagegen die Meinungen auseinander. Nach den Anhängern der Vergeltungsstrafe hat der Richter nach Rechtsgrundsätzen im Einzelfall das Gleichmaß zwischen Schuld und Sühne zu finden. Die Verteidiger der Zweckstrafe wollen, daß über das Maß der Strafe (Art und Dauer) der im Einzelfall mit der Strafe zu verfolgende Zweck, also eine kriminalpolitische Erwägung entscheide. Ich habe bereits betont, daß ich diesen Gegensatz nicht für einen unversöhnlichen halte. Auch wollen ja, was Pfenninger übersehen zu haben scheint, die Anhänger der heute tonangebenden „gemischten" Theorien gerade hier die möglichste Berücksichtigung der „Strafzwecke". Aber die Meinungsverschiedenheit mußte an dieser Stelle erwähnt werden.

Die Verfolgung des Zweckgedankens in der Strafe fordert nach meiner Meinung aber weiter, daß die richterliche Zumessung der Strafe, wenigstens in gewissen Fällen, keine endgültige sei, daß vielmehr die Wirkung des Strafvollzuges, also die Erreichung oder Nicht-Erreichung des im Einzelfalle verfolgten Strafzweckes, die Dauer der Strafe bestimme. Auch diese Forderung, im geltenden Recht durch die „bedingte Entlassung" teilweise, wenn auch recht ungenügend verwirklicht, kann nach meiner Meinung, trotz aller entgegenstehenden Behauptungen, mit der Vergeltungsidee in Einklang gebracht werden.

Auf diesem ganzen wichtigen Gebiete der Strafzumessung wogen also die Meinungen noch heftig und verworren auf und ab; aber die Verständigung ist nicht ausgeschlossen.

4) Sobald der Strafvollzug einsetzt, ist die Funktion des Strafrechts zu Ende und die Kriminalpolitik tritt in ihr volles Recht. Selbst die Anhänger der Vergeltungsstrafe leugnen nicht, daß der Strafvollzug bestimmte Zwecke zu verfolgen hat[1]. Wie man diese Zwecke fassen will, ist für unsere heutige Untersuchung völlig gleichgültig.

Ich weiß nicht, ob und inwieweit selbst meine näheren Freunde diese von mir aufgestellten Sätze billigen. Die Verhandlungen der nächsten allgemeinen Versammlung der I.K.V. werden darüber Auskunft geben. Ich weiß auch nicht, ob

1) Mittelstädts Abneigung gegen die rückhaltlose Anerkennung dieses Satzes beruht auf seiner Unklarheit über die Stellung, die er selbst der Zweckstrafe gegenüber einnimmt. Keiner hat den Zweck der Strafe: Schutz der Rechtsordnung, schärfer betont, als gerade er (siehe oben S. 53). Und wer mit Pfenninger fordert, daß die Strafe ein Uebel sei und bleibe, hat damit bereits den Zweckgedanken in den Strafvollzug hineingetragen.

ich, nachdem ich die Ansichten anderer gehört habe, in vollem Umfange an meiner heutigen Auffassung werde festhalten können.

Aber auf all das kommt es hier nicht an. Ich habe die teilweise Berechtigung des von Mittelstädt uns, freilich in anderer und recht unklarer Form, gemachten Vorwurfes zugegeben, daß wir uns über das Verhältnis der Kriminalpolitik zum Strafrecht niemals mit genügender Bestimmtheit ausgesprochen hätten. Ich habe versucht, diesem Vorwurf die zutreffende, scharfe Fassung zu geben, ihn auf sein Maß zurückzuführen, und damit zugleich das Kampffeld enger abzustecken.

Irre ich mich nicht, so stände demnach die Sache so: 1) Die Strafgesetzgebung ist unzweifelhaft Sache der Kriminalpolitik. 2) Der Schuldspruch muß, unter Vereinfachung der gesetzlichen Verbrechensbegriffe, nach festen Rechtsregeln, auf Grund einer logisch-juristischen Schlußfolgerung, gefällt werden. 3) Für die Strafzumessung verlangen wir, in wenigstens scheinbarem Gegensatze zur klassischen Schule, die Herrschaft kriminalpolitischer Erwägungen. 4) Diese spielen notwendig und unabweisbar die Hauptrolle im Strafvollzug.

Das eigentliche Streitgebiet wird demnach durch die Strafzumessung gebildet. Aber auch hier hat uns die herrschende Richtung in dem landesherrlichen Begnadigungsrecht, ganz besonders aber in der bedingten Entlassung, heute schon tiefeinschneidende Zugeständnisse gemacht.

Auch wir können uns einer uns entgegenkommenden Gesetzgebung gegenüber zu einer Abschwächung unserer Forderung verstehen. Aber diese praktischen Zugeständnisse, diese Dankbarkeit für Abschlagszahlungen mit Fristerstreckung für die Restforderung, bedeuten kein auch nur teilweises Aufgeben des grundsätzlichen Standpunktes. Wie Pfenninger (S. 46 und 60) richtig bemerkt, hat Ferri früher die Grenzlinie zwischen dem Herrschaftsgebiete der Kriminalpolitik und des Strafrechts in der Weise zu bestimmen versucht, daß er jener (von anderen Gruppen abgesehen) die jugendlichen und die unverbesserlichen Verbrecher, diesem alle übrigen zuwies. Daß eine derartige Aufteilung des Strafrechts wissenschaftlich unhaltbar ist, bedarf keines Nachweises. Ferri hat sie auch selbst aufgegeben. Wohl aber wäre es durchaus möglich, diese Trennung zur Grundlage eines legislatorischen Kompromisses zu machen. Ich wäre durchaus zufrieden, wenn die von uns geforderte Umgestaltung zunächst nur bezüglich der Jugendlichen und der Unverbesserlichen durchgeführt würde.

Dabei soll es uns auf den Namen nicht ankommen, den man dem Kinde geben will. Das ist ja die liebenswürdigste Seite in dem Verhalten unserer Gegner, daß sie zufrieden sind, wenn die altehrwürdigen Etiketten geschont werden. In der „Bestrafung" des Gewohnheitsverbrechers darf das „Gleichmaß zwischen Schuld und Sühne" nicht überschritten werden; aber gegen lebenslange oder doch sehr langwierige „Sicherheitsmaßregeln" nach verbüßter Strafe haben die Gegner nichts einzuwenden. Zwei Jahre Gefängnis gegen den unverbesserlichen Landstreicher gestattet die „vergeltende" Gerechtigkeit nicht; aber fünf Jahre des wesentlich empfindlicheren Arbeitshauses würden uns die Gegner wohl zugestehen. Laßt es uns also Sicherungsmaßregel und Arbeitshaus nennen; laßt uns nehmen, was wir bekommen können.

Man mißverstehe mich nicht. Von meinem grundsätzlichen Standpunkte aus ist und bleibt diese Verquickung einer kurzen und eindruckslosen „Strafe" mit einer langdauernden und einschneidenden „korrektionellen Nachhaft" ein lächerlicher Widersinn. Aber wir verlangen eine Umgestaltung der Gesetzgebung, und die ist ohne Kompromisse nicht zu erzielen. Kein Kompromiß aber wird mir leichter werden, als der Verzicht auf einen bestimmten Namen. Wem der Schlauch mehr wert ist als der Wein, der mag getrost den neuen Wein in den alten Schlauch gießen.

Allerdings bringt die von den Gegnern gewünschte Trennung der Strafe von den Sicherungsmitteln scheinbar eine weitere Scheidung mit sich: die der Strafrechtspflege von der Verwaltung. Aber auch diese Scheidung ist nicht besonders tragisch zu nehmen. Ist denn z. B. in Preußen diese Trennung beim Strafvollzug durchgeführt? Und liegt zwei verschiedene Druckerfirmen den Druck einer Schrift übernehmen können. Und damit sind wir auf einem Gebiete angelangt, auf dem von einer Meinungsverschiedenheit nicht mehr gesprochen werden kann. Ich verweise statt aller anderen auf Berner S. 196, der sich der unwidersprochenen Aeußerung des Bundeskommissärs von Brauchitsch (Sten. Ber. 1874, S. 394) vollinhaltlich anschließt. Entweder werden einzelne Teile der Schrift bei verschiedenen Firmen gedruckt: dann muß jede einzelne auf dem Teile, den sie gedruckt hat, sich als Drucker bezeichnen. Oder dem einen Drucker helfen andere Firmen auf seine Rechnung bei Herstellung des Druckes: dann ist er preßrechtlich für die ganze Druckschrift verantwortlich, und nur sein Name und sein Wohnort fungiert auf dem Buche und eventuell in dem nach § 21 Preßgesetz gefällten Schuldurteil.

Ich kann nicht einsehen, warum die Sache bezüglich des Verlegers anders liegen sollte. Die Angabe: „verlegt in Leipzig, Pest und Wien" ist juristisch eine Monstrosität; das Buch kann nicht ein deutsches, österreichisches und ungarisches gleichzeitig sein und der Verleger kann nicht fortwährend gleichzeitig in allen drei Städten seinen Wohnort haben. Ein Argument gegen die hier vertretene Ansicht kann also aus dieser buchhändlerischen Gepflogenheit wohl nicht hergeleitet werden.

2) Wenn es nun auch unmöglich ist, daß dieselbe Schrift gleichzeitig an verschiedenen Orten erscheint, so ist es ganz gut denkbar, daß sie von verschiedenen Orten aus vertrieben oder verbreitet wird. Ich nehme an, ein Lyoner Verleger habe einen Agenten in Paris, einen anderen in Leipzig, einen dritten in Petersburg; das erste Drittel der Bücherballen erhält der Agent in Paris, das zweite der in Leipzig, das dritte der in Petersburg; die Agenten versenden von den genannten Orten ihre Exemplare an die Sortimentsbuchhandlungen in Frankreich, Deutschland, Rußland. Hier ist Lyon der Ausgabeort, die Schrift mithin eine französische, in preßpolizeilicher Beziehung dem französischen Rechte unterworfen; die Verbreitung aber erfolgt, von drei verschiedenen Zentren aus, in Frankreich und in Deutschland und in Rußland.

Es läßt sich nun allerdings nicht leugnen, daß in manchen Fällen — praktisch dürften sie wohl nicht zahlreich sein — die Entscheidung, ob Versendung zur Verbreitung oder Beginn der Verbreitung selbst, mit gewissen Schwierigkeiten verknüpft ist. Man nehme an, der Lyoner Verleger hätte von Lyon aus nicht an 3, sondern an 5, 10, 100 oder 1000 Agenten Exemplare seiner Schrift zur Weiterverbreitung geschickt. Eine ziffermäßige Abgrenzung ist hier freilich nicht möglich. Aber mit ganz analogen Schwierigkeiten kämpft unsere Praxis täglich, und wohl meist mit Erfolg. Mit Beruhigung können wir ihr im konkreten Falle die Entscheidung darüber überlassen, ob der Verleger die Schrift nur ausgegeben oder ob er sie auch verbreitet hat.

3) Die Fassung der gestellten Frage ist mithin eine vollkommen korrekte. Sie setzt voraus, daß eine und dieselbe Druckschrift an einem Orte erschienen ist, aber von verschiedenen Orten aus verbreitet wurde. Wie ist hier das forum delicti commissi zu bestimmen? Die nächste Antwort ist eine durchaus einfache. Wenn an dem Orte, von welchem aus die Verbreitung erfolgte, der Gerichtsstand der begangenen Tat gegeben ist, so ist hier, wo Verbreitung von mehreren selbständigen Zentren aus vorliegt, an jedem dieser Orte das forum d. c. begründet. Aber dieser Satz bedarf der Erläuterung. Erst mit dieser beginnen die Schwierigkeiten, deren Lösung, bei dem heutigen Stande der strafrechtlichen Wissenschaft, insbesondere dem der Lehre von der Verbrechenskonkurrenz, eine allgemein überzeugende und befriedigende nicht sein kann.

Haben die an Herstellung und Ausgabe der Druckschrift beteiligten Personen ein Delikt oder mehrere, und wenn letzteres der Fall, haben sie diese mehreren Delikte durch eine Handlung oder durch mehrere begangen? Das ist die Frage, die wir zunächst zu beantworten haben. Von den mehreren ersten Verbreitern können wir absehen; denn jeder einzelne von ihnen hat sich dadurch, daß er den Beginn der Verbreitung veranlaßte, gewiß nur eines Deliktes schuldig gemacht.

Die strafbare Tätigkeit besteht bei den Preßdelikten in dem Verbreiten der Druckschrift; in jener eigentümlichen,

17. Ueber den Einfluss der soziologischen und anthropologischen Forschungen auf die Grundbegriffe des Strafrechts.

(Gutachten für die Allg. Versammlung der I.K.V. 1893; Mitteilungen, Bd. IV.)

I. Als wir im geschäftsführenden Ausschuß der Internationalen kriminalistischen Vereinigung die Fassung der Frage feststellten, mit deren Besprechung die Beratungen unserer vierten allgemeinen Versammlung in Paris eröffnet werden sollen, waren wir uns darüber durchaus klar, daß damit das gesamte Arbeitsprogramm der I.K.V. aufgerollt werde. Den Anregungen, welche die „kriminal-anthropologischen und kriminal-soziologischen Untersuchungen" der durch sie verjüngten Strafrechtswissenschaft gegeben haben, verdankt unsere Vereinigung ihre Entstehung. Und ihre Daseinsberechtigung liegt einzig und allein darin, daß sie diesen Anregungen mit kritischem Blicke folgt, um die durch sie bedingte Umgestaltung der Strafgesetzgebung (das Wort im weitesten Sinne genommen) wissenschaftlich vorzubereiten und praktisch anzubahnen.

Es kann mithin auffallend, vielleicht sogar bedenklich erscheinen, wenn erst nach jahrelangem Bestande der Vereinigung, nach unermüdlich fortgesetzter Beratung einer ganzen Reihe von praktischen Einzelfragen, in allgemeiner und grundsätzlicher Fassung die Frage nach dem Einflusse der neuen Anschauungen auf die strafrechtlichen Grundbegriffe aufgeworfen und zur Erörterung gestellt wird.

Bei genauerer Betrachtung dürfte sich jedoch sofort zeigen, daß die Stellung dieser allgemeinen Frage, und insbesondere ihre Stellung in diesem Augenblicke, nicht nur unbedenklich, gerechtfertigt, zweckmäßig, sondern daß sie geradezu notwendig war.

Die bisherigen Beratungen unserer internationalen Versammlungen betrafen Fragen, die, wenn ich so sagen darf, auf neutralem Boden erörtert und entschieden werden konnten. Die kurzzeitige Freiheitsstrafe und ihre Ersatzmittel, die bedingte Verurteilung, die Umgestaltung der Geldstrafe, die Zwangsarbeit ohne Einsperrung, die Behandlung der Jugendlichen und der Rückfälligen, die Berücksichtigung der Interessen des Verletzten — das alles sind Probleme, bei deren Lösung die grundsätzlichen Anschauungen über Wesen und Aufgabe der Strafe zwar gewiß von mitbestimmendem Einfluß, aber nicht von so entscheidender Bedeutung sind, daß sie das Zusammenwirken von Männern verschiedener Richtung ausschließen würden.

Diese Versuche, auf praktischem Gebiete bei einzelnen Fragen der Gesetzgebung zu einer Verständigung zu gelangen, sind durchaus gelungen. Getreu ihrem Programm wird die I.K.V. diese Versuche ununterbrochen fortsetzen; ohne jede vorgefaßte Meinung, ohne jeden Doktrinarismus wird sie an der Hand der etwa nachträglich geltend gemachten erheblichen Einwände die gewonnenen Ergebnisse stets aufs neue kritisch überprüfen und, wenn nötig, berichtigen. Dabei wird die wechselseitige Anregung der allgemeinen Versammlungen und der einzelnen Landesgruppen nach wie vor für unsere Arbeiten von eigenartigem und ganz unschätzbarem Werte sein.

Aber daneben war es an der Zeit, auch die Grundlage selbst genauer zu bezeichnen, auf der die Vereinigung steht. Man hat wiederholt, zuletzt auf dem Brüsseler Kriminal-Anthropologen-Kongreß 1892, den grundlegenden Gegensatz zwischen der „klassisch-juristischen" und der „kriminal-anthropologischen" oder „kriminal-soziologischen" Schule (die beiden Ausdrücke wurden vielfach als gleichbedeutend gebraucht) hervorgehoben. Besteht dieser Gegensatz? und worin besteht er? Welches ist die Stellung der I.K.V. in dem Widerstreit der beiden Richtungen? Wo beginnt und wo endet der Einfluß den wir den neuen Anschauungen der Strafgesetzgebung gegenüber verlangen?

Das ist die brennende Frage, die eine unzweideutige Antwort fordert. Es ist für mich außer allem Zweifel, daß wir diese Antwort heute noch nicht geben können. Gerade weil die I.K.V. keine dogmatische Sekte, sondern eine Verbindung von Fachmännern zu gemeinsamer Arbeit ist, besitzt sie keine Schulformeln, keine fertigen, für alle Fälle ausreichenden Regeln zur Lösung der auftauchenden Zweifel; bedarf es der gegenseitigen, ehrlichen und wiederholten Aussprache ihrer Mitglieder, um durch die berichtigende und befruchtende Klärung der Anschauungen allmählich zu einer Verständigung über die wissenschaftliche Grundanschauung zu gelangen. Eben darum handelt es sich heute, wie wir ausdrücklich betont haben, nur um eine „allgemeine und vorbereitende Besprechung der Frage". Aber der Versuch einer Beantwortung muß gemacht und er muß so oft wiederholt werden, bis er gelingt. Denn auf die Dauer ist gemeinsame Arbeit auch an einzelnen praktischen Aufgaben nur unter der Voraussetzung mit Aussicht auf Erfolg möglich, daß die Mitarbeiter entweder von derselben wissenschaftlichen Grundauffassung ausgehen oder doch wenigstens sich die Verschiedenheit ihrer Auffassung zu völlig klarem Bewußtsein gebracht haben.

II. Ehe ich meine Antwort auf unsere erste Frage (eine Antwort, die aus dem soeben angegebenen Grunde nur eine vorläufige sein kann) entwickle, muß ich die von mir zu verwendende Terminologie feststellen.

Ich verstehe unter Strafrecht den Inbegriff derjenigen Rechtsregeln, durch welche die Strafe als Rechtsfolge an das Verbrechen als Tatbestand geknüpft wird. Die Aufgabe der sogenannten Strafrechtswissenschaft ist demnach die systematische Zusammenfassung und Entwicklung dieser Rechtsregeln. Rechtssätze sind ihr Gegenstand; und die Logik ist ihre Methode. Wenn man also für den Begriff einer Wissenschaft erfordert, daß sie sinnfällige Erscheinungen in ihrem gesetzmäßigen Zusammenhange untersucht, so fällt die sogenannte Strafrechtswissenschaft, wie die Rechtswissenschaft überhaupt, zweifellos nicht unter den Begriff der Wissenschaft. Insoweit bin ich mit meinem verehrten Freunde Gauckler (Mitteilungen IV 119) durchaus einverstanden. Man mag sie als Kunst bezeichnen (ars aequi ac boni) oder als Fertigkeit, wie man will. Mir kommt es nicht auf den Namen, sondern auf die Tatsache an, daß die Aufgabe der theoretischen Jurisprudenz in der logischen Verknüpfung der Begriffe sich erschöpft.

Ich verstehe unter Kriminal-Soziologie die wissenschaftliche Untersuchung des Verbrechens, als einer sinnfälligen Erscheinung, in seinen Ursachen und in seinen Wirkungen; also die Aufsuchung der die Kriminalität bestimmenden Gesetze. In diesem Sinne schließt, was ich hier wohl nicht weiter auszuführen brauche, der Ausdruck die sogenannte Kriminal-Anthropologie in sich[1]); ich werde von dieser daher, in anscheinender Abweichung von der Fassung unserer Frage, überhaupt nicht mehr sprechen. Keinem Zweifel kann es unterliegen, daß die Kriminal-Soziologie eine Wissenschaft im strengen Sinne des Wortes und zwar ein Zweig der Soziologie ist; ebenso, daß sie keine andere Methode kennen kann, als die allen wahren Wissenschaften gemeinsame: die unbefangene, methodische Beobachtung gegebener Tatsachen.

Somit aber dürfte jetzt schon klar sein, daß zwischen der Soziologie als Wissenschaft und der Jurisprudenz als Kunst, da sie beide nach Gegenstand und Methode völlig voneinander verschieden sind, ein wirklicher Gegensatz überhaupt nicht bestehen kann.

Aber ich muß noch eine Bemerkung voranschicken. Mit der wissenschaftlichen Untersuchung der Kriminalität ist es nicht getan. Wir wollen das Verbrechen bekämpfen. Ich nehme an, daß dieser Satz in unseren Kreisen unbestritten ist. Damit aber entsteht für mich der (gerade von der italienischen Schriftstellern vernachlässigte) Begriff der Kriminal-Politik. Sie ist die geordnete Zusammenfassung der Grundsätze (hier im Sinne von Klugheitsregeln), nach welchen der

1) Auch Ferri spricht von der sociologia criminale in demselben weiteren Sinne, wie ich es tue.

Kampf der Rechtsordnung gegen das Verbrechen zu führen ist. Sie stützt sich auf die Kriminal-Soziologie; denn man kann das Verbrechen nicht bekämpfen, ohne es vorher als eine bestimmten Gesetzen unterworfene Erscheinung erkannt zu haben. Und insoweit, aber auch nur insoweit, also nur in ihrer soziologischen Grundlage, ist die Kriminalpolitik Wissenschaft im strengen Sinne des Wortes. Aber sie ist mehr als Soziologie; oder doch etwas anderes als diese. Die wissenschaftliche Erkenntnis ist ihr nur Mittel zum praktischen Zweck: Kampf gegen das Verbrechen. Sie ist, wenn man so will, angewandte Wissenschaft.

Die Kriminalpolitik aber bildet die eigentliche Aufgabe für die Arbeiten unserer Vereinigung. Wenn unser Name das nicht sagt, so liegt das einzig und allein darin, daß es für dieses Gebiet unserer Tätigkeit eine allgemein bekannte und anerkannte Bezeichnung nicht gibt. Selbst der Ausdruck „Kriminologie", der in allerjüngster Zeit Bürgerrecht in verschiedenen Sprachen erlangt hat, wird dem nicht gerecht, was wir wollen; er bezeichnet die wissenschaftliche Grundlage, aber nicht das wesentliche in dem Kampfe gegen das Verbrechen.

Und nunmehr bin ich im stande, den Sinn unserer Frage genauer festzustellen. Da wir alle innerhalb der I.K.V. (das nehme ich an) von der Notwendigkeit überzeugt sind, die in ihrer Gesetzmäßigkeit wissenschaftlich erkannte Kriminalität nach festzustellenden Regeln zu bekämpfen, so lautet die große Frage: „*Welches ist der Einfluß dieser unserer kriminal-politischen Grundanschauung auf die juristischen Grundbegriffe des Strafrechts?*" Wir hätten ebensogut fragen können: Was verlangt die I.K.V. von der Strafgesetzgebung?

III. Vor allem muß ein naheliegendes Bedenken beseitigt werden: bedarf es denn noch jener Kunst des Juristen? sollen wir wirklich jenes veraltete Gebäude verwickelter Begriffe, das wir Strafrecht nennen, noch weiter mit abergläubischer Scheu betrachten und mühsam vor dem Einsturz bewahren, statt mit frischem Mute die morsch gewordenen Mauern niederzubrechen, um Platz für den kühnen Neubau der Kriminalpolitik zu gewinnen? Wenn wir den Mut hätten, unsere Strafgesetzbücher durch den einzigen Paragraphen zu ersetzen: „Jeder gemeingefährliche Mensch ist im Interesse der Gesamtheit so lange als nötig unschädlich zu machen" — so hätten wir mit einem Schlag den ganzen Wust von Lehrbüchern und Handbüchern, von Kommentaren und Monographien, von Streitfragen und Gerichtsentscheidungen hinweggefegt; die Juristen hätten abgedankt zu Gunsten des „sozialen Hygienikers"; ohne all den Formel-Krimskrams der „klassischen Kriminalisten" könnte im Einzelfalle die Entscheidung gefällt werden, die der Gesamtheit frommt.

Wird es so kommen? soll es so kommen?

Mir liegt die Antwort auf diese Frage sehr am Herzen. Sie muß ganz klar beantwortet werden, ehe wir weiter gehen können. Und ich habe bisher nirgends eine klare Antwort gefunden. Auf dem Brüsseler Kongreß habe ich meine eigene Ansicht ausgesprochen; aber ich fürchte, nicht völlig verstanden worden zu sein. Ich darf also wohl noch einmal sagen, weshalb mir die Zukunft der juristischen Schule des Strafrechts neben der soziologischen Kriminalpolitik zweifellos erscheint.

Nach meiner Meinung ist, so paradox es klingen mag, das Strafgesetzbuch die magna charta des Verbrechers. Es schützt nicht die Rechtsordnung, nicht die Gesamtheit, sondern den gegen diese sich auflehnenden Einzelnen. Es verbrieft ihm das Recht, nur unter den gesetzlichen Voraussetzungen und nur innerhalb der gesetzlichen Grenzen bestraft zu werden. Der Doppelsatz: nullum crimen sine lege, nulla poena sine lege — ist das Bollwerk des Staatsbürgers gegenüber der staatlichen Allgewalt, gegenüber der rücksichtslosen Macht der Mehrheit, gegenüber dem „Leviathan". Ich habe seit Jahren das Strafrecht gekennzeichnet als „die rechtlich begrenzte Strafgewalt des Staates". Ich kann jetzt auch sagen: das Strafrecht ist die unübersteigbare Schranke der Kriminalpolitik. Und es wird und soll das bleiben, was es heute ist.

Damit ist die uns beschäftigende Frage in den großen Zusammenhang der politischen Entwicklung gestellt. Im

Strafrecht verteidigen wir die individuelle Freiheit gegenüber den Interessen der Gesamtheit. Nicht wer „gemeingefährlich“ ist, sondern nur, wer ganz bestimmte, im Gesetze genau bezeichnete gemeingefährliche Handlungen begangen hat, verfällt der Staatsgewalt. Das ist der Sinn des Satzes: nullum crimen sine lege. Und wer aus diesem Grunde der Staatsgewalt verfällt, der ist nicht vogelfrei, nicht recht- und schutzlos; sondern auch das Uebel, das ihn treffen kann, ist gesetzlich ein für allemal bestimmt. Das ist der Sinn des Satzes: nulla poena sine lege. So bleiben auch für den Kriminalpolitiker der Zukunft die Begriffe: Verbrechen und Strafe unantastbar bestehen.

Und solange sie bestehen bleiben, haben die Juristen in alter Weise ihr Handwerk zu üben. Sie haben als Rechtslehrer die Rechtsregeln, die der Staat aufgestellt, nach der logischen Methode zusammenzufassen und zu zerlegen, sie im geschlossen systematischen Aufbau den Schülern zu überliefern. Sie haben als Rechtspfleger auf den gegebenen Einzelfall die Rechtsregel anzuwenden, an den einzelnen Tatbestand, das Verbrechen, als Rechtsfolge die Strafe zu knüpfen. Das haben wir Juristen bisher getan, und das werden wir fernerhin tun. Daran wird keine Entwicklung der Kriminalpolitik und ihrer soziologischen Grundlagen etwas ändern.

Oder täusche ich mich über den Zug der Zeit? Der liberale Individualismus, der die Interessen des einzelnen gegenüber jenen der Gesamtheit in erster Linie betonte, der Geist der Aufklärungszeit und der aus dieser hervorgegangenen großen französischen Revolution hat uns die scharfe Begrenzung der staatlichen Strafgewalt gebracht; wird diese der hereinbrechenden sozialistischen Strömung Widerstand zu leisten vermögen?

Ich begrüße diese Strömung; und ich würde sie selbst dann begrüßen, wenn sie das Strafgesetzbuch samt seinen Erklärern und Anwendern hinwegspülen sollte. Aber ich bin überzeugt, daß sie es nicht tun wird. Dem sozialistischen Staat wird die Strafe ebenso unentbehrlich sein, wie unserer heutigen Rechtsordnung, mag auch das Gesamtbild der Kriminalität ein anderes werden. Aber eben darum, weil er die Interessen der Gesamtheit schärfer betont als wir es heute tun, weil er intensiver, zielbewußter und rücksichtsloser gegen den sich auflehnenden einzelnen vorgehen muß, wird er um so genauer die Voraussetzungen feststellen müssen, unter welchen der einzelne der Gesamtheit verfällt, und die Grenzen bestimmen müssen, bis zu welchen die Einbuße an Rechtsschutz gehen darf. Die Begriffe Verbrechen und Strafe werden trotz aller Wandlungen unseres Rechtslebens unentbehrlich bleiben, und mit ihnen das Strafrecht.

Es kann sein, daß ich mich täusche; aber ich glaube es nicht. Soweit ich die sozialistische Literatur kenne, habe ich nirgends die grundsätzliche Forderung nach Beseitigung der Strafgesetzbücher gefunden. Und sollte auch der Berufsstand der Juristen völlig schwinden, sollte auch vom „Volke" unmittelbar das Recht gesetzt und angewendet werden: das Recht selbst wird bleiben und seine Anwendung wird niemals etwas anderes sein, als eine juristische, d. h. logische, Tätigkeit.

IV. Dennoch wird der Sieg der modernen kriminalpolitischen Auffassung einen mächtigen Einfluß auf die Umgestaltung der „juristischen Grundbegriffe des Strafrechts" ausüben. Da nach meiner Auffassung Kriminalpolitik die systematische Bekämpfung der in ihren Ursachen und Wirkungen wissenschaftlich (d. h. in ihrer Gesetzmäßigkeit) erkannten Kriminalität bedeutet, so muß sie, und mit ihr ihre Schranke, das Strafrecht, durch alle Fortschritte der Kriminalsoziologie beeinflußt werden; sie wird stets im Flusse der wissenschaftlichen Entwicklung stehen und stehen müssen. Darin liegt ihr unvergänglicher Reiz.

Es ist daher nicht zu verwundern und es war nicht zu vermeiden, daß die Grundbegriffe des Strafrechts, daß die beiden Begriffe „Verbrechen" und „Strafe" infolge unserer soziologischen Betrachtung und Auffassung der Kriminalität eine tiefgreifende wissenschaftliche Umgestaltung erfahren haben. Aber der Wechsel in dem Inhalt der beiden aus der dunkelsten Vorzeit des Menschengeschlechts stammenden Begriffe hat sich eben darum nicht plötzlich vollzogen. Ueberall knüpfen wir an Vorstellungen an, die auch unseren Vätern geläufig waren, stehen wir mit unseren Anschauungen wie mit unseren Bestrebungen auf uraltem Kulturboden.

Die moderne kriminalpolitische Auffassung führt notwendig und unmittelbar zu einer schärferen Betonung des Zweckgedankens in der Strafe. Als ihre Aufgabe erscheint Schutz der Rechtsordnung[1]) durch Bekämpfung des Verbrechens in der Person des Verbrechers, also in den individuellen Triebfedern, die diesen zu seiner Tat bestimmt haben.

Die moderne sozialpolitische Auffassung führt aber weiter auch zu der Erkenntnis, daß die Wirkung der Strafe eine viel beschränktere ist, als man das heute noch in vielen, zum Teil auch in maßgebenden Kreisen anzunehmen scheint.

Allerdings führt uns die Untersuchung der Ursachen der Kriminalität zunächst auf eine doppelte Faktorengruppe: die den Täter umgebenden gesellschaftlichen Verhältnisse (das milieu social) einerseits, die psycho-physiologische Eigenart des Täters andererseits. Aber die scheinbare Gleichberechtigung dieser beiden Gruppen hält (und darauf lege ich großes Gewicht) näherer Betrachtung nicht stand. Denn auch die biologische Eigenart des Verbrechers ist wieder durch die gesellschaftlichen Verhältnisse bestimmt, die 1) auf die Erzeuger des Täters, 2) auf diesen seit seiner Geburt und 3) auf ihn im Augenblicke der Tat eingewirkt haben[2]). Der Kampf gegen das Verbrechen ist daher in erster Linie nicht durch die Strafe, sondern durch Einwirkung auf die gesellschaftlichen Verhältnisse, also auf sozialpolitischem Gebiete, zu führen. Die Strafe ist nicht das einzige, nicht einmal das wirksamste Mittel zur Bekämpfung des Verbrechens. Neben die Repression tritt, dieser an Wirksamkeit weit überlegen, die Prävention. Die Rangerhöhung der vorbeugenden Maßregeln ist eines der auffallendsten Kennzeichen der modernen Richtung.

Aber auch der Begriff des Verbrechens wird umge-

1) Die beliebte Entgegenstellung von tutela giuridica und difesa sociale ist wissenschaftlich wie praktisch völlig wertlos.

2) Vergl. mein Gutachten für den Brüsseler Kriminal-Anthropologen-Kongreß, 1892.

staltet. An praktischer Tragweite bleibt diese Umgestaltung freilich weit zurück hinter derjenigen der Strafe; aber wissenschaftlich ist sie tiefergreifend und interessanter.

Die naturwissenschaftliche Betrachtung, die einzige, die dem Soziologen gestattet ist, führt notwendig zum Determinismus.

Es sei mir gestattet, meine eigne Stellung zu dieser Frage kurz zu kennzeichnen.

Mir war und ist das „Gesetz der Kausalität" nicht mehr, aber auch nicht weniger, als eine Form unseres Erkennens. Eine Veränderung in der Außenwelt ohne Ursache, ohne Wirkung: das wäre ein Widerspruch mit den Gesetzen unseres Denkens, der diesem selbst und damit aller Erkenntnis, aller Erfahrung, aller Wissenschaft ein Ende machen würde. Mithin muß auch, für unser Erkennen, jede menschliche Handlung ihre Ursache in irgend einem sinnfälligen Ereignisse haben, das seinerseits als Wirkung verursacht ist. Das ist alles, was der Determinismus behauptet; aber daran muß er auch unbedingt und ohne alle Einschränkung festhalten.

Aber wohl gemerkt: nur für unser Erkennen gibt es keine Wirkung ohne Ursache, ganz ebenso gut wie keine Ursache ohne Wirkung.

Ueber das, was jenseits unseres Erkennens liegt, soll damit und kann damit nichts ausgesagt sein. Unser Erkennen aber bewegt sich in den Grenzen von Zeit und Raum. Die Annahme einer zeitlich und räumlich unbegrenzten Kausalreihe führt über die Grenzen des Erkennens hinaus, wie ihre Leugnung. Nur für die Welt der unserem Erkennen zugänglichen Erscheinungen gilt das Kausalgesetz. Darüber hinaus beginnt das Gebiet des Glaubens. Mit der ausnahmslosen Geltung des Kausalgesetzes steht der Glaube an die Erschaffung der Welt durch einen persönlichen Gott nicht im Widerspuch; auch nicht der Glaube, daß alles Geschaffene dereinst wieder in den Schoß der Gottheit zurückkehren werde. Nur die Wissenschaft, d. h. unser geordnetes menschliches Erkennen weiß nichts von einer ersten Ursache oder einer letzten Wirkung.

Für das Recht aber kommt nur die Welt der Erscheinungen in Betracht. Nur der „empirische" Mensch kann vor den Strafrichter gestellt, verurteilt, eingesperrt oder geköpft werden. Niemals der „intelligible" Charakter. Ob dieser endlich oder unsterblich, ob er frei oder unfrei ist, das wissen wir nicht und können es niemals wissen, mögen wir auch gerade das eine oder das andere um so zuversichtlicher glauben. Der über die Grenzen des Erkennens hinausführende Determinismus ist ebenso unwissenschaftlich wie sein Gegenstück.

Der Verbrecher, der vor uns steht als Angeklagter oder als Verurteilter, ist also für uns Menschen unbedingt und uneingeschränkt unfrei; sein Verbrechen die notwendige, unvermeidliche Wirkung der gegebenen Bedingungen. Für das Strafrecht gibt es keine andere Grundlage als den Determinismus. Nochmals sei es, zur Vermeidung der beliebten Mißverständnisse, ausdrücklich gesagt: nicht der Determinismus als Weltanschauung, sondern jener Determinismus, der die ausnahmslose Geltung des Kausalgesetzes für unser Denken, also für die Welt der Erscheinungen behauptet.

Hervorragende Vertreter der deutschen „klassisch-juristischen" Schule sind denn auch bereits längst zu der Ansicht gelangt, daß das Strafrecht nur auf deterministischer Grundlage aufgebaut werden könne [1].

Von diesem (deterministischen) Standpunkte aus gelangen wir nun zu einer völlig veränderten, zugleich aber wissenschaftlich klaren und praktisch brauchbaren Auffassung der Verantwortlichkeit, wie überhaupt der subjektiven Seite des Verbrechens. Die Zurechnungsfähigkeit ist uns von diesem Standpunkte aus lediglich normale Bestimmbarkeit durch Motive, Empfänglichkeit für die durch Strafdrohung und Strafvollzug bezweckte Motivsetzung; mithin lediglich der normale Zustand des geistig reifen und geistig gesunden Menschen [2]. Nur der Zurechnungsfähige, also der normale Durchschnittsmensch, wird gestraft; dem abnorm auf

---

1) Vergl. meine Abhandlung, „Die deterministischen Gegner der Zweckstrafe" Z. XIII, S. 325 (oben S. 25).

2) Diese von mir seit langem vertretene Auffassung ist inhaltlich nahe verwandt derjenigen von Tarde, der die Verantwortlichkeit auf identité personnelle und similitude sociale gründet.

Motive Reagierenden gegenüber, mag er geistig noch nicht reif oder geistig nicht gesund sein oder sonst in einem anormalen Zustande sich befinden — treten andere Schutzmaßregeln in Anwendung.

So erhält die Strafe ihre bestimmte und eigenartige Stellung neben den Erziehungs- und Besserungs-Anstalten für jugendliche Verbrecher, neben den besonderen Asylen für geisteskranke Verbrecher und verbrecherische Geisteskranke, neben den Anstalten für gemeingefährliche Trunkenbolde u. s. w.

Für die deterministische Auffassung entfällt aber freilich dem Zurechnungsfähigen wie dem Nicht-Zurechnungsfähigen gegenüber der von der klassischen Schule überlieferte, von der Willensfreiheit untrennbare Schuldbegriff, und mit ihm der Begriff der Vergeltung. Dieser Verlust mag manchem von uns so schmerzlich erscheinen, daß er alles versucht, um ihn zu vermeiden und die auf die Verschuldung gebaute Vergeltung zu retten. Vielleicht wird der Schmerz gemindert, das Unbehagen beseitigt, wenn wir uns daran erinnern, daß jene beiden Begriffe, angeblich die unentbehrliche Grundlage des Strafrechts, ohne jeden Einfluß auf die Gesetzgebung wie auf die Rechtspflege des 19. Jahrhunderts geblieben sind. Die eklektischen Versuche, Schutzstrafe und Vergeltungsstrafe miteinander zu versöhnen, mögen wissenschaftlich gescheitert sein; ich habe das hier nicht zu untersuchen. Daß aber unsere gesamte heutige Strafrechtsliteratur unter dem Zeichen dieser Versöhnungsversuche steht, beweist zum mindesten, daß in dem Denken unserer führenden Schriftsteller der Gegensatz nicht als ein unversöhnlicher empfunden wird.

Die deterministische Auffassung führt also allerdings zur Beseitigung des Schuldbegriffs und damit zu einer völlig veränderten wissenschaftlichen Auffassung des Verbrechens; aber die praktischen Folgerungen können und müssen, so behaupte ich mit aller Bestimmtheit, auch von dem folgerichtigen Indeterminismus, also von den Anhängern der vergeltenden Gerechtigkeit, gezogen werden. Der schlagendste Beweis für die Richtigkeit dieser Behauptung liegt in der Tatsache, daß alle die praktischen Folgerungen, zu welchen wir vom deterministischen Standpunkte aus gelangen, auch von überzeugungstreuen und folgerichtigen Indeterministen gezogen worden sind.

V. Die Strafgesetzbücher also werden bleiben. Nach wie vor wird der Gesetzgeber ein für allemal bestimmen, unter welchen Voraussetzungen die Strafe einzutreten hat. Nach wie vor werden im „besonderen Teil" die einzelnen Verbrechen aufgezählt und bestimmt werden; wird der „allgemeine Teil" Vorschriften geben, die sich auf alle Verbrechen beziehen. Aber gar mancher formalistische Ballast, gar manche feine juristische Unterscheidung kann und wird dabei über Bord geworfen werden. Obwohl dieser Punkt mit dem sofort (unter VI) zu besprechenden untrennbar zusammenhängt, kann ich doch schon hier durch einige Beispiele andeuten, was ich damit meine.

Die Verbrechensbegriffe können vereinfacht werden. So ist die im deutschen St.G.B. wie in vielen anderen Gesetzbüchern durchgeführte Unterscheidung von Diebstahl und Unterschlagung vom kriminal-politischen Standpunkte aus wertlos; die scharfe, auf das Merkmal der Ueberlegung gebaute Trennung von Mord und Totschlag sogar verfehlt[1]). Welchen Einfluß eine solche Vereinfachung auf Wissenschaft und Rechtspflege üben würde, bedarf keiner weiteren Auseinandersetzung.

Die meisten Qualifikationen der einzelnen Verbrechen können fallen, wenn die Strafrahmen geändert, beziehungsweise erweitert werden. Es ist ganz zweifellos, daß zum Beispiel von den Fällen des „qualifizierten Diebstahls" die wenigsten der heutigen Gestalt des wegen seiner Gewerbsmäßigkeit gefährlichen Verbrechertums entsprechen. Ein gutes Viertel aller Paragraphen unserer Strafgesetzbücher könnte, aus dieser Erwägung heraus, gestrichen werden.

Aber auch der allgemeine Teil unserer Strafgesetzbücher läßt weitgehende Vereinfachungen zu. Ich erinnere an die verwickelte Lehre von der Teil-

---

1) Vergl. Mitteilungen Band IV S. 160 die von Prins bei Eröffnung der belgischen Landesgruppe gesprochenen treffenden Worte.

nahme. Die Aufnahme des einfachen Satzes: „wer eine Bedingung zu dem eingetretenen Erfolge gesetzt hat, ist für diesen verantwortlich" — würde einen ganzen Wust von Streitfragen beseitigen, eine kaum übersehbare Menge von Monographien in allen Kultursprachen überflüssig machen.

Der Einfluß der kriminal-politischen Auffassung wird sich also in einer *wesentlichen Einschränkung des rein logischen, begriffsmäßigen Elementes in unseren Strafgesetzbüchern* wohltätig äußern. Nur ungern wird die klassisch-juristische Schule auf manche dieser altehrwürdigen Ueberlieferungen verzichten; aber sie kann es tun, ohne sich selbst untreu zu werden; und sie wird sich verjüngen, indem sie es tut.

VI. Die auf die Ergebnisse der Kriminal-Soziologie gestützte Kriminalpolitik will durch die Strafe das Verbrechen in seinen biologischen Wurzeln, in der Person des Verbrechers, in den Triebfedern bekämpfen, die diesen zum Verbrechen geführt haben. Man kann es als den tiefsten Gegensatz zwischen der alten und der neuen Auffassung bezeichnen, daß jene den äußeren Erfolg der Tat, diese die innere Gesinnung des Täters als das in erster Linie ausschlaggebende Moment betrachtet. Unklar und verwirrend hat man diesen Gegensatz wohl so gefaßt: dort soll das Verbrech*en*, hier der Verbrech*er* gestraft werden.

Es ist wichtig, diesen Gegensatz der Anschauungen scharf ins Auge zu fassen.

„Nach der heute herrschenden Ansicht hat der Richter nur die einzelne, den Gegenstand der Anklage bildende Tat zu beurteilen, die Tat herausgerissen aus dem Leben des Täters, die auf den Isolierschemel der logisch-juristischen Abstraktion gestellte Tat; der Richter soll nicht zurückgreifen auf das, was vor der Tat gelegen ist, er darf nicht die Befürchtungen und Hoffnungen in Betracht ziehen, die der Täter für die Zukunft weckt. Für die zur Aburteilung stehende Tat soll der Täter büßen; und ist das geschehen, so betrachtet man die Tat als verbüßt: ne bis in idem.

Nach unserer Forderung dagegen soll die durch die Tat

bewiesene Gesinnung des Täters den Ausschlag geben. Seine Stellung zur Rechtsordnung, seine ganze Vergangenheit und was sie für die Zukunft erwarten läßt, soll bestimmend sein für Art und Maß der Strafe. Ob der Angeklagte das erste Mal vor Gericht steht oder ob er zu den getreuen ortskundigen Stammgästen unserer Anstalten gehört, soll entscheidend ins Gewicht fallen [1])".

Die vielbesprochene und doch noch nicht genügend geklärte Unterscheidung der Gelegenheits- und der Gewohnheitsverbrecher, wie überhaupt alle die verschiedenartigen und weit auseinander führenden Versuche, zu einer Gliederung der Verbrechergruppen zu gelangen — beruhen auf diesem Grundgedanken. Die bedingte Verurteilung verdankt ihm ihre Entstehung, ebenso wie sämtliche Maßregeln zur Bekämpfung des Rückfalls, mögen sie unter sich auch noch so weit auseinandergehen. Damit ist aber zugleich auch der nicht zu widerlegende Nachweis erbracht, daß die „alte" und die „neue" Auffassung auch in diesem Punkte einander nicht so ferne stehen, wie die streitenden Schulhäupter uns gern glauben machen möchten. Auch hier ist die auf Umgestaltung gerichtete Bewegung aus der klassischen Schule selbst herausgewachsen. Unsere Aufgabe ist es, folgerichtig und auf dem festen Boden empirischer Untersuchung weiterzuführen, was jene begonnen haben. Ich brauche nur den Namen des allseits verehrten Meisters der Kriminalpolitik, des Senators Bérenger, zu nennen, um klar zu machen, daß nicht Revolution, sondern Reformation unsere Losung ist.

Aber freilich — die Hauptsache, die vorurteilsfreie, umfassende und genaue Untersuchung der Tatsachen fehlt uns noch. Wir haben wertvolle Jahre verloren in dem umhertappenden, dilettantischen Suchen nach den anthropologischen Kennzeichen des delinquente nato und seiner minder gefährlichen Vettern. Heute ist der Traum von dem „Verbrechertypus" ausgeträumt und wir sind zur nüchternen Wirklichkeit zurückgekehrt. Wir haben einsehen gelernt, daß in weitaus den meisten Fällen der Verbrecher ein Mensch ist, genau wie wir alle, die eine glückliche Verkettung äußerer Um-

---

1) Vergl. oben S. 57.

stände vor dem Verbrechen bewahrt hat. Wir erkennen jetzt erst die gewaltige Aufgabe, die noch der Lösung harrt: die wissenschaftliche Untersuchung des Verbrechertums, um auf dieser Grundlage zu einer Einteilung der Verbrecher nach den individuellen Triebfedern des Verbrechens zu gelangen. Die Ergebnisse dieser Untersuchung — die nicht mit den toten Zahlen der Kriminalstatistik, sondern durch systematische Einzelbeobachtung zu führen ist — werden aller Voraussicht nach zu einer Vervollständigung und Verfeinerung der Einteilung in Gelegenheits- und Gewohnheits-Verbrecher führen. Aber schon jetzt kann diese Einteilung, vorbehaltlich besserer Ausgestaltung, der Gesetzgebung zu Grunde gelegt werden.

Es ist klar, daß damit das ganze System der Strafdrohungen in unseren Gesetzbüchern wesentlich geändert wird.

Jetzt besteht die Kunst des Gesetzgebers darin, für ein bestimmtes Verbrechen eine passende Strafart zu finden und diese innerhalb eines bestimmten Höchst- und Mindestmaßes dem Strafrichter zur Verfügung zu stellen. Dann sucht er nach den schwereren (qualifizierten) Fällen desselben Verbrechens, erhöht für diese Mindest- oder Höchstmaß oder beides, oder geht sogar zu einer schwereren Strafart über. Dasselbe macht er nach der anderen Seite mit den leichteren (privilegierten) Fällen. Vielleicht läßt er noch überall „mildernde Umstände" zu, und wir hätten dann glücklich sechs verschiedene Strafdrohungen, alle abgestuft nach der objektiven Schwere der Tat.

Wie anders in der Strafgesetzgebung der Zukunft! Mag man immerhin noch die einzelnen Verbrechen mit verschieden schweren Strafen bedrohen, vielleicht da und dort Höchst- oder Mindestmaße feststellen: alle weiteren Unterscheidungen können entfallen. Denn die juristische Beschaffenheit der Tat tritt zurück gegenüber der antisozialen Bedeutung des Täters. Dafür werden wir im allgemeinen Teil eine ganze Reihe von Vorschriften finden, die wir jetzt darin vergeblich suchen würden; von der bedingten Verurteilung angefangen bis zu den Bestimmungen über die Behandlung unverbesserlicher Gewohnheitsverbrecher. In diesen allgemeinen Vorschriften über die nach der Eigenart des Täters verschieden zu bestimmenden Strafmittel wird der Unterschied der neuen Strafgesetzbücher von ihren Vorgängern deutlicher, greifbarer, einschneidender als anderswo hervortreten. Nirgends wird „der Einfluß der (kriminal-anthropologischen und) kriminal-soziologischen Untersuchungen auf die Grundbegriffe des Strafrechts" größer und bleibender sein als auf dem Gebiete der *Strafzumessung*.

VII. Daran schließt sich aber unmittelbar eine weitere und letzte Erwägung. Wir suchen das Maß der Strafe in der durch die Tat bewiesenen Gesinnung des Täters. Aber wir dürfen uns über die Schwierigkeit dieser Aufgabe keiner Täuschung hingeben. Vor allem muß uns klar sein, daß der Strafrichter in den wenigen Minuten oder selbst Stunden, während welcher der Verbrecher vor ihm steht, zu einem abschließenden Urteil über dessen wahre Gesinnung, die doch den Maßstab für die Bestrafung abgehen soll, nicht zu gelangen vermag. Die Gefahr eines Fehlgriffes wird ganz wesentlich größer sein, als heute. Nicht in der Beurteilung der Schuldfrage, die nach Vereinfachung der Verbrechensbegriffe zum mindesten nicht schwerer zu beantworten sein wird, als gegenwärtig. Wohl aber in der Beurteilung der Straffrage, da hier eine gründliche Kenntnis der eigenartigen Persönlichkeit des Angeklagten unerläßlich erscheint.

Die Gefahr eines richterlichen Fehlgriffes führt unmittelbar zu einem ebenso interessanten als schwierigen Problem. Wenn die richterliche Strafzumessung eine endgültige nicht sein kann, wie gelangen wir zu einer abschließenden Festsetzung der Strafdauer? Es ist bekannt, welche Versuche gemacht oder vorgeschlagen worden sind, um diese Frage zu beantworten. Es kommt mir an dieser Stelle nicht darauf an, die einzelnen konkreten Lösungsversuche kritisch zu besprechen. Ich habe sie hier nur in ihrer grundsätzlichen Bedeutung ins Auge zu fassen.

Die durchgreifendste Lösung bietet das „unbestimmte Strafurteil", die „indeterminate sentence". Der verurteilende Richter bestimmt die Strafdauer überhaupt nicht; diese bemißt sich vielmehr nach der Erreichung oder Nicht-Erreichung des im Einzelfalle verfolgten Strafzweckes, also nach der Wirkung des Strafvollzuges. Ob und in welchem Augenblicke der Strafzweck erreicht ist, wie lange also die Strafe zu dauern hat, kann erst durch eine der Verurteilung nachfolgende, selbständige Entscheidung festgestellt werden. Es ist klar, daß diese zweite Entscheidung nicht minder wichtig ist, für die Freiheit des einzelnen wie für die Interessen der Gesamtheit, als der Schuldspruch des Richters, daß sie also mit denselben Bürgschaften umkleidet werden muß wie dieser. Es ist dabei eine Frage untergeordneter Bedeutung, ob man sie in die Hand des erkennenden Gerichtes selbst oder aber einer besonderen, sorgfältig zusammengesetzten Behörde legen will. Ich habe den letzteren Vorschlag schon vor mehreren Jahren gemacht[1]), halte auch heute noch an ihm fest, glaube aber, hier die Frage nicht weiter verfolgen zu sollen.

Bei Einführung der „unbestimmten Strafurteile" in diesem Sinne würden nur die etwa im Gesetze für das betreffende Verbrechen festgehaltenen Höchst- und Mindestmaße die obere und untere Grenze der Strafdauer bilden. Ich glaube, daß diese Unbestimmtheit, im Hinblick auf die nicht zu vermeidende Weite der gesetzlichen Strafrahmen, unserem heutigen Rechtsbewußtsein widersprechen, daß die nachfolgende Festsetzung als Willkür erscheinen würde. Ich habe daher bereits 1889 einen Vermittlungsvorschlag gemacht[2]). Der Richter mag, innerhalb des gesetzlichen Strafrahmens, die im Einzelfall zu vollstreckende Strafe durch ein Höchst- und ein Mindestmaß begrenzen. Dann kann der Verurteilte nicht eher entlassen werden, als bis jenes vom Richter bestimmte Strafmaß abgelaufen ist, mag auch der Strafzweck früher erreicht sein; und er muß mit der Erreichung des Höchstmaßes der Freiheit wiedergegeben werden, auch wenn die Nichterreichung des Strafzweckes feststeht. Dieser Vorschlag hat alle Schwächen, aber auch alle Vorzüge eines Kompromisses. Er knüpft an

---

1) Vergl. oben I 334 und 392.

2) Vergl. oben I. a. O.

das Bestehende an und führt über dieses hinaus. Er sichert dem Zweckgedanken in der Strafe einen ungleich größeren Einfluß, als dieser ihn heute besitzt. Daß mein Vorschlag auf halbem Wege stehen bleibt, bestreite ich nicht. Aber ein langsam-bedächtiges Fortschreiten scheint mir nicht unzweckmäßig, wenn nur der richtige Weg eingeschlagen ist.

Noch enger schließt sich an das geltende Recht ein dritter Vorschlag. Der Richter bestimmt ganz ebenso wie heute die Dauer der Strafe. Aber die von ihm bemessene Strafzeit kann je nach den Ergebnissen des Strafvollzuges um einen bestimmten Bruchteil gekürzt oder verlängert werden. Dis Kürzung der urteilsmäßig erkannten Strafdauer haben wir heute bereits in der Gestalt der „bedingten Entlassung" in den Gesetzbüchern der meisten Länder. Sie wird zu voller Entwicklung aber erst gelangen, wenn ihr inneres Wesen: nachträgliche Korrektur des Richterspruches, klar erkannt worden ist. Dann aber wird ihre unentbehrliche Ergänzung, die Verlängerung der im Urteil bestimmten Strafzeit, sich unabweisbar aufdrängen.

Für meine heutigen, rein theoretischen Untersuchungen ist jeder der drei von mir erwähnten Vorschläge gleichwertig. Denn jeder von ihnen, auch der letzte, bedeutet eine Umgestaltung des Prinzips der Strafzumessung. Gewiß kann diese Umgestaltung an bereits vorhandene Ansätze angeknüpft werden. Aber die kriminal-soziologische Grundlage unserer modernen Kriminalpolitik treibt weit hinaus über jene bescheidenen, teilweise verkümmerten Ansätze. *Auf dem Gebiete der Strafmittel und der Strafzumessung hat die I.K.V. ihre Schlachten zu schlagen.*

18. Die Forderungen der Kriminalpolitik und der Vorentwurf eines schweizerischen Strafgesetzbuchs.

(1893. Archiv für soziale Gesetzgebung und Statistik, Bd. VI.)

Drei große Strafgesetzentwürfe beschäftigen im Augenblicke die Aufmerksamkeit der Kriminalisten: der norwegische, von dem ehemaligen Professor des Strafrechts und jetzigem Oberreichsanwalt B. Getz gearbeitet; der österreichische, nach jahrzehntelanger Vorbereitung aus den Beratungen des zu diesem Zwecke niedergesetzten Ausschusses des Abgeordnetenhauses hervorgegangen; und der Vorentwurf eines schweizerischen Strafgesetzbuchs (Allgemeiner Teil), die im Auftrag des Bundesrates eben abgeschlossene Arbeit des Berner Professors Dr. Karl Stooß. Von diesen drei Entwürfen darf der letzte das besondere Interesse nicht nur der Fachmänner, sondern auch der Politiker innerhalb wie außerhalb der Schweiz für sich in Anspruch nehmen. Nicht nur wegen der unerreichten Volkstümlichkeit des Ausdrucks, nicht nur wegen der in jedem Satze zur Geltung kommenden kräftigen Eigenart des Verfassers; sondern vor allem deshalb, weil in keinem der anderen Entwürfe die wahre Aufgabe des Strafgesetzgebers so scharf erfaßt, so zielbewußt und doch gemäßigt durchgeführt worden ist. Die Aufgabe nämlich: der Rechtsordnung in der Strafe und den ihr verwandten Maßregeln die Mittel zur wirksamen Bekämpfung des Verbrechens an die Hand zu geben.

Je nach der Lösung dieser Aufgabe bestimmt sich der kriminalpolitische Wert eines Strafgesetzbuchs. Und darum bedarf es wohl keiner weiteren Rechtfertigung, wenn ich es unternehme, die Leser des Archivs mit dem Inhalte des

Entwurfs bekannt zu machen. Die Richtigkeit der von mir im engeren wie in weiteren Kreisen stets vertretenen Auffassung, daß die Kriminalpolitik einer der wichtigsten Zweige der Sozialpolitik sei, darf ich dabei wohl als anerkannt voraussetzen.

I. Zur Einführung.

Die hier des Näheren nicht darzustellende Vorgeschichte des Entwurfs reicht bis zum Jahre 1868 zurück. Aber die wetteifernden Bemühungen der beiden nationalen Gesellschaften, des schweizerischen Vereins für Straf- und Gefängniswesen und des schweizerischen Juristenvereins, die Schöpfung eines einheitlichen Strafrechts für die Schweiz anzuregen, blieben zunächst ohne Erfolg: die Bundesverfassung vom 29. Mai 1874 überließ die Strafgesetzgebung den Kantonen. Damit war jedoch die Bewegung nicht zur Ruhe gebracht; nach wie vor traten die beiden Vereine für die Notwendigkeit eines eidgenössischen Strafgesetzbuchs ein. Im September 1887 nahm der schweizerische Juristenverein auf Antrag Stooß die folgende Resolution an, welche die Richtung aller weiteren Arbeiten maßgebend bestimmte:

„Der schweizerische Juristenverein, überzeugt, daß ein wirksamer und erfolgreicher Kampf gegen das Verbrechertum nicht möglich ist, solange die Zersplitterung der kantonalen Strafgesetzgebung fortbesteht, ersucht den Bundesrat, die Vorarbeiten für die Vereinheitlichung des Strafrechts an die Hand nehmen zu wollen."

Damit war die Rechtseinheit auf strafrechtlichem Gebiete als die notwendige Voraussetzung einer kräftigen und klaren Kriminalpolitik erkannt, diese letztere aber als die unverrückbare Richtschnur für die geforderte eidgenössische Strafgesetzgebung vorgezeichnet.

Die gegebene Anregung fand diesmal sowohl bei dem Bundesrate (Dezember 1887) als auch bei dem Nationalrate (Motion Forrer, März 1888) günstige Aufnahme. Dies große und weittragende gesetzgeberische Werk sollte aber zunächst durch wissenschaftliche Arbeiten vorbereitet werden, deren Gegenstand von dem tatkräftigen und umsichtigen Vorsteher des Justizdepartements, Bundesrat Ruchonnet († 14. September 1893) mit dem Präsidenten des Juristenvereins, Professor Zeerleder in Bern, vereinbart wurde. Die Ausführung dieser Vorarbeiten wurde im Februar 1889 dem Professor des Strafrechts in Bern Dr. Karl Stooß übertragen. Daß die Wahl eine glückliche gewesen, beweist der planmäßige und verhältnismäßig rasche Fortschritt der Arbeiten.

Ende 1890 veröffentlichte Stooß eine systematische Zusammenstellung der schweizerischen Strafgesetzbücher, um das schwer zu beschaffende Urmaterial in geordneter Uebersicht allgemein zugänglich zu machen. 1892 und 1893 folgten die zwei Bände der „Grundzüge des schweizerischen Strafrechts", in welchen der Verfasser die Bestimmungen der kantonalen Strafgesetzbücher inhaltlich miteinander verglich, um durch kritische Prüfung die Grundlage für seine eigene Arbeit zu gewinnen. Erst nach dieser sorgfältigen Vorbereitung, welche die volle Beherrschung des ganzen Stoffes verbürgte, ging Stooß an die Ausarbeitung des Entwurfs. Vor wenigen Wochen ist der allgemeine Teil mit den knapp gehaltenen Motiven erschienen. Der besondere Teil (die einzelnen Verbrechen) steht noch aus. Die teilweise recht schwierige Uebertragung ins Französische hat Professor A. Gautier mit der ihm eigenen Sprachgewandtheit besorgt. Der Stooßsche Entwurf bezeichnet sich selbst als Vor-Entwurf; eine noch im September zusammengetretene Kommission soll den endgültigen Entwurf fertigstellen. Sie wird gewiß im einzelnen manches ändern; die äußere Anlage und der innere Gehalt des Stooßschen Entwurfs wird schon deshalb aller Voraussicht nach im wesentlichen unverändert bleiben, weil beide dem Denken und Empfinden des Schweizer Bürgers so völlig entsprechen.

Ueber die äußere Gestalt des Entwurfs nur wenige Worte.

Die aus dem französischen Recht in die meisten übrigen Strafgesetzbücher übergegangene, auch von der preußischen und der Reichsstrafgesetzgebung aufgenommene Dreiteilung der strafbaren Handlungen in Verbrechen, Vergehen und

Uebertretungen hat der Entwurf glücklich beseitigt. Er unterscheidet nur Verbrechen einerseits, Uebertretungen anderseits. Die letzteren sollen in das eidgenössische Strafgesetzbuch aufgenommen werden, soweit sie sich auf allgemeine, die ganze Schweiz betreffende Verhältnisse beziehen; im übrigen bleiben sie der kantonalen Regelung überlassen.

Der vorliegende allgemeine Teil des Entwurfs soll auch auf Uebertretungen Anwendung finden, sofern das Gesetz nicht Ausnahmen bestimmt. Solche Ausnahmen werden nur vereinzelt eintreten (Motive S. 7).

Der allgemeine Teil umfaßt in loser Aufeinanderfolge 46 Artikel, zeichnet sich mithin durch eine sofort in die Augen springende Kürze aus. (Das Reichsstrafgesetzbuch zählt in seinem allgemeinen Teil 79 Paragraphen.)

Die ersten 18 Artikel werden durch die Ueberschrift „Strafbarkeit" (personnes punissables) notdürftig zusammengefaßt. Sie behandeln den Grundsatz: keine Strafe ohne Gesetz (Art. 1), den Strafantrag (Art. 2), das räumliche und zeitliche Geltungsgebiet des Strafgesetzbuchs (Art. 3 und 4), sowie seine Anwendung auf Militärpersonen (Art. 5). Diese ersten Artikel geben mir zu keinen Bemerkungen Anlaß. Es folgen die Bestimmungen über Strafmündigkeit und jugendliches Alter (Art. 6 und 7), Ausschluß und Verminderung der Zurechnungsfähigkeit, Verwahrung und Versorgung von Unzurechnungsfähigen (Art. 9 bis 11), Vorsatz, Fahrlässigkeit, Irrtum, Versuch, Teilnahme, Notwehr und Notstand (Art. 12 bis 18); also dasjenige, was man als die Lehre von dem Verbrechen im allgemeinen zu bezeichnen pflegt.

In einem zweiten Abschnitt (Art. 16 bis 35) werden die „Strafen und Maßnahmen" behandelt, mit welchen ich mich eingehend zu befassen haben werde.

Der dritte Abschnitt, überschrieben „Strafmaß" (Art. 36 bis 42) handelt von Strafzumessung, Strafmilderung und Straferhöhung, Verwahrung der Rückfälligen, Zusammentreffen von Freiheitsstrafen, Strafanrechnung.

Daran reiht sich der letzte Abschnitt; „Wegfall der Strafe" (Art. 43 bis 46) infolge von Tod, unheilbarer Geisteskrankheit, Verjährung und Einstellung des Strafvollzuges (sog. bedingte Verurteilung).

Ein Vergleich mit dem deutschen Reichsstrafgesetzbuch ergibt, daß der eidgenössische Entwurf in seinen 46 Artikeln wesentlich reichhaltiger ist als jener und eine Reihe wichtigster Fragen erschöpfend behandelt, an welche der deutsche Gesetzgeber sich nicht herangewagt hat. Es gilt dies insbesondere von den „sichernden Maßnahmen" im weitesten Sinne, diesem Stiefkind der modernen kontinental-europäischen Gesetzgebung.

Der Vorzug der Kürze tritt in dieser Beleuchtung doppelt hell zu Tage.

II. Der Standpunkt der Betrachtung.

Um den allgemeinen Wert des Entwurfes richtig würdigen zu können, müssen wir uns die Aufgabe ins Gedächtnis zurückrufen, die dem Verfasser gestellt war. Nicht darum handelte es sich, aus einigen zwanzig kantonalen Strafgesetzbüchern ein neues zu machen. Die äußere Einheit des Rechts war nicht das letzte Ziel. Sollte das neue eidgenössische Strafrecht besser als die bisherigen kantonalen Gesetzbücher die Rechtsordnung gegen das Verbrechertum schützen, so mußte es auch inhaltlich auf einer höheren kriminalpolitischen Stufe stehen als seine Vorgänger. Das einheitliche Recht mußte zugleich neues Recht werden. Und diesem neuen Recht war die Richtschnur vorgezeichnet.

Mit voller Klarheit und Bestimmtheit hat Stooß diese Aufgabe erfaßt. Er schließt die Begründung seines Entwurfs mit den beherzigenswerten Worten (Motive S. 84), die ohne Aenderung auch auf das geltende deutsche Reichsrecht angewendet werden könnten: „Ein Strafgesetz erfüllt nur dann seinen Zweck, wenn es sich zur Bekämpfung des Verbrechens wirksam erweist. Unsere gegenwärtige Strafgesetzgebung erreicht diesen Zweck nicht. Ihre Hauptmängel sind:

1) Es werden der staatlichen Strafe Personen unterworfen, welche für ihre Wirkung noch nicht oder nicht mehr zugänglich sind.

2) Die Strafe wird nicht zielbewußt angewendet. Auf das Motiv des Verbrechens wird zu wenig Gewicht gelegt.

Die Strafe wird gedankenlos vollzogen; es mangelt ihr der ernste Inhalt; sie schwankt zwischen übermäßiger Strenge und ungerechtfertigter Milde.

3) Dem Richter fehlen die Befugnisse, welche ihn befähigen, künftigen Verbrechen vorzubeugen.

Nach diesen drei Richtungen sucht der Entwurf Abhülfe zu schaffen. . . . .

Durch diese Reformen wird sich die Zahl der Verbrechen und der Verbrecher wenige Jahre nach Inkrafttreten des Strafgesetzbuchs sehr bedeutend vermindern."

Aber gerade diese Fassung der Aufgabe stellte Stooß vor eine eigenartige Schwierigkeit. Daß die Strafe dazu da ist (freilich nicht sie allein), um das Verbrechen zu bekämpfen, das ist dem klugen, praktischen Schweizer ebenso selbstverständlich, wie es ihm einleuchtet, daß das heute geltende Strafrecht gerade in dieser Beziehung manches zu wünschen übrig läßt und mithin einer Umgestaltung dringend bedarf. Aber gegen grundsätzliche Neuerungen, deren Tragweite sich noch nicht völlig überblicken läßt, ist er mißtrauisch: ganz besonders wenn sie aus dem Auslande stammen oder gar in der Gestalt eines wissenschaftlichen Programmes auftreten. Nun trifft es sich gerade so, daß die alte, klassische, und die neue, von der „Internationalen kriminalistischen Vereinigung" vertretene Richtung des Strafrechts sich voneinander im wesentlichen nur durch die Stellung unterscheiden, die sie zur Kriminalpolitik einnehmen. Jener ist der kriminalpolitische Zweck der Strafe etwas Nebensächliches, Zufälliges, kaum der Beachtung wertes; diese erblickt in dem Zweckgedanken das innerste Wesen und die tiefste Begründung der Strafe. Zielbewußte Bekämpfung des Verbrechens: das ist unser Losungswort. Scharfe Trennung des Rechts von der Politik: das ist der erste Glaubenssatz der „klassischen" Gegner. Ein Strafgesetzentwurf, der die wirksame Bekämpfung des Verbrechens sich zur Aufgabe stellt, muß daher notwendig den Anschein erwecken, als segle er im Fahrwasser der „neuen Richtung", als breche er mit den altehrwürdigen Ueberlieferungen. Damit aber wird er hineingezogen in den gehässigen Streit der Schulen, und zu den partikularistischen Gegnern jeder Vereinheitlichung des Strafrechts gesellen sich die Parteigänger der des Zweckgedankens entkleideten „vergeltenden Gerechtigkeit".

Es unterliegt mir keinem Zweifel, daß Stooß sich alle Mühe gegeben hat, im Interesse der von ihm vertretenen Sache diesen Verdacht zu vermeiden. Unter den fünf Fachmännern, welche bei der Ausarbeitung des Entwurfes mit Ermächtigung der Regierung von ihm zu Rate gezogen wurden, finden wir neben v. Lilienthal und mir auch den viel „gemäßigteren" Lammasch (Wien), den ausgesprochenen Gegner der Zweckstrafe Merkel (Straßburg) und den als Kriminalist nur durch seinen Kampf gegen „die bedingte und die unbestimmte Verurteilung" bekannten Wach (Leipzig); und in den Motiven sind es ausschließlich diese „rechts" stehenden Gewährsmänner, auf deren Zustimmung Stooß sich ausdrücklich beruft. Auch manche Unsicherheit, manche Halbheit des Entwurfes erklärt sich wohl aus des Besorgnis des Verfassers, daß seine Arbeit als das Werk einer bestimmten „Richtung" oder gar einer „Schule" erscheinen, daß der uneingeschränkte Beifall der Führer der Internationalen kriminalistischen Vereinigung die Annahme des Entwurfs gefährden könnte.

Ich möchte demgegenüber meine Auffassung der Sachlage bestimmt und deutlich aussprechen, auch auf die Gefahr hin, da oder dort Anstoß zu erregen.

Jeder Gesetzgeber muß an Bestehendes anknüpfen, die nationalen Verhältnisse und Bedürfnisse ins Auge fassen und mit den vorhandenen Machtfaktoren rechnen. Wer sein oder eines anderen wissenschaftliches System kodifizieren oder das Programm einer wissenschaftlichen Schule in Gesetzesparagraphen umformen wollte, hat den Beruf des Gesetzgebers verkannt. Niemand von uns hat erwartet, daß der Gesetzgeber der Schweiz die Leitsätze der Internationalen kriminalistischen Vereinigung auch zu den seinen machen und in allen Einzelheiten durchführen werde. Das konnte einem verständigen Manne gar nicht in den Sinn kommen, und die Angst unserer Gegner war und ist völlig grundlos. Aber ebenso sicher ist mir ein Zweites. Jedes Strafgesetzbuch, das sich die Bekämpfung des Verbrechens zur Aufgabe macht, erfüllt unsere Hauptforderung und ist somit ein Sieg unserer Richtung über die klassische Schule; ein Sieg, dessen wir uns freuen und rühmen dürfen. Indem Stooß die Aufgabe löste, die der schweizerische Juristenverein im Jahre 1887, also noch vor der Gründung unserer Vereinigung, gestellt hatte, indem er als Zweck jeder Strafgesetzgebung die wirksame Bekämpfung des Verbrechens erkannte und von diesem Grundgedanken getragen, seinen Entwurf ausarbeitete, hat er unseren Bestrebungen den schärfsten Ausdruck gegeben, den sie bisher in der Gesetzgebung gefunden. An dieser Tatsache läßt sich nichts deuteln und mäkeln. Daß die Durchführung des Grundgedankens überall selbständig, unter sorgfältiger Berücksichtigung der besonderen Verhältnisse und Bedürfnisse der Schweiz, unter ängstlicher Ablehnung aller „radikalen" Neuerungen erfolgte, kann an dem Urteil über das Ganze nichts ändern. Nicht als eine Verwirklichung unseres Programms begrüßen wir den Entwurf: das ist er nicht, das konnte und durfte er nicht sein. Wohl aber als eine selbständige, durchaus eigenartige, hochverdienstliche Leistung, die sich in der allgemeinen Richtung unserer Bestrebungen bewegt. Ist diese Tatsache unseren Gegnern in der Schweiz unbequem oder unangenehm, dann mögen sie den Mut haben, im Gegensatze zu Stooß, zu erklären: „Ein Strafgesetz erfüllt auch dann seinen Zweck, wenn es sich zur Bekämpfung des Verbrechens nicht wirksam erweist." Sie brauchen dann nur etwa unser Strafgesetzbuch zur Einführung zu empfehlen. Ich fürchte aber, daß sie damit bei ihren Mitbürgern wenig Gegenliebe finden würden. Es wäre wohl eine sonderbare Verkettung der Umstände und ein denkwürdiger Beweis für die Blindheit des Parteigeistes, wenn der Vorentwurf scheitern sollte, weil der schweizerische Juristenverein bereits 1887 den treibenden Grundgedanken der zwei Jahre später gegründeten Internationalen kriminalistischen Vereinigung vorweg genommen hatte!

III. Die juristischen Begriffe.

Ueber das Verhältnis des Strafrechts zur Kriminalpolitik habe ich mich mehr als einmal an anderen Orten ausgesprochen; ich kann und will hier nicht darauf zurückkommen. Mir ist das Strafgesetzbuch, um mich selbst zu wiederholen, „das Bollwerk der individuellen Freiheit, die magna charta des Verbrechers". Nach Voraussetzung und Inhalt ist die staatliche Strafgewalt beschränkt; und sie soll es bleiben. Ihre Voraussetzung ist das mit begrifflicher Schärfe umgrenzte Verbrechen; ihr Inhalt die nach Quantität und Qualität vom Gesetze bemessene Strafe. Wir wollen keine allmächtige „soziale Hygiene", die den gemeingefährlichen Menschen einfach unschädlich macht. Das Strafrecht ist uns die unübersteigbare Schranke der Kriminalpolitik.

Solange wir an dieser Auffassung festhalten — und es sieht mir nicht so aus, als ob wir sie preisgeben wollten — brauchen wir Strafgesetzbücher mit Rechtsregeln, die nach logischer Methode ausgelegt und angewendet werden müssen.

Legislative Technik und die juristische Kunst der Begriffsbestimmung sind also dem Rechtsstaate unentbehrlich; sie allein schützen die Freiheit des einzelnen vor der Willkür der Gesamtheit.

Aber sie sind nur Mittel zum Zweck. Es ist ein Zeichen sinkender Volkskraft, wenn die Gesetzgebung, von Juristen für Juristen gedacht und gemacht, sich in schwerverständlichen Begriffsbestimmungen ergeht, wenn sie in Feinheiten sich verliert, die das Volk nicht mehr fassen kann, wenn sie in Einzelnheiten ihre Kraft erschöpft, hinter denen der einfache Grundgedanke nicht mehr erkennbar ist.

Staatsmännische Klugheit erfordert also eine strenge Ueberwachung des juristischen Scharfsinns, nicht nur und nicht erst bei der Aufstellung der Rechtsregeln; erfordert scharfe Prüfung der Begriffsbestimmungen, die in einem neu zu erlassenden Gesetze gegeben werden.

Jedes Gesetz, jedes Strafgesetzbuch insbesondere, muß volkstümlich, d. h. gemeinverständlich sein. Denn für das Volk ist es geschrieben, dessen Tun und Lassen es bestimmen, dessen rechtliche und sittliche Anschauungen es leiten soll. Gemeinverständlich ist aber nur, was einfach und klar ist. Das gilt nicht nur, wie Stooß (Motive S. 6) anzunehmen scheint, für ein Land, dessen Richter zum Teil nicht juristisch gebildet sind. Denn nicht um den das Gesetz anwendenden Richter handelt es sich in erster Linie, sondern um den nach dem Gesetz lebenden Bürger.

Einfachheit und Klarheit der Sprache zeichnet den Stooßschen Entwurf aus wie kein anderes gesetzgeberisches Werk unseres Jahrhunderts. In der Volkstümlichkeit der Fassung erinnert er an die peinliche Gerichtsordnung Karls V. Ich habe diesem aus vollster Ueberzeugung ausgesprochenen Lobe keine Einschränkung beizufügen. Wer meinen Worten nicht glaubt, der vergleiche den schweizerischen Vorentwurf mit dem Entwurf eines bürgerlichen Gesetzbuchs für das deutsche Reich: es kann keinen lehrreicheren, zugleich aber auch für uns Deutsche beschämenderen Gegensatz geben.

Wenn der Gesetzgeber die Forderung beachtet, die an die Sprache des geschriebenen Rechtes zu stellen das ganze Volk veranlaßt und befugt ist, dann wird er den von ihm vorgezeichneten Rechtsregeln auch einen dem Verständnisse des Volkes zugänglichen Inhalt geben. Beides geht Hand in Hand. Niemals dürfen wir sicherer davon überzeugt sein, daß wir uns zur Klarheit des Gedankens durchgerungen haben, als wenn es uns gelungen ist, das, was wir denken, in gemeinverständliche Form zu bringen. Ein Strafgesetzbuch, dessen Ausdrucksweise nicht jeder Gebildete zu verstehen vermag, ist nicht nur sprachlich, sondern zweifellos auch inhaltlich verfehlt.

Somit erweist die Prüfung der in jedem Gesetz unvermeidlichen Begriffsbestimmungen den gesetzgeberischen Beruf des Verfassers wie den politischen Wert des Gesetzes. Die wahre Volkstümlichkeit eines Gesetzes ist mithin bedingt durch die Brauchbarkeit seiner Definitionen. Ich gehe nicht hinaus über die Aufgabe des „Archivs“, wenn ich als Jurist den ersten Abschnitt des Entwurfes kritisch beleuchte. Wenn die Rechtswissenschaft zu einer nur dem Fachmann sich erschließenden Geheimlehre geworden ist, so trägt die Teilnahmlosigkeit unserer Gebildeten nicht zum kleinsten Teile die Schuld an dieser beklagenswerten, unser gesamtes Volksleben in seinen Grundlagen vergiftenden Tatsache.

Mit berechtigtem Stolze sagt Stooß (Motive S. 7):

„Die Verachtung der kriminalistischen Schulweisheit wird den Unwillen manches gelehrten Fachgenossen erregen."

Mein verehrter Freund und Kollege weiß, daß ich nicht zu diesen Fachgenossen gehöre, daß ich vielmehr die sorgfältige Vermeidung aller bloß schulmäßigen Begriffsbestimmungen und Ausdrücke (Motive S. 7) schon während der Ausarbeitung des Entwurfs mit lebhafter Freude begrüßt habe. Gerade darum aber mag es mir eher noch als anderen gestattet sein, neben rückhaltloser Anerkennung, wo sie mir am Platze zu sein scheint, auch freimütige Kritik zu üben, wenn ich die von Stooß gemachten Vorschläge für verfehlt oder doch für verbesserungsbedürftig halte.

I. Das Alter der Strafmündigkeit wird in dem Entwurf auf das vollendete 14. Lebensjahr festgesetzt (Art. 6). Es entspricht dies vollständig der von der Internationalen kriminalistischen Vereinigung vertretenen Forderung, daß Schulkinder nicht vor den Strafrichter gestellt und in die Gefängnisse gesperrt werden sollen.

Wenn das Kind „sittlich gefährdet, verdorben oder verwahrlost" ist, wird es von der Verwaltungsbehörde (in besonderen Anstalten oder in Familien) „angemessen versorgt". „Anderenfalls kann das fehlbare Kind durch die Schulkommission mit Schularrest oder mit Verweis bestraft werden." In dem einen wie in dem anderen Falle ist die staatliche Strafe ausgeschlossen.

Bei jugendlichen Angeklagten vom 14. bis zum vollendeten 18. Lebensjahre wird die Zurechnungsfähigkeit in jedem einzelnen Falle besonders festgestellt (Art. 7). Das ist der von der heutigen Gesetzgebung ganz allgemein festgehaltene, durchaus bewährte Standpunkt. Aber mit glücklichem Takt hat Stooß den Fehler vermieden, der aus der französischen Gesetzgebung in die fast sämtlicher übrigen Länder übergegangen ist: die intellektuelle Entwicklung, das „discernement" oder „Unterscheidungsvermögen" zum ausschließlichen Kriterium der Zurechnungsfähigkeit zu machen. Nach ihm kommt es entscheidend darauf an, ob der Täter zur Zeit der Tat „sittlich oder geistig auf der Stufe eines Kindes unter 14 Jahren" oder auf einer höheren Stufe gestanden hat. Im ersten Falle wird der Täter wie ein Strafunmündiger behandelt. Im zweiten Falle ist zu unterscheiden. Bedarf der Täter einer andauernden strengen Zucht, so wird er für 1 bis 6 Jahre, jedoch nicht über das Alter der Volljährigkeit hinaus, einer Besserungsanstalt für jugendliche Verbrecher überwiesen[1]). Bedarf er einer solchen Zucht nicht, so wird er, wenn er noch die Schule besucht, mit Schularrest oder mit Verweis, anderenfalls mit Einzelhaft von 3 Tagen bis zu 3 Monaten (in einem besonderen, nicht zum Strafvollzuge für Erwachsene dienenden Gebäude) oder mit Verweis bestraft.

Diese Vorschläge verdienen, von hier nicht zu erörternden Einzelheiten abgesehen, lebhaften Beifall. Die Ergänzung der öffentlichen Strafe durch Schulzucht, staatlich überwachte Erziehung und Besserungsanstalt kann in ihrer Anlage als mustergültig bezeichnet werden.

II. Zurechnungsfähigkeit. Die hierher gehörenden Vorschriften, die auf den Beratungen der schweizerischen Irrenärzte beruhen, gehören zu den markantesten des Entwurfs. Kurz und erschöpfend sagt Art. 9: „Wer zur Zeit der Tat geisteskrank oder blödsinnig oder bewußtlos war, ist nicht strafbar." Der folgende Artikel nimmt den praktisch so überaus wichtigen, dem deutschen Rechte unbekannten Begriff der „verminderten" Zurechnungsfähigkeit auf: „War die geistige Gesundheit oder das Bewußtsein des Täters nur beeinträchtigt oder war er geistig mangelhaft entwickelt, so ist die Strafe zu mildern; sie fällt weg, wenn der Täter verwahrt oder versorgt wird." In der Regelung dieser „Verwahrung" oder „Versorgung" erblicke ich eines der größten Verdienste des Entwurfs. Die unheilvolle Trennung der Prävention und Repression, wie sie die schulmeisterliche Engherzigkeit unserer herrschenden Rechtswissenschaft durch-

1) Läßt der verbrecherische Charakter des bereits sechzehnjährigen Täters diese Aufnahme nicht zu, so findet die ordentliche Strafe, jedoch gemildert, gegen ihn Anwendung.

zusetzen verstanden hat, bringt es mit sich, daß wir den geistig gestörten Angeklagten entweder, der Gerechtigkeit wie der Zweckmäßigkeit zum Trotze, verurteilen und auf kurze Zeit ins Gefängnis sperren, oder aber ihn trotz seiner Gefährlichkeit laufen lassen. Was geht, sagt man, den Strafrichter das Irrenhaus an? Stooß „verachtet" auch hier „die kriminalistische Schulweisheit"; bahnbrechend verknüpft er auch hier die Strafrechtspflege mit der vorbeugenden Tätigkeit der Verwaltung. „Erfordert die öffentliche Sicherheit die Verwahrung des Unzurechnungsfähigen in einer Anstalt, so ordnet sie das Gericht an. Das Gericht verfügt die Entlassung, wenn der Grund der Verwahrung weggefallen ist" (Art. 16). „Erfordert der Zustand des Unzurechnungsfähigen oder vermindert Zurechnungsfähigen irrenärztliche Behandlung in einer Anstalt, so überweist das Gericht den Kranken der Verwaltungsbehörde zur Versorgung" (Art. 11). Die Verschiedenheit der beiden Fälle (Verwahrung einerseits, Versorgung andererseits) ist wohl einleuchtend; jedenfalls kann sie hier nicht weiter verfolgt werden.

III. Die Schuld (Vorsatz, Fahrlässigkeit, Irrtum). Konnte ich bisher den Vorschlägen des Entwurfs in allem wesentlichen warmen und uneingeschränkten Beifall zollen, so tritt den nun folgenden drei Artikeln gegenüber die Kritik in den Vordergrund. Die meisten Gesetzbücher unseres Jahrhunderts haben sich die Mühe gespart, die Begriffe Vorsatz und Fahrlässigkeit zu bestimmen; das bleibt, nach der bequemen und darum beliebten Redewendung, der Wissenschaft und der Rechtsprechung überlassen. Der Entwurf steht auf einem anderen Standpunkt. Er hält eine gesetzliche Bestimmung für nötig. Dagegen habe ich grundsätzlich nichts einzuwenden. Gelingt es dem Gesetzgeber, die ungezählten Streitfragen, die die ganze Schuldlehre unsicher machen, einzudämmen, so werden wir alle ihm Dank wissen. Nicht daß Stooß diese Begriffe gesetzlich zu bestimmen unternimmt, bemängle ich; wohl aber die Art, wie er es tut. Es ist mir ein psychologisches Rätsel, wie der Mann, der alle rein „schulmäßigen Begriffsbestimmungen" vermeiden will, der die Begriffe Täterschaft und Teilnahme so wesentlich vereinfacht, der auf jede Bestimmung des Versuchsbegriffes verzichtet hat, in seinem Entwurfe Definitionen des Vorsatzes und der Fahrlässigkeit bringen konnte, die nicht mehr sind als nichtssagende und darum bedenkliche „Schulweisheit".

„Vorsätzlich handelt, wer ein Verbrechen mit Wissen und Willen begeht." (Art. 12.)

„Fahrlässig handelt, wer die den Umständen nach gebotene Aufmerksamkeit außer acht läßt."

„Fahrlässigkeit wird nur in den gesetzlich bestimmten Fällen bestraft." (Art. 13.)

Ich habe nicht die Absicht, hier in eine juristische Erörterung über das Wesen des Vorsatzes und der Fahrlässigkeit einzutreten. Von dem sonst von Stooß eingenommenen Standpunkte aus konnte auf jede Begriffsbestimmung verzichtet werden. Aber so wie sie vorliegen, sind die beiden Artikel von jedem wissenschaftlichen Standpunkt aus unmöglich.

Mit „Wissen und Willen" muß der Täter das Verbrechen begangen haben, damit Vorsatz vorliegen soll. Man beachte die wohlklingende Alliteration; in ihr liegt, wie ich stets vermutet habe, der einzige Grund für die Lebensdauer dieser unverwüstbaren alten Wendung. Volkstümlich ist sie gewiß auch. Aber — nur im Deutschen. Selbst Gautier, der Federgewandte, strauchelt bei dem Versuch, in den französischen Text Inhalt zu bringen. „Il y a intention, lorsque le délinquant commet le délit volontairement et consciemment." Man übersetze einmal diesen Satz ins Deutsche, ohne an das Vorbild zu denken, und man wird sich überzeugen, daß beide Fassungen wesentlich Verschiedenes besagen. Französische Fassung: der Täter hat das Delikt freiwillig, willentlich, wollend begangen, d. h. wohl, nach dem klaren Wortlaute, er ist nicht dazu gezwungen worden. Deutsche Fassung: er hat das Delikt mit Willen begangen, d. h. wie aus den Motiven S. 26 ganz unzweifelhaft hervorgeht, er hat den Erfolg gewollt. Es ist wohl kein Zufall, daß Gautier die Reihenfolge der Worte „Wissen und Willen" umgekehrt hat; er meinte, sich bei diesem letzteren etwas denken zu müssen und setzte an die Stelle des gewollten

Erfolges die freiwillige Handlung. Die Schuld dieser Verwirrung trägt Stooß, der das nicht gesagt hat, was er sagen wollte.

Die Ansicht von Stooß ist nach den Motiven unzweifelhaft die folgende. Vorsätzlich tötet, wer den Tod als Erfolg seiner Handlung wußte und wollte. Vorsatz ist also nicht das Wissen und Wollen des Verbrechens, sondern das Wissen und Wollen des Erfolges. Sollte der Vorsatz überhaupt definiert werden und sollte diese Definition dem wissenschaftlichen Standpunkt des Verfassers entsprechen, so mußte sie das Wissen und das Wollen (wohlgemerkt nicht den Willen) auf den Erfolg beziehen. Dann hätte aber auch der französische Text nicht nur eine andere Fassung, sondern einen ganz anderen Inhalt erhalten.

Damit sind wir nun mitten in der verachteten Schulweisheit drinn. Stooß lehnt denn auch in den Motiven ausdrücklich die sogenannte Vorstellungstheorie ab: der Täter muß nicht nur wissen, daß aus seiner Handlung der Erfolg eintreten werde, er muß den Eintritt des Erfolges auch wollen. Und nun kommen die landläufigen schulgemäßen Schlangenwindungen. Wer trotz seiner ihm bekannten syphilitischen Erkrankung den Beischlaf vollzieht und den Krankheitsstoff überträgt, ist wegen vorsätzlicher Körperverletzung nur strafbar, wenn zu der festen Ueberzeugung von der unabwendbaren Notwendigkeit dieses Erfolges auch noch das Wollen des Erfolges hinzutritt. So fordert ausdrücklich die Vorschrift des Entwurfs. Wie nun, wenn der Täter diesen Erfolg nicht gewünscht, sondern nur, weil er eben unvermeidlich war, mit „in den Kauf genommen" hat? Dann, so sagen die Motive, hat er den Erfolg doch gewollt, denn er hat ihn gewußt. Also genügt das Wissen, und das Wollen war überflüssig. Und die ganze Unklarheit und Unwahrheit jener Begriffsbestimmung tritt zu Tage. Es ist nicht mehr als ein Spielen mit Worten, wenn man das „Einwilligen" in den Erfolg mit dem Wollen des Erfolges auf eine Stufe stellt. Und daß man in dem von mir gewählten Beispiele von dem Vorliegen der „intention" sprechen könne, bestreite ich mit noch größerer Bestimmtheit. Die französische Sprache deckt eben viel schonungsloser als die deutsche jede Verschwommenheit des legislativen Gedankens auf.

Ich teile den wissenschaftlichen Standpunkt des Verfassers nicht. Aber indem ich mich auf ihn stelle, empfehle ich die folgende Fassung:

„Vorsatz liegt vor, wenn der Handelnde den von ihm verursachten Erfolg gewollt hat. Vorsatz liegt auch vor, wenn der Täter in den von ihm verursachten und von ihm vorhergesehenen Erfolg eingewilligt hat."

Dieselbe Beziehung auf den Erfolg verlange ich aber auch in der Definition der Fahrlässigkeit. Nehmen wir an, ich habe es im Winter bei Glatteis unterlassen, vor meinem Hause zu streuen. Gewiß habe ich „die den Umständen nach gebotene Aufmerksamkeit außer acht gelassen". Habe ich fahrlässig gehandelt? Gewiß nicht. Ich habe mich einer Polizeiübertretung schuldig gemacht; von Fahrlässigkeit aber kann nur dann die Rede sein, wenn durch mein Verhalten ein bestimmter rechtswidriger Erfolg verursacht worden ist. Mithin ist die von dem Entwurf gegebene Begriffsbestimmung falsch. Sobald man aber versucht, in die Definition die Beziehung auf den Erfolg einzusetzen, wird man sich überzeugen, daß das Wesen der Fahrlässigkeit in der Verursachung eines nicht vorhergesehenen, aber *vorhersehbaren* Erfolges besteht. Ich glaube nicht, daß man dieser Auffassung Mangel an Klarheit und Einfachheit, also an Volkstümlichkeit, zum Vorwurfe machen kann. Aber ich hätte, wie bemerkt, auch nichts gegen die Streichung der beiden Begriffsbestimmungen einzuwenden.

Unbedingten und uneingeschränkten Widerspruch muß ich gegen Artikel 14 erheben.

„War der Täter, als er handelte, in einer *irrigen Vorstellung über den Sachverhalt* befangen, so ist sein widerrechtliches Handeln auf Grund dieser Vorstellung zu beurteilen."

Die Motive (S. 28) gehen rasch über diese merkwürdige Rechtsregel hinweg. Sie geben ein Beispiel. Der Angeklagte wurde nachts von einem Bekannten im Scherz überfallen, hielt ihn für einen Räuber und schoß ihn tot. Strafe soll ausgeschlossen sein, wenn nach den von dem Täter irrtümlich angenommenen Umständen (rechtswidriger Angriff auf Leib und Leben) Notwehr vorlag. — Ich halte die Straflosigkeit in diesem Falle für recht bedenklich; wer einen anderen niederschießt, soll sich die Sachlage vorher klar machen. Aber darauf kommt es mir nicht an; nur die Wortfassung des Artikel 14 steht zur Untersuchung. Das Gericht soll nach ihr das Handeln auf Grund der irrtümlichen Vorstellung beurteilen (französischer Text: le tribunal doit apprécier l'acte en se basant sur cette erreur). Gut; aber wie kommen die Motive dazu, fortzufahren: „Wenn aber die irrige Vorstellung auf Fahrlässigkeit beruht, so ist er wegen fahrlässiger Tötung strafbar?" Verzeihung, meine Herren vom Gerichtshof: Ihr habt nach der unzweideutigen Vorschrift des Gesetzes meinen Irrtum und nicht euer Besserwissen zu Grunde zu legen. Nach meiner Vorstellung bin ich von einem Räuber rechtswidrig angegriffen worden; den Räuber niederzuschießen, war mein gutes Recht. Von fahrlässiger Tötung kann keine Rede sein, wo, kraft gesetzlicher Fiktion, Notwehr vorliegt. — Ich weiß nicht, was man gegen diese Verteidigung einwenden könnte. Damit allein aber wäre der Artikel gerichtet.

Das ist aber noch lange nicht alles. Die Bestimmung wirkt nicht nur zu gunsten, sondern auch zu ungunsten des Angeklagten. Das ist nach dem Wortlaute des Artikels völlig klar, und die Motive heben es Seite 29 für die Fälle des untauglichen Versuchs ausdrücklich hervor. Betrachten wir diese zuerst, und zwar an der Hand der bekannten Reichsgerichtsentscheidungen. Die A hält sich irrtümlich für schwanger und nimmt Abtreibungsmittel; die B hält das totgeborene Kind für lebend und vergräbt es in Tötungsabsicht. Verurteilung wegen Abtreibungs-, beziehungsweise Tötungsversuches ist nach Artikel 14 ganz unvermeidlich. Vielleicht ist sie auch durchaus gerechtfertigt: das steht hier nicht in Frage. Aber wie kann Stooß dann sagen (S. 29): „Der Entwurf hat davon abgesehen, den Versuch mit untauglichem Mittel und am untauglichen Objekt ausdrücklich unter Strafe zu stellen. Eine solche Strafbestimmung würde die Anschauungen der romanischen Schweiz verletzen und auch in dem deutschen Teile der Schweiz nicht überall Beifall finden." Diese verletzende Strafbestimmung ist ja doch gegeben, und zwar gerade im Artikel 41, und nicht bloß für die „schwersten Fälle" des untauglichen Versuchs! —

Der A will seinen Vater töten und erschießt in der Dunkelheit aus Versehen einen Fremden. Hier muß versuchter Vatermord angenommen werden; und wenn, wie im deutschen Strafgesetzbuch der Fall nicht besonders vorgesehen ist, kommt die obligatorische Strafmilderung bei Versuch zur Anwendung, obwohl vollendete Tötung vorliegt. Der Ehemann hält seine Frau für eine Fremde und schläft bei ihr (die Dichtkunst hat bekanntlich diese Möglichkeit vielfach verwertet): er hat nach Artikel 14 versuchten oder gar vollendeten Ehebruch begangen! Der Zeuge beschwört die Wahrheit einer Tatsache, die wahr ist, die er aber für unwahr hält; das Gericht hat diese seine irrige Annahme der Beurteilung zu Grunde zu legen und ihn wegen Meineids zu verurteilen. — Diese Beispiele ließen sich beliebig vermehren. Sie zeigen alle, daß Artikel 14 völlig unannehmbar ist.

Die französische Uebertragung hat aber auch hier eine Unklarheit des Gesetzgebers aufgedeckt. Stooß spricht von „Irrtum über den Sachverhalt". Gautier übersetzt „erreur sur les faits". Bei ihm, nicht bei Stooß, denken wir sofort an den Gegensatz zum error facti, an den error juris, den Rechtsirrtum. Und die Schlußfolgerung wird unabweislich: der Irrtum über den Sachverhalt wird berücksichtigt; der Rechtsirrtum dagegen bleibt einflußlos. Hat der Entwurf das gewollt? Vergeblich suchen wir nach Auskunft. In jener Allgemeinheit kann der Satz nicht gewollt sein. Wenn ich mich, infolge eines zivilrechtlichen Irrtums, für den Eigentümer der von mir weggenommenen Sache hielt, so kann ich unmöglich wegen Diebstahls gestraft werden. Aber eine „erreur sur les faits" ist das gewiß nicht, sondern ein Rechtsirrtum. Wie es aber mit den schwierigen Fällen des sogenannten Strafrechtsirrtums zu halten ist, welchen Einfluß insbesondere der Mangel des Bewußtseins der Rechtswidrigkeit hat, darüber schweigt der Entwurf sich aus.

IV. Versuch und Teilnahme. Artikel 15 sagt: „Der Versuch wird milder bestraft (Art. 38). Ist der Täter aus eigenem Antrieb von dem Verbrechen abgestanden, so wird er straflos [1]).

Vorbereitungshandlungen bleiben straflos."

Ich kann mich mit dieser Fassung nicht einverstanden erklären. Die bindend vorgeschriebene Strafmilderung ist in zahlreichen Fällen des fehlgeschlagenen Verbrechens ungerechtfertigt. Die alte Streitfrage über den Versuch mit untauglichem Mittel und an untauglichem Objekt bedurfte besonderer Entscheidung im Gesetz, soll die Rechtsprechung nicht der völliger Unsicherheit verfallen und das Rechtsbewußtsein des Volkes empfindlich verletzt werden. Die stillschweigende Entscheidung, welche Art. 14 enthält (s. oben S. 109), genügt in keinem Falle; ganz abgesehen davon, daß sie meines Erachtens unrichtig ist. Auffallend ist es endlich, daß Stooß den Versuch nicht definiert, sondern sich darauf beschränkt, die Vorbereitungshandlungen für straflos zu erklären. Lammasch und Wach haben diese Regelung rückhaltlos gebilligt. Ich gebe gern zu, daß alle Versuchsdefinitionen unserer Gesetzbücher der Rechtsprechung wenig oder gar keinen Nutzen gebracht haben. Aber ich bestreite, daß der Ausdruck Versuch auch das fehlgeschlagene Verbrechen umfaßt. Délit tenté und délit manqué sind verschiedene Begriffe und bedürfen verschiedener gesetzlicher Behandlung. Ich würde vorschlagen zu sagen: „das versuchte Verbrechen wird milder gestraft; das fehlgeschlagene kann milder gestraft werden."

Meinen besonderen Beifall hat dagegen Art. 16:

„Der Täter, der das Verbrechen begeht, und der Anstifter, der ihn dazu bestimmt, unterliegen als Urheber der Strafe, die das Verbrechen androht.

Wer dem Urheber zu seinem Verbrechen Hülfe leistet, wird milder bestraft (Art. 38)."

Wie der Verfasser richtig bemerkt, sind alle die weitläufigen Bestimmungen der Gesetzbücher über Teilnahme

1) Nicht ganz genau die französische Uebertragung: „n'est pas puni". Die strafaufhebende Wirkung des sogenannten Rücktrittes von dem an sich strafbaren Versuch kommt damit nicht zum Ausdruck.

praktisch unfruchtbar geblieben. Ungezählt sind die Streitfragen, welche die Fassung unseres Reichsstrafgesetzbuchs veranlaßt hat; die „accessorische Natur" der Teilnahme ist bestritten wie die ganze Summe der aus ihr entwickelten Folgesätze; die „mittelbare Täterschaft" ist der Tummelplatz der verschiedensten Anschauungen; der Versuch, die Beihülfe von der Mittäterschaft begrifflich abzugrenzen, hat das deutsche Reichsgericht zu einer Reihe seiner bedenklichsten Entscheidungen geführt. Nach der Fassung des Entwurfs ist es zunächst völlig gleichgültig, ob jemand unmittelbarer oder mittelbarer Täter, physischer oder intellektueller Urheber ist, ob er die Tat selbst durch einen anderen begeht oder als Anstifter sich an der von diesem begangenen Tat beteiligt [1]). Bedenklich ist mir dagegen die bindend vorgeschriebene Strafmilderung für den Gehülfen; damit ist die Notwendigkeit, Täterschaft und Beihülfe voneinander zu unterscheiden und mit ihr die ganze Summe der auf diese Unterscheidung bezüglichen Streitfragen auch in das künftige eidgenössische Strafrecht hinübergenommen. Durch eine kleine Aenderung könnte dem abgeholfen werden. Man brauchte nur zu sagen: Der Gehülfe „kann milder bestraft werden". Es lassen sich auch leicht Fälle denken, in welchen eine Strafmilderung dem Gehülfen gegenüber ebensowenig am Platze wäre wie die Herabsetzung der Strafe bei fehlgeschlagenem Verbrechen.

V. Notwehr und Notstand. In der Auffassung der Notwehr weicht der Entwurf von dem deutschen Rechte in einem wichtigen Punkte ab, um der Auffassung der romanischen und nordgermanischen Rechte zu folgen. Artikel 17 lautet:

„Wer einen rechtswidrigen Angriff in einer den Umständen angemessenen Weise von sich oder einem anderen abwehrt, übt das Recht der Notwehr aus.

Wer die Grenzen der Notwehr in entschuldbarer Aufregung oder Bestürzung überschreitet, bleibt straflos."

---

1) Eben darum sind aber auch die erklärenden Zusätze „der das Verbrechen begeht" und „der ihn dazu bestimmt", völlig überflüssig und würden besser gestrichen.

Die von mir im Druck hervorgehobenen Worte enthalten die Abweichung vom deutschen Recht. „Die Abwehr darf nicht außer allem Verhältnisse zu der Bedeutung des verteidigten Rechtsgutes stehen: sie soll den Umständen angemessen sein. Ich darf den Knaben, der mir einige Aepfel entwendet und damit entläuft, nicht niederschießen, um den Angriff auf mein Eigentum abzuwehren, selbst wenn mir kein anderes Mittel der Abwehr zu Gebote steht." So die Motive Seite 31, denen ich nichts, als die Erklärung meiner Zustimmung, beizufügen habe.

Anders stehe ich den Bestimmungen über Notstand (Art. 18) gegenüber.

„Wer ein Verbrechen begeht, um Leben, Leib, Freiheit, Ehre, Vermögen oder ein anderes Gut für sich oder einen anderen aus einer unmittelbaren Gefahr zu erretten, kann, wenn die Tat den Umständen nach entschuldbar ist, von Strafe befreit oder milder bestraft werden."

Volle Billigung verdient es, daß die Beschränkung des Notstandes auf Gefahr für Leib und Leben, sowie die der Nothülfe auf Angehörige, im Gegensatze zum deutschen Rechte, weggefallen ist. Aber entschiedenen Widerspruch muß ich gegen die grundsätzliche Auffassung des Notstandes einlegen, wie sie am schärfsten in dem Satze der Motive (S. 32) zum Ausdrucke gelangt: „Zunächst ist daran festzuhalten, daß der, der im Notstande handelt, unter keinen Umständen ein Recht ausübt."

Diese Auffassung, dem kleinlichsten Polizeigeiste entsprungen, ist eines freien Volkes unwürdig. Wenn ich die Fensterscheibe eindrücke oder die Haustüre sprenge, um ein brennendes Kind zu retten; wenn ich gewaltsam in den verschlossenen Hofraum eines anderen eindringe, um Wasser für einen Verschmachtenden zu holen: in diesen und in hunderten von ähnlichen Fällen erfülle ich meine Pflicht als Mensch und Bürger; und wer mich darob tadeln wollte, dem würde ich wohl kaum mehr als das Lächeln der Verachtung widmen. Ein Gesetzbuch, das in solchen Fällen mein Tun als rechtswidrig brandmarkt und nur aus Barmherzigkeit mir die verdiente Strafe schenkt, wird, dessen bin ich sicher, von schweizerischen Richtern überhaupt nicht angewendet werden. Im Entwurf eines bürgerlichen Gesetzbuchs für das Deutsche Reich hat mich dieser engherzige Formalismus nicht überrascht; in der geistesfreien Schöpfung des Berner Rechtslehrers erscheint sie als ein Fremdkörper, der heraus muß, soll nicht der Gesamtorganismus empfindlichen Schaden leiden. Auf welche Weise der Nachtwächterzopf beseitigt werden kann, habe ich an anderer Stelle ausgeführt. Hier genügt es mir, auf ihn hingewiesen zu haben.

IV. Das Strafensystem.

Den allgemeinen Begriff des Verbrechens zu entwickeln, ist im ganzen und großen Sache der Wissenschaft, nicht des Gesetzgebers. Das dürften die Erörterungen des vorangehenden Abschnittes ergeben haben. Nicht die Begriffsbestimmungen, die Stooß gibt, sondern die, die er nicht gibt, sichern den Erfolg seines Werkes. Erst im besonderen Teile des Strafgesetzbuchs gewinnt der oben (S. 102) betonte Satz lebendige Bedeutung, daß niemand bestraft werden darf, der nicht einer gesetzlich genau umschriebenen Handlung für schuldig erklärt worden ist. Ganz anders steht es mit der Strafe. Diese im allgemeinen zu bestimmen und zu begrenzen, noch ehe von ihrer Anwendung auf die einzelnen Verbrechen die Rede sein kann, ist fast ausschließlich Aufgabe des Gesetzgebers. Es liegt im Zuge der Entwickelung, welche die strafrechtlichen Anschauungen in diesen Tagen durchmachen, daß der Inhalt des allgemeinen Teils der Strafgesetzbücher eine wesentliche Veränderung erleidet. Das gegenseitige Rangverhältnis der auf das Verbrechen im allgemeinen und der auf die Strafen bezüglichen Bestimmungen verschiebt sich; jene treten an Zahl und Bedeutung zurück; diese werden mehr und mehr in den Vordergrund gedrängt und erweitert. Es kommt noch ein weiterer Umstand hinzu. Die scharfe Trennung der Prävention und der Repression fällt. Das Strafgesetzbuch nimmt auch die „sichernden Maßnahmen" mit auf. Gerade der Stooßsche Entwurf hat die Trennung aufgegeben, und ich begrüße, freudiger vielleicht als ein anderer, diese folgenschwere Neuerung. Aber ich glaube, sie wird noch deutlicher auch für den Nichtjuristen erkennbar werden, wenn ich die

Präventivmaßregeln besonders behandle. So will ich mich denn in diesem Abschnitte auf Haupt- und Nebenstrafen beschränken. Man beachte aber, daß die Trennung, gerade vom Standpunkte des Entwurfs aus, eine willkürliche ist. Mir kommt es nur darauf an, zu zeigen, wie etwa im Sinne der heute herrschenden Ansicht das Verhältnis der präventiven zu den repressiven Maßregeln sich darstellen würde.

Das Strafensystem des Entwurfs ist einfach, übersichtlich, zweckmäßig. Da an die Aufnahme der Todesstrafe kaum ernstlich gedacht werden konnte, liegt das Schwergewicht auf den Freiheitsstrafen. Der Entwurf hat aber den Fehler aller seiner Vorläufer, die einseitige Berücksichtigung und doktrinäre Verwendung der Freiheitsstrafen, glücklich vermieden, indem er einerseits die Vermögensstrafe lebensfähig zu machen und eine Reihe weiterer Strafmittel in das Strafensystem einzufügen versucht, anderseits die Freiheitsstrafen selbst nicht den Forderungen der Bücherweisheit, sondern den Bedürfnissen des Lebens angepaßt hat.

I. Die Freiheitsstrafen. Der Entwurf unterscheidet Zuchthaus und Gefängnis [1]). Diese beiden Strafarten unterscheiden sich zunächst durch ihre Dauer: Zuchthaus wird auf Lebenszeit oder auf 1 bis 15 Jahre; Gefängnis auf 8 Tage bis auf 1 Jahr (in den gesetzlich bestimmten Fällen bis auf 5 Jahre [2])) erkannt.

Ich hätte das Mindestmaß des Gefängnisses wie des Zuchthauses gerne erhöht; aber ich will auf diese viel erörterte Frage hier um so weniger zurückkommen, als ich im übrigen den Bestimmungen des Entwurfs meinen lebhaften Beifall nicht versagen kann. Er gilt insbesondere den folgenden drei Hauptgedanken des von Stooß vorgeschlagenen Strafvollzuges, deren Verkennung den Krebsschaden unseres deutschen, insbesondere unseres preußischen, Gefängniswesens bildet: 1) Unbedingter Arbeitszwang. 2) Vollständige Trennung der zu Zuchthaus und der zu Gefängnis

1) Für Uebertretungen soll Haft angedroht werden.
2) Es vertritt hier die deutsche Festungshaft.

Verurteilten. 3) Für Zuchthaus ein einfaches, den Verurteilten allmählich zur Selbstbestimmung zurückführendes Progressivsystem: a) Einzelhaft; b) Gemeinschaftshaft; c) bedingte Entlassung (wobei das Zusammenwirken mit den Schutzaufsichtsvereinen in Aussicht genommen wird). — Die ersten drei Monate auch des Gefängnisses bringt jeder Sträfling in Einzelhaft zu. Außerdem wird die Freiheitsstrafe in Einzelhaft vollzogen, soweit das Gericht es anordnet oder der Sträfling darum ansucht. Die Nacht bringen alle Sträflinge in Einzelhaft zu. Personen unter 20 Jahren werden von den übrigen Sträflingen abgesondert.

II. Die Vermögensstrafe. Als solche kommt streng genommen nur die Geldstrafe in Betracht (Art. 27). Wie schon bemerkt, hat Stooß auch hier es verstanden, die landläufigen Fehler der modernen Gesetzgebungen zu vermeiden und allen berechtigten Besserungsvorschlägen zu genügen. Ich hebe die Hauptpunkte hervor.

1) „Die Geldstrafe soll den Verhältnissen des Schuldigen entsprechen." Die weiter gehende Forderung einer Abstufung nach der von dem Richter festzustellenden Steuerkraft des einzelnen hat Stooß abgelehnt, und ich will mit ihm darum nicht rechten; die schweizerischen Gerichte werden es besser als die eines anderen Staates verstehen, ohne bureaukratische Engherzigkeit die volkstümliche Absicht des Gesetzgebers zu verwirklichen. Ein Höchst- oder Mindestmaß des zu verhängenden Betrages stellt der Entwurf nicht auf.

2) Die Geldstrafe muß als solche zur Vollstreckung kommen; es ist eine Verhöhnung der Gerechtigkeit, wenn für dasselbe Verschulden der Wohlhabende bezahlt, der Arme dagegen sitzen muß. Daß wir, im Deutschen Reich wie anderswo, tagtäglich gegen diese einfachste Wahrheit uns versündigen, weiß jeder, der Augen hat zu sehen. Umgekehrt aber auch, daß gar mancher, dem das Ehrgefühl abhanden gekommen ist, lieber sitzt als zahlt, obwohl er zahlen könnte, besonders wenn der für einen Tag arbeitsloser Freiheitsstrafe in Anrechnung gebrachte Betrag der Geldstrafe höher ist als der Verdienst eines angestrengten Arbeitstages. Stooß teilt darüber interessante Zahlen mit (Motive S. 60). Nach den Aufstellungen des eidgenössischen statistischen Bureaus sind

1891 zu Gefängnis 5418 Personen verurteilt, dagegen 7183 wegen Nichtentrichtung der gegen sie erkannten Geldstrafe ins Gefängnis versetzt worden. Die große Mehrzahl der Gefängnissträflinge bestand mithin aus Personen, welche Geldstrafen absaßen. Gegenüber diesem Mißbrauch der kurzzeitigen Freiheitsstrafe in Fällen, für welche der Richter auf Geldstrafe erkannt hat, gibt es nur ein durchgreifendes Mittel: den von der Internationalen kriminalistischen Vereinigung zu wiederholten Malen vorgeschlagenen völligen und unbedingten Ausschluß der Umwandlung einer uneinbringlichen Geldstrafe in Freiheitsstrafe. Stooß hat den Mut gehabt, sich auf diesen Standpunkt zu stellen; daß er sich dabei auf das bewährte Vorbild von Genf berufen konnte, wird ihm die Herzen der Schweizer um so leichter gewinnen. Zunächst will er dem weniger Bemittelten die direkte oder indirekte Abtragung der Geldstrafe möglichst erleichtern: „Der Richter", sagt der Entwurf, „kann dem Verurteilten gestatten, die Geldstrafe nach und nach zu bezahlen oder sie durch freie Arbeit abzuverdienen." Man hat gegen diese „freie Arbeit", für die ich bei verschiedenen Gelegenheiten eingetreten bin, stets praktische Einwendungen ins Feld geführt. Hören wir, wie Stooß, der klug besonnene Schweizer, sie zu entkräftigen weiß (Motive S. 62): „Es wird nun freilich für den Richter nicht leicht sein, einem arbeitslosen Verurteilten eine Arbeit zu verschaffen, durch welche er die Geldstrafe abtragen kann; aber es wird doch schon heute da und dort gelegentlich eine Arbeitsleistung des Verurteilten an Zahlungsstatt angenommen. In Bern besteht im Winter eine Holzspalterei für Arbeitslose. Könnten die Kantone oder die Gemeinden nicht gewisse notwendige oder wünschenswerte Arbeiten für diejenigen bereit halten, welche eine Geldstrafe durch freie Arbeit abzuverdienen wünschen? — Für den Anfang wird es genügen, wenn dem Richter die Befugnis erteilt wird, in geeigneten Fällen Arbeit an Zahlungsstatt anzunehmen. Wird von dieser Befugnis auch nur in einzelnen Fällen Gebrauch gemacht, so liegt darin der Keim für eine weitere Entwicklung der schönen und einfachen Einrichtung, die mit der bisher geübten Strafarbeit unter staatlicher Aufsicht nichts gemein hat."

3) Es unterliegt keinem Zweifel, daß bei Anwendung der

Bestimmungen des Entwurfs, also bei Bemessung der Geldstrafe nach der Leistungsfähigkeit des Verurteilten und bei möglichster Erleichterung ihrer Abtragung, die Zahl der Fälle eine geringe sein wird, in welchen die Eintreibung der Geldstrafe erfolglos bleibt. Diese Uneinbringlichkeit kann ihren Grund entweder in dem Unvermögen oder aber in dem bösen Willen des Verurteilten haben. Im ersten Fall soll der Satz gelten: res sacra miser. Mit vollem Rechte sagt Stooß: „Die Strafgewalt des Staates leidet keinen Schaden, wenn sie in solchen Fällen den Strafvollzug einstellt." Im zweiten Falle ist unerbittliche Strenge geboten. Der Entwurf verfügt im 3. Absatze des Art. 27: „Bezahlt der Verurteilte die Geldstrafe innerhalb drei Monaten oder innerhalb der richterlich bestimmten Frist böswillig nicht, so hat er den Betrag auf richterliche Verfügung hin durch Arbeit in einer Strafanstalt abzuverdienen."

Neben die Geldstrafe tritt ergänzend die Einziehung gewisser Gegenstände, die teils als Vermögensstrafe gegen den Schuldigen wirkt, teils als rein polizeiliche Maßregel erscheint. Ueber sie bestimmt Art. 28.

„Neben der Strafe oder statt einer Geldstrafe kann dem Schuldigen das Eigentum an Gegenständen abgesprochen werden, die zu den Verbrechen benutzt worden sind oder benutzt werden sollen, oder die durch das Verbrechen hervorgebracht worden sind.

Gefährdet ein Gegenstand, der mit einem Verbrechen in Zusammenhang steht, das öffentliche Wohl, so zieht ihn der Richter ein und läßt ihn erforderlichen Falles unbrauchbar machen oder vernichten. Diese Maßnahme findet ohne Rücksicht auf die Strafbarkeit einer Person statt."

Diese durchaus zweckmäßigen Verfügungen geben mir zu keinen Bemerkungen Anlaß.

III. Ergänzend treten zu den Freiheits- und Vermögensstrafen hinzu:

1) Das Wirtshausverbot (Art. 25), auf die Zeit von 1 bis 5 Jahren auszusprechen [1]), wenn das Verbrechen auf

---

1) Wohl neben der Freiheits- oder Geldstrafe und nicht statt ihr. Der Entwurf sagt darüber nichts.

übermäßigen Genuß von geistigen Getränken zurückzuführen ist; „eine berechtigte Eigentümlichkeit des kantonalen Strafrechts", die freilich, wie Stooß (Motive S. 56) zugibt, in größeren Städten nicht durchführbar sein wird.

2) Die Entziehung der bürgerlichen Ehrenfähigkeit (Art. 30), die Amtsentsetzung (Art. 31), die Entziehung der Ermächtigung, einen Beruf oder ein Gewerbe auszuüben (Art. 32) und die Entziehung der elterlichen oder vormundschaftlichen Gewalt (Art. 33). Der Entwurf spricht in diesen 4 Fällen, wohl zu Unrecht, nicht von Strafen, sondern von „polizeilichen Maßnahmen", die im Interesse der öffentlichen Sicherheit angeordnet werden.

3) Die öffentliche Bekanntmachung des Urteils, in der deutschen Reichsgesetzgebung nur in einzelnen Fällen und ohne klaren Grundgedanken vorgesehen, findet im Entwurf eine nachahmenswerte allgemeine Verwendung. Art. 34 bestimmt:

„Der Richter ordnet die Veröffentlichung des Strafurteils in dem amtlichen Blatte und in einer oder mehreren Zeitungen an, sofern das öffentliche Interesse oder das Interesse des Verletzten es erfordert.

Ebenso ordnet der Richter die Veröffentlichung eines freisprechenden Urteils auf Staatskosten an, wenn das öffentliche Interesse oder das Interesse des Freigesprochenen es erheischt."

4) In diesen Zusammenhang möchte ich endlich die durchaus beifallswürdigen Bestimmungen des Entwurfs über die Friedensbürgschaft stellen.

Art. 35 bestimmt: „Liegt die Gefahr vor, daß jemand ein Verbrechen, mit dessen Begehung er gedroht hat, ausführen wird, oder verrät jemand, der wegen eines Verbrechens, insbesondere wegen eines Verbrechens gegen den Körper oder die Ehre einer Person, verurteilt wird, die Absicht, das Verbrechen zu wiederholen, so kann ihm der Richter das Versprechen abnehmen, das Verbrechen nicht zu begehen, und ihn anhalten, für die Erfüllung des Versprechens angemessene Sicherheit zu bestellen. Verweigert er das Versprechen oder leistet er die Sicherheit innerhalb der bestimmten Frist böswillig nicht, so kann er bis zur Leistung des Versprechens und der Sicherheit in Haft gehalten werden, jedoch nicht über ein Jahr!"

IV. Die wissenschaftlich abstrakte Auffassung der Strafe hat diese mehr und mehr in einen scharfen Gegensatz zur Ersatzleistung gebracht. Wir tun uns etwas zu gute darauf, daß wir den öffentlich-rechtlichen Strafanspruch des Staates von allen privatrechtlichen Elementen gereinigt, daß wir, anders als die Römer und das deutsche Mittelalter, den Verletzten mit seinen Ersatzansprüchen auf den Civilrechtsweg verwiesen haben. Wir übersehen dabei völlig, wie wichtig auch für die öffentliche Rechtsordnung die Ausgleichung des dem Verletzten zugefügten Unrechts ist und wie leicht auch die Strafrechtspflege die Aufgabe übernehmen kann, den privatrechtlichen Deliktanspruch zu befriedigen. Ich kann auf diese wichtige Frage hier nicht näher eingehen. Ich will nur an die neuerdings in der Gesetzgebung auch des deutschen Reichs hervorgetretenen Bestrebungen erinnern, durch Einführung und Erweiterung der „Buße" dem Verletzten die erleichterte Durchsetzung seines Anspruches zu sichern.

Der Stooßsche Entwurf trägt den Interessen des Verletzten durch verschiedene beachtenswerte Bestimmungen Rechnung.

Von besonderer Wichtigkeit ist der lebhaft zu begrüßende Art. 29.

„Der Ertrag einer Geldstrafe und der Erlös aus der Verwertung eingezogener Gegenstände können dem Geschädigten ganz oder teilweise auf Rechnung der Entschädigung zuerkannt werden, der Verdienstanteil des Sträflings bis zur Hälfte."

Es tritt hinzu die weitere Bestimmung in Art. 22, nach welcher bedingte Freilassung (s. oben S. 117) nur dann zulässig ist, wenn der Verurteilte „den Schaden, den er durch das Verbrechen verursacht hat, soweit es ihm möglich war, ersetzt hat."

Demselben Geiste ist die Vorschrift des Art. 46 entsprungen, welche die „Einstellung des Strafvollzugs" (s. unten S. 130) davon abhängig macht, daß der Täter den aus dem

Verbrechen entstandenen Schaden, soweit es ihm möglich war, ersetzt hat.

Hierher gehört endlich auch die bereits besprochene (s. oben S. 120) Veröffentlichung des Strafurteils, wenn dies das Interesse des Verletzten erfordert (Art. 34).

V. Die „sichernden Maßnahmen".

Das größte Interesse beanspruchen diejenigen Bestimmungen des Entwurfs, welche nicht die eigentlichen Strafen, sondern die „sichernden Maßnahmen", nicht die Repression, sondern die Prävention, nicht die richterliche, sondern die polizeiliche Tätigkeit betreffen.

Gerade auf diesen Gebieten stehen die Anschauungen der deutschen Kriminalisten einander schroff gegenüber. Die klassische Schule hat für die vorbeugende Tätigkeit der Polizei niemals Verständnis oder gar Liebe gehabt; jede schärfere Betonung der Kriminalpolitik dagegen führt notwendig zu der Ueberzeugung, daß es besser ist, das Verbrechen zu verhindern, als das begangene zu strafen. Die klassische Schule will das Recht und das Gericht freihalten von aller polizeilichen Tätigkeit; die Kriminalpolitiker haben auf diese doktrinäre Scheidung stets geringes Gewicht gelegt. Ist doch nach ihrer Auffassung auch die richterlich erkannte Strafe in erster Linie dazu bestimmt, künftige Verbrechen zu verhindern. Die letzten Auseinandersetzungen zwischen Reichsgerichtsrat Mittelstädt und Professor Merkel einerseits, dem Schreiber dieser Zeilen anderseits haben über die Schärfe dieses Gegensatzes keinen Zweifel gelassen.

Eine ganz eigenartige Mittelstellung nimmt Stooß in dieser grundlegenden Frage ein. Mir ist es unzweifelhaft, daß nicht nur taktische Erwägungen, sondern daß tiefernste wissenschaftliche Ueberzeugung es ihm unmöglich machen, sich ganz auf unseren Standpunkt zu stellen. Und dennoch — so groß ist die Macht der neuen Ideen! — bringt sein Entwurf eine Reihe von bahnbrechenden Bestimmungen, die wir, wenn auch nur als Abschlagszahlungen, mit lauter Freude begrüßen müssen.

Die Kennzeichnung und Rechtfertigung seines grundsätzlichen Standpunkts gibt Stooß auf S. 34 der Motive: er findet keinen Grund, weshalb dem Richter nicht auch die Verhängung vorbeugender, also polizeilicher Maßnahmen übertragen werden soll, wenn er unter den gegebenen Verhältnissen dazu geeigneter erscheint als der Polizeibeamte. Aber er hütet sich ängstlich, diese „sichernden Maßnahmen" als Strafen zu bezeichnen; und er scheut davor zurück, ihnen diejenige Intensität zu gewähren, die wir zu verlangen nicht ermüden werden. Diese „Maßnahmen" sollen jetzt im Zusammenhange besprochen werden. In dem, was sie uns bieten, wie in dem, was sie uns versagen zu müssen glauben, sind sie gleich bezeichnend für die den Entwurf beherrschenden Grundgedanken.

I. Von allen kriminalpolitischen Fragen hat unsere Internationale kriminalistische Vereinigung keiner größere Wichtigkeit beigelegt, keiner mehr Zeit und Arbeit gewidmet, als dem großen Problem der Unschädlichmachung der Unverbesserlichen. Ich möchte sagen, daß heute, wo über die Behandlung der Jugendlichen, dank unseren Bemühungen, in allem wesentlichen die Ansichten sich geklärt und geeinigt haben, die Lösung jenes Problems der Unverbesserlichen in erster Linie das Urteil über den Wert oder Unwert eines Strafgesetzentwurfs entscheidend bestimmen muß.

Stooß handelt in den Artikeln 23 und 40 von der „Verwahrung von rückfälligen Verbrechern" (Internement des criminels récidivistes, sagt Gautier).

Den landläufigen Bedenken der klassischen Schule trägt Stooß Rechnung, indem er (insbesondere Motive S. 48) diese „Verwahrung" in Gegensatz zur „ordentlichen Strafe" stellt. Mir kommt es, wie ich wiederholt schon zu betonen Gelegenheit hatte, auf den Namen nicht an. Aber es hat mir, offen gestanden, Vergnügen gemacht, das Unsichere und Schwankende dieser rein doktrinären Gegenüberstellung zu beachten. Gautier sagt in der Uebertragung des Art. 40, ganz ebenso wie Stooß Motive S. 48: „peine ordinaire". Dagegen heißt es in der deutschen Fassung des Art. 40 weniger genau: „die gesetzliche Strafe". S. 85 der Motive aber stellt Stooß die „Verwahrung" der „Strafe" schlechthin und ohne einschränkendes Beiwort („ordentliche" oder

„gesetzliche“ Strafe) gegenüber. Jedenfalls aber ist das „Verwahrungshaus“ im Sinne des Entwurfs als etwas von den „Strafanstalten“ Verschiedenes zu betrachten.

Hinter unseren Forderungen zurückbleibend, läßt der Entwurf die „Verwahrung“ nur auf die Dauer von 10 bis 20 Jahren zu, und gestattet überdies schon nach 5 Jahren die bedingte Entlassung, wenn der Sträfling zum erstenmal verwahrt wird und anzunehmen ist (s'il est à prévoir), daß er nicht mehr rückfällig werden wird. Lebenslängliche Verwahrung ist mithin leider ausgeschlossen. Auch sonst finden sich bedenkliche Einschränkungen, auf die ich sofort hinweisen werde.

Drei Voraussetzungen müssen zusammentreffen, damit es zur „Verwahrung“ kommen kann:

1) Der Verurteilte muß wiederholt Zuchthausstrafe erstanden haben. Verschont bleiben hiernach diejenigen, deren erstes (gerichtlich bekannt gewordenes) Verbrechen den unausrottbar eingewurzelten Hang zum Verbrechen bekundet. Man denke an gewerbsmäßige Giftmischung, Abtreibung der Leibesfrucht, Engelmacherinnen, Frauenmörder und ähnliche Fälle. Die Annahme verminderter Zurechnungsfähigkeit wird hier nicht immer ausreichen, um der Gesellschaft den wünschenswerten Schutz zu gewähren. Ich gebe gerne zu, daß es nicht leicht sein wird, diese Gruppe von Verbrechern in einer gesetzlichen Bestimmung fest zu umgrenzen und dadurch die Gefahr einer willkürlichen und schwankenden Rechtsanwendung völlig auszuschließen. Aber ich bin überzeugt, daß gerade Stooß der richtige Mann dazu wäre, auch hier die schwierige gesetzgeberische Aufgabe der Lösung näher zu bringen.

2) Der Verbrecher muß innerhalb 5 Jahren nach Vollzug der letzten Zuchthausstrafe sich wieder eines Verbrechens schuldig gemacht haben.

3) Das Gericht muß überzeugt sein, daß die urteilsmäßige Strafe den Verbrecher von ferneren Verbrechen nicht abzuhalten vermögen würde (lorsque le tribunal est convaincu de l'inefficacité de la peine ordinaire pour prévenir de nouveaux délits). Ich fürchte sehr, daß durch diese Forderung einer positiven Ueberzeugung des Gerichts die An-

wendung der Verwahrung wesentlich eingeschränkt werden wird. Vorsichtige oder gar ängstliche Naturen gelangen nur schwer und nur selten zu der festen Ueberzeugung, daß die Strafe nichts mehr nutzen werde; sie werden schwanken und zaudern, weil sie Herz und Nieren zu prüfen nicht in der Lage sind. Dabei sehe ich ganz ab von den nur zu zahlreichen Menschenfreunden, die, gestützt auf das Truggebilde der Willensfreiheit, grundsätzlich die Annahme der Unverbesserlichkeit verwerfen. It is never too late to mend. Und gibt nicht der Entwurf selbst Grund zu dieser optimistischen Anschauung, indem er vor lebenslanger Anhaltung der Unverbesserlichen zurückscheut?

Liegen nun jene drei Voraussetzungen vor, so tritt ein höchst interessantes Verfahren ein. Das Gericht spricht zunächst die „urteilsmäßige Strafe" aus (das ist im Entwurf nicht ausdrücklich gesagt, ergibt sich aber aus dem Zusammenhange), und überweist gleichzeitig den Verurteilten an eine besondere Bundesbehörde. Diese erst entscheidet über sein Schicksal, indem sie entweder das Urteil in Kraft läßt oder, statt der Strafe, die Verwahrung verfügt.

Der Entscheidung gehen Erkundigungen über das Vorleben des Verbrechers, über seine Erziehung, seine Familienverhältnisse, seinen Erwerb, seine körperliche und geistige Gesundheit, sowie über die Verbrechen, die er begangen, und die Strafen, die er erstanden hat, voraus.

So weit bin ich mit dem Vorschlage des Entwurfs völlig einverstanden. Er beruht auf der stets von mir gepredigten Erkenntnis, daß der Strafrichter niemals in der Lage ist, vor oder während der Verhandlung die feste Grundlage für die endgültige Beurteilung des Angeklagten zu gewinnen. Die Einsetzung einer besonderen, ständigen Behörde ist ein kühner und fruchtbarer Gedanke. Und daß sie, wie Stooß Motive S. 51 sagt, aus 7 Mitgliedern mit einem Sekretär bestehen, daß das juristische Element in ihr nicht überwiegen, sondern durch Männer ergänzt werden soll, die mit Verbrechern beruflich in Berührung gekommen sind — enspricht so sehr dem Kern meiner eigenen Vorschläge, daß ich kleinere Bedenken und nebensächliche Wünsche gern unterdrücke. Aber ich fürchte, daß die übergroße Vorsicht des Verfassers die Lebensfähigkeit der Einrichtung im Keime erstickt hat. Die Verwahrung darf nämlich nur dann ausgesprochen werden, wenn die Behörde es als unzweifelhaft erachtet (s'il parait hors de doute), daß der Verbrecher nach Vollzug der Strafe wieder rückfällig werden würde, und wenn es weiter geboten erscheint, ihn für längere Zeit unschädlich zu machen. Unzweifelhaft! Wer hat den Mut, das zu sagen? Und wozu diese Aengstlichkeit, da es sich doch in Wahrheit nicht um dauernde Unschädlichmachung handelt, sondern bereits nach 5 Jahren Entlassung, wenn auch nur auf Widerruf, eintreten kann?

II. Das Gegenstück zu der Verwahrung der Unverbesserlichen bietet Artikel 24:

„Ist ein Verbrechen auf Liederlichkeit oder auf Arbeitsscheu des Täters zurückzuführen und ist auf eine Strafe von nicht mehr als einem Jahre zu erkennen, so kann der Richter den Schuldigen statt der Strafe oder neben der Strafe für die Zeit von 1 bis 3 Jahren in eine Arbeitsanstalt verweisen.

Die kantonalen Bestimmungen über Einweisung von Liederlichen nnd Arbeitsscheuen in Arbeitsanstalten bleiben vorbehalten."

Es handelt sich um die sogenannten „sozialen Neurastheniker", um Bettler, Landstreicher, Dirnen, Müßiggänger aller Art, um die „Minderwertigen" und Deklassierten, die der Wissenschaft wie der Strafrechtspflege große und ungelöste Schwierigkeiten bereiten. Ich will hier nicht die Frage aufwerfen, ob wir es hier wirklich mit einer besonderen Gruppe zu tun haben, die sich durch ihre verhältnismäßige Harmlosigkeit von den gemeingefährlichen Rückfälligen unterscheidet; ich will es ganz unterlassen, auf die vielfach verschlungenen und oft erörterten Beziehungen hinzuweisen, die zwischen dem eigentlichen Berufsverbrechertum und dieser ganzen „Halbwelt" unzweifelhaft bestehen, auf die Uebergänge von einer Gruppe in die andere, auf die Schwierigkeit, dem ergriffenen Landstreicher die begangenen Diebstähle, der eleganten Dirne die Hochstaplereien nachzuweisen. Wie die Dinge heute liegen, ist nicht anzunehmen, daß eine

Gleichstellung der beiden Gruppen den Beifall der gesetzgebenden Faktoren findet. Und so mag man denn immerhin an der theoretischen Verschiedenheit zwischen der Arbeitsanstalt für das Gesindel und der Verwaltungsanstalt für unverbesserliche Verbrecher festhalten: obwohl ich mir nicht vorstellen kann, worin sich die „strenge Arbeit" hier und die „strenge Zucht zur Arbeit" dort inhaltlich voneinander unterscheiden sollen.

Aber darüber muß man sich klar sein, daß ein großer Teil dieser „Harmlosen" ebenso unverbesserlich ist, wie die eigentlichen Verbrecher. Wie diese, leben sie ihrem Beruf. Gerade unter ihnen finden wir die größte Verhältniszahl der erblich Belasteten; und hier gibt es, wenn einmal ein gewisses Lebensalter erreicht ist, keine Rettung mehr. Stooß (Motive S. 54) muß selbst zugeben, daß nach dem Urteil Sachverständiger es den Arbeitsanstalten nur höchst selten gelingt, den Liederlichen zu einem arbeitsamen und ordentlichen Menschen zu erziehen; und es ist durchaus willkürlich, wenn er die Ursache dieser allbekannten Tatsache hauptsächlich in der ungenügenden Einrichtung der Arbeitsanstalten erblickt. So gelangt Stooß dazu, den kräftigen Schutz der Gesellschaft gegen dieses Heer von Parasiten zu vernachlässigen und den Besserungszweck in den Vordergrund zu rücken. Die Unschädlichmachung des Liederlichen ist ihm eine „wohltätige Nebenwirkung", während sie mir die Hauptsache wäre.

Nur wenn man die Erziehung zur Arbeit als den Zweck des Arbeitshauses festhält, kann man drei Jahre als das Höchstmaß der Anhaltung billigen. Man wird sich dann aber auch darüber klar sein müssen, daß die „wohltätige Nebenwirkung" der Unschädlichmachung nur in recht bescheidenem Umfange eintreten kann.

Ob man das Arbeitshaus als Strafe betrachten oder wie Stooß es tut, von dieser begrifflich scheiden will, ist mir auch hier völlig gleichgültig. Aber gerade die Unterscheidung der Liederlichen von den Verbrechern muß dazu führen, dem Arbeitshaus eine ähnliche Wirksamkeit zuzuweisen wie der Verwahrungsanstalt. Zunächst durch Erhöhung der Zeitdauer der zulässigen Anhaltung; dann durch

Ueberweisung der endgültigen Entscheidung an die oben erwähnte Bundesbehörde; vor allem aber auch dadurch, daß der Zeitpunkt der Entlassung innerhalb der gesetzlichen Grenzen von dem Verhalten des Verurteilten abhängig bleibt[1]).

Ohne eine sehr wesentliche Verschärfung scheint mir Art. 24 unannehmbar.

III. An die beiden besprochenen „Maßnahmen" reiht sich in Art. 26 die Heilanstalt für Trinker:

„Ist die Aufnahme des Trunksüchtigen in eine Heilanstalt für Trinker geboten, so ordnet sie der Richter auf ärztliches Gutachten hin unabhängig von einer Bestrafung für die Zeit von 6 Monaten bis zu 2 Jahren an."

Grundsätzlich völlig einverstanden, möchte ich auch hier eine Halbheit des Entwurfes rügen. Wie Stooß (Motive S. 57) richtig betont, ist die Trunksucht eine Krankheit. Es ist ein großes Verdienst von Prof. Dr. A. Forel in Zürich, dieser wissenschaftlichen Auffassung in der Schweiz allgemeine Verbreitung verschafft zu haben. Ist sie aber richtig und erfordert der Zustand des Trunksüchtigen die Aufnahme in eine besondere Heilanstalt, so kann die Dauer der Anhaltung in dieser doch nur durch den Zustand des Kranken bedingt werden, die Entlassung doch nicht früher oder später erfolgen, als bis die Heilung festgestellt ist oder der Zustand aufgehört hat gefährlich zu erscheinen. Nach Stooß dagegen soll der Richter im Urteil, auf das Gutachten des Arztes hin, die Zeit der Behandlung feststellen. Irrt sich der Arzt in seiner Prognose, so bleibt ein Irrtum dennoch maßgebend. Der ungeheilte Trunksüchtige muß nach Ablauf der festgesetzten Zeit entlassen werden; der früher Geheilte wird bis zu diesem Zeitpunkt zurückbehalten! Eine solche Bestimmung ist einfach unmöglich. Daß die richterliche Feststellung der erfolgten Heilung „bedeutende Weiterungen" verursachen würde (der einzige Grund, den Stooß für seinen Vorschlag

1) Nach dem Wortlaut des Art. 24 muß man annehmen, daß der Richter im Urteil die Dauer der Anhaltung bestimmt. Das wäre ein so bedauerlicher Rückschritt hinter das deutsche Strafgesetzbuch, daß ich nur an einen Redaktionsfehler denken kann.

vorbringt), ist nicht zuzugeben, würde aber, selbst wenn richtig, völlig gleichgültig bleiben. Gesunde Menschen kann man nicht gegen ihren Willen in einem Krankenhaus zurückbehalten. Hält Stooß die Entlassung des Geheilten für undurchführbar, so durfte er den Kranken gar nicht in die Anstalt verweisen.

IV. Schon oben (S. 104 f.) war von den Erziehungsanstalten für Strafunmündige und den von diesen verschiedenen Besserungsanstalten für Jugendliche die Rede. Der Kreis der „sichernden Maßnahmen" schließt sich, wenn wir an die Verwahrung und an die Versorgung Unzurechnungsfähiger und vermindert Zurechnungsfähiger (oben S. 105) denken. In der Tat eine reiche Auswahl von vorbeugenden Maßregeln, reicher als sie irgend eines der heute geltenden Strafgesetzbücher uns zur Verfügung stellt. In ihnen ruht die Stärke, liegt die bahnbrechende Bedeutung des Entwurfs. Auch die Unsicherheiten und Halbheiten des Verfassers nehmen wir gern mit in den Kauf. Denn nirgends ist die Weiterbildung ausgeschlossen. Daß diese aber stattfinde, dafür werden die Bedürfnisse des Rechtslebens schon selber sorgen. Einstweilen begrüßen wir dankbar das uns Gebotene. Jede Abschlagszahlung enthält nicht nur ein Anerkenntnis der Schuld; sie ist auch ein Beweis für den guten Willen des Schuldners.

VI. Strafmaß und Wegfall der Strafe.

I. Hervorzuheben wäre die Vorschrift des Art. 36, nach welcher der Richter bei Bemessung der Strafe „namentlich auch die Beweggründe, das Vorleben und die persönlichen Verhältnisse des Täters" in Betracht zu ziehen hat. Diesem Grundsatze gemäß kann nach Art. 37 die Strafe gemildert werden, „wenn der Schuldige das Verbrechen aus edeln Beweggründen, in schwerer Bedrängnis, unter dem Eindruck einer Drohung oder des Befehls einer Person, von der er abhängig ist, oder in dem Wahne, er mache sich keiner strafbaren Handlung schuldig, begangen hat"; ferner „wenn er aufrichtige Reue über das Verbrechen betätigt hat oder wenn die Verjährungsfrist nahezu abgelaufen ist". Dagegen soll die Strafe das mittlere Strafmaß übersteigen

(Art. 39): 1) „wenn der Schuldige das Verbrechen aus niederträchtiger Gesinnung, insbesondere aus Bosheit, Rohheit, Hinterlist, Rachsucht, Habsucht, Schadenfreude oder aus Lust am Verbrechen begangen hat"; 2) bei Rückfall, d. h. „wenn der Schuldige während der 5 Jahre, die der Begehung des Verbrechens vorangegangen sind, in der Schweiz oder im Ausland — (eine sehr beachtenswerte Neuerung!) — eine Freiheitsstrafe wegen eines gemeinen Verbrechens erstanden hat und nicht gesetzliche Milderungsgründe vorliegen".

II. Für den nüchtern-praktischen Sinn des Verfassers ist Art. 41 über „das Zusammentreffen von Freiheitsstrafen" außerordentlich bezeichnend. Während die deutsche Rechtswissenschaft sich in den umfassendsten und eindringendsten Untersuchungen über „reale" und „ideale", über „gleichartige" und „ungleichartige" „Verbrechenskonkurrenz" und deren Abgrenzung von der „Gesetzeskonkurrenz" erschöpft, während das Reichsgericht die deutschen Schriftsteller an Scharfsinn zu überbieten trachtet — räumt Stooß mit einem Schlage diesen ganzen Wust „veralteter Schulweisheit" hinweg. „Hat der Täter mehrere Freiheitsstrafen verwirkt, so wird er zu der Strafe des schwersten Verbrechens verurteilt, die angemessen erhöht wird." (Art. 41, Abs. 2.) Ich bin überzeugt, daß die Rechtspflege mit dieser einfachen Vorschrift ihr Auslangen finden wird, obwohl auch durch sie wieder eine reichhaltige „wissenschaftliche" Literatur der längstverdienten Vergessenheit überliefert wird.

III. Aus den Bestimmungen über Strafanrechnung und Wegfall der Strafe (Art. 42 bis 45) möchte ich eine einzige hervorheben. Im Gegensatz zum deutschen Recht hält der Entwurf ausnahmslos an dem Satze fest, daß Strafverfolgung und Strafvollzug wegfallen, sobald der Schuldige stirbt. Die bei uns zulässige Vollstreckung der Geldstrafe in den Nachlaß des Verstorbenen ist damit unbedingt ausgeschlossen.

IV. Den Schlußstein des allgemeinen Teils bildet Art. 46, der die sogenannte bedingte Verurteilung unter dem Namen der „Einstellung des Strafvollzuges" (suspension de l'exécution de la peine) in das eidgenössische Recht einzuführen versucht, nachdem sie in Neuenburg und Genf bereits seit kürzerer Zeit in Wirksamkeit ist. Meine Ansicht über den Wert dieser Einrichtung, die freilich dem zünftigen Gelehrten ebenso unbequem ist wie der bureaukratischen Routine, dürfte bekannt sein. Ich habe keine Veranlassung, von meinen früheren Ausführungen irgend etwas zurückzunehmen. Ich sehe aber auch keinerlei Grund, in die für mich längst abgeschlossene Debatte neuerdings einzugreifen. Ich habe für das deutsche Reich (und auch für andere Länder) die Anregung gegeben, und werde deren Nachwirkung ruhig abzuwarten wissen. Unsere Gesetzgebung wird hier ebensowenig wie auf anderen strafrechtlichen Gebieten bahnbrechend vorangehen; davon bin ich überzeugt. Aber wir werden ganz zweifellos hinten nachhinken, wenn alle anderen Staaten vorangegangen sind. Davon bin ich ganz ebenso überzeugt. Wie bisher werde ich mit stillem Behagen jeden Fortschritt der „bedingten Verurteilung" verzeichnen; mit noch größerem Behagen aber alle gegen sie gerichteten Ausführungen verfolgen. Es ist zu hübsch, die Argumente unserer klassischen Juristen neben die Logik der Tatsachen zu stellen, das kräftige Aufblühen von Rechtsinstituten zu beobachten, deren begriffliche Unmöglichkeit mit dem ganzen Arsenal der Dialektik nachzuweisen die Schildträger der „vergeltenden Gerechtigkeit" nicht müde werden. Daß ist ein Genuß, den ich mir durch polemische Auseinandersetzungen nicht trüben möchte. Ich begnüge mich damit, den Art. 46 abzuschreiben; er mag für sich selbst sprechen.

„Das Gericht kann den Strafvollzug einstellen: wenn der Täter zum erstenmal wegen eines Verbrechens verurteilt wird, das Verbrechen nicht aus gemeinen Beweggründen begangen hat, den Schaden, der aus dem Verbrechen entstanden ist, soweit es ihm möglich war, ersetzt hat; wenn die Strafe Gefängnis von höchstens sechs Monaten ist; wenn der Täter durch die Einstellung voraussichtlich vor weiteren Verbrechen bewahrt wird.

Wird der Verurteilte vor Ablauf von fünf Jahren rückfällig, so hat er die früher erkannte und die durch den Rückfall verwirkte Strafe zu erstehen; wird er innerhalb von fünf Jahren nicht rückfällig, so fällt die Strafe weg."

Mit diesem Artikel schließt der erste Teil des Entwurfs; und mit ihm ist meine Besprechung zu Ende. Habe ich dem Sozialpolitiker zuviel der Juristerei gebracht? Ich hoffe: nein. Aber wenn es der Fall wäre, möchte ich die Schuld von mir ablehnen. Die Bekämpfung des Verbrechens ist eine der wichtigsten und aussichtsreichsten Aufgaben der Sozialpolitik. Ein gutes Strafgesetzbuch aber, das auch die vorbeugenden Maßregeln in den Kreis seiner Vorschriften einbezieht, wird auf absehbare Zeit unter den Mitteln zur Bekämpfung des Verbrechens eine hervorragende Stellung einnehmen. Nach meiner Auffassung ist es Pflicht eines jeden ernstdenkenden Sozialpolitikers, der Strafgesetzgebung seine Aufmerksamkeit zuzuwenden. Ganz besonders aber im deutschen Reich, das auf diesem Gebiete hinter den meisten anderen Staaten zurückgeblieben ist. Je weniger, nach den bisher gemachten Erfahrungen, von den verbündeten Regierungen ein planmäßiges Vorgehen zu erwarten ist, desto dringender muß gewünscht und gefordert werden, daß aus den Kreisen des Volkes heraus ein kräftiger Anstoß zur Umgestaltung unserer altersschwachen Strafgesetzgebung gegeben werde.

Der schweizerische Vorentwurf ist kein himmelstürzendes Werk. Er bleibt vielfach auf dem halben Wege stehen. Aber der Weg, den er eingeschlagen hat, ist der richtige. Wird er zum Gesetz — und daß er es wird, daran ist kaum zu zweifeln — so ist das deutsche Reich wieder einmal in einer der wichtigsten Kulturfragen von den schwächeren Nachbarn überholt worden. Diese Tatsache möge zu denken Anlaß geben. Nicht an die Juristen und nicht an die Justizministerien richte ich diese Mahnung: das habe ich nachgerade oft genug getan. Aber vielleicht ist unter den Lesern des „Archivs" der eine oder der andere, dem sie zu Herzen dringt. Dann haben meine Zeilen ihren Zweck erreicht.

19. E. F. Klein und die unbestimmte Verurteilung.

Ein Beitrag zur preußischen Kriminalpolitik des 19. Jahrhunderts.

(Rektoratsrede 1894.)

Altem und gutem Herkommen gemäß habe ich den Gegenstand des Vortrags, mit dem ich mich nach unseren Universitätsstatuten vor Ihnen einzuführen habe, aus dem Fache gewählt, dessen Bearbeitung meine Lebensaufgabe bildet: der Strafrechtswissenschaft; und aus dem Zweige dieses weiten Wissensgebietes, dem ich im Laufe der letzten Jahre meine besondere Aufmerksamkeit gewidmet habe: der Kriminalpolitik.

Indem ich eines der wichtigsten unter den heutigen kriminalpolitischen Einzelproblemen herausgreife: die sogenannte unbestimmte Verurteilung, d. h. die Einsperrung gemeingefährlicher Verbrecher auf unbestimmte Zeit, möchte ich versuchen, den Nachweis für die scheinbar gewagte Behauptung zu erbringen, daß die große Reformbewegung unserer Tage, die, weit über die juristischen Fachkreise hinausgreifend, eine zielbewußte Bekämpfung des Verbrechertums fordert, unmittelbar anknüpft an die besten altpreußischen Ueberlieferungen, an die Grundgedanken der fridericianischen Gesetzgebung. Diese Behauptung schien mir um so geeigneter, an dieser Stelle und am heutigen Tage erörtert zu werden, als der Träger der kriminalpolitischen Anschauungen des preußischen Allgemeinen Landrechts, E. F. Klein, zugleich einer meiner Vorgänger im Amt, Direktor unserer Universität und Ordinarius meiner Fakultät in den Jahren 1791 bis 1800 gewesen ist. Seine scharf ausgeprägte Gestalt soll, im Mittelpunkte meiner

Betrachtungen stehend, diesen jene persönliche Färbung geben, ohne die ich wohl kaum hoffen dürfte, für meine unvermeidlichen juristischen Auseinandersetzungen Ihre wohlwollende Aufmerksamkeit mir zu gewinnen und zu erhalten.

Gestatten Sie mir zunächst eine kurze einleitende Bemerkung.

Zwei Arten der Rechtsbetrachtung stehen in scheinbar schroffem Gegensatze einander gegenüber: die dogmatische und die politische. Die dogmatische, die das geltende Recht in seinen Grundsätzen zu erfassen und als geordnetes System der Begriffe dem Praktiker zur Anwendung zu überliefern sich bemüht; die politische, die das geltende Recht nach seinem Recht zu gelten fragt, die es kritisch prüft, billigt oder verwirft und dem Gesetzgeber der Zukunft die Bahn zu weisen unternimmt. Beide Betrachtungsweisen stützen sich auf die Geschichte, die das geltende Recht als ein gewordenes und im Fluße der Entwicklung begriffenes erkennt und die Gesetze seiner Entwicklung feststellen möchte. Beide bedürfen der Philosophie, als der erkenntniskritischen Beraterin über den Wert der rechtlichen Grundbegriffe. Es ist eine bedauerliche, nur dem Schulgezänke dienliche, wenn auch weitverbreitete Verschärfung des Gegensatzes, wenn die historisch-dogmatische der philosophisch-politischen Richtung gegenübergestellt wird. Auch die Rechtspolitik darf auf die geschichtliche Grundlage, auch die Rechtsdogmatik auf die philosophische Kritik nicht verzichten.

Weshalb beide Betrachtungsweisen des Rechts an sich gleichberechtigt sind und wie unbefangener Prüfung der Gegensatz schwindet, habe ich hier nicht zu untersuchen. Aber das muß ich betonen, daß das jeweilige Uebergewicht der einen über die andere Betrachtungsweise durch die geschichtlich wechselnden Verhältnisse des Rechtslebens selbst bedingt und bestimmt wird.

Nach dem Abschlusse einer umfassenden Gesetzgebung wendet sich die ganze Kraft der Juristen auf die Erkenntnis und Darstellung, die Ueberlieferung und Anwendung des nunmehr geltenden Rechts; die dogmatische Rechtswissenschaft treibt um so kräftigere Blüten, je mehr das neue Recht in dem Rechtsbewußtsein des Volkes sich festwurzelt. Wenn aber eine veraltende Gesetzgebung in Widerspruch tritt zu den Bedürfnissen und Anschauungen des Volks, dann naht die Zeit für den Rechtspolitiker, der, den unklar empfundenen Stimmungen der Volksseele Ausdruck gebend, die Forderung nach einer Neugestaltung des Rechts mit steigender Entschiedenheit erhebt.

Diese einfachen Sätze reichen wohl aus, um die so vielfach mißverstandene kriminalpolitische Bewegung unserer Tage in ihrem Ursprung wie in ihrer Berechtigung klarzulegen.

Unser heute geltendes deutsches Strafrecht ruht, von wenigen Veränderungen abgesehen, auf dem preußischen Strafgesetzbuch von 1851, das seinerseits als eine im einzelnen vielfach umgestaltete, aber die Grundlagen unverändert bewahrende neue Auflage des Napoleonischen Code pénal von 1810 erscheint. Wir leben also im heutigen deutschen Reich unter der Herrschaft von Strafrechtssätzen, die den ersten Jahren dieses Jahrhunderts entstammen und darum veraltet sind; die die Rechtsanschauungen des ersten französischen Kaisertums widerspiegeln und darum unserem deutschen Rechtsbewußtsein fremd geblieben sind.

Bedarf es einer weiteren Rechtfertigung für die Forderung nach einer Beseitigung dieses veralteten und undeutschen Rechts; nach einer Strafgesetzgebung, die den deutschen Rechtsanschauungen unserer Tage entspricht? Bedarf es einer weiteren Erklärung für die elementare Kraft dieser kriminalpolitischen Bewegung? Einer Begründung für das Siegesbewußtsein, das ihre Anhänger erfüllt?

Die Aehnlichkeit dieser heutigen kriminalpolitischen Bewegung mit der gewaltigen Geistesströmung, die das ganze 18. Jahrhundert, die das Zeitalter der Aufklärung kennzeichnet, ist mehrfach hervorgehoben, aber nicht immer richtig beurteilt worden. Unbefangene Betrachtung wird die tiefgreifende Aehnlichkeit darin begründet finden, daß heute wie damals eine veraltete, dem Rechtsbewußtsein des Volkes fremd gewordene Strafgesetzgebung den Gegenstand des Angriffes bildet: heute der französische Code pénal, damals die peinliche Gerichtsordnung Karls V. von 1532. Und heute wie damals sind es die Vertreter der zünftigen Rechtsdogmatik, die das geltende Recht mit dem schweren Geschütz der überlieferten Gelehrsamkeit zu verteidigen unternehmen gegen die in zerstreuter Fechtart anstürmenden Freischaren der Publizisten.

Damals freilich war der Gegensatz verschärft durch die allgemeine Rechtsunsicherheit auf privatrechtlichem Gebiet, die notwendige Folge des noch ungelösten Widerstreites zwischen den als Ganzes aufgenommenen fremden Rechten und dem im einzelnen vielfach bewahrten deutschen Gerichtsgebrauch. Aber unschwer ließe sich auch nach dieser Richtung hin die, wenn auch abgeblaßte, Aehnlichkeit heutiger Verhältnisse dartun.

Die Hallische Juristenfakultät, von der Gründung der Universität bis in die Mitte des 18. Jahrhunderts zweifellos die bedeutsamste unter den Schwesterfakultäten, hat von allem Anfang an feste und unzweideutige Stellung in dem Streite der Geister genommen. Sie verdankt ihre Blüte, ihren Ruhm nicht den Rechtsdogmatikern, sondern den Vertretern der rechtspolitischen Richtung. Im Gedächtnisse und im Herzen der Nachwelt lebt Thomasius fort als der unerschrockene, niemals ermüdende Kämpfer gegen alle Mißbräuche in Staat und Kirche, ganz besonders aber gegen die veraltete Strafrechtspflege, gegen Ketzerverfolgung, Hexenverbrennung und anderes mehr. Er vertritt das Recht, das gelten sollte, gegenüber dem Recht, das gilt, aber kein Recht zu gelten hat; er vertritt die Rechtspolitik gegenüber der erstarrten, in der Leipziger Dynastie der Carpzows verkörperten Verbrüderung der theologischen und der juristischen Dogmatik. Staatsrecht und Privatrecht, Kirchenrecht und Strafrecht werden vor den Richterstuhl der kritisch prüfenden Vernunft geladen. Den naturrechtlichen Maßstab, mit dem sie gemessen werden, bildet die Zweckbestimmung des Rechts, dem letzten Ziele aller menschlichen Gemeinschaft zu dienen. Und immer bestimmter und ungestümer tritt das Naturrecht mit der Forderung hervor, als das Idealbild der nächsten Zukunft in die greifbare Wirklichkeit der Gegenwart übertragen zu werden. Ein neues Recht zu schaffen, klar und bestimmt, gemeinverständlich, den Anschauungen und Bedürfnissen der Gegenwart entsprechend — das ist die immer klarer sich zeichnende, von Leibniz mit voller Bestimmtheit ausgesprochene Aufgabe, die dem modernen Staate gestellt wurde. Und welcher Staat konnte berufener erscheinen zur Lösung dieser großen Aufgabe, die das römisch-deutsche Kaiserreich nicht einmal zu stellen verstanden hätte, als das junge, aus dem Schutte mittelalterlicher Gebilde emporgewachsene, tatenkräftige und tatenfrohe preußische Königreich?

So hat der die Lebenskraft des preußischen Staatswesens bildende Grundgedanke in Halle seine juristische Fassung, seine rechtliche Begründung gefunden. Um Thomasius scharten sich, trotz Verschiedenheit der persönlichen Eigenart und der wissenschaftlichen Richtung, trotz aller eifersüchtigen Reibungen und kleinlichen Fehden, die übrigen Rechtslehrer, einig mit ihm in dem Bewußtsein der aus innerster Ueberzeugung stammenden Hingebung an den preußischen Staatsgedanken. So entstand, wie schon früher Dernburg, wie neuerdings der Geschichtsschreiber der preußischen Gesetzgebung und Rechtsverwaltung, Stölzel, mit aller Bestimmtheit hervorgehoben hat, eine besondere Hallische Schule. Die Hallische Juristenfakultät war Jahrzehnte hindurch der Mittelpunkt einer nüchternen, von der Erwägung des Staatszweckes getragenen politisch-juristischen Reformpartei, und eben darum die treuste Verbündete des mächtig emporstrebenden preußischen Königtums.

Preußens Herrscher haben diese Bedeutung der hiesigen Juristenfakultät klar erkannt und vollauf gewürdigt. Den schlagendsten Beweis hierfür liefert die Kgl. Ordre vom 18. Juni 1714, durch welche Friedrich Wilhelm I. der Hallischen Juristenfakultät den Auftrag erteilte, unter Leitung des Thomasius den Entwurf eines allgemeinen bürgerlichen Gesetzbuchs für die preußischen Staaten, gestützt auf die Grundsätze des Naturrechts und die Vergleichung guter Gesetze anderer Länder, in deutscher Sprache auszuarbeiten.

Diese Ordre ist ein glänzender Beleg für den weiten Blick des lange verkannten Königs, dessen hervorragende Herrschertugenden erst in unseren Tagen durch Droysen und Treitschke, durch Roscher und Schmoller, durch Stölzel u. a. ins rechte Licht gestellt worden sind. Zum ersten Male in der Geschichte des preußischen Staates tritt uns hier die Forderung: „ein preußisches Recht für das preußische Volk" als Regierungsprogramm entgegen.

Allerdings — die Zeit war noch nicht gekommen, dieses Programm zu verwirklichen. Die Hallische Juristenfakultät hat die ihr gestellte Aufgabe nicht gelöst. Aber daß sie überhaupt dazu auserkoren wurde, diese Aufgabe zu lösen, das bildet eines der schönsten Ruhmesblätter in der Geschichte unserer Universität. Und Sie werden es dem der juristischen Fakultät mit berechtigtem Stolz angehörenden Rektor nicht verargen, daß er das Jubeljahr unserer Hochschule nicht vorübergehen lassen wollte, ohne auf die geschichtliche Bedeutung dieser Tatsache mit allem Nachdruck hinzuweisen.

Auf das Strafrecht hat sich jene Ordre Friedrich Wilhelms I. nicht bezogen. Erst mit dem Regierungsantritt Friedrichs des Großen rückt die bisher vernachlässigte Umgestaltung der Strafgesetzgebung auch für die preußischen Könige in den Vordergrund des Interesses. Als Kriminalpolitiker, wie als Gesetzgeber überhaupt, ist Friedrich zweifellos mehr noch der Schüler Montesquieus, des „Vaters der Kriminalpolitik", wie er im 18. Jahrhundert oft genannt worden ist, als der Anhänger Christian Wolffs. Am deutlichsten erhellt das aus der vom Könige im Jahre 1748 geschriebenen Dissertation: Sur les raisons d'établir ou d'abroger les lois, die sich eng an Montesquieus ebenfalls 1748 erschienenen, aber dem Könige nach damaliger Sitte wohl schon vorher mitgeteilten „Esprit des lois" anlehnt.

Aus dieser Abhängigkeit von Montesquieu allein ließe sich schließen, daß Friedrich der Große in der Strafe nicht etwa eine Funktion der vergeltenden Gerechtigkeit, sondern vielmehr ein Mittel erblickt, um durch Verhütung der Verbrechen die Rechtssicherheit zu gewährleisten. Man lasse sich in dieser Auffassung von Friedrichs kriminalpolitischer Grundanschauung nicht irre machen durch die Forderung der Proportionalität zwischen Strafe und Verbrechen, die er in dieser Dissertation erhebt und die er später wiederholt, zuletzt noch wenige Monate vor seinem Tode, am 10. April 1786 ausgesprochen hat, als ihm der dritte, das Strafrecht enthaltende Band des Entwurfs eines allgemeinen Gesetzbuches vorgelegt worden war. Friedrich hat jene Formel von Wolff und von Montesquieu übernommen; er gebraucht sie, wie aus anderen Aeußerungen zweifellos hervorgeht, in demselben Sinne, wie fast sämtliche übrigen kriminalpolitischen Schriftsteller der Aufklärungszeit.

Darnach bedeutet „Proportionalität zwischen Strafe und Verbrechen" einerseits und negativ, daß die Strafe nicht härter sein dürfe als ihr Zweck erfordert, anderseits und positiv, daß sie soweit als möglich dem Antrieb zum Verbrechen in der Seele des Verbrechers entgegenwirken solle; mit einem Worte: daß die Strafe nach Art und Maß ihrem Verhütungszwecke entsprechend gestaltet werden müsse.

Es wird sich empfehlen, an dieser Stelle die strafrechtliche Grundanschauung noch etwas schärfer ins Auge zu fassen, von der fast sämtliche Schriftsteller der Aufklärungszeit ausgegangen sind. Es ist dieselbe wie sie seit einigen Jahren von der überwiegenden Mehrzahl der deutschen Strafrechtslehrer vertreten wird. Salus publica suprema lex: Das Wohl der Gesamtheit ist letzter Rechtszweck. Das Wohl der Gesamtheit aber ist bedingt durch die Sicherheit der Rechtsordnung, durch die securitas civitatis. Daher müssen Rechtsbrüche, Verbrechen tunlichst vermieden werden. Eines der Mittel zur Verhütung der Verbrechen, aber lange nicht das wirksamste, ist die Strafe. Sie dient ihrem Zwecke, indem 1) Androhung und Vollzug der Strafe auf den Verbrecher wie auf dritte Personen abschreckend wirkt; 2) der Strafvollzug in vereinzelten Fällen den Verbrecher zu bessern vermag; 3) und besonders dadurch, daß durch die Strafe der unverbesserliche Verbrecher für das Gemeinwesen unschädlich gemacht wird. Man vergesse nicht, daß die damalige Strafgesetzgebung eine reiche Fülle von Sicherungsstrafen zur Verfügung stellte: nicht nur die vielgestaltige, einfache oder verschärfte Todesstrafe, sondern auch die Landesverweisung, die Verurteilung zu lebenslanger Arbeit, soweit sie überhaupt Anwendung fand, die Verstümmelung, ja selbst die Brandmarkung dienten dem Sicherheitszweck. Auf die zahlreichen Einzelverordnungen, die Friedrich der Große aus dieser Grundanschauung von dem Wesen und der Aufgabe der Strafe heraus insbesondere in den ersten beiden Jahrzehnten seiner Regierung auf strafrechtlichem Gebiete erlassen hat, kann ich hier um so weniger eingehen, als die Hallische Juristenfakultät an den Fridericianischen Reformen zunächst keinen unmittelbaren Anteil hatte. Allerdings lebte und lehrte in Halle von 1726 bis 1750 der bedeutendste von allen gemeinrechtlichen Kriminalisten, Johann Samuel Friedrich Böhmer, der berühmtere Sohn des bekannten Kirchenrechtslehrers Just Hennig Böhmer; auch er unbedingter Gegner des Schlagwortes von der vergeltenden Gerechtigkeit und folgerichtiger Anhänger des Zweckgedankens in der Strafe: aber Halle hat es nicht verstanden, den Gelehrten dauernd zu fesseln. Und in die Zeit seines Aufenthaltes in Frankfurt a. O., wo er von 1750 bis zu seinem Tode (1772) lehrte und 1762—1765 auch Svarez, den Schöpfer des A.L.R., als Zuhörer zu seinen Füßen sitzen sah, fallen Böhmers einflußreichste Schriften, die Observationen 1759 zu Carpzow, die Meditationen zur Karolina 1770, die Carpzows in der Gelehrtenwelt längst erschüttertes Ansehen endlich auch aus der Rechtsprechung verdrängten, die nach v. Bars zutreffendem Urteil „bis auf Feuerbach den Höhepunkt der deutschen Strafrechtswissenschaft" bezeichnen, und die die gesamte spätere gemeinrechtliche Praxis bis tief ins 19. Jahrhundert hinein bestimmen. Erst mit dem Beginn des letzten Dezenniums des 18. Jahrhunderts wurde die seit dem Tode des Thomasius unterbrochene Wechselbeziehung zwischen der preußischen Gesetzgebung und der Hallischen Jurisenfakultät wieder hergestellt.

Ernst Ferdinand Klein ist im Jahre 1743 (nicht, wie er in seiner Selbstbiographie 1806 angibt, im Jahre 1744) zu Breslau geboren. Mit 20 Jahren bezog er die Universität Halle, um hier die Rechte zu studieren. Unter seinen juristischen Lehrern hat zweifellos keiner mehr auf ihn gewirkt als der damals in der Blüte seines Ruhms und seiner

Kraft stehende Daniel Nettelbladt, seit 1746 in Halle tätig, seit 1776 Direktor der Universität und Ordinarius der Juristenfakultät.

Nettelbladt, ein Schüler Christian Wolffs hatte, wie sein berühmter Kollege Darjes, der Lehrer des Svarez, die demonstrative Methode Wolffs auf die Rechtswissenschaft angewandt und damit zunächst glänzende Erfolge erzielt. Noch als Sechziger rühmt Klein von Nettelbladt, daß er durch die Bestimmtheit der Begriffe und durch die leichte Uebersicht, die er seinen Zuhörern von dem ganzen System verschaffte, sich ausgezeichnet habe. Durch Nettelbladt wurde Klein dauernd für die damals noch (Wolff war 1754 gestorben) die gesamte wissenschaftliche Welt beherrschende Wolffsche Philosophie gewonnen, mit der er sich schon auf dem Gymnasium seiner Vaterstadt beschäftigt hatte. Auch ein anderer seiner hallischen Lehrer, der Philosoph Meier, † 1777, der Schüler und Freund Baumgartens, wirkte in demselben Sinne.

Aber kräftigere Anregung als aus den akademischen Vorlesungen schöpfte der junge Jurist aus den zündenden Schriften Montesquieus, d'Aguesseaus und Beccarias. Hier fand die nach Kleins eigenen Angaben frühzeitig in ihm erwachte Liebe zur reformatorisch-gesetzgebenden Tätigkeit neue Nahrung. Montesquieu erschloß ihm die Gedankenkreise, in denen die Tätigkeit Friedrichs des Großen auf dem Gesamtgebiete der Gesetzgebung sich bewegte; Beccaria, dessen Stern (1764) eben erst aufgegangen war, wies ihn insbesondere auf die Mängel der Strafrechtspflege und zeigte ihm die unvergänglichen Lorbeern, die dem auf diesem Gebiete bahnbrechenden Gesetzgeber winken mußten. Wir dürfen annehmen, daß diese Schriften, die in aller Herren Ländern Tausende zum Kampf gegen die bestehende Rechtsordnung begeistert hatten, einen tiefen und bleibenden Eindruck auch auf das empfängliche Gemüt des jungen Schlesiers machten, der schon als Knabe, von dem alten Dichterruhme seiner engeren Heimat träumend, unter die Schriftsteller gegangen war.

Im Jahre 1766 finden wir Klein, nach Beendigung seiner Universitätsstudien als Auskultator bei der Breslauer

Oberamtsregierung. Hier trat er mit dem um drei Jahre jüngeren Svarez, dem Schöpfer des preußischen Landrechts, der im selben Jahre zum Referendar der Oberamtsregierung ernannt worden war, in nähere Beziehungen, die „durch Gleichheit in der Gesinnung und juristische Tüchtigkeit" (Stölzel) gefördert, bald zum engen Freundschaftsbunde sich verknüpften. Diese erst durch Svarez' Tod (14. Mai 1798) getrennte Freundschaft sollte von bestimmendem Einfluß nicht nur auf Kleins Lebensschicksale, sondern auf die ganze Entwicklung der preußischen Gesetzgebung werden.

Seit 1767 zur Rechtsanwaltschaft übergetreten, blieb Klein seinen schriftstellerischen Neigungen treu. Die Umgestaltung der Gesetzgebung bildete den Lieblingsvorwurf seiner Arbeiten. Auch ein „Fragment eines peinlichen Gesetzbuchs nebst einer Anleitung dazu" stammt aus dieser Zeit, und ist wohl durch die Berner Preisfrage von 1777 veranlaßt worden.

Nach Form und Inhalt spiegelt diese Abhandlung den Geist der Aufklärungszeit wieder. Erwähnt sei, daß, worauf Günther vor kurzem aufmerksam gemacht hat, Klein unter anderem hier auch die in unseren Tagen viel besprochene, bedingte Verurteilung in Vorschlag bringt. 1779 und 1780 erschienen, auf Garves Veranlassung, Kleins Aufsätze in Leipzig unter dem Titel „Vermischte Abhandlungen über Gegenstände der Gesetzgebung und Rechtsgelehrsamkeit". Sie erregten die Aufmerksamkeit des damaligen schlesischen Justizministers v. Carmer. Das ist der entscheidende Wendepunkt in Kleins Leben. Im Dezember 1779 war, infolge des bekannten Prozesses gegen den Müller Arnold, der bisherige Großkanzler Fürst entlassen, Carmer an seine Stelle berufen worden. Sofort beginnt er mit der Durchführung seines längst entworfenen und nach allen Richtungen überlegten Regierungprogramms. Bereits vom 14. April 1780 datiert die denkwürdige Ordre Friedrichs des Großen, durch welche die Ausarbeitung eines allgemeinen (auch das Strafrecht umfassenden) Gesetzbuches für die preußischen Staaten angeordnet und der Arbeitsplan festgestellt wurde.

Mit sicherem Blick wählte Carmer seine Mitarbeiter bei dem großen Unternehmen. Seine rechte Hand wurde Svarez, der mit nie ermüdendem Fleiß und bewundernswertem Geschick Carmers schöpferische Gedanken in die Sprache des Gesetzgebers übertrug. Als des Svarez „fast ebenbürtiger Mitarbeiter" (Stölzel) aber wurde sein Jugendfreund Klein berufen, der 1781 zum Assistenzrat in Breslau ernannt, bald aber ständig nach Berlin gezogen und 1786 als Rat ins Kammergericht versetzt wurde.

Kleins Anteil an dem künftigen A.L.R. kann ich hier nur in den äußersten Umrissen andeuten. Ich hebe hervor, daß er mit der Sammlung der Materialien sowie mit der Aufstellung des Vorentwurfs beauftragt war; daß er neben Svarez den Vortrag über den Entwurf bei Carmer und in seinem fast täglichen auch außerdienstlichen Verkehr mit diesem reichliche Gelegenheit hatte, seine Ansichten zur Geltung zu bringen; daß er aber besonderen persönlichen Einfluß auf die Gestaltung des Eherechts und des Strafrechts genommen hat. Dabei mußten freilich die grundstürzenden Anschauungen, die der Breslausr Rechtsanwalt in dem oben erwähnten „Fragment" vertreten hatte, sich mancherlei weitgehende Abschwächungen gefallen lassen.

Unter der sicheren Leitung von Carmer gewann Leibnizens schöpferischer Gedanke diesmal feste Gestalt; fand die Aufgabe, die 1714 die Kräfte der Hallischen Juristenfakultät überstiegen hatte, ihre glänzende Lösung: von 1784 bis 1786 erschienen die 6 Abteilungen des Entwurfs im Drucke. Auf Grund der zahlreich eingeforderten und eingelaufenen Gutachten wurde der Entwurf einer abermaligen Umarbeitung unterzogen; in dem strafrechtlichen Teile ist diese wiederum das Werk Kleins, der dabei vor allem die preisgekrönten Schriften von Hippel in Königsberg und Globig in Dresden, des späteren sächsischen Justizministers, benutzte.

Die weiteren Schicksale des am 20. März publizierten, April 1792 suspendierten Gesetzbuches sind bekannt. Die Suspension berührte das Strafrecht nicht, das, soweit es milder war als das bisherige Recht, sofort zur Anwendung kam und nach der abermaligen Publikation des Gesetzbuches unverändert als 20. Titel des 2. Buches des allgemeinen Landrechts am 1. Juni 1794 allgemein in Kraft trat.

Mit Fug kann mithin Klein als der Strafgesetzgeber Preußens bezeichnet werden; und was lobend oder tadelnd über den strafrechtlichen Abschnitt des A.L.R. gesagt werden kann, ist auf seine Rechnung zu setzen. Aber er ist, nächst Svarez, auch an dem gesamten Gesetzgebungswerk beteiligt. Und es ist begreiflich, daß er sich veranlaßt sah, auch schriftstellerisch für das große Werk gegen Feinde und Nörgler in die Schranken zu treten. Am bekanntesten ist seine Fehde mit Goethes Jugendfreund und Schwager Schlosser, dem badischen Oberamtmann in Emmendingen (1789, 1790).

Kleins Aufgabe in Berlin war mit dem Abschlusse des Entwurfs erfüllt. Obwohl der Verkehr mit den bedeutendsten Männern der aufstrebenden Hauptstadt vielseitige und reiche Anregung brachte (Klein war mit Svarez der Begründer der 1783 gestifteten, 1800 aufgelösten Mittwochsgesellschaft), obwohl seine unermüdliche Tätigkeit 1789 den schönsten Lohn in der Ernennung zum Mitgliede der Kgl. Akademie der Wissenschaften fand, so folgte er doch gern dem Rufe nach Halle, der ihm eine neue, seinen Fähigkeiten und Neigungen entsprechende Wirksamkeit versprach.

Am 4. September 1791 war Nettelbladt in Halle gestorben, zu spät für seinen Ruhm. Schon am 21. November wurde Klein der Nachfolger seines ehemaligen Lehrers. Mit dem Titel eines Geheimen Justizrates und dem verhältnismäßig hohen Gehalt von 1400 Talern wurde er als Direktor der Universität und Ordinarius der Juristenfakultät nach Halle berufen, wo er bis zum Jahre 1800 eine reiche Tätigkeit als Verwaltungsbeamter, Lehrer und Schriftsteller entfaltete. Er las und schrieb über verschiedene Zweige der Rechtswissenschaft; aber seine beliebteste und besuchteste Vorlesung war doch, wie er selbst erzählt, die über Strafrecht. Auch seine zahlreichen wissenschaftlichen Arbeiten gehören vorzugsweise, wenn auch durchaus nicht ausschließlich, diesem Gebiete an.

An dieser Stelle kann ich nur einen flüchtigen Ueberblick über Kleins wissenschaftliche Tätigkeit geben. Aber auch dieser dürfte hinreichen, um die erstaunliche Vielseitigkeit des rastlosen Mannes zu zeigen.

Den Kriminalisten Klein lernen wir am besten kennen aus seinen „Grundsätzen des gemeinen deutschen und preußischen peinlichen Rechts", 1796 in erster, 1799 in zweiter Auflage unter dem Titel erschienen: „Grundsätze des gemeinen deutschen peinlichen Rechts nebst Bemerkung der preußischen Gesetze". Von besonderer Bedeutung nicht nur für die wissenschaftliche Weiterbildung des Strafrechts, sondern auch für die Anbahnung einer gemeinsamen deutschen Strafgesetzgebung, wurde das „Archiv des Kriminalrechts", das er 1799 gemeinsam mit seinem Würzburger Kollegen und Freunde Kleinschrodt begründete und das, trotz verschiedener Wechselfälle bis 1857 fortbestehend, ihm für sich allein den Dank unserer Wissenschaft sichern würde.

Daneben wurde das Privatrecht nicht vernachlässigt. Schon 1792/93 erschien sein „Auszug aus dem allgemeinen Gesetzbuch für die preußischen Staaten. Ein zu Vorlesungen bestimmtes Handbuch". Eine neue Ausgabe dieses bald vergriffenen Buches, mit Ausscheidung des Strafrechts, bildet das 1801 erschienene „System des preußischen Civilrechts", das noch lange nach des Verfassers Tod, 1829 und 1835, von den beiden Rönnes bearbeitet, seine Lebenskraft rühmlichst bewährte.

Die philosophische Zusammenfassung der verschiedenen Rechtszweige lieferte Klein in seinen „Grundsätzen der natürlichen Rechtswissenschaft nebst einer Geschichte derselben" 1797.

Daneben findet sich eine kaum übersehbare Menge kleinerer Abhandlungen und anderer literarischer Unternehmungen. Auf die kriminalpolitische Bedeutung der von Klein 1796 bis 1802 herausgegebenen „Merkwürdigen Rechtsprüche der Juristenfakultät zu Halle" komme ich noch zurück. Weit über die juristischen Fachkreise hinaus aber hat Klein seinen Nachruhm begründet durch die schon 1788 begonnenen und bis zu seinem Tode fortgesetzten „Annalen der Gesetzgebung und Rechtsgelehrsamkeit in den preußischen Staaten".

Auch die gesetzgeberische Tätigkeit Kleins hat in

Halle nicht vollständig geruht, aber freilich nur spärliche Früchte getragen. Im Jahre 1798 erhielt Klein den Auftrag, den Entwurf einer Kriminalordnung auszuarbeiten. Er entledigte sich seiner Aufgabe noch in demselben Jahre und arbeitete den Entwurf 1800 nochmals um; die Grundlage des Gesetzes von 1805 bildete aber nicht sein Entwurf, sondern der des Kammergerichtsrats Sack.

Im Jahre 1800 kehrte Klein als Obertribunalsrat nach Berlin zurück; in seine akademischen Stellungen rückte Schmalz aus Königsberg ein.

Die weitere Tätigkeit Kleins in Berlin fällt nicht mehr in den Rahmen meiner Darstellung. Er starb am 18. März 1810. Ancillon kennzeichnet in der Gedächtnisrede, die er am 3. Juli 1812 in der Berliner Akademie der Wissenschaften hielt, Kleins Tätigkeit mit den folgenden schönen Worten: „Ein Leben, in welchem das Wissen und das Handeln, der Gedanke und die Tat, die Entdeckung der Wahrheit und ihre Anwendung, das Allgemeine und das Besondere sich wechselseitig durchdringen, ausbilden, vervollkommenen und sich zu einer schönen Harmonie verschmelzen.“ Ein warmer Nachruf in der „Allgemeinen Literaturzeitung“ vom 28. April 1810 hebt die milde und vornehme Liebenswürdigkeit seines Charakters hervor, die sich besonders im Verkehr mit der Jugend äußerte und ihm die Herzen rasch gewann. Noch sei eine Tatsache hier erwähnt, die nicht nur für Kleins Einfluß auf seine Fakultätskollegen, sondern zugleich auch für die Stellung bezeichnend ist, welche die Juristenfakultät zu Halle dem preußischen A.L.R. gegenüber einnahm, und die gerade in diesem Jahre ins Gedächtnis zurückgerufen zu werden verdient.

Als das erste Jahrhundert seit der Gründung der Universität seinem Ende entgegenging und das erste Jubelfest vor der Türe stand, beschloß die Fakultät, die um das A.L.R. verdienstvollsten Männer, Svarez an der Spitze, zu doctores iuris honoris causa zu ernennen. Wie bekannt, unterblieb die Feier, mit ihr fielen die Ehrenpromotionen. Als Svarez gestorben war (1798), kam die Fakultät aber auf den früheren Beschluß zurück. Drei von Svarezs bedeutendsten Mitarbeitern, der Kammergerichtspräsident Kircheisen, sowie die Kammergerichtsräte Baumgarten und Goßler, erhielten unter Kleins Dekanat am 8. August 1798 die höchste Auszeichnung, welche die Fakultät zu verleihen die Macht hat.

Kleins Verdienste als Strafgesetzgeber werden heute kaum mehr in Abrede gestellt. Treten auch die Fehler und Schwächen des A.L.R. nirgends deutlicher zu Tage als gerade in seinen strafrechtlichen Abschnitten, so haben doch auch diese in über 50jähriger Anwendung den Beweis ihrer praktischen Brauchbarkeit erbracht. Die Mitwelt hat weniger unbefangen geurteilt. Kleins Ansehen sank in dem Maße, in dem das seines großen Gegners Feuerbach stieg. Als dieser 1804 seine vernichtende Kritik über Kleinschrods Entwurf eines bayerischen St.G.B. veröffentlichte, der das A.L.R. zum Vorbild genommen hatte, trafen die gegen den Würzburger Professor geführten wuchtigen Hiebe nicht minder die Verfasser des A.L.R. Mit dem bayerischen St.G.B. von 1813, das Feuerbachs Ruhm in alle Länder trug, brach ein neuer Abschnitt in der Entwicklung der gesetzgeberischen Technik an. Aber ungerecht und ungeschichtlich wäre es, die Männer des 18. Jahrhunderts mit dem Maßstabe zu messen, den uns erst die von ihren Nachfolgern gemachten Fortschritte an die Hand gegeben haben.

Als Lehrer wie als Gelehrter ist Klein kein schöpferischer Geist gewesen. Ich kann dem Urteil nicht beipflichten, das Schrader über ihn ausgesprochen hat, ich kann nicht zugeben, daß er „der Rechtsbetrachtung eine neue Richtung gegeben hat“. Kleins zusammenfassende Schriften folgen durchwegs der demonstrativen Methode der Wolff-Nettelbladtschen Schule.

Ich muß insbesondere die Behauptung Schraders bestreiten, daß Klein „der Kantschen Rechtsableitung zum Siege verholfen habe“.

Klein ist sein Leben lang, wie seine Gegner oft betont und seine Freunde niemals zu bestreiten gewagt haben, Eklektiker geblieben. Shaftesbury und Mendelssohn, Sulzer und Jakobi, Fichte und Kant haben, nach

Kleins eignem Zeugnisse, vielfach anregend auf ihn gewirkt, aber angeschlossen hat er sich keinem von ihnen.

Und wenn Klein einmal (1797) sagt, er „habe, besonders mit Rücksicht auf die Moral, die Kantschen Grundsätze angenommen“, so bedarf dieser Satz gar sehr der Einschränkung.

Gerade in der für den Kriminalpolitiker wichtigsten Frage, in der Auffassung und Begründung der Strafe, tritt Klein in schärfsten, von ihm klar erkannten und bestimmt ausgesprochenen Gegensatz zu Kant. Er verwirft ausdrücklich die Vergeltungstheorie Kants. Für Klein ist die Strafe ein Mittel, in dem Verbrecher selbst wie in allen übrigen dem Reiz zum Verbrechen entgegenzuwirken, und so die Begehung von Verbrechen tunlichst zu verhüten. Der Rechtsgrund der Strafe aber liegt in dem staatlichen Recht der Selbstverteidigung, das eines weiteren Nachweises nicht bedarf.

Das ist, wie wir wissen, die Auffassung von Thomasius und Heineccius, von Montesquieu und Friedrich dem Großen, von Beccaria und allen seinen Nachbetern, die Auffassung von Cramer und Svarez, der ganzen Wolffschen Schule und vor allem des preußischen Landrechts.

Das ist aber auch die Auffassung von Kleins Gegnern: Grolman und Feuerbach. Der heftige Streit, der um die Rechtfertigung der Strafe in den letzten Jahren des 18. Jahrhunderts entbrannte, der Streit, in dem Klein den schärferen dialektischen Waffen seiner Gegner unterlegen ist, war, man beachte es wohl, wenigstens anfänglich kein Streit zwischen der Vergeltungs- und der Zwecktheorie, sondern ein häuslicher Zwist der Zwecktheorien untereinander.

Nur aus dieser Auffassung heraus erklärt sich Kleins entschiedenes und unermüdliches Eintreten für die „unbestimmte Verurteilung“. Als Mitglied des Spruchkollegiums der Hallischen Juristenfakultät hat er sie selbst in einer Reihe von Rechtsprüchen zur praktischen Anwendung gebracht; als Schriftsteller ist er unablässig bemüht gewesen, ihr die wissenschaftliche Fassung und die rechtliche Begründung zu geben und ihr so die Stellung in der Gesetzgebung zu sichern.

Um das klar zu machen, muß ich etwas weiter ausholen.

Keine Bestimmung der peinlichen Gerichtsordnung hat der Rechtspflege größere Schwierigkeiten bereitet als die unbedingt bindende, alle abweichende Landesgesetzgebung ausschließende Vorschrift des Art. 22, nach welcher Verurteilung zu peinlicher Strafe nur auf Grund der übereinstimmenden Aussage zweier vollgültiger Tatzeugen oder aber des, sei es freiwilligen, sei es erzwungenen, Geständnisses des Angeklagten zulässig war. Fehlte es an solchen Zeugen und führte die Anwendung der Folter zu keinem Geständnis, so hatte trotz schwerstwiegenden Verdachtes die Freisprechung von der ordentlichen Strafe zu erfolgen. Die mit der Freilassung eines solchen verdächtig Gebliebenen verbundenen Uebelstände mußten sich bis zur Unerträglichkeit steigern, je mehr die Anwendung der Folter durch die fortschreitende Gesetzgebung eingeengt, bez. beseitigt wurde.

Aber die deutschen Strafgerichte wußten sich zu helfen. Nach einem Gerichtsgebrauch, der sich bis in den Anfang des 18. Jahrhunderts (Ludovici und Leyser) zurückverfolgen läßt, wurde der Losgesprochene, der die gegen ihn sprechenden Verdachtsgründe zu entkräften nicht vermochte, nicht etwa in Freiheit gesetzt; sondern wenn er die ihm etwa auferlegte Bürgschaft für gutes Verhalten zu stellen nicht im stande war, oder auch ohne diese Voraussetzung, unter scharfe obrigkeitliche Aufsicht gestellt oder bis zur Besserung ins Arbeitshaus abgegeben oder auf unbestimmte Zeit, bis zur Beseitigung des Verdachts, „der gemeinen Sicherheit halber" gefänglich angehalten. Diesem weitverbreiteten Gerichtsgebrauch, den ich insbesondere für die akademischen Spruchkollegien von Helmstädt, Wittenberg, Leipzig und Göttingen nachweisen kann, folgte auch die Hallische Juristenfakultät als Spruchkollegium, wie zahlreiche von Klein mitgeteilte Rechtsprüche aus den 90er Jahren des vorigen Jahrhunderts beweisen.

Als Beispiel sei auf ein für Bürgermeister und Rat der Kais. freien Reichsstadt Nordhausen von der Göttinger Juristenfakultät 1768 gefälltes Erkenntnis verwiesen. „Im übrigen die gefängliche Bewahrung des Inquisiten deswegen nur auf unbestimmte Zeit erkannt werden mag, weil doch nicht unmöglich ist, daß derselbe, wegen untrüglicher Zeichen seiner Besserung, und daraus folgender gänzlicher Ungefährlichkeit seiner Belassung endlich wiederum auf freien Fuß gestellt werden könne." Die Hallische Juristenfakultät sagt in einem Urteil von 1797: „um dem Inquisiten noch Beweggründe zur Besserung zu geben", werde die lebenswierige Gefangenschaft, durch welche das Publikum gegen ihn gesichert werden müsse, „ihrer Quantität nach von seinem künftigen Betragen abhängig gemacht". 1798 wird die Anhaltung auf so lange erkannt, „bis die Täter ein anderes ehrliches Auskommen mit Wahrscheinlichkeit nachzuweisen vermögen".

Die Fakultät ging aber, unter Kleins Einfluß, bald noch einen wichtigen Schritt weiter. Sie erkannte auf die eben erwähnten Maßregeln auch in Verbindung mit der Verurteilung, so daß sie nach ausgestandener Strafe einzutreten hatten. Auch hierfür teilt Klein zahlreiche Belege mit.

Wir stehen somit vor der praktischen Durchführung der von der modernen kriminalpolitischen Bewegung geforderten, von den Anhängern des heute geltenden Rechts auf das heftigste bekämpften unbestimmten Verurteilung, d. h. Verurteilung zu einer Freiheitsentziehung, deren Dauer nicht im Urteil für alle Fälle unveränderlich voraus bestimmt ist, sondern die erst dann ein Ende finden soll, wenn keine Gefahr für das Gemeinwesen mehr vorhanden ist.

Die unbestimmte Verurteilung ist die logisch unabweisliche Konsequenz aus dem von den Theoretikern und Praktikern des 18. Jahrhunderts niemals verleugneten Grundsatze, daß dem Gemeinwesen gegen gemeingefährliche Verbrecher ausgiebiger Schutz gewährleistet werden müsse; und die deutschen Gerichte haben sich nicht gescheut, diese Folgerung zu ziehen.

Ueber die rechtliche Natur jener Maßregeln und über die Durchführung des ihnen gemeinsamen Grundgedankens gingen die Ansichten der gleichzeitigen Schriftsteller von allem Anfang an weit auseinander.

Leyser, der sich, wohl zu Unrecht, des Verdienstes rühmt, zuerst auf diesen Ausweg gekommen zu sein, will, daß der Richter, ohne selbst eine Entscheidung zu treffen, in jedem Falle an den Landesherrn berichte, „ob etwa dieser höchst verdächtige, dem Lande gefährliche und hartnäckige Mensch der gemeinen Sicherheit halber auf seine übrige Lebenszeit in ein Zuchthaus oder Festung zu bringen sei". J. S. F. Böhmer dagegen, und ihm folgt die überwiegende Ansicht, schreibt dem Richter Recht und Pflicht zu, auf jene Maßregeln selbständig zu erkennen und auch seinerzeit ihren Wegfall auszusprechen. Das ist auch im wesentlichen der Standpunkt der Hallischen Juristenfakultät.

Klein hat sich nun das Verdienst erworben, die rechtliche Natur dieser Maßregel, die auch wohl geradezu als außerordentliche Strafe oder als „Verdachtsstrafe" bezeichnet wurde, kritisch zu prüfen. Und seine Untersuchungen, zu welchen ihn seine Tätigkeit im Spruchkolleg der hiesigen Juristenfakultät anregte, sind darum auch heute noch von Wert, weil sie den Boden abgeben, auf dem eine Verständigung der widerstrebenden Ansichten möglich erscheint.

Kleins Ansicht läßt sich in wenigen Sätzen zusammenfassen.

Er verwirft jene Maßregeln, insbesondere die Verurteilung zu Einsperrung auf unbestimmte Zeit, als Strafe; er billigt sie als Sicherungsmaßregel. Das ist, wie er besonders hervorhebt, kein Wortstreit. Strafe und Sicherung sind ihrem Wesen nach verschieden. Das Maß der Strafe liegt in der Schwere des begangenen Verbrechens, sie ist im Urteil nach Inhalt und Umfang festzustellen. Das Maß der Sicherung liegt in der Gefährlichkeit des Täters, „in dem Grade und der Dauer der Besorgnis, welche der Verbrecher gegen sich durch sein Verschulden erregt hat"; wie lange sie nötig sein wird, läßt sich im Augenblick der Urteilsfällung nicht bestimmen, da die Gefährlichkeit des Verurteilten durch nachher eintretende Umstände verändert, vermehrt, vermindert, aufgehoben werden kann.

Die Entscheidung darüber, ob eine auf unbestimmte Dauer zu verhängende Sicherungsmaßregel einzutreten habe, gebührt nach Klein im Interesse der bürgerlichen Freiheit dem Richter und nicht der Polizei oder dem Landesherrn. Ihre Aufhebung, weil die Gründe ihrer Verhängung weggefallen sind, kann dem landesherrlichen Ermessen überlassen bleiben. Doch finden sich gelegentlich bei Klein interessante Hinweise darauf, daß zur Entscheidung dieser und anderer einschlagender Fragen eine besondere Behörde (eine Art Strafvollzugsamt, wie wir heute sagen würden) eingesetzt werden könnte.

Also: eine vom Richter auf bestimmte Zeit zu verhängende Freiheitsstrafe; und daneben, wenn nötig, eine vom Richter auf unbestimmte Dauer zu verhängende Sicherheitshaft: Das ist in Kürze das Kleinsche System.

Klein hat dieser Unterscheidung stets großes Gewicht beigelegt und sie in einer ganzen Reihe von Abhandlungen vertreten. In seiner Selbstbiographie weist er mit sichtlicher Befriedigung darauf hin, daß er einen großen Teil seines Lebens darauf verwandt habe, diese seine Ansicht in Wissenschaft und Gesetzgebung zur Anerkennung zu bringen.

An Gegnern hat es ihr — ein Beweis ihrer Wichtigkeit — von allem Anfange an nicht gefehlt. Kaum hatte, so berichtet Klein selbst, die Hallische Fakultät es gewagt, die eigentliche kriminelle Strafe von den Sicherheitsmaßregeln zu unterscheiden und auf beide besonders zu erkennen, so erregte dies Erstaunen und mitunter auch Mißbilligung. Insbesondere hatte A. Feuerbach schon 1798 in der Allgemeinen Literaturzeitung den Kampf gegen die Rechtsprechung der Hallischen Juristenfakultät eröffnet, und ihn seither mit der ihm eigenen kritischen Schärfe fortgeführt.

Feuerbach nimmt die Leysersche Ansicht wieder auf. Der Strafrichter kann nach ihm nichts anderes tun als an den Landesherrn berichten; „da, wenn es auch ein Recht geben sollte, wegen größerer Gefahr die Strafe des Gesetzes zu erhöhen, dieses Recht doch nur dem Oberhaupt, nicht aber dem Richter zustehen könne".

Eine Zeitlang rückte dieser Streit in den Mittelpunkt des wissenschaftlichen Interesses, als die Herausgeber des Archivs am 24. Juni 1798 einen Preis für die beste Beantwortung der Frage ausschrieben:

> „Inwiefern läßt sich eine außerordentliche Strafe, welche nicht als bloßes Sicherheitsmittel, sondern als eigentliche Strafe erkannt wird, rechtfertigen? und wenn dieses nicht

möglich ist, welches Mittel kann man an deren Stelle setzen, um auf der einen Seite das gemeine Wesen gegen listige oder hartnäckige Verbrecher, und auf der anderen die ohne ihre Schuld Verdächtigen gegen den Eigendünkel und die Willkür des Richters zu schützen?"

Die Preisrichter, Klein, Kleinschrod und der Kammergerichtspräsident von Kircheisen erkannten den ersten Preis unter den 7 eingelaufenen Bearbeitungen der Schrift des Helmstädter Professors Eisenhart zu, der sich in allen wesentlichen Punkten auf den Kleinschen Standpunkt gestellt hatte. Eisenharts Schrift ist nebst drei anderen Preisarbeiten im Archiv zum Abdrucke gelangt und verdient wie diese auch heute noch Beachtung.

Der Streit dauerte auch nach der Lösung der Preisaufgabe mit ungeschwächter Kraft weiter. Ich habe keine Veranlassung, ihn hier weiter zu verfolgen oder zu Kleins eigentümlicher Auffassung Stellung zu nehmen. Im wesentlichen handelt es sich ja nur, wie Klein einmal in begreiflichem Unmut hervorgehoben hat, um die Beantwortung der Frage: „Ob der Staat verbunden sei, die Gauner, Diebe und Räuber, von welchen mit höchster Wahrscheinlichkeit erwartet werden muß, daß sie auch künftig betrügen, stehlen und morden werden, nach ausgestandener Strafe frei herumlaufen zu lassen?"

Unsere heutige Gesetzgebung trägt kein Bedenken, diese Frage mit einem herzhaften „Ja" zu beantworten. Wir lassen heute die gemeingefährlichsten Verbrecher nach ausgestandener Strafe wieder los auf die wehrlosen Mitbürger. Wir greifen sie erst wieder auf, wenn sie neue Schuld auf sich geladen, neues Elend ins Land getragen haben. Und das „von Rechts wegen".

Die deutschen Gerichte des 18. Jahrhunderts, das Spruchkollegium unserer Juristenfakultät an ihrer Spitze, haben anders gedacht und anders gehandelt. Ob außerordentliche Strafe, ob Sicherheitsmaßregel: die unbestimmte Verurteilung war zweifellos eine der schärfsten Waffen in dem Kampfe gegen das Berufsverbrechertum.

Ich habe bei meinen bisherigen Betrachtungen über die

unbestimmte Verurteilung von der preußischen Gesetzgebung völlig abgesehen. Sie war bei den Rechtsprüchen der Hallischen Fakultät, die ja an außerpreußische Gerichte abgegeben wurden, nicht in Frage, und spielte auch in Kleins Auseinandersetzungen mit seinen Gegnern keine Rolle. Eine kurze Schlußbetrachtung soll uns zeigen, daß auch sie der unbestimmten Verurteilung huldigte.

In den ersten Tagen nach seinem Regierungsantritt hat Friedrich Wilhelm II. durch Ordre vom 1. September 1786 die Aufmerksamkeit seiner Ratgeber auf die Mißstände der Strafrechtspflege gelenkt und kräftigeren Schutz der Gesamtheit gegen das lichtscheue Gesindel verlangt. In dem von Svarez, im Auftrage Carmers, sofort (noch im September) dem Könige erstatteten Gutachten, empfiehlt der Schöpfer des A.L.R. die Errichtung von Werk- und Arbeitshäusern, in welchen Bettler, Landstreicher und entlassene Zuchthäusler so lange unterzubringen wären, „bis sie Gelegenheit finden, mit ihren vorhin schon besessenen oder im Werkhause selbst erworbenen Geschicklichkeiten, sich in der Welt durchzuhelfen.“ Also abermals Einsperrung auf unbestimmte Zeit, nicht als Strafe, sondern als Sicherungsmittel.

Dieser Gedanke hat seitdem die preußische Gesetzgebung bis in die ersten Jahrzehnte des 19. Jahrhunderts hinein unausgesetzt beschäftigt.

Svarez wiederholt ihn in den Vorträgen, die er 1791/92 dem damaligen Kronprinzen über das bereits publizierte und noch nicht suspendierte Landrecht hielt. Welche Wichtigkeit der Kronprinz der Sache beilegte, geht daraus hervor, daß der die Frage behandelnde Vortrag zu den wenigen von ihm aufbewahrten gehört.

Während gleichzeitig das erste preußische Arbeitshaus zu Straußberg in der Kurmark errichtet wurde (1791), ist die prinzipielle Seite der Frage Gegenstand eingehender Erörterungen im Schoße der obersten Behörden. Veranlaßt durch den Kammergerichtsdirektor Kircheisen, überreichte das Kammergericht am 6. Juni 1791 einen Bericht an den König; es sprach sich gegen den Vorschlag von

Svarez aus, da die Einsperrung auf unbestimmte Zeit der Sache nach doch eine Strafe und um so bedenklicher sei, als die Entlassung in das freie Ermessen der vorgesetzten Behörde gestellt werden müsse. Das Kammergericht wiederholte den schon 1787 ausgesprochenen, damals abgelehnten Vorschlag, die zum Militärdienst geeigneten Entlassenen an die Militärbehörden abzugeben, im übrigen aber die Errichtung freiwilliger Spinnstuben von Staats wegen zu fördern. Nach eingehenden zwischen dem Oberkriegskollegium, dem Generaldirektorium und dem Kammergericht gepflogenen Verhandlungen stellte sich Carmer in dem Erlaß vom 17. Juni 1793, unter Niederlegung der vom Kammergericht geltend gemachten Bedenken, ganz auf den Standpunkt des Svarezschen Vorschlags und das Generaldirektorium stimmte ihm in allem wesentlichen bei. Damit war der Streit zu Gunsten der unbestimmten Verurteilung entschieden.

Nach dem Reglement für die im Jahre 1793 errichtete Landarmen- und Besserungsanstalt zu Tapiau sind in diese auch Sträflinge nach verbüßter Strafe einzuliefern, wenn ihre Entlassung aus irgend einem Grunde bedenklich erscheint. Die Entscheidung über die Einlieferung bleibt dem erkennenden Gericht vorbehalten.

Nach dem Gesagten kann es uns nicht wunder nehmen, wenn wir in dem A.L.R. die von Carmer, Svarez und Klein vertretene Ansicht in aller Folgerichtigkeit verwirklicht finden. § 5 des strafrechtlichen Teils bestimmt in allgemeiner Weise:

„Diebe und andere Verbrecher, welche ihrer verdorbenen Neigungen wegen dem gemeinen Wesen gefährlich werden können, sollen auch nach ausgestandener Strafe des Verhafts nicht eher entlassen werden, als bis sie ausgewiesen haben, wie sie sich auf eine ehrliche Art ernähren können." In den §§ 1023, 1024 und 1160 hat diese Bestimmung nähere Durchführung gefunden.

Eine ganz wesentliche Verschärfung brachte die vielbesprochene, am 26. Februar 1799 erlassene Zirkularverordnung „wegen Bestrafung des Diebstahls und ähnlicher Verbrechen", deren unmittelbarer Anlaß die überhandnehmenden Räubereien und Brandstiftungen in den polnischen Distrikten bildeten. Ueber den Zweck der Verordnung gibt die Einleitung genügenden Aufschluß. Sie sagt:

„Bei dieser Abänderung der bisherigen Strafgesetze haben wir die landesväterliche Absicht, unseren getreuen Untertanen den ruhigen Besitz des Eigentums zu sichern, zur Verhütung des Stehlens und Raubens abschreckende Beispiele aufzustellen, die Verbrecher womöglich zu bessern, und wenn sie keiner Besserung fähig sind, für ihre Mitbürger unschädlich zu machen." Also: Abschreckung, Besserung, Unschädlichmachung der Verbrecher und damit kräftiger Schutz der Gesamtheit — das ist der Zweck der Strafe. So hat die Verordnung von 1799 den Grundgedanken der altpreußischen Kriminalpolitik zusammengefaßt. Jeder Kundige weiß, daß in diesen Worten aber auch das Glaubensbekenntnis der Internationalen kriminalistischen Vereinigung ausgesprochen ist.

Die Verordnung von 1799 macht von der unbestimmten Verurteilung in einer doppelten Gestalt reichen Gebrauch; einmal als Einsperrung bis zur Besserung, über deren Eintritt das erkennende Strafgericht auf Bericht des Anstaltsvorstandes zu entscheiden hat; andererseits, gegen voraussichtlich Unverbesserliche, als Einsperrung bis zur Begnadigung durch den Landesherrn. Sie geht, wie dem Sachverständigen sofort ersichtlich, mithin weit hinaus über die in unseren Tagen gemachten Vorschläge, die im wesentlichen auf eine nur relativ unbestimmte Verurteilung abzielen.

Ich möchte gleich hinzufügen, daß die von Klein und anderen mit Begeisterung begrüßte preußische Zirkularverordnung von 1799 die auf sie gesetzten Hoffnungen nicht erfüllt hat. Die Ursachen dieses bald zu Tage tretenden Mißerfolges lagen in den damaligen preußischen Verhältnissen. Den klarsten Einblick in diese gewährt das hochinteressante, auch heute noch beherzigenswerte Buch des Justizministers v. Arnim „Bruchstücke über Verbrechen und Strafen oder Gedanken über die in den preußischen Staaten bemerkte Vermehrung der Verbrechen gegen die Sicherheit des Eigentums nebst Vorschlägen, wie derselben durch zweckmäßige Einrichtung der Gefangenanstalten zu steuern sein dürfte", das 1803 anonym erschienen ist.

Aus Arnims Darstellung erhellt, daß, ganz abgesehen von zahlreichen technischen Fehlern, an welchen die Verordnung krankte, ihre befriedigende Durchführung insbesondere an dem Mangel der von der Verordnung als vorhanden vorausgesetzten Besserungsanstalten und an dem aller Beschreibung spottenden Zustand der preußischen Gefängnisse notwendig scheitern mußte. Man hatte gemeint, die Strafgesetzgebung ohne gleichzeitige Neugestaltung des Strafvollzugs verbessern zu können: Derselbe verhängnisvolle Irrtum, den das deutsche Reich im Jahre 1870 begangen und an dem es seither, trotz aller Mahnungen und Warnungen festgehalten hat, ohne daß, wie die jüngsten Gesetzentwürfe der verbündeten Regierungen zeigen, eine Aenderung dieses recht alten Kurses in nächster Zeit erwartet werden dürfte.

Daß der Mißerfolg der Verordnung von 1799 zu einer abermaligen eingehenden Erörterung der Deportationsfrage und zu dem freilich gänzlich mißglückten Versuche, gemeingefährliche preußische Verbrecher nach Sibirien zu verschicken, führte, kann ich hier nur im Vorbeigehen andeuten.

Außerhalb Preußens hat sich die unbestimmte Verurteilung noch ziemlich lange erhalten.

Sie wird besonders gegen Bettler, Landstreicher und dergleichen Gesindel als Einsperrung ins Arbeitshaus bis zur Besserung, aber auch bei eigentlichen Freiheitsstrafen gegen schwerere Verbrecher zur Anwendung gebracht. So in Bayern und Sachsen, Oldenburg, Hannover, in Bremen, Kurhessen und Württemberg.

Erst um die Mitte des 19. Jahrhunderts ist die unbestimmte Verurteilung aus den Gesetzbüchern und aus der Rechtspflege der deutschen Einzelstaaten verschwunden. Sie verdankt ihre Beseitigung der liberalen Strömung jener Jahrzehnte, welche dem Polizeistaate gegenüber die Freiheitsrechte des einzelnen Bürgers schärfer als die Interessen des Gemeinwesens betonte. Die Vorschläge zu ihrer Wiedereinführung, die in unseren Tagen, fast durchgängig ohne bewußte Anlehnung an jene älteren Einrichtungen gemacht worden sind, haben ihren tieferen, völkerpsychologischen Grund in dem Erwachen und Erstarken des Staatsgedankens. Sie haben Anspruch auf ernste Erwägung und unbefangene Prüfung von dem Augenblicke an, in dem es ihnen gelingt, die rechte Form zu finden, die bei der Entscheidung über den Eintritt der Entlassung die bürgerliche Freiheit gegen die Willkür der Verwaltung sichert.

Ob dieser Augenblick gekommen ist, habe ich hier nicht zu entscheiden. Mir kam es darauf an, Ihren Blick auf jene ältere Gestalt zu richten, in der die unbestimmte Verurteilung auf deutschem Boden Verwirklichung gefunden hat.

Noch vor wenigen Jahren konnte selbst ein so ruhiger und vornehmer Gegner wie Wach in Leipzig den Anhängern der bedingten und der unbestimmten Verurteilung den Vorwurf machen, daß diese Vorschläge den Bruch mit einer Jahrtausende alten Ueberlieferung bedeuteten und auf einer kritiklosen Nachahmung außerdeutscher Einrichtungen beruhen.

Seitdem dieser Vorwurf ausgesprochen worden, konnten wir die bedingte Verurteilung nachweisen in den Schriften der Glossatoren und Postglossatoren des italienischen Mittelalters, im Schwabenspiegel, in den deutschen Strafrechten Ungarns, in den Lustspielen des 17. Jahrhunderts, in Strafgesetzentwürfen der Aufklärungszeit, in der preußischen Praxis jugendlichen Verbrechern gegenüber noch in der zweiten Hälfte unseres Jahrhunderts.

Daß es mit der unbestimmten Verurteilung nicht anders steht, glaube ich heute gezeigt zu haben. Sie hat ihren Ursprung in einem gemeindeutschen Gerichtsgebrauch und hat nirgends kräftigere und ausgedehntere Verwendung gefunden als in der preußischen Gesetzgebung. Methodische Untersuchung der Quellen, wozu in erster Linie die Rechtsprechung der Kriminalgerichte gehört, wird ohne Zweifel noch weiteres reiches Material zu Tage fördern.

Es ist kein Zufall, daß zu den Führern und Anhängern der kriminalpolitischen Bewegung unserer Tage fast sämtliche preußischen Lehrer des Strafrechts gehören, während

Baden und Bayern, Württemberg und Sachsen abseits stehen und Leipzig den Mittelpunkt des gegen uns geführten Kampfes bildet.

Denn altpreußische Ueberlieferungen sind es, an welche die I.K.V. anknüpft. Und Preußen ist es, auf das sie, so weit das deutsche Reich in Frage kommt, ihre Hoffnungen setzt. Wenn erst einmal der Geist der Carmer und Svarez wieder erwacht sein wird in den Männern, denen die Leitung unseres engeren Vaterlandes anvertraut ist, dann wird auch der Gesetzgeber uns erstehen, der dem deutschen Volke gibt, worauf es ein Recht hat: ein dem deutschen Rechtsbewußtsein entsprechendes Strafgesetzbuch.

20. Die bedingte Verurteilung in Preussen.

(Zukunft, 4. Januar 1896.)

Der an den preußischen Justizminister gerichtete Königliche Erlaß vom 23. Oktober 1895 dürfte den meisten unter den Freunden wie unter den Gegnern der bedingten Verurteilung unerwartet gekommen sein. Zwar wußte man, daß die Stimmung der maßgebenden Berliner Kreise seit längerer Zeit umgeschlagen hatte, daß die schroff ablehnende Haltung, wie sie noch das preußische Justizministerialblatt vom 13. Juni 1890 zur Schau trug, wohlwollender Ueberlegung gewichen war, daß die eben erst von halbamtlicher Seite verspottete Professorenweisheit es nunmehr wagen dürfe, über kurz oder lang wenigstens teilweise auf bureaukratische Anerkennung zu hoffen. Und diese Hoffnung hatte neue Nahrung erhalten, als Sachsen durch Verordnung des Justizministers vom 25. März 1895, der erste unter den deutschen Einzelstaaten, der bedingten Verurteilung Aufnahme in das geltende Recht gewährte und auch andere Regierungen, darunter insbesondere Hessen, erklärten, dem von Sachsen gegebenen Beispiele ihre Aufmerksamkeit zuwenden zu wollen. Aber daß man gerade in Preußen so bald den Mut der Tat finden und den zähen Widerstand der bei den vortragenden Räten tiefgewurzelten Vorurteile überwinden werde, das haben wohl nur wenige von uns für wahrscheinlich gehalten.

Es läßt sich nicht leugnen: die Einführung der bedingten Verurteilung ist eine folgenschwere Neuerung. Der erste Schritt auf der bisher unbetretenen Bahn, mag er noch so zaghaft und tastend getan werden, muß andere nach sich ziehen. Wer aus dem Bannkreise der erstarrten kriminalistischen Dogmatik einmal herausgetreten ist in die Freiluft des Lebens, den schrecken die Nachtgespenster der sühnenden

Vergeltung nicht mehr. Wer es gelernt hat, dem Menschen in Augen und Herz zu schauen, über den haben tote Begriffe die Macht verloren.

Wer nicht Fachmann ist, wird die Erbitterung nicht begreifen, mit der vor knapp einem halben Jahrzehnt um die bedingte Verurteilung gerungen worden ist. Wir anderen wissen, daß um diesen vorgeschobenen Posten, der ja an sich so herzlich geringe Bedeutung hatte, der Kampf zweier Weltanschauungen entbrannt war, deren Vertreter, froh des gefundenen Anlasses, ihre Kräfte an einander zu messen nicht müde wurden. Fern liegt es mir, die Leser der „Zukunft" mit der Schilderung jener Kämpfe noch nachträglich zu ermüden; noch ferner, heute, am Tage nach der siegreichen Schlacht, den geschlagenen Feinden übermütig ihre vergeblichen Anstrengungen vorhalten zu wollen. Aber eine wenigstens der damals gefallenen Aeußerungen sei angeführt, um die Ansicht der Gegner zu kennzeichnen. In der zweiten Auflage seiner „Normen" schreibt Professor Binding in Leipzig:

> „Die Verteidiger der meines Erachtens durchaus ungesunden bedingten Verurteilung, die aber in unserer ratlosen Zeit schon ihrer Billigkeit und Fremdartigkeit des Gedankens wegen mannigfach Anklang finden dürfte, obgleich sie das Strafgesetz zum Spott der Allgemeinheit, den Strafprozeß zum Narren des Verbrechers und den Verletzten zum mit Recht empörten Zeugen von dessen Straflosigkeit macht, haben Vornehmeres zu tun, als natürliches Denken und Empfinden zu respektieren."

Heute haben wir die bedingte Verurteilung in Sachsen und in Preußen; andere deutsche Staaten werden folgen; und daß ein Reichsgesetz den Abschluß der Entwicklung bilden wird, läßt sich auch ohne weittragenden Seherblick heute schon mit Bestimmtheit voraussagen.

Der Königliche Erlaß vom 23. Oktober bedeutet also den ersten, entscheidenden, Sieg, den die moderne Kriminalpolitik über die alte formal-doktrinäre Jurisprudenz auf preußischem Boden erfochten hat.

Dennoch ist der Erlaß von der Tagespresse ohne jede Erregung gebucht worden. Der Dank ist ausgeblieben; dafür hat es an kritischen Bemerkungen nicht gefehlt. Daß die Forderungen der kriminalistischen Fortschrittspartei nur zum kleinsten Teile und in einer keineswegs einwandfreien Gestalt verwirklicht worden seien: Das war der Grundgedanke der Auseinandersetzungen. Ich teile diese Auffassung und werde sie im folgenden zu rechtfertigen suchen. Aber dennoch bin ich überzeugt, daß dem preußischen Justizminister der Dank aller gebührt, denen der Fortschritt unserer Strafrechtspflege am Herzen liegt. Und auch diesem Danke möchte ich hier Ausdruck geben.

Betrachten wir die eingeführte Neuerung näher.

Der Erlaß vom 23. Oktober ist kurz genug:

„Auf Ihren Bericht vom 15. Oktober dieses Jahres ermächtige ich Sie, solchen zu Freiheitstrafen verurteilten Personen, hinsichtlich deren bei längerer guter Führung eine Begnadigung in Aussicht genommen werden kann, nach Ihrem Ermessen Aussetzung der Strafvollstreckung zu bewilligen, indem ich in den dazu geeigneten Fällen demnächst Ihrem Bericht wegen Entlassung oder Milderung der Strafe entgegensehen will. Von dieser Ermächtigung soll jedoch vornehmlich nur zu Gunsten solcher erstmalig verurteilten Personen Gebrauch gemacht werden, welche zur Zeit der Tat das achtzehnte Lebensjahr nicht vollendet hatten und gegen welche nicht auf eine längere als sechsmonatliche Strafe erkannt ist."

Eine Erläuterung des Erlasses, die hier zu Grunde gelegt werden soll, hat die amtliche „Berliner Korrespondenz" gebracht. Aber auch die sorgfältig gearbeitete sächsische Verordnung vom 25. März kann, da sie auf demselben Grundgedanken beruht, zur Auslegung des Erlasses herangezogen werden. Demnach gestaltet sich das Verfahren in folgender Weise:

1) Das Gericht verurteilt wie bisher unbedingt.

2) Die vollstreckende Behörde (der Erste Staatsanwalt und, so weit amtsgerichtliche oder schöffengerichtliche Urteile in Betracht kommen, der Amtsrichter) bewilligt in den ihr geeignet erscheinenden Fällen einen vorläufigen Auf-

schub des Strafantrittes und berichtet gleichzeitig an den Justizminister.

3) Der Justizminister bewilligt nach freiem Ermessen die eigentliche Aussetzung des Strafvollzuges bis zum Ablauf einer bestimmten Bewährungsfrist, deren Verlängerung nicht ausgeschlossen ist.

4) Nach Ablauf der Bewährungfrist beantragt der Justizminister, wenn die Staatsanwaltschaft in ihrem Bericht die gute Führung des Verurteilten festgestellt hat, die Königliche Begnadigung. Mit dieser ist die Strafe endgültig erlassen.

„Daß die dargestellte Neuerung die praktische Durchführung des Grundgedankens der sogenannten bedingten Verurteilung bezweckt", wird von der „Berliner Korrespondenz" ausdrücklich hervorgehoben, kann auch nach Lage der Sache gar nicht in Zweifel gezogen werden. Aber gegenüber dem in Belgien, Frankreich, Portugal, Norwegen u. s. w. eingeführten, in der deutschen Literatur von mir und anderen empfohlenen System ergeben sich mehrere wichtige Abweichungen, die eine kritische Betrachtung wohl verdienen.

I. Wie die sächsische Verordnung, soll auch der preußische Erlaß vornehmlich auf Jugendliche, nur ausnahmsweise auf Erwachsene, Anwendung finden. Diese Einschränkung ist nicht unbedenklich. Die Warnung, die in der Aussetzung der Strafvollstreckung liegt, muß auf den Jugendlichen geringeren Eindruck machen als auf den Erwachsenen. Es ist das glückliche Vorrecht der Jugend, rasch und lebhaft zu empfinden, aber über das Empfundene und Erlebte eben so rasch hinwegzukommen. Nachhaltige Einwirkung auf das Seelenleben des Jugendlichen ist von der in der Zukunft bei schlechter Führung drohenden, aber einstweilen ausgesetzten Strafvollstreckung um so weniger zu erwarten, als der schwerfällige bureaukratische Apparat, den der Erlaß voraussetzt, auch die Kraft des ersten Eindruckes schwächen muß. Sollten also die Erfolge der bedingten Verurteilung in Sachsen und Preußen ungünstiger sein als in anderen Ländern, so würde die unzweckmäßige Einschränkung auf die weniger geeigneten Fälle eine ausreichende Erklärung geben. Nur wenn die ausführenden Organe dem Erlaß nicht in engherziger

Voreingenommenheit gegenübertreten, kann die Einbürgerung der neuen Einrichtung mit Fug erwartet, einem Mißerfolg entscheidende Bedeutung beigemessen werden.

II. Als eine wesentliche Verbesserung der älteren Vorbilder, auch meiner eigenen Vorschläge, betrachte ich die Beseitigung der rein formalen Abgrenzungen für Anwendung und Durchführung der Maßregel. Nach vier Richtungen hin tritt dieser Unterschied zu Tage. Erstens: Während das belgische Gesetz vom 31. Mai 1888 (das als vorbildlich hier allein in Betracht zu ziehen ich wohl berechtigt bin) die Wohltat unbedingt ausschließt, wenn es sich um bereits wegen Verbrechens oder Vergehens vorbestrafte Personen handelt, soll der preußische Erlaß vornehmlich, aber nicht ausschließlich, auf erstmals Bestrafte Anwendung finden. Zweitens: Nach belgischem Gesetz ist die Aussetzung unbedingt unmöglich, wenn es sich um Verurteilung zu mehr als sechs Monaten Gefängnis handelt; der preußische Erlaß hält an dem Höchstmaße von sechs Monaten nur als Regel fest und gestattet andererseits die Aussetzung bei jeder Art der Freiheitsstrafe (also auch bei Zuchthaus). Drittens: Nach dem belgischen System bestimmt der Richter unabänderlich die Dauer der Bewährungsfrist; nach dem preußischen Erlaß liegt die Bemessung in der freien Würdigung des Justizministers, der, an seinen ersten Ausspruch nicht gebunden, auch eine Verlängerung der Frist verfügen kann. Viertens: Der Eintritt des endgültigen Straferlasses ist nach belgischem Recht bedingt dadurch, daß innerhalb der Bewährungsfrist eine neue Verurteilung wegen Verbrechens oder Vergehens nicht eintritt. Der preußische Erlaß dagegen macht den Eintritt der Begnadigung schlechthin von der „guten Führung" des Verurteilten abhängig, der daher auch ohne neue Verurteilung der Wohltat verlustig gehen kann.

Ich habe gesagt, daß ich diese Veränderungen als Verbesserungen des belgischen Systemes (und seiner Nachbildungen) betrachte. Die Anwendung des bedingten Straferlasses (wie wir statt „bedingter Verurteilung" wohl besser sagen) gewinnt dadurch an Spannkraft. Von den Fesseln formaler Einengungen befreit, kann das neue Rechtsinstitut seine segensreiche Wirksamkeit ungehemmt entfalten. Daß ich selbst früher gegenteiliger Ansicht war, vermag mich in meinem anerkennenden Urteil nicht zu beirren. Aber ich muß dieser Anerkennung sofort eine wichtige Einschränkung hinzufügen. Je freier die Stellung der entscheidenden Behörden bei der Anwendung und Durchführung des bedingten Straferlasses ist, je weniger jene durch gesetzlich festgelegte Voraussetzungen gebunden und eingeengt werden: desto wichtiger wird es, den Eintritt oder Nichteintritt des Straferlasses nicht in die jeder Nachprüfung wie jeder Verantwortlichkeit entrückte Willkür der Justizverwaltung zu legen. Gerade in der Nichtberücksichtigung dieser Forderung liegt aber der grundsätzliche Unterschied des neuen preußischen Systems von der belgischen bedingten Verurteilung.

III. Die „Berliner Korrespondenz" hat diesen Unterschied selbst als den wichtigsten an die Spitze gestellt und in den folgenden Worten zusammengefaßt:

„Die Entscheidung über Aussetzung und Erlaß der Strafe ist nicht den Gerichten übertragen, sondern erfolgt im Wege der Allerhöchsten Gnade und in allen Fällen auf Grund einer von der Zentralstelle vorgenommenen Prüfung."

Damit folgt der preußische Erlaß dem von der sächsischen Verordnung gegebenen Vorbild. Es ist daher anzunehmen, daß auch bei der Einführung des Institutes in andere deutsche Länder das sächsisch-preußische System Aufnahme finden wird. Um so mehr, als auch die Gegner der bedingten Verurteilung sich mit dieser Ausgestaltung befreunden zu können erklären. So unter anderen Professor Birkmeyer in München. Er betrachtet die bedingte Verurteilung im Sinne des belgischen Rechtes als einen „richterlichen Gnadenakt". Dieser aber ist „unvereinbar mit dem Prinzip der gerechten Vergeltung". Ganz anders urteilt Birkmeyer (in der Mecklenburgischen Zeitschrift für Rechtspflege und Rechtswissenschaft, Band 14) über die sächsische Verordnung. Er sagt:

„Durch ihren Inhalt aber vermeidet die Verordnung mit großem Geschick die gegen die bisherigen Vorschläge über die bedingte Verurteilung geltend zu machenden Bedenken und fügt den Rechtsgedanken der bedingten Verurteilung in durchaus befriedigender Weise in unser Rechtssystem ein. Der Gnadenakt bleibt der Krone, der er allein gebührt. Der Aufschub des Strafvollzuges wird der Strafvollstreckungsbehörde unter Respizienz ihrer Oberaufsichtsbehörde überwiesen, welche nach dem Geiste unseres geltenden Rechtes auch in erster Linie dazu berufen ist. Und so wird auch der Richter seinerseits festgehalten bei seiner eigentlichen Aufgabe, der Rechtsprechung."

Es steckt in diesen Ausführungen ein schwer begreiflicher, folgenschwerer Fehlschluß. Es ist nicht wahr, daß nach dem sächsisch-preußischen System der Gnadenakt der Krone vorbehalten bleibt. Es ist vielmehr der Erste Staatsanwalt bei dem Landgerichte, der über Freiheit und Ehre des Verurteilten inappellabel entscheidet.

Um das einzusehen, braucht man sich nur das vorhin von mir geschilderte Verfahren näher anzusehen.

Ein bisher nicht vorbestrafter, aber freisinniger Gesinnung verdächtiger Bürger wird wegen Majestätsbeleidigung zu zwei Monaten Gefängnis verurteilt. Der Erste Staatsanwalt hat es völlig in seiner Hand, den vorläufigen Aufschub des Strafantrittes zu bewilligen und die eigentliche Aussetzung der Strafvollstreckung zu beantragen oder nicht. Beschwerde oder Gnadengesuch haben keine aufschiebende Wirkung. Bis die Entscheidung erfolgt, kann die Strafe längst verbüßt sein. Jedenfalls aber entscheiden die vorgesetzten Behörden, entscheidet auch die Krone selbst, auf Grund des staatsanwaltschaftlichen Berichtes. Dieser ist aber um so weniger angreifbar, als ja alles dem „freien Ermessen" der Justizverwaltung überlassen ist.

Nehmen wir aber an, die Aussetzung der Strafvollstreckung sei bewilligt worden. Ob die endgültige Begnadigung eintritt oder ob nunmehr mit der Strafvollstreckung Ernst gemacht wird, hängt lediglich von der „guten Führung" des Verurteilten ab. Ueber die Führung aber berichtet wieder der Erste Staatsanwalt. Ein ungünstiger Bericht, — und das Schicksal des Verurteilten ist besiegelt. Soll ich erst weiter ausmalen, welche Macht dem Staatsanwalt damit in die Hand gegeben ist? Soll ich erst nachweisen, daß der

Begriff der „guten Führung“ der juristischen Fassung völlig spottet? Wie viele von unseren Ersten Staatsanwälten werden den Verurteilten der Begnadigung empfehlen, wenn er inzwischen seine politische Gesinnung in einer der Regierung unsympathischen Richtung betätigt hat?

Es ist also nicht wahr, daß der Gnadenakt der Krone verbleibt. Diese Behauptung beruht im günstigsten Falle auf einer argen Selbsttäuschung. In allen Fällen, die nicht an die Krone gebracht werden, liegt die Versagung der Begnadigung in der Hand der Justizverwaltung, genauer gesprochen: in der Hand des Ersten Staatsanwaltes. Aber auch wenn die Krone überhaupt in die Lage versetzt wird, von ihrem Begnadigungsrechte Gebrauch zu machen, ist sie für ihre Entscheidung auf fremdes Urteil unbedingt angewiesen. Es ist anzunehmen, daß auf Grund des Erlasses jährlich tausende von Gnadenanträgen dem Könige vorgelegt werden dürften. Nimmt man im Ernste an, daß der König über jeden einzelnen Fall sich ein selbständiges Urteil bilden kann? Auch der Justizminister kann es nicht. Und ebenso ist der vortragende Rat wieder auf die Berichte der Ersten Staatsanwälte angewiesen.

Das sächsisch-preußische System bedeutet also (im Sinne Birkmeyers und der „Berliner Korrespondenz“): Uebertragung des Gnadenrechtes an die Ersten Staatsanwälte. Daß eine solche „Ausgestaltung“ der bedingten Verurteilung einer starken Regierung in politisch bewegten Zeiten nicht unangenehm ist, begreife ich. Daß ihr auch ahnungslose Theoretiker das Wort reden, wird Der niemals begreifen, dem die Lebensfremdheit unserer deutschen kriminalistischen Wissenschaft nicht aus näherer Anschauung bekannt ist.

„Die bedingte Verurteilung ist ein Gnadenakt. Die Begnadigung aber ist nicht Sache des Richters, sondern der Krone; daher empfiehlt es sich, sie dem Ersten Staatsanwalt zu übertragen“: Das ist die Schlußfolgerung der Gegner, der gemeinsame Grundgedanke der sächsischen Verordnung wie des preußischen Erlasses. Es bedarf wohl keines weiteren Beweises dafür, daß diese Schlußfolgerung verfehlt ist. Eben darum aber liegt mir in diesem Augenblick herzlich wenig an der Prüfung und Entscheidung der Frage, ob die Gegner überhaupt von der richtigen Prämisse ausgegangen sind. Ist es denn wahr, so wäre ich wohl berechtigt, einzuwenden, daß die bedingte Verurteilung als Gnadenakt betrachtet werden muß? Ist sie nicht vielmehr eine verstärkte Art der Verwarnung, eine Abart des Verweises, ihre Gewährung oder Versagung mithin ein Akt der Strafzumessung, der eigentlichsten Aufgaben des Richters?

Das geltende Recht kennt den Verweis als ein eigenartiges Strafmittel, das gegen jugendliche Verbrecher in besonderen Fällen vom Strafrichter erkannt werden kann. Keiner von unseren Gegnern dürfte den Mut haben, das Erkenntnis auf Verweis als einen Gnadenakt zu bezeichnen und darum zu fordern, daß die Entscheidung zwischen Verweis und Freiheitsstrafe dem Richter entzogen und der Staatsanwaltschaft übertragen werde. Und doch ist der Verurteilte hier frei, sobald er den Verweis entgegengenommen hat, und die Freiheitsstrafe ist ihm endgültig erlassen. Was der Strafrichter hier endgültig zu verfügen die Befugnis hat, — warum sollte es dort die Grenzen seines Amtes überschreiten? Haben denn wirklich die Gesetzgeber aller übrigen Länder, in denen die bedingte Verurteilung seit Jahren Aufnahme gefunden hat, das Wesen und die Aufgabe der Strafrechtspflege so gründlich verkannt, daß sie dem Richter gaben, was des Königs ist?

Aber ich lege, wie gesagt, kein Gewicht auf die Beantwortung dieser Frage. Denn was des Königs ist, das darf dem Ersten Staatsanwalt erst recht nicht überantwortet werden.

Das sächsisch-preußische System birgt eine große politische Gefahr in sich: die heute schon weit verbreitete Ansicht, daß die strafende Gerechtigkeit dem Reichen und dem Armen mit ungleichem Maße mißt, wird neue Nahrung finden. Mag immerhin das kritische Urteil breiter Volksschichten auch vor dem Richterspruche nicht Halt machen: die Leute wird man erst recht mit der Laterne suchen müssen, die dem Staatsanwalt die letzte Entscheidung über Freiheit und Ehre mit ruhiger Zuversicht anzuvertrauen willens wären.

Das ist mein Hauptbedenken gegen den preußischen

Erlaß. Ich hätte es gern noch nach verschiedenen Richtungen hin weiter ausgeführt. An dieser Stelle mag das Gesagte genügen.

In der Gestalt, die Sachsen und Preußen der bedingten Verurteilung gegeben haben, kann diese nur ein kümmerliches Dasein fristen. Aber der Grundgedanke ist unverwüstbar. Einmal anerkannt, wird er in jeder Gestalt sich zur Geltung bringen. Das Reichsgesetz, das ich mit Bestimmtheit erwarte, wenn auch nicht heute oder morgen, wird von den bisher gemachten Fehlern lernen. Dann erst wird man in weiteren Kreisen dem preußischen Justizminister den rechten Dank zollen. Er hat den Bann gebrochen, der jeden Fortschritt auf strafrechtlichem Gebiete hemmte. Das ist sein bleibendes Verdienst. Und mir ist es eine Freude, das öffentlich auszusprechen. Der Wunsch nach dem Besseren soll mir niemals den Dank für das Gute verkümmern.

21. Die psychologischen Grundlagen der Kriminalpolitik.

(1896, Z. XVI 477.)

Die nachstehenden Ausführungen sind aus einem Vortrage entstanden, den ich in der „Internationalen Vereinigung für vergleichende Rechtswissenschaft und Volkswirtschaftslehre zu Berlin" am 21. Februar d. J. gehalten und in der „Zukunft" vom 4. April 1896 unverändert veröffentlicht habe. Sie sollen vorläufige Ergebnisse dem kritischen Urteile der Fachgenossen unterbreiten und diese zugleich zur Mitarbeit an Stellung und Lösung eines Problems auffordern, mit dem ich mich seit mehr als einem Jahrzehnte beschäftigt habe, ohne einen mich völlig befriedigenden Abschluß zu finden.

I. Das Problem.

Die moderne Kriminalpolitik geht von dem (auf seine Richtigkeit hier nicht weiter zu prüfenden) Grundgedanken aus, daß den Gegenstand der Bestrafung nicht das Verbrechen, sondern der Verbrecher, nicht der Begriff, sondern der Mensch bildet; daß also für Art und Maß der Strafe nicht die begriffliche Unterscheidung innerhalb der juristischen Tatbestände entscheidend ist, wie sie das Strafgesetzbuch aufstellt, sondern die biologische Unterscheidung innerhalb der verbrecherischen Menschen.

Dieser kriminalpolitische Grundgedanke schließt unmittelbar die mich hier beschäftigende Aufgabe in sich: jene biologische Unterscheidung innerhalb der verbrecherischen Menschen aufzuweisen und einwandfrei festzulegen, die zur Grundlage für die Bestimmung der Strafe nach Art und Maß dienen soll.

Und zwar wird die Unterscheidung zunächst eine psychologische sein müssen. Sie hat in der Eigenart des Verbrechers (seiner individuellen Veranlagung, seinem Charakter) die Momente nachzuweisen, die seine Reaktion auf äußere Anreizungen zu einer verbrecherischen gestaltet und dieser verbrecherischen Entäußerung ihre bestimmte Richtung gegeben haben. Von allem Anfang an aber dürfte dabei einleuchten, was nähere Betrachtung sofort bestätigt: daß die für das Strafrecht maßgebende Systematik der Rechtsgüter für die psychologische Untersuchung wertlos ist. So hat — ein Beispiel für viele — die Kuppelei mit der Sinnlichkeit des Täters, die Sachbeschädigung mit seiner Gewinnsucht nichts zu tun; und die Psychologie der vorsätzlichen Tötung gestaltet sich sofort unter Auflösung des einheitlichen juristischen Begriffs zu einem fast vollständigen System der gesamten Kriminalpsychologie. Aus dieser Erkenntnis folgt, nebenbei bemerkt, die Unfruchtbarkeit aller bisher (insbesondere von französischer Seite) gemachten Versuche, unter Beibehaltung der juristischen Verbrechensbegriffe auf kriminalstatistischem Wege das kriminalpsychologische Problem zu lösen.

Die psychologische Einteilung und die auf sie gestützte Beschreibung der verbrecherischen Menschen bedarf aber weiter der physiologischen Erklärung und Rechtfertigung. Die psychologische Eigenart ist physiologisch bedingt und bestimmt. Sie ist gegeben in der vererbten Anlage (Stammes- und Familieneigentümlichkeit u. s. w.), die sich unter dem Einflusse äußerer Einwirkungen (Ernährung, Erziehung, Lebensschicksale u. s. w.) entwickelt und umbildet. Das habe ich in meinem Berliner Vortrag als selbstverständlich stillschweigend vorausgesetzt. Da mein Stillschweigen mehrfach mißdeutet worden ist, so sei es hier ausdrücklich gesagt. Für mich handelt es sich in diesen Zeilen lediglich um das erste der beiden Probleme: die psychologische Unterscheidung innerhalb der verbrecherischen Menschen.

Noch ein weiteres Mißverständnis möchte ich ausschließen. Die vollständige wissenschaftliche Erkenntnis der Kriminalität setzt neben und über der biologischen (psycho-physiologischen) die soziologische Untersuchung voraus. Ist das Verbrechen das Produkt aus der Eigenart des Täters (seiner physiologisch begründeten Psyche) und den ihn umgebenden äußeren Verhältnissen, so bedarf die Kriminalpsychologie der Ergänzung durch die Klarlegung dieser äußeren Faktoren der Kriminalität, also durch die Kriminalsoziologie. Ich glaube das in früheren Arbeiten so bestimmt und scharf wie irgend ein anderer betont zu haben. Aber an dieser Stelle sind die gesellschaftlichen Ursachen der Kriminalität für mich nicht in Frage. Ich sehe von ihnen völlig ab, um die Eigenart des Verbrechers allein ins Auge zu fassen.

Es ist merkwürdig, wie wenig Beachtung das kriminalpsychologische Problem seit Feuerbachs feinsinnigen Untersuchungen in der Wissenschaft, ganz besonders aber bei den deutschen Schriftstellern gefunden hat.

Das gilt von den Anhängern der kriminalpolitischen Reformbewegung kaum minder, als von den Vertretern der alten, ausschließlich technisch-juristischen Richtung, die doch wenigstens innerhalb der an Hegel anknüpfenden Gruppe ihre Aufmerksamkeit nicht ohne Erfolg der Erforschung des „subjektiven Tatbestandes" (man denke an die wichtige Unterscheidung von Vorsatz und Absicht) zugewendet hatte.

Nach drei Richtungen hin finden sich innerhalb der heutigen Literatur Ansätze zur Stellung und Lösung des kriminalpsychologischen Problems.

1) Gestützt auf die bahnbrechenden Arbeiten Wahlbergs wird von der Mehrheit der deutschen Schriftsteller die grundlegende Einteilung in Gelegenheitsverbrecher und Gewohnheitsverbrecher vertreten. Auch bei den außerdeutschen Kriminalisten, bei Franzosen und Italienern, bei Engländern und Russen begegnen wir ihr häufig. Aber vergeblich würden wir nach einer tiefergehenden Begründung dieser Unterscheidung Umschau halten. Selbst die zahlreichen Schriftsteller unserer Tage, die — wie zuletzt H. Seuffert in den Mitteilungen der I.K.V. V 381 — Abschreckungsstrafe, (Erziehungs- und) Besserungsstrafe, Sicherungsstrafe unterscheiden, vermeiden es, diese Unterscheidung psychologisch zu begründen und mit der Wahlbergschen Einteilung in Beziehung zu bringen, von der sie doch, bewußt

oder unbewußt, sämtlich ausgehen. Eine Ausnahme macht, soviel ich sehen kann, nur Eyvind Olrik, der über seine eingehenden und lehrreichen, aber keineswegs abschließenden Untersuchungen Z. XIV 76 berichtet hat.

Ich selbst habe mich zwar stets bemüht, die drei Strafzwecke der Abschreckung, der Besserung und der Sicherung, durch welche Art und Maß der Strafe auch nach meiner Auffassung bestimmt werden soll, anzuknüpfen an die von mir verfochtene psychologische Dreiteilung der Verbrecher in Augenblicksverbrecher, in besserungsfähige und in unverbesserliche Zustandsverbrecher. Und diese Uebereinstimmung beider Einteilungen galt mir von jeher als die sicherste Gewähr für die Richtigkeit meiner kriminalpolitischen Grundanschauung.

Aber meine Einteilung, die sich als Weiterbildung der Unterscheidung in Gelegenheits- und Gewohnheitsverbrecher darstellt (unten Abschnitt IV), entbehrte wie diese des näheren, im einzelnen geführten Nachweises ihrer psychologischen Haltbarkeit. Wenn ich diesen Nachweis durch die nachstehenden Ausführungen auch noch nicht in völlig überzeugender Weise zu erbringen vermag, so dürfte es mir doch wenigstens gelingen, die Haltbarkeit meiner Unterscheidung glaubhaft zu machen. Damit würde aber zugleich auch die erforderliche psychologische Grundlage für die ältere Wahlbergsche Zweiteilung gewonnen sein, so daß ihre gesonderte kritische Betrachtung zunächst sich als überflüssig herausstellt.

2) Weite Verbreitung hat in der außerdeutschen Literatur die von Ferri schon seit 1880 aufgestellte Einteilung gefunden [1]). Er unterscheidet, auf angeblich anthropologischer Grundlage, 1) geisteskranke Verbrecher, 2) geborene und darum unverbesserliche Verbrecher, 3) Verbrecher aus erworbener Gewohnheit, 4) Gelegenheitsverbrecher, 5) Verbrecher aus Leidenschaft. Es ist wohl ohne weitere Ausführung einleuchtend, daß dieser Einteilung das einheitliche Prinzip völlig mangelt. Leidenschaftliche Erregbarkeit kann auf geistiger Störung beruhen, sie kann angeboren oder er-

---

1) E. Ferri, Sociologia criminale, 3. Aufl., 1892, S. 137. Hier (S. 190) auch eine, freilich recht unzuverlässige Zusammenstellung der von anderen versuchten Einteilungen.

worben sein, sie kann dem bleibenden Seelenzustande des Verbrechers entsprechen oder unter dem Einflusse äußerer Umstände in dem ruhigsten Gemüte sich einnisten; sie kann also neben den übrigen Gruppen eine selbständige Stellung nicht beanspruchen. Da weiter Gruppe 1 für das Strafrecht ausscheidet und nur für die Psychiatrie Bedeutung hat, die Gruppe 2 aber in ihrer inneren Berechtigung lebhaften Bedenken unterliegt, kommen wir schließlich trotz alles anthropologischen Aufwands auf die Einteilung in Gelegenheits- und Gewohnheitsverbrecher zurück.

Colajanni hat der Einteilung Ferris als weitere Gruppe den politischen Verbrecher beigefügt, und neben den Gewohnheitsverbrecher den Berufsverbrecher gestellt. Diese erweiterte Einteilung läßt den Mangel eines einheitlichen Grundgedankens noch schärfer hervortreten. Dennoch hat sie auch Havelock Ellis seiner Darstellung zu Grunde gelegt.

3) Eine letzte durch die Zahl und Bedeutung ihrer Vertreter besonders hervorragende Gruppe von Schriftstellern will das Motiv der begangenen Tat (den „Beweggrund", die „Triebfeder") zur Grundlage der Einteilung der Verbrecher machen und nach ihm Art und Maß der Strafe bestimmen [1]). Damit soll zugleich auch für den Gesetzgeber die Möglichkeit eröffnet werden, durch die Strafe unmittelbar diese Triebfeder zu treffen, ihr die Spannkraft zu nehmen oder durch ein Gegengewicht sie niederzuhalten.

In der Tat spielt dieser Gedanke eine sehr bedeutende Rolle bereits in der Literatur der Aufklärungszeit. Zur Empfehlung der Geldstrafe für Delikte, die aus Gewinnsucht begangen worden sind, ist er im 18. wie im 19. Jahrhundert,

---

1) Aus der wenig fördernden Literatur wären hervorzuheben: Fuld, Das Motiv im deutschen Strafgesetzbuch G.A. XXXI 321. Durchholz, Betrachtungen über die Strafabmessung nach dem deutschen Strafgesetzbuch G.A. XXXV 261. — Wahlberg, Gesammelte kleinere Schriften II 151 (Die Mordmotive in Oesterreich). v. Holtzendorff, Das Verbrechen des Mordes und die Todesstrafe, 1885, S. 101 und Note 38 (Motive des Mordes). Hundhausen, Das Motiv im Strafrecht, 1877. Gram, Om motivets betydning i strafferetlig henseende 1889. Günther, Die Idee der Wiedervergeltung, III, 1. Hälfte, 1895, S. 509, Note 827.

von Filangieri bis auf Rosenfeld, oft verwertet worden [1]).

Aber auch von diesem Sondergebiete abgesehen, ist im allgemeinen eine stärkere „Berücksichtigung des Motivs" in Gesetzgebung und Rechtsprechung von Schriftstellern der verschiedensten Richtungen neuerdings oft verlangt worden [2]).

Das italienische Strafgesetzbuch, der österreichische wie der norwegische Entwurf haben dieser Forderung Rechnung getragen. Ganz besonders aber hat Stooß in seinen Vorentwürfen eines Strafgesetzbuchs für die Schweiz (1893 und 1894) die allseitige und folgerichtige Durchführung dieses Gedankens angestrebt. Ich möchte es ausdrücklich hervorheben, daß gerade meine Bedenken gegen die Stooßschen Arbeiten es gewesen sind, die mir die Anregung zu einer erneuten Ueberprüfung der Frage gegeben haben [3]).

„Berücksichtigung des Motivs" bedeutet die Forderung, daß Art und Maß der Strafe nach den verschiedenen Mo-

---

1) Eingehend hat Günther in seiner Lehre von der Wiedervergeltung die Frage behandelt. Vergl. II, 168, 203, 220, 242; III, erste Hälfte, 503, 548. Nach der Ansicht Günthers ist die Forderung, daß durch die Strafe das zu dem Verbrechen treibende Motiv (durch die Geldstrafe bei Vermögensverbrechen die Gewinnsucht) getroffen werden soll, in letzter Linie auf die Vergeltungsidee zurückzuführen. Ich vermag diese Ansicht nicht zu teilen. Sie beruht meines Erachtens auf einer ganz einseitigen Auffassung des von der Aufklärungsliteratur so oft aufgestellten Grundsatzes der „Proportionalität" zwischen Verbrechen und Strafe, eines Grundsatzes, der mit dem Begriff der Vergeltung nichts zu schaffen hat.

2) Man vergleiche unter andern Lammasch, G.S. XLIV, 189, Sternau Z. XIII 41; Hugo Meyer, Lehrbuch, 5. Aufl., S. 40. Abweichend v. Lilienthal, Gutachten für den 22. deutschen Juristentag, II 89 (1893). „Es ist deshalb kaum mehr als eine psychologische Spielerei, wenn man die Strafe abzustimmen versucht nach der Art der Motive, welche das einzelne Verbrechen hervorrufen. Im allgemeinen und im voraus ist das unmöglich, denn ein und dasselbe Verbrechen kann aus den verschiedensten Beweggründen begangen werden." Vergl. aber auch v. Lilienthals Besprechung des Schweizer Vorentwurfs Z. XV 113, 146 ff.

3) Soeben gelangt der „Vorentwurf zu einem Schweizerischen Strafgesetzbuch nach den Beschlüssen der Expertenkommission" Bern 1896 in meine Hände. Eine kurze Kritik der einschlagenden Bestimmungen dieses Entwurfs schien mir für die Klarlegung meiner eigenen Ansichten so notwendig, daß ich ihr in diesen Zeilen einen besonderen Abschnitt (V) zu widmen noch nachträglich mich entschlossen habe.

tiven des Verbrechens verschieden bestimmt werde. Das setzt voraus, daß wir innerhalb der Motive unterscheiden und die einzelnen Motive verschiedenen Wertklassen zuweisen. So spricht Stooß — freilich in recht unklaren, der Bestimmtheit wie der Folgerichtigkeit entbehrenden Wendungen — von „edlen“, „achtungswürdigen“, „gemeinen“ und „niederträchtigen“ Motiven.

Bei Erfüllung dieser kriminalpolitischen Forderung kann der Gesetzgeber einen doppelten Weg einschlagen.

Die Unterscheidung der Motive nach Wertklassen kann entweder in dem Sinne gemeint sein, daß der Gesetzgeber die Aufteilung der Motive ein für allemal vorgenommen und jedem einzelnen Motiv seine Stellung in dieser oder jener Wertklasse unverrückbar angewiesen hat; sie kann aber auch besagen, daß der Richter im Einzelfalle das Motiv zu prüfen, je nach dem Ergebnis dieser Prüfung sein Werturteil auszusprechen und die Zuweisung in eine der Wertklassen vorzunehmen hat.

Mag nun der eine oder der andere Weg eingeschlagen werden, so stoßen wir doch stets auf zwei Erwägungen, über die wir uns völlige Klarheit verschaffen müssen, ehe wir weiter gehen können.

Nach welchem Maßstab mißt der Gesetzgeber im ersten, der Richter im zweiten Falle der Motive? Sollen ethische, sollen rechtliche, sollen andere (etwa „soziale“) Werturteile maßgebend sein? Auf diese Frage muß Antwort gegeben werden, sonst tappen Gesetzgeber und Richter im Dunkeln herum. Ich habe aber eine Antwort bei Stooß vergeblich gesucht und auch sonst nirgends gefunden. Ja, selbst die Frage hat, soviel ich sehen kann, niemand klar und bestimmt gestellt [1]. Ihre Beantwortung, wie sie auch inhaltlich ausfallen mag, wird aber unabweislich zu der Erkenntnis führen, daß die Unterscheidung innerhalb der verbrecherischen Menschen nicht nur auf der Unterscheidung der Motive, sondern mindestens zugleich auch auf einem

1) Wenigstens in der Literatur. Einen interessanten Versuch hat van Calker in einem Vortrage unternommen, den er im Vorjahre vor dem Hallischen Juristenverein gehalten hat. Hoffentlich bestimmen ihn meine Ausführungen zur näheren Begründung der damals vorgetragenen Ansicht.

ganz neuen, andersartigen Einteilungsgrunde beruht, der eben erst durch den angelegten Maßstab bestimmt wird. Es handelt sich also darum, diesen Maßstab zu finden.

Ich komme auf diese Frage im IV. Abschnitte meiner Auseinandersetzung zurück.

Weiter aber müssen wir, wenn nicht von dem Gesetze, so von dem Gesetzgeber verlangen, daß er, ganz besonders wenn er den ersten der beiden Wege einschlägt, zunächst einen vollständigen Ueberblick über die sämtlichen denkbaren Verbrechensmotive sich und damit dem Richter verschaffe. Eine Einteilung der Motive ist eben anders denn als Systematik der Motive nicht denkbar. Eine solche Systematik besitzen wir aber nicht. Und somit entbehren alle einschlagenden gesetzgeberischen Versuche jeder festen wissenschaftlichen Grundlage. Man verfolge einmal aufmerksam die verschiedenen Fassungen des Schweizer Entwurfs, und man wird auf Schritt und Tritt von dem Fehlen jener Grundlage sich überzeugen.

II. Der Begriff des Motivs.

Aber mein Hauptbedenken habe ich noch gar nicht vorgebracht.

Ich vermisse nämlich jeden ernstlich gemeinten und ernst zu nehmenden Versuch, den Begriff des Verbrechensmotives wissenschaftlich zu bestimmen. Und doch kann es keinem Zweifel unterliegen, daß ohne einen klaren Begriff dessen, was unter „Motiv" verstanden werden soll, jeder Versuch einer Verwertung der Motive in Gesetzgebung und Rechtspflege notwendig scheitern muß.

Es wird sich also zunächst darum handeln, diese Lücke auszufüllen. Die Frage geht also dahin: Was versteht man unter dem „Motiv" eines Verbrechens?

Wenn wir die Literatur der letzten Jahrzehnte überblicken, so finden wir, daß das Wort „Motiv" in dreifacher, wesentlich verschiedener Bedeutung genommen wird.

1) Jede Willensbetätigung wird ausgelöst durch die Vorstellung des durch sie zu erzielenden Erfolges, von dessen Eintritt die Beseitigung eines Unlustgefühls (oder die Herbeiführung eines Lustgefühls) erwartet wird. Motiv (Beweg-

grund) ist daher die Vorstellung des bezweckten Erfolgs; oder was dasselbe sagt: die Vorstellung des aus der Handlung erwarteten (vorgestellten) Zuwachses an Lustgefühlen[1]. Daß mehrere Erfolge zu einander in dem Verhältnisse von Mittel und Zweck stehen können, braucht in diesem Zusammenhange nicht erörtert zu werden.

Motiv des Kindesmordes könnte also sein die Vorstellung, daß durch den Tod des Kindes die drückende Sorge um das Fortkommen mit einem Schlage beseitigt werden würde; Motiv der Notzucht die Vorstellung des von dem Beischlaf erwarteten Geschlechtsgenusses; Motiv der Sachbeschädigung etwa die Freude, die sich der Täter aus dem Schmerze des Verletzten verspricht u. s. w. u. s. w.

Dieser Begriff des Motivs deckt sich im wesentlichen mit dem der „Absicht", die ja von mir und anderen in pleonastischer Wendung geradezu als „treibendes Motiv" (im Gegensatze zum Vorsatz) bestimmt wird. Und es ist bekannt, daß die Gesetzgebung aller Zeiten das „Motiv" im Sinne von „Absicht" sowohl zur Bildung der Tatbestände als auch zur Abstufung der Strafrahmen verwendet hat[2]. Auch das deutsche Strafgesetzbuch wie die strafrechtlichen Nebengesetze des Reichs fordern vielfach, teils ausdrücklich, teils in den bekannten Umschreibungen, eine bestimmte über den Vorsatz als Voraussicht des Erfolges hinausreichende Absicht.

Eine Durchforschung der außerdeutschen Gesetzbücher würde noch reichere Ausbeute liefern, vielleicht die Aufstellung eines Systems der Motive ermöglichen.

---

1) Uebereinstimmend wohl, trotz der unklaren Bildersprache, Binding, Normen II, 74: „Aller Tatendrang ist Drang nach dieser Harmonie (Einklang des Menschen mit sich selbst und der Außenwelt). Ihre Erreichung ist Zweck alles Handelns, die wahrgenommene Disharmonie stets das Motiv, daß gehandelt werden soll, das Gefühl dieser Disharmonie in Verbindung mit der Vorstellung von der uns entsprechendsten Art ihrer Beseitigung das Motiv, wie gehandelt werden soll. Der Zweck ist der Todfeind jenes Beweggrundes zum Handeln und hat es auf seine Vernichtung abgesehen."

2) Vergl. die Zusammenstellung der Fälle, in welchen das R.St.G.B. eine bestimmte Absicht oder einen bestimmten Zweck verlangt, bei Binding, Normen II, S. 462, Note 671 und S. 596, Noten 875, 876.

Für den Gesetzgeber wäre ein solches System nicht ohne Wert. Es würde ihm die Lücken und Widersprüche des geltenden Rechts aufdecken, ihm das Ebenmaß und die Folgerichtigkeit der neu zu erlassenden Strafdrohungen verbürgen. Zu einer wissenschaftlichen Kriminalpsychologie aber würden wir auf diesem Wege kaum gelangen. Schon deshalb nicht, weil keines dieser Motive an sich als gut oder schlecht, rechtgemäß oder rechtswidrig, als sozial oder antisozial bezeichnet werden kann, das System der Motive also für alles menschliche Handeln, nicht nur für das Gebiet des verbrecherischen Handelns, grundlegend sein würde.

Die eben gekennzeichnete Auffassung des Motivs gibt uns den Schlüssel zum Verständnisse der Feuerbachschen Theorie des psychischen Zwanges. Durch die Strafdrohung soll die Vorstellung der aus der Tat zu gewärtigenden Unlustgefühle als Gegengewicht gegen den Antrieb zum Verbrechen in die Seele des Täters eingeführt, dem „Motiv" durch stärkeres Gegenmotiv die motivierende Kraft genommen werden. Die Strafdrohung soll als Hemmungsvorstellung wirken.

Nun möchte ich gar nicht leugnen, daß eine weitergehende, insbesondere eine folgerichtigere Berücksichtigung des Motivs (im Sinne von Absicht) möglich und wünschenswert ist, als wir sie etwa in unserem Reichsstrafgesetzbuche finden. Aber ich sollte meinen: gerade die nahe Beziehung der Theorie des psychischen Zwanges zu jener Auffassung des Motivs wäre genügend, um uns zur Vorsicht zu mahnen. Mag immerhin die Strafdrohung als Hemmungsvorstellung im Einzelfall unmittelbar ein Gegengewicht gegen die Vorstellung des erwarteten Lustgefühls abgeben: die ungleich zahlreicheren Hemmungsvorstellungen, die wir durch den Strafvollzug zu geben vermögen, können und sollen den ganzen Menschen für die ganze Zukunft erfassen, nicht nur die einzelne Erfolgsvorstellung; ihr Angriffsgegenstand ist nicht das Motiv in dem oben festgestellten Sinne, sondern etwas anderes, das noch der Bestimmung bedarf. Ist das richtig, so ist damit der Nachweis erbracht, daß jener Begriff des Motivs unmöglich als ausreichende Grundlage für eine erschöpfende psychologische Einteilung der verbrecherischen Menschen dienen kann.

2) Die Vorstellung des Erfolges wirkt motivierend, d. h. sie löst eine Willensbetätigung aus. Sie wirkt als äußerer Reiz auf eine innere latente Kraft. Das Produkt dieser beiden Faktoren ist die Handlung. Statt von dem äußeren Reiz könnten wir mithin auch von dieser inneren Kraft ausgehen, um zu der Begriffsbestimmung des Motivs zu gelangen. Unter Motiv des Handelns überhaupt, des verbrecherischen Handelns insbesondere, könnten wir, statt der den Trieb erregenden Vorstellung, den durch die Vorstellung erregten Trieb[1]) bezeichnen.

Und wieder ergibt sich uns die Doppelaufgabe: für die Zwecke des Gesetzgebers die verbrecherischen Menschen nach der Verschiedenheit der zum Verbrechen führenden Triebe wissenschaftlich einzuteilen und Art wie Maß der Strafe dieser Einteilung kriminalpolitisch anzupassen. Die Aufgabe ist unlösbar; aber gerade darum lehrreich.

Erstlich halte ich ein wissenschaftlich einwandsfreies System der Triebe für ganz unmöglich. Jeder Versuch, die Abspaltungen des Selbsterhaltungstriebes, vom Geschlechtstrieb vielleicht abgesehen, selbständig voneinander abzugrenzen, führt zu unfruchtbaren Künsteleien. Ich lasse mich ja gern eines besseren belehren. Einstweilen aber prüfe man unbefangenen Blicks das einzige System der Triebe, das bisher zu kriminalistischen Zwecken aufgestellt worden ist, und man wird mir wohl recht geben müssen.

In seiner Psychologie des Verbrechens (1884) unterscheidet Krauß unter den inneren Momenten des verbrecherischen Hanges die entfernteren und die näheren. Zu den ersteren, die sämtlich Erscheinungen der ursprünglichen Anlage (indoles) sind, rechnet er 1) das Temperament und die Affekte (Freude, Leid, Zorn, Furcht); 2) die gute oder böse Gemütsart; 3) die einzelnen Triebe. Für diese gibt

---

1) Das ist wohl auch die Auffassung von Fuld, der G.A. XXXI 321 das Motiv bestimmt als „jene im Innern des Täters wirkende Triebkraft, welche seinem Willen den Anstoß gibt". Er rechnet hierher den Eigennutz (vergl. St.G.B. § 180), aber auch die „ehrlose Gesinnung" (St.G.B. § 20), d. h. „eine solche Denkweise, welche lediglich durch niedrige, eigennützige, jedes besseren Charakters entbehrende Leidenschaften aufgestachelt wird". Damit ist aber der einheitliche Begriff sofort wieder preisgegeben.

er folgende Uebersicht (S. 128): Hunger und Durst; Geschlechtstrieb; Bewegungstrieb; auf der geistigen Seite: der ästhetische Trieb, der Sammeltrieb, der Wagetrieb (Spiel und Abenteuer), der Wissenstrieb; endlich als „nicht allgemeine, aber weit verbreitete" Triebe der Lügentrieb und der Stehltrieb. Zu diesen „entfernteren" treten als nähere Bedingungen die Leidenschaften, die als das gemeinschaftliche Produkt zweier Faktoren, der Individualorganisation und der Lebenseinflüsse anzusehen sind. Sie sind entweder aktive oder passive. Aktive Leidenschaften sind: 1) Habsucht; 2) Ehrsucht; 3) Herrschsucht; 4) Wagesucht; 5) Rachsucht. Passive Leidenschaften sind: 1) Genußsucht; 2) Sexualismus.

Sollte eine ernstliche Kritik dieses „wissenschaftlichen Systems" wirklich notwendig sein?

Zweitens aber zeigt auch hier selbst die oberflächlichste Untersuchung, daß es an sich soziale oder antisoziale Triebe gar nicht gibt, daß an eine Zuweisung der einzelnen Triebe in verschiedene Wertklassen mithin gar nicht gedacht werden kann. Für die verbrecherische Entäußerung der Triebe ist nicht ihr Inhalt, sondern — von den äußeren Anreizen abgesehen — einerseits ihre überdurchschnittliche Stärke oder ihre anormale Richtung, anderseits das Fehlen oder die Schwäche der Hemmungsvorstellungen maßgebend.

Drittens endlich drängt sich auch hier die Ueberzeugung auf, daß die durch den Strafvollzug zu gebenden Gegenmotive nicht nur die einzelne Betätigung des Triebes, sondern den ganzen Menschen für alle Zukunft erfassen sollen.

Und somit ist auch auf dieser Grundlage eine kriminalpolitisch brauchbare Einteilung der verbrecherischen Menschen unmöglich.

3) Die bisherigen Betrachtungen haben uns bereits zu der letzten Bedeutung geführt, in der das Wort „Motiv" verstanden und verwendet zu werden pflegt. Es handelt sich dabei freilich um einen zwar weit verbreiteten, aber darum nicht weniger mißbräuchlichen Sprachgebrauch, der nur dann geduldet werden kann, wenn der mit ihm verbundene Sinn gegen jedes Mißverständnis festgestellt wird.

Man versteht unter Motiv in diesem Sinne die psychische Eigenart selbst, insoweit durch sie unter dem Einfluß äußerer Anreize das verbrecherische Verhalten des Täters bestimmt wurde. Diesen Begriff des Motivs legt man wohl zumeist, wenn auch unbewußt zu Grunde, wenn man von der „Gesinnung" des Täters spricht, aus der die Tat erwachsen ist, und die eben darum in der Tat sich widerspiegelt. Wenn man z. B. als „Motiv" eines Betruges die Gewinnsucht bezeichnet, so weist man damit über die einzelne treibende Vorstellung eines zu erlangenden Gewinnes hinaus (das wäre etwa die „Absicht, sich oder einem anderen einen rechtswidrigen Vermögensvorteil zu verschaffen") auf eine psychische Eigenschaft des Täters[1]). Noch deutlicher spricht etwa der Ausdruck Roheitsverbrechen. Es kann einstweilen ganz dahingestellt bleiben, ob diese psychischen Eigenschaften notwendig als bleibende, dauernde, zuständlich aufgefaßt werden müssen oder ob sie auch unter dem Einflusse äußerer Einwirkungen vorübergehend auftauchen, das Uebergewicht erlangen, das Verhalten bestimmen können, um alsbald wieder zurückzutreten (vergl. unten Abschnitt IV). Als sicher kann angesehen werden, daß sie der Tat die eigenartige Färbung, die besondere Bedeutung verleihen. Und nur darum wird es sich handeln, ob auf dieser Grundlage eine kriminalpolitisch verwertbare Einteilung der verbrecherischen Menschen gewonnen werden kann. Diese Frage soll im folgenden näher untersucht werden.

III. Gruppenbildung nach der psychischen Eigenart der Verbrecher.

Das aufgestellte Problem geht also zunächst dahin: Lassen sich die verbrecherischen Menschen nach

1) Ueber den Gegensatz zwischen Aneignungs- oder Bereicherungsabsicht einerseits, Gewinnsucht oder Habsucht anderseits vergl. Friedmann, Gutachten für den 22. deutschen Juristentag II 137. Gewinnsucht bezeichnet nach ihm nicht bloß das Motiv einer vereinzelten Handlung, sondern eine „konstante Triebfeder", einen „inveterierten Gemütszustand", eine „tiefeingewurzelte Gesinnung", einen „habituellen Zustand". Und diese Gesinnung soll der Gesetzgeber mit der Strafe treffen. Vergl. auch die Aeußerung von Stooß über den Begriff der Habsucht unten Abschnitt V.

ihrer psychischen Eigenart in bestimmte Gruppen teilen, und welches sind diese Gruppen? Eine befriedigende Lösung des Problems wird auch dann wissenschaftlichen Wert beanspruchen können, wenn die gewonnene Einteilung nicht unmittelbar für die Zwecke der Kriminalpolitik verwertbar erscheint. Denn sie würde als wissenschaftliche Kriminalpsychologie eine erschöpfende Schilderung der Kriminalität, die uns bisher völlig fehlt, erst möglich machen und damit für die kausale Frage nach den physiologischen Ursachen des Verbrechens die Bahn weisen.

Die Methode für diese Untersuchung ist vorgezeichnet. Sie kann mit Aussicht auf Erfolg nur auf Grund einer möglichst umfassenden psychologischen Beobachtung vorgekommener Kriminalfälle unternommen werden. Aber auch die Werke der Dichtung dürfen wir ergänzend heranziehen. Wer immer in den tiefsten Falten des Menschenherzens zu lesen gelernt und von seiner Kunst, die verworrenen Fäden des Seelenlebens zu entwirren, vollgewichtige Proben abgelegt hat, kann den Anspruch erheben, als Sachverständiger gehört zu werden.

Ich habe meinem Berliner Vortrage eine „Motiventafel" zu Grunde gelegt, die ich auch nachstehend mit einigen nicht eben wesentlichen Abweichungen zum Leitfaden meiner Betrachtungen nehmen will. Dabei wird es sich jedoch empfehlen, den mehrdeutigen Ausdruck „Motiv", den ich in jenem Vortrag in seiner dritten Bedeutung genommen habe, gänzlich zu vermeiden. Die Einteilung stellt das vorläufige Ergebnis meiner weit zurückreichenden Beschäftigung mit der Frage dar. Gerade weil es mich selbst nicht befriedigt, möchte ich es der Kritik unterbreiten. Haben wir erst einmal die Grundzüge eines anerkannten Systems gewonnen, so kann mit vereinten Kräften an seinen Ausbau gegangen werden. Das nächste Ziel steht fest: die Schaffung einer wissenschaftlich begründeten Kriminalpsychologie [1]).

---

1) v. Holtzendorff schlägt in Note 38 für die Zwecke der Kriminalstatistik folgende Einteilung der Motive des Mordes vor:

I. Oekonomische Motive: a) Habsucht schlechthin, b) in Erbschaftsstreitigkeiten, c) in Nahrungssorgen, d) in Grenzstreitigkeiten.

Eine Vorbemerkung sei mir noch gestattet. Wir wollen von der technisch-juristischen Einteilung der Verbrechen zu einer psychologischen Einteilung der Verbrecher gelangen. Es erscheint als zweckmäßig, diesen Weg nicht in einem Zuge zurückzulegen, sondern an einer Zwischenstelle einstweiligen Halt zu machen, indem wir die juristische Einteilung der Verbrechen zunächst durch eine psychologische Einteilung dieser selbst ersetzen, um dann erst zu der Einteilung der verbrecherischen Menschen fortzuschreiten. Auf dieser Zwischenstufe ergibt sich mir die folgende Uebersicht über die verbrecherischen Handlungen [1]).

I. In die *erste* Gruppe stelle ich alle die Fälle, in welchen das Bewußtsein des Täters, daß seine Handlung einen Eingriff in fremde Rechtsgüter enthält, fehlt oder doch verdunkelt ist. Die psychische Wurzel des Verbrechens kann hier liegen:

1) In dem Leichtsinn, der Fahrlässigkeit, der bummelnden Bequemlichkeit, der Gedankenlosigkeit, der gewissenlosen Gleichgültigkeit, dem rechtlichen Stumpfsinn des Täters, der den Erfolg seines Tuns oder Lassens nicht voraussieht. Als typisches Beispiel für die gemeingefährliche Tragweite zusammenwirkender Fahrlässigkeit mehrerer mag der Brand des Wiener Ringtheaters vom 8. Dezember 1881 dienen, bei dem 384 Menschen ums Leben gekommen sind.

II. Geschlechtliche Motive: a) Ehebruch, b) Eifersucht, c) verschmähte Liebe, d) Verführung, e) Verzweiflung Liebender, f) Liebesüberdruß, g) wolllüstige Grausamkeit.

III. Zorn, Haß und Rache: a) politischer Mord bei Wahlen, aus Nationalhaß, gegen Beamte, b) nicht politischer Mord, c) Blutrache.

IV. Mord in Verbindung mit anderen Verbrechen, um deren Entdeckung zu hindern, um sich der Bestrafung zu entziehen.

V. Aus verschiedenen seltenen Motiven.

VI. Aus nicht zu ermittelnden Motiven.

Auch hier möchte ich mich jeder Kritik enthalten, und nur um Vergleichung dieser Einteilung mit der meinigen bitten.

1) Es bedarf wohl nicht der besonderen Bemerkung, daß das Leben uns nicht nur zahlreiche Uebergänge zwischen den einzelnen Gruppen, sondern auch häufige Verbindung von Elementen aufweist, die verschiedenen Gruppen angehören.

2) In der Unerfahrenheit und Unwissenheit, der Leichtgläubigkeit, der Dummheit, dem Aberglauben, die dem Täter das Urteil über die rechtliche Tragweite der Handlung trüben.

3) In dem Uebermut, dem mutwilligen Tatendrang, der zu Dummen-Jungenstreichen, zum „Bubendelikt", zu den typischen, bis nahe an die Roheit grenzenden Fällen des groben Unfugs führt.

II. Die *zweite* Gruppe wird gebildet durch die Fälle, in welchen die Zuneigung (Sympathie) zu einzelnen Personen („eingeschränkter Altruismus"), Anhänglichkeit, Liebe, Mitleid, gutmütige Schwäche den Täter dazu bestimmen, im Interesse des anderen eine rechtswidrige Handlung zu begehen. Die Beispiele sind vielgestaltig: Crispinus, der für die Armen Leder stiehlt; Virginius, der die in ihrer Jungfräulichkeit bedrohte Tochter tötet; der Arzt, der dem im schweren Todeskampfe ringenden Freunde die Euthanasie verschafft; der Verteidiger, der seinem Klienten, oder der Vorgesetzte, der dem entehrten Untergebenen das Mittel zum Selbstmord gewährt; die Tötung des Einwilligenden; die Befreiung von Gefangenen (Karl Schurz und Gottfried Kinkel); falsches Zeugnis zu Gunsten der Genossen u. a. m. Einen lehrreichen Fall, Tötung der innigst geliebten epileptischen Tochter durch die 70jährige Mutter, enthält Tribunal I 313.

III. Eine reich gegliederte *dritte* Gruppe bilden die Verzweiflungstaten des Selbsterhaltungstriebes, die egoistische Selbstbehauptung in drohender Gefahr durch Verletzung anderer, das „Notverbrechen".

1) Der Notstand hat, neben den ihm verwandten Begriffen der Notwehr und der Nothülfe, seine festumgrenzte Stellung unter den Gründen, die mit der Rechtswidrigkeit die Strafbarkeit ausschließen, in der kontinentalen Gesetzgebung gewonnen. Anders nach englischem Recht (vergl. über den Mignonettefall Z. V 367). Aber jede Ueberschreitung jener Grenzen führt uns hinüber in das Gebiet des strafbaren Unrechts. Und die Feigheit macht den Soldaten selbst innerhalb jener Grenzen strafbar (vergl. M.St.G.B. §§ 84—88).

2) Praktisch ungleich bedeutsamer sind die zur Abwendung einer wirtschaftlichen Notlage begangenen Verbrechen. Nicht nur Vermögensdelikte und Fälschungen aller Art gehören hierher: während das Weib aus Not sich der Gewerbsunzucht ergibt, läßt der herabgekommene Mann sich zum Verbrechen (Landesverrat, Bestechung) dingen, um sich zu erhalten; der Arbeitslose schlägt Schaufenster ein oder begeht eine Majestätsbeleidigung, um sich freies Unterkommen zu verschaffen. Besonderes psychologisches Interesse erregt die Tötung des drängenden Gläubigers durch den gehetzten Schuldner oder der Raubmord, der von einem bisher unbestraften, aber wirtschaftlich zu Grunde gegangenen Mitgliede der herrschenden Klassen begangen wird (so hat der Sohn eines italienischen Obersten, Heinrich v. Francesconi, 1876 den Typus des Briefträgermörders kreiert).

3) Furcht vor Strafe, Schande und anderen Nachteilen (gesellschaftlicher Notstand) führen zur Tötung oder Bestechung von Tatzeugen, zum Widerstand gegen die Staatsgewalt; zu Abtreibung, Aussetzung, Kindesmord; zur Tötung des geschwängerten Mädchens (Pfarrer Riembauer, Feuerbachs „Tartuffe als Mörder", hat verschiedene Nachfolger gefunden); zum Raub belastender Schriftstücke (Fall Schweitzer-Prager, Berlin 1891); zu Urkundenfälschung und Kindesunterschiebung. Die Furcht vor dem Militärdienst, daneben etwa auch die Furcht vor dem Examen, ist Quelle zahlreicher Verbrechen geworden.

4) Die Sehnsucht nach Erlösung aus einer unerträglich gewordenen äußeren Lage tritt ergänzend hinzu. Um der Strafanstalt, dem Militärdienst, dem Gesindeverhältnis, der Fremde, aus zerrütteten Familienverhältnissen zu entrinnen, werden die verschiedensten Verbrechen begangen.

5) Den Abschluß bilden die an Gruppe II angrenzenden Fälle des erweiterten Selbstmordes, in dem der des Lebens Ueberdrüssige mit sich aus dem Leben nimmt, was ihm in dieser Welt das Liebste war: Braut, Eltern, Kinder, Geschwister; und die weniger wichtigen des indirekten Selbstmordes, die Begehung von Verbrechen zu dem

Zwecke, um hingerichtet zu werden. Die Selbstbehauptung hat hier zur erschwerten Selbstvernichtung geführt.

IV. Die *vierte* Gruppe hat in der geschlechtlichen Sinnlicheit ihre Wurzel. Und zwar nicht nur die eigentlichen Sittlichkeitsdelikte von der Notzucht bis zur Verführung eines unbescholtenen Mädchens, vom Ehebruch bis zur Erregung öffentlichen Aergernisses, von der Blutschande bis zur Knabenliebe; sondern Verbrechen aller Art, die begangen werden, um die der Vereinigung im Wege stehenden Hindernisse zu beseitigen (Tötung des Ehegatten, Entführung u. s. w.).

V. Die *fünfte* Gruppe bezeichnet man mit einem wenig zutreffenden Namen als Leidenschafts-(Affekt)-Verbrechen. Der Schmerz über wirkliche oder vermeintliche Kränkungen aller Art, über verschmähte Liebe oder verletzte Ehre, der Durst nach Rache, Haß und Neid, Zorn und Eifersucht führen bald zu geringfügigeren Rechtsbrüchen, bald zu Bluttaten schwerster Art, vielleicht gegen eine ganze Anzahl von Personen. Unübersehbar sind die Abstufungen in der Färbung des Affekts; da kalte Grausamkeit, tückische, hinterlistige Bosheit, hämische Schadenfreude, unmenschliche Blutgier; dort aufbrausende Heftigkeit, rohe Rücksichtslosigkeit, fühllose Brutalität. An der Spitze der Gruppe stehen die großen Giftmischerinnen, die bei geringfügigstem Anlaß oder aus Mordlust, aus reiner Freude an der Macht über Leben und Tod, Dutzende von Menschenleben hingemordet haben. Die Täter finden wir in allen Ständen: neben dem Messerhelden den ritterlichen Raufbold; neben dem Unteroffizier, der die Untergebenen bis aufs Blut quält, steht die vornehme Frau, die das Dienstmädchen mißhandelt.

VI. Ruhmsucht, Herrschsucht, Ehrgeiz, Eitelkeit, Neid begründen die *sechste* Gruppe. Der Kampf um die Krone innerhalb der Herrscherfamilien hat zahllose Opfer gefordert; seine gewaltigste dichterische Verkörperung ist Shakespeares Lady Macbeth. Aber nicht minder zahlreich sind die Reinsdorff, Ravachol und Genossen, die durch eine herostratische Tat ihren Namen der Nachwelt zu überliefern mit Erfolg bemüht waren.

VII. Eine besondere, *siebente* Gruppe von Verbrechen führt zurück auf die Ueberzeugungstreue, die bis zum fanatischen Eigensinn sich steigern kann (das Märtyrerverbrechen). Ich möchte als Arten der Ueberzeugung unterscheiden:

1) Die rechtliche (Michael Kohlhaas), sittliche (Zweikampf, Verweigerung des Eides), wissenschaftliche (Impfgegner), künstlerische Ueberzeugung (ästhetische Fehden).

2) Die religiöse Ueberzeugung (von den Thümmelprozessen bis zum Meuchelmord).

3) Die politische, nationale, soziale, antisoziale (anarchistische) Ueberzeugung: mit zu den reichsten Quellen der verschiedenartigsten kleinen wie großen Verbrechen gehörend, deren letzten Ausläufer die „Propaganda der Tat" darstellt.

VIII. Eigennutz, Genußsucht, Gewinnsucht, Habsucht, Geldgier, Geiz bilden die *achte* Gruppe. Auch hier finden wir die verschiedenartigsten Verbrechen nebeneinander. Die „auri sacra fames" führt nicht nur zu Vermögensverbrechen aller Art. Der Geiz des Unternehmers, der beim Betrieb von Eisenbahnen, Bergwerken, Fabriken die Herstellung der erforderlichen Schutzvorrichtungen unterläßt, verschuldet den Tod oder die Verletzung der beschäftigten Arbeiter. Neben den gemeinen Raubmord tritt die vorsätzliche Tötung zum Zwecke der Erlangung eines Vermögensvorteils (Erbschaft, Versicherungssumme) oder der Abwendung eines Vermögensnachteils (Verpflegung kranker oder geistesgestörter Angehörigen), häufig genug von bisher unbescholtenen Personen begangen und nahe an die oben unter III 2 besprochenen Fälle grenzend.

Aus dieser Gruppe erhebt sich, alle anderen an praktischer Bedeutung weit überragend, das gewerbsmäßige Verbrechen mit seiner ausgebildeten Technik, seiner Berufsorganisation, seinem internationalen Betriebe. Gesteigerte Genußsucht, verbunden mit dem Abscheu vor gebundener Lebensführung, insbesondere vor regelmäßiger Arbeit, (Liederlichkeit, Abenteuersucht, Wandertrieb) sind seine psychologischen Kennzeichen. Auf der breiten Unterlage des bettelnden Landstreichertums treten heute Diebstahl und Betrug als seine häufigsten und wichtigsten Erscheinungsformen besonders hervor. Aber auch die Tötung (Engelmacherinnen, die Auferstehungsmänner) und andere Verbrechen (Abtreibung, Mädchenhandel) können gewerbsmäßig betrieben werden. Und in der Ausbeutung des wirtschaftlich oder politisch Schwächeren (Gründerschwindel, parlamentarische Korruption) betätigt sich die gewerbsmäßige Kriminalität der herrschenden Klassen. Die nähere Schilderung des gewerbsmäßigen Verbrechens gehört nicht mehr an diese Stelle.

IV. Die kriminalpolitische Einteilung der Verbrecher.

Man mag an der obigen Einteilung im ganzen und im einzelnen tadeln, was man will: es wird nicht geleugnet werden können, daß sie uns wesentlich weiter führt, als die Einteilung nach motivierenden Vorstellungen oder nach Trieben, soweit eine solche überhaupt bisher versucht worden ist. Mir hat sie es bisher möglich gemacht, in meinen kriminalpsychologischen Vorlesungen eine, wie ich glaube, im wesentlichen vollständige Schilderung der Verbrechernaturen zu geben und an diese die physiologische Fragestellung zu knüpfen. Ich möchte im Rahmen dieses Schemas auch meine weiteren Untersuchungen fortführen, und gerade darum wäre ich für kritische Bemerkungen ganz besonders dankbar. Ich bitte meine geehrten Leser ausdrücklich darum, mir solche Bemerkungen nicht vorenthalten zu wollen; sie werden gewissenhafte und unbefangene Prüfung finden.

Dennoch bin ich selbst davon überzeugt, daß meine Einteilung für u n m i t t e l b a r e kriminalpolitische Verwertung sich n i c h t eignet.

Zunächst muß ich zugeben, daß keine einzige der in der Einteilung aufgezählten Eigenschaften — so wenig wie die einzelnen motivierenden Vorstellungen oder Triebe — notwendig zum Verbrechen führt. Der größte Leichtsinn, das herzlichste Mitleid kann ohne Bruch der Rechtsordnung sich betätigen; Verzweiflung wie Leidenschaft anders als in Straftaten sich entladen; Sinnlichkeit, Ehrgeiz, Ueberzeugungstreue, Gewinnsucht geradezu zu gemeinnütziger Tätigkeit entflammen. Und umgekehrt vermag auch die vornehmste

Gesinnung gegen einen Konflikt mit der Rechtsordnung nicht unbedingten Schutz zu gewähren. Es muß also zugegeben werden, daß auch von der Grundlage der „Eigenart" aus die Kriminalpsychologie in die allgemeine Psychologie mündet, daß es eine besondere *verbrecherische* Eigenart nur ganz ausnahmsweise gibt. Dennoch ist gegenüber den Versuchen, die Kriminalpsychologie auf dem System der motivierenden Vorstellungen oder der Triebe aufzubauen, ein wesentlicher Fortschritt gemacht. Er liegt darin, daß meine Einteilung nicht die einzelne Tat für sich, sondern daß sie *die gesamte psychische Eigenart des Täters* erfaßt und damit erst die volle Würdigung der verbrecherischen Tat ermöglicht, die aus dieser Eigenart entsprungen ist.

Viel wichtiger ist ein anderes Bedenken. *Es ist unmöglich, ein einheitliches Werturteil über jede einzelne unserer Gruppen abzugeben.*

Welche von ihnen wir auch näher ins Auge fassen mögen, stets finden wir innerhalb der zu derselben Gruppe gehörenden Verbrechen vielfach abgestufte Verschiedenheiten. Wir mögen den Maßstab für unser Werturteil hernehmen, woher wir wollen: unsere Gruppen ergeben uns niemals einheitliche, in sich geschlossene und gegeneinander abgegrenzte Wertklassen. Wir mögen den Zweck der Strafe so oder anders fassen: unsere Gruppenbildung läßt uns im Stich. Und das Ergebnis ist auch hier zunächst völlig unbefriedigend.

Wir können mithin Art und Maß der Strafe unmöglich nach der Zugehörigkeit der Tat zu der einen oder der anderen Gruppe bestimmen. Die kriminalpolitisch verwertbare Einteilung der Verbrecher, zu der wir gelangen wollen und gelangen müssen, deckt sich *nicht* mit der gewonnenen psychologischen Einteilung der Verbrechen.

Dennoch ist diese — ihre Vollständigkeit vorausgesetzt — von größtem Wert, wenn wir zu einem unangreifbar gesicherten kriminalpolitischen Ergebnisse gelangen wollen. Nur wenn wir Gruppe für Gruppe eingehend prüfen, nur wenn wir die einzelnen Fälle sorgfältig miteinander vergleichen, deren Gesamtheit den Bestand der Gruppe ausmacht, können wir uns völlig klar werden über den neuen Maßstab, den wir an den einzelnen Verbrecher anlegen, über den Sinn des Werturteils, das wir, meist ohne es zu analysieren, über seine Taten fällen.

Daß nach einem neuen Maßstab gemessen, nach einem neuen Grundgedanken das Werturteil gefällt wird, darf uns bei ruhiger Erwägung nicht wundernehmen. Alle Psychologie ist Naturwissenschaft, die nach rechtlichen Kategorien und sozialen Werturteilen nicht fragt. Uns aber kommt es gerade auf die Beantwortung der Frage an: Was bedeutet dieser Verbrecher, mit der durch seine Tat enthüllten Eigenart, für die Rechtsordnung, für das geregelte menschliche Zusammenleben?

Damit ist aber auch der neue Maßstab selbst schon bezeichnet, an dem wir den Verbrecher messen, der Sinn des Werturteils angegeben, das wir über seine Tat fällen.

Wenn die Aufgabe der Kriminalpolitik in der Bewährung der Rechtsordnung dem Verbrechertum gegenüber besteht, so muß für Art und Maß der Strafe bestimmend sein die Stellung des Verbrechers zur Rechtsordnung, also, wenn man so will, seine rechtliche (oder was genau dasselbe sagt, seine soziale) Gesinnung[1]) und die mit ihr gegebene größere oder geringere Gefährlichkeit für die Rechtsordnung. Von diesem Gedanken ausgehend, bin ich zu der seit langem von mir vertretenen Unterscheidung der Augenblicks- und der Zustandsverbrecher gelangt.

Ich habe diese Einteilung an die Stelle der älteren Unterscheidung von Gelegenheits- und Gewohnheitsverbrechern gesetzt, indem ich den diese beherrschenden Grundgedanken nicht etwa aufgegeben, sondern weitergebildet habe.

Auch für mich stellt sich der Gegensatz in der von

---

1) Verfehlt ist es, das rechtliche (soziale) Werturteil durch ein sittlich-ästhetisches ersetzen zu wollen. Diesen Fehler begeht der Gesetzgeber, wenn er die Strafe nach der „ehrlosen" („niederträchtigen") oder nicht ehrlosen Gesinnung des Verbrechers zu bestimmen versucht. Die Zeiten sind dahin, in denen Ehre und Recht nächstverwandte Begriffe waren. Der Gesetzgeber mag das bedauern; ändern kann er es nicht.

Wahlberg und seinen Nachfolgern geschilderten Gestalt dar: entweder wird der Täter durch überwiegende äußere Einflüsse zu dem Verbrechen hingerissen, das, seiner dauernden Eigenart fremd, eine vereinzelt bleibende, bitter bereute Episode in seinem Leben bildet (Gelegenheitsverbrecher); oder bei geringfügigem äußeren Anlaß erwächst das Verbrechen aus der dauernden Eigenart, der tiefgewurzelten Anlage des Verbrechers, dessen eigenstes Wesen es uns enthüllt (Gewohnheitsverbrecher). Zur zweiten Natur gewordene Auflehnung gegen die Rechtsordnung und gelegentliche Abirrung von ihr, ein mehr oder weniger tief gewurzelter Hang zum Verbrechen oder vorübergehende Trübung der Hemmungsvorstellung und damit gegebene Schwächung der Widerstandskraft gegen die von außen herantretenden Versuchungen: innerhalb dieser beiden äußersten Grenzlinien liegen sämtliche Abstufungen der psychischen Eigenart des Verbrechers, wie sie im Augenblicke der Tat und durch diese selbst sich darstellt.

An diese Unterscheidung hat die Strafgesetzgebung unmittelbar anzuknüpfen. Je nach der Natur des Verbrechers wird Aufgabe und Wirkung der Strafe eine verschiedene sein. Der Kriminalpolitik ist die Bahn unverrückbar vorgezeichnet.

Insoweit stimme ich mit den Anhängern der Wahlbergschen Unterscheidung grundsätzlich überein. Aber das Wort „Gelegenheitsverbrecher" ist mißverständlich und der Begriff „Gewohnheitsverbrecher" ist inhaltlich falsch.

Wer bei jeder sich ihm bietenden „Gelegenheit" stiehlt oder betrügt, das Messer zieht oder Frauen Gewalt antut, den politischen Gegner beschimpft oder die pflichtmäßige Aufmerksamkeit vernachlässigt — kann auf die mildere Behandlung des Gelegenheitsverbrechers keinen Anspruch machen. Der Ausdruck wird also besser vermieden.

Ganz irreführend aber ist es, von einer „consuetudo delinquendi" zu sprechen. Ich will nicht bestreiten, daß durch öftere Wiederholung eines Verbrechens die Widerstandskraft des Täters geschwächt werden kann, so daß auch ein an sich schwächerer Reiz die treibende Kraft eines Motives zu gewinnen vermag. Aber gewiß ist damit der

Umkreis derjenigen Fälle nicht erschöpft, in denen zum Schutze der Rechtsordnung ein kräftigeres Eingreifen der Strafgesetzgebung erforderlich erscheint. Der berufsmäßige Taschendieb, der Hochstapler, der Scheckmarder, der Einbrecher, die um Lohn abtreibende Hebamme oder der Revolverjournalist — sie alle lassen nicht etwa von süßer Gewohnheit sich leiten, sondern in bewußtem Gegensatz zur Rechtsordnung treiben sie ihr Handwerk, das seinen Mann nährt wie jedes andere, und manchmal besser als die ehrliche Arbeit. Die Erkenntnis, daß es ein gewerbsmäßiges Verbrechertum gibt, sprengt für sich allein schon den Begriff des Gewohnheitsverbrechens, soweit dieses den erschöpfenden Gegensatz zum Gelegenheitsverbrechen darstellen soll.

Diese Erwägungen haben mich zu der weiterbildenden Umgestaltung der Wahlbergschen Einteilung bestimmt. Meine Bezeichnungen: „Augenblicksverbrecher" und „Zustandsverbrecher" (akute und chronische Kriminalität) befriedigt mich durchaus nicht völlig; aber ich weiß nichts Besseres an ihre Stelle zu setzen[1]).

Der Nachweis für die psychologische Richtigkeit meiner Einteilung kann in zwingender Weise nur durch die genaue Durchprüfung der einzelnen psychologischen Verbrechergruppen geführt werden.

Die Betrachtung der einzelnen Gruppen, wie ich sie im vorhergehenden Abschnitte aufgestellt habe, zeigt uns nun sofort, daß in einer jeden von ihnen die sie kennzeichnende und bestimmende „Eigenart" des Verbrechers entweder das Ergebnis augenblicklicher und vorübergehender äußerer Einwirkungen oder aber der Ausdruck eines bleibenden Zustandes sein kann. Unter dem Zusammenwirken äußerer Umstände kann der ruhigste Bürger durch entflammte Sinnlichkeit, quälende Eifersucht, politische Erregung zu verbrecherischer Tat hingerissen werden; dadurch wird er noch lange nicht auf eine Stufe gestellt mit dem Wüstling, dem Raufbold, dem politischen Klopffechter. Und so

1) Die mir vorgeschlagenen Ausdrücke „Zufallsverbrecher" und „Neigungsverbrecher" unterliegen ebenfalls gegründeten Bedenken.

durch jede einzelne Gruppe hindurch, von der ersten bis zur letzten [1]).

Der Versuch, den Nachweis für die Richtigkeit dieser Behauptung im einzelnen zu erbringen, würde mich über die Aufgabe hinausführen, die ich mir an diesem Orte gestellt habe. Daß er glänzend gelingen muß, steht für mich längst außer Zweifel. Ich kann ruhig abwarten, ob Widerspruch gegen meine Behauptung erhoben wird.

Die Aufgabe ist also gelöst, die ich in diesen Zeilen gestellt habe: In der gewonnenen Einteilung in Augenblicksverbrecher, in besserungsfähige und in unverbesserliche Zustandsverbrecher haben wir zugleich die gesuchte Grundlage für das gesamte System der Kriminalpolitik gefunden.

Ich werde im folgenden versuchen, die Fruchtbarkeit der Einteilung für die wichtigste der kriminalpolitischen Fragen, für die nach dem Strafensystem, klarzulegen (Abschnitt VI). Zunächst aber möge eine kurze Erörterung der Verwertung, welche die „Beweggründe“ des Verbrechens im schweizerischen Entwurf gefunden haben, meine bisherigen Ausführungen des näheren erläutern.

V. Das Motiv im schweizerischen Entwurf.

Unter den bisher gemachten Versuchen, das Motiv des Verbrechens gesetzgeberisch zu verwerten, nimmt der Entwurf eines eidgenössischen Strafgesetzbuchs auch in seiner jüngsten Fassung (1896) weitaus die hervorragendste Stellung ein. An seinen Bestimmungen lassen sich mithin nicht nur die Bedenken am besten klarlegen, die ich grundsätzlich gegen jeden derartigen Versuch oben S. 177 geltend gemacht habe, sondern ihre, wenn auch noch so flüchtige Betrachtung wird auch besser als eine längere Ausführung dazu geeignet sein, meine eigene Ansicht ins richtige Licht zu setzen.

---

1) Die Erkenntnis dieses Unterschiedes, der gerade für die Gruppe der Leidenschafts- oder Affektverbrechen meist übersehen wird, hat Eyvind Olrik dazu veranlaßt, das Affektverbrechen von dem Leidenschaftsverbrechen zu trennen; „dort kommt die eigentliche Veranlassung von außen, hier von der ganzen Leidenschaftlichkeit des Verbrechers“. Die Unterscheidung dürfte sich mit der meinigen in Augenblicks- und Zustandsverbrecher inhaltlich decken.

Ich sehe bei dieser Betrachtung völlig davon ab, daß der Rückfall in dem Entwurf weitgehende und teilweise bahnbrechende Berücksichtigung gefunden hat. Der Rückfall ist 1) allgemeiner straferhöhender Umstand (Art. 41)[1]; er wirkt 2) strafschärfend bei einzelnen Verbrechen, so nach Art. 70 beim Diebstahl; er kann 3) nach Art. 24 und 44 bei wiederholten Vorstrafen zur Verwahrung des Verurteilten „an Stelle der Strafe" auf die Dauer von 10 bis 20 Jahren führen[2].

Ebenso lasse ich die zahlreichen und wichtigen Bestimmungen, durch welche eine bestimmte „Absicht" oder ein bestimmter „Zweck", sei es als Begriffsmerkmal, sei es als Voraussetzung eines besonderen Strafrahmens, gefordert wird, als solche außer Betracht. Nur soweit es notwendig ist, um den Begriff des „Beweggrundes" nach der Auffassung des Entwurfs zu bestimmen, muß ich auf jene Vorschriften, nebenher wenigstens, eingehen.

Der *allgemeine Teil* des Entwurfs enthält die folgenden einschlagenden Bestimmungen.

I. Entwurf.	II. Entwurf.
Art. 37. Bei Bemessung der Strafe zieht der Richter namentlich auch die *Beweggründe*, das Vorleben und die persönlichen Verhältnisse des Täters in Betracht.	Art. 38. Der Richter bemißt die Strafe, die auf das Verbrechen angedroht ist, nach der Schuld, die Geldstrafe auch nach den Mitteln des Täters und berücksichtigt dabei die *Beweggründe*, das Vorleben und die persönlichen Verhältnisse des Schuldigen (il devra toujours tenir compte des mobiles etc.).
Art. 37. Die Strafe kann gemildert werden: Wenn der Schuldige das Verbrechen	Art. 39. . . . .

1) Wenn nichts anderes bemerkt ist, beziehen sich die Ausführungen auf die Fassung in dem Entwurf der Expertenkommission (1896).

2) Vergl. dazu insbesondere v. Lilienthal, Z. XV 115. Ich widerstehe der Versuchung, das Verhältnis dieser „Verwahrung" zu meiner „Sicherungsstrafe" (unten Abschnitt VI, III) zu untersuchen.

aus edlen Beweggründen (mobiles élevés), in schwerer Bedrängnis, unter dem Eindruck einer Drohung oder des Befehls einer Person, von der er abhängig ist, in dem Wahne, er mache sich keiner strafbaren Handlung schuldig, begangen hat u. s. w.	*aus achtungswerten Beweggründen* (mobiles honorables), ... einer schweren Drohung oder auf Befehl eines Vorgesetzten (fehlt). . . . ., wenn er durch schwere Reizung oder Kränkung, zu der er nicht Anlaß gegeben hat, augenblicklich zu der Tat hingerissen worden ist (lorsqu'il a été subitement entrainé au délit par une provocation ou offense grave, à laquelle il n'avait pas donné sujet).
Art. 39. Die Strafe soll das mittlere Strafmaß übersteigen, wenn der Schuldige das Verbrechen *aus niederträchtiger Gesinnung, insbesondere aus Bosheit, Roheit, Hinterlist, Rachsucht, Habsucht, Schadenfreude oder aus Lust am Verbrechen* begangen hat (par bassesse de caractère, en particulier par méchanceté, brutalité, ruse, vengeance, cupidité, joie de nuire ou simple plaisir criminel).	Fehlt.
Art. 24. Ist ein Verbrechen auf *Liederlichkeit* oder auf *Arbeitsscheu* des Täters zurückzuführen, und ist auf eine Strafe von nicht mehr als einem Jahr zu erkennen, so kann der Richter den Schuldigen statt der Strafe oder neben der Strafe für die	Art. 26. Ist ein Verbrechen . . . . zurückzuführen, so kann der Richter den Schuldigen statt der Gefängnisstrafe oder neben der Gefängnisstrafe für die Zeit von 1 bis 3 Jahren

Zeit von 1 bis 3 Jahren in eine Arbeitsanstalt verweisen u. s. w. (Lorsqu'un délit a pour cause l'inconduite ou la fainéantise du délinquent etc.).	in eine Arbeitsanstalt verweisen u. s. w.

Von den Abweichungen der beiden Entwürfe untereinander interessieren mich nur zwei:

1) Die Ersetzung des Ausdrucks „edle Beweggründe" im I. durch den Ausdruck „achtungswerte Beweggründe" im II. Entwurf. Schon v. Lilienthal hatte Z. XV 150 den ersteren Ausdruck als „vielleicht nicht ganz glücklich gewählt" bezeichnet. Ob die neue Fassung glücklicher ist, soll hier nicht untersucht werden. Bezzola hatte in den Verhandlungen I 246 (Ausgabe von 1896) die negative Fassung „nicht aus gemeinen Beweggründen" empfohlen. In zweiter Lesung (Verhandlungen II 448) wurde die jetzige Fassung debattelos genehmigt[1]).

2) Die Straferhöhung wegen niederträchtiger Gesinnung hat Stooß selbst aufgegeben, nachdem sich ihre Undurchführbarkeit bei der Bearbeitung des besonderen Teils herausgestellt hatte[2]).

Ich will nunmehr im folgenden versuchen, eine Uebersicht über die einzelnen Beweggründe zu geben, die in dem II. Entwurf an verschiedenen Stellen Berücksichtigung gefunden haben. Daran soll sich die Erörterung der Frage knüpfen, welchen Begriff des Beweggrundes der Entwurf seinen Bestimmungen zu Grunde gelegt hat. Dabei sollen die Bedenken völlig in den Hintergrund gedrängt werden, die sich gegen die Verwertung des Motivs im Einzelfalle geltend machen ließen.

I. Wie bereits bemerkt, ist die *niederträchtige Gesinnung* (bassesse de caractère), die im I. Entwurf Art. 39 als allgemeiner Schärfungsgrund hingestellt war, in dem II. Entwurf als solcher gestrichen worden.

Als besondere Fälle der niederträchtigen Gesinnung waren in dem gestrichenen Art. 39 aufgezählt: 1) Bosheit,

1) Die französische Uebersetzung sagte 1894 „mobiles respectables", 1896 „mobiles honorables".

2) Stooß, Motive zum Vorentwurf, 1894, S. 137, 145.

2) Roheit, 3) Hinterlist, 4) Rachsucht, 5) Habsucht, 6) Schadenfreude, 7) Lust am Verbrechen.

Art. 79 des II. Entwurfs verwertet die bassesse du caractère bei der Eigentumsbeschädigung und bezeichnet sie im deutschen Text als *niedrige Gesinnung*. „Insbesondere" werden hierher gerechnet: 1) Rachsucht, 2) Neid, 3) Haß, 4) Schadenfreude, 5) Zerstörungslust. Man beachte die teilweise Abweichung der beiden allerdings nur beispielsweise gemeinten Aufzählungen.

Verwandt mit dem Handeln aus „niedriger" Gesinnung, wenn nicht wesensgleich mit ihr, ist aber jedenfalls das Handeln *ohne begründete Veranlassung* (sans motif plausible) in Art. 132 bei der üblen Nachrede. Das ergibt sich aus der wieder mit „insbesondere" eingeleiteten Aufzählung: 1) Gehässigkeit, 2) Neid, 3) Rachsucht, 4) Schadenfreude.

Der dreimalige Wechsel sowohl in der zusammenfassenden Bezeichnung der Gruppe als auch in der Aufzählung der einschlagenden Hauptfälle legt den Verdacht nahe, daß der Gesetzgeber den ihm vorschwebenden Grundgedanken nicht zur Klarheit durchgearbeitet habe[1]. Dieser Verdacht verdichtet sich zur Gewißheit, wenn wir die Unterfälle näher betrachten.

1) Die *Bosheit* (méchanceté) findet sich, abgesehen von Art. 39 des I. Entwurfes, im II. Entwurfe nur in Art. 68 bei der Ueberanstrengung Untergebener (surmenage), und zwar neben Eigennutz und Selbstsucht, als Begriffsmerkmal: „Wer die körperlichen oder geistigen Kräfte einer minderjährigen oder einer Frauensperson, die ihm als Arbeiter, Lehrling, Dienstbote, Zögling oder Pflegling unterstellt ist, aus Eigennutz, Selbstsucht oder Bosheit derart überanstrengt, daß ihre Gesundheit dadurch Schaden leidet oder ernstlich gefährdet ist u. s. w."

2) Die *Roheit* (brutalité), I. Entwurf Art. 39, ist aus dem II. Entwurf völlig verschwunden. Nur in Art. 250 bei der Tierquälerei findet sich die Wendung: „Wer Tiere

1) Im Schoße der Expertenkommission hat die Frage keine Erörterung gefunden.

roh mißhandelt". Der französische Text übersetzt: Celui qui aura cruellement (also „grausam") maltraité des animaux.

3) Das gleiche gilt von der *Hinterlist* (ruse), I. Entwurf, Art. 39. Es sprechen jedoch Art. 80, der von der unehrlichen Konkurrenz handelt, von „arglistigen Kniffen" (machinations perfides), die Art. 108 (Notzucht) und 109 (unzüchtige Nötigung) von „arglistigem" Handeln (par artifice). In allen drei Fällen ist der Ausdruck als Begriffsmerkmal verwertet. Eine Steigerung des mißbilligenden Pathos bedeutet der Ausdruck „heimtückisch" (traîtreusement) in Art. 52 bei der vorsätzlichen Tötung.

4) Die *Rachsucht* (vengeance), I. Entwurf, Art. 39, findet sich im II. Entwurfe an zwei Stellen. Art. 79 schärft die Strafe der Eigentumsbeschädigung, wenn der Täter „aus niedriger Gesinnung, insbesondere aus *Rachsucht*, Neid, Haß, Schadenfreude oder aus Zerstörungslust" gehandelt hat.

Und Art. 132 bestimmt im 4. Absatz: „Ist die (üble) Nachrede wahr, hat der Täter jedoch ohne begründete Veranlassung gehandelt, insbesondere aus Gehässigkeit, Neid, *Rachsucht* (esprit de vengeance), Schadenfreude, so ist er wegen Beschimpfung strafbar" (Art. 133). Auf das sehr unklare Verhältnis der Beschimpfung zur üblen Nachrede, das gerade durch den angeführten Absatz des Art. 132 wesentlich verdunkelt wird, kann hier nicht eingegangen werden.

5) Von *Habsucht* (cupidité), I. Entwurf, Art. 39, spricht der Entwurf II nur in Art. 249 beim Bettel, indem er sie mit der Arbeitsscheu zusammenstellt. Für das französische cupidité verwendet die deutsche Fassung aber noch drei (im ganzen also nicht weniger als vier) Ausdrücke:

a) Habgier in Art. 52 bei der vorsätzlichen Tötung;

b) Gewinnsucht in den Art. 59, 61, 69 bei Lebens- und Leibesgefährdung, bei fahrlässiger Tötung und bei fahrlässiger Körperverletzung;

c) Eigennutz in Art. 68 bei der Ueberanstrengung Untergebener und in Art. 80 bei der unehrlichen Konkurrenz.

Um die Verwirrung vollständig zu machen, wird das deutsche Wort „eigennützig“ außerdem durch drei verschiedene französische Wendungen wiedergegeben:

α) „dans un but intéressé“ in Art. 85 bei der Ausbeutung durch Börsenspiel oder Glücksspiel;

β) „dans un intérêt personnel“ in Art. 202 bei der Amtsausbeutung;

γ) pour en tirer profit“ in Art. 116 und 117 bei der Kuppelei.

Es dürfte einleuchten, daß damit die Grenzlinie zwischen Beweggrund (mobile) und Absicht oder Zweck (intention oder but) als preisgegeben betrachtet werden muß.

Dieser verwirrenden Abwechslung in den Ausdrücken des Entwurfs halte man die folgende Bemerkung von Stooß in den Motiven zum Entwurf von 1893 (S. 74) gegenüber: „Wenn auch Habsucht als Beispiel niederträchtiger Gesinnung angeführt wird, so ist darunter nicht schlechtweg Eigennutz und Gewinnsucht zu verstehen, sondern im Einklang mit dem Sprachgebrauch ein gewohnheitsmäßiges Streben nach fremdem Gut.“ Und dennoch für die verschiedenen Begriffe ein und derselbe französische Ausdruck!

6) Die *Schadenfreude* (joie de nuire), I. Entwurf, Art. 39, verwertet der II. Entwurf in Art. 79 bei der Eigentumsbeschädigung und in Art. 132 bei der üblen Nachrede (vergl. oben unter 4). Von der Schadenfreude unterscheidet Art. 79 die Zerstörungslust (joie de détruire), die wohl richtiger als eine Unterart der ersteren aufgefaßt wird.

7) Die *Lust am Verbrechen* (simple plaisir criminel) hatte der I. Entwurf in Art. 39 besonders hervorgehoben, um die anarchistischen Verbrechen zu treffen. v. Lilienthal bemerkt Z. XV 152 dazu: „Sie würde auch da zutreffen, wo ohne solche grundsätzliche Verachtung der Staats- und Gesellschaftsordnung ein ruchloser Uebermut durch die Handlung bekundet wird.“ Die Richtigkeit dieser Behauptung kann dahingestellt bleiben. Aus dem II. Entwurf ist die „Lust am Verbrechen“ verschwunden.

Als Unterart finden wir nur die *Mordlust* (soif du meurtre) in Art. 52 bei der vorsätzlichen Tötung. Der 2. Absatz bestimmt: „Tötet der Täter aus Mordlust, aus

Habgier, unter Verübung von Grausamkeit, heimtückisch oder mittels Gift, Sprengstoffen oder Feuer, oder um die Begehung eines anderen Verbrechens zu verdecken oder zu erleichtern, so wird er mit lebenslänglichem Zuchthaus bestraft."

II. Es läßt sich aber aus den Strafdrohungen des Entwurfs noch eine Anzahl weiterer Motive ableiten, die nach der Auffassung des Entwurfs jedenfalls den unter I angeführten Fällen der „niederträchtigen Gesinnung" angereiht werden müssen.

Hierher gehören:

1) Die *Selbstsucht* (égoïsme) in Art. 68 bei der Ueberanstrengung Untergebener.

2) Der *Neid* (envie) in Art. 79 bei der Eigentumsbeschädigung; in Art. 132 bei der üblen Nachrede (esprit d'envie).

3) Der *Haß* (haine) in Art. 79 bei der Eigentumsbeschädigung; die Gehässigkeit (esprit de haine) in Art. 132 bei der üblen Nachrede.

4) Die *Böswilligkeit* (nur als Beiwort verwendet: „böswillig", par malveillance) in Art. 134 bei der Kreditschädigung. Daneben finden sich die „böswilligen Verdächtigungen" in Art. 80 bei der unehrlichen Konkurrenz.

5) Die *Grausamkeit* in verschiedenen Wendungen: „unter Verübung von Grausamkeit" (avec barbarie) in Art. 52 bei der vorsätzlichen Tötung; ebenso (der französische Text spricht hier von actes de cruauté) in Art. 114 bei den Verbrechen gegen die Sittlichkeit; „grausam behandeln" (traiter cruellement) in Art. 129 bei der Vernachlässigung von Pflegebefohlenen; „grausam vernachlässigen" (négliger cruellement) in Art. 250 bei der Tierquälerei. Auf die Verwandtschaft der Grausamkeit mit der Roheit habe ich schon bei dieser (oben I 2) hingewiesen. Auch die *Unbarmherzigkeit* (dureté) des Art. 250 gehört wohl hierher.

III. Die *geschlechtliche Lust* (pour se procurer une jouissance sexuelle) ist nur in Art. 112 bei dem unzüchtigen Mißbrauch von Kindern erwähnt. Führt hier bereits die französische Fassung von dem „Beweggrund" zur „Absicht" hinüber, so ist das vollends der Fall, wo, wie in den Art. 104, 105, 107 bei Freiheitsberaubung, Entführung, Kinderraub das „Handeln zu unzüchtigen Zwecken" (dans un but de débauche) gefordert wird.

Welcher Wertklasse die „geschlechtliche Lust" zugewiesen werden soll, ist aus den einschlagenden Bestimmungen nicht ersichtlich.

IV. Eine besondere Stellung beanspruchen *Arbeitsscheu* (fainéantise) und *Liederlichkeit* (inconduite). Sie finden sich nicht nur in den Art. 248, 249, wo sie als Begriffsmerkmale der Landstreicherei und des Bettels sowie der Vernachlässigung der Familie verwertet werden, sondern insbesondere auch in Art. 26 (siehe oben S. 196) als Voraussetzung für die Verweisung in eine Arbeitsanstalt.

V. Die dürftigen Bestimmungen des Entwurfs über das *gewerbsmäßige* Verbrechen entbehren völlig des leitenden Grundgedankens. Es gehören hierher nur die folgenden zerstreuten Strafdrohungen:

1) „Wer den Diebstahl berufsmäßig begeht" (lorsque l'auteur en fait métier) in Art. 70.

2) „Betreibt der Täter das Hehlen als Geschäft" (si l'auteur fait métier du recel) in Art. 78.

3) „Wer unzüchtige Schriften geschäftsmäßig ausleiht" (qui fera métier de les donner en location) in Art. 121.

4) „Handelt der Täter gewerbsmäßig" (fait métier de pareils actes) in Art. 186 bei der Werbung.

5) „Eine Dirne, welche die Mitbewohner eines Hauses oder die Nachbarschaft durch Ausübung der gewerbsmäßigen Unzucht belästigt" (la fille, qui se livrera habituellement à la prostitution etc.). Der französische Text hat also die von Stooß glücklich vermiedene Gewohnheitsmäßigkeit doch wieder beibehalten. Vergl. auch Art. 116, 119: prostitution habituelle.

VI. Während die einzelnen, auf niedrige Gesinnung zurückweisenden gemeinen Motive zum größeren Teil wenigstens vom Gesetzgeber ausdrücklich als solche bezeichnet sind, fehlt es an jedem Anhaltspunkte für die Entscheidung der Frage, was der Entwurf unter „*achtungswerten*" *Beweggründen* verstanden wissen will. In den Motiven zum Entwurf von 1893 hatte Stooß Mitleid und Ehrgefühl als „edle“ Beweggründe bezeichnet.

Und doch sind die achtungswerten Beweggründe von großer praktischer Tragweite. Ihr Vorliegen ermächtigt den Richter ganz allgemein zu weitgehender Strafmilderung (Art. 39).

Aber auch im besonderen Teile des Entwurfs spielen sie an zwei Stellen ihre Rolle.

Art. 53: Wer einen Menschen auf sein dringendes und ernstliches Verlangen aus achtungswerten Beweggründen tötet (cédant à des mobiles honorables).

Art. 127: Unterdrückung des Personenstandes aus achtungswerten Beweggründen (mobiles honorables) wird milder gestraft.

VII. Eine mildere Beurteilung tritt aber nach dem Entwurf auch bei dem Vorliegen bestimmter weiterer Beweggründe ein. Hierher gehören:

1) Der *Unbedacht* (irréflexion) in Art. 79 bei der Eigentumsbeschädigung.

2) Der *Leichtsinn* (légèreté) in Art. 88 beim einfachen Bankerott. Als besonderer Fall der jugendliche Leichtsinn (légèreté juvenile) in Art. 79. Aber wohl auch das „gewissenlose“ Handeln (sans scrupule) in Art. 59 bei der Lebens- und Leibesgefährdung sowie in Art. 88 beim einfachen Bankerott.

3) Die *leidenschaftliche Aufwallung* in Art. 52 bei der vorsätzlichen Tötung.

4) Die *frevelhafte Gleichgültigkeit* (indifférence coupable) in Art. 68 bei der Ueberanstrengung Untergebener hat Herabsetzung des Höchstmaßes der Geldstrafe auf die Hälfte (von 10000 auf 5000 M.) zur Folge.

5) Die *grobe Nachlässigkeit* (négligence grossière) in Art. 88 muß wohl als erschwerter Fall der Fahrlässigkeit aufgefaßt werden.

6) Man beachte endlich den Art. 221: Wer eine Sache von geringem Wert, die einem andern gehört, aus Not oder *Mutwillen* oder zur Befriedigung eines Gelüstes entwendet (celui qui, poussé

par le besoin, ou agissant par légèreté ou pour la satisfaction d'une envie). Auffallend genug ist hier der „Mutwillen“ mit légèreté übersetzt, während dieses Wort sonst dem deutschen „Leichtsinn“ entspricht.

Das wäre meine Ausbeute. Sie ist dürftig genug; aber darum nicht minder wertvoll für meine Zwecke.

Zunächst scheint es mir sicher, daß Stooß nicht die erste oder zweite, sondern die dritte Bedeutung des Wortes „Motiv“ (oben S. 182) zu Grunde gelegt hat.

Dafür spricht trotz einzelner Folgewidrigkeiten (oben S. 199 und S. 201) einmal das Bemühen, Absicht und Zweck einerseits, „Beweggrund“ anderseits zu unterscheiden. Freilich war dann der Ausdruck „Beweggrund“ nicht glücklich gewählt; und es ist verständlich, daß an Stelle dieses Ausdruckes die „Gesinnung“, im französischen Text der „Charakter“ des Verbrechers, in die Sprachweise des Gesetzes Eingang gefunden hat.

Es scheint mir ferner zweifellos, daß Stooß nicht an den durch die Vorstellung erregten Trieb denkt, wenn er von Beweggrund spricht. Sonst hätte der Geschlechtstrieb wohl eine größere Rolle gespielt. Und Stooß hätte auch nicht mit solcher Bestimmtheit sich gegen Greteners Antrag wenden können, Rückfall nur bei Gleichheit der Triebfeder anzunehmen (Verhandlungen I 254). „Wenn man auf die Triebfeder zurückgehen will — sagt Stooß — so ist zu bedenken, daß diese oft dunkel.“ Dieser Satz enthielte das schärfste Urteil über den ganzen Stooßschen Entwurf, wenn er unter „Triebfeder“ hier nicht etwas anderes verstehen würde als unter „Beweggrund“ oder „Gesinnung“.

Wenn aber Stooß die dritte Bedeutung des „Motivs“ zu Grunde gelegt hat, so steht er als Kriminalpsychologe auf demselben Standpunkte, den diese meine Abhandlung einnimmt. Es scheint mir daher von Wichtigkeit, die von ihm verwendeten „Beweggründe“ mit meiner oben S. 184 aufgestellten Uebersicht zu vergleichen. Ich zähle zu diesem Zwecke im folgenden die einzelnen „Beweggründe“ des Schweizer Entwurfs in derselben Reihenfolge auf, die ich oben S. 184 ff. eingehalten habe, und setze zu jedem von ihnen die Gruppe hinzu, in die er nach meiner Uebersicht zu stellen wäre.

1) Bosheit	bei	Stooß:	meine	V.	Gruppe.
2) Roheit	„	„	„	„	„
3) Hinterlist	„	„	„	„	„
4) Rachsucht	„	„	„	„	„
5) Habsucht, Habgier, Gewinnsucht, Eigennutz	„	„	„	VIII.	„
6) Schadenfreude . . .	„	„	„	V.	„
7) Mordlust	„	„	„	„	„
8) Selbstsucht	„	„	fehlt bei mir.		
9) Neid	„	„	meine	V.	Gruppe.
10) Haß	„	„	„	„	„
11) Böswilligkeit	„	„	„	„	„ (nicht ausdrücklich erwähnt).
12) Grausamkeit	„	„	meine	V.	Gruppe.
13) Geschlechtliche Lust .	„	„	„	IV.	„
14) Arbeitsscheu u. Liederlichkeit	„	„	„	VIII.	„
15) Gewerbs-, Berufs-, Geschäftsmäßigkeit . .	„	„	„	„	„
16) Unbedacht	„	„	„	I.	„
17) Leichtsinn	„	„	„	„	„
18) Leidenschaftliche Aufwallung	„	„	„	V.	„
19) Frevelhafte Gleichgültigkeit	„	„	„	I.	„
20) Mutwillen	„	„	„	„	„

Von meinen acht Gruppen hat mithin Stooß die I., IV., V. und VIII. berücksichtigt; aber es wird nicht bestritten werden können, daß diese vier Gruppen bei mir ungleich reicher ausgestaltet sind als bei Stooß. Es fehlen bei Stooß meine Gruppen II, III, VI, VII, soweit sie nicht etwa, worüber der Entwurf die Auskunft versagt, unter den Sammelausdruck „achtungswerte" Beweggründe fallen sollen.

Kann somit von einer auch nur annähernd erschöpfenden Systematik der Beweggründe in dem Schweizer Entwurf ebensowenig gesprochen werden wie von einem klar erkannten und folgerichtig durchgeführten Begriff des „Motivs" (oder wie man es sonst nennen mag), so liegt der Grundfehler des Entwurfs doch noch viel tiefer. Ich erblicke ihn in der völligen Unklarheit über den Maßstab, mit dem der Beweggrund zum Verbrechen und damit der Verbrecher selbst gemessen werden sollen.

Zunächst hat Stooß das sittliche Werturteil einfach an die Stelle des rechtlichen (sozialen) gesetzt. Die „Niedrigkeit der Gesinnung" soll nach dem Entwurf maßgebend sein. Aber nicht auf diese, sondern auf die Gefährlichkeit des Verbrechers für die Rechtsordnung kommt es uns an. Ob der Urheber eines Dynamitattentats aus reiner (simple) „Lust am Verbrechen" oder aus fanatischer Ueberzeugung heraus gehandelt hat, ist für die Rechtsordnung völlig gleichgültig.

Er hat dadurch die Möglichkeit sich verschlossen, den Unterschied von Augenblicks- und Zustandsverbrecher, dem er vielfach sehr nahe gekommen war, in seiner Bedeutung für die Gesetzgebung richtig zu erfassen. Daraus erklärt es sich, daß der Entwurf in Art. 44 die „Verwahrung" auf 10 bis 20 Jahre nicht von der Unausrottbarkeit des verbrecherischen Hanges, sondern von der Vorverbüßung „vieler" Freiheitsstrafen abhängig gemacht hat, so daß alle die berühmten Giftmischerinnen anders und günstiger beurteilt werden als der Taschendieb oder der Messerheld. Daraus erklärt sich ferner die völlig unbefriedigende Behandlung des gewerbsmäßigen Verbrechens: der Typus des Hochstaplers ist dem Entwurf fremd — er kennt nur den vorbestraften Betrüger. So tritt an die Stelle einer tieferbohrenden, innerlichen Erfassung der verbrecherischen Eigenart die rein äußerliche Verwertung technisch juristischer Merkmale.

Auch in der Berücksichtigung der subjektiven Seite der Tat zeigt mithin der Entwurf, und zwar mit jeder Fassung in steigender Deutlichkeit, jene Doppeleigenart, die mehr als jede andere Gefahr das Gelingen des großen Werkes in Frage stellen muß: kühnen Anlauf — auf halbem Weg erlahmende Kraft. Die psychologische Grundlegung der Kriminalpolitik hat auch Stooß uns nicht gebracht.

VI. Das Strafensystem auf kriminalpsychologischer Grundlage.

Die deutsche Landesgruppe der I.K.V. hatte schon für die Gießener Versammlung von 1895 als letzten Beratungsgegenstand auf die Tagesordnung gesetzt:

Das bei einer Revision des R.St.G.B. zu Grunde zu legende Strafensystem.

Die Frage ist damals wegen Mangel an Zeit nicht mehr zur Verhandlung gekommen. Sie steht aber neuerdings wieder als erster und einziger Beratungsgegenstand auf der Tagesordnung der nächsten Landesversammlung, die im September d. J. in Berlin stattfinden soll. H. Seuffert-Bonn hat, wie in Gießen, die Berichterstattung übernommen. Seine Leitsätze sind in den Mitteilungen der I.K.V. V 381 abgedruckt. Die ausführliche Begründung wird hoffentlich im nächsten Hefte dieser Zeitschrift zur Veröffentlichung gelangen.

Die Frage nach dem Strafensystem des künftigen Reichsstrafgesetzbuchs kann daher wohl als eine brennende bezeichnet werden. Mir liegt daran, festzustellen, daß ich in allem Wesentlichen die Ansichten H. Seufferts teile und nur in Nebenfragen von ihm abweiche. Ich glaube aber ferner, für mich und zugleich für ihn die wissenschaftliche Grundlage der Reformvorschläge gefunden zu haben. Und ich möchte auf eine kurze Darlegung meiner Ansicht um so weniger verzichten, als gerade meine Unterscheidung der Verbrechergruppen mich in wichtigen Punkten über das 1889 (oben I 389) von mir aufgestellte Programm hinausgeführt hat.

Seufferts These VII lautet:

„Bei Verbrechen (Verbrechen, Vergehen, teilweise auch bei Uebertretungen im heutigen Sinne) von Erwachsenen [1]) empfiehlt sich mit Rücksicht auf die Beschaffenheit der Taten und der Personen die Unterscheidung von Abschreckungsstrafen, Erziehungs- und Besserungsstrafen und Sicherungsstrafen."

---

1) Es scheiden also aus: 1) die Uebertretungsstrafen im allgemeinen; 2) die Strafbehandlung der Jugendlichen.

Auch ich unterscheide, gestützt auf meine Einteilung der Verbrecher: 1) Abschreckungsstrafen für die Augenblicksverbrecher; 2) Besserungsstrafen für die besserungsfähigen Zustandsverbrecher; 3) Sicherungsstrafen für die unverbesserlichen Zustandsverbrecher. Ich vermisse bei Seuffert, teilweise wenigstens, die genauere Bezeichnung der Verbrechergruppen, gegen welche er die einzelnen Strafarten zur Anwendung bringen will.

I.[1]) Die Abschreckungsstrafe soll dem *Augenblicksverbrecher* die Macht der Rechtsordnung sinnfällig zu Gemüte führen, gegen die er sich aufgelehnt hat; sie soll den geschwächten Hemmungsvorstellungen die motivierende Kraft zurückgeben. Zu diesem Zwecke können dienen:

1) Verweis mit oder ohne Aussetzung des Strafvollzugs (ebenso Seuffert). Wohl auch andere Strafen an der Ehre.

2) Geldstrafe, wenn sie dem Einkommen des Verurteilten angepaßt ist und wenn bei Uneinbringlichkeit Zwangsarbeit ohne Einsperrung an ihre Stelle tritt (ebenso Seuffert). Vielleicht sind auch andere Vermögensstrafen denkbar.

3) Freiheitsstrafe, grundsätzlich in Einzelhaft zu vollstrecken. Seuffert hat Gefängnis von 4 Wochen bis zu 5 Jahren, in besonderen durch das Gesetz vorzusehenden Fällen, namentlich in Rückfällen bei Gewalttätigkeiten und Mißhandlungen, Gefängnis bis zu 10 Jahren. Ich stimme im wesentlichen bei. Aber ich bin bereit, dem geltenden Recht und den an dieses anknüpfenden überlieferten Anschauungen weiter entgegenzukommen, als Seuffert das tut; ich habe nichts einzuwenden, wenn dem objektiven Wert, den das angegriffene, sei es verletzte, sei es gefährdete Rechtsgut für die Rechtsgemeinschaft hat, durch Aufstellung eines verschiedenen Höchstmaßes für die einzelnen Verbrechen, ganz in der hergebrachten Weise, Rechnung getragen wird. Die Frage des Mindestmaßes möchte ich offen lassen. Ihre Entscheidung hängt von der Erledigung der Vorfrage nach der

---

1) Die folgenden Ausführungen habe ich bereits in meinem Berliner Vortrag gemacht, soweit es sich um die Freiheitsstrafe handelt.

Verschärfbarkeit der kurzzeitigen Freiheitsstrafe ab. Ich leugne diese Möglichkeit nach wie vor, wenn die Freiheitsstrafe nicht eine gewisse Dauer erreicht; und ich habe gerade deshalb keine Veranlassung, der Seuffertschen These zu widersprechen, die über meine heutigen Forderungen hinausgeht.

4) Die Prügelstrafe halte ich mit Seuffert für ungeeignet, in dem System der öffentlichen Strafen für Erwachsene eine Rolle zu spielen.

II. Als (Erziehungs- und) Besserungsstrafe verlangt Seuffert das Besserungshaus. Dieses tritt in den vom Gesetze bezeichneten Fällen bei Verwahrlosten und Heruntergekommenen an die Stelle des Gefängnisses. Dauer: 1 Jahr bis 5 Jahre; bei Personen, die schon im Besserungshaus waren, bis 10 Jahre. Strafvollzug nach dem vereinfachten Progressivsystem (These IX).

Ich schlage das Arbeitshaus in der Dauer von 2 bis zu 5 Jahren vor. Der Name tut nichts zur Sache, und über das Mindestmaß läßt sich streiten. Das erweiterte Höchstmaß lehne ich ab.

Im übrigen habe ich mehrfache Bedenken, die teilweise grundsätzliche Bedeutung beanspruchen.

Warum sollen nur „Verwahrloste und Heruntergekommene" gebessert werden, und worin soll die Besserung bestehen? Die beiden Fragen lassen sich nicht getrennt beantworten. Die Antwort aber muß von dem Begriffe der Besserung den Ausgangspunkt nehmen.

Ich verstehe unter Besserung nicht die sittliche, sondern die rechtliche Besserung, also die Erziehung zu rechtlicher Lebensführung. Und ich behaupte, daß die Freiheitsstrafe erziehend nur insoweit zu wirken vermag, als es sich um Gewöhnung an regelmäßige, ehrliche Arbeit handelt. Diese Behauptung bedeutet eine wesentliche Einschränkung meiner Gruppe der „*besserungsfähigen Zustandsverbrecher*". Nur soweit der sich entwickelnde, noch nicht völlig festgewurzelte, verbrecherische Hang auf Arbeitsscheu beruht, also innerhalb des gewerbsmäßigen Verbrechens, kann von Besserungsfähigkeit des Verbrechers, mithin von Anwendung der Besserungsstrafe die Rede sein. Es scheint, als ob Seuffert etwas ähnliches meint, wenn er von „Verwahrlosten und Heruntergekommenen" spricht. Aber dann ist seine Abgrenzung doch wesentlich enger als die meine; gerade bei den noch nicht völlig verkommenen Berufsverbrechern empfiehlt sich ein, selbst wiederholter, Besserungsversuch.

Jedenfalls verdient die Feststellung des Begriffs der Besserungsfähigkeit eingehendere Berücksichtigung als sie bisher gefunden hat. Die Frage wäre dahin zu stellen, ob auch Sinnlichkeit, Leidenschaft, Leichtsinn, Neigung, Verzweiflung, Ehrgeiz, Ueberzeugungstreue durch einige Jahre Arbeits- oder Besserungshaus ausgetrieben (nicht etwa bloß durch die abschreckende Kraft der Strafe paralysiert) werden können. Ob sich die Anhänger der Besserungstheorie diese Frage jemals gestellt haben?

Von den Seuffertschen Vorschlägen weiche ich ferner darin ab, daß ich für die Besserungsstrafe, selbstverständlich innerhalb des gesetzlichen Mindest- und Höchstmaßes, die Bestimmung der Strafdauer durch den tatsächlichen Erfolg der Strafe, also die sogenannte unbestimmte Verurteilung, verlange. Ich verzichte auf eine weitere Begründung dieser Forderung, die mir gerade vom Seuffertschen Standpunkte aus unabweislich erscheint.

Endlich möchte ich nicht unerwähnt lassen, daß bei Gestattung von Teilzahlungen auch die Geldstrafe, bei Regelung der Rehabilitierung auch die Ehrenstrafe bessernd zu wirken vermag. Diese hier nur anzudeutende Erweiterung der Besserungsstrafen würde vielleicht auch dem Begriffe der Besserung einen erweiterten Inhalt geben.

III. Die Sicherungsstrafe hat nach meiner Auffassung den *unverbesserlichen Zustandsverbrecher* unschädlich zu machen. Dabei kann es keinen Unterschied machen, ob dieser unausrottbar gewordene Zustand in der mit Arbeitsscheu verbundenen Genußsucht des Täters oder einer anderen Ausgestaltung seiner Eigenart uns entgegentritt, ob wir es also mit einem gewerbsmäßigen Verbrecher oder dem Angehörigen einer anderen psychologischen Gruppe zu tun haben. Maßgebend allein ist die Unausrottbarkeit des verbrecherischen Hanges, ohne Rücksicht auf seine Richtung.

Von dieser Auffassung weicht Seuffert, wie gleich gezeigt werden soll, in einem nicht unwichtigen Punkte ab.

1) Unter den Sicherungsstrafen würde die Todesstrafe die erste Stelle einzunehmen haben. Seuffert verwirft sie als ordentliche Strafe; nur in Kriegszeiten und im Belagerungszustande sowie in den Schutzgebieten will er sie beibehalten (These VI). — Ich möchte die Erörterung dieser Frage ganz beiseite lassen. Daß die Verwertung der Todesstrafe im geltenden Reichsrecht ebenso verkehrt ist, wie die auf das Merkmal der Ueberlegung aufgebaute Unterscheidung von Mord und Totschlag, scheint mir zweifellos.

2) Als sichernde Freiheitsstrafe verlangt Seuffert (These X) die Einsperrung in eine Arbeitsanstalt[1]) inner- oder außerhalb Europas. Damit ist die Frage der Deportation, die einer gesonderten Erörterung bedarf, nicht sowohl gelöst als vielmehr in geschicktester Weise umgangen.

Die Sicherungsstrafe soll nach Seuffert eintreten:

a) Auf Lebenszeit bei gewissen Verbrechen mit Rücksicht auf die Schwere der Tat. — Hier wird also die Unverbesserlichkeit des Täters nicht vorausgesetzt. Eben darum kann ich mich mit diesem Teile der These nicht einverstanden erklären. Freilich werden die Gegner der Todesstrafe ohne dieses Zugeständnis an die überlieferten Anschauungen einen recht schweren Stand haben. Aber ich bekenne gern, daß ich für meine Person die Todesstrafe gegenüber der lebenslangen Einsperrung immer noch für einen wertvollen Kulturfortschritt halte.

b) Auf unbestimmte Zeit bei den vom Gesetze bestimmten Verbrechen mit Rücksicht auf die Unverbesserlichkeit der Verurteilten. Nach fünf Jahren und dann jährlich ist durch die Anstaltskommission Beschluß zu fassen, ob der Eingesperrte probeweise zu entlassen sei. — Hier stimme ich grundsätzlich bei. Es wird aber alles davon abhängen, nach welchem Gesichtspunkte die Auswahl der vom Gesetze zu bestimmenden Verbrechen erfolgen soll. Einerseits lege ich Gewicht darauf, daß der eingewurzelte verbrecherische Hang ohne Rücksicht auf seine besondere Richtung auch wirklich getroffen wird. Wie sich Seuffert zu dieser Forderung

1) Ich ziehe den Ausdruck „Zuchthaus" vor.

stellt, läßt sich um so weniger beurteilen, als seinen Vorschlägen die psychologische Grundlage fehlt. Anderseits bin ich auch hier bereit, den überlieferten Anschauungen Rechnung zu tragen und besondere Höchstmaße festzuhalten, wenn durch einen unausrottbaren Hang Rechtsgüter gefährdet oder verletzt werden, die in der Wertschätzung der Rechtsordnung eine niedrigere Stufe einnehmen. Man denke nicht nur an Bettel und Landstreicherei, sondern auch an religiöse Unduldsamkeit oder Klassenhaß, an gewisse Sittlichkeitsverbrechen oder unausrottbaren Leichtsinn. Auch hier also wird erst die auf psychologische Unterscheidungen gestützte vollständige Beschreibung des Verbrechertums die sichere Grundlage der Verständigung liefern.

3) Zu erwägen wäre endlich, ob nicht gewisse Ehren- und Vermögensstrafen (Entziehung von politischen und gewerblichen Befugnissen) auch dem Sicherungszwecke dienstbar gemacht werden könnten.

Die Verständigung zwischen Seuffert und mir ist nach dem Gesagten gesichert. Hoffentlich führen die Beratungen unserer Landesversammlung zu einer allseitigen und vollständigen Klärung der Ansichten. Dann wird es an der Zeit sein, durch die Aufstellung eines möglichst eng an das geltende Recht sich anschließenden *Vorentwurfs eines Strafgesetzbuchs für das deutsche Reich* Freunden und Gegnern die Durchführbarkeit unserer Ansichten zu zeigen. Erst auf der Grundlage dieses Vorentwurfs kann an die Schaffung eines völlig neuen Reichsstrafrechts herangetreten werden. Nur mit dieser Einschränkung kann ich dem ersten Satz in Seufferts These II zustimmen: „Zur Zeit empfiehlt es sich nicht, die Reform der Strafgesetzgebung in Angriff zu nehmen." Etwas mehr Wagemut von unserer Seite und das kühne Werk kann früher gelingen, als wir heute meinen.

Schlussbemerkung.

Aus meinen Ausführungen hat sich, wie ich annehme, folgendes ergeben.

1) Die Einteilung in Augenblicksverbrecher einerseits, in besserungsfähige und unverbesser-

liche Zustandsverbrecher anderseits kann unmittelbar als Grundlage für den Neubau unseres Strafensystems verwendet werden.

2) Diese Einteilung findet bereits heute eine ausreichende wissenschaftliche Stütze in den vorläufigen Ergebnissen der Kriminalpsychologie.

3) Aber die letztere selbst bedarf des Ausbaues zum wissenschaftlich geschlossenen System. Sie hat dabei zunächst ohne Rücksicht auf die Bedürfnisse der Kriminalpolitik das Schema zu gewinnen, in dem die beschreibende Darstellung der gesamten Kriminalität möglich ist. Das von mir aufgestellte Schema hat sich praktisch für diesen Zweck bewährt, bedarf aber durchgreifender Verbesserungen.

4) Als angewandte Wissenschaft hat die Kriminalpsychologie ihre Ergebnisse für die Zwecke der Kriminalpolitik einer erneuten Durcharbeitung zu unterziehen. Indem sie dabei die Stellung des Verbrechers zur Rechtsordnung als entscheidenden Gesichtspunkt nimmt, wird sie zu einer erschöpfenden und abschließenden Begründung der unter 1 aufgestellten Einteilung gelangen.

5) Die biologische Erforschung der Kriminalität erfordert aber weiter die Aufdeckung der physiologischen Ursachen für die psychische Eigenart der Verbrecher. Diese kausale Betrachtung kann mit Aussicht auf Erfolg erst unternommen werden, wenn durch die beschreibende Psychologie die zu untersuchenden Tatsachen klargelegt, gegliedert und im System zur Darstellung gebracht sind.

Im sachlichen Interesse schiene mir eine allseitige Erörterung dieser Sätze dringend wünschenswert. Sie anzuregen, ist der Hauptzweck dieser Zeilen.

22. Die strafrechtliche Zurechnungsfähigkeit.

Vortrag, gehalten am 4. August 1896 auf dem III. Internationalen Psychologen-Kongreß [1]).

(Z. XVII 70.)

Verbrechen und Wahnsinn, die beiden nächstverwandten Erscheinungen im Nachtleben des einzelnen wie der Gesellschaft, haben von jeher die gespannte Aufmerksamkeit nicht nur des juristischen oder medizinischen Technikers, sondern gerade auch des Psychologen auf sich zu lenken gewußt, des Psychologen, der als Kenner und Künder des somatisch gebundenen Seelenlebens aus der stürmischen Entladung ungezügelter oder entarteter Triebe auf das ruhige Gleichmaß der psychischen Kräfte seine Schlüsse zu ziehen sucht, der das verschlungene Gewebe sich kreuzender Vorstellungen zu entwirren, die dunklen Irrgänge auf- und abwogender Leidenschaften mit dem Lichte der Wissenschaft zu durchdringen sich bemüht, um so die einfachen, typischen Elemente der normalen psychischen Tätigkeit zu finden und klarzulegen.

Sie, meine Herren, haben das verständnisvolle Interesse für die psychologische Bedeutung der beiden großen Probleme und ihrer inneren Verwandtschaft nicht nur durch die Tatsache bekundet, daß Sie für ihre Erörterung eine selbständige Abteilung unseres Kongresses bestimmten, sondern ganz besonders durch die liebenswürdige Bereitwilligkeit, mit der Sie dem Kriminalisten an dieser ausgezeichneten Stelle das Wort vergönnten.

---

1) Der Vortrag erscheint hier in der Gestalt, in der er tatsächlich gehalten wurde. Die Zeitungsberichte geben ebenso wie der amtliche Kongreßbericht die von mir vorher eingereichte, vielfach abweichende schriftliche Fassung wieder.

Aber nicht die nahe und vielverzweigte Verwandtschaft zwischen Verbrechen und Wahnsinn bildet den unmittelbaren Gegenstand meiner Ausführungen. Ich habe Ihnen insbesondere hier nicht zu schildern, wie aus der geistigen Umnachtung, als Frucht des Wahnsinns, das Verbrechen erwächst, oder wie die verbrecherische Laufbahn mit ihren unvermittelten Zickzackwindungen, mit ihren steilen Aufstiegen und jähen Abstürzen allmählich das Denken verwirrt, das Fühlen fälscht, den Willen lähmt, um im Wahnsinn zu enden. Ich habe Ihnen hier nicht zu schildern, wie Verbrechen und Wahnsinn vielfach derselben trüben Quelle entspringen, gemeinsam den Lauf verfolgen, sich verschlingend und durchdringend, so daß sie kaum auseinander gehalten werden können, sondern den Gegensatz zwischen Verbrechen und Wahnsinn habe ich kritisch zu besprechen, den Gegensatz, wie er durch den technisch-juristischen Begriff der *strafrechtlichen Zurechnungsfähigkeit* nach den heute herrschenden Anschauungen gegeben wird.

I. Der Begriff der Zurechnungsfähigkeit.

I. Der Begriff ist die Krücke für die den Dingen nachhinkende menschliche Erkenntnis. Nur im Zusammenhang der Begriffe vermögen wir die Fülle der Erscheinungen umfassend zu erkennen und gestaltend zu beherrschen. Aber die Erscheinungen des Lebens spotten der begrifflichen Fesseln, die ihnen anzulegen unser Denken sich vermißt.

In ungezählten und begrifflich nicht abgrenzbaren Uebergängen leitet auch die Gesundheit hinüber zur Krankheit, auf rein somatischem wie auf dem sogenannt psychischen Gebiete. Wenn nun unser heutiges wissenschaftliches Denken und mit ihm die auf dieses gestützte Rechtsordnung nach einer festen, unverrückbaren, begrifflich festgelegten Scheidung von geistiger Gesundheit und geistiger Krankheit verlangt, so ist damit die Schwierigkeit der Aufgabe wie die Gefährlichkeit jeder Lösung klargelegt. Nur der geistig Gesunde kann nach unserer heutigen Rechtsüberzeugung ein Verbrechen begehen, nur ihn trifft mit der vollen Wucht des gesellschaftlichen Unwerturteils die unverminderte Strenge der staatlichen Strafe. Der Wahnsinnige, der in die Rechtskreise der Mitbürger verletzend oder gefährdend eingegriffen hat, erscheint uns als der unglückliche Kranke, dem, mag sein Zustand heilbar sein oder nicht, nicht nur Mitleid, sondern auch fürsorgende Pflege gebührt.

Ob diese starre Gegenüberstellung: Bestrafung des Verbrechers, Verpflegung des Wahnsinnigen — in ihrer unvermittelten Schroffheit berechtigt oder ob sie dazu bestimmt ist, besserer Erkenntnis Platz zu machen und mit anderen Vorurteilen unserer Tage dereinst in das Dunkel der Vergessenheit zu tauchen, bleibe zunächst dahingestellt. Meine erste Frage geht vielmehr dahin: wie ist die durch unsere heutigen Anschauungen geforderte Grenze zwischen Verbrechen und Wahnsinn für den Gebrauch unserer Gerichte begrifflich zu bestimmen?

Die Grenze wird gegeben durch den Begriff der Zurechnungsfähigkeit. Diese bedeutet zweifellos einen bestimmten Seelenzustand; den Seelenzustand des Täters im Augenblick der Tat, der gegeben sein muß, damit Strafe eintreten kann. Dieser Seelenzustand, als die Voraussetzung der strafrechtlichen Verantwortlichkeit, bildet die Grenze zwischen Verbrechen und Wahnsinn, trennt das Strafrecht von der Psychiatrie, sondert das Zuchthaus von der Irrenanstalt. Wie muß dieser Seelenzustand beschaffen sein?

II. Unter den Antworten, die in Wissenschaft und Gesetzgebung auf diese Frage gegeben worden sind, verdienen drei an dieser Stelle unsere Beachtung.

1) Nach der ersten steht und fällt die Zurechnung mit der *Willensfreiheit* im indeterministischen Sinn. Der Mensch ist zurechnungsfähig, weil und soweit er es vermag, in ursachloser Selbstbestimmung zwischen den einander widerstrebenden Vorstellungen die Entscheidung zu treffen, in freier, über dem Kausalgesetze stehender Willkür dem Reiz entweder die motivierende Kraft zu geben oder aber sie ihm zu versagen. Die strafrechtliche Verantwortlichkeit und mit ihr der ganze stolz aufragende Bau des Strafrechts ruht somit auf der Grundmauer des Indeterminismus. Das ist, dem Wortsinne nach, auch im allgemeinen der Stand-

punkt unserer Reichsgesetzgebung, in dem aus den Zeiten des Norddeutschen Bundes stammenden Strafgesetzbuch wie in der jüngsten und großartigsten Schöpfung unseres nationalen Rechtsbewußtseins: dem Bürgerlichen Gesetzbuch für das deutsche Reich [1]).

Zwei Bedenken drängen dieser Begriffsbestimmung gegenüber sich auf.

Zunächst: daß mit jener Antwort die Aufgabe nicht gelöst, sondern nur verschoben ist. Grundsätzlich wie im Einzelfalle bleibt die Antwort heischende Frage nach den Kennzeichen offen, an welchen Dasein oder Fehlen der freien Willensbestimmung und damit der Zurechnungsfähigkeit erkannt werden soll. Wie muß der Mensch beschaffen sein, um von der Rechtsordnung den Freibrief fordern zu

---

1) § 827 des Bürgerlichen Gesetzbuchs sagt:

„Wer im Zustande der Bewußtlosigkeit oder in einem die freie Willensbestimmung ausschließenden Zustande krankhafter Störung der Geistestätigkeit einem anderen Schaden zufügt, ist für den Schaden nicht verantwortlich . . . . ."

Diese Bestimmung soll sich, wie die dem Entwurf beigegebene Denkschrift, S. 101, betont, mit dem § 51 des R.St.G.B. „im Einklange befinden", so daß die Voraussetzungen der privatrechtlichen und der strafrechtlichen Verantwortlichkeit sich decken würden. Die Verfasser des Entwurfs haben dabei völlig übersehen, daß nach dem R.St.G.B. auch die Bewußtlosigkeit ganz ebenso wie die Geistesstörung nur dann den Ausschluß der Verantwortlichkeit bewirkt, wenn durch sie die freie Willensbestimmung aufgehoben wird. Sie haben diese Einschränkung bei der Bewußtlosigkeit weggelassen und dadurch, ohne es zu wollen, die Uebereinstimmung der strafrechtlichen und der privatrechtlichen Vorschriften empfindlich gestört.

Diese dem Strafrecht fremde Sonderstellung der „Bewußtlosigkeit" kehrt im Entwurf auch an anderer Stelle wieder. Geschäftsunfähig ist nach § 104 Ziff. 2: „wer sich in einem die freie Willensbestimmung ausschließenden Zustande krankhafter Störung der Geistestätigkeit befindet, sofern nicht dieser Zustand seiner Natur nach ein vorübergehender ist". Dagegen wird durch „Bewußtlosigkeit oder vorübergehende Störung der Geistestätigkeit" nicht Geschäftsunfähigkeit, sondern nur Nichtigkeit der einzelnen, in diesem Zustand abgegebenen Willenserklärung bewirkt. (§ 105.)

Im übrigen ist hier nicht der Ort, auf die durchaus verworrenen, jedes einheitlichen Grundgedankens entbehrenden Bestimmungen des Gesetzbuchs einzugehen. Wodurch sich Geisteskrankheit, Geistesschwäche, geistige Gebrechen, krankhafte Störung der Geistestätigkeit voneinander unterscheiden, weshalb § 105 auf den Ausschluß der freien Willensbestimmung verzichtet — und gar manches andere noch — wird wohl kaum jemals klargestellt werden können.

können, der ihn der Herrschaft des Kausalitätsgesetzes entzieht?

Weiter trägt das andere Bedenken. Wird die Zurechnungsfähigkeit als Wahlfreiheit im Sinne des Indeterminismus bestimmt, so wird die Entscheidung über Leben und Freiheit, über Ehre und Vermögen des Staatsbürgers hinabgezerrt in den uralten, heute noch nicht ausgetragenen Streit der philosophischen Systeme. Damit ist dem Strafrecht die feste Grundlage entzogen, ohne die es nicht bestehen kann.

Es mag ja sein, daß einmal die Entscheidung fallen wird in dem tausendjährigen Streit, daß vor dem Menschenauge der Schleier hinweggezogen werden wird, den Raum und Zeit über das Wesen der Dinge gebreitet haben: aber das Schwert der strafenden Gerechtigkeit kann nicht in der Scheide rosten, bis der intelligible Charakter des Menschen in die Welt der Erscheinungen tritt. Oder will man in der Tat die Rechtsordnung auf ein Dogma aufbauen, dem die strengsten Denker und die gläubigsten Christen die Gefolgschaft versagten? Für die strafrechtliche Zurechnungsfähigkeit muß eine Fassung gefunden werden, die weder der Sieg, noch die Niederlage der indeterministischen Weltanschauung zu berühren vermag.

2) Auf anderem Boden stehen die Lösungsversuche, die das Wesen der Zurechnungsfähigkeit durch die Betonung des *intellektuellen Momentes* bestimmen zu können vermeinen. In den verschiedensten Wendungen kehrt derselbe Grundgedanke in den Gesetzgebungen wie in den Lehrbüchern wieder. Das deutsche Reichsrecht gibt ihm Ausdruck, indem es die Verantwortlichkeit der Jugendlichen und der Taubstummen an „die zur Erkenntnis der Strafbarkeit erforderliche Einsicht" knüpft [1]).

Das ist unzweifelhaft richtig, und zwar ganz allgemein auch dem Erwachsenen gegenüber. Aber es reicht nicht

---

1) Ganz entsprechend sagt § 828 Abs. 2 des B.G.B.:

„Wer das siebente, aber nicht das achtzehnte Lebensjahr vollendet hat, ist für den Schaden, den er einem anderen zufügt, nicht verantwortlich, wenn er bei Begehung der schädigenden Handlung nicht die zur Erkenntnis der Verantwortlichkeit erforderliche Einsicht hat. Das Gleiche gilt von einem Taubstummen."

aus. Wie man auch über die zu Erkenntniszwecken notwendige Scheidung der elementaren psychischen Erscheinungen denken mag, soviel ist, meine ich, sicher: daß die Vorstellungen von gut und böse, von Recht und Unrecht (das „Unterscheidungsvermögen") gegeben sein können und daß doch die Zurechnungsfähigkeit mangelt, weil das Empfinden oder das Wollen krankhaft entartet ist oder weil das Vorstellungsleben, trotz des Vorhandenseins jener Unterscheidung, Lücken oder Gleichgewichtsverschiebungen aufweist. Die Psyche des Verbrechers muß als einheitliches Ganzes aufgefaßt, sein Seelenleben darf nicht in die elementaren Funktionen zerrissen werden.

3) Damit sind wir zu der dritten Begriffsbestimmung der Zurechnungsfähigkeit gelangt, die, trotz des Wortlautes der Reichsgesetzgebung, gerade in der deutschen Wissenschaft siegreich sich die Bahn gebrochen hat. Indem wir das Seelenleben des Verbrechers nicht in diesem oder jenem der einzelnen psychischen Elemente, sondern als unteilbare Einheit ins Auge fassen, erblicken wir das Wesen der Zurechnungsfähigkeit in der *normalen Bestimmbarkeit* durch Motive; also durch Vorstellungen überhaupt, durch die unser gesamtes Verhalten regelnden allgemeinen Vorstellungen der Religion wie des Rechts, der Sittlichkeit wie der Klugkeit insbesondere. Wer auf Motive in normaler Weise reagiert, ist zurechnungsfähig. Die Zurechnungsfähigkeit entfällt mit jeder Störung des Seelenlebens, sei es im Gebiete des Vorstellens oder des Empfindens oder des Wollens, durch welche die Reaktion anormal, atypisch gestaltet wird[1]).

Derselbe Gedanke läßt sich auch so ausdrücken: Zurechnungsfähig ist jeder geistig reife und geistig gesunde Mensch im Zustande ungetrübten Bewußtseins; nur mangelnde Reife, Geisteskrankheit, Bewußtseinsstörung schließen die Zurechnungsfähigkeit aus.

Diese Fassung gewährt dem Gesetzgeber die erwünschte Möglichkeit, von jeder positiven Begriffsbestim-

1) Von der „Fähigkeit regelrechter Willensbestimmung" sprechen auch die Motive zum I. Entwurf des B.G.B., Bd. I, S. 61, 62.

mung gänzlich abzusehen, sich auf die Aufzählung der Umstände zu beschränken, durch welche die Zurechnungsfähigkeit ausgeschlossen wird, und etwa zu sagen: „Wer zur Zeit der Tat ein bestimmtes Lebensalter nicht erreicht hatte oder geisteskrank oder bewußtlos war, kann nicht gestraft werden."

Diese Fassung gestattet es dem Richter, im Einzelfalle von der Annahme der Zurechnungsfähigkeit auszugehen und so lange an ihr festzuhalten, bis durch besondere Umstände die Richtigkeit der im allgemeinen zutreffenden Annahme erschüttert wird.

Diese Fassung scheint uns endlich den Erfolg der Strafe zu verbürgen, mindestens soweit diese die Einpflanzung oder Ausrottung, die Stärkung oder Schwächung motivierender Vorstellungen bezweckt. Zurechnungsfähigkeit bedeutet demnach die Empfänglichkeit für die durch die Strafe bezweckte Motivsetzung.

So gewinnt es den Anschein, als wäre die Auffassung der Zurechnungsfähigkeit als der normalen Bestimmbarkeit durch Motive in der Tat geeignet, allen Anforderungen der Wissenschaft, der Gesetzgebung, der Rechtspflege, des Strafvollzuges zu entsprechen.

Dennoch sprechen auch gegen diese, von mir selbst wiederholt und bis in die jüngste Zeit hinein vertretene Fassung gewichtige Bedenken. Und gerade auf diese möchte ich Ihre Aufmerksamkeit zu lenken mir gestatten. Ich komme damit zu dem zweiten, mir besonders am Herzen liegenden Teil meiner Ausführungen.

II. Kritische Bedenken.

I. Ich kann meine Bedenken in zwei Fragen kleiden, deren jede Antwort fordert, ohne daß wir auch nur eine von ihnen in einigermaßen befriedigender Weise zu beantworten vermöchten.

1) Der normale Mensch also soll zurechnungsfähig sein. Den Verbrecher trifft die Strafe, eben weil und soweit er normal ist. Durch anormale Reaktion auf Motive wird die Zurechnungsfähigkeit ausgeschlossen.

Aber was ist normale Reaktion? Das ist die

erste der beiden Fragen. Wo ist der Maßstab, mit dem wir messen, und wie weit reicht der Spielraum, der uns dabei vergönnt ist? Ist nicht jedes Verbrechen eine Abweichung von dem normalen Verhalten des Durchschnittsmenschen?

Wenn nagende Eifersucht oder glühende Vaterlandsliebe, wenn aufflammende Sinnlichkeit oder drückende Not, die tiefsten Tiefen des Seelenlebens aufwühlend, die schlummernden Triebe entfesselnd, alle Hemmungsvorstellungen überrennend, den Täter zur jähen Freveltat hingerissen haben — kann der Zustand „normal" genannt werden, in dem er zur Zeit der Begehung sich befunden hat? Ist der dreizehnjährige Dieb „normal", der in Not und Krankheit, in Schande und Laster aufgewachsen ist, an Körper und Seele verwahrlost und gebrochen, im innersten Mark verfault, lang ehe er zur Reife gekommen? Ist die Hochstaplerin „normal", die ihr ganzes Leben lang ruhelos von Ort zu Ort, von Land zu Land gezogen ist, lügend und betrügend, heute ein glänzender und bewunderter Stern in den Kreisen der Halbwelt, morgen wieder hinabgestoßen in das schmutzige Elend der Straße, ohne andere Heimat, als die Zelle des Gefängnisses, in der allein sie Ruhe und Frieden, Ordnung und Reinlichkeit findet?

Der Begriff des „Normalen" schließt einen gewissen Spielraum mit logischer Notwendigkeit in sich; aber wie uferlos weit müssen die Grenzen des „normalen" Seelenzustandes gespannt werden, sollen sie alle die Spielarten mit umschließen, auf deren Bestrafung zu verzichten wir heute noch mit allen Kräften uns sträuben!

2) Dazu tritt die *zweite* Frage. Soweit der Zweck der Strafe wirklich dahin geht, motivierende Vorstellungen zu geben oder zu nehmen, soweit also die Strafe, um die technischen Ausdrücke zu gebrauchen, bessern oder abschrecken soll, ebensoweit wird allerdings die „Empfänglichkeit für die durch die Strafe bezweckte Motivsetzung" einerseits als unerläßliche Bedingung für Eintritt und Wirksamkeit der Strafe, anderseits als geeignetes Kennzeichen für die Scheidung von Verbrechen und Wahnsinn, von Zuchthaus und Irrenanstalt Verwertung finden können. Aber wenn der unausrottbare

Hang zum Verbrechen jeder Besserung wie jeder Abschreckung spottet, wenn es sich lediglich darum handelt, die Gesellschaft gegen den Unverbesserlichen zu sichern durch Hinrichtung oder Verbannung oder dauernde Einsperrung — was soll uns hier, wo von Motivsetzung durch die Strafe nicht mehr die Rede ist, die Motivierbarkeit des Täters als Voraussetzung für die Verhängung der Strafe?

Das sind meine beiden Bedenken. Sie richten sich sowohl gegen die wissenschaftliche Haltbarkeit als auch gegen die praktische Brauchbarkeit des zuletzt aufgestellten Begriffs der Zurechnungsfähigkeit. In ihren Folgerungen sind sie somit geeignet, den Grundpfeiler der strafrechtlichen Verantwortlichkeit und damit des Strafrechts selbst zu erschüttern. Sind sie berechtigt, so bricht der schroffe Gegensatz zwischen der Bestrafung des Verbrechers und der Verwahrung des Wahnsinnigen in sich zusammen.

Lassen Sie uns die beiden Bedenken weiter verfolgen.

II. Ich verweise zunächst auf die ebenso bekannten wie häufigen Fälle der sogenannten „verminderten Zurechnungsfähigkeit".

Ungezählte Uebergänge führen, wie bemerkt, von der geistigen Unreife zur vollen Reife der Entwicklung, von der ungebrochenen Gesundheit des Seelenlebens zur ausgesprochenen Geisteskrankheit, von der Tagesklarheit des Bewußtseins zur gänzlichen Umnachtung des Geistes. Beim Alkoholiker oder Morphinisten, beim „sozialen Neurastheniker" oder in den vielumstrittenen Fällen des sogenannten moralischen Irreseins, bei allen Desequilibrierten, deren psychischer Schwerpunkt ins Wanken geraten ist — überall ist das Vorstellen, das Empfinden, das Wollen, ist die gesamte Reaktion auf Motive anders als beim normalen Menschen, ohne daß wir doch den Mut finden, die Zurechnungsfähigkeit um dieser Anomalien willen schlechtweg zu verneinen.

Um diese Uebergangszustände, in welchen von geistiger Gesundheit nicht mehr die Rede sein kann, während wir uns doch scheuen, von Geisteskrankheit zu sprechen, um diese Grenzgebiete zwischen Strafrecht und Psychiatrie führen Juristen und Mediziner seit Jahrzehnten erbitterten Streit.

In wohlbefestigten Stellungen verteidigen die Juristen ihren von alther vererbten Besitzstand gegen die heranstürmenden Gegner. Von Zeit zu Zeit, wenn die psychiatrische Wissenschaft ein neues Krankheitsbild gefunden und in einwandfreier Weise umschrieben hat, müssen die Juristen ein Stück des besetzten Gebietes preisgeben. Zögernd und grollend ziehen sie sich zurück, um hinter der zu ihren Ungunsten verschobenen Grenzlinie aufs neue, nur um so vorsichtiger, sich zu verschanzen.

In diesem Streite umschreibt der Begriff der verminderten Zurechnungsfähigkeit das rechtlich anerkannte Herrschaftsgebiet der Juristen. Das muß um so stärker betont werden, als es von den Vertretern der Psychiatrie nur zu oft verkannt worden ist, die in der Aufstellung dieses Begriffs ein Entgegenkommen der Juristen begrüßen zu dürfen vermeinten. Und doch sollte es klar sein: der vermindert Zurechnungsfähige *ist* zurechnungsfähig. Damit ist die Voraussetzung für die Verurteilung zur Strafe gegeben. Das Schuldurteil des Richters vernichtet den Anspruch des Irrenarztes.

Aber die Kosten dieses Sieges der Juristen trägt — auch das betone ich gegen die herrschende Auffassung — *die Rechtsordnung.*

Ein Beispiel mag die Richtigkeit dieser Behauptung beweisen.

Eine zwölfjährige Mörderin steht vor Gericht. Sie hat als Kindermädchen das ihrer Pflege anvertraute zweijährige Kind kaltblütig gemordet, um ihm die bescheidenen Ohrgehänge wegzunehmen und mit dem Erlös ihre Naschlust zu befriedigen. Sie leugnet nicht und sie bereut nicht; die Tatsache des Raubmordes steht fest. Ihr ethischer Stumpfsinn, die Verblödung ihres Gemütes geben Anlaß, an der Zurechnungsfähigkeit zu zweifeln. Die Aerzte behaupten, es läge ein Fall von „moralischem Irrsinn“ vor. Aber die Richter lassen sich durch die Bedenken der psychiatrischen Sachverständigen nicht irre machen. Sie erkennen auf Strafe, *aber wegen der verminderten Zurechnungsfähigkeit auf eine gemilderte Strafe*, sagen wir auf mehrere

Jahre Gefängnis. Und die Rechtsordnung scheint wieder einmal gerettet.

Machen wir uns die Tragweite dieses Urteils klar. Im besten Lebensalter wird die Verurteilte entlassen; frei tritt sie aus der Strafanstalt wieder in die Gesellschaft. Ihr innerstes Wesen ist unverändert geblieben, mag sie es auch gelernt haben, vorsichtig zu sein. Die Störungen ihres Seelenlebens hat die Haft nicht zu ändern vermocht. Sie geht wie sie gekommen ist: eine drohende Gefahr für die Gesellschaft, auf die sie „von Rechts wegen" losgelassen wird wie ein wildes Tier. Sie ist frei und niemand kann sie hindern, wieder Kindermädchen zu werden.

Der Fall, den ich dem Leben entnommen, aber paradigmatisch gestaltet habe, lehrt uns mehr, als lange Auseinandersetzungen.

Er zeigt uns die Verkehrtheit unserer heute noch herrschenden juristischen Auffassung.

Im Namen der „vergeltenden Gerechtigkeit" fordern wir die Bestrafung auch des vermindert Zurechnungsfähigen; die „Schuld" muß ja „gesühnt" werden, und das kann nur durch die „Strafe" geschehen. Aber den Vertretern des Vergeltungsgedankens fehlt der Mut der Folgerichtigkeit. Sie lassen mit sich handeln und feilschen. Und die Strafe, die sie verhängen, fällt so milde aus, daß die Sicherheit der Gesellschaft dabei nicht bestehen kann.

Der Fall zeigt uns aber auch die Lösung. Hat der vermindert Zurechnungsfähige durch die Begehung eines Verbrechens seine Gemeingefährlichkeit bewiesen, so ist s e i n e V e r w a h r u n g i n e i n e r A n s t a l t z u r S i c h e r u n g d e r G e s e l l s c h a f t notwendig. Aus der Verwahrung darf der Täter erst entlassen werden, wenn der Zustand der Gemeingefährlichkeit sein Ende gefunden hat. Endet er erst mit dem Tode des Unglücklichen, so ist die Verwahrung eine lebenslange. Der Name der Anstalt tut nichts zur Sache. Ob allgemeine Irren- oder Nervenanstalt, ob Sonderanstalt für bestimmte Krankheitsformen (Asyle für Trinker, Morphinisten, Epileptiker u. s. w.), ist gleichgültig. Nur von S t r a f - anstalten dürfen wir nicht sprechen. Denn was wir wollen, ist Heilung des K r a n k e n, und wenn diese nicht mehr erhofft werden kann, Verpflegung des Siechen. Nicht das Richtschwert, sondern der Aeskulapstab ist das Sinnbild für die Zwecke dieser Anstalten.

Mag man immerhin, um ängstliche Gemüter nicht zu schrecken, zwei Schritte vorwärts und einen rückwärts tun: mit der Verpflegung die Bestrafung verbinden. So hat nach dem Entwurf eines Strafgesetzbuchs für die schweizerische Eidgenossenschaft der Richter gegen den nur vermindert zurechnungsfähigen Täter, dessen Gemeingefährlichkeit durch die Begehung eines Verbrechens bewiesen ist, auf gemilderte Strafe und daneben auf Verwahrung in einer Anstalt zu erkennen. Die Verwahrung geht der Bestrafung voran, sie wird auf die Dauer der erkannten Strafe angerechnet; und zum Strafvollzuge kommt es nur dann, wenn vor Ablauf der urteilsmäßigen Strafdauer Entlassung aus der Anstalt wegen eingetretener Heilung stattfinden sollte.

Daß wir es hier mit einem Vermittelungsvorschlag zu tun haben, der alte Anschauungen und neue Forderungen miteinander zu versöhnen sich bemüht und alle Schwächen eines Kompromisses aufweist, ist klar.

Der berechnende Kriminalpolitiker, dem das Bessere niemals der Feind des Guten sein darf, mag immerhin ruhigen Gewissens und mit dankbarer Freude in die dargebotene Hand einschlagen. Ihm handelt es sich um den Fortschritt: die Verwahrung der Gemeingefährlichen. Aber die Wissenschaft kennt keine Kompromisse; schonungslos hat sie die Folgewidrigkeit zu rügen, daß Strafe verhängt wird, wo die normale Bestimmbarkeit durch Motive fehlt.

III. Aber gerade diese Verbindung von Bestrafung und Verwahrung legt uns die zweite der oben erwähnten Fragen nahe: Ist die scharfe Grenzlinie zwischen Zuchthaus und Irrenanstalt, zwischen Verbrechen und Wahnsinn überhaupt aufrecht zu erhalten, und vermag insbesondere der Begriff der Zurechnungsfähigkeit diese Grenzlinie abzugeben?

Der Unterschied kann zur Not noch aufrecht erhalten werden, soweit die Heilung des heilbar Kranken der bessernden oder abschreckenden Bestrafung des bestimmbaren Verbrechers gegenübertritt. Dort ärztliche Behandlung des Körpers, hier psychische Einwirkung auf das Seelenleben; dort das Medikament, die Massage, die Bäder — hier die motivierende Vorstellung. Und die Grenze bildet die Zurechnungsfähigkeit als die Empfänglichkeit für die durch die Strafe bezweckte Motivsetzung.

Dem Kundigen brauche ich nicht zu sagen, daß auch hier die Grenzlinien zu verfließen drohen. Einerseits steht die erziehliche, mithin bessernde Bedeutung der ganzen Gefängnishygiene, insbesondere in den Strafanstalten für Jugendliche, außer Zweifel; anderseits hat in der Heilkunde die Suggestionstherapie, also die Einpflanzung motivierender Vorstellungen, steigende Anwendung gerade in jüngster Zeit gefunden.

Aber jede Antwort scheint uns zu fehlen, sobald wir die Frage so stellen: Wodurch unterscheidet sich die Sicherungsstrafe gegen unverbesserliche Gewohnheitsverbrecher von der Verwahrung unheilbarer und zugleich gemeingefährlicher Geisteskranker?

Der wesentliche Inhalt der Verwahrung und der Sicherungsstrafe (ich sehe von der Hinrichtung ab) ist derselbe: dauernde Freiheitsentziehung, strenge Ueberwachung, scharfe Disziplin, Arbeitszwang (dieser schon aus gesundheitlichen Rücksichten), genaueste Regelung der ganzen Lebensweise vom Morgen bis zum Abend wird da wie dort nicht entbehrt werden können.

Ich gebe zu, daß der Vollzug eine gewisse, wenn auch unwesentliche, Differenzierung gestattet. Sie wird sich zu Gunsten der verwahrten gemeingefährlichen Geisteskranken in größerer Milde sowie insbesondere in einer Erleichterung des Loses der Selbstzahler äußern.

Aber ist selbst diese geringfügige Differenzierung berechtigt und worauf stützt sie ihre Berechtigung? Auf die Zurechnungsfähigkeit kann sie sich nicht stützen, denn der unverbesserliche Verbrecher ist nicht zurechnungsfähig. Der Indeterminist muß, wenn anders er aufrichtig ist, ihm die freie Willensbestimmung absprechen. Die normale Bestimmbarkeit durch Motive und mit ihr die Empfänglichkeit des Täters für die durch die Strafe bezweckte Motivsetzung fehlt. Sie kann uns auch gleichgültig sein: denn die Sicherungsstrafe hat endgültig darauf verzichtet, den Unverbesserlichen durch Einpflanzung von motivierenden Vorstellungen zu künftigem rechtgemäßen Handeln in der Freiheit zu bestimmen.

So komme ich zu dem meiner Meinung nach unabweislichen Ergebnisse: Die Unterscheidung zwischen der Sicherungsstrafe gegen unverbesserliche Verbrecher und der Verwahrung gemeingefährlicher Geisteskranker ist nicht nur praktisch im wesentlichen undurchführbar, sie ist auch grundsätzlich zu verwerfen.

Aber mit diesem wissenschaftlichen Ergebnisse ist die Erörterung der Frage noch nicht abgeschlossen. Es handelt sich noch um die Folgerungen, die der Gesetzgeber aus den von der Wissenschaft gewonnenen Ergebnissen zu ziehen hat.

Und hier stehe ich nicht an, zur Vorsicht zu mahnen.

Durch die Satzungen des Rechts, dieser allgemeinen Friedensordnung, soll das gesellschaftliche Verhalten der Menschen zueinander geregelt werden. Der Bruch dieser Satzungen, das Unrecht, ist antisoziales Verhalten. In der Art und der Schwere der von der Gesellschaft verhängten Unrechtsfolgen äußert sich ihr Unwerturteil über den Friedensbrecher. Schwerste Unrechtsfolge ist die völlige Ausstoßung aus der Gesellschaft, die dauernde Verwahrung im abgeschlossenen Raum, welchen Namen dieser auch tragen mag.

Aber das Werturteil des Volkes wird in erster Linie nicht durch die antisoziale Bedeutung der Tat, sondern durch die überlieferten individual-ethischen Anschauungen bestimmt. Und je mehr der Gesetzgeber von der Ueberzeugung durchdrungen ist, daß Kraft und Tiefe eines ungetrübt klaren Volks-Rechtsbewußtseins für die Erhaltung der Rechtsordnung von unschätzbarer Bedeutung sind, — desto vorsichtiger wird er sich hüten, mit roher Hand jene festgewurzelten sittlichen Anschauungen zu zerstören, ehe er neue an ihre Stelle setzen kann. Die heute herrschenden rechtlich-sittlichen Anschauungen des Volkes verlangen aber ganz zweifellos die Scheidung von Verbrechen und Wahnsinn, von Zuchthaus und Irrenanstalt. Dieser Tatsache muß der Gesetzgeber Rechnung tragen. Er darf den unverbesserlichen Zustandsverbrecher dem Zuchthause nicht entziehen. Wenigstens heute noch nicht. Mit dem Begriff der Zurechnungsfähigkeit mag der Gesetzgeber sich abfinden, so gut oder so schlecht es eben gehen mag. Die oben von mir befürwortete rein negative Fassung des Begriffs der Zurechnungsfähigkeit wird ihn über die Schwierigkeiten hinweghelfen oder, wenn Sie lieber wollen, hinwegtäuschen, die unüberwindlich wären, wollten wir in positiver Fassung den normalen Durchschnittsmenschen und den unverbesserlichen Verbrecher zu umspannen versuchen.

Um der überlieferten rechtlich-sittlichen Anschauungen des Volkes willen fordere ich mithin von dem Gesetzgeber das Opfer besserer wissenschaftlicher Ueberzeugung.

Heute wenigstens. Denn niemals darf der Gesetzgeber vergessen, daß die sittlich-rechtlichen Anschauungen des Volkes sich läutern und leiten lassen und daß niemand mehr dazu berufen ist, der Lehrmeister des Volkes zu sein, als er, der Gesetzgeber selbst. Durch vorsichtig fortschreitende, an das Gegebene anknüpfende Gesetzgebung wird das ganze Volk erzogen und gehoben. Daß es möglich ist, alte Anschauungen und neue Forderungen miteinander zu versöhnen, hat uns der Entwurf des schweizerischen Strafgesetzbuchs an einer besonderen Frage soeben gezeigt. Es ist hier nicht der Ort, die praktische Durchführung meines Versöhnungsvorschlages im allgemeinen und im einzelnen weiter zu verfolgen.

Wie lange ist es her, daß in den Augen des Volkes auch dem Wahnsinnigen das Brandmal der Schuld aufgedrückt war? Die Geschichte des Irrenwesens ist ein fortgesetzter Kampf gegen überlieferte Vorurteile, die mit dem Geltungsanspruch ethischer Werturteile an Juristen und

Aerzte herantreten. Daß der Kampf in der Hauptsache heute siegreich durchgeführt ist, wird auch der nicht leugnen, dem die in unseren Tagen hervorgetretenen Spuren einer rückläufigen Bewegung nicht entgangen sind.

Daß die Kriminalpolitik denselben Weg gehen wird, den das Irrenwesen gegangen ist, bezweifle ich keinen Augenblick. Den Kampf gegen das Verbrechen werden wir weiter führen, kräftiger, umfassender und zielbewußter als bisher. Wir werden es in seiner tiefsten Wurzel, in den gesellschaftlichen Verhältnissen, denen es entstammt, zu treffen suchen. Wir werden auch den einzelnen Verbrecher selbst fassen, ohne jede falsche Schwäche, abschreckend, bessernd, unschädlich machend — wie es gerade sein muß. Mit unserem sozialen Unwerturteil über den Mann und seine Tat werden wir nicht zurückhalten. Aber das Brandmal werden wir ihm nicht mehr auf die Stirne brennen. Das Mitleid werden wir auch dem Unverbesserlichen nicht versagen, den wir zur Wahrung gemeinsamer gesellschaftlicher Interessen für den Rest seines Erdenwallens von dem Angesicht seiner Mitmenschen abschließen. Mag dann immer noch das Zuchthaus von dem Asyl für die rettungslosen und zugleich gemeingefährlichen Kranken äußerlich geschieden werden — derselbe Geist wird dort wie hier lebendig walten: der Geist wohlwollender Milde, fürsorgender Pflege. Die Begriffe „Schuld“ und „Sühne“ mögen in den Schöpfungen unserer Dichter weiter leben wie bisher; strenger Kritik der geläuterten wissenschaftlichen Erkenntnis vermögen sie nicht stand zu halten. Damit tritt auch der Begriff der Strafe zurück hinter der heilenden Besserung und der sichernden Verwahrung. Die begriffliche Scheidewand zwischen Verbrechen und Wahnsinn weicht und fällt — und mit ihr die starre Herrschaft desjenigen juristischen Begriffs, über den ich heute zu Ihnen zu sprechen die Ehre hatte: der strafrechtlichen Zurechnungsfähigkeit.

23. Das Verbrechen als sozial-pathologische Erscheinung.

Vortrag, gehalten in der Gehe-Stiftung zu Dresden am 10. Dezember 1898.

Meine sehr verehrten Herren!

Als ich für den Vortrag, den ich am heutigen Abend vor Ihnen zu halten die Ehre habe, mir das Thema wählte: „Das Verbrechen als sozial-pathologische Erscheinung", war ich mir von allem Anfang keinen Augenblick im unklaren darüber, daß es mir unmöglich gelingen könnte, Ihnen ein, wenn auch nur in den äußersten Umrissen, abgerundetes Bild des Gegenstandes zu geben, daß sich vielmehr meine Aufgabe darauf beschränken müsse, einige allgemeine Gesichtspunkte hervorzuheben, Sie auf Gedankenbahnen hinzuweisen, die, wenn auch dem einen oder dem anderen von Ihnen vertraut, doch im wesentlichen fernab liegen von der breitgetretenen Heerstraße der zünftigen Jurisprudenz. Dennoch glaubte ich, in der Bedeutsamkeit jener allgemeinen Gesichtspunkte die genügende Rechtfertigung für die Wahl meines Themas und zugleich für die Hoffnung zu finden, die ich in diesem Augenblick in die Gestalt einer Bitte kleiden möchte: daß meine Ausführungen, trotz ihres mit dem Gegenstande notwendig gegebenen aphoristischen Charakters, Ihre freundliche Aufmerksamkeit und Ihre wohlmeinende Nachsicht finden möchten.

I.

Von einem doppelten Standpunkte aus können wir an die Betrachtung des Verbrechens herantreten. Den einen nenne ich den technisch-juristischen, den anderen den naturwissenschaftlichen.

Vom technisch-juristischen Standpunkte aus stellt uns das Verbrechen die Aufgabe, auf einen gegebenen Tatbestand einen gegebenen Rechtssatz anzuwenden. Diese Aufgabe gliedert sich naturgemäß in drei Teile. Wir haben erstens den Tatbestand festzustellen: eine Aufgabe, die unter Umständen ohne jede Schwierigkeit gelöst werden kann, wenn etwa das Geständnis des Angeklagten durch die übereinstimmende Aussage zweier Tatzeugen bekräftigt wird; eine Aufgabe, deren Lösung unter anderen Umständen uns erhebliche Schwierigkeiten verursacht, so, wenn der Angeklagte nur auf Grund eines verwickelten Indizienbeweises überführt werden kann; eine Aufgabe, die endlich, wieder unter anderen Umständen, unserer Bemühungen, sie zu lösen, völlig spottet, so, wenn es uns überhaupt nicht gelingt, den Täter eines begangenen Verbrechens ausfindig zu machen, wie das bei gar mancher schweren Bluttat im Laufe der letzten Jahre der Fall gewesen ist. Wir haben dann zweitens den anzuwendenden Rechtssatz zu finden und auszulegen. Das ist der Punkt, an dem die eigentliche Kunst des technisch geschulten Juristen einzusetzen hat. In der Analyse der Verbrechensbegriffe hat er seinen Scharfsinn und zugleich sein Verständnis für die Bedürfnisse des Rechtslebens zu erproben. Denken Sie, meine Herren, an die vielerörterte Frage, ob die rechtswidrige Verwendung fremder elektrischer Kraft als Diebstahl bestraft werden kann: hier handelt es sich darum, ob der Begriff der „Sache", wie ihn § 242 des Strafgesetzbuches aufstellt, auch die lebende Kraft umfaßt, ob die Ableitung dieser Kraft als ein „Wegnehmen" im Sinne des Gesetzes erscheint. Der dritte Teil endlich der technisch-juristischen Aufgabe besteht in der Anwendung des Rechtssatzes auf den Tatbestand, in der Subsumtion des Tatbestandes unter das Gesetz, in der Schlußfolgerung aus den beiden Prämissen, die in dem Urteil zu stande kommt: „der Angeklagte ist schuldig"; oder auch: „der Angeklagte ist nicht schuldig".

Vom naturwissenschaftlichen Standpunkt aus dagegen stellt sich uns das Problem, die Kriminalität kausal zu erklären. Als ein Ereignis, als eine Erscheinung der Sinnenwelt haben wir das Verbrechen zu begreifen, es zu erklären, indem wir die Ursachen feststellen, als deren Wirkung das Verbrechen erscheint.

Diese Betrachtung läßt sich in zweifacher Weise durchführen. Ich werde diese beiden Unterarten der naturwissenschaftlichen Betrachtung als die biologische und die soziologische einander gegenüber stellen.

Vom biologischen Standpunkte aus erscheint uns das Verbrechen als ein Ereignis im Leben des einzelnen Menschen, das aus der Eigenart, aus der Individualität dieses einzelnen Menschen heraus erklärt werden muß. Diese Betrachtungsweise ist als psychologische Motivierung des Verbrechens uns allen längst bekannt und vertraut. Haben doch die großen und kleinen Dichter aller Zeiten und Völker, im Epos und im Drama, im Roman und in der Novelle sich bemüht, die vielverschlungenen Vorgänge der zum Verbrechen führenden menschlichen Leidenschaft klarzulegen und die verborgenen Triebfedern der begangenen Handlung unseren Blicken zu enthüllen. Es macht dabei grundsätzlich keinen Unterschied, ob der Dichter mit der unbefangenen Intuition des schaffenden Künstlers an die Stellung und Lösung des Problems herantritt, oder ob er sich bemüht, aus der sorgfältigen Beobachtung der empirisch gegebenen Tatsachen zu lernen; ob er, die Ergebnisse der modernen Wissenschaft verwertend, die Psyche des Täters anatomisch und physiologisch zu erfassen sucht und etwa das Naturgesetz der Vererbung oder die Erscheinung der epileptoiden Dämmerzustände oder die Tatsache der hypnotischen Suggestion zur Lösung des psychologischen Problems heranzieht.

Der biologischen oder, wie wir auch sagen können, physiologisch-anatomischen oder anthropologischen Betrachtungsweise des Verbrechens tritt als die zweite Unterart der naturwissenschaftlichen Fragestellung die soziologische gegenüber. Sie faßt das Verbrechen auf als ein Ereignis im Leben der Gesellschaft und sie will es erklären aus den gesellschaftlichen Verhältnissen heraus. Diese Betrachtungsweise des Verbrechens ist ungleich jünger als die biologische. In ihren allerersten Anfängen führt sie uns zurück auf die englischen Schriftsteller der zweiten Hälfte des 17. Jahrhunderts, die als die „politischen Arithmetiker“ bekannt sind. Diese Schriftsteller gelangten zuerst zur Erkenntnis der „Gesetzmäßigkeit in den scheinbar zufälligen Ereignissen des menschlichen Lebens“, vor allem der Gesetzmäßigkeit von Geburt und Tod, der festen Ordnung in dem Absterben der einzelnen Altersklassen, der Möglichkeit, wissenschaftlich begründete Sterbetafeln aufzustellen, wie sie ja, wesentlich verbessert, auch heute noch die Grundlage unserer ganzen Lebens- und Todesversicherung bilden. Unter den deutschen Anfängern dieser Richtung nenne ich den Berliner Konsistorialrat Süßmilch, der in seinem 1741 in erster Auflage erschienenen Buch „Die göttliche Ordnung in den Veränderungen des menschlichen Geschlechtes“ Gott als „den unendlichen und genauen Arithmetikus“ darstellt, „der alles Zeitliche und Natürliche nach Zahl, Maß und Gewicht bestimmt hat“.

Die Nachfolger jener politischen Arithmetiker gingen einen wichtigen Schritt weiter. Von der Gesetzmäßigkeit der scheinbar zufälligen menschlichen Ereignisse gelangten sie zu der Erkenntnis der Gesetzmäßigkeit in den scheinbar willkürlichen menschlichen Handlungen; zunächst derjenigen, die mit der Absterbeordnung in unmittelbarem Zusammenhang stehen, wie Mord und Selbstmord, Kindestötung und Abtreibung; dann aber darüber hinaus der verbrecherischen Handlungen überhaupt, ja endlich aller menschlichen Handlungen, die von rechtlicher oder sittlicher Bedeutung sind. So entstand die Moralstatistik. Als ihr Begründer kann der belgische Astronom Quetelet bezeichnet werden, der erst im Jahre 1874 gestorben ist, wenn auch seine wichtigsten Arbeiten in die dreißiger Jahre dieses Jahrhunderts fallen. Ein Teil, wohl der umfangreichste und wichtigste Teil der Moralstatistik, ist die Kriminalstatistik, der nach dem Vorgange der französischen Regierung alle Staatsverwaltungen ihre besondere Pflege gewidmet haben. Im deutschen Reich hat die amtliche kriminalistische Feststellung mit dem Jahr 1882 begonnen. Die Ergebnisse des umfangreichen Tabellenwerkes werden vom Reichsjustizamt einerseits, vom Kaiserlichen Statistischen Amt andererseits, jahraus jahrein mit mustergültiger Genauigkeit bearbeitet und weiteren Kreisen damit zugänglich gemacht.

II.

Die beiden Arten der naturwissenschaftlichen Betrachtung des Verbrechens, die biologische und soziologische, stehen nicht nur nicht im Widerspruch zueinander, sondern sie ergänzen sich gegenseitig; erst in ihrem Zusammenwirken ermöglichen und sichern sie uns die kausale Erklärung der Kriminalität. Wenn jene das Verbrechen als ein Ereignis im Leben des einzelnen Menschen aus der Eigenart des Täters heraus zu erklären unternimmt und wenn diese die Kriminalität als eine gesellschaftliche Erscheinung auf die gesellschaftlichen Verhältnisse zurückzuführen sucht, so will und kann doch keine von ihnen für sich allein hoffen, das gesamte Problem zu lösen. Die soziologische Betrachtung darf niemals vergessen, daß die „Massenerscheinung" sich doch nur aus der Summe von Einzelerscheinungen zusammensetzt, in welchen der individuelle Faktor, die Eigenart des Täters, seine wesentliche Rolle spielt, wenn auch seine Feststellung durch die Methode der Statistik, die systematische Massenbeobachtung, heute wenigstens noch uns unüberwindliche Schwierigkeiten bietet. Und der Dichter würde ein Stümper sein, der vergessen könnte, daß der Mensch ein Produkt seiner Zeit ist, und der in einem Drama etwa aus der ägyptischen Pharaonenzeit seine Helden sprechen und handeln ließe, als wären sie Menschen mit den Vorstellungen, Empfindungen und Strebungen unseres sinkenden Jahrhunderts.

Die Verbindung der beiden Betrachtungsweisen führt uns aber unmittelbar zu dem Satz, auf den ich, meine verehrten Herren, ihre freundliche Aufmerksamkeit besonders hinlenken möchte, zu dem Satze: *Jedes Verbrechen ist das Produkt aus der Eigenart des Verbrechers einerseits und den den Verbrecher im Augenblick der Tat umgebenden gesellschaftlichen Verhältnissen andererseits*; also das Produkt des *einen* individuellen Faktors und der *ungezählten* gesellschaftlichen Faktoren.

Ich kann Ihnen diesen Grundsatz, der den Grund- und Eckstein meiner ganzen kriminalpolitischen Auffassung bildet, an dieser Stelle nicht weiter in seinen zahlreichen und wichtigen Folgerungen entwickeln. Aber es sei mir gestattet, wenigstens zwei erläuternde Bemerkungen anzuknüpfen.

Jede nähere Untersuchung über die Bedeutung, welche die beiden Faktorengruppen in ihrem gegenseitigen Verhältnis zueinander haben, bestätigt die auf den ersten Blick sich aufdrängende Erkenntnis, daß die gesellschaftlichen Faktoren ungleich größere Bedeutung für sich in Anspruch nehmen dürfen als der individuelle Faktor. Diese größere „Dignität" der gesellschaftlichen Faktoren dürfte aus einem Beispiel sich klar ergeben. Nehmen Sie an, meine Herren, daß ein Mann von 40, ein Weib von 30 Jahren, beide in ihrer Lebenskraft erschöpft durch den Kampf ums Dasein, sich verheiraten. Das Kind, das aus dieser Ehe entspringt, wird aller menschlichen Vorausberechnung nach als Erbteil seiner Eltern eine verminderte Widerstandskraft für den Kampf ums Dasein ins Leben mitbringen, hinter den Kindern gesunder Eltern körperlich und geistig zurückstehen. Nehmen Sie weiter an, daß die Eltern frühzeitig sterben, daß das Kind, sich selbst überlassen, in geistiger, sittlicher und körperlicher Verwahrlosung heranwächst, so wird die Minderwertigkeit gegenüber allen denjenigen, die sorgfältig erzogen, in guter Umgebung groß geworden sind, von Jahr zu Jahr sich steigern. Und nehmen Sie endlich an, daß nun eine Zeit verminderter Produktion und damit gesteigerter Arbeitslosigkeit eintritt, so werden wir uns nicht wundern dürfen, wenn unser Jugendlicher dem ersten Anreiz zum Verbrechen erliegt. In diesem Beispiel haben also die gesellschaftlichen Verhältnisse in dreifacher Weise als Faktoren des begangenen Verbrechens gewirkt: nicht nur erstens im Augenblick der Tat, sondern zweitens während der ganzen Lebenszeit des Täters von der Geburt bis zur Tat, und drittens lange vor der Geburt des Verbrechers, indem sie die Lebenskraft seiner Erzeuger untergruben.

Meine zweite Bemerkung, die ich unmittelbar an das Gesagte anschließen kann, ist kriminalpolitischer

Natur. Die Kriminalpolitik, als die nach festen Grundsätzen vorgehende Bekämpfung des Verbrechens, muß, wenn sie erfolgreich sein soll, bei den Ursachen des Verbrechens einsetzen, da ja jedes Uebel wirksam nur in seinen Wurzeln bekämpft werden kann. Wenn nun die gesellschaftlichen Faktoren des Verbrechens ungleich bedeutsamer sind als der individuelle Faktor, so muß der Kriminalpolitiker seine Aufmerksamkeit in erster Linie diesen gesellschaftlichen Ursachen zuwenden und durch Umgestaltung der ausschlaggebenden gesellschaftlichen Verhältnisse die von ihm gewünschte günstigere Gestaltung der Kriminalität herbeizuführen suchen. Ich brauche nicht besonders darauf hinzuweisen, wie weit unsere maßgebenden Kreise, die gesetzgebenden Körperschaften im Reich wie in den Einzelstaaten von der Erkenntnis dieses wichtigen Satzes entfernt sind Wenn irgend ein schweres Verbrechen uns plötzlich wie ein greller Blitzstrahl den gesellschaftlichen Abgrund enthüllt, an dem wir bis dahin ahnungslos dahingegangen sind, so meint man, durch eine paar neue Strafdrohungen die Gefahr beschwören zu können, obwohl durch die Strafe im günstigsten Falle nur der individuelle Faktor des Verbrechens getroffen werden kann.

III.

Wenn nun mein Thema lautete: „Das Verbrechen als gesellschaftliche Erscheinung", so wäre es meine Aufgabe, unter Benutzung der statistischen Tabellenwerke die gegenwärtige Gestaltung der Kriminalität im deutschen Reich und vielleicht auch in den übrigen Kulturländern zu schildern und die gesellschaftlichen Verhältnisse klarzulegen, auf welche diese Gestaltung zurückzuführen ist. Mein Thema aber lautet: „Das Verbrechen als sozial-pathologische Erscheinung". Damit ist meine Aufgabe wesentlich enger begrenzt.

Es ist nun nicht meine Absicht, an dieser Stelle mich in eine wissenschaftliche Untersuchung über den auch unter den Medizinern streitigen Begriff des „Pathologischen" einzulassen. Das Ergebnis würde außer Verhältnis zu der aufzuwendenden Mühe stehen. Es genügt für meine Zwecke, wenn wir im allgemeinen zu einer Verständigung über den Sinn gelangen, den ich mit der Bezeichnung einer gesellschaftlichen Erscheinung als „pathologisch" verbinde.

Mit jedem gesellschaftlichen Zusammenleben der Menschen ist eine gewisse Zahl von unerfreulichen Erscheinungen notwendig gegeben. Wir werden diese gerade darum nicht ohne weiteres als pathologisch bezeichnen können. Aber wenn diese Erscheinungen, wie etwa der Selbstmord oder die Kindersterblichkeit oder die unehelichen Geburten plötzlich eine unerwartet rasche Zunahme aufweisen und diese Zunahme eine Reihe von Jahren hindurch anhält; oder wenn die Zusammensetzung der die Massenerscheinung ausmachenden einzelnen Erscheinungen eine beunruhigende Tendenz aufweist, werden wir uns für berechtigt halten, von dem pathologischen Charakter der Erscheinung zu sprechen. So ist auch mit jeder Gesellschaft eine bestimmte Zahl von Verbrechen notwendig gegeben und der Gedanke, als könnte durch eine Umwälzung unseres gesellschaftlichen Lebens das Verbrechen völlig aus der Welt geschafft werden, gehört in das Reich der Utopien. Die Kriminalität an sich ist also eine sozial-pathologische Erscheinung nicht. Aber sie kann pathologische Züge aufweisen, die den in die Zukunft blickenden Staatsmann beunruhigen. Ich stelle nun die Behauptung auf, daß die Kriminalität des Deutschen Reiches seit dem Jahre 1882 solche pathologische Züge in der Tat aufweist. Ich erblicke diese: 1) in der steigenden Zahl der begangenen Verbrechen überhaupt, insbesondere in der Zunahme sowohl der gegen Staat, Religion und öffentliche Ordnung, als auch der gegen die Person gerichteten Delikte; 2) in dem Steigen der Rückfallsziffer; 3) in der an sich bedeutenden und steigenden Beteiligung der Jugendlichen.

Um diese meine Behauptung zu rechtfertigen, habe ich mir erlaubt, Ihnen eine kleine Tabelle vorzulegen, deren Zahlen unmittelbar der amtlichen Reichskriminalstatistik entnommen sind. (Vergl. nachstehende Tabelle.)

Wie Sie sehen, betrug die Zahl der im Jahre 1882 verurteilten Personen 329968. Dabei ist zu beachten, daß in der Reichskriminalstatistik nur die Verurteilungen wegen Verbrechen und Vergehen gegen die Reichsgesetzgebung enthalten sind, mit Ausschluß der Zuwiderhandlungen gegen die Bestimmungen über öffentliche Abgaben und Gefälle. Es fehlen also nicht nur die Verbrechen und Vergehen gegen Landesgesetze, sondern es fehlt auch das ganze große Heer der Uebertretungen, zu welchen auch die soziologisch so überaus wichtigen Delikte des Bettelns und der Landstreicherei gehören. Auch die von den Militärgerichten ausgesprochenen Verurteilungen sind in die Reichskriminalstatistik nicht aufgenommen. Die Zahl der in der Reichskriminalstatistik verzeichneten Verurteilungen beträgt nach amtlichen Berechnungen etwa ein Viertel bis ein Fünftel der sämtlichen ausgesprochenen Verurteilungen. Wir haben also die mitgeteilten Zahlen mit 4 oder 5 zu multiplizieren, um die richtige Ziffer zu erhalten. Aber auch dann haben wir nur die sogenannte „legale" Kriminalität festgestellt, die hinter der tatsächlichen Kriminalität weit zurückbleibt. Führt doch nicht jedes Delikt zu einer strafgerichtlichen Verfolgung und nicht jede Anklage zur Verurteilung.

Vom Jahre 1882 angefangen, ist nun die Zahl der verurteilten Personen in stetig aufsteigender Linie, nur unterbrochen durch die beiden günstigen Jahre 1885 und 1888, gestiegen bis auf 463 580. Diese Zunahme wird durch das Wachsen der Bevölkerung nicht ausgeglichen. Auch die sogenannte Relativzahl ist gestiegen. Auf 100 000 Strafmündige der Zivilbevölkerung (d. h. über 12 Jahre alte Personen, die nicht der militärischen Gerichtsbarkeit unterstanden) kamen im Jahre 1882 1043, im Jahre 1895 dagegen (dem letzten, für welches die relative Zahl amtlich berechnet worden ist) 1251 Verurteilte.

Diese aus verschiedenartigen Elementen zusammengesetzten großen Zahlen können aber nur dann richtig beurteilt werden, wenn man sie in ihre Bestandteile zerlegt. Die Reichskriminalstatistik unterscheidet vier Deliktsgruppen, von denen die vierte, die die Verbrechen und Vergehen im Amt umfaßt, wegen ihrer geringfügigen Zahlen hier ganz außer Acht gelassen werden kann. Die erste Gruppe umfaßt die Delikte gegen Staat, Religion und öffentliche Ordnung; die

Jahrgang	Verurteilte überhaupt	Auf 100 000 Strafmündige der Zivilbevölkerung	Delikte gegen Staat, Religion, öffentliche Ordnung	Delikte gegen die Person	Delikte gegen das Vermögen	Auf 100 Verurteilte sind vorbestraft	Jugendliche Verurteilte
1882	329 968	1043	51 623	107 398	169 334	25,0	30 719
1883	330 128	1036	51 684	112 237	164 590	25,9	29 966
1884	345 977	1077	56 082	125 299	162 898	26,4	31 342
1885	343 087	1060	56 367	127 865	157 275	27,4	30 704
1886	353 000	1082	60 456	134 019	156 932	28,1	31 513
1887	356 357	1084	62 348	137 745	154 745	28,9	33 113
1888	350 665	1056	61 806	134 669	152 652	29,3	33 069
1889	369 644	1102	62 817	139 639	165 621	31,3	36 790
1890	381 450	1122	63 748	148 096	168 107	32,8	41 003
1891	391 064	1124	61 994	149 750	177 835	34,0	42 312
1892	422 327	1199	66 392	157 928	196 437	34,7	46 496
1893	430 403	1210	73 107	172 096	183 645	35,2	43 776
1894	446 110	1244	76 527	181 977	186 016	36,9	45 554
1895	454 211	1251	79 681	187 834	185 243	37,9	44 384
1896	456 999		81 864	194 582	179 136		44 212
1897	463 580		82 688	195 759	183 806		45 251

zweite die Delikte gegen die Person (gegen Leib und Leben, gegen Freiheit, Ehre, Sittlichkeit u. s. w.); die dritte die Delikte gegen das Vermögen. Von diesen Gruppen weist die erste, die von rund 50000 Verurteilten im Jahre 1882 auf rund 80000 im Jahre 1897 anschwillt, immer noch eine geringere Steigerung auf als die zweite. Hier hat sich die Zahl der Verurteilten beinahe verdoppelt: von 107398 Verurteilten im Jahre 1882 ist sie auf 195759 Verurteilte im Jahre 1897 gestiegen. Diejenigen Delikte also, deren Triebfeder die Mißachtung der staatlichen Ordnung ist, ganz besonders aber diejenigen, die auf gewalttätiger Gesinnung beruhen, weisen eine Steigerung auf, wie sie in dieser Intensität wohl nur selten beobachtet worden ist und der die Eigenschaft des Pathologischen wohl kaum abgeprochen werden kann. Die Zeit gestattet mir freilich nicht, die mitgeteilten Zahlen weiter zu zerlegen und auf die einzelnen Deliktsarten einzugehen, aus denen jede der beiden Gruppen sich zusammensetzt. Ich muß es mir daher auch versagen, die Bemerkungen zu widerlegen, mit welchen die amtlichen Erläuterungen zu dem großen kriminalstatistischen Tabellenwerke die Tragweite der Zunahme vergeblich, wie ich überzeugt bin, abzuschwächen suchen.

Ein ganz anderes Bild bietet uns die dritte Gruppe, die der Vermögensdelikte. Die Zahl der Verurteilten beträgt hier im Jahre 1882: 169334; sie ist im diesem Jahre wesentlich größer als die Zahl der Verurteilten der zweiten Gruppe. Die folgenden Jahre zeigen bis 1888 ein stetes Sinken; darauf folgt eine vierjährige Periode des Steigens; die Zahl fällt im Jahre 1893, steigt im Jahre 1894, sie sinkt in den Jahren 1895 und 1896 und schließt im Jahr 1897 mit 183806 Verurteilten. Dabei sei hervorgehoben, daß das erste Mal im Jahre 1895 die Zahlen der dritten Gruppe hinter denjenigen der zweiten zurückbleiben. Der Schluß unserer Reihe zeigt ein ganz anderes Bild als der Anfang: Das Verhältnis der drei Gruppen zueinander hat sich verschoben. Während im Durchschnitt der Jahre 1882 bis 1891 auf 100 Verurteilte überhaupt in der ersten Gruppe 16,6, in der zweiten 37,1, in der dritten 45,9 (in der vierten 0,4) Verurteilte kommen, steht jetzt die zweite Gruppe, die Delikte gegen die Person umfassend, an erster Stelle. Durch diese Tatsache wird das Ergebnis, zu dem die Betrachtung der beiden ersten Gruppen uns geführt hat, ganz besonders hell beleuchtet.

Für wesentlich bedenklicher als diese Zunahme der auf gewalttätig rohem Sinn und auf Mißachtung des Gesetzes beruhenden Delikte halte ich aber das Wachsen der Rückfallsziffer. Auf 100 Verurteilte kamen im Jahre 1881 nur 25,0 Vorbestrafte. Seither ist diese Ziffer stetig gestiegen bis auf 37,7 im Jahre 1895. Die amtlichen Erläuterungen zu unserer Reichskriminalstatistik haben Jahre hindurch versucht, diese Zunahme auf äußere Umstände, insbesondere auf sorgfältigere Verzeichnung der Vorstrafen zurückzuführen und so ihres beängstigenden Charakters zu entkleiden. Man hat sich endlich davon überzeugen müssen, daß die Erklärung nicht ausreicht. Es ist eines der größten Verdienste unserer amtlichen Kriminalstatistik, daß sie seither dem Rückfall ihre besondere Beachtung schenkt. Das bisherige Ergebnis dieser Untersuchungen, die noch lange nicht abgeschlossen sind, deren Fortführung aber an dem Ergebnis selbst nichts ändern wird, läßt sich in drei Sätzen zusammenfassen: 1) Die Wahrscheinlichkeit, daß jemand ein Verbrechen begeht, ist größer, wenn er bereits bestraft ist, als wenn dies nicht der Fall ist; 2) die Wahrscheinlichkeit, daß jemand ein Verbrechen begeht, wächst mit der Zahl der erlittenen Vorstrafen; 3) die Wahrscheinlichkeit, daß ein aus der Strafe Entlassener in kürzester Frist ein neues Verbrechen begeht, wächst mit der Dauer der gegen ihn vollstreckten Vorstrafen. Eine schärfere Verurteilung unseres heutigen Strafsystems, als sie in diesen drei Sätzen ausgesprochen ist, kann wohl nicht gedacht werden. Unsere Strafen wirken nicht bessernd und nicht abschreckend, sie wirken überhaupt nicht präventiv, d. h. vom Verbrechen abhaltend; sie wirken vielmehr geradezu als eine Verstärkung der Antriebe zum Verbrechen. Von Jahr zu Jahr steigt gerade infolge der Bestrafungen das Heer derjenigen, die das Verbrechen zum Lebensberuf sich erwählt haben.

Am bedenklichsten aber ist nach meiner Meinung die Zunahme der jugendlichen Verbrecher. Im Jahr 1882 hat die Zahl der Verurteilten Jugendlichen 30719 betragen; im Jahre 1897 ist diese Zahl auf 45251 gestiegen. Auf die merkwürdigen Schwankungen in den einzelnen Jahreszahlen, insbesondere auf den unverkennbaren Zusammenhang dieser Schwankungen mit der Bewegung der Vermögensdelikte, kann ich nur nebenher aufmerksam machen. Ohne Uebertreibung aber können wir wohl annehmen, daß die große Mehrzahl der einmal verurteilten Jugendlichen für immer dem Verbrechen anheimgefallen ist.

IV.

Das wären die Tatsachen, um derenwillen ich die heutige Kriminalität im Deutschen Reich als eine „sozial-pathologische" Erscheinung bezeichnet habe. Damit ergibt sich die Aufgabe, die gesellschaftlichen Verhältnisse zu untersuchen und klarzulegen, auf welche jene Tatsachen zurückzuführen sind. Durch diese Untersuchung erst kann der Kriminalpolitik die feste Bahn gewiesen werden. Aber auch für diese Untersuchung reicht die mir zu Gebote stehende Zeit nicht aus; ich werde mich darauf beschränken müssen, zwei Punkte besonders hervortreten zu lassen.

Nur nebenher kann ich daher auf die großen politischen Veränderungen hinweisen, die die zweite Hälfte des 19. Jahrhunderts gerade uns Deutschen gebracht hat. Auf den Schlachtfeldern haben wir die ersehnte Reichseinheit errungen. Aber wir dürfen nicht vergessen, daß jede kriegerische Periode auf lange Jahre hinaus, und zwar gerade in den jüngeren Generationen, den gewalttätigen Sinn wesentlich verstärkt; daß die Vertreibung angestammter Herrschergeschlechter die zahlreichen Hemmungsvorstellungen erschüttern mußte, die auf der achtungsvollen Scheu vor Jahrhunderte alten rechtlichen Einrichtungen beruhen; daß die Angliederung fremdsprachiger Gebiete neue Gärungsstoffe unserem Volksleben zugeführt hat.

Nur nebenher kann ich hinweisen auf die Gewährung des allgemeinen Wahlrechtes, das die ungezügelte politische Leidenschaft in den weitesten Kreisen des Volkes wachgerufen hat. Auf die schrankenlose Freizügigkeit und die durch sie geförderte Binnenwanderung innerhalb der Grenzen unseres Reiches, die, im wesentlichen von Osten nach Westen gehend, Tausende und Abertausende von dem schützenden Boden der Heimat losgerissen und in das großstädtische Getriebe hineingeworfen hat, in dem der Schwache nur zu leicht zerrieben wird, um in jene große atomisierte Masse herabzusinken, die als das großstädtische Proletariat den besten Nährboden für die Ansteckungskeime der Kriminalität bildet. Auf die Entfesselung des rücksichtslosen Kampfes ums Dasein, der die Stärkeren auf Kosten der Schwächeren fördert und den wir erst seit den letzten Jahren, nicht immer mit Geschick und mit Erfolg, durch Gesetze aller Art, durch die Aktiengesetznovelle und das Wuchergesetz, durch die Bedrohung der Nahrungsmittelfälschung und des unlauteren Wettbewerbes und manche andere, einzudämmen uns bemühen. Auf die ungeahnte Entwicklung unseres ganzen Verkehrs, der mit der Vermehrung der Berührungspunkte und Reibungsflächen ungezählte neue Reize und Gelegenheiten zum Verbrechen schafft; der die Bedürfnisse steigert, ohne im gleichen Maße auch die Mittel zu ihrer Befriedigung zu gewähren; der die Nervenkraft aufzehrt und in der Neurasthenie seine kennzeichnendste Folgeerscheinung findet. Auf den gesteigerten Alkoholmißbrauch, dessen deletäre Wirkung gerade in der Entartung der Nachkommenschaft hervorzutreten pflegt. Auf die religiösen, politischen und sozialen Kämpfe, die das Reich seit seiner Gründung durchtoben. Auf die Erschütterung der religiösen und sittlichen Hemmungsvorstellungen gerade in denjenigen Kreisen, die das stärkste Kontingent zum Verbrechen stellen; eine Erschütterung, die nicht wett gemacht werden kann durch den Einfluß der Schule, da diese nur den Verstand der Schüler zu bilden sich bemüht, während sie die Festigung des Charakters vernachlässigt; und auch nicht durch die beste aller Volksbildungsanstalten, durch das Heer, da dieses gerade denjenigen verschlossen bleibt, die der Weiterbildung am meisten bedürfen: den Schwachen am Geist und am Körper und denjenigen, die durch frühzeitige Begehung schwerer Verbrechen sich unwürdig gemacht haben, den Rock des Königs zu tragen.

Alle diese und ungezählte andere Veränderungen in unserem gesellschaftlichen Leben mußten notwendig eine starke Vermehrung der Kriminalität im Gefolge haben. Unter diesen Faktoren gesteigerter Kriminalität sind solche, die als vergangene Tatsachen der Geschichte angehören und die wir nicht ändern können, auch wenn wir sie ändern wollten. Unter ihnen sind andere, die wir als die notwendigen Begleiterscheinungen gesteigerter Kultur nicht ändern wollen, auch wenn wir sie ändern könnten; so wenig wie wir etwa daran denken, die Eisenbahnunfälle durch eine Beschränkung des Eisenbahnverkehrs einzudämmen. Aber es sind unter ihnen auch andere, die wir ändern können und daher ändern sollen.

Zu dieser letzten Gruppe gehören die beiden Faktoren, die ich ausdrücklich, wenn auch nur kurz, hervorheben möchte.

Die Abhängigkeit der Kriminalität von der wirtschaftlichen Lage eines Volkes ist eine längst bekannte und nicht bestreitbare Tatsache. Es ist allgemein bekannt, daß eine ungünstige wirtschaftliche Lage, wenn sie einige Zeit hindurch vorhält, eine Zunahme der Verbrechen überhaupt, der Vermögensdelikte insbesondere und hier in erster Linie des Diebstahls, eine Abnahme der Eheschließungen und der ehelichen Geburten bei gleichzeitiger Zunahme der unehelichen Geburten, eine vermehrte Kindersterblichkeit, eine Zunahme der Selbstmorde, eine Abnahme der mittleren Lebensdauer und eine Reihe weiterer bedenklicher Erscheinungen im Gefolge hat. Genauere Betrachtung würde lehren, daß der Einfluß der wirtschaftlichen Lage auf die Kriminalität noch viel weiter reicht und auch auf Gebieten Bedeutung gewinnt, auf denen ihm zu begegnen man im allgemeinen nicht erwartet. So beruht die geographische Verteilung der Kriminalität in jedem Land mit auf der wirtschaftlichen Lage der einzelnen Landesteile: bezeichnend dafür das breite dunkle Band, das auf den kartographischen Darstellungen der deutschen Kriminalität den ganzen Osten der preußischen Monarchie von der Grenze bis tief ins Innere umschließt. So erklärt sich die jährliche starke Zunahme der Vermögensdelikte im Dezember, Januar und Februar aus der mit der Winterkälte verminderten Arbeitsgelegenheit bei gleichzeitig gesteigertem Bedürfnis nach Nahrung, Kleidung, Beheizung. So ist die geringe Kriminalität des Weibes gegenüber der des Mannes hauptsächlich darauf zurückzuführen, daß das Weib dem aufreibenden Kampf um das wirtschaftliche Dasein ungleich weniger ausgesetzt ist, als der Mann. So findet die oft besprochene günstige Stellung der Juden in den kriminalstatistischen Tabellen sowie die auffallend starke Beteiligung der Katholiken am Verbrechen ihre ausreichende Erklärung in der allgemeinen wirtschaftlichen Lage der Angehörigen der verschiedenen Religionen und Konfessionen. Und zahlenmäßig können wir nachweisen, daß, wenn in einem Bezirk eine Reihe von Jahren hindurch eine erhöhte Anzahl von jugendlichen Fabrikarbeitern eingestellt wird, auch die Zahl der jugendlichen Verurteilten zunimmt.

Die Unklarheit beginnt erst, sobald man versucht, näher zu bestimmen, was unter „ungünstiger wirtschaftlicher Lage" zu verstehen ist. Ganz gewiß hat sie nichts mit dem Reichtum oder der Armut eines Landes überhaupt zu tun. Daher aber auch nichts mit den so oft ins Feld geführten Durchschnittsziffern, die den Anteil des einzelnen an dem Volkswohlstand oder etwa seinen Anteil an der Konsumtion zur Darstellung bringen sollen. Der „mittlere Mensch", diese Personifikation der Durchschnittsziffer, ist der Statistik oft genug verhängnisvoll geworden. Um mich eines allerdings trivialen Beispiels zu bedienen: Wenn A. 100000 Mark hat und B. gar nichts, so ist es völlig wertlos, auszurechnen, daß jeder von ihnen durchschnittlich 50000 Mark sein eigen nennt. Aber auch die isolierte Betrachtung der Bewegung, welche die Arbeitslöhne oder aber die Preise der wichtigsten Lebensmittel aufweisen, ist nicht geeignet, die Erkenntnis der wirtschaftlichen Lage zu fördern. Denn es ist klar, daß eine Steigerung der Arbeitslöhne einflußlos bleiben muß, wenn die Kaufkraft des Geldes sinkt, und daß umgekehrt das Sinken der Lebensmittelpreise keine Verbesserung der wirtschaftlichen Lage bedeutet, wenn gleichzeitig die Arbeitslöhne sinken.

Die „wirtschaftliche Lage", deren günstige oder ungünstige Gestaltung heute in erster Linie für die Entwicklung der Kriminalität in Betracht kommt, das ist die **Gesamtlage der arbeitenden Klassen**, ihre Lage nicht nur in finanzieller, sondern auch in körperlicher, geistiger, sittlicher, politischer Beziehung. Arbeitsunfähigkeit infolge von Alter, Krankheit, Invalidität; Arbeitslosigkeit, mag sie unverschuldet oder verschuldet sein; Arbeitslöhne und Arbeitszeiten, die eine vollständige Erhaltung der Kräfte und zugleich die Weiterentwicklung des Individuums nicht gestatten; Wohnungsverhältnisse, die nicht nur die Gesundheit der Familienglieder, sondern durch das Unwesen der Schlafburschen und Schlafmädchen und das enge Zusammenleben der heranwachsenden Kinder untereinander und mit den Eltern auch die Sittlichkeit untergraben; Arbeitsverhältnisse, die mit dem Familienleben zugleich die wichtigste Grundlage unserer ganzen heutigen Gesellschaftsordnung vernichten: diese und zahlreiche einschlagende weitere Umstände bilden nach meiner Ueberzeugung die mächtigste Gruppe der die Kriminalität ungünstig beeinflussenden Faktoren. Damit ist zugleich gesagt, daß eine auf Hebung der gesamten Lage der arbeitenden Klassen ruhig, aber sicher abzielende **Sozialpolitik** zugleich auch die beste und wirksamste Kriminalpolitik darstellt. Und es ist damit zugleich angedeutet, daß neben dem, was die Gesetzgebung des Deutschen Reiches in dieser Richtung bereits getan hat, doch noch viel mehr uns zu tun übrig bleibt. Eine gründliche Beseitigung der Mißstände, die heute fast überall, nicht nur in den Großstädten, mit dem Wohnungswesen der arbeitenden Klassen verbunden sind, wird sich ganz zweifellos als ein wirksameres Mittel zur Verminderung der Kriminalität erweisen, als eine ganze Anzahl von neuen Paragraphen im Strafgesetzbuch.

Von allen diesen sozialpolitischen Maßnahmen liegt mir als Kriminalisten und zugleich, wie ich wohl sagen darf, als Menschen, eine am meisten am Herzen: und damit komme ich zu dem **ersten** der beiden Punkte, auf die ich besonders hinweisen wollte. Ich kann mich wohl kurz fassen. Wenn der Vater tagüber in der Fabrik arbeitet und auch die Mutter durch die wirtschaftliche Lage der Familie gezwungen ist, Arbeit außer Haus zu suchen, so ist die unausbleibliche Folge dieses Zustandes die sittliche, geistige und körperliche Verwahrlosung der heranwachsenden Kinder. Hier kann die Gesetzgebung eingreifen und sie muß es tun. Und zwar nicht erst dann, wenn das Kind bereits zum Verbrecher geworden ist, sondern sobald die Gefahr sittlicher Verwahrlosung droht. Wenn die Eltern ohne ihr Verschulden verhindert sind, die Pflicht der Erziehung zu erfüllen, so muß der Staat diese Pflicht auf sich nehmen. Es ist bekannt, daß in einer Reihe von deutschen Einzelstaaten Gesetze bestehen, durch welche die Zwangserziehung oder, wie wir heute sagen, die staatlich überwachte Erziehung der sittlich verwahrlosten Kinder und Jugendlichen geregelt wird. In anderen Staaten, so insbesondere in Preußen (Gesetz vom 13. März 1878), tritt dagegen die Zwangserziehung erst dann ein, wenn durch die Vormundschaftsbehörden die Begehung einer strafbaren Handlung von seiten des Kindes festgestellt ist. Daß dies nicht ausreicht, darüber waren sich alle Kenner der Verhältnisse längst klar. Ein Sturm der Entrüstung ging daher durch alle deutschen Lande, als die Entwürfe zum Bürgerlichen Gesetzbuch für das Deutsche Reich vom engherzigsten, rein romanistischen Standpunkte ausgehend, der nur ein Recht der Eltern, aber keine Pflicht derselben den Kindern gegenüber kennt, in dem Einführungsgesetz die Zwangserziehung auf die Fälle beschränken wollten, in denen ein Verschulden der Eltern vorliegt und alle Landesgesetze ausdrücklich für aufgehoben erklärten, die darüber hinaus die verwahrlosende Jugend gerade auch dort geschützt hatten, wo es an jedem Verschulden der Eltern fehlt. Dem lebhaften Ausdruck, den diese Empfindung in allen Fachkreisen gefunden hat, ist es zu danken, daß das Einführungsgesetz in seiner jetzigen Gestalt durch Art. 135 die bisher erlassenen Bundesgesetze in Kraft läßt.

Aber damit ist zwar die Gefahr einer Rückwärtsrevidierung unserer Rechtszustände abgewendet, das anzustrebende Ziel aber noch lange nicht erreicht. Auf zwei Wegen läßt es sich erreichen; entweder auf dem Wege der Landesgesetzgebung derjenigen Staaten, die heute noch nur die Zwangserziehung der verbrecherischen Jugend kennen; oder aber auf dem Wege der einheitlichen Gesetzgebung durch das Deutsche Reich. Ich zweifle keinen Augenblick darüber, daß der letzte Weg den Vorzug verdient. Das zu erlassende Reichsgesetz wird sich das preußische Gesetz von 1878 insbesondere darin zum Vorbild nehmen können, wie dieses die finanzielle Belastung, die durch die Ausdehnung der staatlich überwachten Erziehung herbeigeführt werden wird, auf den Staat und die kapitalkräftigen Provinzialverbände überweist. Die Kosten werden sich übrigens in der Verminderung der begangenen Verbrechen reichlich bezahlt machen.

Ueber den zweiten Punkt werde ich mich noch kürzer fassen können. Wer aus eigenen Anschauungen, sei es auch nur als tätiges Mitglied eines Fürsorgevereins für entlassene Sträflinge, die Wirkungen unseres Gefängniswesens kennt, der weiß auch, daß Abhilfe hier dringend not tut. Unser ganzes heutiges Strafensystem ruht auf der Freiheitsstrafe. Lassen Sie sich, meine Herren, nicht dadurch irre machen, daß unsere kriminalstatistischen Tabellen eine große und steigende Zahl von Verurteilungen zur Geldstrafe aufweisen. Denn die uneinbringliche Geldstrafe wird in Freiheitsstrafe umgewandelt nach jenem merkwürdigen, in der heutigen Gesetzgebung aller Kulturstaaten sich findenden Rechtssatz, daß für die Tat, die der Reiche mit einigen Talern abmacht, der Arme an seinem Körper, und ich darf wohl hinzufügen, an seiner Seele büßen muß. Durch die Freiheitsstrafe aber reißen wir den Verurteilten heraus aus seiner Familie und seinem Beruf. Wir bringen ihn im Gefängnis, in dem es in zahlreichen Fällen an Aufsicht wie an Beschäftigung fehlt, in nächste Berührung mit anderen, vielleicht vielfach vorbestraften Individuen. Und wenn er nach Wochen oder Monaten oder nach Jahren wieder herauskommt in die Freiheit, so sind die Familienbande gelockert, wenn nicht gelöst; die Stelle, die er in seinem Berufe eingenommen hat, ist besetzt, und bei seiner Bewerbung um eine neue Stelle findet der entlassene Sträfling geschlossene Türen. Wie viel Zeit und Geld, welcher Schatz von Menschenliebe und christlicher Geduld wird von unseren Fürsorgevereinen angewendet, um die Deklassierung, die der Staat durch seine Strafrechtspflege vollzogen hat, wieder wett zu machen und den Entlassenen zurückzuführen in die Gesellschaft! Und doch müssen wir, wenn wir ehrlich sind, uns gestehen, daß diese Bemühungen in den meisten Fällen ohne bleibenden Erfolg sind, daß der einmalig Verurteilte in den meisten Fällen, wie die Kriminalstatistik uns lehrt, wieder rückfällig wird.

Eine Umgestaltung unseres Strafensystems: das ist die zweite Forderung, die der Fachmann an die Reichsgesetzgebung stellen muß. In welcher Weise diese Umgestaltung zu erfolgen hat, was an die Stelle unserer heutigen Einrichtungen treten müßte, habe ich hier nicht auseinanderzusetzen. Schon deshalb nicht, weil in den nächsten Jahren die endgültige Reform unseres längst veralteten Strafgesetzbuches nicht zu erwarten steht. Wenn auch in den maßgebenden Kreisen diese Umgestaltung in Aussicht genommen ist, wenn auch die gesetzgebenden Faktoren im Reich, die bis in die letzten Monate hinein durch die Aenderungen im Gebiet unseres deutschen bürgerlichen Rechtes vollauf in Anspruch genommen waren, nunmehr die Hand frei bekommen haben, um diese neue, weniger umfangreiche, aber ungleich wichtigere Arbeit in Angriff zu nehmen: so werden doch noch Jahre vergehen, ehe die Ansichten sich so weit geklärt haben, daß mit der Hoffnung auf Gelingen an das Werk gegangen werden kann.

Anders verhält es sich mit meiner ersten Forderung nach einem Reichsgesetz über die staatlich überwachte Erziehung der verwahrlosten Jugend. Hier sind die Ansichten geklärt. Seitdem die Internationale kriminalistische Vereinigung ihren motivierten Gesetzentwurf der Oeffentlichkeit übergeben hat, sind alle Fachgenossen diesem Vorschlag im Prinzip wie in den wichtigsten Fragen der Durchführung beigetreten: die großen Gefängnisgesellschaften wie der Zentralausschuß für Innere Mission oder der Allgemeine deutsche Lehrertag. Hier kann unserem Verlangen nach raschem und kräftigem Vorgehen der Gesetzgebung nicht mit dem beliebten Einwand begegnet werden, daß die Frage nicht spruchreif sei. Haben wir aber erst einmal die heranwachsende Jugend vor der Gefahr der sittlichen Verwahrlosung gerettet, dann wird auch aller menschlichen Voraussicht nach die Zahl der verurteilten Verbrecher überhaupt, ganz besonders aber auch die Zahl der verurteilten Vorbestraften, wesentlich vermindert und damit der sozial-pathologische Charakter der Kriminalität im Deutschen Reich zum Teil wenigstens beseitigt werden.

Ich habe die mir zugewiesene Zeit erschöpft und muß zum Ende kommen. Lassen Sie mich, meine Herren, mit einem Geständnis schließen.

Als ich für den Vortrag, den ich am heutigen Abend vor Ihnen zu halten die Ehre hatte, mir das Thema wählte: „Das Verbrechen als sozial-pathologische Erscheinung", — da war für mich nicht nur die Hoffnung bestimmend, für meine Ausführungen Ihr freundliches Interesse zu gewinnen. Sondern auch, und zwar in erster Linie, die weitere Hoffnung, die in diesem Augenblick lebendiger vor meiner Seele steht als noch vor einer Stunde: daß es mir gelingen würde, nicht nur zu Ihrem Verstand, meine Herren, sondern auch zu Ihrem Herzen zu sprechen; daß es mir gelingen würde, aus Ihren Reihen, die Vertreter aller Berufsstände füllen, den einen oder anderen wenigstens uns als Mitkämpfer zu gewinnen für die Forderung, die wir nicht müde werden wollen an die Gesetzgebung des Deutschen Reiches zu richten:

„Schutz für die verwahrlosende Jugend unserer arbeitenden Klassen!"

24. Die Behandlung des dolus eventualis im Strafrecht und Strafprozess.

(Gutachten für den 24. deutschen Juristentag. 1898.)

Unter den mannigfachen und zumeist berechtigten Klagen, die im Laufe der letzten Jahre aus weiteren Kreisen heraus gegen die Rechtsprechung unserer Strafgerichte laut geworden sind, haben wenige einen so lebhaften und allgemeinen Widerhall gefunden, wie die Behauptung einer Ueberspannung des Vorsatzbegriffes durch mißverständliche Verwertung des dolus eventualis [1]. Wohl um diesen Klagen zu begegnen und um eine für die Rechtsprechung zielweisende Begriffsbestimmung des eventuellen Vorsatzes zu gewinnen, ist die mir und anderen zur Begutachtung vorgelegte Frage auf die Tagesordnung des deutschen Juristentages gesetzt worden. Unter diesen Umständen kann es wohl nicht die Aufgabe des von mir zu erstattenden Gutachtens sein, auf die grundlegenden Streitfragen über den Begriff des Vorsatzes weiter einzugehen, als es für das zunächst zu befriedigende Bedürfnis der Rechtsprechung notwendig erscheint.

Völlig außer Erörterung kann es daher bleiben, ob sich die Schuld überhaupt, der Vorsatz insbesondere auf die juristische Bedeutung oder aber auf die sinnfällige Wirkung der Handlung bezieht. So wichtig dieser tiefgreifende Gegensatz zwischen **Bindings** Normentheorie und meiner eigenen Auffassung auch sein mag — er kann hier um so mehr auf sich beruhen, als die Uebertragung der von mir vertretenen Ergebnisse auf den Vorsatzbegriff **Bindings** keinerlei Schwierigkeiten bietet.

---

1) Vergl. als Stimme aus den Kreisen des Reichsgerichts auch **Mittelstädt**, Gerichtssaal XLI, S. 14.

Ich gehe also davon aus, daß der Begriff des Vorsatzes an die Handlung als die Verursachung eines Erfolges, d. h. einer sinnfälligen Veränderung in der Außenwelt, nicht aber an das Delikt als Normübertretung anzuknüpfen hat. Der Kürze halber werde ich dabei nur von dem Erfolg, von der Wirkung sprechen, betone aber ein für allemal, daß ich den Begriff des Vorsatzes stets auf die ganze Handlung, auf Ursache (Körperbewegung) und Wirkung (Erfolg) beziehe [1]).

Ebenso braucht auf den in den letzten Jahren (insbesondere zwischen Bünger, Zeitschrift VI und Frank, Zeitschrift X) viel erörterten Gegensatz zwischen der Willenstheorie und der Vorstellungstheorie nicht eingegangen zu werden [2]). Ob in dem „Wollen" oder ob in dem „Vorstellen" des Erfolges das Wesen des Vorsatzes erblickt wird, ist für uns deshalb ohne Belang, weil sich — von einzelnen Ausnahmen abgesehen — in der Anerkennung des eventuellen Vorsatzes die Anhänger beider Ansichten begegnen.

Es ist daher unbedenklich, wenn ich im folgenden von meiner, auf der Vorstellungstheorie ruhenden Begriffsbestimmung des Vorsatzes ausgehe, diese in ihrer Anwendung auf den eventuellen Vorsatz und gegenüber den in der Wissenschaft vertretenen abweichenden Ansichten erläutere und von diesem Standpunkte aus die Haltung unserer Rechtsprechung kritisch prüfe.

I. Der Begriff des eventuellen Vorsatzes.

Ich bestimme den Vorsatz als Voraussicht des Erfolges. Vorsatz liegt also zweifellos vor, wenn der Erfolg beabsichtigt war, mag der Täter den Eintritt des Erfolges mit größerer oder geringerer Bestimmtheit vorausgesehen haben; er kann aber auch bei bloßer Voraussicht des nicht beabsichtigten Erfolges vorliegen. Hier sind zwei Fälle zu unterscheiden.

1) Der Täter hat den Eintritt des Erfolges für sicher (notwendig) gehalten. Für diesen Fall wird Vorsatz ganz

---

1) Die Anwendung der gewonnenen Ergebnisse auf die „Unterlassungen" bedarf keiner besonderen Besprechung.

2) Vergl. A. Horn in Goltdammers Archiv XLII, S. 214.

allgemein, insbesondere auch von der Willenstheorie, angenommen; denn, so pflegt man zu sagen, die als notwendig erkannte Folge seiner Willensbetätigung kann der Täter unmöglich nicht gewollt haben.

2) Der Täter hat den Eintritt des Erfolges nur für möglich gehalten. Hier liegt Vorsatz unter der Voraussetzung vor, „daß die Ueberzeugung von dem sicheren Eintritt des Erfolges den Täter von der Begehung der Handlung nicht abgehalten hätte, wenn also der Täter in den Erfolg eingewilligt hat“. Das ist der Fall des dolus eventualis.

Diese Begriffsbestimmung bedarf der näheren Erläuterung nach verschiedenen Richtungen hin.

I. Mag auch immerhin der dolus eventualis in seinem geschichtlichen Auftreten eine verkappte Spielart des dolus indirectus sein [1]), heute beansprucht er diesem gegenüber, wie er etwa in § 1 des geltenden österreichischen St.G.B. uns entgegentritt, eine durchaus selbständige Stellung. Vor allem verlangt der dolus eventualis kein versari in re illicita, er setzt keinen dolus in genere voraus. Es ist nicht notwendig, wenn auch immerhin möglich, daß der eingetretene Erfolg aus einem an sich schon rechtswidrigen Verhalten hervorgegangen ist. Ob der Dieb in den von ihm durchsuchten Räumen oder ob der Mieter in seiner Wohnung durch Wegwerfen eines glimmenden Zigarrenendchens einen Brand verursacht, ist völlig gleichgültig. Das muß betont werden, weil der dolus indirectus, wenigstens in seiner älteren Gestalt, das versari in re illicita zur unerläßlichen Voraussetzung hatte.

Dagegen verlangt der dolus eventualis ganz unbedingt, wie grundsätzlich ja von allen Seiten zugegeben wird, die Voraussicht des Erfolges. Es genügt nicht, daß der Täter den Erfolg hätte voraussehen können und sollen (das scire debuisse et potuisse), wenn er ihn nicht wirklich vorausgesehen hat. Das ist die scharfe, freilich von der Praxis, auch der des Reichsgerichts, oft genug übersehene

---

1) Vergl. darüber die treffliche Darstellung bei Löffler, Die Schuldformen des Strafrechts I 172, 205 ff.

Grenzlinie zwischen Vorsatz und Fahrlässigkeit. Non scire quod scire debemus et possumus, culpa est [1]. Noch viel weniger handelt es sich beim dolus eventualis um bloße Erfolgshaftung, also darum, daß der unverschuldet verursachte Erfolg aus diesem oder jenem Grunde dem Täter zugerechnet werden wird. Beim dolus indirectus in seinen verschiedenen Ausgestaltungen liegt die Sache bekanntlich anders.

II. Der eventuelle Vorsatz ist also wirklicher Vorsatz, d. h. Voraussicht des Erfolges. Aber diese genügt zwar, wenn der Erfolg als ein notwendiger, sie genügt nicht, wenn er nur als ein möglicher vorausgesehen war. Hier muß ein weiteres hinzutreten.

Unser geltendes Recht kennt nur zwei Schuldformen, Vorsatz und Fahrlässigkeit. Der Vorsatz ist unbedingt die schwerere Schuldform. Die Fahrlässigkeit ist nur in bestimmten Fällen strafbar, und zieht auch in diesen ganz regelmäßig geringere Strafe als der Vorsatz nach sich. Es darf also, wollen wir nicht zu den Grundgedanken des Gesetzgebers in Widerspruch treten, eine Schuldform, die an Strafwürdigkeit hinter der Fahrlässigkeit nach unserem Rechtsbewußtsein zweifellos zurückbleibt, unmöglich zum Vorsatz gerechnet werden. Wem der Gedanke an den Eintritt des Erfolges gar nicht gekommen ist, weil er ohne jede Ueberlegung blindlings darauflos handelt, kann nur wegen Fahrlässigkeit gestraft werden; wer dagegen in ängstlicher Vorsicht alle Möglichkeiten erwogen, auch den Eintritt des verletzenden Erfolges als möglich ins Auge gefaßt, aber nach reiflicher Ueberlegung abgelehnt hat, würde wegen vorsätzlicher Herbeiführung des gegen Wunsch und Erwarten eingetretenen Erfolges haften, wenn man die Erkenntnis der Möglichkeit des Erfolgseintrittes als genügend ansehen wollte. Um dieses völlig unerträgliche Ergebnis zu vermeiden, hat man sich von jeher bemüht, durch Hinzufügung eines weiteren Merkmals den Begriff des dolus eventualis enger zu umgrenzen.

Scheinbar weichen die einzelnen Versuche, dieses neue

1) Nettelbladt, vergl. Löffler S. 179.

Begriffsmerkmal zu bestimmen und damit den eventuellen Vorsatz von der Fahrlässigkeit scharf abzutrennen, weit genug voneinander ab.

Wir finden die verschiedensten Wendungen bei den einzelnen Schriftstellern; und insoweit wird es von wenigstens scheinbarer Bedeutung, ob man von der Willens- oder von der Vorstellungstheorie ausgeht.

Der Täter muß sich den Erfolg „gefallen lassen“, ihn „in den Kauf nehmen“, es „darauf ankommen lassen“, „sich darin ergeben“, ihn „billigen“, „genehmigen“, mit ihm „einverstanden“ sein, ihm „zustimmen“, in ihn „einwilligen“, ihn (eventuell) „in sein Wollen, Begehren, Streben aufnehmen“. Hat doch Soden (Löffler 207) geradezu von der „einwilligenden Schuld“ als einer besonderen Schuldform gesprochen.

Genauere Betrachtung lehrt aber bald, daß diesen verschiedenen Wendungen eine inhaltliche Verschiedenheit nicht entspricht. Richtig angewendet, führen alle diese Fassungen zu demselben Ergebnisse. Ich kann mir wenigstens keinen einzigen praktischen Fall denken, dessen Entscheidung je nach (verständiger) Anwendung dieser oder jener Fassung verschieden ausfiele. Jedenfalls möchte ich den Gegenbeweis abwarten, ehe ich mich in eingehende Erörterung etwa denkbarer Unterschiede vertiefe.

Ich selbst hatte bis zur 3. Auflage (einschließlich) meines Lehrbuchs den eventuellen Vorsatz gar nicht besonders hervorgehoben. Er sollte erledigt werden durch den Satz (S. 166 der 3. Aufl.): „Voraussicht des Erfolges ... bedeutet das Bewußtsein, daß die Handlung diese Folgen nach sich ziehen werde, nicht, daß sie diese möglicherweise nach sich ziehen könne oder notwendigerweise nach sich ziehen müsse.“

Ich halte auch heute noch diese Fassung für durchaus zutreffend. In allen Fällen des eventuellen Vorsatzes nimmt der Täter an, daß der von ihm vorgestellte Erfolg eintreten werde; fehlt es an dieser Annahme, so liegt auch eventueller Vorsatz nicht vor. Man untersuche die einzelnen Schulbeispiele näher und man wird sich von der Richtigkeit dieser Behauptung überzeugen. Beim Tellschuß ist der Täter überzeugt, daß er den Apfel und nicht den Knaben treffen werde; sei es daß er seiner Geschicklichkeit, sei es daß er dem Glück oder der göttlichen Fügung vertraut. Von vorsätzlicher Tötung kann hier keine Rede sein, wenn dennoch gegen alles Erwarten der Knabe tödlich getroffen wird. Wer aber, um eine bestimmte Person zu töten, eine Sprengbombe in eine Menschenmenge wirft, weiß, daß die explodierende Masse auch andere Menschen treffen wird; er haftet wegen Vorsatz. Alle schulgerechten Unterscheidungen, ob das bestimmter oder unbestimmter Vorsatz sei, sind völlig überflüssig und darum vom Uebel.

Auch der eventuelle Vorsatz ist Voraussicht des Erfolges, d. h. Annahme, daß der Erfolg eintreten werde. Das Eigentümliche liegt nur darin, daß beim eventuellen Vorsatz der Täter nicht einen bestimmten, auch nicht einen unbestimmten Erfolg „voraussieht", sondern annimmt, daß der eine oder der andere von mehreren bestimmten Erfolgen eintreten werde. Nur aus diesem „entweder — oder" können wir die Berechtigung herleiten, den dolus eventualis als einen Fall des dolus indeterminatus dem Vorsatz gegenüberzustellen. Aber der gemeinsame Oberbegriff ist derselbe: Voraussicht des Erfolges, d. h. Voraussicht, daß der Erfolg eintreten werde [1]). Der dolus eventualis ist keine Erweiterung, sondern die folgerichtige Anwendung des Vorsatzbegriffes und bedarf gerade darum, streng genommen, keiner besonderen Erwähnung.

---

1) Ebenso auch v. Lilienthal, Zeitschrift XV 279. — Frank hat meine Fassung völlig mißverstanden. Er wendet S. 216 gegen mich ein: „Wenn durch diese Bemerkung gesagt sein soll, daß die Vorstellung des Erfolgs als eines möglichen nicht zum Vorsatze genüge, so trifft sie meines Erachtens nicht zu. Gesetzt, ich fasse den Plan, den Schaffner von dem Trittbrette in einen Abgrund zu stürzen, über welchen der Zug dahinfährt. Ich weiß genau, daß mein Stoß möglicherweise deshalb wirkungslos bleibt, weil sich jener vielleicht zu fest hält, ich urteile also nur: ich kann ihn herabstürzen und töten, nicht: ich werde ihn töten; und doch wird kein Richter Bedenken tragen, mich wegen Mordes zu verurteilen, wenn der Stoß gelingt." Auch ich verurteile in diesem Falle selbstverständlich wegen Mordes. Das Urteil des Täters lautete hier nämlich ganz zweifellos: ich werde töten. Der Fehler Franks liegt darin, daß er die Voraussicht des Erfolgs als eines gewissen von der Voraussicht des Erfolgs als eines notwendigen trennt und nur auf die erstere das

Die seit der 4. Auflage meines Lehrbuchs von mir verwendete, oben zu Grunde gelegte Begriffsbestimmung soll nicht etwas inhaltlich verschiedenes bieten, sondern denselben Gedanken in einer für die Rechtsprechung mundgerechteren Form zum Ausdrucke bringen. Sie schließt sich zunächst an die von Frank, Zeitschrift X 211 gegebene Fassung an: „Die Voraussicht des Erfolges als eines möglichen erfüllt den Begriff des Vorsatzes nur dann, wenn die Voraussicht desselben als eines gewissen den Handelnden nicht abgehalten, nicht die Bedeutung eines ausschlaggebenden kontrastierenden Motivs gehabt hätte" [1]).

Ich glaubte aber noch weiter gehen und erläuternd hinzufügen zu dürfen: „wenn also der Täter, wie wir wohl sagen dürfen, in den Erfolg eingewilllgt hat". Diese Wendung bedeutet im Grunde, wie Frank 211 und neuerdings von Lilienthal, Zeitschrift XV 280 hervor-

Urteil gründet: ich werde den Erfolg verursachen. Diese Auffassung, über die ich hier nicht rechten will, lag und liegt mir gänzlich fern. Ich gehe davon aus, daß das (assertorische) Urteil: „ich werde töten" — mit den Kategorien „Notwendigkeit, Wahrscheinlichkeit, Möglichkeit" (also mit dem problematischen und dem apodiktischen Urteile) überhaupt nichts zu tun hat. Aehnlich wohl auch Binding, Normen II § 58. Auch Lucas S. 16 steht trotz seiner Polemik diesem Gedanken näher als er meint.

1) Ich habe also nicht etwa, wie öfter, z. B. von Weißenborn S. 211, gesagt worden ist, meine Ansicht aufgegeben und die Franks angenommen. Schon deshalb nicht, weil Frank gar keine von der meinen abweichende Ansicht vertreten hat. Vielmehr handelte es sich für ihn wie für mich nur darum, für die gemeinsame Ansicht den passendsten, brauchbarsten Ausdruck zu finden. Weil mir die Franksche Fassung die brauchbarere zu sein schien, habe ich sie angenommen. Um aber jeden Zweifel auszuschließen, habe ich die von Frank aus äußeren Gründen verworfene „Einwilligung" noch hinzugefügt. — Völlig verfehlt ist der Einwand Weißenborns (S. 211) gegen die Franksche Fassung. Er sagt: „Damit würde man dem Verbrecher eine bequeme Ausrede geben. Die Unsicherheit des Eintritts des möglichen Erfolges verführt gerade zum Handeln. Der Verbrecher wagt häufig, wie beim Spiel, gleichsam einen Einsatz, in der Hoffnung, der verletzende Erfolg möge durch glücklichen Zufall ausbleiben und nur der erlaubte eintreten. Ihn deswegen freisprechen, weil er, wenn er den gewissen Eintritt des unerlaubten Erfolges vorausgesehen hätte, nicht gehandelt haben würde, hieße eine Prämie auf den verbrecherischen Wagemut setzen." Weißenborn hat dabei nur eines übersehen: daß er den schlimmsten Fall der Fahrlässigkeit schildert, und daß nur der Gesetzgeber, nicht aber der Richter dafür verantwortlich gemacht werden kann, wenn dieser Fall die ihm gebührende Ahndung nach geltendem Recht nicht findet.

gehoben haben, auch nichts anderes, als „daß die Vorstellung des sicheren Eintritts kein genügendes Motiv gewesen sein würde für die Unterlassung des Handelns."

Wenn man also meiner Begriffsbestimmung den Vorwurf gemacht hat [1]), sie gebe die Vorstellungstheorie preis und mache eine Anleihe bei der Willenstheorie, so läßt mich dieser Tadel völlig ruhig. Es ist wahr, ich habe drei Fassungen gegeben, statt einer. Aber ich hätte mit der einen (Voraussicht des Erfolges) nach allen Richtungen hin mein Auslangen gefunden [2]). Da die drei Fassungen inhaltlich dasselbe besagen, ist zugleich der Beweis erbracht, daß Vorstellungs- und Willenstheorie, richtig verwertet, zu demselben Ergebnisse führen.

Ich behaupte also, daß in der heutigen Wissenschaft der Begriff des eventuellen Vorsatzes feststeht. Die Fassungen, die man dem Begriff gegeben hat, weichen äußerlich voneinander ab; der Gedanke, den sie wiedergeben sollen, ist überall derselbe.

Es wird genügen, aus der neuesten Literatur hier einige Begriffsbestimmungen anzuführen. Im übrigen kann auf

1) So A. Horn in seinen Abhandlungen, zuletzt Gerichtssaal, Bd. LIII.

2) Nebenher sei darauf hingewiesen, daß die beiden Begriffe „Vorsatz" und „Fahrlässigkeit" nur dann einander wirklich ausschließen, wenn die Fassung „Voraussicht des Erfolges" richtig verstanden wird. Man nehme folgendes Beispiel. A wettet mit seinem Genossen, daß er dem B die Pfeife aus dem Munde schießen werde. Er sieht die Möglichkeit voraus, daß seine Kugel statt der Pfeife den B selbst treffen könne, lehnt aber, im Vertrauen auf seine oft bewährte Geschicklichkeit, den Eintritt dieses Erfolges ab. Infolge einer plötzlichen Bewegung des B wird dieser von der Kugel getroffen und tödlich verwundet. Vorsatz liegt nicht vor, denn die „Einwilligung" in den Erfolg fehlt. Fahrlässigkeit scheint aber auch ausgeschlossen zu sein, denn diese verlangt, daß der Erfolg nicht vorausgesehen sei und hier liegt doch, dem Anscheine nach, Voraussicht des Erfolges vor. Verallgemeinert würde dieses Ergebnis die Notwendigkeit dartun, daß der Begriff der Fahrlässigkeit ausgedehnt werden müßte auf die Fälle, in denen der Täter den als möglich vorausgesehenen Erfolg abgelehnt hat. Aber man sieht doch wohl, daß das Ergebnis auf einem Fehlschlusse beruht. Der Täter hat den Erfolg eben nicht vorausgesehen. Er hat sich gesagt: ich werde nicht töten. Somit bietet diese Erwägung einen weiteren Beleg dafür, daß die Bestimmung: „Voraussicht des Erfolges" den Begriff des Vorsatzes nach allen Richtungen hin erschöpft. Ich kann mich denn auch in der Tat nicht erinnern, eine solche erweiterte Fassung des Fahrlässigkeitsbegriffes gelesen zu haben.

die bekannte tüchtige Schrift von Lucas, Die subjektive Verschuldung im heutigen deutschen Strafrecht, 1883, auf Franks Abhandlung im X. Bande der Zeitschrift und auf Löfflers Schuldformen verwiesen werden. Weißenborns Abhandlung im Gerichtssaal L 195 hat die Frage nicht gefördert.

Nach H. Meyer, Lehrbuch, 5. Aufl., S. 173 liegt dolus eventualis, als eine Art des unbestimmten Vorsatzes, dann vor, „wenn der Täter zunächst den einen Erfolg will, eventuell (nämlich für den Fall seines Eintritts) ihm aber auch ein anderer bezw. schwererer Erfolg recht ist." Damit ist zweifellos die eventuelle Billigung des als möglich vorausgesehenen Erfolges gemeint.

Uebereinstimmend sagt Olshausen, Note 6 zu § 59: „Es genügt das Wissen seitens des Täters, daß derjenige Erfolg, von dessen Verursachung das Gesetz die Strafbarkeit abhängig macht, durch seine Handlung herbeigeführt werden könne, unter der Voraussetzung, daß er mit diesem Erfolge, wenn er eintritt, einverstanden ist." Damit steht nun freilich der folgende Satz in einem schwer begreiflichen Widerspruch: „Es ist hiernach einerseits zur Bestrafung nicht das kaum jemals vorhandene absolute Wissen sämtlicher Tatumstände einer strafbaren Handlung erforderlich, sondern nur das Fürmöglichhalten derselben unter der eben bezeichneten Voraussetzung, andererseits Straflosigkeit nicht schon dann gerechtfertigt, wenn der Täter die Tatumstände nicht kannte, sondern erst dann, wenn er auch keinen Zweifel an deren Vorliegen hatte." Ich werde auf den Grund dieser völlig verfehlten Behauptung noch zurückkommen (vergl. unten S. 277).

Nach Lucas S. 10 bildet „das Entscheidende der gewöhnliche Lauf der Dinge und die Vorstellung des Handelnden von dem, was nach diesem Laufe wohl erwartet werden kann [1]). Hiernach erscheint jedenfalls der als wahrscheinlich gedachte Erfolg vom Vorsatz umfaßt, der als möglich vorgestellte aber nur insofern, als diese Möglichkeit in der Vorstellung mit dem gewöhnlichen Gange der Ereignisse verbunden worden ist."

1) Das ist das Urteil: „ich werde töten". Vergl. oben S. 256 Note 1.

Auch Merkel, wenn ich ihn recht verstehe, steht auf dem Boden der herrschenden Ansicht. Er sagt Lehrbuch S. 79: „Die Verwirklichung bestimmter Merkmale kann außerhalb des Zweckes des Handelnden liegen und eine bloß bewußt in Kauf genommene Konsequenz seiner Handlung darstellen. Dies erfolgt hier nicht, weil, sondern obgleich die betreffende Folge vorausgesehen wird. So weiß der zu einem Zweikampf Herausfordernde, daß die Folge dieser Handlung der eigene Tod sein könne. Hierin liegt nicht ihr Zweck, aber eine eventuell in Kauf genommene mögliche Konsequenz derselben. Derartige Folgen von Handlungen nennen wir gleich den unter a erwähnten gewollt und vorsätzlich herbeigeführt, sofern ihnen (man denke z. B. an den Tod eines Menschen, der vorausgesehener-, aber nicht bezweckterweise durch das Strandenmachen eines versicherten Schiffes verursacht wird) eine praktische Bedeutung für die Interessen des Handelnden oder Dritter zukommt, welche geeignet ist, der Willensbetätigung in der gegebenen Richtung psychologische Hindernisse zu bereiten, und insofern die Ueberwindung dieser Hindernisse als ein Element der der Handlung zu Grunde liegenden Willensbetätigung erscheint."

III. Allerdings fehlt es dem dolus eventualis nicht an grundsätzlichen Gegnern. Der bedeutendste von ihnen ist Löffler (s. insbesondere S. 226 gelegentlich der Besprechung von Köstlins Lehre). Er hält das Merkmal der „eventuellen Einwilligung" für völlig ungeeignet, zur Abgrenzung der Schuldstufen verwendet zu werden. Er bringt für diese Behauptung zwei Gründe bei, von denen aber keiner beweisende Kraft besitzt. 1) Der „psychologische Tatbestand" der „eventuellen Einwilligung" sei nicht bedeutend genug für eine verschiedene Bewertung der Schuld. Mit anderen Worten: es kann Fälle mit Einwilligung geben, die wesentlich milder zu beurteilen sind, als andere Fälle, in welchen die Einwilligung fehlt. Zugegeben, daß die vom Verfasser gegebenen Beispiele zutreffend seien — so folgt doch, meine ich, daraus nicht etwa die Verwerflichkeit jener Unterscheidung, sondern nur die Notwendigkeit übereinander greifender Strafrahmen. Löffler dürfte gewiß der letzte sein, der diese Notwendigkeit gegen eine begriffliche Unterscheidung der Schuldstufen ins Feld zu führen das Recht hätte. 2) Das Erfordernis der eventuellen Einwilligung führe zu Beweisschwierigkeiten, die ohne Aufstellung einer Schuldpräsumption unüberwindlich seien. „Ohne diese Schuldpräsumption, die unbedingt abgelehnt werden muß, ist die eventuelle Einwilligung als Scheidemerkmal von dolus und luxuria praktisch ganz unbrauchbar." Diese Behauptung beweist ebenfalls zu viel. Absicht, Wissentlichkeit, Fahrlässigkeit — sind sie nicht auch Tatsachen des Seelenlebens, die nicht an sich erkannt, sondern nur aus äußeren Umständen erschlossen werden können? Haben nicht auch hier die häufigen Beweisschwierigkeiten zur Aufstellung von Schuldpräsumptionen verleitet? Sollten jene Begriffe darum gestrichen werden — wo bliebe da Löfflers Schuldlehre!

Auf diese einzugehen, ist hier nicht der Ort, da sie, wie Löffler selbst betont, nicht die des geltenden Rechts ist. Nur andeuten möchte ich, daß Löffler mit den untersten Stufen seiner „Wissentlichkeit" arg ins Gedränge kommt und daß sein Versuch, die Straflosigkeit der wissentlichen Verursachung für diese Fälle durch die Heranziehung eines völlig heterogenen Moments (der Berechtigung) nachzuweisen, kaum gelungen sein dürfte.

Auch Stooß ist neuerdings (Zeitschrift XV 199) zur grundsätzlichen Verwerfung des dolus eventualis gelangt. Er glaubt, dessen wahres Wesen entschleiert und zugleich alle Schwierigkeiten gelöst zu haben, indem er erklärt: der sogenannte eventuelle Verletzungsvorsatz ist in Wahrheit bestimmter Gefährdungsvorsatz. Aber mit dieser Erklärung ist gar nichts gewonnen. Wenn der Arzt, vom Forschungsdrang getrieben, den Krankheitserreger auf den gesunden Körper überträgt, um zu sehen, wie dieser dazu sich verhält; wenn er die Möglichkeit der Ansteckung voraussieht und mit in den Kauf nimmt, weil die Lust der Forschung eben bei ihm größer ist als die Achtung vor fremdem Menschenleben: dann hat er allerdings unzweifelhaft den Gesunden gefährdet. Aber die etwa eingetretene Ansteckung hat er **vorsätzlich** verursacht. Und der Gesetzgeber, der ihn der verdienten Strafe entziehen wollte, würde dem Volksbewußtsein ins Gesicht schlagen. Stooß täuscht sich selbst, wenn er meint, die Annahme vorsätzlicher Verletzung durch die Strafdrohungen gegen vorsätzliche Gefährdung ausschließen zu können. Nach den Grundsätzen über Idealkonkurrenz wie nach jenen über Alternativität der Strafgesetze würde der Arzt nicht wegen Gefährdung, sondern wegen Verletzung gestraft werden müssen; dieses Ergebnis ist nach dem Schweizer Entwurf ganz ebenso unabweislich, wie nach dem Reichsstrafgesetzbuch.

II. Die Rechtsprechung.

Während in der Literatur, von vereinzelten Ausnahmen abgesehen, eine grundsätzliche Uebereinstimmung über Begriff und Anwendung des dolus eventualis nachgewiesen werden konnte, ist die Unsicherheit unserer Rechtsprechung in dieser Frage ganz zweifellos im Zunehmen begriffen. Es wird sich unschwer nachweisen lassen, welches die Klippen sind, an denen unsere Strafgerichte scheitern.

I. Unsere Blicke lenken sich zunächst, wie billig, nach dem Reichsgericht. Aber vergeblich suchen wir bei dem höchsten deutschen Gerichtshofe nach einer unzweideutigen Stellungnahme zu unserer Frage.

Die unsere Rechtsprechung beherrschende Verwirrung spiegelt sich in den Entscheidungen des Reichsgerichts auf das Deutlichste wider. Einer Mehrzahl von Urteilen, die von einem klaren und richtigen Begriffe des eventuellen Vorsatzes ausgehen, steht eine beträchtliche Minderheit gegenüber, in welchen die Grenzlinie zwischen Vorsatz und Fahrlässigkeit völlig verwischt wird; und das Gewicht jener Mehrheit wird durch die schwankende Unsicherheit der Fassung wesentlich vermindert. Ein sicherer Führer der Rechtsprechung ist das Reichsgericht gerade in dieser Frage nicht gewesen. Eben darum aber scheint es zweckmäßig, die einschlagenden Entscheidungen des Reichsgerichts einer eingehenderen Betrachtung zu unterwerfen [1].

---

1) Für die Vollzähligkeit der von mir angeführten Entscheidungen kann ich nicht einstehen. Wie überall, läßt auch in dieser Frage das Sachregister der amtlichen Ausgabe den Nachforschenden im Stich. Dieser oft gerügte Uebelstand macht sich mit jedem Bande fühlbarer. Es wäre hoch an der Zeit,

Ich beginne mit den Entscheidungen, welche zu der ersten Gruppe gehören.

An die Spitze stelle ich das bedeutsame Urteil des I. Strafsenats vom 13. April 1891, XXI 420. Der Angeklagte war aus § 176 Ziff. 3 verurteilt worden, obwohl er behauptet hatte, „daß er eine Vorstellung von dem Alter des Kindes überhaupt nicht gehabt, hierum sich gar nicht gekümmert, vielmehr diesbezüglich in völliger Unbefangenheit mit demselben sich abgegeben habe". Das Landgericht Aachen sagte: „Die Unbekümmertheit des Angeklagten um das Alter des Kindes, obschon dessen Aussehen und körperliche Entwickelung ihm Bedenken hätten verursachen müssen, läßt vielmehr gerade erkennen, daß er die Tat, wie sie objektiv vorliegt, ohne Rücksicht auf das Alter des Mädchens auch gewollt hat."

Der von dem Verurteilten eingelegten Revision wurde stattgegeben. Aus den Gründen:

„Der von § 176 Ziff. 3 vorausgesetzte Wille, an einer Person unter 14 Jahren unzüchtige Handlungen vorzunehmen, kann allerdings nicht bloß ein bestimmter, er kann vielmehr auch ein eventueller sein. Der bestimmte Wille wird dann vorliegen, wenn der Täter die Ueberzeugung hat, daß die Person, welche er mißbraucht, noch nicht 14 Jahre alt ist. Der eventuelle Wille setzt voraus, daß der Täter diese Ueberzeugung nicht hat, aber hinsichtlich des Alters im Zweifel ist, daß er nämlich die Möglichkeit, die Person könne das 14. Lebensjahr noch nicht zurückgelegt haben, sich vorstellt, gleichwohl aber, auch für den Fall, daß jenes Alter noch nicht zurückgelegt worden sein sollte, den Entschluß faßt, die unzüchtigen Handlungen vorzunehmen. Dagegen fällt der „bloße Zweifel" nicht, wie das Instanzgericht annimmt, rechtlich mit dem eventuellen Willen zusammen, denn wenn der Täter zwar zweifelt und sich die Möglichkeit vorstellt, die betreffende Person könnte noch nicht 14 Jahre alt sein, sich aber der Erwartung hingibt, jene Möglichkeit werde in

---

daß sich die Verlagshandlung nach einem fähigeren und gewissenhafteren Bearbeiter umsähe, oder daß die Herstellung eines ernst zu nehmenden Registers von anderer Seite veranlaßt würde.

Wirklichkeit nicht zutreffen, und wenn er nur in dieser, wenn auch leichtfertigen, Erwartung die unzüchtigen Handlungen begeht, so nimmt er die Verübung der Tat an einer noch nicht 14 Jahre alten Person nicht und auch nicht eventuell in seinen Willen auf, er schließt vielmehr eine solche Tat von seinem Willen aus, und der Tatbestand des § 176 Ziff. 3 trifft daher in einem solchen Falle nicht zu. In gleicher Weise würde z. B. derjenige, welcher einen ihm entbehrlichen schweren Gegenstand, um sich desselben zu entledigen, nachts durch das Fenster wirft und hierbei zwar der Möglichkeit sich bewußt ist, daß ein Vorübergehender getroffen und getötet werden könnte, diese Folge aber, welche nicht notwendig eintreten mußte, durchaus von seinem Willen ausschließt und sich vielmehr der leichtfertigen Erwartung hingibt, es werde in dem betreffenden Zeitpunkte auf der Straße niemand vorübergehen, nicht wegen Mordes, sondern nur wegen fahrlässiger Tötung bestraft werden können, wenn in der Tat ein Vorübergehender durch jenen Gegenstand getroffen und getötet worden ist. In solchen Fällen ist es Sache der tatsächlichen Beurteilung, darüber zu entscheiden, ob nach den konkreten Umständen der Täter, seiner Zweifel ungeachtet, die eingetretene Rechtsverletzung nicht in seinen Willen aufgenommen hat, oder ob zu dem Zustande des Zweifelns jener Wille in der Form des sogenannten Eventualdolus hinzugetreten ist ..... Es kommt übrigens noch weiter in Betracht, daß das Instanzgericht die Einrede des Angeklagten er habe über das Alter des Mädchens überhaupt keine Vorstellung gehabt und sich auch in einem diesfallsigen Zweifel nicht befunden, nicht als unzutreffend bezeichnet, vielmehr auf die in diesem Falle vorliegende „Sorglosigkeit" hingewiesen ..... hat .... Diese Ausführungen schließen die Annahme nicht aus, daß das Gericht davon ausgegangen ist, der Angeklagte habe sich die Möglichkeit, daß das Mädchen noch nicht 14 Jahre alt sein könnte, nicht vorgestellt, er hätte sich aber diese Möglichkeit nach Lage der Sache vorstellen können und sollen. Von diesem Gesichtspunkte aus würde die Folgerung, daß der eventuelle Wille, eine Person unter 14 Jahren zu mißbrauchen, als vorliegend zu erachten, jeder Grundlage entbehren, denn der eventuelle Wille kann nur auf ein Ziel gerichtet sein, welches der Täter als ein real mögliches sich vorgestellt hat. Anderenfalls könnte nur etwa von einer für den Tatbestand des § 176 Ziff. 3 belanglosen, fahrlässigen Verschuldung die Rede sein, wenn der Angeklagte zufolge seiner „Sorglosigkeit" und „Unbekümmertheit" an einen Umstand nicht gedacht haben sollte, an welchen er hätte denken können und sollen."

In aller Schärfe ist in dieser Entscheidung der doppelte Satz ausgesprochen: 1) daß das scire debuisse et potuisse niemals ausreichen könne, um den Begriff des eventuellen Vorsatzes zu erfüllen; 2) daß auch das scire selbst nur bei Hinzutritt eines weiteren Moments zur Aufnahme des dolus eventualis genügt [1]).

An diese Entscheidung schließen sich drei weitere Urteile:

II. Strafsenat, 8. Januar 1884, IX 417 (zu § 130): Vorsätzlich handelt, wer sich bewußt ist, daß der rechtswidrige Erfolg durch seine Handlung herbeigeführt werden könne und der mit diesem Erfolg wenn er eintritt, einverstanden ist. Er hat dann diesen Erfolg eventuell gewollt (mit sehr bedenklicher Anwendung auf die Feststellungen der Vorinstanz).

I. Strafsenat, 24. November 1887, XVI 363: Fast wörtlich übereinstimmend (der Täter muß mit dem als möglich vorgestellten Erfolg einverstanden gewesen sein). Ebenso das unten S. 266 angeführte Urteil des Vereinigten II. und III. Strafsenats vom 15./22. Dezember 1884, XII 64.

In den meisten Fällen begnügt sich das Reichsgericht mit der allgemeineren, im Grunde tautologischen Wendung, daß der Täter den als möglich erkannten Erfolg „in seinen Willen aufgenommen" haben müsse. So III. Strafsenat, 8. Februar 1882, VI 22 (zu § 308); III. Strafsenat, 18. April 1882, VI 273 (zu § 14 des Markenschutzgesetzes); II. Strafsenat, 29. März 1889, XIX 90 (zu § 263); II. Strafsenat, 28. Dezember 1888, XIX 309 (zu § 271); III. Strafsenat, 21. November 1887, XX 131 (zu § 9 des Sozialistengesetzes

---

1) Vergl. gegen diese Entscheidung Weißenborn 212.

vom 21. Oktober 1878); I. Strafsenat, 28. Januar 1892, XXII 393 (zu § 317: Bewußtsein der Möglichkeit mit dem Willen, diesen Erfolg eventuell auf sich zu nehmen); IV. Strafsenat, 10. April 1894, XXV 221 (zu § 259; vergl. aber auch unten S. 269); II. Strafsenat, 10. März 1896, XXVIII 254 (zu § 82b des Krankenversicherungsgesetzes vom 10. April 1892); IV. Strafsenat, 18. Februar 1896, XXVIII 189 (zu § 163).

Von besonderer Wichtigkeit ist der ebenfalls hierher gehörende Beschluß der Vereinigten Strafsenate vom 6. Juni 1891, XXII 65 (zu § 20 Abs. 2 des Preßgesetzes vom 7. Mai 1874). Hier wird (S. 85) zur Kennzeichnung des dolus eventualis zutreffend gesagt: „Worauf es ankommt, ist ja allein, ob der Redakteur, gleichviel auf welchem Wege, mindestens soviel Kenntnis und Verständnis von dem Inhalte des strafbaren Artikels erlangt hat, daß anzunehmen ist, er habe diesen Inhalt vorausgesehen, gebilligt und die Veröffentlichung desselben mit in seinen Willen aufgenommen. Es werden daher nur solche Umstände geeignet sein, den eventuellen Vorsatz auszuschließen, welche dem Strafrichter die volle Ueberzeugung gewähren, die Veröffentlichung sei gegen den Willen des Redakteurs erfolgt, derselbe würde bei Kenntnis oder doch Verständnis des Inhaltes die Veröffentlichung unterlassen haben." Das ist durchaus die Franksche Fassung.

Gehört zum Begriff des eventuellen Vorsatzes, daß der als möglich erkannte Erfolg in den Willen aufgenommen sein mußte, so kann von dolus eventualis keine Rede mehr sein, wenn der Täter den Erfolg vermeiden wollte und vermeiden zu können hoffte. Auch dieser Gedanke kehrt in verschiedenen Wendungen wieder. So II. Strafsenat 21. November 1882, VII 279 (zu § 266): „Hat sich der Täter den eingetretenen rechtsverletzenden Erfolg seines Handelns als möglich vorgestellt, so kann ihm der letztere unbedenklich zum Vorsatz zugerechnet werden, falls sein Wille auf diesen Erfolg wenigstens eventuell gerichtet war; nicht aber, wenn er gerade diesen Erfolg vermeiden wollte."

Vereinigter II. und III. Strafsenat, 15./22. Dezember 1884, XII 64 (zu § 211): „Der Angeklagte war sich aber dabei der

Möglichkeit bewußt, daß durch seine Handlung auch Menschen getötet werden könnten und mit letzterem Erfolg, wenn er eintrat, einverstanden. Auch diesen letzteren von ihm als möglich vorausgesehenen Erfolg hat er eintretendenfalls gewollt und nicht etwa vermeiden wollen."

II. Strafsenat, 5. November 1886, XV 34 (zu § 34 des Patentgesetzes): „Die Wissentlichkeit umfaßt dagegen auch den dolus eventualis, welcher alsdann vorliegt, wenn der Handelnde, obwohl er die Möglichkeit des rechtsverletzenden Erfolges seiner Handlung in seine Vorstellung aufgenommen hat, ohne den Glauben, daß er diesen Erfolg vermeiden werde, die Handlung dennoch ausführt und so den rechtsverletzenden Erfolg schafft; denn bei dem Bewußtsein der Möglichkeit des rechtsverletzenden Erfolges liegt dieser Erfolg in dem Willensbereich des Handelnden, sofern letzterer nicht in der Lage ist oder zu sein glaubt, bei seinem Tun den Eintritt des Erfolges zu verhüten. Dem nur fahrlässig Handelnden fehlt entweder schuldbarer Weise die Vorstellung von der Möglichkeit des rechtsverletzenden Erfolgs seiner Handlung oder es wohnt ihm der bei näherer Prüfung vermeidliche irrige Glaube bei, daß der rechtsverletzende Erfolg nicht eintreten werde. Wer dagegen eine Handlung, deren rechtsverletzenden Erfolg er sich als möglich vorstellt, ohne den Glauben an dessen Nichteintritt ausführt, hat den rechtsverletzenden Erfolg mit eventuellem dolus herbeigeführt."

II. Strafsenat, 8. Dezember 1893, XXV 5 (zu § 263): „In der Regel wird freilich derjenige, welcher sich bei Begehung einer Tat die Möglichkeit eines Erfolges vorstellt, diesen Erfolg auch in seinen Willen aufnehmen. Notwendig ist dies jedoch keineswegs. Während der Täter sich vorstellt, daß seine Tat gewisse Folgen haben könne, kann er gleichzeitig den Eintritt dieser Folgen für so unwahrscheinlich ansehen und den Eintritt eines anderen Erfolges so bestimmt erwarten, daß er mit jener Möglichkeit nicht rechnet und sie von seinem Willen ausschließt."

Diesen Entscheidungen, die mit größerer oder geringerer Bestimmtheit die Einwilligung in den als möglich bekannten Erfolg, also eine positive Stellungnahme des Täters zu diesem verlangen, um das Vorliegen eines eventuellen Vorsatzes anzunehmen, stehen andere gegenüber, die den Begriff ins Unfaßbare verflüchtigen.

Im scharfen Gegensatz zu der Entscheidung des I. Strafsenats vom 13. April 1891 (oben S. 263) wird die Sorglosigkeit, das Unbekümmertsein, die Gleichgültigkeit des Täters in Beziehung auf den Erfolg für genügend erklärt; das Bewußtsein der Möglichkeit, der bloße Zweifel reichen hin, um dolus eventualis anzunehmen, ohne daß weiter nach der Einwilligung des Täters gefragt wird. Und trotz dieser handgreiflichen Widersprüche bei der Beantwortung einer praktisch so überaus wichtigen Frage fehlt es bisher an einer Plenarentscheidung, die, wie sie auch ausgefallen wäre, doch unserem Rechtsleben die so schmerzlich entbehrte Sicherheit zurückgegeben hätte! Man prüfe die folgenden Urteile:

I. Strafsenat, 31. März 1881, IV 38 (zu § 171): Der Zweifel, daß der Gatte noch am Leben sei, genügt zur Verurteilung. III. Strafsenat, 3. März 1884, X 234 (zu § 292): „Bei vorsätzlichen Delikten ist nicht das positive Wissen aller Merkmale erforderlich, welche den Tatbestand des Vergehens bilden, es genügt, wenn der Angeklagte über das Vorhandensein eines Tatbestandsmerkmals auch nur Zweifel hegte und dennoch auf die Gefahr hin, eine strafbare Handlung zu begehen, handelte .... Der § 59 kommt demjenigen nicht zu statten, welcher einen solchen Tatumstand zwar nicht bestimmt in seinen Willen aufgenommen hatte, aber doch bei der Tat sich der Möglichkeit seines Vorhandenseins bewußt war und unbekümmert darum, wie es sich hiermit verhalten möchte, die Tat beging."

Die Entscheidung des I. Strafsenats vom 28. April 1884, X 337 (zu § 176 Ziff. 3) steht im direkten Widerspruch zu der späteren Entscheidung desselben Senats vom 13. April 1891 (s. oben S. 263). Hier wie dort hatte die Vorinstanz festgestellt, daß der Angeklagte „sich über das Alter des Mädchens gar keine Gedanken gemacht", daß er sich um das Alter „nicht gekümmert" habe u. s. w. Dennoch hat das Reichsgericht eventuellen dolus angenommen, „da der Angeklagte die Tat gewollt, wobei es ihm gleichgültig gewesen, ob das Mädchen über oder unter 14 Jahre alt sei [1] ... Eine bestimmte Kenntnis fordert der Tatbestand nicht, nur die Unkenntnis schließt ihn aus, die bestimmte gegenteilige Annahme [2]).

II. Strafsenat, 13. Juni 1884, X 425 (zu § 137): „Es genügt, wenn der Täter über die gesetzliche Zulässigkeit der Pfändung oder Beschlagnahme und über die Zuständigkeit der Behörde oder des Beamten im Zweifel war."

III. Strafsenat, 6. Juni 1885, XII 297 (zu § 348): „Der in § 59 niedergelegte Grundsatz kann nur dahin verstanden werden, daß die Zurechnung „erst dann entfalle, wenn der Täter auch nicht im Zweifel über die Existenz des Tatumstandes sich befunden und ungeachtet solcher Zweifel und auf die Gefahr hin, den vollen Tatbestand des Deliktes zu realisieren, die Handlung ausgeführt hat. Denn letzteren Falls handelt er mit eventuellem Dolus." Uebereinstimmend (ebenfalls zu § 348) IV. Strafsenat, 14. Januar 1890, XX 236.

II. Strafsenat, 20. März 1894, XXV 194 (§ 82b des Krankenversicherungsgesetzes vom 10. April 1892): „Wenn also ein Arbeitgeber versicherungspflichtige Personen mit dem Bewußtsein beschäftigt, daß seine Mittel zur Deckung der für jene zu entrichtenden Eintrittsgelder oder Beiträge nicht ausreichen oder wenn er dabei auch nur im Zweifel darüber war, so ist die aus der Unzulänglichkeit seiner Mittel verschuldete Nichterfüllung seiner Zahlungspflicht an die Kasse im Sinne des Gesetzes ebenso als ein gewolltes und vorsätzliches Vorenthalten anzusehen, wie das Nichtabführen abgehobener Beträge [3])."

IV. Strafsenat, 10. April 1894, XXV 221 (zu § 259) verlangt zwar, wie bereits erwähnt (oben S. 266), daß der Täter den als möglich erkannten Erfolg „in seinen Willen mit auf-

---

1) Die weitere Feststellung der Vorinstanz, „daß der Angeklagte sich mindestens bewußt gewesen, daß er höchst wahrscheinlich mit einem Mädchen unter 14 Jahren zu tun habe" — ist von dem Reichsgericht nicht verwertet worden.

2) Also genügt der bloße Zweifel zur Annahme des eventuellen Vorsatzes!

3) Vergl. dagegen die oben S. 266 angeführte Entscheidung desselben Senates vom 10. März 1896, XXVIII 253, die vergebens versucht, den Widerspruch durch eine ganz willkürliche Einschränkung des älteren Urteils zu verhüllen.

genommen" habe, fährt aber dann, in scharfem Widerspruch zu dieser Forderung, fort: „Um ein bloßes Vermuten handelt es sich vorliegend nicht, da der erste Richter außerdem feststellt, es sei dem Angeklagtan gleichgültig gewesen, ob er gestohlenes oder redlich erworbenes Gut kaufe."

IV. Strafsenat, 30. November 1894, XXVI 242 (zu § 223): „Bezüglich des subjektiven Tatbestandes ist in dem angefochtenen Urteil ausgeführt, der Angeklagte sei sich bei seinem Befehle bewußt gewesen, daß das Verschlucken des ekelhaften Gegenstandes eine Erkrankung des Sch. verursachen könne, habe sonach die tatsächlich eingetretene Erkrankung vorsätzlich herbeigeführt. Somit ist zum Ausdrucke gebracht, daß der Angeklagte die als mögliche Folge seines Tuns vorausgesehene Erkrankung des Sch. mit in seinen Willen aufgenommen habe und der so festgestellte (!) Eventualdolus genügt, die verursachte Gesundheitsbeschädigung als eine vorsätzlich verübte anzusehen."

II. Ueberblicken wir diese Entscheidungen des höchsten deutschen Gerichtshofes, so ist uns auch sofort klar, daß nicht der Begriff des eventuellen Vorsatzes, sondern allein seine mißverständliche Anwendung in der Rechtsprechung der verschiedenen Instanzen den Klagen gegen unsere Strafgerichte die Berechtigung verleiht. Der Fehler liegt in der Verwechselung des eventuellen Vorsatzes mit der Fahrlässigkeit. Schon Mittelstädt, S. 15, hat das scharf, aber wie es scheint, vergeblich betont. Man schließt: Der Angeklagte hat den Erfolg voraussehen müssen; folglich hat er ihn vorausgesehen und daher eventuell gewollt. Daß diese Schlußfolgerung durchaus fehlerhaft ist, bedarf keines Nachweises. Scire debuisse et potuisse, culpa est. Dennoch hat dieser Fehlschluß eine große Rolle in der Rechtsprechung unserer Gerichte gespielt. So vor allem in dem vielbesprochenen Strafverfahren gegen den Buchdruckereibesitzer Max Bading in Berlin [1]). Dieser wurde

1) Ueber die mannigfachen, hier nicht interessierenden prozeßrechtlichen und allgemein strafrechtlichen Fragen, die sich an diesen Prozeß anknüpfen, vergl. insbesondere v. Bar in der „Nation" vom 23. November 1895 und Hugo Heinemann in der „Zukunft" vom 25. April 1896. Dazu Karl Schneidt in der „Kritik" vom 1. Juni 1895.

(gemeinsam mit dem Schriftsetzer Franz Schulze in Berlin) von der 8. Strafkammer des Landgerichts I zu Berlin am 18. Mai 1895 wegen Vergehens gegen § 130 St.G.B. zu zwei Monaten Gefängnis verurteilt, weil er als Drucker des Flugblattes „Zum 18. März Berlin 1895" in einer den öffentlichen Frieden gefährdenden Weise verschiedene Klassen der Bevölkerung zu Gewalttätigkeiten gegeneinander angereizt habe. Aus den Urteilsgründen hebe ich folgende Absätze hervor:

„Der Mitangeklagte Bading ist der Eigentümer der Druckerei, in der der Druck des Blattes stattgefunden hat. Er gibt zu, daß in seiner Druckerei der „Vorwärts" und der „Sozialdemokrat" gedruckt würden, auch der Druck der Märzblätter der früheren Jahre erfolgt sei, er bestreitet aber, Kenntnis von dem Inhalt des inkriminierten Blattes erhalten zu haben. Er beschäftige gegen 120 Leute in seiner Druckerei und könne sich deshalb unmöglich um alles kümmern. Die Besorgung derartiger Geschäfte habe er seinem Faktor Rosen übertragen, der den Druck selbständig besorge. Dieser habe diese Angaben bestätigt, außerdem aber bekundet, er habe an dem Tage, als Schulze ihn gebeten, ihm eine Kostenrechnung über den Druck von 10 000 Exemplaren einer solchen Druckschrift zum 18. März 1895 aufzustellen, während Badings Anwesenheit in der Druckerei diesem mitgeteilt, daß sie eine rote Nummer zum Druck bekämen. Am zweiten Tage darauf sei das Manuskript gekommen und gedruckt worden. Bading habe das Manuskript nicht zu sehen bekommen, auch die Druckschrift nicht gelesen, ebensowenig habe er ihm über den Inhalt derselben referiert. Der Inhalt der Druckschrift sei im wesentlichen eine Wiederholung des Inhalts der in früheren Jahren zum 18. März gedruckten Blätter. Schon seit mehreren Jahren sei diese Wiederholung Gebrauch. Danach hat der Angeklagte Bading vor der Ausgabe des Blattes zwar keine direkte Kenntnis von seinem Inhalt erhalten, ihm war aber als Drucker der sozialdemokratischen periodischen Druckschriften „Vorwärts" und „Sozialdemokrat" die Tendenz dieser Schriften bekannt und ebenso der Inhalt der früher zum 18. März besonders veranstalteten Druckschriften, auch die Gewohnheit, den Inhalt derselben in der neuen Druckschrift zum 18. März im wesentlichen zu reproduzieren, wie auch daraus hervorgeht, daß Rosen sich begnügte, dem Bading mitzuteilen: es könne sein, daß sie eine rote Nummer zum Druck bekämen, von Rosen also die Kenntnis der näheren Umstände bei Bading einfach vorausgesetzt worden ist. Unter diesen Umständen hatte Bading *das Bewußtsein*, daß, im Falle eine rote Nummer zum 18. März 1895 bestellt werden sollte, dieselbe geeignet sein würde, Gewalttätigkeiten verschiedener Bevölkerungsklassen gegeneinander hervorzurufen und so den öffentlichen Frieden zu gefährden."

„Wenn er also die Mitteilung des Rosen stillschweigend entgegennahm und keine Verfügungen traf, welche eine Verletzung des § 130 des Strafgesetzbuchs hätten verhindern können, so hat er für den Fall der Bestellung den Druck der inkriminierten roten Nummer, auch wenn sie gegen § 130 des Strafgesetzbuchs verstoßen sollte, genehmigt und sonach mit dem eventuellen Dolus gehandelt."

Gegen diese Begründung ist ein doppelter Einwand zu erheben. 1) Die tatsächliche Feststellung, der Angeklagte habe das Bewußtsein von dem aufreizenden Inhalte des Flugblattes gehabt, beruht auf einer willkürlichen Annahme. 2) *Dieses Bewußtsein allein genügt keineswegs zur Annahme des eventuellen Vorsatzes*, sondern vermag nur Verurteilung wegen Fahrlässigkeit zu rechtfertigen. Das Gericht hat also den Begriff des eventuellen Vorsatzes in gröblicher Weise verkannt.

Auf Revision der Angeklagten wurde, aus hier nicht interessierenden Gründen und ohne daß die Frage des eventuellen Dolus Erledigung gefunden hätte, diese Entscheidung durch Urteil des Reichsgerichts vom 29. November 1895 aufgehoben und die Sache in die Vorinstanz zurückverwiesen. Unter dem 15. Januar 1896 erkannte dieselbe Strafkammer gegen Bading wegen Vergehens aus § 130 St.G.B. zu 14 Tagen Gefängnis. Aus den Gründen hebe ich folgende charakteristische Stellen hervor:

„Die Täterschaft des Bading anlangend, so konnte selbstverständlich seine Verantwortung auch nur durch die genaueste Untersuchung, *ob er vom Inhalt des Flug-*

blattes Kenntnis besaß und wie weit diese Kenntnis reichte, festgestellt und nicht etwa auf den einzigen Umstand gegründet werden, daß das Flugblatt in seiner Druckerei gedruckt worden war. Bading hatte nun bereits in den Jahren 1893 und 1894 die roten Nummern gedruckt und wußte, daß wenigstens im Jahre 1893 die roten Nummern beschlagnahmt, daß auch Anklage wegen ihres Inhalts erhoben worden, aber Freisprechung erfolgt war. Er hatte ferner Kenntnis von dem Brandfackelbilde, das bereits früher Verwendung gefunden hatte und jetzt wieder verwendet werden sollte. Er wußte endlich, daß die neue rote Nummer, die bei ihm gedruckt werden sollte, wieder zur Feier des 18. März erscheinen werde. Diese Tatsachen stehen auf Grund seines eigenen Geständnisses fest. Eine anderweitige Kenntnisnahme vom Inhalt des Flugblattes ist ihm nicht nachgewiesen. Aber das Gericht hat die ihm nachgewiesene Kenntnis für ausreichend erachten müssen, um auch ihn als verantwortlich für das Flugblatt und seine Wirkungen zu erachten. Bading mußte sich sagen[1]), daß das beabsichtigte, bei ihm zu druckende Flugblatt wenigstens möglicherweise einen derartigen Inhalt haben werde, wie es ihn tatsächlich gehabt hat, also einen Inhalt, der zu Gewalttätigkeiten im vorstehend erörterten Sinne anreizt. Zu einer derartigen Annahme lagen für ihn genügende Anhaltspunkte vor, nämlich die Feier des 18. März, also eines revolutionären Ereignisses, das geschilderte Bild und die frühere Beschlagnahme sowie Erhebung der Anklage, die sich an eine ähnliche Nummer bei gleichem Anlaß geknüpft hatte. Wenn aber jemand einen gewissen schädlichen Erfolg als möglich vor sich sieht, so kann sich sein Wille in zweifacher Hinsicht rechtswidrig jenem Erfolge gegenüber verhalten. Entweder er will den schädlichen Erfolg nicht, versäumt aber gleichwohl diejenigen Maßregeln, welche seinen Eintritt verhindern können. Alsdann handelt er fahrlässig. Oder aber er will den möglicher-

1) Darauf kommt es nicht an, sondern ob er es tatsächlich sich gesagt hat.

weise eintretenden Erfolg und ist im Sinne dieser Willensrichtung tätig, um den Erfolg gegebenen Falles herbeizuführen. Dann handelt er vorsätzlich."

Man mag diese theoretische Ausführung ruhig hinnehmen [1]). Aber niemals durfte das Gericht von diesem Standpunkte aus zu einer Verurteilung des Bading gelangen. Die Unhaltbarkeit des Schuldspruchs wird am besten aus dem Satze ersichtlich: „Wer unter diesen Umständen (als Sozialdemokrat, als Verleger des „Vorwärts") den Druck übernahm, ohne sich über den Inhalt zu orientieren, der wollte absichtlich blind sein, der billigte von vornherein diesen Inhalt, selbst wenn er dem Gesetze widersprechen sollte, der wollte also den möglicherweise eintretenden schädlichen Erfolg."

Es ist also nicht nachgewiesen, daß der Angeklagte den Inhalt des Flugblattes gekannt habe, sondern es wird angenommen, daß er ihn kennen mußte; es ist ihm nicht nachgewiesen, daß er den Erfolg gewollt habe, aber es wird angenommen, daß er absichtlich blind sein wollte: und darauf gründet sich die Verurteilung wegen vorsätzlicher Begehung!

Für den wissenschaftlichen Standpunkt, den das strafkammergerichtliche Urteil eingenommen hat, ist auch der folgende Absatz kennzeichnend.

„Nun wird zwar hier und da das Vorhandensein eines Vorsatzes in dem hier erörterten Sinne, also einem bloß möglichen schädlichen Erfolge gegenüber bestritten, und behauptet, daß in einem solchen Falle höchstens von Fahrlässigkeit gesprochen werden könnte. Allein diese Ansicht ist unhaltbar. Sie widerspricht der allgemein anerkannten Lehre vom Unterschiede zwischen vorsätzlichem und fahrlässigem Handeln, der nicht in der größeren oder geringeren Wahrscheinlichkeit des Erfolges, sondern in der Willensrichtung zu suchen ist. Sie führt zu Konsequenzen, die ver-

---

1) Daß sie unlogisch ist, erhellt schon daraus, daß sie die Möglichkeiten nicht erschöpft. Wie dann, wenn der Täter den Erfolg will, aber untätig bleibt?

nünftigerweise von niemandem gebilligt werden können. So würde beispielsweise jemand, der, um seine Fertigkeit im Schießen zu erproben, auf einen in weiter Ferne gehenden Menschen zielt und ihn erschießt, sowie jemand, der blindlings auf einen vorübersausenden Eisenbahnzug schießt und hierbei einen Insassen tötet, nicht wegen Mordes, sondern nur wegen fahrlässiger Tötung bestraft werden können, weil in beiden Fällen eine Tötung nur unter gewissen, vielleicht recht unwahrscheinlichen Umständen herbeigeführt werden konnte. Wissenschaft und Praxis haben daher von jeher fast ganz allgemein dem strafrechtlichen Vorsatz diejenige Ausdehnung gegeben, die auch die hier berührten Fälle mit umfaßt."

Das Urteil kämpft gegen Windmühlen. Niemand hat, soviel ich weiß, jene Behauptungen aufgestellt. Niemand hat die „Konsequenzen" derselben gebilligt. Aber recht weit verbreitet ist die Ansicht, daß die Strafkammer die von ihr selbst aufgestellten Grundsätze gründlich mißverstanden und völlig falsch angewendet habe.

Das Reichsgericht hat, unter dem 28. April 1896, das Urteil gegen Bading abermals aufgehoben, konnte aber, den „tatsächlichen" Feststellungen der Vorinstanz gegenüber, auf die Frage des dolus eventualis auch diesmal nicht eingehen. Von dem Landgericht II in Berlin, an das die Sache verwiesen worden, ist Bading nunmehr freigesprochen worden; aber nicht wegen fehlenden Vorsatzes, sondern weil ihm, nach Feststellung des Gerichts, überhaupt kein rechtswidriges Verhalten (Tun oder Unterlassen) nachgewiesen werden konnte. Das Reichsgericht hat die gegen das Urteil eingelegte Revision des Staatsanwaltschaft verworfen und damit den Straffall endgültig erledigt.

Ein anderes Beispiel bietet die Verurteilung des Abgeordneten Liebknecht zu 4 Monaten Gefängnis wegen Majestätsbeleidigung, ausgesprochen von der 1. Strafkammer des Landgerichts Breslau am 14. November 1895. Das Gericht hat (nach den Zeitungsnachrichten) angenommen, daß der Angeklagte nicht die Absicht gehabt habe, eine Majestätsbeleidung zu begehen, und daß er seine Worte sehr vorsichtig gewählt habe, um eine Majestätsbeleidigung zu vermeiden; aber er habe mit der Möglichkeit rechnen müssen, daß seine Worte von den Zuhörern als Majestätsbeleidigung aufgefaßt werden könnten und würden.

Man vergleiche mit diesen Sätzen die oben S. 263 angeführten Urteile des Reichsgerichts: und man wird keinen Augenblick darüber im Zweifel sein, daß auch diese Entscheidung auf einer Verletzung des Gesetzes beruht. Mit dem gleichen Rechte könnte man in Heinrich von Treitschkes Urteil über Friedrich Wilhelm IV. (im 4. Bande seiner deutschen Geschichte) eine Majestätsbeleidigung erblicken. Und welcher Redner, welcher Schriftsteller wäre im stande, seine Worte so „eindeutig" zu wählen, daß jedes Mißverständnis auf seiten einfältiger oder böswilliger Leser oder Hörer ausgeschlossen wäre!

Aber man beachte es wohl: nicht der wissenschaftliche Begriff des dolus eventualis trägt die Schuld, wenn derartige Urteile das Rechtsbewußtsein des Volkes in seinen tiefsten Tiefen erregen und erbittern: sondern eine Rechtsprechung, der die wissenschaftliche Vertiefung fehlt. Oder kann man auch nur einen Namen von wissenschaftlichem Klange nennen, der bei den Urteilen gegen Bading und Liebknecht zu Gevatter gestanden hätte?

III. Die häufige Verwechselung von Vorsatz und Fahrlässigkeit wäre psychologisch gar nicht zu erklären, wenn sie nicht in einer weitverbreiteten Auffassung des § 59 St.G.B. ihre scheinbare gesetzliche Stütze fände [1]).

§ 59 sagt: „Wenn jemand bei Begehung einer strafbaren Handlung das Vorhandensein von Tatumständen nicht kannte, welche zum gesetzlichen Tatbestande gehören oder die Strafbarkeit erhöhen, so sind ihm diese Umstände nicht zuzurechnen."

Man erblickt in dieser Bestimmung die Zulassung eines Schuldausschließungsgrundes [2]). Es sei eine „Ausnahms-

1) Sehr lehrreich sind in dieser Beziehung insbesondere die völlig verfehlten Ausführungen von Lucas, S. 39.

2) Von der Unkenntnis straferhöhender Umstände sei der Kürze wegen hier abgesehen.

bestimmung"; sie kommt dem Angeklagten zu statten „nur bei wirklich bewiesener gänzlicher Unkenntnis tatsächlicher Voraussetzungen (Lucas)". Der Zweifel begründet daher den Vorsatz. Der der Doppelehe Angeklagte muß überzeugt gewesen sein, daß die erste Ehe durch den Tod des anderen Ehegatten aufgelöst worden sei, um auf Freisprechung Anspruch machen zu können. Der Zweifel genügt nicht zur Freisprechung; noch weniger das „Drauflos-handeln", unbekümmert um die Folgen der Tat. Hat der Täter keinen Grund zu der Ueberzeugung gehabt, daß das Mädchen, mit dem er unzüchtige Handlungen vorgenommen hat, über 14 Jahre alt sei, so hilft ihm die leichtsinnige Annahme dieser Tatsache ebensowenig wie die völlige Sorglosigkeit.

Wie weit diese Auffassung verbreitet, wie tief sie gewurzelt ist, zeigt ein Blick auf die Rechtsprechung. Man vergl. insbesondere die Entscheidung des III. Strafsenats vom 6. Juni 1885 (oben S. 269). Dennoch ist sie gründlich verfehlt.

§ 59 ist völlig entbehrlich, wenn der Begriff des Vorsatzes feststeht. Er sagt gar nichts, was nicht aus jenem Begriffe folgt. Er hat seine Stellung im Gesetze nur deshalb, weil man davor zurückscheute, im Gesetz eine (positive) Begriffsbestimmung des Vorsatzes zu geben. Ist Vorsatz die Voraussicht des Erfolges, so kann die Nichtvoraussicht des Erfolges niemals Vorsatz sein, mag sie auch auf dem sträflichsten Leichtsinn beruhen. Der § 59 enthält daher keine Ausnahmsbestimmung, sondern die negative Fassung der Regel. Er enthält in Wahrheit auch keinen Schuldausschließungsgrund, wenn man nicht etwa den Mangel des Vorsatzes überhaupt als solchen bezeichnen will. Die negative Fassung des § 59 ist daher völlig bedeutungslos [1]).

Den vollen Beweis für diese Behauptung liefert der 2. Absatz des § 59: „Bei der Bestrafung fahrlässig begangener

1) Auch Olshausen Note 7 zu § 59 folgert aus der negativen Fassung, daß nur völlige Unkenntnis die Zurechnung ausschließe, „mangelhafte Kenntnis, d. h. für möglich halten" dagegen sie begründe. Auf diesen Widerspruch zu seiner Begriffsbestimmung des eventuellen Vorsatzes habe ich bereits oben S. 259 hingewiesen.

Handlungen gilt diese Bestimmung nur insoweit, als die Unkenntnis nicht durch Fahrlässigkeit verschuldet ist." Daraus folgt, daß die durch Fahrlässigkeit verschuldete Unkenntnis die Zurechnung zum Vorsatz unbedingt ausschließt, daß also das scire debuisse et potuisse niemals die Annahme eines eventuellen Vorsatzes rechtfertigen kann.

Man sagt: der Täter hätte sich eben eine begründete Ueberzeugung von dem wirklichen Alter des mißbrauchten Mädchens verschaffen müssen. Gewiß. Und wenn er es nicht getan und infolgedessen das richtige Alter verkannt hat, so liegt eben — Fahrlässigkeit vor. Daran läßt sich nicht deuteln. Man mag im Einzelfall der Beweisfrage, ob der Angeklagte nicht trotz seines Leugnens das Alter des noch nicht 14-jährigen Mädchens richtig erkannt oder doch wenigstens als möglicherweise gegeben angenommen und in diesen Erfolg eingewilligt hat — man mag dieser Beweisfrage unschlüssig gegenüberstehen: aber der Begriff des eventuellen Vorsatzes hebt sich scharf und unverkennbar von dem der Fahrlässigkeit ab.

Liegt es in folgendem Falle denn anders? A will den B erschrecken und legt das, wie er meint, ungeladene Gewehr auf ihn an. Tatsächlich ist die Waffe geladen und B wird getötet. Kann etwa A hier der Verurteilung wegen Mordes nur durch den Nachweis entgehen, daß er die positive Ueberzeugung gehabt habe, das Gewehr sei ungeladen? Daß er „drauflos gehandelt" hat, unbekümmert um die Folgen, in frevelhaftem Leichtsinn — das macht ja gerade seine Fahrlässigkeit aus. Mit anderen Worten: bei allen vorsätzlichen Verbrechen ist stets das Vorliegen des Vorsatzes Beweisthema, nicht das Nichtvorliegen. Daran kann „die negative Fassung" des § 59 nichts ändern. Zur Annahme des eventuellen Vorsatzes bedarf es daher des Nachweises: 1) daß der Angeklagte den Erfolg als möglich vorausgesehen; 2) daß er in ihn eingewilligt habe.

Das ist das Ergebnis, zu dem der Begriff des Vorsatzes ganz ebenso wie der Wortlaut des Gesetzes uns geführt haben. Mit dieser Fassung wird sich auch das aufgeregte Rechtsbewußtsein des Volkes durchaus beruhigen.

III. Einzelfragen.

Auf die Einzelheiten der Lehre vom eventuellen Vorsatz einzugehen, habe ich hier keine Veranlassung [1]). Aber einige Punkte möchte ich hervorheben, weil ihre Besprechung zur Erläuterung meiner grundsätzlichen Auffassung zu dienen geeignet ist. Dabei mag mir äußerste Kürze gestattet sein.

I. Ich habe, wie schon oben S. 252 bemerkt, bisher der Kürze halber stets von der Voraussicht des *Erfolges* gesprochen. Der Vorsatz umfaßt aber auch, was hier wohl nicht näher ausgeführt zu werden braucht, alle übrigen Tatbestandsmerkmale. Man denke an das Alter des mißbrauchten Mädchens. Eventueller Vorsatz liegt vor, wenn der Täter die Möglichkeit, daß das Tatbestandsmerkmal gegeben sei, erkannt und in die Realisierung dieser Möglichkeit eingewilligt hat. Der Begriff des eventuellen Vorsatzes fügt sich also auch hier allen Bedürfnissen der Rechtsprechung.

Diese Erkenntnis schützt uns auch vor dem da und dort auftauchenden Irrtum, als wäre eventueller Vorsatz nur bei den sogenannten „Erfolgsverbrechen" möglich, bei den übrigen, wie z. B. bei der Beleidigung, dagegen ausgeschlossen. Denn: 1) ist jene Unterscheidung an sich falsch; 2) auch die Beleidigung kann Erfolgsverbrechen im Sinne jener Unterscheidung sein (Beleidigung durch Bilder, mittels des Telephons u. s. w.); 3) dem Erfolg stehen alle übrigen Verbrechensmerkmale durchaus ebenbürtig zur Seite. Schwierigkeiten ergeben sich, soweit der Gesetzgeber die „Rechtswidrigkeit" zum Begriffsmerkmal gemacht hat. Mit dem Reichsgericht nehme ich an (vergl. mein Lehrbuch, 7. Aufl. § 40 Note 4), daß zum Vorsatz hier ausnahmsweise das Bewußtsein der Rechtswidrigkeit hinzutreten müsse. Aber so wenig, was allerdings bestritten ist, in diesen Fällen bei

1) Insbesondere kann die sehr bestrittene Frage hier ganz auf sich beruhen, wie bei *Nichteintritt* des als möglich vorgestellten und gebilligten Erfolgs zu entscheiden ist.

schuldhafter Nichtkenntnis der Rechtswidrigkeit fahrlässige Begehung des fraglichen Vergehens angenommen werden darf (Lehrbuch § 41 Note 2), so wenig möchte ich hier eventuellen Vorsatz zugeben, falls der Täter in die von ihm als möglich erkannte Rechtswidrigkeit eingewilligt hat. Denn dadurch, daß im Einzelfall ausnahmsweise neben dem Vorsatze das Bewußtsein der Rechtswidrigkeit erfordert wird, sollen die auf die sinnfällige Handlung abgestellten Begriffe des Vorsatzes und der Fahrlässigkeit nicht etwa in ihrem innersten Wesen umgestaltet werden.

II. Da der Vorsatz in dem Wissen sämtlicher Tatbestandsmerkmale besteht, so sind die Ausdrücke „wissentlich" und „vorsätzlich" gleichbedeutend. Der Unterschied zwischen beiden Ausdrücken liegt nach der Terminologie unseres Strafgesetzbuchs nur darin, daß der Ausdruck „wissentlich" stets nur in Beziehung auf einzelne, besonders hervorzuhebende Tatbestandsmerkmale gebraucht wird. § 131 sagt: „Wer erdichtete oder entstellte Tatsachen, wissend, daß sie erdichtet oder entstellt sind, öffentlich behauptet oder verbreitet . . ." Er könnte ebensogut sagen: „Wer vorsätzlich erdichtete oder entstellte Tatsachen öffentlich behauptet oder verbreitet." Daraus folgt: daß auch in diesen Fällen der eventuelle Vorsatz genügt. Wer die Möglichkeit, daß die verbreitete Tatsache erdichtet sei, erkannt und in die Realisierung dieser Möglichkeit eingewilligt hat, fällt unter § 131 [1]).

Daraus folgt aber auch ein weiteres. Ob der Gesetzgeber sagt: „wer wissentlich eine unwahre Tatsache behauptet" oder: „wer wider besseres Wissen eine unwahre Tatsache behauptet" — macht inhaltlich nicht den geringsten Unterschied. In beiden Fällen wird Kenntnis der Unwahrheit (Vorsatz) gefordert; in beiden Fällen genügt aber auch eventueller Vorsatz [2]).

---

1) Vergl. die mit der herrschenden Ansicht übereinstimmenden Ausführungen von Lucas 42.

2) Bestritten. Bezüglich der Verleumdung vertritt die richtige Ansicht Meyer S. 529; dagegen Hälschner II 197, Lucas 45, Olshausen § 187, Note 3. Bezüglich der falschen Anschuldigung für die richtige Ansicht

III. Dagegen folgt aus dem Begriffe der Absicht (als des Motivs des Handelns), daß sie niemals die Einwilligung in den als möglich vorgestellten Erfolg, den eventuellen Vorsatz in sich schließen kann [1]. Dabei bedarf es nur der Bemerkung, daß es auch eine eventuelle Absicht gibt, die aber mit dem eventuellen Vorsatz nichts gemein hat [2]. Soweit also einzelne Verbrechen (zu denen die Beleidigung nicht gehört) zu ihrem Tatbestande eine bestimmte Absicht fordern, genügt zu ihrem Vorliegen der eventuelle Vorsatz nicht.

IV. Verletzungs- und Gefährdungsvorsatz können als bestimmter und als eventueller Vorsatz ganz wohl nebeneinander bestehen und zwar so, daß es gleichgültig ist, welcher von beiden dabei als Eventualvorsatz auftritt. Ganz dasselbe gilt von dem Tötungs- und dem Körperverletzungsvorsatz; der eine kann sich an den anderen, in beliebiger Reihenfolge, als eventueller Vorsatz anschließen [3].

V. Strafprozessualisch bietet der eventuelle Vorsatz gar nichts Besonderes; der zweite Teil der zu begutachtenden Frage ist daher gegenstandslos.

Die von der Tagespresse im Laufe der letzten Jahre oft aufgestellte Behauptung, der dolus eventualis sei eine Er-

---

Meyer 622; dagegen Hälschner II 839; Heß, Die Lehre von der falschen Anschuldigung 1888, S. 35; Olshausen § 164, Note 7, Reichsgericht 16. Januar 1880, I, S. 80. Eigenartig Lucas, der für § 278 die richtige, für die §§ 164, 187, 189 (wegen der Entstehungsgeschichte dieser Bestimmungen) die entgegengesetzte Ansicht vertritt.

1) Das ist auch vom Reichsgericht in wiederholten Entscheidungen anerkannt worden. II. Senat 5. November 1886, XV, 34; IV. Senat 22. September 1893, XXIV, 255; II. Senat 2. März 1894, XXV, 155; IV. Senat 15. Juni 1894, XXV, 427 u. a. Bedenklich ist dabei nur die mehrfach wiederkehrende Wendung, nach welcher Absicht gleichbedeutend gewesen wäre mit der „Voraussicht des Erfolgs als eines notwendigen".

2) Zutreffend Lucas 13.

3) Abweichend der Beschluß der Vereinigten Strafsenate vom 8. Februar 1896, nach welchem der Tötungsvorsatz den Verletzungsvorsatz notwendig in sich schließt. Auch dieser Ansicht liegt eine Verkennung des Wesens des eventuellen Vorsatzes zu Grunde. Doch kann darauf hier nicht näher eingegangen werden.

findung doktrinärer und reaktionärer Juristen, hat wohl niemand von uns ernst genommen. Die ganze Entwicklung der Vorsatzlehre in Wissenschaft, Gesetzgebung und Rechtsprechung hat seit Jahrhunderten dahin gestrebt, daß der Täter nicht bloß dann für den von ihm verursachten rechtswidrigen Erfolg verantwortlich gemacht werde, wenn er ihn direkt „gewollt" hat. Nehmen wir folgenden Fall. Der Besitzer einer eingerichteten Wohnung, deren Mieter an schwerer Diphtheritis gestorben ist, vermietet sie sofort nach der Beerdigung an einen anderen Mieter, ohne an der Einrichtung (Bett, Polstermöbel, schwere Teppiche, Vorhänge u. s. w.) irgend welche Desinfektionsversuche vorzunehmen. Der Arzt hat ihn auf die Gefahr einer Ansteckung ausdrücklich und eindringlich aufmerksam gemacht; aber trotz der Ueberzeugung, daß der Arzt völlig recht hat, behält die Geldgier das Uebergewicht. Der neue Mieter erkrankt und stirbt. Ich behaupte, daß die Straflosigkeit dieses Mannes dem Volksrechtsbewußtsein ins Gesicht schlagen würde. Andere Beispiele liegen nahe. Die in den letzten Jahren siegreich vorgedrungene „Vorstellungstheorie" verdankt ihre weite Verbreitung gerade dem Umstand, daß sie für solche Fälle die Verurteilung wegen vorsätzlicher Verletzung (und nicht nur wegen vorsätzlicher Gefährdung oder fahrlässiger Verletzung) ungleich besser sichert, als die „Willenstheorie", die sich selbst verleugnen muß, um die Strafbarkeit zu begründen.

Der „eventuelle Vorsatz" kann gar nicht entbehrt werden. Er kann aber auch nicht beseitigt werden: denn er ist, wie schon bemerkt, keine Abart, sondern ein Anwendungsfall des Vorsatzes.

Die Rechtsprechung unserer deutschen Gerichte aber leidet an einem doppelten Fehler. Sie hat einmal den eventuellen Vorsatz vielfach mit der Fahrlässigkeit verwechselt; sie hat ferner den § 59 St.G.B. mißverständlich ausgelegt. Von diesem Doppelfehler sind auch die, in sich widersprechenden, Urteile des Reichsgerichts nicht frei.

Ich beantrage daher, der Deutsche Juristentag wolle beschließen:

In Anbetracht

1) der vielfach irrtümlichen Anwendung, welche der an sich unentbehrliche Begriff des eventuellen Vorsatzes in der deutschen Rechtsprechung gefunden hat;
2) des Widerspruches innerhalb der einschlagenden Entscheidungen des Reichsgerichts:

ist eine grundsätzliche Stellungnahme der vereinigten Strafsenate des Reichsgerichts zu dieser Frage dringend zu wünschen.

25. Die Aufgaben und die Methode der Strafrechtswissenschaft.

Antrittsvorlesung, gehalten am 27. Oktober 1899 an der Berliner Universität[1]).

(Z. XX 161. Die Vorlesung ist ins Griechische durch Kypriades, ins Französische durch Curtius und Le Poittevin übertragen worden.)

Meine Herren! In dem Augenblick, in dem ich im Begriffe stehe, von dem mir übertragenen strafrechtlichen Lehrstuhl Besitz zu ergreifen, liegt es mir um so mehr am Herzen, vor Ihnen mein wissenschaftliches Glaubensbekenntnis abzulegen, als die Richtung, die ich mit zahlreichen Fachgenossen vertrete, diese vielfach als die „jungdeutsche Kriminalistenschule" bezeichnete Richtung, im Kampf der Meinungen und Bestrebungen vielfachen und heftigen, zum guten Teil aber, wie ich glaube, auf Mißverständnissen beruhenden Angriffen ausgesetzt war und ist. Ich habe für die Ablegung dieses Glaubensbekenntnisses die erste Stunde meiner öffentlichen Vorlesung über „Das Verbrechen als sozialpathologische Erscheinung" gewählt, da ja diese ganze Vorlesung dazu bestimmt ist, die Grundlinien meiner Auffassung von Verbrechen und Strafe zum abgerundeten Bilde weiter auszuführen.

Eine bestimmte wissenschaftliche Richtung oder Schule, will sie etwas anderes sein, als eine durch rein persönliche Beziehungen und Interessen zusammengehaltene Klique, muß sich anderen Richtungen gegenüber sachlich kennzeichnen entweder durch die neuen Aufgaben, die sie ihrer Wissenschaft stellt, oder durch die neuen Methoden, mit denen sie an

1) Obwohl meine Antrittsvorlesung lediglich eine kurze Zusammenfassung der von mir bereits an anderen Orten ausgeführten und begründeten, den Fachgenossen daher bekannten Ansichten enthält, schien es mir aus verschiedenen Gründen doch wünschenswert, sie hier in authentischer Fassung zu veröffentlichen.

die Lösung bereits gestellter Aufgaben herantritt, oder vielleicht auch durch eine Verbindung beider Momente, so daß sie also die Lösung neuer Aufgaben mit neuen Methoden anstrebt. Wollen wir also die Eigenart der sogenannten „jungdeutschen Kriminalistenschule" richtig bestimmen und damit ihre Lebensberechtigung feststellen, so müssen wir uns die Frage vorlegen, ob sie, sei es durch die Problemstellung, sei es durch die angewandte Methode, von anderen Schulen, insbesondere, aber nicht ausschließlich, von der bis vor kurzem herrschenden sogenannten „klassischen Schule" sich sachlich unterscheidet.

Bei der Beantwortung dieser Frage bitte ich Sie, meine Herren, in terminologischer Hinsicht daran festzuhalten, daß ich das Wort „Strafrechtswissenschaft" im weitesten Sinne nehme; in dem Sinne, in dem die romanischen Schriftsteller die Mehrzahl gebrauchen und etwa von den sciences pénales sprechen; in dem Sinne, in dem die von Dochow und mir im Jahre 1881 als das Organ der neuen Richtung gegründete Fachzeitschrift sich als „Zeitschrift für die gesamte Strafrechtswissenschaft" bezeichnet hat.

I. Die erste Aufgabe der Strafrechtswissenschaft ergibt sich aus ihrer Stellung innerhalb des akademischen Unterrichtes als eine pädagogische; es ist die Ausbildung des künftigen kriminalistischen Praktikers, wobei ich von der Fortsetzung dieser Ausbildung durch den Vorbereitungsdienst an dieser Stelle ganz absehen kann.

Die Tätigkeit des juristischen Praktikers aber gipfelt darin, daß er im gegebenen Falle die Rechtsfolge ausspricht, die von der Rechtsordnung an einen bestimmten Tatbestand allgemein geknüpft wird; die Tätigkeit des strafrechtlichen Praktikers insbesondere darin, daß er im gegebenen Falle die Strafe verhängt, die das Gesetz als Rechtsfolge für den Fall der Begehung eines bestimmten Verbrechens allgemein angedroht hat. Damit aber ist für die erfolgreiche Tätigkeit des praktischen Juristen ein doppeltes Erfordernis aufgestellt. Der strafrechtliche Praktiker muß 1) den Rechtssatz kennen, der den Tatbestand umschreibt und die Strafe nach Art und Maß bestimmt; er muß aber auch — und das bitte ich ganz besonders zu beachten — 2) den Tatbestand feststellen, an dessen Vorliegen der Eintritt der Strafe als der kriminellen Unrechtsfolge geknüpft ist. Ist das richtig — und ich wüßte nicht, wie man die Richtigkeit dieses Satzes bestreiten wollte — dann wird auch die Strafrechtswissenschaft sich der doppelten Aufgabe nicht entschlagen können, nach beiden Richtungen hin dem künftigen kriminalistischen Praktiker die für die erfolgreiche Ausübung seines Berufes erforderlichen Grundlagen zu geben.

1) Die Strafrechtswissenschaft hat daher zunächst — und darin sind wir mit der klassischen Schule durchaus derselben Meinung — der lernbegierigen juristischen Jugend die Fülle der Rechtssätze nach logisch-juristischer Methode zu übermitteln. Sie kann dieser Aufgabe nur gerecht werden, wenn sie einerseits das geschlossene System der strafrechtlichen Grundbegriffe und Grundvorsätze vorträgt — denn nur im System liegt die Bürgschaft für die sichere Beherrschung des von Tag zu Tag in seinen Einzelheiten umfangreicher anschwellenden Stoffes; und indem sie andererseits diese systematische Vorlesung durch wissenschaftliche und praktische Uebungsvorlesungen aller Art ergänzt, deren Zweck und deren Einrichtung jedem von Ihnen, meine Herren, bekannt ist. Das Gesagte gilt in durchaus gleicher Weise von den Rechtssätzen des eigentlichen Strafrechts, wie von denjenigen rechtlichen Normen, die den Gang des Strafverfahrens beherrschen, also dem Strafprozeßrecht.

2) Aber die Kenntnis der Rechtssätze genügt nicht. Der strafrechtliche Praktiker hat auch den Tatbestand festzustellen, auf den er den Rechtssatz anwenden soll. Er muß zwar, um ein Beispiel zu gebrauchen, den Begriff des Mordversuches kennen und in allen an diesen sich anschließenden Streit- und Zweifelfragen zu Hause sein. Er muß wissen, was die Begriffe „Vorsatz“ und „Ueberlegung“ bedeuten, was „töten“ heißt, ob es auch das mortis causam praebere umfaßt, ob etwa auch die rechtspflichtwidrige Unterlassung der Rettung eines Gefährdeten als „Tötung“ bezeichnet werden kann; er muß wissen, was der Gesetzgeber unter dem „Anfang der Ausübung“ sich gedacht hat und ob ein Mordversuch an einem totgeborenen, aber von der Mutter

für lebend gehaltenen Kinde logisch denkbar und rechtlich strafbar ist. Aber all dieses Wissen, so wichtig es ist, genügt nicht. Er muß vielmehr auch feststellen, was eigentlich geschehen ist, ob überhaupt ein Mordversuch vorliegt, oder der Versuch eines Selbstmordes, oder ein unglücklicher Zufall, oder ob nicht etwa der Angriff fingiert ist, um eine Unterschlagung zu verdecken; er muß herausbekommen, wer der Täter ist, wobei die Feststellung des Motivs der Tat von besonderer Wichtigkeit sein wird; er muß insbesondere auch den sich verbergenden oder flüchtig gewordenen Täter dingfest machen, die gegen ihn vorliegenden Beweise sammeln, Augenschein einnehmen, Sachverständige zuziehen, Zeugen vernehmen, und ihn, wenn es nicht anders möglich ist, durch einen verwickelten Indizienbeweis überführen.

Darin liegt ein wesentlicher, aber meist, insbesondere in der Gestaltung des akademischen Unterrichts, ganz übersehener Unterschied zwischen Zivil- und Strafprozeß. Die Feststellung des Tatbestandes spielt hier eine ganz andere Rolle wie dort. Im Zivilprozeß sind es die beiden Streitteile, die dem Richter den Sachverhalt vortragen und die Beweisanträge stellen, so daß insbesondere im Anwaltsprozeß für die selbständige Tätigkeit des Richters ein ganz geringer Spielraum übrig bleibt. Ganz anders im Strafprozeß. Die eine der beiden „Parteien", der Staatsanwalt, weiß aus eigner Anschauung über die festzustellenden Tatsachen überhaupt nichts. Und die andere Partei, der Beschuldigte, der, wenn er wirklich der Schuldige ist, uns die besten Auskünfte geben könnte, hat wahrscheinlich das größte Interesse daran, die tatsächlichen Feststellungen tunlichst zu erschweren. Vielleicht auch tritt der wahre Schuldige in der Prozeßrolle des Hauptbelastungszeugen auf und sucht mit allen seinen Kräften den Tatbestand zu verdunkeln. So bildet die Feststellung dessen, was tatsächlich sich zugetragen hat, im Strafprozeß unter Umständen eine Aufgabe, deren Lösung die ganze Kraft eines Mannes von reichstem Wissen und umfassendster Erfahrung erfordert; eine Aufgabe, an der der tüchtigste Zivilrichter kläglich scheitern kann.

Die Frage kann gar nicht abgewiesen werden: wo lernt der junge Jurist die schwierige Kunst, im Strafverfahren den Tatbestand festzustellen? Und die Antwort ist nicht zweifelhaft: er lernt sie heute nirgends, weder an der Universität, wo sich der Unterricht ausschließlich auf die juristisch-logische Ausbildung beschränkt; noch auch im Vorbereitungsdienst, in dem er bei dem Untersuchungsrichter oder bei dem Staatsanwalt im besten Falle eine kleine Summe unzusammenhängender Erfahrungen zu sammeln in der Lage ist.

Hier greift unsere neue Richtung ein: wir verlangen die berufsmäßige, die praktisch-technische Ausbildung unserer künftigen Kriminalisten, mögen sie als Staatsanwälte oder als Verteidiger, als Polizeibeamte oder als Untersuchungsrichter, als Schwurgerichtsvorsitzende oder als Schöffenrichter tätig sein. Diese Ausbildung muß ganz so, wie die juristisch-logische, an der Universität, im akademischen Unterricht, ihre Grundlage finden; und sie muß fortgeführt werden durch den Vorbereitungsdienst. Aber damit das geschehen kann, muß erst die ganze Summe von Kenntnissen, Erfahrungen und Fertigkeiten, die der kriminalistische Praktiker braucht, gesammelt, geordnet, ins System gebracht werden. Für dieses System hat Hanns Groß, früher Staatsanwalt in Graz, jetzt Professor des Strafrechts in Czernowitz, die Bezeichnung „Kriminalistik“ in die Literatur eingeführt. Sein „System der Kriminalistik“, das erste seiner Art, ist vor wenig Monaten als 3. Auflage seines „Handbuchs für Untersuchungsrichter“ erschienen und bereits in eine Reihe fremder Sprachen übersetzt worden.

Durch diese neue Aufgabe, die unsere Richtung der Strafrechtswissenschaft gestellt hat, unterscheidet sie sich bereits, und zwar gewiß nicht unwesentlich, von der klassischen Schule. Es wird mein besonderes Bemühen sein, der Kriminalistik die ihr gebührende Stellung innerhalb der strafrechtlichen Wissenschaften zu erringen. Und wenn ich auch zur Zeit nur in meinen öffentlichen Vorlesungen und auch in diesen nur nebenher diese junge Disziplin berühren kann, so möchte ich doch gerade heute und an dieser Stelle mit dem lebhaftesten Dank gegenüber unserem Kultusministerium es aussprechen, daß als Stützpunkt und Ausgangspunkt für weitere Arbeiten auf dem Gebiete der Kriminalistik die Errichtung einer „kriminalistischen Sammlung", einer Art von „Kriminal-Museum" an unserer Fakultät, und zwar im Anschluß an mein kriminalistisches Seminar im Prinzip, beschlossen und, dank dem wohlwollenden Entgegenkommen des Justizministeriums und des Ministeriums des Innern, vom 1. April des kommenden Jahres (1900) ab in der Ausführung gesichert ist.

II. Aber die Ausbildung des kriminalistischen Praktikers ist nicht die einzige und nicht die höchste Aufgabe der Strafrechtswissenschaft. Höher als die pädagogische Betätigung steht ihr wie jeder Wissenschaft die selbständige wissenschaftliche Erkenntnis derjenigen Erscheinungen, die ihren eigenartigen Gegenstand ausmachen: von Verbrechen und Strafe. Wissenschaftliche Erkenntnis aber ist kausale Erklärung, d. h. die Erkenntnis einer Erscheinung in den sie bestimmenden Ursachen. Die zweite, die wissenschaftliche Aufgabe der Strafrechtswissenschaft ist daher die kausale Erklärung von Verbrechen und Strafe.

1) Die Strafrechtswissenschaft hat daher zunächst die Erscheinung, die wir Verbrechen nennen, auf ihre Ursachen zurückzuführen und aus diesen zu erklären. Insoweit sie das tut, können wir sie, dem heute bereits eingebürgerten Sprachgebrauch folgend, als „Kriminologie" bezeichnen.

Die Aufgabe, die damit gestellt wird, ist nicht neu. Die Dichter aller Zeiten haben sich bemüht, die Wurzeln des Verbrechens in der Seele des Täters bloßzulegen. Von dem alten Pitaval aus der Mitte des vorigen Jahrhunderts bis auf Ibsens Dramen oder Zolas Romane, von Schillers „Verbrecher aus verlorner Ehre" bis auf Dostoijewskis „Schuld und Sühne", von den Königsdramen mit dem „gebornen Verbrecher" Richard III. bis zu den Hintertreppenromanen und Detektivgeschichten unserer Tage: stets war die psychologische Erklärung des Verbrechens eine Lieblingsaufgabe der schönen Literatur. Aerzte und Naturforscher haben das Denken, Empfinden und Wollen des gesunden und kranken Verbrechers physiologisch analysiert. Der Moralstatistiker, da und dort auch der Historiker, hat der Zusammensetzung und Bewegung, der Statik und Dynamik der Kriminalität besondere Aufmerksamkeit gewidmet und sie aus den gesellschaftlichen Verhältnissen, also soziologisch, zu erklären versucht. Die Aufgabe selbst also, das Verbrechen kausal zu begreifen, ist nicht neu. Neu ist es, daß wir die Lösung der Aufgabe von der Strafrechtswissenschaft verlangen, statt sie den Dichtern und Romanschriftstellern, den Aerzten oder Statistikern zu überlassen. Neu insbesondere, daß wir für die Lösung der Aufgabe die naturwissenschaftliche Methode in Anspruch nehmen: die systematische Massenbeobachtung, vorbereitet, geprüft, ergänzt durch die wissenschaftlich-exakte Beobachtung einzelner Fälle.

Auf die Ergebnisse dieser kriminologischen Untersuchungen kann ich heute noch nicht eingehen. Aber für die Zwecke, die ich mit dieser einleitenden Vorlesung verfolge, ist es mir von Wichtigkeit, Ihre Aufmerksamkeit auf einen heute fast allgemein anerkannten grundlegenden Lehrsatz der Kriminologie zu lenken, der zugleich als Ausgangspunkt für alle weiteren Arbeiten zu dienen berufen ist. Dieser Satz, der vielen aus Ihnen bereits geläufig sein wird, lautet: „Das Verbrechen ist das Produkt aus der Eigenart des Täters im Augenblick der Tat und aus den in diesem Augenblick ihn umgebenden äußeren Verhältnissen." Ich bemerke nebenher aber ausdrücklich, daß dieser Satz mit der Frage der Willensfreiheit gar nichts zu tun hat und auch von dem reinsten Indeterministen unterschrieben werden kann.

Innerhalb der Faktoren, aus deren Zusammenwirken das Verbrechen hervorgeht, müssen mithin, wenn unser Satz richtig ist, zwei Gruppen voneinander unterschieden werden:

a) Der individuelle Faktor: die angeborene, beziehungsweise erworbene Eigenart des Täters, für die das Gesetz der Vererbung seine verhängnisvolle Rolle spielt; und

b) die äußeren Faktoren, die den Täter im Augenblick der Tat umgeben und bestimmen, so daß sein Verbrechen als die Reaktion seiner Eigenart auf diese äußeren Einwirkungen bezeichnet werden kann. Innerhalb dieser Gruppe würden wir dann weiter einerseits die kosmischen (oder physikalischen) Faktoren, wie Klima und Bodenbeschaffenheit (man denke etwa an den vielbesprochenen „Tropenkoller)", anderseits die gesellschaftlichen Faktoren unterscheiden, unter denen wieder die wirtschaftlichen Verhältnisse von besonderer Bedeutung sind.

Ich habe den oben aufgestellten Satz als heute fast allgemein anerkannt bezeichnet. Es stehen oder standen der in ihm ausgedrückten Auffassung zwei extreme Ansichten gegenüber; und es schien eine Zeitlang, als sollte diese Meinungsverschiedenheit zu einer bedauerlichen Spaltung innerhalb der neueren Richtung führen.

Die erste dieser Ansichten behauptet, daß der individuelle Faktor die ausschlaggebende Bedeutung besitzt und daß neben ihm die äußeren Faktoren keine oder doch nur ganz untergeordnete Rolle spielen. Ich möchte diese Ansicht als die biologische oder anthropologische Hypothese bezeichnen. Sie ist bekanntlich von Lombroso mit seiner Theorie vom „geborenen Verbrecher" aufgestellt und hartnäckig bis zum heutigen Tage festgehalten worden; und mit ihm insbesondere von seinem deutschen Vorkämpfer Kurella, während seine nächsten italienischen Freunde, insbesondere Ferri und Garofalo, die Mitbegründer der sogenannten „italienischen anthropologischen Schule", die Bedeutung der gesellschaftlichen Faktoren ausdrücklich hervorheben. Merkwürdigerweise stehen auch einzelne deutsche „Idealisten", wie der zu früh unserer Wissenschaft entrissene Merkel und andere jener extrem-individualistischen Richtung sehr nahe.

Die entgegengesetzte extreme Ansicht — ich möchte sie die soziologische Hypothese nennen — geht dahin, daß die Kriminalität ausschließlich durch die gesellschaftlichen Faktoren bestimmt wird, neben denen die Eigenart des Täters ohne jede nennenswerte Bedeutung wäre. Sie ist nur von wenigen sozialistischen Heißspornen, so von dem Italiener Turati, neben dem etwa noch der Utopiker Bellamy zu nennen wäre, vertreten worden.

Heute ist dieser Gegensatz im wesentlichen überwunden. Die fast einstimmige Ansicht aller derjenigen, die der kausalen Betrachtung der Kriminalität nähergetreten sind, geht heute dahin, daß die beiden Faktorengruppen für das Zustandekommen der Kriminalität gleich unentbehrlich sind, daß keine von ihnen bei der wissenschaftlichen Betrachtung ausgeschaltet werden darf.

Dabei ist freilich immer noch eine Meinungsverschiedenheit über das gegenseitige relative (quantitative) Wertverhältnis der beiden Faktorengruppen zueinander möglich. Ich persönlich vertrete mit der Mehrzahl meiner Fachgenossen die, später zu begründende und auszuführende, Ansicht von der größeren Dignität, von der überwiegenden Bedeutung der gesellschaftlichen Faktoren, ohne damit die Bedeutung der Individualität leugnen oder auch nur herabsetzen zu wollen. Und nur in diesem Sinne ist es richtig, wenn man die „jungdeutsche Schule" als „soziologische Richtung" zu kennzeichnen versucht. Nur in diesem Sinne kann auch innerhalb der „Internationalen kriminalistischen Vereinigung" von einer Vorherrschaft der soziologischen Richtung gesprochen werden.

Mit dieser Auffassung ergeben sich auch völlig neue Gesichtspunkte für die Geschichte des Verbrechens: ein großes, dankbares, bisher noch völlig jungfräuliches Arbeitsfeld. Wäre das Verbrechen ausschließlich und allein der Ausfluß der Individualität des Verbrechers, so könnte es eine Geschichte des Verbrechens überhaupt nicht geben. Denn trotz der unübersehbaren Fülle von verschieden gestalteten Eigenarten ist der Mensch mit seinen Leidenschaften und Schwächen, seinen Krankheiten und Lastern überall und zu allen Zeiten derselbe. Liebe und Haß, Neid und Rachsucht, Ehrgeiz, Habgier, Sinnlichkeit — sie spielen zu allen Zeiten dieselbe Rolle als Triebfedern zu egoistischem Einbruch in fremde Rechtssphären. Wenn aber die Gestaltung der Kriminalität in erster Linie durch die wechselnden gesellschaftlichen Verhältnisse bestimmt wird, dann muß mit diesen auch die Kriminalität sich ändern und in der Geschichte des Verbrechens muß die Geschichte der menschlichen Gesellschaft ihr treues Spiegelbild finden. Auch diesen Gedanken werde ich, soweit das bei dem heutigen Stande unseres Wissens möglich ist, später noch weiter auszuführen haben.

2) Aufgabe der Strafrechtswissenschaft ist aber weiter auch die kausale Erforschung jener Erscheinung, die wir Strafe nennen, freilich zumeist ohne uns über die Schwierigkeiten klar zu werden, die eine feste Umschreibung dieses scheinbar so klaren Begriffes, insbesondere seine Abgrenzung von anderen gesellschaftlichen Sicherungsmaßregeln, für die Wissenschaft mit sich bringt. Man könnte diesen Zweig der Strafrechtswissenschaft als Poenologie bezeichnen.

Auch auf diesem Gebiete stehen wir noch in den allerersten Anfängen wissenschaftlicher Arbeit. Trotzdem können auch hier einige Sätze als feststehende Ergebnisse betrachtet werden. Ueberall, bei allen Völkern und zu allen Zeiten, in jeder wie immer gestalteten menschlichen Gesellung, finden wir die Strafe. Und zwar tritt sie uns entgegen als eigenartige Reaktion der Gesellschaft gegen gesellschaftsfeindliche Handlungen. Diese Reaktion, mag sie als die Ausstoßung des Friedensbrechers aus der Friedensgenossenschaft (Friedlosigkeit), mag sie als die von Stamm zu Stamm geübte Blutrache erscheinen; ist zunächst instinktartige, blinde, d. h. von Zweckvorstellungen nicht bestimmte noch begleitete, und maßlose Triebhandlung, wie wir sie heute noch erleben, wenn etwa im fernen Westen Nordamerikas ein Neger, der sich an einer Weißen vergriffen hat, von der aufgeregten Volksmenge am nächsten Baum aufgehängt wird. Aber allmählich, im Laufe einer hochinteressanten, hier nicht darzustellenden Entwicklung, verwandelt sich die Triebhandlung in eine durch die Zweckvorstellung bestimmte Willenshandlung: die Strafe, deren Verhängung an festumschriebene Voraussetzungen gebunden, nach Art und Maß gesetzlich gebunden wird, ist zu einer maßvoll aber zielbewußt gehandhabten Waffe im Kampfe der Rechtsordnung gegen das Verbrechen geworden.

III. Aber noch eine dritte und letzte Aufgabe stellen wir der Strafrechtswissenschaft. Sie soll die Lehrmeisterin des Strafgesetzgebers sein, seine zuverlässige Beraterin und Führerin im Kampf gegen das Verbrechen. Sie soll ihm das System der Grundsätze entwerfen, nach denen die Strafe mit den ihr verwandten Maßregeln zum Schutz der

Rechtsordnung zielbewußt und mit möglichstem Erfolge verwertet werden kann; sie soll ihm den Maßstab geben, nach dem das geltende Recht gemessen werden kann, und ihm die Richtung zeigen, in welcher die Gesetzgebung der Zukunft sich zu bewegen hat. In der Erfüllung dieser politischen Aufgabe wird die Strafrechtswissenschaft zur Kriminalpolitik.

Auch diese Aufgabe ist nicht neu. Die Vertreter der Strafrechtswissenschaft haben sich niemals gescheut, das Wort zu ergreifen, um das bestehende Recht zu tadeln, seine Umgestaltung zu verlangen, Gesetzentwürfe zu machen, zu kritisieren und zu verbessern. Neu aber ist unsere methodische Forderung, daß die Kriminalpolitik, damit sie von der Stufe dilettantischer Willkür, subjektiver Wohlmeinungen zum Range einer geschlossenen Wissenschaft sich erhebe, sich stützen muß auf die kausale Erforschung von Verbrechen und Strafe; mit anderen Worten, unsere an den Gesetzgeber gerichtete Forderung, daß der Kampf gegen das Verbrechen an den Wurzeln des Verbrechens anzusetzen habe.

Das System der Kriminalpolitik ist noch nicht geschrieben. Wohl aber hat das abgelaufene Jahrzehnt neben vielem Unbedeutenden uns manche kriminalpolitische Einzelarbeit von bleibendem Wert gebracht. Und der steigende Einfluß unserer neuen Richtung zeigt sich am besten in den Strafgesetzentwürfen der Schweiz und Norwegens. Im allgemeinen möchte ich hier auf zwei Punkte hinweisen, die sich unmittelbar aus dem von uns geforderten Zusammenhang der Kriminalpolitik mit der Kriminologie und der Poenologie ergeben.

1) Aus der Lehre der Kriminologie von der ausschlaggebenden Bedeutung der gesellschaftlichen Faktoren für das Verbrechen ergibt sich unmittelbar die bescheidene Stellung der Strafe unter den Maßregeln, die dem Staat in seinem Kampfe gegen das Verbrechen zur Verfügung stehen. Liegt die Wurzel des Verbrechens hauptsächlich in den gesellschaftlichen Verhältnissen, so wird der Kampf gegen das Verbrechen hier seinen Hebel anzusetzen haben. Die Strafe, die im wesentlichen doch nur den Einzelnen

trifft, die niemals im stande ist, die gesellschaftlichen Verhältnisse selbst zu ändern, wird auf die ganze Gestaltung der Kriminalität, auf Zunahme und Abnahme der Verbrechen nur untergeordneten Einfluß ausüben können. Leider sind wir, im Deutschen Reich wie außerhalb desselben, noch weit davon entfernt, daß diese Anschauung bis in die Kreise der gesetzgebenden Faktoren gedrungen wäre. Wenn irgend ein schweres Verbrechen uns die Nachtseiten unseres gesellschaftlichen Lebens enthüllt, wenn die in der Gesellschaft angesammelten Gärungsstoffe in einer verbrecherischen Entladung sich Luft machen, pflegen wir nach neuen Strafgesetzen zu rufen und meinen, damit die Quelle des Uebels zu verstopfen, die doch zumeist unendlich viel tiefer liegt. Und doch sollte es klar sein, daß zum Beispiel ein Wohnungsgesetz, durch das dem Fabrikarbeiter ein menschenwürdiges Heim und damit wenigstens der schwache Abglanz eines Familienlebens gesichert wird, unendlich viel mehr zur Hebung des vierten und fünften Standes und damit zur Verminderung zahlreicher Verbrechensarten beitragen wird, als ein Dutzend neuer Strafgesetze. Die Strafe ist eines der Mittel zur Bekämpfung des Verbrechens; aber sie ist nicht das einzige, sie ist insbesondere auch nicht das wirksamste Mittel. Dieser seinerzeit von den Begründern der „Internationalen kriminalistischen Vereinigung" ausgesprochene Leitsatz ist das unmittelbare Ergebnis der von der Kriminologie ausgegebenen Lehren.

2) Aber auch an die Ergebnisse der Poenologie können wir unmittelbar anknüpfen. Ist der Satz richtig, daß die Strafe im Laufe der geschichtlichen Entwicklung zu einer zweckbewußten Willenshandlung, zu einer Waffe geworden ist, die im Kampfe gegen das Verbrechen zum Schutze der Rechtsordnung zielbewußt vom Staate gehandhabt wird, so taucht die Frage auf, wieso denn die Strafe dieses ihr letztes Ziel, die Rechtsordnung gegen das Verbrechen zu schützen, zu erreichen vermag. Und damit sind wir vor die Aufgabe gestellt, auf Grund sorgfältiger, systematischer Beobachtung der Tatsachen die Wirkungen der Strafe, die nächsten wie die entferntesten, zu prüfen; ihre Wirkungen auf den Verbrecher selbst, die man als Spezialprävention zu be-

zeichnen pflegt, und ihre Wirkungen auf die Gesamtheit, die sogenannte Generalprävention. Erst mit der Lösung dieser Aufgabe, insbesondere mit der Klarlegung des tatsächlichen Verhältnisses zwischen General- und Spezialprävention ist die Möglichkeit gegeben, die durch die systematische Massenbeobachtung festgestellten Wirkungen der Strafe als nächste Strafzwecke zu setzen, die, dem obersten Strafzweck: „Schutz der Rechtsordnung" eingegliedert, in dieser ihrer Unterordnung das System der Kriminalpolitik in seinen Grundzügen ergeben müssen.

Ich fasse das Gesagte zusammen.

Drei verschiedene Aufgaben, deren wichtiger innerer Zusammenhang untereinander hier nicht besprochen werden kann, habe ich der Strafrechtswissenschaft gestellt:

I. Als pädagogische Aufgabe die Ausbildung des kriminalistischen Praktikers:
   1) durch die juristisch-logische Unterweisung in Strafrecht und Strafprozeßrecht („Strafrechtswissenschaft im engeren Sinn");
   2) durch die praktisch-technische Schulung in der Feststellung des Tatbestandes („Kriminalistik)".

II. Als wissenschaftliche Aufgabe die kausale Erklärung:
   1) des Verbrechens („Kriminologie");
   2) der Strafe („Poenologie").

III. Als politische Aufgabe die Weiterbildung der Gesetzgebung im Sinne einer zielbewußten Bekämpfung des Verbrechens, insbesondere auch, aber nicht ausschließlich, durch die Strafe und die mit ihr verwandten Maßregeln („Kriminalpolitik").

Damit sind die Aufgaben der Strafrechtswissenschaft, wie ich sie auffasse, erschöpft. Daß die Erkenntnis dessen, was heute ist, nur durch liebevolle Durchforschung des Vergangenen möglich wird und daß sie uns hinausführen muß über die Gegenwart zu dem, was sein wird: das bedarf keiner ausdrücklichen Hervorhebung. Die geschichtliche Betrachtung ist kein selbständiger Zweig der Wissenschaft, sondern ihr unentbehrliches Hülfsmittel in allen ihren Zweigen.

Eine philosophische Betrachtung aber, die sich nicht damit begnügt, die Rechtfertigung der Strafe in ihrer Notwendigkeit für die Aufrechterhaltung der Rechtsordnung und damit des ganzen gesellschaftlichen Lebens selbst zu erblicken, die vielmehr jenseits von Staat und Recht im Absoluten nach dem festen Punkt sucht, auf den sie den stolzen Bau einer aprioristischen Strafrechtswissenschaft stützen möchte, eine solche Betrachtung lehne ich schlankweg ab. Sie fällt hinaus aus dem Gebiet der Strafrechtswissenschaft, der Rechtswissenschaft, der Wissenschaft überhaupt. Ich möchte von Ihnen, meine Herren, gerade in diesem Punkte nicht mißverstanden werden. Jenseits des Gebietes der Wissenschaft liegt das Gebiet des Glaubens. Wer sich bemüht, im Sinne der Kantschen Erkenntniskritik die beiden Gebiete reinlich voneinander zu scheiden, der leugnet damit nicht, daß die beiden Gebiete unabhängig voneinander bestehen. Und wenn es unmöglich ist, daß durch echte wissenschaftliche Erkenntnis jemals unser Glaube gefährdet wird, so sollte es ebenso undenkbar sein, daß die wissenschaftliche Erkenntnis durch den Glauben, sei es Förderung, sei es Hemmung erfahren könnte. Was hinter Raum und Zeit unserem blöden Blick verborgen ist, das können, das sollen wir glauben, hoffen, lieben; aber wir können es nicht wissenschaftlich erkennen. Jeder Uebergriff aus jenen Gebieten in das Gebiet wissenschaftlicher Erkenntnis muß mit größter Schärfe zurückgewiesen werden. Metaphysische Spekulation, mag sie sich auch in das Gewand einer der beliebten „absoluten Strafrechtstheorien" kleiden, hat mit der Wissenschaft und daher auch mit der Strafrechtswissenschaft nichts zu tun.

Innerhalb der Welt der Erscheinungen bleibt uns genug an freilich harter, aber darum um so erfolgverheißenderer Arbeit übrig. Die neue Richtung hat der Strafrechtswissenschaft eine ganze Reihe „neuer Horizonte" erschlossen. Nicht im Sinne neuer Dogmen, die an Stelle der alten zu treten berufen wären, wie unsere Gegner vielleicht glauben, jedenfalls behauptet haben. Denn das Dogma steht außerhalb der Wissenschaft. Wohl aber im Sinne neuer Arbeitsgebiete. Nichts kann unrichtiger sein, als die Behauptung, daß für die Strafrechtswissenschaft die Zeit des Epigonentums angebrochen sei. Noch im sinkenden alten Jahrhundert sind uns vielmehr die neuen Pfade gewiesen worden. Und was wir brauchen, das sind die arbeitsfrohen Pioniere, die die neuentdeckten Felder in fruchtbringender Arbeit beackern. Zu dieser Arbeit lade ich Sie ein, meine Herren, jeden von Ihnen, denn die moderne Strafrechtswissenschaft umspannt das ganze Leben in allen seinen Gebieten; und jeder von Ihnen kann in seinem Wirkungskreise beobachten und praktisch tätig sein. Wer sich einmal daran gewöhnt hat, Verbrechen und Strafe kausal zu betrachten, der weiß auch, daß die Bekämpfung des Verbrechens nicht nur Aufgabe des Staates, sondern auch der Gesellschaft ist, nicht nur der Strafe, sondern auch der Menschenliebe und des Christensinns. Wenn, wie ich in meiner öffentlichen Vorlesung zu zeigen haben werde, die Kriminalität im deutschen Reich eine so besorgniserregende Gestaltung angenommen hat, wenn gerade die pathologische Seite ihrer Entwicklung immer schärfer sich accentuiert, dann ist die Mitarbeit an der Erkenntnis der Ursachen, die zu dieser Gestaltung geführt haben, und an ihrer Beseitigung die Pflicht eines Jeden, der mit tatbereiter Liebe an unserem deutschen Vaterland hängt.

26. Wie ist im Strafprozess der Gerichtsstand der begangenen Tat hinsichtlich der Vergehen der Presse zu regeln?

(Gutachten für den 25. deutschen Juristentag. 1900.)

I. Daß der „ambulante" oder „fliegende" Gerichtsstand der Presse weder mit den Absichten des Gesetzgebers von 1874 und 1877 noch mit den Bedürfnissen unseres Rechtslebens verträglich ist, wird wohl auch von denjenigen nicht bestritten werden, die ihn aus dem geltenden Rechte ableiten zu müssen glauben. Daß der Ankläger nach willkürlichem Ermessen das örtlich zuständige Gericht bestimmen, die der Verurteilung geneigtesten Richter sich aussuchen, die Verfolgung und Aburteilung aus Bayern nach Sachsen, von Württemberg nach Preußen verlegen, an die Stelle des süddeutschen Schwurgerichts die norddeutsche Strafkammer setzen könnte: das hat der Gesetzgeber nicht gemeint, als er das Reichspreßgesetz, noch, als er das Gerichtsverfassungsgesetz und die deutsche Strafprozeßordnung schuf. Und die Rechtsunsicherheit, die mit dem dadurch begründeten Privilegium odiosum der Presse, für das wir vergeblich nach irgend einem Gegenstück suchen würden, verbunden ist, hat unser ganzes politisches Leben den schlimmsten Schwankungen ausgesetzt. Man vergegenwärtige sich doch die Sachlage: Unsere deutsche Zeitungspresse unterscheidet sich von der französischen, der englischen, der österreichischen u. s. w. gerade durch den Mangel eines ausschlaggebenden lokalen Zentrums. Nicht die Berliner Blätter sind es, sondern die „Münchener Allgemeine", die „Frankfurter", die „Kölnische" und viele andere, die, gerade weil sie der Ausdruck ganz bestimmter, meist mit den lokalen Verhältnissen eng zusammenhängender Richtungen und Strömungen sind, im ganzen Gebiet des weiten Deutschen Reichs Abnehmer und Leser finden; und überall, wo ein solcher ständiger oder zufälliger Leser Kenntnis von dem Inhalt des Blattes nimmt, kann nach der heute herrschenden Praxis der Staatsanwalt die Klage erheben, und die Verurteilung herbeiführen, während sie vielleicht am Ort des Erscheinens völlig ausgeschlossen wäre. Ein solcher Zustand ist auf die Dauer unhaltbar, soll nicht das Rechtsbewußtsein auf das Tiefste erschüttert und das Vertrauen in die Unparteilichkeit der Rechtsprechung untergraben werden.

Die Beseitigung dieser mit dem fliegenden Gerichtsstand der Presse notwendig gegebenen Rechtsunsicherheit muß daher dem Juristen wie dem Politiker in gleicher Weise am Herzen liegen.

II. Ich habe seit zwei Jahrzehnten die Ansicht vertreten, daß auch nach geltendem Recht der fliegende Gerichtsstand der Presse unbegründet ist, daß vielmehr der Erscheinungsort der Druckschrift, und er allein, den Gerichtsstand der begangenen Tat für die durch den Inhalt der Druckschrift begründeten Preßdelikte darstellt. Zu dieser Ansicht bestimmte mich in erster Linie meine wissenschaftliche Auffassung von der eigenartigen Natur des Preßdeliktes, dessen Wesen darin besteht, daß der in der Druckschrift verkörperte gedankliche Inhalt durch die Veröffentlichung der Kenntnisnahme des Publikums zugänglich gemacht wird. Und diese Ansicht konnte um so größeren Anspruch auf allgemeine Anerkennung machen, als sie noch bei der Beratung der Strafprozeßordnung von allen Seiten vertreten worden war. Ich brauche auf diese allgemein bekannten Tatsachen an dieser Stelle wohl nicht einzugehen.

Aber seitdem die Entscheidung des Reichsgerichts vom 17. Juni 1892 (Bd. 23 S. 155) trotz der Schwäche der juristischen Begründung für unsere Rechtsprechung maßgebend geworden ist, hat sich die Sachlage ganz wesentlich geändert. Die alte Ueberlieferung ist durchbrochen, und der Streit de lege lata müßte auf der wissenschaftlichen Grundlage einer erneuten Untersuchung über das Wesen des Preßdelikts ausgefochten werden. Daß aber durch diese wissenschaftlichen Auseinandersetzungen das Reichsgericht und die ihm folgende Rechtsprechung zur Umkehr veranlaßt werden könnte, ist um so weniger anzunehmen, als auch innerhalb der wissenschaftlichen Bearbeiter des Preßrechts eine Einigung über Begriff und Wesen des Preßdelikts nicht so rasch erzielt werden dürfte. Es scheint mir wünschenswert, gerade über diesen Punkt volle Klarheit herbeizuführen. Denn nur wenn der besondere Gerichtsstand der Presse in der lex lata eine ausreichende Begründung nicht zu finden vermag, ist die legislative Frage gerechtfertigt, die den Ausgangspunkt dieses Gutachtens bildet. Ich muß daher, im Interesse der Sache, den schwachen Punkt möglichst scharf hervortreten lassen, der den Gegnern den Angriff auf die von mir und anderen eingenommene Stellung so wesentlich zu erleichtern scheint.

Wer den besonderen Gerichtsstand der Presse behauptet, der behauptet damit zugleich den besonderen Tatbestand des Preßdelikts. Oder genauer gesprochen: er behauptet damit, daß der Tatbestand aller Delikte, die durch den Inhalt einer Druckschrift begangen werden können, in diesem Falle eine ganz wesentliche Aenderung erleidet. Ein Beispiel mag klar machen, was ich damit meine. Nach der herrschenden Ansicht gehört zum Tatbestand der Beleidigung, daß irgend jemand, sei es der Beleidigte selbst, sei es ein Dritter, von der Beleidigung Kenntnis genommen hat. Wenn A. im einsamen Waldesdickicht seinem Unwillen gegen den meilenweit entfernten B. dadurch Luft macht, daß er, von keinem Menschenohr vernommen, die schwersten Beleidigungen gegen B. ausspricht: so kann er, auch wenn er hinterher dieses seines Gefühlsergusses sich rühmen sollte, niemals wegen Beleidigung des B. bestraft werden. Wenn wir nun aber die durch die Presse begangene Beleidigung mit der Ausgabe der Druckschrift für vollendet erachten, so ist damit der Tatbestand der Beleidigung völlig verrückt; die Beleidigung ist gegeben, auch wenn kein einziger von den Lesern des Blattes von dem Inhalt des beleidigenden Artikels Kenntnis genommen haben sollte.

Ich bin nun allerdings nach wie vor der festen Ueberzeugung, daß diese Folgerung gezogen werden muß. Der naheliegende Einwand, daß von einer solchen Verschiebung des Tatbestandes im Gesetz nichts zu lesen sei, der einzige Einwand, den die Reichsgerichtsentscheidung vom 17. Juni 1892 geltend gemacht hat, kann vor der Erwägung nicht stand halten, daß unser Preßgesetz und daß die Preßgesetze der sämtlichen modernen Kulturstaaten sinn- und zwecklos wären ohne die Annahme des eigenartigen Tatbestandes der Preßdelikte. Aber ich bin nicht mehr Optimist genug, um zu hoffen, daß eine solche auf die geschichtliche Entwicklung und auf die kriminalpolitische Bedeutung der Preßgesetzgebung gestützte Erwägung gegenüber dem unsere Strafrechtspflege mehr denn je beherrschenden Formalismus durchschlagen wird.

Und daraus ergibt sich für jeden, der den fliegenden Gerichtsstand der Presse für einen schweren Uebelstand hält, die unabweisliche Notwendigkeit, die Aufnahme einer ausdrücklichen Bestimmung in das geltende Recht in Vorschlag zu bringen.

III. Es wird nicht schwer sein, sich über den Inhalt dieses ausdrücklich auszusprechenden Rechtssatzes zu einigen. Ich würde ohne weiteres der wiederholt vorgeschlagenen Fassung zustimmen können:

„Begründet der Inhalt einer Druckschrift den Tatbestand einer strafbaren Handlung, so ist für alle an Herstellung und Herausgabe der Druckschrift beteiligten Personen (Verfasser, Herausgeber, Redakteur, Drucker, Verleger) der Gerichtsstand der begangenen Tat nur bei demjenigen Gericht begründet, in dessen Bezirk die Druckschrift erschienen ist."

Nur ein ganz interessanter, in der Literatur bisher viel zu wenig beachteter Punkt bedarf hier der näheren Erörterung, soll nicht das kaum hergestellte Einvernehmen sofort wieder in Frage gestellt werden.

Der Leipziger Juristentag von 1880 hatte auf Grund des von mir damals erstatteten Gutachtens den folgenden Beschluß gefaßt:

„Die Preßdelikte werden von den an Herstellung und Ausgabe der Druckschriften beteiligten Personen (Verfasser, Herausgeber, Redakteur, Drucker, Verleger) begangen an demjenigen Orte, von dem aus die Verbreitung der Druckschrift (der Vertrieb) erfolgte."

Im Anschluß daran war in der zweiten vom Juristentag angenommenen These der in meinem Gutachten entwickelte Begriff des „Verbreitungsmittelpunktes" zu Grunde gelegt worden. Es fragt sich, ob die damals angenommene und die heute mir vorgeschlagene These nicht etwa in einem wesentlichen Punkte zueinander im Widerspruch sich befinden. Nach einem Zwischenraum von zwanzig Jahren hätte ein solcher Widerspruch nichts auffallendes; die geänderte Fassung könnte sehr wohl das Ergebnis gereifter Ueberlegung sein.

Das ist nicht der Fall. Ich betrachte vielmehr die beiden Fassungen als durchaus übereinstimmend, und habe nur deshalb nicht meinen damaligen Vorschlag schlechtweg wiederholt, weil ich nicht ohne zwingenden Grund von den von anderer Seite gemachten Vorschlägen abweichen wollte.

Die Behauptung, daß die beiden Fassungen denselben Gedanken zum Ausdruck bringen, bedarf des Nachweises.

Für die gesamte Lehre vom Preßdelikt ist von entscheidender Bedeutung die richtige Bestimmung des Verhältnisses, in welchem, im Sinne des Gesetzes, die Begriffe Verleger und Verbreiter zueinander stehen.

Von allen tiefer greifenden Erwägungen abgesehen, zwingt uns schon der § 22 des Preßgesetzes, das Wesen des Preßdeliktes in der Verbreitung der Druckschrift zu erblicken, also darin, daß ihr Inhalt dem Publikum zugänglich gemacht wird. Ist das richtig, so ist die Verbreitung und nur sie allein die Ausführungshandlung bei jedem Preßdelikt; und alles, was vorangegangen, kann nur als Vorbereitungshandlung betrachtet werden. Täter im Unterschied von den Teilnehmern wäre nur der Verbreiter; und auch für den Gerichtsstand der begangenen Tat käme nur die Verbreitung in Betracht.

Der Tätigkeit des Verbreiters gegenüber würde die des Verlegers völlig in den Hintergrund treten. Verleger ist derjenige, der die Druckschrift „herausgibt", „erscheinen läßt", der die Anordnung trifft, daß sie von anderen verbreitet werde. Die Tätigkeit des Verlegers hätte nur die

Bedeutung einer Vorbereitungs- oder Gehülfenhandlung, die niemals für die sämtlichen an der Tat Beteiligten den Gerichtsstand der begangenen Tat begründen könnte. Durch die Handlung des Verlegers würde die Schrift erst zur Druckschrift im Sinne des § 2 Preßgesetz, durch sie mithin erst das Mittel hergestellt, mit dem das Preßdelikt von einem anderen begangen werden kann.

Dann wären aber die beiden oben nebeneinandergestellten Fassungen inhaltlich verschieden; und es könnte keinem Zweifel unterliegen, daß die diesmal vorgeschlagene falsch ist und daß nur die aus dem Jahre 1880 richtig sein kein.

Aber diese Auffassung des Verhältnisses der Begriffe „Verleger" und „Verbreiter" zueinander kann nicht richtig sein. Der wahre Sachverhalt würde auf den Kopf gestellt, wollte man, sei es bei der periodischen, sei es ganz besonders auch bei der nichtperiodischen Presse, den Verlagsbuchhändler als den Gehülfen des Sortimenters oder des Leihbibliothekars, als die Nebenperson neben dem Verbreiter ansehen. Es muß also in der Begriffsbestimmung da oder dort ein Fehler stecken.

Der Fehler liegt in der Begriffsbestimmung des Verlegers. Das „Erscheinenlassen", das „Herausgeben" ist kein interner Willensakt, auch keine bloße Willenserklärung, sondern es ist eine Tat, und zwar diejenige, durch welche die Verbreitung wirklich begonnen wird.

Mag die Versendung unmittelbar von dem Sitze des Verlagsgeschäftes aus erfolgen, indem die ganze Auflage in Bücherballen und Paketen an Besteller und „zur Ansicht" verschickt wird; mag sie geschehen durch ein von dem Berliner Verleger an seinen Leipziger Kommissionär gerichtetes Telegramm, so daß durch diesen als das Werkzeug des Verlegers die in Leipzig aufgestapelten Bücher in die Welt geschickt werden: stets erreicht die Tätigkeit des Verlegers ihren Abschluß erst dadurch, daß er selbst mit der Verbreitung beginnt.

Der Abschluß des Verlagsvertrages mit dem Verfasser, das Setzen, Drucken, Heften, Binden des Buches sind alles

Vorbereitungshandlungen, deren Ziel die Herstellung der Druckschrift, d. h. der „zur Verbreitung bestimmten Vervielfältigung“ ist; und insoweit ist die Tätigkeit des Verlegers nur Gehülfentätigkeit, nur Vorbereitungshandlung.

Aber gerade auch die Ausführungshandlung, die Verbreitung geht von ihm aus. In seinen Händen ruht die Entscheidung darüber, ob und wann und wie die Druckschrift auf den Markt geworfen, ihre Verbreitung eingeleitet werden soll.

Damit ist auch nachgewiesen, daß die beiden Fassungen dasselbe besagen; die zweite aus dem Jahre 1880, in juristisch scharfer, den Mißverständnissen weniger ausgesetzten Weise; die erste, die ich jetzt vorgeschlagen habe, im Anschluß an den gewöhnlichen Sprachgebrauch.

Eine „erschienene“, eine „herausgegebene“ Druckschrift ist die, deren Verbreitung begonnen hat. Und sie ist dort erschienen, dort herausgegeben, von wo aus der Beginn der Verbreitung stattgefunden hat; also im „Verbreitungsmittelpunkte“, um den von mir 1880 gebrauchten Ausdruck zu wiederholen.

IV. Es ist nach meiner Auffassung nicht die Aufgabe des deutschen Juristentages, in die Kasuistik der zu beratenden Rechtssätze weiter einzugehen, als dies notwendig ist, um die Tragweite und damit die Richtigkeit derselben zu prüfen. Nur um Mißverständnisse auszuschließen, möchte ich noch folgendes bemerken.

1) Der selbständige Tatbestand, der durch die selbständige Weiterverbreitung der Druckschrift begründet wird, ist in der vorgeschlagenen Fassung außer Betracht gelassen. Man denke an die Verbreitung einer mit Beschlag belegten Druckschrift (Preßgesetz § 28), oder an die im Auslande erscheinende periodische Druckschrift, bezüglich deren der Reichskanzler das „Verbot der ferneren Verbreitung“ ausgesprochen hat (Preßgesetz § 14). In diesen Fällen ist für jede dieser selbständigen Verbreitungshandlungen der Gerichtsstand der begangenen Tat selbständig zu bestimmen.

2) Daß die Forderung eines besonderen Gerichtsstandes für die Preßdelikte auf Verfasser, Herausgeber, Redakteur, Drucker, Verleger beschränkt wird, scheint mir aus ver-

schiedenen Gründen wünschenswert. Soweit der Verbreiter, also etwa der Zeitungsverkäufer auf unseren Bahnhöfen, wegen selbständiger Weiterverbreitung strafbar ist, darf der Gerichtsstand des Ausgabeortes für ihn nicht maßgebend sein; und soweit er als Teilnehmer an der auf den Verleger zurückführenden Verbreitung erscheint, wird er durch die vorgeschlagene Fassung ohnehin gedeckt. Die Frage aber, ob noch andere als die im Preßgesetz selbst genannten Personen (etwa auch die Setzer und Korrektoren der Druckerei) sich der strafbaren Teilnahme an dem begangenen Preßdelikte schuldig machen, ist viel zu wichtig und zu schwierig, als daß sie der Juristentag so nebenher erledigen könnte.

3) Eine Unterscheidung zwischen inländischen und ausländischen Druckschriften möchte ich nicht machen. Sie würde bedeuten, daß der fliegende Gerichtsstand für die im Inlande erscheinenden Druckschriften beseitigt, dagegen für die im Auslande erscheinenden beibehalten werde. Das ließe sich verstehen, wenn der fliegende Gerichtsstand dem Wesen des Preßdeliktes entspräche und zu Gunsten der inländischen Presse eine Ausnahme von den allgemeinen Grundsätzen des Prozeßrechtes gemacht werden sollte. Eine derartige Auffassung würde aber im Widerspruch zu der wissenschaftlichen Grundlage stehen, auf der meine Ausführungen beruhen. Sie würde wohl auch kaum der Ansicht derjenigen gerecht werden, die die Beseitigung des fliegenden Gerichtsstandes fordern, weil sie ihn für eine zweckwidrige und ungerechte Ausnahmemaßregel zu Ungunsten der Presse erachten. Sie würde auch gerade darum kaum geeignet sein, für die von uns vorzuschlagende Aenderung der Gesetzgebung das Wohlwollen des Gesetzgebers zu erwecken oder zu fördern.

Ich stelle daher die einzige These auf:

„**Begründet der Inhalt einer Druckschrift den Tatbestand einer strafbaren Handlung, so ist für alle an Herstellung und Herausgabe der Druckschrift Beteiligten (Verfasser, Herausgeber, Redakteur, Drucker, Verleger) der Gerichtsstand der begangenen Tat nur bei dem-**

jenigen Gerichte begründet, in dessen Bezirk die Druckschrift erschienen ist."

Der deutsche Juristentag würde durch die Annahme dieses Leitsatzes bekunden, daß er den von ihm vor zwanzig Jahren eingenommenen Standpunkt auch heute noch für den richtigen erkennt. Der Presse aber würde die gesetzliche Durchführung dieses Satzes die Rechtssicherheit zurückgeben, die ihr heute, und zwar wahrhaft nicht zum Vorteil unseres öffentlichen Lebens, durch die Anwendung des fliegenden Gerichtsstandes entzogen ist.

27. Das gewerbsmässige Verbrechen.

Vortrag, gehalten in der juristischen Gesellschaft zu Berlin am 13. Oktober 1900.

(Z. XXI 121.)

Meine Herren!

Rascher und leichter als wohl die meisten unter uns es erwarten zu dürfen glaubten, hat sich die Aufnahme des neuen bürgerlichen Rechtes mit allen seinen weitverzweigten und vielverschlungenen reichs- und landesrechtlichen Verästelungen vollzogen: ein glänzender Beweis für die in der Geschichte des Rechts bisher unerreichte Leistungskraft des deutschen Juristenstandes.

Damit ist die Bahn frei geworden für die längst begehrte, immer wieder hinausgeschobene Umgestaltung unserer Strafgesetzgebung, ist die Hoffnung neu erwacht, daß es doch noch in den ersten Jahren des 20. Jahrhunderts gelingen werde, an Stelle des einem vergangenen Zeitalter, einem fremden Volksgeiste entsprungenen code pénal, dessen Rezeption zuerst in Preußen, dann in dem neu begründeten deutschen Reiche eine Blütezeit legislativen Schaffens jäh unterbrochen hat, ein neues Strafgesetzbuch zu setzen, das den Bedürfnissen des heutigen Rechtslebens und dem Rechtsbewußtsein des deutschen Volkes entspricht.

Die strafrechtlichen Reformfragen, bis in die jüngsten Tage hinein nur in den engeren Fachkreisen erwogen und beraten, dürfen heute wieder allgemeines Interesse für sich in Anspruch nehmen. Darin liegt die Rechtfertigung für die Wahl meines Themas, für dessen nüchterne, rein sachliche, auf alles rhetorische Beiwerk verzichtende Behandlung ich mir Ihre freundliche Aufmerksamkeit erbitte.

Auf zwei Hauptforderungen läßt sich das von mir und meinen Freunden aufgestellte kriminalpolitische Programm zurückführen:

1) Erziehende Behandlung der Besserungsfähigen; und
2) Sicherung der Gesellschaft gegenüber den unverbesserlichen und gemeingefährlichen Verbrechern.

Ob man diese sichernden und jene bessernden Maßnahmen als Strafen im technischen Sinne des Wortes bezeichnen und behandeln will oder nicht, ist zwar von großem wissenschaftlichen Interesse, aber von ganz geringer legislativer Bedeutung. Zwischen den beiden Gruppen der zu bessernden und der unverbesserlichen Verbrecher liegt das weite Gebiet der Fälle, in denen die Aufgabe der Strafe in der Bewährung des Rechtes sich erschöpft, in denen es sich lediglich darum handelt, dem Verbrecher die Macht der von ihm übertretenen Rechtsordnung eindringlich zu Gemüt zu führen; das Gebiet, das wir, wie ich an anderer Stelle ausgeführt habe, bei dem legislativen Kompromiß zwischen den Anhängern der alten und der neuen Richtung, ohne welches eine Reform unserer Strafgesetzgebung überhaupt unmöglich ist, unseren Gegnern zu überlassen bereit sind; auf dem die bisher unsere Strafgesetzgebung beherrschenden Grundgedanken auch fernerhin im wesentlichen in Geltung bleiben können; auf dem wie bisher Art und Maß der Strafe bestimmt werden mag nach der objektiven Schwere der Tat. An jenen beiden Hauptforderungen aber müssen wir unbedingt festhalten; und jeder Entwurf eines Strafgesetzbuches, der uns ihre Erfüllung versagt, würde dem entschiedensten und nachhaltigsten Widerstand von unserer Seite begegnen und, wenn ich über das Verhältnis der lebendigen Kräfte mich nicht täusche, an diesem Widerstande scheitern.

Von diesen beiden Hauptforderungen hat die erste in wenigen Jahren die fast allgemeine Zustimmung sich errungen. Auf einem von dieser Forderung umfaßten, außerhalb der Strafgesetzgebung gelegenen, aber überaus wichtigen Gebiete haben wir einen entscheidenden Sieg davon getragen. Nach hartem Kampf, in dem die von der Internationalen kriminalistischen Vereinigung ausgearbeiteten Vorschläge bei dem Zentralausschuß für innere Mission und dem allgemeinen deutschen Lehrerverein, bei den großen Gefängnisgesellschaften in Sachsen und am Rhein, bei Regierungspräsidenten und Landesräten, bei Männern und Frauen aller Richtungen und in allen Lebensstellungen warme und tatkräftige Unterstützung gefunden hatten, ist es uns gelungen, die gegenwärtige Fassung des Artikels 135 Einführungsgesetz zum Bürgerlichen Gesetzbuch durchzusetzen und damit die bestehenden Landesgesetze über die Fürsorgeerziehung Verwahrloster vor der ihnen drohenden Aufhebung zu retten, sowie für neue Landesgesetze die reichsrechtliche Grundlage zu schaffen. In Preußen ist das Gesetz vom 2. Juli 1900 der Erfolg unserer Bemühungen. Was noch weiter, insbesondere innerhalb der Strafgesetzgebung selbst, angestrebt und erreicht werden muß, damit unsere erste Hauptforderung zur vollen Erfüllung gelange: die Heraufsetzung der Strafmündigkeitsgrenze auf das 14. Lebensjahr, die Umgestaltung des Strafensystems für jugendliche Verbrecher, die Behandlung der jüngeren unter den erstmals verurteilten Erwachsenen u. s. w. — das liegt außerhalb des Kreises meiner heutigen Erörterungen.

Anders steht es mit der zweiten unserer beiden Hauptforderungen: der Sicherung der Gesellschaft gegenüber den unverbesserlichen und gemeingefährlichen Verbrechern. Hier ist die Herrschaft der „klassischen" Anschauung, die in rein materieller, äußerlicher, mechanischer Weise nur den Erfolg der Tat, nicht aber die Gesinnung des Täters berücksichtigt, noch nicht überwunden, der Widerstand gegen die neuere Auffassung, die einer unserer Gegner, van Calker, „als übertriebene Ethisierung des Strafrechts" getadelt hat, noch nicht gebrochen.

Diese zweite Hauptforderung soll uns heute beschäftigen.

Aber nicht das ganze Gebiet des unverbesserlichen Verbrechertums will ich heute ins Auge fassen; sondern nur einen, allerdings hochwichtigen Teil desselben: das gewerbsmäßige Verbrechertum.

Die Notwendigkeit, dieses Teilgebiet aus dem Gesamtgebiet auszuscheiden, muß ich in um so schärferer Weise betonen, als die Ausscheidung der Literatur, der Statistik, ja auch den Gesetzentwürfen der Schweiz und Norwegens fremd geblieben ist.

Die Reichskriminalstatistik kennt und berücksichtigt nur die wiederholt Rückfälligen. Und mit voller Klarheit und Bestimmtheit bezeichnet die von Geheimrat Krohne in den unter dem preußischen Ministerium des Innern stehenden Strafanstalten eingeführte verdienstliche Zählung als „Berufsverbrecher" „diejenigen Elemente, von welchen man sich nicht nur vereinzelter, wenn auch wiederholter Verstöße gegen die Rechtsordnung, sondern eines andauernden Verhaltens von der Art zu versehen hat, daß ihre ganze Existenz als eine antisoziale gemeinschädliche angesehen werden muß". Und doch dürfte es klar sein, daß es zahlreiche Fälle gibt, in denen die immer aufs neue wiederholte Begehung strafbarer Handlungen der Ausfluß eines tiefgewurzelten unausrottbar gewordenen verbrecherischen Hanges ist, ohne daß dabei die für das gewerbsmäßige Verbrechen charakteristische Erwerbsabsicht eine Rolle spielt. Ich erinnere an die verschiedenen Gewalttätigkeits- und Roheitsverbrechen, an Messerstechereien und Unzucht mit Kindern, an Widerstand gegen die Staatsgewalt u. s. w. Es ist irreführend, hier von einem „Berufsverbrechertum" zu sprechen; und völlig verfehlt, diese Fälle mit dem „gewerbsmäßigen Verbrechen" identifizieren zu wollen. Indem der Teil für das Ganze genommen, die Untergruppe der gewerbsmäßigen Verbrecher mit der Gesamtgruppe der Unverbesserlichen vertauscht wird, schleicht sich in die Berechnungen der Kriminalstatistik wie in die Vorschläge der Gesetzentwürfe ein nach den verschiedensten Richtungen hin verhängnisvoller Fehler ein, an dessen Ausschaltung mir bei meinen Ausführungen sehr viel gelegen ist.

Diese meine Ausführungen werden in vier recht ungleiche Teile zerfallen. Der erste Teil soll die gegenwärtige Gestaltung des gewerbsmäßigen Verbrechens; der zweite seine Behandlung im geltenden Recht darstellen; der dritte wird sich mit den Ergebnissen beschäftigen, die der gegenwärtige Zustand unserer Gesetzgebung erzeugt hat; der vierte die Forderungen entwickeln, die aus den Lebensbedürfnissen heraus an den Gesetzgeber der Zukunft gestellt werden müssen.

Vorerst aber seien wenige Worte dem Begriff des gewerbsmäßigen Verbrechens gewidmet.

Ich nehme das Wort im soziologischen Sinne und spreche von gewerbsmäßigem Verbrechen dann, wenn die wiederholte Begehung strafbarer Handlungen nach der Absicht des Täters die ausschließliche oder doch überwiegende Erwerbsquelle bilden soll.

In dieser Begriffsbestimmung bedürfen drei Punkte einer kurzen Erläuterung.

a) Das gewerbsmäßige Verbrechen ist verschieden von dem aus Gewinnsucht begangenen Einzelverbrechen, mag auch vielleicht durch dieses mit einem Schlage, wie etwa bei der Ermordung eines Zwischenerben, ein ganz bedeutendes Vermögen erworben werden. Die Unterscheidung ist jedem Juristen geläufig. Wenn ich etwa bei günstiger Gelegenheit aus meinem Familienbesitz ein wertvolles Oelgemälde um teures Geld verkaufe, so bin ich darum noch lange kein Bilderhändler. Hierher gehören auch diejenigen Fälle, in denen innerhalb eines rechtmäßigen Gewerbebetriebes strafbare Handlungen, wenn auch nicht gewerbsmäßig, vorgenommen werden. So wird in § 25 unseres Urheberrechtgesetzes von 1870 „das gewerbsmäßige Verbreiten von Nachdrucksexemplaren" von Literatur wie Rechtsprechung ganz überwiegend nicht im technischen Sinne genommen, sondern als gleichbedeutend mit „innerhalb eines Gewerbebetriebes" aufgefaßt. Schon dieser Hinweis genügt, um zu zeigen, daß die an sich so einfache und klare Unterscheidung dem Strafgesetzgeber nicht überall geläufig ist.

b) Die Begehung strafbarer Handlungen muß die ausschließliche oder doch überwiegende Erwerbsquelle bilden.

Wenn diese Erwerbsquelle hinter den rechtmäßigen Quellen des Lebensunterhaltes in den Hintergrund tritt, wenn das Dienstmädchen etwa wiederholt beim Einkauf die Herrschaft betrügt, der Kaufmann in seinem Geschäft falsches Maß und Gewicht verwendet — so gehört nach meiner Auffassung der Täter nicht zu jenen „antisozialen Existenzen", die ein besonders geartetes und besonders kräftiges Eingreifen des Strafgesetzes erfordern. Ich gebe aber gern zu, daß nicht nur die Abgrenzung im Einzelfall schwierig werden kann, sondern daß die Beschränkung auf die Fälle einer ausschließlichen oder vorwiegenden Erwerbsquelle an sich und grundsätzlich nicht unbedenklich ist.

c) Mit voller Bestimmtheit dagegen und in bewußter Abweichung von dem im geltenden Recht anerkannten Begriff begnüge ich mich mit der wiederholten Begehung von strafbaren Handlungen überhaupt, ohne die wiederholte Begehung desselben Verbrechens zu verlangen. Wenn das Strafgesetzbuch den gewerbsmäßigen Wucher, die gewerbsmäßige Hehlerei bestraft, so können nur solche Handlungen zur Einheit des gewerbsmäßigen Verbrechens zusammengefaßt werden, die unter denselben Deliktsbegriff fallen. Aber diese Einschränkung widerspricht der tatsächlichen Gestaltung der Dinge und damit den Bedürfnissen des Rechtslebens; mag auch innerhalb des gewerbsmäßigen Verbrechens die Ausbildung des Spezialistentums noch so weit vorgeschritten sein: stets wird es, insbesondere auf dem Gebiete der Täuschung, zahlreiche Fälle geben, in denen die mehreren gewerbsmäßig vorgenommenen Handlungen des Täters nicht unter denselben, sondern unter verschiedene Paragraphen des Strafgesetzbuches fallen. Ich lege auf diesen Punkt besonderes Gewicht.

I. Die heutige Gestaltung des gewerbsmäßigen Verbrechertums.

Die Geschichte des gewerbsmäßigen Verbrechertums, in der wir verschiedene scharf voneinander sich abhebende Abschnitte unterscheiden können, bestätigt uns die von vornherein sich aufdrängende Annahme, daß dic Gestaltung des gewerbsmäßigen Verbrechens bedingt und bestimmt wird durch die wechselnde Gestaltung der jeweils gegebenen gesellschaftlichen Verhältnisse. Und wenn das gewerbsmäßige Verbrechen unserer Tage sich wesentlich unterscheidet von dem gewerbsmäßigen Verbrechen der unmittelbar vorangegangenen Epoche, so muß unsere Strafgesetzgebung, die in ihrer ganzen Anlage, wie in ihren einzelnen hier maßgebenden Bestimmungen noch jener früheren Epoche entstammt, im Kampfe gegen das gewerbsmäßige Verbrechen unserer Tage notwendig ohnmächtig bleiben.

Es ist nun aber eine bekannte, oft genug in der Literatur hervorgehobene Tatsache, daß der Unterschied zwischen dem gewerbsmäßigen Verbrechen, wie es uns heute in ausgeprägter Gestalt entgegentritt und dem gewerbsmäßigen Verbrechen zur Zeit, als der code pénal entstand, auch bei oberflächlichster Betrachtung auffallend in die Augen springt, und das innerste Wesen jener sozialpathologischen Erscheinung ergreift. Das gewerbsmäßige Verbrechen jener Tage charakterisiert sich durch die Räuberbanden, die im Ausgang des 18. und in den ersten Jahrzehnten des 19. Jahrhunderts insbesondere die beiden Ufer des mittleren und unteren Rheins unsicher machten; die durch Blutsverwandtschaft und Schwägerschaft zusammengehalten, mehrere Generationen umfassend, in Stämme und Gruppen mit wechselndem Mittelpunkt, wechselndem Namen, wechselndem Schauplatz sich teilten, ohne den inneren Zusammenhang miteinander zu verlieren; die mit Waffen aller Art versehen, den „Rennbaum" zur Zerstörung von Mauern und Toren mit sich führend, auf ihre Raubzüge ausrückten, sengend, plündernd, mordend, schändend; die begünstigt durch die kriegerischen Ereignisse der Zeit, durch die fortwährende Verschiebung der Landesgrenzen, durch die Erschütterung der überlieferten Staatsgewalten, durch die Eifersucht der aneinander grenzenden Gebiete, den Bürgern, der Polizei, der bewaffneten Macht förmliche Schlachten lieferten; die noch, nachdem um die Wende der beiden Jahrhunderte ihre Hauptmacht zersprengt war, auf dem rechten Rheinufer, im Spessart und im Odenwald, auf dem Vogelsberg und in der Wetterau ihr Unwesen trieben; und die erst dann vernichtet werden konnten, als der Friede wieder heimgekehrt war, die erstarkende Staatsgewalt im Innern der

Länder Ordnung schuf und die beteiligten Staaten zu gemeinsamer Abwehr sich zusammenschlossen.

Diese Räuberbanden sind verschwunden. Der Raub ist nicht mehr die typische Form des gewerbsmäßigen Verbrechens; und die alten, durch Blutsverwandtschaft und Schwägerschaft zusammengehaltenen Banden existieren nicht mehr. Wo wir heute noch bei Diebstahl, Betrug, Falschmünzerei, Schmuggel u. s. w. bandenmäßige Begehung finden, handelt es sich um lose Verbindungen, meist der zufälligen Bekanntschaft in den Strafanstalten entstammend, für bestimmte einzelne Zwecke eingegangen, ohne festen dauernden Zusammenhalt. Das gewerbsmäßige Verbrechen ist keine geschlossene Zunft mehr, in die man hineingeboren wird oder einheiratet, sondern ein freies Gewerbe, das jedem offensteht.

Der gewerbsmäßige Raub hat heute seine dominierende Bedeutung verloren. Andere Formen des gewerbsmäßigen Verbrechens sind an seine Stelle getreten.

Innerhalb des gewerbsmäßigen Verbrechens unserer Tage möchte ich vier Gruppen unterscheiden, die aber für meine heutigen Zwecke in ganz verschiedener Weise in Betracht kommen.

1) Die breite Unterschicht des gewerbsmäßigen Verbrechens wird gebildet durch das Heer der Bettler und Landstreicher. Für meine heutigen Betrachtungen scheiden sie völlig aus. Denn eine zielbewußte strafrechtliche Bekämpfung der Arbeitsscheuen ist erst möglich, wenn nicht nur dem Arbeitsunfähigen der notwendige Lebensunterhalt gesichert, sondern auch dem Arbeitswilligen das Recht auf Arbeit gewährleistet ist.

2) In einzelnen, glücklicherweise seltenen Fällen spielt auch heute noch die Gewalt gegen die Person als Mittel des gewerbsmäßigen Verbrechens ihre Rolle. Hierher gehört, abgesehen von dem ab und zu noch vorkommenden gewerbsmäßigen Raub, insbesondere die gewerbsmäßige Tötung: Die Frauenanschleicher (wie Dickhoff), die Dienstmädchenmörder (Schenk und Schlossareck, Buntrock und Erbe, Franz Schneider und Frau), die Engelmacherinnen.

Daran schließt sich die Abtreibung der Leibesfrucht. Aber auch diese Fälle kann ich hier bei Seite lassen, da ja die Strafdrohungen des geltenden Rechtes gegen die nicht gewerbsmäßige Begehung dieser Delikte kraft ihrer Spannweite völlig ausreichen, um auch die gewerbsmäßige Begehung genügend zu treffen und der Gesellschaft den Schutz zu gewähren, auf den sie Anspruch machen kann.

3) Die beiden Hauptformen des heutigen gewerbsmäßigen Verbrechens sind der Diebstahl und der Betrug, vom Taschendieb bis zum Bankbrecher, vom Bettelbetrüger bis zum Hochstapler. Um diese beiden Begriffe gruppiert sich aber eine ganze Reihe von anderen Verbrechen, die juristisch von jenen und untereinander scharf getrennt, soziologisch mit ihnen und unter sich auf das engste zusammenhängen und vielfach ineinander übergehen: Untreue und Unterschlagung, betrügerischer Meineid und Versicherungsbetrug, die Fälschung von Banknoten, Urkunden, Waren aller Art, der unlautere Wettbewerb, der betrügerische Bankrott, Schmuggel und Hehlerei u. s. w.

Dabei möchte ich allerdings ausdrücklich betonen, daß die beiden Typen, der Diebstahl einerseits und der Betrug anderseits, ganz verschiedene soziale Bedeutung haben. Der Betrüger steht sozial höher als der Dieb und bewegt sich in einer anderen Umgebung als dieser. Der Diebstahl ist das Delikt des vierten Standes, der Betrug das des dritten; der Betrug setzt beim Täter eine gewisse geistige Ueberlegenheit, bei der Umgebung eine gewisse kulturelle Entwicklung voraus. Daher das verschiedene Verhalten von Diebstahl und Betrug in den Zahlenreihen der Kriminalstatistik: Der Diebstahl beherrscht die kulturell zurückgebliebenen, mit slavischen Elementen mehr oder weniger stark durchsetzten Gebiete des preußischen Ostens, während der Betrug seinen Hauptsitz im deutschen Südwesten hat; beim Diebstahl sind die Katholiken, beim Betrug die Juden und nach ihnen die Evangelischen in erster Linie beteiligt; bei günstiger wirtschaftlicher Lage sinken die Diebstahlziffern, während die des Betruges in die Höhe gehen u. s. w.

Dieses verschiedene soziologische Verhalten von Diebstahl und Betrug ist nach den verschiedensten Richtungen hin von Bedeutung. Es lehrt uns insbesondese, wie gefährlich es ist, wenn der Statistiker mit der großen Gruppe der „Vermögensverbrechen" arbeitet, ohne sich in jedem Augenblick der Tatsache bewußt zu bleiben, daß diese Gruppe sich aus heterogenen Untergruppen von verschiedener soziologischer Bedeutung zusammensetzt.

Aber trotz dieser Verschiedenheit weisen die beiden Typen die charakteristischen Eigentümlichkeiten des gewerbsmäßigen Verbrechens auf.

a) Ich rechne dazu in erster Linie die berufsmäßig ausgebildete Technik. Neben den von altersher überlieferten, schon in den Quellen des 15. Jahrhunderts geschilderten Triks, die trotz ihrer manchmal verblüffenden Einfachheit gelernt und geübt werden müssen, finden wir die planmäßige Verwertung der modernsten Entdeckungen und Erfindungen: dem Sauerstoffgebläse und der Stichflamme des amerikanischen Bankbrechers hält kein diebessicherer Schrank auf die Dauer stand; die mit künstlerischer Vollendung hergestellten Fälschungen von Altertümern dringen in die Sammlungen der vorsichtigsten Fachkenner ein; die nachgemachten russischen Rubel täuschen das Auge des gewiegtesten Bankbeamten. Mit der Entwicklung der Technik geht die Ausbildung des Spezialistentums Hand in Hand. Im allgemeinen bleibt der gewerbsmäßige Verbrecher am liebsten bei der bewährten Arbeitsmethode, die er jahrelang geübt und in der er die Meisterschaft erlangt hat. Doch darf die Bedeutung dieses Spezialistentums nicht überschätzt werden. Bei günstiger Gelegenheit wird der Streifzug in benachbarte Gebiete nicht gescheut; und der richtige Hochstapler muß eigentlich in allen Sätteln zurecht sein.

b) Wichtiger noch ist als Kennzeichen des heutigen gewerbsmäßigen Verbrechens der internationale Betrieb des Gewerbes. Zu diesem zwingt schon die Gefahr der Verfolgung. Wird dem gewerbsmäßigen Verbrecher der Boden unter den Füßen zu heiß, so muß der Schauplatz der Tätigkeit verlegt werden. Dazu kommt, insbesondere beim Betrüger, der Wandertrieb und die Abenteuerlust. Vor allem aber ist der sichere Absatz wertvollerer Gegenstände, die durch das Verbrechen erlangt sind, von gestohlenen Wertpapieren, von falschen Banknoten, von Diamanten und Edelmetallen ohne weit verzweigte, in das Ausland hinübergreifende Verbindungen nicht möglich.

Und daraus folgt: eine Strafverfolgung, deren Organe: Polizei, Untersuchungsrichter, Staatsanwalt die Technik des gewerbsmäßigen Verbrechens nicht in ihrer ganzen Ausbildung kennen; eine Strafgesetzgebung, die dem internationalen Charakter des gewerbsmäßigen Verbrechens nicht gerecht wird: müssen im Kampfe gegen das gewerbsmäßige Verbrechen notwendig den kürzeren ziehen.

4) Zu diesen drei Formen des gewerbsmäßigen Verbrechens tritt noch eine letzte, eine sehr wichtige und vielleicht die interessanteste Gruppe: Die Ausbeutung des Schwächern durch den Stärkern, der Mißbrauch der Uebermacht, mag diese in den wirtschaftlichen oder in den politischen Verhältnissen, mag sie vielleicht in dem Einfluß begründet sein, den die Möglichkeit gewährt, täglich zu Hunderten und Tausenden sprechen zu können.

Diese Gruppe weist die größten Verschiedenheiten auf. Sie bietet uns Formen, die in der Geschichte des Strafrechts weit zurückreichen, wie der Wucher und gewisse Arten der Erpressung; und sie zeigt uns andere, die das Ergebnis jüngster Entwicklung sind, die nicht denkbar wären ohne die Herrschaft des Großkapitals, ohne eine zentralisierte Tagespresse, ohne die eigentümlichen Schwächen der konstitutionellen Staatsform. Sie führt uns auf der einen Seite hinab bis zu den untersten Stufen der gesellschaftlichen Gliederung wie beim Zuhälter; sie zeigt uns am Mädchenhändler und Bordellbesitzer, am Wucherer und am Revolverjournalisten die entarteten Vertreter des Bürgertums; sie führt uns mit dem Gründer und Börsenschwindler, sowie mit den großkapitalistischen Preßunternehmungen bis in die vielbeneideten Kreise der Finanzaristokratie.

Schon wegen dieser Verschiedenheit ihrer Bestandteile bietet die Gruppe dem Gesetzgeber große, bisher nicht überwundene Schwierigkeiten, auf die ich hier bereits, weil sie bei den anderen Gruppen nicht wiederkehren, den Erörterungen meines 2. Abschnitts vorgreifend, aufmerksam machen möchte.

a) Diese Schwierigkeiten beginnen bei der Fassung des Tatbestandes, bei der Aufstellung des Verbrechensbegriffes. Ein bekanntes Beispiel bietet unser Wuchergesetz, in dessen weiten Maschen nur ganz selten einmal der gewiegte Halsabschneider hängen bleibt. Diesen Schwierigkeiten kann der Gesetzgeber nur dadurch entgehen, daß er volle Klarheit darüber gewinnt, wen er schützen will und welches Rechtsgut das Angriffsobjekt des Deliktes bildet. Wie sehr dieser einfachste Grundsatz legislativer Technik von der modernen Reichsgesetzgebung außer acht gelassen wird, möchte ich an zwei Beispielen zeigen.

Der § 76 des Börsengesetzes vom 22. Juni 1896 bedroht mit Vergehensstrafe denjenigen, „der für Mitteilungen in der Presse, durch welche auf den Börsenpreis eingewirkt werden soll, Vorteile gewährt oder verspricht oder sich gewähren oder versprechen läßt, welche in auffälligem Mißverhältnis zur Leistung stehen."

Schon die Anlehnung an die Fassung des Wuchergesetzes läßt erkennen, daß der Gesetzgeber hier an einen Fall der Ausbeutung gedacht hat. Das Mißverhältnis zwischen Leistung und Gegenleistung bildet das Kennzeichen und die Grenzlinie der Strafbarkeit. Geschädigt ist derjenige, der für seine mehrwertige Leistung eine minderwertige erhält. Das ist nach der Fassung des Gesetzes der Kapitalist, der durch die Presse auf den Börsenkurs einwirken will. Im Bilde gesprochen: Die Presse ist der Wucherer, der Kapitalist der Bewucherte.

Damit ist aber schon gesagt, daß der Gesetzgeber es nicht verstanden hat, die Tatsachen des Lebens richtig zu würdigen. Der Kapitalist ist gar nicht geschädigt; er erhält für seine Geldleistung den vollen Gegenwert. Die Mitteilungen in der Presse, durch welche der Börsenpreis, dem Wunsch des Kapitalisten entsprechend, in die Höhe getrieben oder aber gedrückt wird, sind das Geld reichlich wert, das für sie gezahlt wird. Die Bestechung der Presse ist stets ein für beide Teile lohnendes Geschäft. Das Opfer ist nicht der Kapitalist, sondern das Publikum, das gerade durch das

Zusammenarbeiten von Kapital und Presse ausgeplündert wird. Auf das Publikum, auf die Leser der Zeitung, bezieht sich unser Paragraph aber gar nicht. Das Börsengesetz schützt also den gewissenlosen Börsianer, der den Schutz nicht braucht und gewiß auch nicht verdient; das schutzbedürftige Publikum aber läßt es schutzlos.

Noch bezeichnender ist vielleicht der durch das Gesetz vom 25. Juni dieses Jahres (1900) in unser Strafgesetzbuch eingefügte § 181a. Als Zuhälter bestraft das Gesetz „die männliche Person, welche von einer Frauensperson, die gewerbsmäßig Unzucht treibt, unter Ausbeutung ihres unsittlichen Erwerbes ganz oder teilweise den Lebensunterhalt bezieht."

Dieser Fall ist vom Gesetzgeber selbst ausdrücklich unter den Begriff der Ausbeutung gebracht worden. Fragen wir uns nun, worin die Ausbeutung hier besteht. Bei der Uebervorteilung Minderjähriger sowohl als auch beim Wucher handelt es sich um die Benutzung des Leichtsinns, der Unerfahrenheit, der Notlage. Diese wirtschaftlichen Schwächen des Opfers sind es, die der Wucherer ausbeutet. Wir müssen daher auch beim Zuhälter nach dem Grunde der Uebermacht fragen, die es ihm möglich macht, sein Opfer auszubeuten. Die Möglichkeit liegt in der Abhängigkeit der Lohndirnen von dem Zuhälter, die wieder durch ihre soziale Lage bedingt ist. Ich darf hier wohl auf die durchaus zutreffenden Ausführungen in dem letzten Bericht des Berliner Polizeipräsidiums verweisen. Diese Abhängigkeit der Lohndirnen benutzt der Zuhälter, um sie zu ihrem unsittlichen Gewerbe anzuhalten und sie zu zwingen, ihm den Verdienst aus dem Gewerbe ganz oder teilweise auszuliefern. Soweit er zu diesem Zweck Gewalt oder Drohung ins Feld führt, sind die Tatbestände der Nötigung oder der Erpressung gegeben. Der Tatbestand des § 181a (Absatz 1) greift also über den dieser beiden Delikte hinaus. Er schützt nicht die Sittlichkeit, sondern die Lohndirne und gewährt dieser einen Strafschutz, den er dem anständigen Mädchen (etwa der Arbeiterin gegenüber dem Arbeitgeber, dem Dienstmädchen gegenüber der Dienstherrschaft) versagt. Jedenfalls ein eigentümliches Ergebnis dieses im Namen der Sittlichkeit erlassenen Gesetzes!

b) Die zweite Schwierigkeit bietet sich dem Gesetzgeber, wenn er an die Aufstellung der Strafdrohung herangeht. Er scheut hier fast ausnahmslos zurück vor einer kräftigen Bestrafung der Ausbeutung. Bezeichnend dafür ist die Tatsache, daß selbst beim gewerbsmäßigen Wucher der Gesetzgeber es nicht gewagt hat, die Zuchthausstrafe anzudrohen. Es mag sein, daß hier mehr oder weniger unbewußt die Erwägung mitspielt, daß bei der Aufstellung neuer Strafdrohungen es sich in erster Linie um die Schärfung des rechtlichen Gewissens handelt, daß es mehr darauf ankommt, daß überhaupt, als wie gestraft wird. Aber diese an sich nicht unberechtigte Erwägung darf doch nicht dazu führen, daß dem Verbrecher zuliebe der Schutz der Gesellschaft hintangesetzt wird!

II. Das gewerbsmäßige Verbrechen im geltenden Recht.

1) Das deutsche Strafgesetzbuch selbst (von den Nebengesetzen darf ich hier wohl absehen) hat den Begriff der Gewerbsmäßigkeit an 5 Stellen verwertet: in § 260 bei der Hehlerei, in § 284 beim Glücksspiel, in § 294 beim Wilddiebstahl, in § 302d und e beim Wucher und in § 361, Ziffer 6 bei der Prostitution. Unter diesen fünf Fällen findet sich jedenfalls einer, der der Kritik gegenüber nicht standhält. Der Begriff des gewerbsmäßigen Glücksspiels ist juristisch unmöglich. Die Gewerbsmäßigkeit steht und fällt mit der Erwerbsabsicht. Diese setzt aber (wie der allgemeine Begriff des Vorsatzes, in dem sie als Unterbegriff enthalten ist) die Berechenbarkeit, die Beherrschbarkeit des Erfolges voraus. Diese fehlt beim Glücksspiel. Es ist juristisch nicht möglich, zu sagen, daß jemand die Absicht hat, in der preußischen Klassenlotterie das große Los zu gewinnen, oder die Bank in Monaco zu sprengen. Der Begriff des Glücksspiels setzt voraus, daß der Eintritt des Erfolges nicht berechnet, nicht beherrscht werden kann. „Gewerbsmäßiges Glücksspiel" ist daher ein Widerspruch. Sobald der Spielende den Erfolg in der Hand hat, ihn berechnet, ihn beherrscht, etwa indem er das Glück verbessert (corriger la fortune), ist er nicht mehr Spieler, sondern Betrüger. Ich halte es für das

typische Beispiel einer lebensfremden Rechtsprechung, wenn beispielsweise das Reichsgericht (Entscheidung vom 23. März 1896, E. 28, 283), das „Kümmelblättchen“ für ein Glücksspiel erklärt hat, als ob das Opfer der „Bauernfänger“ auch nur die geringste Chance hätte, die richtige Karte zu „erraten“!

An die Fälle der Gewerbsmäßigkeit reiht sich bekanntlich die Geschäftsmäßigkeit des § 144. Die in der Literatur allseitig vertretene Ansicht, nach welcher die Geschäftsmäßigkeit sich von der Gewerbsmäßigkeit durch den Mangel der Erwerbsabsicht unterscheiden soll, mag theoretisch richtig sein; praktisch ist die Unterscheidung ohne allen Wert. Wir konnten uns unter der Herrschaft des Sozialistengesetzes einen Agitator denken, der die Verbreitung seiner politischen Anschauungen unter Aufopferung seines ganzen Vermögens sich zur Lebensaufgabe stellte: aber ein Auswanderungsagent, der bloß aus Ueberzeugungstreue ohne jede Erwerbsabsicht Deutsche durch falsche Vorspiegelungen zur Auswanderung verleitet, dürfte im Leben wohl kaum zu finden sein.

Auch in den Fällen, in denen der Gesetzgeber von Gewohnheitsmäßigkeit spricht, also in den §§ 150, 180 181 a, 260, 302 d und e wird für das praktische Leben die Erwerbsabsicht stets gegeben sein. Oder ist es wirklich denkbar, daß, wie § 150 anzunehmen scheint, jemand verringerte Münzen lediglich deshalb als vollgültig in den Verkehr bringt, weil er das so gewohnt ist, ohne daran zu denken, daß er dabei einen Gewinn macht?

Schon diese flüchtige Uebersicht über unsere Gesetzgebung zeigt uns, daß dem Gesetzgeber jede klare Erfassung des Begriffs der Gewerbsmäßigkeit vollständig mangelt. Die Grenzen der drei Begriffe: Gewerbsmäßigkeit, Geschäftsmäßigkeit, Gewohnheitsmäßigkeit fließen überall ineinander über. Und wenn es hierfür noch eines weiteren Beweises bedürfte, so mag ihn § 78 des Börsengesetzes erbringen, der die „gewohnheitsmäßig in gewinnsüchtiger Absicht“ erfolgende Verleitung zu Börsenspekulationen unter Strafe gestellt hat. Es wird auch dem haarspaltenden Formaljuristen nicht möglich sein, das Merkmal aufzuweisen, durch das sich die mit gewinnsüchtiger

Absicht gepaarte Gewohnheitsmäßigkeit noch von der durch die Erwerbsabsicht charakterisierten Gewerbsmäßigkeit unterscheidet.

2) Unsere Uebersicht über den Stand der Gesetzgebung ergibt aber weiter — und das ist für mich das wichtigste —, daß dem Gesetzgeber gerade die Haupttypen des heutigen gewerbsmäßigen Verbrechens völlig fremd geblieben sind: der gewerbsmäßige Diebstahl und der gewerbsmäßige Betrug (mit Einschluß der Fälschung) hat in unserem Strafgesetzbuch keine Stelle gefunden. Die gefährlichste Erscheinung des heutigen Verbrechertums ist dem deutschen Strafgesetzbuch unbekannt.

Man wende mir nicht ein, daß ja Diebstahl wie Betrug im wiederholten Rückfall unter strengere Strafe gestellt seien. Dieser Einwand würde zunächst übersehen, daß die Rückfallsschärfung nur eintritt, wenn die Vorstrafen wegen desselben oder wegen ganz bestimmter verwandter Delikte verhängt worden sind. Wenn der wiederholt vorbestrafte Betrüger jetzt einen Diebstahl begeht oder umgekehrt, so entfällt die Rückfallsschärfung.

Der Einwand übersieht aber insbesondere, daß die Rückfallsschärfung nur an inländische Vorstrafen geknüpft ist, dem internationalen Charakter des modernen gewerbsmäßigen Verbrechertums also nicht gerecht wird. Der Taschendieb, der Hochstapler, der bereits in allen Hauptstädten Europas vorbestraft worden ist, kann nur wegen einfachen Diebstahls oder Betruges verurteilt werden, wenn er das erste Mal vor den deutschen Gerichten steht.

Und somit muß der eben erhobene Vorwurf aufrecht erhalten werden: in dem Kampf gegen das gewerbsmäßige Verbrechen läßt uns das Strafgesetzbuch für das Deutsche Reich völlig im Stich. Ich meine, die Feststellung dieser Tatsache sollte für sich allein genügen, um der Forderung nach einer Umgestaltung unserer Strafgesetzgebung die Unterstützung aller derjenigen zu gewinnen, denen die Sicherheit unserer Rechtsordnung am Herzen liegt.

III. Die Ergebnisse der Kriminalstatistik.

Aber eindringlicher noch als durch den Hinweis auf die Lücken des geltenden Rechts läßt sich die Forderung nach Sicherung gegen das gewerbsmäßige Verbrechen rechtfertigen durch die Darlegung der Zustände, die auf dem Boden des geltenden Rechts erwachsen sind.

Ich habe bereits oben hervorgehoben, daß die Zahlen, die uns die Reichskriminalstatistik sowie die Statistik der preußischen Strafanstalten bieten, nicht unmittelbar für unsere Zwecke verwendet werden können. Sie geben uns die Ziffern der wiederholt Rückfälligen ohne Rücksicht darauf, ob es sich um gewerbsmäßige Verbrecher in dem von mir festgehaltenen Sinne handelt oder nicht. Dennoch lassen sich aus diesen Zahlen wichtige Schlüsse ziehen.

Auf Grund von Berechnungen, mit deren Wiederholung ich hier nicht ermüden will, können wir annehmen, daß etwa $^4/_5$ oder $^5/_6$ der wiederholt Rückfälligen als gewerbsmäßige Verbrecher angesprochen werden können.

Es kann ferner mit voller Bestimmtheit behauptet werden, daß die Bewegungstendenz, welche die Zahlen der wiederholt Rückfälligen aufweist, sich durchaus deckt mit der Richtung, in welcher sich das gewerbsmäßige Verbrechen bewegt, da ja dieses die weitaus stärkste und darum ausschlaggebende Gruppe innerhalb der wiederholt Rückfälligen darstellt.

Nun zeigt die Reichskriminalstatistik in unwiderleglicher Weise, daß die Zunahme der Rückfälligen ungleich stärker ist, als die Zunahme der Verurteilten überhaupt, der noch nicht Vorbestraften insbesondere. Wir können sogar behaupten, daß die steigende Zahl der Verurteilungen im wesentlichen auf die Zunahme der Vorbestraften zurückzuführen ist, daß also, um mich statistisch auszudrücken, weniger die Extensität als die Intensität der Kriminalität im Deutschen Reich gewachsen ist.

Wenige Zahlen werden genügen, um das klar zu machen.

Zunahme der Zivilbevölkerung von 1882—1896	15,8 Proz.
Zunahme der wegen Verbrechen oder Vergehen gegen Reichsgesetze Verurteilten	38,5 „

Zunahme der erstmals Verurteilten	13	Proz.
Zunahme der Vorbestraften	116	„
Zunahme der einmal Vorbestraften	85	„
Zunahme der drei- bis fünfmal Vorbestraften .	132	„
Zunahme der sechsmal und öfter Vorbestraften	277	„

Wir können dies Ergebnis auch in dem Satze zum Ausdruck bringen:

Mit jeder Verurteilung wächst der Hang zum Verbrechen. Es wird um so größer, je größer die Zahl der vorangegangenen Bestrafungen ist.

Ich füge einen zweiten Satz bei, dessen Richtigkeit durch die Reichskriminalstatistik dargetan ist, ohne daß ich an dieser Stelle den ziffernmäßigen Beleg dafür zu erbringen mich veranlaßt sehe: Je schwerer nach Art und Maß die vorangegangene Bestrafung gewesen ist, um so rascher erfolgt der Rückfall. Damit ist nicht nur die Wirkungslosigkeit unseres heutigen Strafensystems dem gewerbsmäßigen Verbrechen gegenüber dargetan, sondern es wird sogar ohne Uebertreibung behauptet werden können, daß jede Bestrafung als ein die Entwicklung der Kriminalität befördernder Faktor aufgefaßt werden muß.

Dasselbe Ergebnis, zu dem die Reichskriminalstatistik gelangt, tritt uns noch deutlicher entgegen, wenn wir die Statistik der preußischen Strafanstalten ins Auge fassen.

Um die „antisozialen Elemente" festzustellen, werden auf Krohnes Anregung hin alle diejenigen Zuchthausgefangenen einer besonderen Zählung unterzogen, die am 1. Oktober 1894 in den preußischen Strafanstalten sich befanden oder von diesem Tage ab eingeliefert wurden; die ferner mindestens dreimal mit Zuchthaus, Gefängnis oder korrektioneller Nachhaft vorbestraft waren, vorausgesetzt, daß mindestens eine der Vorstrafen 6 Monate erreichte. Die Ergebnisse dieser Zählung sind im letzten Jahresbericht des Ministeriums des Innern über die Strafanstalten mitgeteilt, soweit es sich um Einlieferungen bis zum 31. März 1897 handelt. Die Begründung des preußischen Gesetzentwurfes über die Zwangserziehung dehnt diese Uebersicht aus auf die bis 31. März 1898 eingelieferten Zuchthausgefangenen. Danach umfaßte die Zählung 21 349 Zuchthausgefangene mit mindestens drei Vorstrafen der früher angegebenen Art. Von diesen war bei 20090 nach dem auf umfassende Erhebungen gestützten Gutachten der Beamtenkonferenz der Rückfall wahrscheinlich, und zwar meist wegen Unverbesserlichkeit; nur bei 731 war er zweifelhaft, bei 576 unwahrscheinlich. Die weitaus größere Mehrheit der Gezählten war sechs- und mehrmals vorbestraft.

Die Gedankenreihe, die dieses Ergebnis wachruft, kann ich nicht besser andeuten, als mit den Worten, mit welchen die amtliche preußische Darstellung schließt:

„Hiernach waren die Insassen unserer Strafanstalten, welche bereits drei Freiheitsstrafen, darunter wenigstens eine von 6 Monaten oder längerer Dauer erlitten haben, fast sämtlich als endgültig verloren anzusehen, mindestens wäre nicht zu hoffen, daß der Aufenthalt in der Strafanstalt sie wieder zu nützlichen Mitgliedern der Gesellschaft machte. Der Statistiker hat bei der Feststellung dieses Ergebnisses Halt zu machen; das weitere fällt in den Bereich des Kriminalisten und des Gesetzgebers."

Der Bankrott unseres Strafgesetzbuches ist mithin von amtlicher Seite in Preußen erklärt. Und unsere Gegner werden gut tun, künftighin mit dieser Tatsache zu rechnen.

IV. Die Vorschläge.

Die doppelte Tatsache steht also fest:

1) Wir haben ein täglich sich ausbreitendes gewerbsmäßiges Verbrechertum, ein immer stärker anschwellendes Heer von antisozialen Existenzen; und

2) dieser gefahrdrohenden Erscheinung gegenüber ist unser geltendes Strafrecht völlig machtlos.

Welches sind nun die Ratschläge, die der Kriminalist dem Gesetzgeber geben kann?

Um die Möglichkeit eines Mißverständnisses auszuschließen, muß ich eine kurze Bemerkung voranschicken. Es unterliegt ja keinem Zweifel, daß auch der gewerbsmäßige

Verbrecher nicht als solcher geboren wird, daß er erst allmählich in die verbrecherische Laufbahn hinein gerät; daß mithin die erste und wichtigste Aufgabe darin besteht, dieser Entwicklung entgegenzutreten, solange es noch irgend möglich ist. Aber die Lösung dieser Aufgabe fällt in das Gebiet der oben erwähnten ersten Hauptforderung. Hier handelt es sich nur um diejenigen gewerbsmäßigen Verbrecher, bei denen jede Hoffnung auf Besserung so gut wie völlig verschwunden ist. Was sollen wir diesen Unverbesserlichen gegenüber beginnen? Das ist die Frage.

Die Sicherung der Gesellschaft verlangt, daß diese antisozialen Elemente in die Unmöglichkeit versetzt werden, der Gesellschaft zu schaden. Da es wohl ausgeschlossen ist, daß wir die sämtlichen Mitglieder des Verbrechergewerbes hängen oder köpfen, und da die Deportation aus den verschiedensten hier nicht interessierenden Gründen für sie nicht in Frage kommen kann, so bleibt nichts übrig, als Ausscheidung aus der Gesellschaft durch Freiheitsentziehung.

Auf die Durchführung dieses Gedankens will ich zum Schluß noch mit wenigen Worten eingehen.

1) Nach der von mir wiederholt ausgesprochenen, auch heute noch festgehaltenen Ansicht ist eine grundsätzlich bis zum Lebensende fortdauernde Einschließung das einzig richtige. Da aber mit der Möglichkeit gerechnet werden muß, daß die Feststellung der Unverbesserlichkeit sich hinterher als irrtümlich herausstellt, muß die Revision jener Feststellung offen gehalten werden. Es kann hier dahingestellt bleiben, wie dieser von van Hamel, Hermann Seuffert und anderen außer mir wiederholt ausgesprochene Gedanke am besten verwirklicht werden könnte. Es würde vielleicht genügen, die bedingte Entlassung, die in das geltende Recht nicht hineinpaßt, organisch in den Strafvollzug einzugliedern und auf die lebenslang Verurteilten auszudehnen. Jedenfalls können die technischen Schwierigkeiten, die sich der Verwirklichung dieses Vorschlages in den Weg stellen, bei einigem guten Willen leicht überwunden werden.

Ein Kompromiß ist auch hier nicht ausgeschlossen. Hält

man eine grundsätzlich lebenslange Freiheitsstrafe für zu schwer — und die Haltung, welche die Vertreter der klassischen Richtung, Wach, Gretener und andere bei der Beratung des Schweizer Entwurfs eingenommen haben, lassen das als wahrscheinlich erscheinen —, so mag eine zeitige Zuchthausstrafe mit möglichst hoch gegriffenem Mindestmaß genügen. Ueber die Höhe dieses Mindestmaßes läßt sich streiten. Ich würde 5 Jahre vorschlagen, wenn es sich um die erste Verurteilung wegen gewerbsmäßiger Begehung handelt, 10 Jahre bei jeder folgenden Verurteilung.

Und sollte man weiter einwenden, daß eine so lange ausgedehnte Einschließung keine Strafe mehr sei, sondern eine Sicherheitsmaßregel, so trage ich für meine Person diesem Bedenken mit dem größten Vergnügen Rechnung, Man mag dann etwa von einer Sicherheitshaft sprechen. Auf den Namen kommt es mir hier wie sonst nicht an.

2) Diese Sicherheitsstrafe oder Sicherheitshaft soll den gewerbsmäßigen Verbrecher treffen. In welcher Weise sind die Voraussetzungen für den Eintritt dieser Rechtsfolge festzustellen?

Man könnte daran denken, an die Technik unseres geltenden Rechts anzuknüpfen. Es würde dann bei den entsprechenden Delikten die gewerbsmäßige Begehung als strafschärfender Umstand besonders angeführt werden müssen. Abgesehen aber von den Schwierigkeiten, die sich der richtigen Auswahl derjenigen Delikte in den Weg stellen, deren gewerbsmäßige Begehung von besonderer Gefährlichkeit für die Gesellschaft ist, spricht gegen diesen Vorschlag die naheliegende Erwägung, daß dann doch wieder nur die wiederholte Begehung desselben Deliktes oder die mehrfache Begehung gleichartiger Delikte zur Einheit des Kollektivdelikts zusammengefaßt werden könnte.

Die Bestimmung gehört daher in den allgemeinen Teil. Sie soll grundsätzlich für das Gesamtgebiet der strafbaren Handlungen gegeben werden. Die Uebertretungen möchte ich schon deshalb ausnehmen, weil sie überhaupt von dem kriminellen Unrecht wesentlich verschieden sind. Andere Ausnahmen ließen sich leicht anfügen. Darunter auch diejenigen Fälle, in welchen die gewerbsmäßige Begehung die an sich nicht strafbare Handlung überhaupt erst zu einer strafbaren macht. Die Bestimmung könnte also etwa so lauten:

„Wird bei der Verurteilung wegen eines Verbrechens oder Vergehens festgestellt, daß der Verurteilte die Begehung strafbarer Handlungen gewerbsmäßig betreibt, so tritt, wenn die von ihm begangene Handlung nicht mit einer schwereren Strafe bedroht ist, Zuchthaus nicht unter fünf Jahren und wenn er bereits mindestens einmal wegen gewerbsmäßiger Begehung strafbarer Handlungen verurteilt worden ist, Zuchthaus nicht unter zehn Jahren ein.

Die Feststellung erfolgt durch einen besonderen Beschluß des erkennenden Gerichts, im Schwurgerichtsverfahren durch den Wahrspruch der Geschworenen."

Auf die prozessualischen Fragen, die durch den 2. Absatz meines Vorschlages angeregt werden, möchte ich hier nicht eingehen. Ebenso enthalte ich mich an dieser Stelle eines Vergleichs meines Vorschlages mit den entsprechenden Bestimmungen des Schweizerischen und des Norwegischen Entwurfes.

Bei der Gestaltung meines Vorschlages nicht bloß, sondern bei meinem ganzen Vortrage hat mich der Wunsch geleitet, an einer besonderen Frage zu zeigen, wie ich mir eine Verständigung zwischen den Anhängern der Vergeltungsstrafe und des Zweckgedankens über bestimmte kriminalpolitische Probleme vorstelle. Eine solche Verständigung muß jedem am Herzen liegen, der eine Umgestaltung unseres veralteten Strafgesetzbuchs wünscht.

Wenn man, wie das fast ausschließlich von gegnerischer Seite geschehen ist, jede Verständigung und damit jedes Zusammenarbeiten etwa mit dem Hinweis auf den unüberbrückbaren Gegensatz der einander diametral entgegenstehenden Weltanschauungen für unmöglich erklärt hat, so mag dabei wohl ein leicht aufdeckbares Mißverständnis seine verhängnisvolle Rolle gespielt haben. Die Wahrheit läßt mit sich nicht handeln; die Wissenschaft kennt daher keine Kompromisse und die Weltanschauung erst recht nicht. Aber anders liegt es auf dem Gebiet der praktischen Betätigung, auf dem Gebiet der Gesetzgebung insbesondere. Hier sind Kompromisse nicht nur möglich: sie sind die notwendige Voraussetzung für jeden ruhigen Fortschritt; sie können nicht umgangen werden, soll nicht das politische Leben in trostloser Stagnation versumpfen oder in brutale Majorisierung ausarten. Wer auf dem Gebiete der Gesetzgebung Kompromißvorschläge als wissenschaftlichen Eklektizismus bezeichnet und darum verwirft, der verkennt das Wesen der Wissenschaft nicht minder, als das der Politik.

Die wissenschaftlichen Gegner, die sich auf einer Mittellinie zu gemeinschaftlicher Arbeit treffen wollen, werden das um so leichter tun können, je klarer sie ihren grundsätzlichen Standpunkt festgelegt haben, je schärfer sie ihre Forderungen formulieren. Wer von ihnen dem anderen weiter entgegenzukommen hat, das wird von dem Verhältnis der lebendigen Kräfte abhängen, die sie für die Durchsetzung ihrer Forderungen in Bewegung zu setzen in der Lage sind.

Das ist, meine Herren, die Auffassung, die ich von jeher vertreten habe und an der mich die Angriffe der Gegner nicht irre machen können. Von dieser Auffassung geleitet, hat die Internationale kriminalistische Vereinigung Männer aller Richtungen, aller Lebensanschauungen zur Mitarbeit an der Lösung der kriminalpolitischen Probleme aufgerufen. Und nicht ihre Schuld ist es, wenn der Aufruf nicht überall den gehofften und erwarteten Widerhall gefunden hat.

Sollte es mir gelungen sein, meine Herren, Sie von der Richtigkeit dieser meiner Auffassung, also von der Möglichkeit einer Verständigung trotz der Verschiedenheit des Ausgangspunktes, überzeugt zu haben, so wäre mir dies Ergebnis noch viel wertvoller als Ihre Zustimmung zu dem von mir gemachten legislativen Vorschlag. Denn dann wäre die Hoffnung fest begründet, daß die Mitwirkung unserer juristischen Gesellschaft an den Vorarbeiten zu der Umgestaltung des Strafgesetzbuchs nicht minder fruchtbar und segensreich sich gestalten wird, als ihre unermüdliche, opferfreudige und erfolggekrönte Mitarbeiterschaft an dem Zustandekommen und an der Einführung unseres Bürgerlichen Gesetzbuches.

28. Die Kriminalität der Jugendlichen.

Vortrag, gehalten auf der 72. Jahresversammlung der rheinisch-westfälischen Gefängnisgesellschaft am 18. Oktober 1900.

Meine sehr geehrten Herren!

Nur mit einem gewissen Widerstreben, das ich nicht bloß im Innern empfunden habe, sondern in aller Bescheidenheit auch nach außen hin zum Ausdruck zu bringen Gelegenheit hatte, habe ich mich entschlossen, der freundlichen Aufforderung Ihres leitenden Ausschusses zu entsprechen, und für Ihre heutige Versammlung den Vortrag über die „Kriminalität der Jugendlichen“ zu übernehmen. Das Thema ist ja im Laufe der letzten Jahre von den verschiedensten Vereinen und an den verschiedensten Orten, von den berufensten Rednern und Schriftstellern so oft und so eindringlich behandelt worden, daß mir neues zu sagen um so weniger übrig bleibt, als ich ja selbst zu den einschlagenden Fragen Stellung zu nehmen wiederholt Gelegenheit hatte. Ich habe diese Bedenken schließlich durch die Erwägung unterdrückt, daß, wenn auch über die Kriminalität der Jugendlichen wie über die Mittel zu ihrer Bekämpfung die Meinungen aller Kundigen längst geklärt sind, denn doch die allseitig aufgestellten Forderungen bis zum heutigen Tage Erfüllung nicht gefunden haben; daß es sich also nicht sowohl darum handeln kann, neue Gedanken auszusprechen und neue Bahnen zu weisen, als vielmehr darum, die alten Forderungen aufs neue aufzustellen, zu begründen, den maßgebenden Kreisen vorzutragen. Und keine andere Versammlung dürfte wohl mit größerem Rechte verlangen dürfen, in diesen Fragen gehört zu werden, als, nach Geschichte und Ueberlieferung, nach dem Ansehen, das sie genießt und nach ihrer ganzen Zusammensetzung, unsere rheinisch-westfälische Gefängnisgesellschaft. So habe ich mich denn bereit erklärt, den Vortrag zu übernehmen, in der Hoffnung, der ich in diesem Augenblick die Form einer herzlichen Bitte geben möchte, daß Sie mich gütigst entschuldigen, wenn das, was ich Ihnen zu sagen habe, Ihnen längst bekannt und geläufig ist. Ich fasse meine Rolle auf als die des Stimmführers im Chor, der nur ausspricht, was alle denken und empfinden.

In den allerletzten Tagen hat sich nun die Sachlage allerdings nicht ganz unwesentlich zu meinen Gunsten verändert. Im Oktoberheft der Ihnen allen rühmlichst bekannten Monatsschrift „Die Jugendfürsorge" ist das Referat erschienen, das auf dem 11. evangelisch-sozialen Kongreß zu Karlsruhe im Juni dieses Jahres Professor Troeltsch aus Straßburg über das Thema gehalten hat: „Was muß geschehen, um unsere der Volksschule entwachsene männliche Jugend stärker als bisher auf die religiösen, nationalen und wirtschaftlichen Aufgaben unseres Volkslebens vorzubereiten?" In diesem Vortrag, dessen Schlußfolgerungen mir im übrigen durchaus sympathisch sind, spricht der Redner auch ziemlich ausführlich über die Kriminalität der Jugendlichen. Er wendet sich gegen diejenigen, die, wie er sagt, die Tragweite und die Gefährlichkeit jener Erscheinung überschätzen und übertreiben; er erhebt insbesondere gegen die Begründung zu dem Entwurf eines preußischen Fürsorgeerziehungsgesetzes den Vorwurf der „Voreingenommenheit gegenüber den Ergebnissen der Kriminalstatistik wie der wirtschaftlichen Entwicklung"; er gipfelt in der Mahnung: „weniger Pessimismus, mehr Mut".

Ich kenne nun, meine Herren, die Literatur unserer Frage, die mich seit lange beschäftigt, ziemlich genau, und ich hatte auch Gelegenheit, in die praktische Tätigkeit unserer Schutzfürsorgevereine Jahre hindurch einen tieferen Einblick zu tun: Und ich darf behaupten, daß ich weder da noch dort einen durch die Tatsachen nicht gerechtfertigten Pessimismus, wohl aber sehr viel Mut, oder, was dasselbe bedeutet, sehr viel Opferwilligkeit und Hoffnungsfreudigkeit gefunden habe. Der unserer literarischen und praktischen Tätigkeit gemachte Vorwurf ist also durchaus unbegründet und muß mit aller Entschiedenheit zurückgewiesen werden. Wichtiger aber ist mir ein anderes.

Der Optimismus, den unsere leitenden Kreise, in Preußen und im Reich, in den Ministerien wie in den Volksvertretungen noch vor 15 oder 20 Jahren, teilweise sogar bis in die jüngste Zeit hinein, zur Schau zu tragen liebten, der einen klassischen Ausdruck gefunden hat in dem vielbesprochenen Buch von Starke „Verbrechen und Verbrecher in Preußen“, jener Optimismus, den bekämpft und schließlich überwunden zu haben, nicht das geringste Verdienst unseres verehrten Geheimrats Krohne ist: er war das schlimmste Hindernis für jeden, auch den bescheidensten Fortschritt. Mit der Entgegnung: Es stehe nicht so schlimm, wie die kleinmütigen Nörgler behaupten, pflegte man Jahrzehnte lang alle unsere Reformvorschläge auf unbestimmte Zeit zu vertagen. Hätte jener Optimismus die Herrschaft behalten, so wäre das von uns allen mit dankbarer Freude begrüßte preußische Gesetz vom 2. Juli 1900 niemals zustande gekommen; würde er die Herrschaft wieder erringen, so könnten wir alle unsere Hoffnung auf weitere Reformen zu Grabe tragen. Die Ausführungen von Troeltsch dürfen also nicht unwidersprochen bleiben. Ich werde daher im ersten Teile meines Vortrages schärfer als ich es sonst getan hätte, die Ergebnisse der Kriminalstatistik, soweit unsere Jugendlichen in Frage stehen, zu beleuchten mich bemühen. Im zweiten Teile meiner Ausführungen sollen dann die Ursachen dieser Erscheinung sowie die Mittel zu ihrer Bekämpfung eingehend besprochen werden.

I. Die Ergebnisse der Kriminalstatistik.

I. Für das Jahr 1898 sind 47975 verurteilte Jugendliche (die also im Augenblick der Begehung das 12., aber nicht das 18. Lebensjahr vollendet hatten) in der Kriminalstatistik verzeichnet. Es ist bekannt, daß diese Zahl nur einen Bruchteil der tatsächlich erfolgten Verurteilungen darstellt. Die Reichskriminalstatistik enthält nur die Verurteilungen wegen Verbrechen und Vergehen gegen die Reichsgesetze. Es fehlen die sämtlichen Uebertretungen, insbesondere auch Bettel, Landstreicherei u. s. w. Nach den im kaiserlich statistischen Amt angestellten Berechnungen betragen die in die Reichskriminalstatistik aufgenommenen Verurteilungen nur etwa $^1/_4$ bis $^1/_5$ der sämtlichen Verurteilungen. Wir können daher ohne Uebertreibung annehmen, daß im Jahre 1868 etwa 200000 Jugendliche verurteilt worden sind. Ich sollte meinen, meine Herren, daß diese Ziffern auch die weitestgehenden Anforderungen völlig befriedigen könnten.

Es kann nicht wundernehmen, daß die Jugendlichen, soweit es sich lediglich um die absoluten Zahlen handelt, bei denjenigen Delikten am stärksten vertreten sind, die überhaupt am häufigsten begangen zu werden pflegen; also bei Diebstahl in allen seinen Formen, bei Unterschlagung, bei Körperverletzung, insbesondere bei gefährlicher Körperverletzung.

Wichtiger ist das Verhältnis der Kriminalität der Jugendlichen zu der der Erwachsenen. Sie ist im allgemeinen nur $^1/_2$mal so groß wie diese. Daraus darf aber nicht etwa geschlossen werden, worauf das kaiserlich statistische Amt ausdrücklich aufmerksam macht, daß der Hang zum Verbrechen bei den Jugendlichen überhaupt geringer wäre, als bei den Erwachsenen. Vergessen wir nicht, daß an den Jugendlichen die Veranlassungen zur Begehung von strafbaren Handlungen viel weniger häufig herantreten, als an den mitten im Kampf ums Dasein stehenden Erwachsenen; daß der Jugendliche viel leichter als dieser der Entdeckung entgeht, daß viel seltener gegen ihn die Anzeige erstattet wird, daß der Prozentsatz der Freisprechungen wesentlich höher ist, als bei den Erwachsenen.

Das Verhältnis verschiebt sich aber sogar zu Ungunsten der Jugendlichen bei gewissen Delikten. Wenn wir die Zahl der verurteilten Jugendlichen in Verhältnis setzen zur Zahl der überhaupt in der Bevölkerung vorhandenen Jugendlichen, und wenn ebenso die Zahl der verurteilten Erwachsenen im Verhältnis zur Zahl der vorhandenen strafmündigen Zivilbevölkerung berechnet wird, so finden wir, daß die Kriminalität der Jugendlichen größer ist als die der Erwachsenen: bei widernatürlicher Unzucht sowie bei Unzucht mit Gewalt, an Kindern, Bewußtlosen u. s. w.; ferner bei einfachem und schwerem Diebstahl, bei vorsätzlicher Brandstiftung und fahrlässiger Brandsetzung. Ich möchte nun auf diese beiden letzten Delikte ein besonderes Gewicht nicht legen; sie sind ja häufig durch Störungen in der Pubertätsentwicklung psychologisch und physiologisch bedingt und führen uns jedenfalls auf ein äußerst schwieriges Gebiet. Aber wenn die Kriminalität der Jugendlichen bei einfachem und schwerem Diebstahl größer ist, als die der Erwachsenen, so beweist das, daß der Zugang zum gewerbsmäßigen Verbrechen sich vorzugsweise aus den jüngeren Altersklassen rekrutiert, daß der endgültige soziale Schiffbruch überwiegend bereits im jugendlichen Alter erfolgt. Eine Tatsache, die ja auch durch andere Erhebungen, insbesondere auch durch die Statistik der wiederholt Rückfälligen in den preußischen Strafanstalten bestätigt wird. Ganz besonders bedenklich aber erscheint mir die starke, die der Erwachsenen überwiegende Beteiligung der Jugendlichen an den schwereren Sittlichkeitsverbrechen. Dabei lege ich das Schwergewicht gar nicht einmal auf den Mangel an sittlichen Hemmungsvorstellungen, als vielmehr auf den Mangel an Scheu vor der fremden körperlichen Integrität, der die ganze Zukunft dieser jugendlichen Verbrecher im trübsten Licht erscheinen läßt.

Ich habe mich, meine Herren, stets selbst bemüht, die mißverständlichen Uebertreibungen auszuschalten, die mit der Auffassung des Verbrechens als einer sozial-pathologischen Erscheinung sich leicht verbinden. Mit jedem gesellschaftlichen Zusammenleben ist eine gewisse Summe von Eingriffen in fremde Rechtssphären notwendig gegeben; und jede Steigerung der gesellschaftlichen Betätigung muß notwendig eine Vermehrung der Berührungspunkte und Reibungsflächen zwischen den einzelnen und damit eine gesteigerte Kriminalität im Gefolge haben. Pathologisch wird die Kriminalität erst durch gewisse Züge, die auf eine tiefliegende Erkrankung des gesellschaftlichen Organismus und damit auf die Notwendigkeit eines staatlichen Eingreifens hinweisen. Wenn der massenhafte soziale Verfall unserer jugendlichen Altersklassen, wenn ihre ethisch-rechtliche Abstumpfung, wie sie aus der überaus starken Beteiligung an den Sittlichkeitsdelikten sich ergibt, aber keine pathologischen Züge darstellen, — dann weiß ich nicht, was man überhaupt mit diesem Namen belegen will.

II. Nun ist wiederholt, zuletzt von Troeltsch, eingewendet worden, daß die absoluten Zahlen der verurteilten Jugendlichen nichts beweisen, daß sie vielmehr in der Zunahme der entsprechenden Altersklassen ihre nahezu ausreichende Erklärung finden. Sehen wir zu, wie es sich damit verhält. Ich gebe Ihnen im folgenden die verlangten Relativziffern.

Auf je 100000 der jugendlichen Zivilbevölkerung entfallen verurteilte Jugendliche 1882: 568, 1883: 549, 1884: 578, 1885: 560, 1886: 565, 1887: 576, 1888: 563, 1889: 614, 1890: 663, 1891: 672, 1892: 729, 1893: 686, 1894: 716, 1895: 702, 1896: 702, 1897: ?, 1898: 688 (nach Troeltsch).

Ich bitte Sie, hier einen kleinen Augenblick verweilen zu dürfen. Die Bewegung dieser Ziffern bietet manches auffallende. Wir sehen, daß die Relativzahl von 1882 bis 1888 bald steigt, bald fällt. Noch im Jahre 1888 bleibt sie hinter der Ziffer des Jahres 1882 zurück. Nun folgt ein rasches Ansteigen, bis im Jahre 1892 der Höhepunkt erreicht ist, von dem die Ziffer langsam wieder herabsinkt. Für das Jahr 1898 gibt Troeltsch die Zahl 688 an, deren Richtigkeit zu prüfen ich nicht in der Lage war. Jedenfalls ist sie immer noch ganz wesentlich höher als die des ersten Berichtsjahres 1882.

Woher nun dieses Anschwellen in den Jahren 1889 bis 1892? Die Erklärung liegt nahe. Mit dem Jahre 1889 beginnt eine, freilich nicht lange andauernde, rückläufige Bewegung in unserer wirtschaftlichen Entwicklung, die mit dem Jahre 1892 ihren Tiefstand erreicht, um dann wieder einer steigenden bis in die jüngste Vergangenheit hineinreichenden Hochkonjunktur Platz zu machen.

Ich hatte nun, meine Herren, bisher die Ansicht vertreten, und meinte sie auf gewisse Zahlen der Reichskriminalstatistik stützen zu können, daß durch die vermehrte Einstellung jugendlicher männlicher und weiblicher Arbeiter in die Fabriken eine Vermehrung der Kriminalitätsziffer hervorgerufen würde. Die oben mitgeteilten Zahlen widersprechen aber dieser Annahme. Denn dann hätte in den Zeiten gesteigerter wirtschaftlicher Betätigung die Zahl der verurteilten Jugendlichen zunehmen müssen. Gerade das Gegenteil ist der Fall. Damit drängt sich die folgende Hypothese auf: Bei günstigen wirtschaftlichen Verhältnissen und gesteigerter Nachfrage nach Arbeitnehmern wird eine Anzahl Jugendlicher als Ersatz für erwachsene Arbeiter in die Fabriken eingestellt. Ihre Lage ist hier durch die Arbeiterschutzgesetzgebung einigermaßen gesichert, viel mehr jedenfalls, wenigstens heute noch, als wenn sie etwa in der Hausindustrie beschäftigt würden. Bei ungünstiger wirtschaftlicher Lage werden die Jugendlichen zuerst aus den Fabriken entlassen und auf die Straße geworfen. Den früheren Erwerb haben sie verloren; dafür haben sie sich an bisher nicht gekannte Bedürfnisse gewöhnt und der soziale Schiffbruch muß eintreten. Einer meiner jüngeren Freunde ist gegenwärtig mit Untersuchungen über diesen Punkt befaßt, die voraussichtlich in diesem Winter zu einem vorläufigen Abschluß kommen und die Grundlage abgeben werden, auf welcher die endgültige Beantwortung dieser Frage erwartet werden kann.

Wie es scheint, gehen wir in unseren Tagen einer ernsten wirtschaftlichen Krisis entgegen. In diesem Falle können wir für die nächsten Jahre ein starkes Anschwellen der Zahlen der verurteilten Jugendlichen erwarten. Und es wäre dringend zu wünschen, daß Staat und Gesellschaft für den Eintritt dieser Eventualität sich rechtzeitig rüsten.

III. Die Zunahme der Kriminalität der Jugendlichen ist größer als die der Erwachsenen. Von 1882 bis 1896 betrug die Zunahme der Zivilbevölkerung 15,8 Proz., die der Verurteilten überhaupt 38,5 Proz., die der verurteilten Jugendlichen 44,1 Proz.

Diese Zunahme ist bei den verschiedenen Delikten verschieden gewesen. Beim Diebstahl hat eine Zunahme überhaupt nicht stattgefunden. Bei der Sachbeschädigung beträgt sie 48 Proz., bei der gefährlichen Körperverletzung 112,5 Proz., bei Nötigung und Bedrohung 300 Proz. Also gerade bei den charakteristischen Roheitsdelikten hat sich die stärkste Zunahme gezeigt.

IV. Die schlimmste aber aller Erscheinungen ist die

Zunahme der vorbestraften Jugendlichen. Die Zahl der Vorbestraften, ganz besonders aber der wiederholt Vorbestraften, ist bei den Jugendlichen an sich recht beträchtlich.

Von den 44 275 im Jahre 1896 verurteilten Jugendlichen waren 8316, also etwas weniger als $^1/_5$, vorbestraft. Darunter

einmal vorbestraft	4849	
zweimal vorbestraft	1793	
drei- bis fünfmal vorbestraft .	1489	1674
sechsmal und mehr vorbestraft	185	

Die Statistik lehrt uns weiter, daß bei den Verbrechern überhaupt, also bei Erwachsenen und Jugendlichen zusammengenommen, die Zahl der Vorbestraften seit 1882 viel stärker gestiegen ist als die der Verurteilten überhaupt, und ganz besonders als die der noch nicht Vorbestraften. Die Zunahme der Verurteilten betrug bis 1896 38,5 Proz., die der Vorbestraften 116 Proz. Unter den Vorbestraften ist nun aber wieder die Zahl der wiederholt Vorbestraften viel stärker gestiegen als die der ein- oder zweimal Vorbestraften. Die Zunahme betrug

für die einmal Vorbestraften	85	Proz.
„ „ zweimal Vorbestraften	98	„
„ „ drei- bis fünfmal Vorbestraften	132	„
„ „ sechsmal und öfter Vorbestraften	277	„

Die letzte Gruppe hat sich mithin beinahe verdreifacht.

Genau dieselbe Erscheinung, wenn auch nicht in dieser scharf ausgeprägten Gestalt, findet sich auch bei den Jugendlichen. Hier hat die Zunahme der Verurteilten überhaupt 44,1, die der Vorbestraften dagegen 78,6 Proz. betragen. Mit weiteren statistischen Zahlen will ich Sie, meine Herren, verschonen.

Schon aus den bisherigen Mitteilungen ergibt sich ja, *daß der Hang zum Verbrechen auch bei den Jugendlichen mit jeder neuen Verurteilung wächst.* Ich kann die weitere These hinzufügen, deren Richtigkeit unzweifelhaft ist, deren Nachweis mich aber hier zu lange aufhalten würde, daß *je härter die Vorstrafe nach Art und Maß gewesen ist, desto rascher der Rückfall erfolgt.*

Ich kann das auch so ausdrücken: Wenn ein Jugendlicher oder auch ein Erwachsener ein Verbrechen begeht und wir lassen ihn laufen, so ist die Wahrscheinlichkeit, daß er wieder ein Verbrechen begeht, geringer, als wenn wir ihn bestrafen.

Ist das Gesagte richtig (und es wird nicht gelingen, die Tragweite der mitgeteilten Ziffern wesentlich abzuschwächen), so ist damit der völlige Zusammenbruch, der Bankerott unserer ganzen heutigen Strafrechtspflege in schlagendster Weise dargetan. Und es kann sich nur mehr um die Doppelfrage handeln: Welches sind die Ursachen dieser Erscheinung und welche Mittel stehen uns zu Gebote, um sie in diesen ihren Ursachen zu bekämpfen?

II. Die Ursachen der zunehmenden Kriminalität der Jugendlichen und die Mittel zu ihrer Bekämpfung.

Die Aetiologie des Verbrechens ist erst im Entstehen begriffen. Die klassische Schule hat die wissenschaftliche Frage nach den Ursachen des Verbrechens überhaupt nicht aufgeworfen, sie hat sich im wesentlichen mit der Erklärung begnügt, daß das Verbrechen von der schlechten Gesinnung herrührt und daher nur durch Einpflanzung guter Grundsätze bekämpft werden könne. Ich muß bei dieser naiven Anschauung immer an Onkel Braesig denken, nach dem die Armut ihren Grund in der großen pauvreté hat. Auch die Quételetsche Problemstellung hat unsere Kenntnis der Ursachen des Verbrechens nur ganz einseitig gefördert. Ihm kam es auf die Durchführung des Grundgedankens an, daß jahraus jahrein mit erschreckender Regelmäßigkeit dieselbe Zahl von Verbrechen überhaupt, von Mord und Diebstahl, von Brandlegung und Notzucht wiederkehren, daß die individuellen Verschiedenheiten verschwinden hinter dem Gesetz der großen Zahl. Mit der unentrinnbaren Macht, die die Bahn der Gestirne in ewig gleiche Gleise zwingt, hat er die Gesetze des gesellschaftlichen Lebens verglichen und so die Sozialphysik begründet. Wir suchen heute nach der Sozialethik. Wir haben den Wechsel erkannt in den Erscheinungen des gesellschaftlichen Lebens und wir suchen nicht das Gesetz der großen Zahl, sondern die Ursachen jenes Wechsels zu erkennen. Und wir verzichten weder auf das soziale Werturteil über die Erscheinungen des gesellschaftlichen Lebens, noch auf die Hoffnung, sie, nachdem wir ihre Ursachen erkannt haben, nach unserem Willen bestimmen zu können, wie den Lauf der Ströme und die elektrische Kraft.

Aber mit diesem unseren Bemühen, das charakteristisch ist für die jüngste Entwicklung der Kriminalpolitik, stehen wir heute noch in den ersten schüchternen Anfängen. Und was ich Ihnen, meine Herren, im folgenden bieten kann, ist nichts als eine Reihe von Vermutungen, da und dort unterbrochen durch wissenschaftlich festgestellte Tatsachen. Wir haben erst angefangen mit der richtigen Methode, die durch die genaueste Einzelbeobachtung kausale Zusammenhänge festzustellen sucht, ehe sie durch systematische Massenbeobachtung über die Zufälligkeiten der Einzelerscheinung sich erhebt, im Einzelfall die typische Bedeutung gewinnt, die allgemein gültigen Gesetze aufstellt.

Die Ursachen, durch welche die Kriminalität der Jugendlichen im heutigen Deutschen Reich bestimmt wird, möchte ich auf drei Gruppen zurückführen. Die erste Gruppe bilden diejenigen Faktoren, die bereits vor der Geburt des Individuums für dessen verbrecherische Laufbahn prädisponierend wirken. Die zweite Gruppe umfaßt die Faktoren, durch welche der einzelne in die Bahn des Verbrechens hineingeworfen wird. Die dritte aber diejenigen, die es bewirken, daß er in der einmal eingeschlagenen Bahn auch sein Leben lang verharrt.

I. Was die *erste Gruppe* betrifft, so verweise ich auf die sorgfältigen und interessanten Untersuchungen von Bonhoeffer, dem Leiter der Irrenabteilung in der Strafanstalt Breslau, die dieser über die eingelieferten Bettler und Landstreicher gemacht und in der Zeitschrift für die gesamte Strafrechtswissenschaft (Bd. XXI Heft 1) veröffentlicht hat.

Bonhoeffer bestätigt die Erfahrungstatsache, die jedem von uns geläufig ist, daß unter den Jugendlichen, die sozial gescheitert sind, sich eine unverhältnismäßig große Zahl von Minderwertigen befindet, die teils durch ihren Schwachsinn, teils durch körperliche Gebrechen aller Art, vielfach durch geistige und körperliche Schwächen hinter dem Durchschnitt zurückbleiben und daher dem Kampf ums Dasein nicht gewachsen sind. Jeder von uns kennt aus den Gefängnissen und Erziehungsanstalten den Typus des 15- und 16-jährigen Knaben, der in Wachstum und geistiger Entwicklung auf der Stufe des 12- oder 13-jährigen steht. Im Zusammenhang damit steht der große Prozentsatz der Militär-Untauglichen, so daß gerade die gefährdeten Individuen der heilsamen Schule des Heeres nicht teilhaftig werden; die geringe Fruchtbarkeit der etwa von ihnen geschlossenen Ehen, die frühe Sterblichkeit. Es ist ein eigentümlicher Trost, daß durch die von der Natur selbst vollzogene Selektion das Aussterben der Verbrechergenerationen gesichert wird!

Diese Minderwertigkeit der meisten jugendlichen Verbrecher hat ihren Grund in einzelnen Fällen in Krankheiten und Schädlichkeiten, die den Jugendlichen selbst in seinen ersten Lebensjahren getroffen haben; in den weitaus meisten Fällen aber in erblicher Belastung, in den Schädlichkeiten, die auf die Erzeuger eingewirkt haben vor der Erzeugung und ganz besonders auch auf die Mutter während der ganzen Zeit der Schwangerschaft. Diese Schädlichkeiten sind bekannt: Das heutige Erwerbsleben mit seiner die Nervenkraft verzehrenden Hast und daneben der Alkoholmißbrauch spielen die wichtigste Rolle.

Damit ist aber zugleich gesagt, daß alle Mittel zur Bekämpfung dieser Hauptursache der gesteigerten Kriminalität der heutigen Jugendlichen erst nach Generationen ihre Wirksamkeit entfalten können. Dennoch hat gerade hier die Tätigkeit des Staates wie der Gesellschaft einzusetzen. Jede Maßregel, durch welche wir das geistige, sittliche, körperliche Niveau der zahlreichsten Volksschichten heben, durch welche wir die unvermeidlichen Schädlichkeiten des heutigen Erwerbslebens paralysieren und die vermeidlichen auf ihr geringstes Maß herabdrücken, wird zugleich auch als die wirksamste kriminalpolitische Maßregel überhaupt und ganz besonders den Jugendlichen gegenüber erscheinen. Hier findet die gegen den Mißbrauch des Alkohols gerichtete Bewegung ihr dankbarstes Feld.

II. Innerhalb der *zweiten Gruppe* möchte ich die

beiden Altersstufen bis zum vollendeten 14. und nach dem vollendeten 14. Lebensjahre unterscheiden. Mit dem 14. Lebensjahre tritt das Kind aus der Familie hinaus ins Leben. In der Lehre, im Gesindedienst, in der Fabrik findet es neue ihm bisher unbekannte Verhältnisse, in die es selbsttätig sich einleben muß. Die Parallele bietet der Eintritt des Konfirmierten in das religiöse Leben seiner Gemeinde. Dieser Lebensabschnitt ist also von einschneidendster Bedeutung.

1) In der Familie soll das Kind die Grundlage für seine spätere selbständige Entwicklung finden. Weniger durch die theoretische Lehre, als durch Beispiel und Gewöhnung wirkt die Familie. Wer von Kindesbeinen an gesehen und erlebt hat, daß die Interessen des einzelnen dem der anderen sich unterordnen müssen, dem werden altruistische Regungen zur zweiten Natur. Wer zur Anständigkeit, zu Ordnung und Reinlichkeit erzogen ist, verfügt über einen unerschöpflichen Quell von rechtlich-sittlichen Hemmungsvorstellungen.

Unter den Ursachen, die, ganz abgesehen von jeder erblichen Belastung, auch auf den normal geborenen, geistig und körperlich gesunden Jugendlichen verhängnisvoll einwirken, steht mithin an erster Stelle das gestörte Familienleben und damit der Mangel der für das ganze spätere Leben grundlegenden Familienerziehung. Bekannt ist die Tatsache, daß die unehelich Geborenen, die Ganz- und Halbwaisen, die Kinder geschiedener Eltern den größten Prozentsatz zum Verbrechen stellen. Ihnen schließen sich die Kinder aus solchen Ehen an, die zwar äußerlich fortbestehen, aber innerlich längst gelöst sind, wo der Vater etwa ein Trunkenbold ist, oder die Mutter im Ehebruch lebt. In allen diesen Fällen bietet bereits die bestehende Gesetzgebung die nötige Handhabe, um den gefährdeten Kindern beizuspringen. Insbesondere werden wir hoffen dürfen, daß die durch unser bürgerliches Gesetzbuch mit vermehrten Befugnissen ausgerüsteten Waisenräte die ihnen überwiesenen wichtigen gesellschaftlichen Aufgaben in ihrer ganzen Tragweite zu würdigen und zum Segen der Gesamtheit zu lösen lernen werden.

Aber auch beim besten Willen der Eltern macht die heutige Gestaltung des Erwerbslebens gerade dort eine Erziehung der Kinder unmöglich, wo ohnehin bereits durch die vorhandene Notlage ihre Weiterentwicklung auf das schlimmste gefährdet ist. Wenn der Vater den ganzen Tag in der Fabrik arbeitet, die Mutter vom Morgen bis zum Abend als Aushülfefrau oder in ähnlichen Beschäftigungen außer dem Hause weilt, wenn die Kinder, soweit sie nicht ebenfalls bereits dem Erwerb in den von der Schule freibleibenden Stunden nachgehen müssen, unter Obhut des vielleicht selbst noch im zarten Alter stehenden ältesten Kindes zurückgelassen werden: dann kann von einer erziehlichen Einwirkung, von einem Familienleben keine Rede sein. Gerade für diese der Verwahrlosung ausgesetzten Kinder hat die jüngste preußische Gesetzgebung Fürsorge getroffen. Aber wir wollen es an dieser Stelle nicht unausgesprochen lassen, daß die Entwürfe des bürgerlichen Gesetzbuches die Beseitigung der Fürsorgeerziehung in diesen Fällen verlangt haben; daß es uns erst nach harten Kämpfen gelungen ist, dem § 135 des Einführungsgesetzes zum bürgerlichen Gesetzbuch die gegenwärtige Fassung zu sichern, damit die bestehenden Landesgesetze von dem ihnen drohenden Untergang zu bewahren, und für die künftige Landesgesetzgebung, so auch für das preußische Gesetz vom 2. Juli 1900, die reichsrechtliche Grundlage zu schaffen. Aber mit diesem Siege ist unsere Arbeit noch nicht zu Ende. Soll die Fürsorgeerziehung in allen Teilen des Deutschen Reiches dieselbe segensreiche Wirkung entfalten, dann muß an die Stelle der verschiedenen Landesgesetze das einheitliche Reichsgesetz treten. In anschaulichster Weise ist es uns ja gestern gezeigt worden, zu welchen Schwierigkeiten das Nebeneinanderstehen der reichsrechtlichen und der landesrechtlichen Fürsorgeerziehung gerade in Preußen führt; und wie die untere, ganz besonders aber die obere Altersgrenze für die Einleitung der Fürsorgeerziehung in den verschiedenen deutschen Staaten ganz verschieden geregelt ist. Wir dürfen nicht müde werden, die reichsrechtliche Regelung als die grundsätzlich allein richtige mit allen Kräften anzustreben. Reichsinspektoren, wie sie der deutsche Entwurf eines Strafvollzugsgesetzes von 1879 vorgeschlagen hat, müßten die Ausführung eines solchen Reichsgesetzes überwachen. Damit wäre der erste Ansatz gegeben für die Bildung einer Zentralstelle, etwa einer Abteilung im Reichsamt des Innern, der dann auch im Laufe der Zeit andere Aufgaben der Verbrechensprophylaxe übertragen werden könnten.

An der Zerrüttung des Familienlebens trägt aber, neben der Gestaltung des Erwerbslebens, einen nicht hoch genug einzuschätzenden Teil der Schuld das Wohnungselend, unter dem die weitaus größte Masse unserer Bevölkerung mehr und mehr leidet. Wo die Eltern mit den heranwachsenden Kindern beider Geschlechter und mit den Schlafburschen und Schlafmädchen zusammen in demselben Raume, vielleicht auf derselben Lagerstatt nächtigen, da muß das Schamgefühl im Keim erstickt werden; das Schamgefühl, das ungleich stärker und ungleich sicherer als alle Strafdrohungen vor dem Verfall in Unsittlichkeit und Brutalität zu sichern im stande ist. Auf die Gefahr hin, Ihren Widerspruch, meine Herren, zu erregen, muß ich es als meine Ueberzeugung mit aller Bestimmtheit betonen, daß durch ein Wohnungsgesetz, das diesen Zuständen ein Ende bereitet, die Sittlichkeit unseres Volkes viel mehr geschützt werden würde, als durch eine vermehrte und verbesserte Auflage der lex Heinze. Haben wir unseren arbeitenden Klassen erst wieder ein Heim zurückgegeben, in dem das Familienleben gedeihen kann, so wird auch der Kampf gegen das Wirtshaus und den Alkoholmißbrauch mit größerer Aussicht auf Erfolg geführt werden können.

Als besonders wertvoll wird sich die Vermehrung der bewährten Einrichtungen erweisen, durch welche dem Familienvater mit Weib und Kindern Belehrung und Unterhaltung gegen ein Eintrittsgeld gewährt wird, das geringer ist, als die Summe, die er sonst für sich allein auf Bier und Schnaps verbraucht. Und daß wir überhaupt in der Fortbildung unserer Arbeiterschutzgesetzgebung nicht stehen bleiben dürfen, braucht in unserem Kreise wohl nicht besonders hervorgehoben zu werden.

2) Die zweite Altersstufe setzt ein mit dem vollendeten 14. Lebensjahr. Sie umfaßt die dem Haus und der Schule entwachsenen Jugendlichen. Mit dem Eintritt in die Lehre, in den Gesindedienst, die Fabrikarbeit

lockern und lösen sich die Bande, die den Knaben oder das Mädchen mit der Familie verknüpfen. Schutzlos sind sie sich selbst überlassen, in einem Alter, in dem von Festigung des Charakters noch keine Rede sein kann, in dem der durch eigene Arbeit erworbene Lohn zu bisher ungekannten und daher um so lockenderen Genüssen verleitet. Mochte noch vor wenigen Jahrzehnten dem Jugendlichen das Lehrlingsverhältnis den festen Halt, den Anschluß an geordnete Familienverhältnisse, Beispiel und Beistand gewähren, so hat sich das seither wesentlich geändert. Nach den bekannten Erhebungen stehen durchschnittlich im deutschen Reich von 100 männlichen gewerblichen Lehrlingen nur noch 43 in Kost und Wohnung des Lehrherrn, und von diesen entbehren wohl die meisten einer wirklichen Einfügung in dessen Haushalt. Und der Gesindedienst hat seine Bedeutung insbesondere für die weiblichen Jugendlichen verloren, seitdem den Mädchen eine ganze Reihe von anderen selbständigeren und lohnenderen Berufsarten sich erschlossen hat. In der Verwahrlosung der schulentlassenen Jugendlichen ist eine Hauptursache für ihre zunehmende Kriminalität zu erblicken.

Damit ist der fürsorgenden Tätigkeit des Staates und der Gesellschaft die Bahn gewiesen. Der Staat hat durch die allgemeine obligatorische Fortbildungsschule sowie durch die Fürsorge für den beruflichen Unterricht der Jugendlichen ihr Fortkommen zu sichern, die Gesellschaft durch „Heime" aller Art, in denen auch die körperliche Entwicklung nicht außer acht gelassen wird, sie vor dem sittlichen und damit vor dem sozialen Verfall zu schützen. Auch hier wird der Kampf gegen den Alkoholmißbrauch mit Aussicht auf Erfolg einsetzen können, besonders wenn es, was durchaus nicht unmöglich erscheint, gelingen sollte, die erwachsenen Fabrikarbeiter zu Mithelfern zu gewinnen.

III. Meine Herren! Meine bisherigen Ausführungen haben uns weit über das Gebiet des Kriminalisten hinausgeführt. Nicht als Fachmann habe ich zu Ihnen gesprochen, sondern als einer von den vielen, denen die Wohlfahrtspflege am Herzen liegt.

Anders liegt die Sache, wenn wir uns jetzt der dritten

Gruppe innerhalb der Ursachen für die gesteigerte Kriminalität der Jugendlichen zuwenden; denjenigen, die es bewirken, daß der einmal dem Verbrechen Verfallene auch für sein ganzes Leben in der verbrecherischen Laufbahn verharrt: Denn unter diesen Ursachen nehmen die Fehler unseres Strafgesetzbuchs, unserer Strafrechtspflege, unseres Strafvollzugs weitaus die erste Stelle ein. Hier also werde ich als Kriminalist den Anspruch erheben dürfen, etwas länger zu verweilen, etwas mehr ins einzelne einzugehen.

Es kann nicht oft genug wiederholt werden, daß schon der ganze strepitus fori eine schwere Gefahr für den Jugendlichen bedeutet: Der Jugendliche fühlt sich als der Held eines Dramas, wenn der ganze Apparat des gerichtlichen Verfahrens gegen ihn aufgeboten wird und vielleicht gar die Zeitungen seinen Namen und seine Tat ausführlich schildern. Wird er verurteilt, so kommt er in den meisten Fällen ins Gefängnis. Wie es hier mit dem Strafvollzug bestellt ist, das wissen wir. Bei längerer Freiheitsstrafe wird er allerdings in eine besondere Anstalt gebracht oder in ein Gefängnis mit besonderen Abteilungen für Jugendliche, und hier ist er verhältnismäßig noch am besten vor sittlicher Verwahrlosung geschützt. Aber gerade die ersten Male, bei kleinen Vergehen, erhält er eine kürzere Strafe, und dann kommt er in das Amts- oder Landgerichtsgefängnis; von einer Trennung von den Erwachsenen ist so gut wie gar keine Rede, und selbst wo sie durchgeführt ist, kann die Verständigung durch Klopfen, Kassiber u. s. w. nicht verhindert werden.

Für Seelsorge, Unterricht, Arbeit ist so gut wie gar nicht gesorgt. Hier werden dann die Freundschaften geschlossen, die so oft für die ganze Zukunft des Jugendlichen verhängnisvoll werden. Wir können es begreifen, daß die große Masse derjenigen Jugendlichen, die erst einmal im Gefängnis gewesen sind, immer wieder dahin zurückkehrt, bis sie dem Zuchthaus rettungslos verfallen.

1) Unter den Maßregeln, die zur Beseitigung dieser Uebelstände vorgeschlagen worden sind, spielt die erste und

wichtigste Rolle die Heraufsetzung der Strafmündigkeitsgrenze auf das vollendete 14. Lebensjahr.

Oft genug ist der Satz ausgesprochen worden, daß Schulkinder nicht ins Gefängnis gehören. Denken wir uns den Knaben, der nach 14-tägiger Haft wieder in die Schule zurückkehrt. Für ihn waren es 14 Tage Extraferien, in denen eine neue Welt sich ihm aufgetan hat, voll von abenteuerlichem Reiz, der seine Phantasie auf das lebhafteste erregt. Nun kommt er in die Schule zurück. Zwei Möglichkeiten sind gegeben: Entweder seine Schulkameraden rücken von ihm ab und meiden ihn als einen Gezeichneten: dann wird er sich um so mehr auf sich und seine Erinnerungen zurückziehen, der Haß gegen die Gesellschaft, die Verachtung aller sittlichen Grundsätze, die Verhöhnung des Rechtsgefühls, alle diese Errungenschaften seines kurzen Gefängnislebens werden immer fester und tiefer sich in ihm einwurzeln. So wird aus dem Gelegenheitsverbrecher die „antisoziale Existenz". Oder aber: Die Schulknaben lassen sich betören durch die bramarbasierenden Reden ihres Genossen, der scheinbar viel mehr weiß von der Welt und dem wirklichen Leben als sie — und dann wirkt der eine Verdorbene wie ein Ansteckungsherd, von dem aus die sittliche Fäulnis nach allen Richtungen hin sich verbreitet.

Die Erhöhung der Strafmündigkeitsgrenze auf das vollendete 14. Lebensjahr, die ja auch in einem Teile der deutschen Einzelstaaten bis zum Jahre 1871 zu Recht bestanden hatte, ist oft und von den verschiedensten Seiten gefordert worden. Die mit dem Studium der Frage betraute Kommission der deutschen Landesgruppe der Internationalen kriminalistischen Vereinigung hatte sogar die Erhöhung auf das vollendete 16. Lebensjahr vorgeschlagen. Wir haben später diese Forderungen ermäßigt; nicht nur um unseren Vorschlägen die allgemeine Zustimmung zu sichern, sondern ganz besonders deshalb, weil wir uns sagen mußten, daß in der Tat das 14. Lebensjahr den einschneidenden Abschnitt im gesellschaftlichen Leben des Jugendlichen bedeutet und der weitere Ausschluß der strafrechtlichen Verantwortlichkeit bedingt sein müßte durch eine wesentliche Einschränkung der Freiheit des Jugendlichen. Aber um so bestimmter muß an dieser bescheidenen Forderung festgehalten werden.

Gerade mit Rücksicht auf diese auch in den maßgebenden Kreisen ernstlich erwogene Forderung hat die Reichskriminalstatistik im Laufe der letzten Jahre eingehende Untersuchungen über diejenigen Verurteilten angestellt, die der Altersstufe vom 12. bis zum 14. Lebensjahre angehören; Untersuchungen, die allen denjenigen auf das wärmste empfohlen werden können, die sich näher mit der Frage beschäftigen wollen.

Nach diesen Berechnungen waren im Jahre 1896 unter den 44 275 überhaupt verurteilten Jugendlichen 7686 im Alter von unter 14 Jahren, also 17,4 Proz. oder etwas über $^1/_6$ der gesamten Zahl. Das am meisten von diesen begangene Delikt war der einfache Diebstahl mit 4374 Verurteilten; es folgt der schwere Diebstahl mit 966, die gefährliche Körperverletzung mit 428, die Hehlerei mit 315, die Unterschlagung mit 222, der Betrug mit 141, Unzucht mit Kindern u. s. w. mit 86 Verurteilten.

Diese 7—8000 Jugendlichen würden nach Annahme des gemachten Vorschlages der Strafrechtspflege entzogen werden und wohl fast sämtlich der Fürsorgeerziehung anheimfallen. Das gäbe eine weitere Belastung der an dieser beteiligten Verbände. Aber das wäre eine Mehrbelastung, die durch die Ersparungen in dem Budget unserer Gefängnisse, ganz besonders aber durch die Eindämmung der durch die Berufsverbrecher unserem wirtschaftlichen Leben zugefügten Schädigungen mehr als ausgeglichen würde.

2) Die nächstwichtigste Forderung aber ist die Beseitigung des Unterscheidungsvermögens. Gegenwärtig liegt die Sache bekanntlich so, daß bei jedem jugendlichen Angeklagten festgestellt werden muß, ob er mit der zur Erkenntnis der Strafbarkeit seiner Handlung erforderlichen Einsicht gehandelt hat oder nicht. Wird die Einsicht verneint, so erfolgt Freisprechung, mit welcher die Ueberweisung zur Fürsorgeerziehung verbunden werden kann; wird sie bejaht, so tritt Verurteilung unter den durch § 57 des Strafgesetzbuches vorgeschriebenen Milderungen ein.

Wir sind heute darüber einig, daß das Kriterium, von

dessen Feststellung Verurteilung oder Freisprechung abhängt, durchaus unglücklich gewählt ist. Das Strafgesetzbuch legt ausschließliches Gewicht auf die intellektuelle Entwicklung des Jugendlichen, auf seine geistige Reife, während es doch gerade darauf ankommt, ob die etwa seinem Gedächtnis eingeprägten Sätze des Rechts, der Sittlichkeit, der Religion wirklich sein Eigentum geworden, ob sie ihm in Fleisch und Blut übergegangen sind, ob sie die Kraft regulativer Maximen gewonnen haben. Und da es bisher nicht gelungen ist, das „Unterscheidungsvermögen" durch ein anderes, die sittliche Reife schärfer betonendes Kriterium zu ersetzen, so wird es wohl nicht nur das einfachste, sondern auch das sachgemäßeste sein, dem freien richterlichen Ermessen die Entscheidung darüber zu überlassen, ob je nach der Lage des Einzelfalls durch Strafe oder durch Zwangserziehung die Interessen des Jugendlichen wie die der Gesellschaft am sichersten gewahrt werden können.

Zur Unterstützung dieses Vorschlages kann auch darauf hingewiesen werden, daß schon gegenwärtig der Prozentsatz der Freisprechungen wegen mangelnder Einsicht in den einzelnen Oberlandesgerichtsbezirken wesentlich verschieden ist, daß also die Gerichte in den verschiedenen Teilen des Deutschen Reichs die Bestimmungen des Reichsstrafgesetzbuchs in ganz verschiedener Weise auslegen und anwenden. Man wird kaum zu weit gehen mit der Behauptung, daß trotz der Vorschriften des Strafgesetzbuchs der Richter auch heute schon nach seinem freien Ermesen und im Hinblick auf die voraussichtliche Zukunft des Jugendlichen die Wahl zwischen Strafe und Fürsorgeerziehung trifft.

Unser geltendes Recht krankt aber noch an einem weiteren Fehler. Es stellt den Strafrichter vor ein starres aut — aut: entweder die Verurteilung zur Strafe ohne Fürsorgeerziehung oder aber Ueberweisung ohne Strafe. Und doch ist es klar, daß auch der Jugendliche, dem die erforderliche Einsicht nicht abgesprochen werden konnte, der Fürsorgeerziehung ebenso würdig und bedürftig sein kann, wie der andere, dessen geistige und sittliche Entwicklung hinter dem Durchschnitt weit zurückgeblieben ist. Zwar gestatten die meisten Zwangserziehungsgesetze, wenn auch nicht immer mit der wünschenswerten Klarheit, daß der verurteilte Jugendliche nach Verbüßung der ihm zuerkannten Strafe in Fürsorgeerziehung genommen werden kann. Aber es wäre doch besser, wenn die Zulässigkeit dieser Verbindung von Reichs wegen ausgesprochen und dem Strafrichter die Möglichkeit gewährt würde, nicht bloß bei Freisprechung, sondern auch bei Verurteilung, also im Falle des § 57 wie in dem des § 56, den Jugendlichen der Fürsorgeerziehung zu überweisen.

3) Wird der Jugendliche nun zur Strafe verurteilt, so fragt es sich um die Art der zu verhängenden Strafe. Ich glaube nicht an die Möglichkeit, das Strafensystem, wie unser geltendes Recht es aufgestellt hat, wesentlich umzugestalten. Geldstrafe und Verweis, die ja heute schon von den Gerichten in steigendem Prozentsatz erkannt werden, werden wir vielleicht in weiterem Umfange anwenden können. Aber die entscheidende Rolle wird doch nach wie vor die Freiheitsstrafe spielen. Neue Strafmittel vermag ich nicht vorzuschlagen. Insbesondere muß ich mich gegen die Prügelstrafe als Hauptstrafe gegen Jugendliche (als Disziplinarstrafe steht sie hier nicht zur Verhandlung) aussprechen, obwohl ich weiß, daß sie in der Mitte unserer Versammlung zahlreiche und entschiedene Anhänger zählt. Gestatten Sie mir, meine Herren, offen die Gründe darzulegen, die mich zu meiner Ansicht bestimmt haben.

Ich fürchte, daß die Einführung der Prügelstrafe entweder wirklich uns eine Art von Klassenjustiz bringen, oder doch wenigstens unsere Strafrechtspflege dem erbitterten Vorwurf einer Klassenjustiz aussetzen wird. Nehmen wir an, die Prügelstrafe werde für „Roheitsdelikte“ angedroht, wie das ja dem so oft gemachten Vorschlag entspricht. Ich will nun nicht darauf bestehen, daß schon die Abgrenzung der Roheit von dem Mutwillen, dem überschäumenden Uebermut, dem plumpen handgreiflichen Scherz mit recht bedeutenden Schwierigkeiten verbunden sein kann. Aber jeder von uns, der mit der akademischen Gerichtsbarkeit zu tun gehabt hat, der weiß, daß wirkliche und unzweifelhafte Roheitsdelikte von den Studierenden aller Fakultäten, keine einzige ausgenommen, nur zu häufig begangen werden.

Wenn etwa, wie es vorgekommen ist, die städtischen Gartenanlagen durch Abschneiden der hochstämmigen Fuchsien oder Rosenbäumchen zerstört, wenn die neu angepflanzten Alleebäume angeschnitten werden, so daß sie verkommen müssen, wenn in dem Hof eines Gasthauses die Hühner mit Stöcken und Knütteln totgeschlagen werden: so sind das Roheitsdelikte in jedem Sinne des Wortes. Wollen Sie wirklich, meine Herren, in solchen Fällen, die sich ja zunächst auf eine höhere Altersstufe beziehen, aber auch bei unseren Gymnasiasten vorkommen können, auf Prügelstrafe erkennen und diese durch den Gerichtsdiener an dem Verurteilten vollstrecken lassen? Ja, meine Herren, wenn Sie den Mut nicht haben, diese Konsequenzen zu ziehen, so haben wir ja, wie das sinkende römische Kaiserreich die verschiedene Behandlung der honestiores und der humiliores, wir haben die Klassenjustiz, vor der unser Rechtsbewußtsein, und mit Recht, zurückschreckt. Wenn Sie aber den Mut haben, nicht nur den jungen Fabrikarbeiter, sondern auch den Gymnasiasten zu prügeln, dann vergessen Sie einmal nicht, daß Sie die ganze Zukunft des jungen Mannes vernichten; der Beruf, für den er erzogen worden ist, der ist und bleibt ihm verschlossen, und die Angehörigen werden gut tun, ihn sofort nach Verbüßung der Strafe über das große Wasser nach den Vereinigten Staaten zu schicken. Und vergessen Sie weiter nicht, daß auch dieses Opfer, das Sie der Aufrechthaltung der Rechtsordnung zu bringen bereit sind, vergeblich gebracht sein wird; seien Sie davon überzeugt, daß jeder einzelne Fall, in dem auf Prügelstrafe erkannt oder in dem sie abgelehnt worden ist, von der sozialdemokratischen Presse aufgegriffen, kritisiert und zu den heftigsten Angriffen auf die Rechtspflege nicht nur, sondern auf die ganze bestehende Rechtsordnung verwertet werden wird. Das gäbe in jedem Fall eine Vergiftung des Rechtsbewußtseins unseres Volkes, wie wir sie uns schlimmer gar nicht denken könnten. Und um diesen Preis möchte ich die Einführung der mir im übrigen durchaus nicht unsympathischen Prügelstrafe nicht erkauft wissen.

4) Somit bleibt uns im wesentlichen doch nur die Freiheitsstrafe. Und es wird sich nur darum handeln können,

den Strafvollzug so zu gestalten, daß die ihm heute anhaftenden schweren Mängel möglichst beseitigt werden. In erster Linie muß daher gefordert werden, daß die gegen Jugendliche erkannte Freiheitsstrafe in besonderen Anstalten vollstreckt wird, in denen sie von Erwachsenen unbedingt getrennt gehalten werden können. Es muß weiter das Schwergewicht auf die Ausbildung des Verurteilten für das ehrliche Leben in der Freiheit gelegt werden. Der erziehliche Charakter der Anhaltung muß in den Vordergrund treten. Das gilt besonders von der Gefängnisarbeit, für deren Gestaltung die Sicherung des späteren Fortkommens ausschlaggebend sein muß. Für Mädchen wird die Ausbildung in der Haushaltung von besonderem Werte sein. Damit aber berühre ich die gestrige Ausführung des Herrn Direktor Helling, dem ich in allem wesentlichen zustimme. Beides aber, die Unterbringung in besondere Anstalten und die erziehliche Gestaltung der Arbeit ist nicht möglich, wenn nicht gleichzeitig das gesetzliche Mindestmaß der Freiheitsstrafe, wenigstens den Jugendlichen gegenüber, ganz wesentlich erhöht wird. Das ist eine Forderung, die mir seit langen Jahren besonders am Herzen liegt, mit der ich Sie hier aber nicht weiter aufhalten will.

5) Dagegen möchte ich Ihnen, meine Herren, den letzten Absatz meiner Leitsätze besonders ans Herz legen. Er lautet:

„Bedingte Verurteilung und bedingte Entlassung soll dem Jugendlichen gegenüber nur dann zur Anwendung kommen, wenn er zugleich der Aufsicht eines Fürsorgevereins unterstellt wird. In der Auswahl und der Beaufsichtigung der zu diesem Zweck zu bestellenden Pfleger haben die Gefängnisvereine eine ihrer wichtigsten Aufgaben zu erblicken."

Ich habe bereits vor Jahren, als wir den Kampf um die bedingte Verurteilung führten, davor gewarnt, sie gerade für die Jugendlichen zuerst einzuführen. Wenn der Erwachsene nur zu leicht ein ihm in unbestimmter Ferne drohendes Uebel vergißt, so wird der Jugendliche, der mit der großen Lebhaftigkeit seines Empfindens und seiner Phantasie den Augenblick erfaßt, der nur in der Gegenwart lebt, wenn er nicht Luftschlösser baut, erst recht geneigt sein, die in der

Aussetzung des Strafvollzugs gelegene Warnung sich aus dem Sinn zu schlagen. Die deutschen Einzelregierungen haben sich bei Einführung der bedingten Begnadigung im Jahre 1895 bekanntlich auf den entgegengesetzten Standpunkt gestellt und verfügt, daß die Maßregel in erster Linie den Jugendlichen gegenüber zur Anwendung kommen soll. Der geringe Erfolg, den die bedingte Begnadigung bisher erzielt hat, dürfte wohl hauptsächlich mit auf diesen schweren legislativen Fehler zurückzuführen sein. Wie die Dinge aber heute liegen, muß jedenfalls verlangt werden, daß die Aussetzung der Strafvollstreckung nur denjenigen Jugendlichen gewährt wird, deren Unterstellung unter die Aufsicht eines Fürsorgevereins gesichert ist. Diese Aufsicht braucht nicht notwendig als Fürsorgeerziehung im technischen Sinne des Gesetzes vom 2. Juli 1900 zu erscheinen; ich denke mir vielmehr, daß sie in der Mehrzahl der Fälle als freie Liebestätigkeit der Vereine und ihrer Mitglieder ausgeübt werden kann. Ganz ähnlich verhält es sich mit der bedingten Entlassung nach Verbüßung eines Teiles der Strafdauer. Doch kann ich im Hinblick auf die bereits sehr vorgerückte Zeit diesen Gedanken hier nicht weiter durchführen. Und nur einen Punkt möchte ich besonders betonen.

Meine Herren! Es kann mir ja nicht einfallen, der Rheinisch-Westfälischen Gefängnisgesellschaft, die seit 74 Jahren auf dem gesamten Gebiete der praktischen Fürsorge tätig ist, deren Arbeiten vorbildlich geworden sind für zahlreiche nach ihrem Muster gegründete Gesellschaften und Vereine, Vorschläge für die Art ihrer Wirksamkeit machen zu wollen. Aber als meine ganz persönliche, zum Teil auf eigene mehrjährige praktische Erfahrungen gestützte Ansicht darf und muß ich es aussprechen: Wenn die Fürsorge für entlassene erwachsene Gefangene in weitaus den meisten Fällen auf die Dauer als vergeblich sich erweist (den günstigen Erfolgen, die manche unserer Vereine in ihren Jahresberichten zu verzeichnen haben, stehe ich recht skeptisch gegenüber), so verspricht sie den J u g e n d l i c h e n gegenüber die schönsten Erfolge; und zwar um so mehr, je früher sie einsetzt. Aber damit sie hier die Früchte wirklich zeitigt, die sie zeitigen kann, ist es notwendig, d a ß f ü r j e d e n e i n z e l n e n i n

Fürsorge genommenen Jugendlichen ein besonderer Pfleger bestellt wird, sei es ein Mann, sei es, und zwar nicht bloß den Mädchen, sondern den jüngeren Knaben gegenüber, eine Frau. Für weibliche Nächstenliebe bietet sich hier ein reiches Feld segensreicher Betätigung. Der Pfleger soll das Band darstellen, das den Jugendlichen mit der Gesellschaft verbindet. Soll das Band stark und dauerhaft sein, so muß es, das fordert die jugendliche Eigenart, konkrete Gestalt annehmen. An ein Menschenherz muß der gefährdete Jugendliche sich anklammern können; er muß wissen, daß wenigstens ein Mensch in der weiten Welt da ist, der sich um ihn kümmert. Der „Verein" ist ein Abstraktum; und nur ein Konkretes vermag auf Geist und Gemüt der Jugend zu wirken.

Nach meiner Meinung soll die Tätigkeit des Pflegers in demselben Augenblick beginnen, wie die Strafverfolgung. Es wird nicht schwer sein, eine Verordnung des Justizministeriums herbeizuführen, die die Staatsanwaltschaften anweist, von jeder eingeleiteten Verfolgung eines Jugendlichen dem nächsten Fürsorgeverein Anzeige zu machen. Dieser bestellt sofort einen Pfleger, der während der ganzen Untersuchung, der auch während der Hauptverhandlung dem Jugendlichen zur Seite steht. In Belgien, teilweise auch in Frankreich, haben sich die jungen Rechtsanwälte für diesen Zweck zur Verfügung gestellt. Die Tätigkeit des Pflegers hat auch nach erfolgter Verurteilung fortzudauern. Er hat die persönlichen Beziehungen zum jugendlichen Gefangenen, sowie zu dessen Familie aufrecht zu erhalten und inniger zu gestalten; er hat für die Unterbringung nach der Entlassung zu sorgen und die Fürsorge fortzusetzen, solange sie notwendig ist. An geeigneten und willigen Kräften fehlt es unseren Vereinen nicht. Ohne jeden Pessimismus, mit ruhiger Prüfung der Sachlage, aber zugleich mit dem ganzen Mut der christlichen Nächstenliebe werden unsere Mitglieder sich diesem so überaus wichtigen Zweig der Wohlfahrtspflege widmen. Vom Staate aber verlangen wir, daß er uns den rechtlichen Boden sichere, auf dem wir diese Tätigkeit entfalten können, ohne durch törichte oder verdorbene Träger der elterlichen Gewalt daran gehindert zu werden. Das preußische Gesetz vom 2. Juli 1900, dem fast die ganze Arbeitskraft unserer diesjährigen Versammlung gewidmet war, hat uns einen wichtigen Schritt vorwärts gebracht. Ich glaube, meine Herren, in dem Sinne aller Anwesenden zu handeln, wenn ich dem Mann, dem wir in erster Linie dieses Gesetz verdanken, unserem verehrten Geheimrat Krohne in Ihrem Namen den aus warmem Herzen kommenden Dank ausspreche. Aber mit diesem Dank, hochverehrter Herr Geheimrat, möchte ich auch eine ebenso herzliche wie dringende Bitte verknüpfen. Ruhen Sie nicht aus auf den Lorbeeren, die Sie sich erworben haben; führen Sie uns weiter in der Richtung, die Sie mit so glänzendem Erfolg betreten haben; schaffen Sie uns den Rechtsboden, auf dem Staat und Gesellschaft ihre Kräfte vereinigen können, um, soweit es Menschenhand vermag, jene eiternde Wunde zu heilen, die den im übrigen so gesunden, so lebenskräftigen Organismus unseres deutschen Volkes entstellt und, was auch die Optimisten sagen mögen, auf das ärgste gefährdet!

29. Nach welchen Grundsätzen ist die Revision des Strafgesetzbuchs in Aussicht zu nehmen?

(Gutachten für den 20. deutschen Juristentag. 1902.)

1. Die Aufgabe.

I. Die weitesten Kreise des deutschen Volkes werden der ständigen Deputation des deutschen Juristentages freudigen Dank dafür zollen, daß sie die Frage nach den Grundsätzen, die für die Umgestaltung unserer Strafgesetzgebung maßgebend sein sollen, auf die Tagesordnung der nächsten Versammlung gestellt hat.

Als auf Laskers Antrag durch die Aenderung des Artikels 4, Nummer 13 der Verfassung des Norddeutschen Bundes auch das Strafrecht in das Gebiet der gemeinsamen Gesetzgebung aufgenommen und durch den Reichstagsbeschluß vom 18. April 1868 der Bundeskanzler aufgefordert wurde, die zur Durchführung dieses Gedankens nötigen Vorarbeiten beginnen zu lassen, handelte es sich lediglich darum, mit möglichster Beschleunigung im Norddeutschen Bunde und demnächst im Deutschen Reich auf diesem, das ganze ethische Denken und Empfinden des deutschen Volkes auf das Tiefste berührenden Gebiete die Rechtseinheit herzustellen. Es bleibt Friedbergs unbestrittenes Verdienst, durch seine unermüdliche Arbeitskraft und durch seine opferwillige Hingebung die Erreichung dieses Zieles in beispiellos kurzer Zeit ermöglicht zu haben. Diesem Verdienste geschieht kein Abbruch, wenn man betont, daß das von ihm geschaffene Werk, gerade weil es den Absichten der Auftraggeber so vollständig entsprach, auf lange Lebensdauer keinen Anspruch erheben durfte. Die sofortige Herstellung eines für das ganze Deutsche Reich gemeinsamen Strafgesetzbuches war nur durchführbar, wenn man von vornherein, schon bei der Einführung des neuen Gesetzbuches, seine demnächstige Umgestaltung ins Auge faßte. Das war auch der Standpunkt, den die verbündeten Regierungen damals mit aller Bestimmtheit eingenommen haben.

Aeußere Umstände, deren Einfluß damals sich noch nicht überblicken ließ, waren es, die dem deutschen Strafgesetzbuch eine unerwartet lange Lebensdauer sicherten. Zunächst wohl der Mißerfolg, den die verbündeten Regierungen erlitten, als sie im Jahre 1875 die umfassende Novelle zu dem Strafgesetzbuch vorlegten, die zu den bescheidenen und unter sich nicht zusammenhängenden Aenderungen durch das Gesetz vom 26. Februar 1876 führten. Dann aber die gewaltige Arbeit, welche durch die Schaffung des Bürgerlichen Gesetzbuches für das Deutsche Reich erfordert wurde und die auf lange Jahre hinaus die besten Kräfte unserer deutschen Juristen in Anspruch nahm.

Heute ist diese Arbeit getan.

Das Bürgerliche Gesetzbuch mit seinen zahlreichen Neben- und Ausführungsgesetzen ist glücklich unter Dach und Fach gebracht. Schneller und leichter als wir alle es zu hoffen wagten, hat diese großartigste aller deutschen Kodifikationen sich eingelebt bei unseren Juristen wie im ganzen deutschen Volke. Heute sind die Kräfte wieder frei, in den Ministerien, in den juristischen Vereinigungen, in der wissenschaftlichen Literatur, in der ganzen deutschen Juristenwelt: die Kräfte, die wir brauchen, um an die Umgestaltung der Strafgesetzgebung mit Aussicht auf sicheren und befriedigenden Erfolg heranzutreten. Die Erörterung über die großen legislatorischen Gesichtspunkte, die für diese Umgestaltung maßgebend sein müssen, Erörterungen, die bisher nur in den engsten Fachkreisen gepflogen worden sind, dürfen heute wieder das allgemeine Interesse der Juristen für sich in Anspruch nehmen. Dem deutschen Gesetzgeber öffnet sich die Aussicht auf die Erfüllung einer neuen, aber auch Erfolg verheißenden Aufgabe.

Das Bedürfnis nach einer Umgestaltung der ganzen deutschen Strafgesetzgebung, das schon im Anfang der 70er Jahre des 19. Jahrhunderts von den verbündeten Regierungen nicht nur zugegeben, sondern ausdrücklich betont worden war, wird heute von allen Seiten empfunden. Daß unser Reichsstrafgesetzbuch unserem heutigen Rechtsbewußtsein nicht mehr entspricht, und daß es den Bedürfnissen unseres Rechtslebens nicht mehr gerecht wird: diese Ueberzeugung hat sich mit steigender Klarheit allen denkenden Kreisen unseres Volkes aufgedrängt. Wieder sei es betont, daß damit kein Vorwurf gegen den hochverdienten Mann ausgesprochen werden soll, dem wir dieses Gesetzbuch verdanken. Friedberg hat durchaus das Richtige, er hat das einzig Mögliche erkannt, als er, um rasch zum Ziele zu gelangen, das Preußische Strafgesetzbuch von 1851 seinem Entwurf zu Grunde legte. Durch diese Erkenntnis wird aber die Tatsache nicht aus der Welt geschafft, daß das Preußische Strafgesetzbuch nicht auf den über ein halbes Jahrhundert hindurch fortgeführten, überaus gewissenhaften Vorarbeiten der preußischen Revisionskommissionen, sondern, unter dem im letzten Augenblicke zur siegreichen Geltung gelangten Einfluß der rheinischen Juristen, auf dem französischen Code pénal von 1810 beruhte. So kam es, daß das neu entstandene Deutsche Reich auf dem großen Gebiete des Strafrechts die Gesetzgebung des nationalen Gegners rezipierte, den es eben erst im gewaltigen Waffenringen siegreich niedergeworfen hatte.

Daß dieses Gesetzbuch aus dem Jahre 1810, das den Namen des ersten Napoleon trägt, aber auf die Jahre der großen französischen Revolution zurückführt, auf die Dauer die deutsche Rechtsanschauung und die Bedürfnisse des deutschen Rechtslebens zu befriedigen nicht im stande war, erscheint als selbstverständlich und bedarf keiner weiteren Erklärung. Und daß dieser von Anfang an unhaltbare Zustand durch die Flickarbeit nicht haltbarer geworden ist, die das letzte Vierteljahrhundert gerade auf strafrechtlichem Gebiet uns gebracht ist, ist ebenfalls eine notorische, mithin keines Beweises bedürfende Tatsache.

Dennoch sei es mir gestattet, auf einige bekannte, aber nicht immer richtig gewürdigte Momente hinzuweisen.

1) Das einheitliche deutsche Rechtsbewußtsein auf strafrechtlichem Gebiet ist erst seit der Gründung des Deutschen Reiches zum Machtfaktor ge-

worden. Bis dahin fast ausschließlich in den Schriften und in den Vorlesungen der akademischen Kriminalisten lebend, hat es seither das gesamte deutsche Volk durchdrungen. Dieses einheitliche Rechtsbewußtsein, nicht zum geringsten Teile auf dem Boden der Friedbergschen Kodifikation selbst erwachsen, läßt uns heute als unerträglich erscheinen, was uns vor dreißig Jahren als selbstverständlich erschien: die Verschiedenheit des Strafvollzuges in den verschiedenen deutschen Einzelstaaten, ja in den verschiedenen Provinzen desselben Staates und sogar in den verschiedenen Strafanstalten derselben Provinz. Daß die Rechtseinheit auf dem Gebiete des Strafensystems, die heute nur auf dem Papiere steht, zur lebendigen Wahrheit werde, das ist die einmütige Forderung aller politisch denkenden Männer im Deutschen Reich. Und dies einheitliche deutsche Rechtsbewußtsein läßt es uns, mag diese Empfindung auch nicht in allen Beziehungen berechtigt sein, als eine Kränkung unseres nationalen Empfindens erscheinen, daß noch heute, dreißig Jahre nach den Siegen auf den französischen Schlachtfeldern, die Gesetze des ersten Napoleon für unser deutsches Rechtsleben maßgebend sein sollen. Schon aus politisch-nationalen Gründen muß die Umgestaltung unseres Strafgesetzbuches im Sinne der deutschen Rechtsanschauung gefordert und gewährt werden.

2) Rein technisch-juristische Gründe treten hinzu. Die Lücken und Fehler des bei seiner Geburt bereits veralteten Strafgesetzbuches haben zu einer kaum mehr übersehbaren Fülle von strafrechtlichen „Nebengesetzen" geführt, deren Tatbestände und Strafdrohungen die des Strafgesetzbuches an Zahl bereits bei weitem übersteigen. Ueber die Mängel der Technik in diesen Gesetzen, die zum größeren Teile den Stempel der Gelegenheitsgesetzgebung im schlimmsten Sinne des Wortes an sich tragen, braucht vor dem deutschen Juristentage kein Wort verloren zu werden. Für jede Systematik des Strafrechtes bilden sie einen stets wachsenden Wall von kaum überwindbaren Hindernissen, und die mangelnde wissenschaftliche Verarbeitung äußert notwendig ihre Wirkung auch auf die Strafrechtspflege. Daß, um nur ein einziges Beispiel hervorzuheben, die Glorifizie-

rung einer anarchistischen Bluttat straflos bleibt, wenn der Täter sich des Dolches oder des Giftes bedient hat, daß aber die Anpreisung der vorsätzlichen Gefährdung eines fremden Gartenhäuschens mit Zuchthaus bis zu fünfzehn Jahren bestraft werden kann, wenn der Täter einen Sprengstoff verwendet hat — dieser Widersinn und unzählige andere Widersprüche und Lücken innerhalb unseres geltenden Rechts, durch die das Rechtsbewußtsein des Volkes erschüttert werden muß, würden für sich allein die Forderung nach einem neuen umfassenden Strafgesetzbuche rechtfertigen.

3) Besonderes Gewicht lege ich auf die Veränderungen innerhalb des Verbrechertums, die seit dem Jahre 1810, oder, wenn man lieber will, seit dem Jahre 1870, im Zusammenhang mit unserem ganzen politischen und gesellschaftlichen Leben sich vollzogen haben.

Auf die Umgestaltung des gewerbsmäßigen Verbrechertums habe ich in dem am 13. Oktober 1900 vor der Berliner juristischen Gesellschaft gehaltenen Vortrage hingewiesen [1].

Die gewalttätigen Formen des gewerbsmäßigen Verbrechens, wie sie noch die ersten Jahrzehnte des 19. Jahrhunderts kennzeichnen, insbesondere die großen, gefährlichen Räuberbanden, sind fast völlig verschwunden. Diebstahl und Betrug sind als die Hauptformen der professionellen Kriminalität an ihre Stelle getreten. Aber gerade bei diesen beiden Hauptformen kennt der Gesetzgeber die gewerbsmäßige Begehung überhaupt nicht. Er weiß nichts von ihrer modernen Gestaltung: er denkt, um auch hier ein einziges Beispiel anzuführen, in § 243, Ziffer 4 noch an den alten Postkutschendiebstahl, begangen an den hinten auf dem Wagen aufgeladenen, mit Stricken befestigten Reisekoffern; der heutige Eisenbahndiebstahl, die Entwendung etwa von wertvollen Postsendungen während der Eisenbahnfahrt, von freiliegendem Reisegepäck, etwa in den Wagen eines Durchgangszuges, all die bekannten Kniffe und Finten der modernen Eisenbahndiebe sind dem Gesetzgeber unbekannt und ent-

1) Vergl. Zeitschrift für die gesamte Strafrechtswissenschaft XXI 121 (oben S. 308).

ziehen sich daher der Zuchthausstrafe. Von der internationalen Organisation des gewerbsmäßigen Diebstahles und Betruges, von den Geschäftsreisen durch aller Herren Länder, von den zentralisierten Vertriebsagenturen in London u. s. w. weiß unser Gesetzbuch nichts; die zahlreichen Vorstrafen, die der internationale Hochstapler, die der amerikanische Einbrecher, die der ungarische Taschendieb im Auslande erlitten hat, kommen für die Rückfallschärfung nicht in Betracht. Dem gewerbsmäßigen Verbrecher unserer Tage gegenüber ist unser, aus den ersten Jahren des 19. Jahrhunderts stammendes Gesetzbuch machtlos. Daß, wie die Zahlenreihen unserer Reichskriminalstatistik ergeben, gerade die berufsmäßig betriebene Kriminalität in stetem Ansteigen begriffen ist, kann unter diesen Umständen nicht wundernehmen. Hier kann der Gesetzgeber unendlich viel von der großstädtischen Kriminalpolizei lernen. Sie hat ihre ganze Organisation der geänderten Gestaltung des Berufsverbrechertums angepaßt und verdankt dieser Anpassung ihre großen Erfolge. Sie steht genau auf demselben Boden wie die moderne Richtung innerhalb der strafrechtlichen Wissenschaft. Was wir seit der Gründung der Internationalen kriminalistischen Vereinigung von dem Strafgesetzgeber fordern, daß er die Rechtsordnung gegen das gewerbsmäßige Verbrechen schütze, hat sie seit Jahrzehnten auf ihrem Gebiete verwirklicht, so gut sie es ohne Unterstützung durch die Gesetzgebung zu tun vermochte.

Auch das nichtgewerbsmäßige Verbrechen hat in den letzten Jahrzehnten eine wesentliche Umgestaltung aufzuweisen. Mehr und mehr zeigt es, zum Teil unter dem Einfluß des Alkoholmißbrauches, insbesondere aber infolge des verschärften, die Nervenkraft erschöpfenden Kampfes ums Dasein, neuropathische Züge. Es sind die „Minderwertigen", die Neurastheniker, die „Desequilibrierten", die „vermindert Zurechnungsfähigen", die dem nichtgewerbsmäßigen Verbrechen unserer Tage den eigenartigen Stempel aufdrücken. Die zornige Erregung des Alkoholikers wie die Dämmerungszustände des Epileptikers, die perversen Neigungen des Homosexualen, die Ladendiebstähle hysterischer Frauen der guten Gesellschaft, die Bluttaten der Messerstecher und Lustmörder, die herostratische Eitelkeit der anarchistischen „Propaganda der Tat" — alle diese bekannten Erscheinungen der Kriminalität unserer Tage, die, in dieser Massenhaftigkeit wenigstens, früheren Zeitabschnitten fremd gewesen sind: sie stellen den Strafgesetzgeber vor eine neue, überaus wichtige Aufgabe; das System unseres Strafgesetzbuches erweist sich auch ihnen gegenüber als machtlos. Der § 51 mit seiner schroffen Scheidung der Zurechnungsfähigen und Nichtzurechnungsfähigen paßt nicht für eine Zeit, in der die Fälle verminderter Zurechnungsfähigkeit in bisher ungeahnter Zahl und Gemeingefährlichkeit auftreten.

Das Bedürfnis nach einem ausgiebigeren Schutz der Rechtsordnung gegenüber der heutigen Gestaltung des gewerbsmäßigen wie des nichtgewerbsmäßigen Verbrechens verleiht der Forderung nach einer Neuregelung unserer Strafgesetzgebung eine ganz besondere Eindringlichkeit.

4) Wer tiefer in die Volksseele hineinzublicken gelernt hat, der weiß auch, daß unsere ethischen Anschauungen seit etwa 30 Jahren sich wesentlich umgestaltet haben. Wir haben uns gewöhnt, an die Handlungen des einzelnen einen sozialethischen Maßstab anzulegen. Wir verstehen gar nicht mehr, daß auf den Erfolg alles, auf die Gesinnung des Täters gar nichts ankommen soll. Wir begreifen es nicht, daß, wie nach geltendem deutschen Reichsrecht, der Arme in das Gerichtsgefängnis wandern muß, während der Reiche wegen derselben Tat ein paar Mark erlegt, deren Entgang er gar nicht bemerkt. Wir verlangen, daß der Mißbrauch der finanziellen Uebermacht, daß die Ausbeutung des Schwächeren, mag es sich um Börsen- und Bankwesen, mag es sich um Gründungsschwindel oder Preßbestechung handeln, auch durch Strafdrohungen hintan gehalten werde; und wir vermögen nicht einzusehen, warum der gewerbsmäßige Wucherer mit der Zuchthausstrafe verschont bleibt, die den Hehler gestohlener Sachen trifft. Ein Strafgesetzbuch aber, daß die ethischen Anschauungen des Volkes nicht nur nicht

befriedigt, sondern in der großen Masse seiner Bestimmungen geradezu verletzt, hat das Recht verloren, Recht zu sein.

II. Die Notwendigkeit einer gründlichen Revision unseres Strafgesetzbuches wird heute von allen Seiten zugegeben.

Bei den Beratungen des Bürgerlichen Gesetzbuches ist darauf hingewiesen worden worden, daß der Schaffung des einheitlichen bürgerlichen Rechts die Umgestaltung des Strafgesetzbuches folgen werde. Der Staatssekretär des Reichsjustizamts Dr. Nieberding hat noch vor wenigen Monaten, in der Sitzung des Reichstages vom 21. März 1901, seine Bereitwilligkeit erklärt, mit den Vorarbeiten zu beginnen; freilich ohne sich in bindende Zusagen einzulassen. Und einer der überzeugtesten Gegner der modernen strafrechtlichen Richtung, Birkmeyer, hat erst vor kurzem [1]) „die Revision des Strafgesetzbuches als die dringendste gesetzgeberische Aufgabe der Gegenwart" bezeichnet.

Freilich hat sich gerade im Lager der Reformfreunde eine hochbedeutsame Stimme wiederholt im entgegengesetzten Sinne geäußert. Kein Geringerer als Hermann Seuffert hält die heutige Zeit nicht für geeignet zu einer Verhandlung über die Grundzüge eines neuen Strafgesetzbuches; und er hat aus dieser Meinung niemals ein Hehl gemacht. Ich halte aber die Gründe, die Hermann Seuffert zu dieser seiner Ansicht bestimmen, nicht für ausschlaggebend. Irre ich nicht, so liegt der letzte und tiefste Grund für seine pessimistische Prognose in dem Mißtrauen, das er den gesetzgebenden Faktoren in ihrer heutigen Zusammensetzung entgegenbringt. Leider muß nach den Erfahrungen der letzten Jahre zugegeben werden, daß dieses Mißtrauen allerdings durchaus begründet ist. Aber für uns handelt es sich heute nur um die Vorarbeiten zur Aufstellung eines Strafgesetzentwurfes, nicht um diese Aufstellung selbst, oder gar schon um die Beratung des aufgestellten Entwurfes im Schoße des Reichstages. Wir können abwarten, wie die Verhältnisse sich gestalten werden, bis wir mit unseren Vor-

1) Archiv für Strafrecht, 48. Bd., S. 67.

arbeiten zu Ende sind. Bis dahin werden Jahre vergehen und diese Jahre können uns nicht nur eine zielbewußte, von einer einheitlichen parlamentarischen Mehrheit getragene Regierung, sondern auch eine Volksvertretung bringen, die über den wirtschaftlichen Interessen einzelner Volksgruppen nicht vergißt, was zu Nutz und Frommen des Deutschen Reiches und des ganzen deutschen Volkes notwendig ist. Sollte diese Hoffnung sich nicht erfüllen, dann bleibt uns für pessimistische Resignation immer noch Zeit.

Für den Beginn dieser Vorarbeiten aber ist der richtige Augenblick schon deshalb gekommen, weil der Gegensatz der Anschauungen und vor allem der Widerspruch der an den Gesetzgeber gerichteten Forderungen ungleich milder geworden ist, als er noch vor etwa zehn bis fünfzehn Jahren war. Diese Tatsache ist von entscheidender Bedeutung. Denn darüber dürfen wir keinen Augenblick uns einer Täuschung hingeben: Das künftige Strafgesetzbuch für das Deutsche Reich ist ohne eine Verständigung zwischen den Vertretern der beiden einander gegenüberstehenden Ansichten unmöglich. Die einseitige Durchführung eines extremen Standpunktes ist ausgeschlossen. Wir sind völlig davon überzeugt, daß die innere Wahrheit der von uns vertretenen Gedanken immer breitere Massen ihnen zuführen wird, daß unsere Vorschläge durch ihre Zweckmäßigkeit auch die Herzen der Gegner allmählich bezwingen werden. Aber wir rechnen auf eine Schritt für Schritt sich vollziehende Wandlung der Anschauungen, nicht auf einen raschen Sieg. Selbst wenn eine Majorisierung der Gegner in absehbarer Zeit zu erwarten wäre, so würden wir meinen, daß um diesen Preis das neue Gesetzbuch, das doch dem durchschnittlichen Rechtsbewußtsein der Besten unseres Volkes entsprechen soll, zu teuer erkauft wäre. Wir sind zu einem Kompromisse durchaus bereit. Aber wir betonen auch umgekehrt: Jeder Entwurf, der die Anschauungen unserer Gegner einseitig zum Ausdruck bringen sollte, wird unserem entschlossenen und hartnäckigen Widerstande begegnen. Die Fortdauer des gegenwärtigen Zustands ist uns lieber als die Festlegung des Gesetzgebers in einem neuen, unseren Anforderungen nicht genügenden Strafgesetzbuche. Und so stark sind wir wohl heute schon, um einen Strafgesetzentwurf, dem zuzustimmen unsere wissenschaftliche wie politische Ueberzeugung uns verbietet, zum Fall bringen zu können.

Daß eine Verständigung über die Grundlagen des neuen Strafgesetzbuches durchaus im Bereich der Möglichkeit liegt, wird durch verschiedene Tatsachen, wie ich glaube, schlagend bewiesen.

Zunächst möchte ich gerade an dieser Stelle darauf aufmerksam machen, daß die Vorschläge der Internationalen kriminalistischen Vereinigung in den wichtigsten Punkten die Zustimmung des deutschen Juristentages gefunden haben. Ich erinnere an die Beschlüsse des deutschen Juristentages über die bedingte Verurteilung, über die kurzen Freiheitsstrafen, über die Bemessung der Geldstrafe, über die Nichtumwandlung der uneinbringlichen Geldstrafen in Freiheitsstrafen, über die Zwangsarbeit ohne Einsperrung u. s. w. Diese Uebereinstimmung wiegt um so schwerer, als zwischen der ständigen Deputation des deutschen Juristentages und dem Vorstande der Internationalen kriminalistischen Vereinigung keinerlei Personalunion besteht.

Auch die Gesetzgebung hat sich unzweifelhaft unserem Standpunkt genähert. Ich denke dabei ausschließlich an die deutsche Gesetzgebung und lasse die des Auslandes ganz beiseite, obwohl es völlig ausgeschlossen ist, daß das Deutsche Reich von den im Auslande gemachten Fortschritten auf die Dauer ganz unberührt bleiben könnte. Für die Wandlung der Anschauungen innerhalb der gesetzgebenden Faktoren des Deutschen Reiches und der deutschen Einzelstaaten ist am bezeichnendsten die Gestaltung der Fürsorgeerziehung. Welch ein Umschwung von dem ersten Entwurf des Bürgerlichen Gesetzbuches, der die bereits vorhandenen Landesgesetze beseitigen wollte, soweit sie über die im Bürgerlichen Gesetzbuch zugelassenen Fälle des „Eingriffs in die väterliche Gewalt" hinausgingen und dem heutigen Rechtszustand im Deutschen Reich! Unter der Führung der Internationalen kriminalistischen Vereinigung ist der Kampf gegen den ersten Entwurf aufgenommen, unter unserer Führung ist er in wenigen Jahren mit einem Sieg auf der ganzen Linie beendet worden. Wir freuen uns dieses Sieges vor allem deshalb, weil er unsere Hoffnung auf eine Verständigung auch in anderen grundlegenden Fragen gestärkt hat. Und war es nicht auch ein Eingehen auf die von der Internationalen kriminalistischen Vereinigung vertretenen Forderungen, daß wir in den deutschen Einzelstaaten zwar nicht die von uns verlangte „bedingte Verurteilung", wohl aber die bedingte Begnadigung erhalten haben, deren Einführung langsam, aber notwendig zur reichsrechtlichen Regelung dieses Instituts im Sinne unserer Vorschläge führen muß?

Aber auch in der wissenschaftlichen Literatur hat sich eine beachtenswerte Wandlung vollzogen. Adolf Merkel selbst hat sich in seinen letzten Lebensjahren mehr und mehr unseren Anschauungen genähert, die ja im Grunde genommen, obwohl er es nicht Wort haben wollte, nur der Ausbau seiner eigenen Gedanken sind. Sein Auftreten im deutschen Juristentag, in dem er die von der I.K.V. früher gefaßten Beschlüsse in allem wesentlichen zu seinen Anträgen gemacht hat, und sein Einstehen für den Schweizer Entwurf sind schlagende Beweise für die Möglichkeit einer legislativen Verständigung zwischen der klassischen und der modernen strafrechtlichen Richtung. Und um von den Lebenden einen zu erwähnen: van Calker in Straßburg, der in verschiedenen Streitschriften gegen die Anhänger der „soziologischen Schule" ins Feld gezogen ist, hat diese Möglichkeit einer Verständigung auf legislativem Gebiete stets mit warmer und überzeugender Kraft vertreten. Bezeichnender als alles andere aber ist die Tatsache, daß neuerdings von den verschiedensten Seiten die Behauptung aufgestellt und zu begründen unternommen wird, die von uns gemachten Vorschläge seien überhaupt gar nicht neu, sondern vor langen Jahrzehnten in der Wissenschaft, sei es von Wahlberg, sei es gar von Fichte, gemacht oder begründet worden; oder sie hätten, wie die unbestimmte Verurteilung, noch im vormärzlichen Preußen auf der Grundlage des allgemeinen Landrechtes gesetzliche Anerkennung und Durchführung gefunden. Bezeichnend ist diese Tatsache, denn der schlimmste

Vorwurf, den uns noch vor zehn Jahren die Gegner, Wach an der Sitze, machen zu können glaubten, war ja gerade der, daß wir die dem deutschen Rechtsbewußtsein fremden Rechtseinrichtungen des Auslandes kritiklos nachahmen wollten! Daß in der Tat unser ganzes Programm an die alten preußischen Ueberlieferungen anknüpft, daß unsere Forderungen dort ansetzen, wo die preußische Rechtsentwicklung durch die Rezeption des französischen Rechtes jäh unterbrochen worden ist: das kann ich hier nicht auseinandersetzen; aber daß nach und nach auch unsere Gegner auf diesen Zusammenhang aufmerksam geworden sind, das hat ganz wesentlich dazu beigetragen, die Möglichgeit einer Verständigung anzubahnen.

Nun hat allerdings erst vor kurzem Birkmeyer in einem am 22. Februar 1901 vor der juristischen Gesellschaft zu München gehaltenen Vortrag [1]) den von mir wiederholt gemachten Kompromißvorschlag mit aller Entschiedenheit abgelehnt.

Ich möchte diesen meinen Vorschlag [2]), bei dem ich mich auf eine prinzipielle Abgrenzung der bestrittenen Gebiete beschränkt habe, hier nicht wiederholen. Schon deshalb nicht, weil die von mir im folgenden zu machenden Einzelvorschläge besser als allgemein gehaltene Erörterungen zu zeigen vermögen, wie ich mir die Durchführung des Kompromisses denke. Aber was ich hier schon betonen möchte: Birkmeyer selbst hat durch seinen Vortrag, freilich gegen seinen Willen, in überzeugendster Weise dargetan, nicht nur, daß eine Verständigung möglich ist, sondern auch, wie sie erzielt werden kann.

Ich verweise vorläufig auf drei Punkte, die mich später noch eingehender beschäftigen werden.

Nach Birkmeyer soll erstens in dem künftigen Gesetzbuche „die Persönlichkeit und Gesinnung des Verbrechers eine viel größere Bedeutung erhalten, als ihr im geltenden Recht zu Teil wird" [3]). Damit ist der Kernpunkt

1) Archiv für Strafrecht, Bd. 48 S. 67; insbesondere S. 71.

2) Vergl. etwa Zeitschrift für die gesamte Strafrechtswissenschaft XXI 122 (oben S. 309).

3) S. 77.

unseres ganzen Reformprogrammes so scharf wie nur möglich bezeichnet.

Nach Birkmeyer soll ferner der Gesetzgeber durch die Androhung und insbesondere durch den Vollzug der Vergeltungsstrafe auch dem Verbrechen prävenieren. „Besonders der Vollzug der Freiheitsstrafen kann durch Einzelhaft und Arbeitszwang, durch Schärfungen, durch Unterricht und Gottesdienst so gestaltet werden, daß zugleich mit der Vergeltung auch Spezial- und Generalprävention erreicht wird" [1]. Wenn diese „Vereinigungstheorie", wie sie Birkmeyer selbst nennt, keinen Kompromiß darstellt, so weiß ich überhaupt nicht, was unter einem solchen verstanden werden soll.

Birkmeyer ist endlich damit einverstanden, daß Präventivmaßregeln in das Strafgesetzbuch aufgenommen werden. „Sofern also nur daran festgehalten wird, daß solche Präventivmaßregeln keine Strafen sind, sondern eine neben der Strafe einherlaufende und mit ihr nur auf dem Wege der Personalunion verbundene „Verbrechensprophylaxe", hat die Regelung derselben im Strafgesetzbuch nichts Bedenkliches; und nichts steht im Wege, ja es erscheint im Gegenteil als empfehlenswert, daß, nach dem Vorgange neuerer Gesetze und Gesetzentwürfe, die in unserem geltenden Strafrecht schon vorhandenen Ansätze in dieser Richtung weiter verfolgt und vervollständigt werden" [2]. Das es uns auf den Namen gar nicht ankommt, daß wir nur verlangen, diese Maßregeln sollen im Strafgesetzbuch geregelt und durch den Strafrichter ausgesprochen werden, habe ich oft genug ausdrücklich betont. Werden also die von uns geforderten Maßregeln überhaupt in das geltende Recht eingeführt, so wird uns der Streit über die Benennung derselben nicht auf die Dauer entzweien.

Birkmeyer gegenüber möchte ich also ausdrücklich betonen, daß ich jeden Augenblick bereit bin, mit ihm über die Umgestaltung unseres Strafgesetzbuches in derselben Kommission zu beraten; und daß ich überzeugt bin, daß uns die Verständigung in wesentlichen Fragen nicht schwerer

1) S. 77.
2) S. 78.

fallen wird, als den Mitgliedern einer jeden legislativen Kommission. Würde, wie Birkmeyer annimmt, „der Gegensatz zweier Weltanschauungen“ [1]) die Verständigung auf legislativem Gebiet überhaupt unmöglich machen: Wie viele Gesetze würde dann wohl unser Deutsches Reich überhaupt zu stande gebracht haben?!

III. Es ist daher eine zwar schwierige, aber durchaus erfolgverheißende Aufgabe, die der deutsche Juristentag sich gestellt hat, indem er die Revision unseres Strafgesetzbuches auf seine Tagesordnung setzte.

Aber diese Aufgabe bedarf der näheren Umgrenzung. Durch diese erst kann auch für mein Gutachten die Richtschnur gewonnen werden.

Für den deutschen Juristentag kann es sich unmöglich darum handeln, den vollständigen Entwurf eines neuen Strafgesetzbuches aufzustellen und durchzuberaten. Das muß auch für mein Gutachten maßgebend sein. Der Beweis dafür, daß die von mir und meinen Freunden vertretenen Forderungen heute schon in die Gesetzesform umgegossen werden können, und daß ihre legislative Verwertung möglich ist auf dem Wege der Reform, nicht der Revolution des geltenden Rechtes, dieser Beweis könnte allerdings am sichersten und schlagendsten durch die Aufstellung eines vollständigen Entwurfes erbracht werden. Aber eine solche Arbeit verlangt ein Maß von freudiger Hingebung an die Sache und von opferwilliger Entsagung, wie es unter den heute noch gegebenen Verhältnissen wohl keiner von uns zu leisten im stande und geneigt sein dürfte. Erst wenn es feststeht, daß eine Verständigung über die Grundzüge der Reform innerhalb des Juristentages erzielt werden kann, ist der Zeitpunkt gekommen, in dem die Ausarbeitung eines vollständigen Strafgesetzentwurfes die darauf verwendete Mühe zu lohnen vermag.

Die Verständigung über die Grundzüge der Reform· Das ist mithin die Aufgabe des Juristentages. Sie anzubahnen ist der Zweck meines Gutachtens.

1) Die Grundzüge der Reform, über die wir uns ver-

---

1) S. 79.

ständigen wollen, sind legislative, nicht aber wissenschaftliche.

Die Aufgabe des Gesetzgebers darf mit der der Wissenschaft nicht verwechselt werden. Die Wissenschaft kennt keine Kompromisse; der Gesetzgeber kann ohne Kompromisse überhaupt nicht arbeiten. Die Wissenschaft hat die von ihr aufgestellten Grundsätze bis in ihre tiefsten Grundlagen zu verfolgen; der Gesetzgeber kann und soll dort Halt machen, wo die rein theoretische Fragestellung beginnt.

Es wäre daher meines Erachtens der schlimmste Fehler, den der deutsche Juristentag begehen könnte, wollte er etwa mit Birkmeyer[1]) „die Notwendigkeit, auch in Zukunft die Willensfreiheit als Grundlage des Strafrechts anzuerkennen", zum Ausgangspunkt seiner Beratungen machen oder umgekehrt sich auf den Standpunkt der Deterministen stellen. Für den Strafgesetzgeber genügt es völlig, daß von indeterministischer wie von deterministischer Seite die Verantwortlichkeit anerkannt wird; ob und wie diese von dem einen oder dem anderen Standpunkte aus wissenschaftlich begründet werden kann, das kümmert den Gesetzgeber nicht. Es kann daher auch mir nicht in den Sinn kommen, auf diesen uralten Meinungsstreit hier einzugehen; und nur gegen die eine Behauptung Birkmeyers[2]) muß ich ausdrücklich Widerspruch erheben, daß das geltende Strafgesetzbuch in § 51 und, ihm folgend, auch das Bürgerliche Gesetzbuch in den §§ 104 Ziffer 2 und 827 die Willensfreiheit, „und zwar im Sinne der sogenannten metaphysischen Willensfreiheit" anerkannt habe. Schon der Hinweis darauf, daß die Bestimmung des § 51 mit den Vorschlägen der preußischen Medizinaldeputation im wesentlichen sich deckt und daß diese doch gewiß nicht Metaphysik zu treiben Neigung oder Beruf hatte, sollte genügen, um die völlige Haltlosigkeit dieser oft genug widerlegten Behauptung darzutun.

Es wäre ferner ein verhängnisvoller Fehler, wollte der deutsche Juristentag als Ratgeber unseres Strafgesetzgebers sich auf den Standpunkt irgend einer der verschiedenen

1) S. 76.
2) S. 94 Note 71.

Strafrechtstheorien stellen. Der Satz, daß die Strafe notwendig ist zur Aufrechterhaltung der Rechtsordnung, ein Satz, der von keiner Seite bestritten wird, genügt für den Gesetzgeber. Wie diese Notwendigkeit weiter begründet wird, ob sie zurückgeführt wird auf ein göttliches Gebot oder auf ein Naturgesetz, auf den kategorischen Imperativ oder auf die dialektische Entwicklung des Rechtsbegriffs oder ob sie lediglich hergeleitet wird aus den präventiven Wirkungen der Strafe — das ist für den Gesetzgeber unendlich gleichgültig. Birkmeyer selbst sagt ausdrücklich[1]): „Nichts ist verfehlter, als die Vergeltungsidee und die Zweckstrafe als Gegensätze hinzustellen." Daraus ergibt sich aber, daß Birkmeyer im Unrecht ist, wenn er von dem künftigen Gesetzbuch verlangt, daß es von dem Vergeltungsgedanken ausgehen solle. Und wenn es noch eines Beweises dafür bedürfte, daß mit dieser von Birkmeyer aufgestellten Forderung gar nichts gewonnen wäre, so liefert ihn Birkmeyer selbst, wenn er[2]) hinzufügt: „Der Vergeltungsbegriff ist in hohem Grade bestritten." Das ist zweifellos richtig. In der Tat ist bei Merkel bereits, mehr aber noch bei seinen späteren Anhängern, der Begriff der Vergeltung durchaus zu dem der Generalprävention verflüchtigt worden. Was aber damit gewonnen sein sollte, wenn der Gesetzgeber diesen selbst bei seinen Anhängern so sehr bestrittenen Begriff zu Grunde legte, vermag ich beim besten Willen nicht einzusehen. Der Streit der Meinungen und der Versuch seiner Beilegung ist vielmehr zu verschieben bis zu der Besprechung der einzelnen aufgestellten Grundsätze. Dabei wird sich erst zeigen, welchen Gehalt die viel mißbrauchten Schlagworte im Sinne ihrer Anhänger eigentlich haben:

2) Die Grundzüge der Reform, die das Gutachten vorzuschlagen und die der deutsche Juristentag zu beraten und festzustellen hat, können also nur legislative sein. Leitsätze für den Gesetzgeber sind es, die wir finden wollen. Und zwar Leitsätze, durch die ihm die Richtung vorgezeichnet wird, in der sich seine Ausarbeitung in allem ein-

1) S. 75.
2) S. 92 Note 16.

zelnen zu bewegen hat; nicht aber diese einzelnen abgeleiteten Rechtsregeln selbst. Damit ist uns die Aufgabe auch negativ umgrenzt. Jedes Eingehen in die Einzelheiten der Gesetzgebung, soweit dieses nicht notwendig ist, um die Durchführbarkeit des aufgestellten Grundsatzes zu zeigen, muß vermieden werden. Es muß ferner darnach gestrebt werden, zunächst eine Verständigung über den obersten Grundgedanken der Gesamtreform zu finden. Erst wenn das geschehen ist, werden in späteren Beratungen die wichtigsten Folgerungen aus diesem Grundgedanken zu ziehen sein. Fasse ich die Sachlage richtig auf, so hat der deutsche Juristentag auf eine ganze Reihe von Jahren hinaus mit den Vorarbeiten für das große Gesetzeswerk zu tun. Nur Schritt für Schritt auf der gesicherten Bahn weiter schreitend, dürfen wir hoffen, unser Ziel zu erreichen.

3) Die Klarlegung dieses obersten Grundgedankens wird also die Hauptaufgabe meines Gutachtens sein. Aber da es sich nicht um eine wissenschaftliche Abhandlung, sondern um die Aufstellung eines legislativen Grundsatzes handelt, wird dieser Grundgedanke in seiner praktischen Durchführung dargestellt werden müssen. Diese aber zeigt sich nirgends besser als im Strafensystem.

Mein Vorschlag geht also dahin, daß der deutsche Juristentag in seiner diesjährigen Tagung mit der Beratung des Strafensystemes in dem künftigen Strafgesetzbuche für das Deutsche Reich beginnt, und diese Beratung soweit fördert, als seine Zeit es ihm erlaubt.

Erst wenn hier die Verständigung über die ausschlaggebenden Grundfragen gewonnen ist, kann mit der weiteren Arbeit fortgefahren werden.

2. Der Umfang der Kodifikation.

Jede Verständigung über den leitenden Grundgedanken der Reform und über seine Durchführung im Strafensystem scheint mir aber unbedingt unmöglich, solange wir uns nicht über den Umfang des künftigen Gesetzgebungswerkes klar geworden sind. Zwei Sätze sind es, an denen ich in dieser Beziehung festhalte.

I. Das Gesamtgebiet der Polizeidelikte ist aus dem künftigen Reichsstrafgesetzbuch auszuscheiden.

Eine ganze Reihe von Erwägungen spricht für diese Ausscheidung.

1) Daß der 29. Abschnitt des besonderen Teiles unseres Reichsstrafgesetzbuches überhaupt nicht in dieses Gesetz gehört, wird heute wohl kaum von irgend einer Seite bestritten werden. Nur die — man wäre fast versucht zu sagen: gedankenlose — Anlehnung an das preußische Strafgesetzbuch hat zur Aufnahme dieses Abschnittes geführt. Das Interesse an einer reichsrechtlichen Regelung gerade der hier aufgenommenen Uebertretungen kann ebensowenig nachgewiesen werden wie die rein landesrechtliche Bedeutung der nicht aufgenommenen Materien. Späterer Ueberlegung mag es vorbehalten bleiben, ob wir nach Fertigstellung des neuen Strafgesetzbuchs an die Schaffung eines Reichspolizeigesetzbuches mit all seinen überaus schwierigen Abgrenzungen zwischen Reichs- und Landesrecht herantreten wollen oder nicht. Vielleicht würde ein Gesetz genügen, das die allgemeinen Grundsätze des Polizeistrafrechts von Reichs wegen normiert und alles andere der Landesgesetzgebung überläßt. Aber die Arbeit, die uns hier interessiert, die Umgestaltung unseres Strafgesetzbuches, würde auf das Empfindlichste erschwert, wollten wir den ganzen Ballast der Polizeidelikte überall mit uns schleppen.

2) Daß es bisher nicht gelungen ist, eine allgemein anerkannte Begriffsbestimmung des Polizeidelikts zu finden, ist kein Grund gegen die Richtigkeit der von mir aufgestellten Forderung. Denn an dem inneren Gegensatz zwischen dem kriminellen Unrecht und dem Polizeidelikt wird heute kaum ernstlich gezweifelt. Bezeichnend dafür ist die neueste Behandlung der Frage durch James Goldschmidt[1]), der in überaus eingehender Darstellung den Nachweis unternimmt, daß die „Verwaltungswidrigkeit“, wie er das Polizei-

1) In seinem demnächst erscheinenden umfangreichen Werk über das Verwaltungsstrafrecht.

delikt nennt, überhaupt nichts mit dem Unrecht, mit der Rechtswidrigkeit zu tun hat. Dem künftigen Gesetzgeber können wir es getrost überlassen, bei jedem einzelnen Tatbestand die Entscheidung darüber zu treffen, ob er als kriminelles Unrecht zu betrachten und in das Strafgesetzbuch aufzunehmen, oder ob er als Polizeidelikt einer abgesonderten Regelung zu überlassen ist. Für die Uebergangszeit werden im Einführungsgesetz die nötigen Bestimmungen zu treffen sein.

3) Die Verständigung über alle einschlagenden Fragen wird durch diese Ausscheidung ganz wesentlich vereinfacht werden. Das gilt in erster Linie von dem Strafensystem. Es gilt aber auch von Versuch und Teilnahme (mittelbare Täterschaft!), von den Fragen nach dem Erfordernis von Vorsatz oder Fahrlässigkeit, nach dem Bewußtsein der Rechtswidrigkeit, von der Verjährung u. s. w. Alle diese Fragen sind nach meiner Meinung, die ja auch von vielen anderen geteilt wird, für das Polizeidelikt ganz anders zu beantworten als für das kriminelle Unrecht. Dazu tritt ein weiterer Umstand, der nicht außer Acht gelassen werden darf: Der innere und wesentliche, wenn auch nur zu oft verkannte Zusammenhang der Polizeistrafe mit der Ordnungsstrafe und dem Zwangsverfahren. Diese wichtigen und schwierigen Fragen bei der Beratung des Reichsstrafgesetzbuches zu behandeln, würde bedeuten, daß sein Zustandekommen nicht nur erschwert, sondern wahrscheinlich auf absehbare Zeit hinaus unmöglich gemacht wird.

Ich werde also in meinen nachstehenden Erörterungen nur das kriminelle Unrecht ins Auge fassen.

II. Dagegen hat das künftige Strafgesetzbuch das Gesamtgebiet des kriminellen Unrechts zu umfassen.

Das bedeutet also die Forderung nach Einarbeitung aller der in den verschiedenen Nebengesetzen zerstreuten Strafdrohungen, soweit diese nicht etwa lediglich den Charakter von Polizeistrafen an sich tragen. Diese Arbeit mag auf den ersten Blick als überaus schwierig und zeitraubend erscheinen. Sie ist aber leichter, als man sich vorstellt und die auf sie verwendete Zeit wird sich reichlich lohnen.

1) Eine solche Einarbeitung empfiehlt sich zunächst wegen der damit verbundenen Vereinfachung des reichen Stoffes.

Man denke etwa an den Begriff der Untreue. Strafdrohungen gegen dieses Delikt finden sich nicht nur in § 266 des Strafgesetzbuches, dessen kasuistische Fassung gegen die einfachsten Grundsätze der legislativen Technik verstößt; sie finden sich außerdem noch: 1) in dem Gesetz über die eingeschriebenen Hülfskassen vom 7. April 1876 (1. Juni 1884); 2) in dem Gesetz betreffend die Krankenversicherung in der Fassung vom 10. April 1892; 3) in den vier Unfallversicherungsgesetzen in der Fassung vom 5. Juli 1900; 4) im Invalidenversicherungsgesetz vom 13. Juli 1899; 5) im Hypothekenbankgesetz vom 13. Juli 1899; 6) (hier mit wesentlich strengerer Strafe) im Handelsgesetzbuch vom 10. Mai 1897; 7) (mit milderer Strafe) im Gesetz betreffend die Erwerbs- und Wirtschaftsgenossenschaften vom 1. Mai 1899. Wenn es gelingt — und das wäre gar keine so schwierige Aufgabe — an Stelle dieser verschiedenen, zerstreuten, unter sich nicht übereinstimmenden Strafbestimmungen einen einheitlichen Tatbestand mit einheitlicher Strafdrohung aufzustellen, so würde dieser Gewinn insbesondere auch für die Einheitlichkeit und Sicherheit unserer Rechtsprechung kaum hoch genug veranschlagt werden können.

Ich erinnere ferner an die ganze Masse der an das Nahrungsmittelgesetz vom 14. Mai 1879 anknüpfenden Gesetze über Warenfälschung, an die zerstreuten Bestimmungen über den Verrat von Geschäfts- und Betriebsgeheimnissen, an die deliktischen Tatbestände in den Urheberrechtsgesetzen u. s. w. Sie alle wären, wie die gesamten Strafdrohungen der Nebengesetze überhaupt, in das Strafgesetzbuch selbst aufzunehmen, und wenn irgend möglich, auf einheitliche Begriffe zurückzuführen.

2) Diese Einarbeitung ist ferner unbedingt nötig, um die heute in unserer Strafgesetzgebung vorhandenen Widersprüche zu beseitigen, auf die ich teilweise schon oben hingewiesen habe. Daß z. B. durch § 5, Absatz 3 des Sprengstoffgesetzes die fahrlässige Tötung

eines Menschen mit dem Tode bestraft wird, ist eine Anomalie, die in einem einheitlichen Strafgesetzbuch sich sofort unmöglich machen würde.

3) Es kommt weiter hinzu, daß alle die zahlreichen und oft beklagten technischen Mängel und Fehler jener Gelegenheitsgesetze, welche die Hauptmasse der strafrechtlichen Extravaganten ausmachen, bei einer Einarbeitung in das allgemeine Strafgesetzbuch am sichersten beseitigt werden würden.

4) Und endlich möchte ich es nicht als den geringsten Vorteil einer solchen Einarbeitung bezeichnen, daß nur eine das Gesamtgebiet des kriminellen Unrechts umfassende Gesetzgebung uns den vollen und klaren Ueberblick darüber verschaffen kann, ob das Gesetzbuch dem heutigen Rechtsbewußtsein des deutschen Volkes wirklich entspricht; ob es alles mit Strafe bedroht, was uns strafwürdig erscheint, und ob es nicht da oder dort mit kriminellen Strafen belegt, was nach unserer Rechtsüberzeugung eine solche nicht verdient. Auch der einzelne Staatsbürger, an den die Strafdrohung sich wendet, darf mit gutem Recht verlangen, die Rechtssätze zu kennen, die er — bei Strafe! — befolgen soll. Wie viele von uns praktischen und theoretischen Kriminalisten hätten wohl heute den Mut, von sich diese Rechtskenntnis zu rühmen, die sie von dem Angeklagten verlangen? Soll das Strafgesetzbuch erziehend wirken, so muß es vollständig sein. Der heutige Zustand, daß das Strafrecht zum größeren Teil eine nur wenigen Eingeweihten bekannte Geheimlehre darstellt, muß ein Ende nehmen.

Ausscheidung der Polizeidelikte, aber Aufnahme des Gesamtgebietes des kriminellen Unrechtes: Das wäre die erste Forderung, die ich an den Gesetzgeber richten möchte; eine Forderung, deren Erfüllung mir unerläßlich erscheint, sollen wir überhaupt zu einer Verständigung über die Grundsätze der Reform gelangen.

3. Der Grundgedanke der Reform.

I. Als den obersten Grundgedanken, von dem die gesamte Reform unserer Strafgesetzgebung auszugehen hat, stelle ich den Satz hin:

Es ist bei der Bestimmung der Strafe nach Art und Maß, in Gesetz und Urteil, mehr Gewicht zu legen auf die innere Gesinnung des Täters als auf den äußeren Erfolg der Tat.

Ich habe durch das kleine Wörtchen „mehr" andeuten wollen, daß quantitative Meinungsverschiedenheiten bei der Durchführung des Satzes ausgeglichen werden können; daß es sich nicht um die Aufstellung eines wissenschaftlichen Lehrsatzes, sondern eines legislativen Leitgedankens handelt. Aber auf den Satz selbst lege ich das größte Gewicht. Sollte es sich zeigen, daß nach gründlicher Beratung dieses Satzes eine Verständigung nicht erzielt werden kann, so ist damit zugleich entschieden, daß die Reform der Strafgesetzgebung am besten einer ferneren Zukunft überlassen bleibt. Für meine Person müßte ich, wenn der Satz einem erheblichen Widerspruch begegnet und infolgedessen abgelehnt wird, auf die weitere Mitwirkung verzichten. Ich glaube aber nicht, daß der Widerspruch erheblich sein wird. Ich nehme vielmehr an, daß die durch diesen Satz verlangte „Ethisierung des Strafrechts" grundsätzlich die Zustimmung der verschiedensten Richtungen finden muß, und daß insbesondere diejenigen, die sich so gerne als die Vertreter einer „idealistischen Weltanschauung" bezeichnen, dem Materialismus unseres geltenden Rechts nicht das Wort reden werden.

1) Der Grundfehler unseres Strafgesetzbuches, der es nicht nur dem Rechtsbewußtsein des Volkes entfremdet, sondern auch seine Ohnmacht im Kampf gegen das Verbrechen verursacht hat, liegt in der übertriebenen Schätzung des äußeren Erfolges der Tat und in der Nichtberücksichtigung der inneren Gesinnung des Täters.

Die übertriebene Wertung des äußeren Erfolges der Tat zeigt sich auf Schritt und Tritt. Sie zeigt sich vor allem in der Bildung der Verbrechenstatbestände, die fast ausschließlich nach der Art des angegriffenen Rechtsgutes, also nach dem äußeren Erfolg der Tat, voneinander geschieden werden. Sie zeigt sich ferner in der ausnahmslos milderen Bestrafung des Versuches und in der großen Zahl der „durch den Erfolg qualifizierten Delikte". Während die einfache Aussetzung mit Gefängnis von drei Monaten bis zu fünf Jahren bedroht ist, tritt Zuchthaus von drei bis fünfzehn Jahren ein, „wenn durch die Handlung der Tod verursacht worden ist." Da nach der heute in Wissenschaft und Rechtsprechung durchaus feststehenden Ansicht in Beziehung auf den Tod weder Vorsatz noch Fahrlässigkeit gefordert werden kann, wird mithin die schuldlose Verursachung des Todes eines Menschen durch eine vorsätzliche Aussetzung, auch wenn die Gefahr für Leib und Leben noch so gering gewesen ist, mit derselben Strafe bedroht wie der Mordversuch. Der Eintritt oder das Ausbleiben des Erfolges wiegt in den Augen des Gesetzgebers ungleich schwerer als das Verschulden des Täters. Die Gesinnung des Täters aber wird überhaupt nur nach § 20 für die wenigen Fälle von Bedeutung, in welchen das Gesetz die Wahl zwischen Zuchthaus oder Festungshaft gestattet.

Birkmeyer hat ja allerdings den Versuch unternommen[1]), diese Behauptung als unrichtig hinzustellen. Er sagt: „Auch hier übrigens muß gegen die Behauptung protestiert werden, als ob im geltenden Recht die Persönlichkeit des Verbrechers bei der Festsetzung seiner Strafe keine Berücksichtigung finde. Das Strafgesetzbuch berücksichtigt sein Alter, sein Geschlecht, seine Staatsangehörigkeit, seine verwandtschaftlichen Verhältnisse, seinen Beruf, seine körperlichen und seelischen Defekte und Schwächen, seine Zwecke und Motive, sein Verhalten nach der Tat." Aber hier liegt ein böses Mißverständnis vor. Diese „persönlichen" Verhältnisse meinen wir ja gar nicht, wenn wir die Berücksichtigung der Gesinnung des Verbrechers verlangen! Oder würde Birkmeyer im Ernst annehmen und behaupten wollen, daß die verschiedene Bestrafung der honestiores und der humiliores im römischen Recht, die ja gerade den „persönlichen Verhältnissen" entscheidende Bedeutung beimißt, oder daß die ausschließliche Verwendung der Prügelstrafe für Angehörige der unteren Volksklassen, wie sie das vormärzliche Deutschland kannte, das mit unserer Forderung aufgestellte Ideal bedeute? Nicht um „eine grössere Ausdeh-

1) S. 97, Note 81.

nung" dieser „Berücksichtigung der Persönlichkeit" handelt es sich für uns; sondern um die Aufstellung eines neuen, dem geltenden Recht so gut wie völlig fremden Grundsatzes: Um die ausschlaggebende Berücksichtigung der von Birkmeyer gar nicht ins Auge gefaßten verbrecherischen Gesinnung.

2) Der Standpunkt des geltenden Rechts erklärt und rechtfertigt sich aus der Geschichte des Strafrechts seit dem Zeitalter der Aufklärung.

Zu den ständigen Forderungen, die bei allen Schriftstellern dieser Zeit wiederkehren, gehört die „Proportionalität zwischen Verbrechen und Strafe". Es ist völlig verkehrt, in dieser Forderung das Prinzip der „Wiedervergeltung" finden zu wollen. Nichts hat der Literatur der Aufklärungszeit ferner gelegen, als der Gedanke der Wiedervergeltung, der Talion, der Sühne. Von Montesquieu bis auf Friedrich den Großen, von Voltaire und Beccaria bis auf Hommel und Bentham, von Suarez und Klein bis auf Feuerbach: Nirgends, bei keinem von ihnen allen, bedeutet die Forderung der „Proportionalität" den, sei es auch nur unbewußten, Ausdruck des Vergeltungsgedankens. Das, was diese Schriftsteller alle verlangten, und zwar mit ausdrücklichen, unzweideutigen, jedes Mißverständnis ausschließenden Worten, das war ein völlig anderes: der übermäßigen Anwendung der Strafe überhaupt, der schweren Strafarten, vor allem der Todesstrafe insbesondere, sollte entgegengetreten werden. Es soll, so fordern sie, überhaupt nicht gestraft werden, wenn es für die Rechtsordnung nicht unbedingt notwendig ist; und es soll nicht härter gestraft werden, als die Sicherheit der Rechtsordnung es verlangt. Nicht in der Schwere der angedrohten Strafe, sondern in der Sicherheit ihres Eintritts, liegt ihre verbrechenverhütende Kraft. Ein negatives, nicht aber ein positives Programm, wollte man mit dieser Forderung aufstellen. Seltener und milder strafen: das ist die geschichtliche Bedeutung des Prinzips der „Proportionalität". Die Richtigkeit dieser Behauptung kann ich hier nicht nachweisen. Wer aber ohne vorgefaßte Meinung auch nur einen jener Schriftsteller durchgelesen hat, der weiß auch, daß meine Behauptung richtig ist.

Den Maßstab nun für die geforderte Milderung der Strafen fand man damals so gut wie ausschließlich in dem Werte, den das angegriffene Rechtsgut für die Rechtsordnung hatte, also in dem äußeren Erfolge der Tat. Diesem Streben verdankt die gesamte Technik der modernen Strafgesetzgebung vom Code pénal und dem bayerischen Strafgesetzbuche von 1813 bis auf unsere Tage, seine Entstehung; in ihm wurzelt das „System der Strafrahmen", das unser geltendes Recht beherrscht.

Warum aber hat die Literatur der Aufklärungszeit nicht die Gesinnung des Täters zum Maßstab für Art und Maß der Strafe gemacht? Ist ja doch, wie unsere Gegner so oft und so gerne behaupten, unsere moderne Reformbewegung nichts als ein Abklatsch jener viel geschmähten Aufklärer! Spricht nicht jene Verschiedenheit der Forderungen gegen die Folgerichtigkeit unseres Gedankenganges?

Die Antwort kann dem nicht schwer fallen, der die Entwicklungsgeschichte unserer Wissenschaft kennt. Die kausale Problemstellung, die Frage also nach den Ursachen der Kriminalität, war den Schriftstellern der Aufklärungszeit nicht fremd. Beweis dafür die seit Montesquieu immer und immer wieder vertretene Behauptung, daß die Kriminalität von Klima und Bodenbeschaffenheit abhängig sei; Beweis dafür die fast bei allen Schriftstellern jener Periode wiederkehrende „Theorie des psychologischen Zwanges"; und anderes mehr. Aber die Mittel zur Lösung des Problems fehlten ihnen. Die Kriminalpsychologie und die Kriminalsoziologie sind Wissenschaften, die erst das 19. Jahrhundert gezeitigt hat. Erst mit ihrer Hülfe ist es gelungen, die Frage nach den Ursachen des Verbrechens mit wissenschaftlicher Schärfe zu stellen und an ihre Beantwortung mit wissenschaftlicher Methode heranzutreten. Daß der Code pénal von 1810 und das mittelbar auf ihm beruhende deutsche Strafgesetzbuch von den Ergebnissen dieser durchaus modernen wissenschaftlichen Forschungen unberührt geblieben sind, wird ihnen niemand, der geschichtlich zu denken vermag, zum Vorwurfe machen. Aufgabe des Strafgesetzgebers unserer Tage aber ist es, den Fortschritten der wissenschaftlichen Erkenntnis, soweit diese feststehen, Rechnung zu tragen.

3) Proportionalität zwischen Strafe und verbrecherischer Gesinnung des Täters: Das ist, in ein Wort zusammengefaßt, die Forderung, die wir heute an das künftige Strafgesetzbuch für das Deutsche Reich stellen. Aus ihr leiten sich unsere sämtlichen weiteren Vorschläge ab. An der Anerkennung dieser Grundforderung muß es sich zeigen, ob eine Verständigung zwischen den Vertretern der verschiedenen Richtungen heute schon möglich ist oder nicht, ob also die Reform unseres Strafgesetzbuches zu stande kommt oder auf unbestimmte Zeit vertagt werden muß. Noch einmal möchte ich es ausdrücklich betonen, daß es sich für mich nur um die Anerkennung des Grundsatzes handelt. Wie weit der Grundsatz durchgeführt werden soll: darüber läßt sich verhandeln. Wissenschaftlich trete ich dafür ein, daß er bis in die äußersten Konsequenzen entwickelt wird; legislativ bin ich sehr gerne bereit, den Gegnern auf halbem Wege entgegenzukommen. Sehe ich recht, so ist auch bei unseren entschlossensten Widersachern die Geneigtheit zu einem solchen Entgegenkommen vorhanden.

Es wurde schon auf Birkmeyers[1]) Forderung hingewiesen, „daß auch die Persönlichkeit und Gesinnung des Verbrechers eine viel größere Bedeutung erhalten soll, als ihr im geltenden Recht zu Teil wird". Auch Adolf Merkel und Lammasch, ja sogar Richard Schmidt (Freiburg), stimmen dieser Forderung bei. Von Birkmeyer und seinen Freunden trennt mich nur die Meinungsverschiedenheit über das Maß, in welchem die Forderung Berücksichtigung verlangt.

Ich habe es schon 1893[2]) „als den tiefsten Gegensatz zwischen der alten und der neuen Auffassung bezeichnet, daß jene den Erfolg der Tat, diese die Gesinnung des Täters als das in erster Linie maßgebende Moment betrachtet". Ich habe aber auch damals schon hervorgehoben, daß ich für meine Person mir die Durchführung des von

1) S. 77.

2) Zeitschrift für die gesamte Strafrechtswissenschaft XIII 354 (oben S. 56).

uns vertretenen Grundsatzes in der Gesetzgebung „nur als eine allmähliche, schrittweise, als eine reformatorische, nicht als eine revolutionäre denke“ [1]). Das ist auch heute noch meine Ansicht.

Inzwischen hat Hermann Seuffert innerhalb der Internationalen kriminalistischen Vereinigung die Frage neuerdings in Fluß gebracht. Auf der Straßburger Tagung der deutschen Landesgruppe im Jahre 1890 haben seine Ausführungen einen tiefen Eindruck auf die Teilnehmer gemacht. Für ihn handelt es sich hauptsächlich darum, aus dem Grundgedanken die Folgerungen für die Behandlung der durch den Erfolg qualifizierten Delikte, sowie für Versuch und Teilnahme zu ziehen. Zu einer Abstimmung ist es in Straßburg nicht gekommen; das große Problem ist vielmehr auf der Tagesordnung der Landesgruppe belassen worden. Im Frühjahr 1902 wird in Bremen die Beratung fortgesetzt werden. Die Frage bildet aber zugleich den wichtigsten Beratungsgegenstand für die im September 1902 in Petersburg zusammentretende allgemeine Versammlung der Internationalen kriminalistischen Vereinigung. Ich hebe diese Tatsache hervor, um damit zu zeigen, daß selbst innerhalb der deutschen Landesgruppe der I.K.V., die den Grundgedanken der neuen Richtung wohl schärfer vertritt als irgend eine andere fachwissenschaftliche Körperschaft, die Verhandlung über die Tragweite dieses Grundgedankens, über den Umfang seiner legislativen Durchführung, durchaus nicht als abgeschlossen betrachtet wird. Um so selbstverständlicher ist es, daß wir gerne bereit sind, auch mit unseren Gegnern in Erörterungen darüber einzutreten, welcher Einfluß bei der Revision des deutschen Strafgesetzbuches unserer Hauptforderung eingeräumt werden soll.

Den Satz selbst, in den ich unser Programm zusammengefaßt habe, möchte ich an dieser Stelle nicht näher begründen. Es ist wahrhaftig genug über ihn gesprochen und geschrieben worden. Für wissenschaftliche Auseinandersetzungen ist hier nicht der Ort; und über die gesetzgeberischen Einzelvorschläge wird später zu reden sein. Ich möchte auch nicht noch einmal auf den von mir zu wieder-

---

1) Zeitschrift für die gesamte Strafrechtswissenschaft XIII 355 (oben S. 58).

holten Malen [1]) gemachten Kompromißvorschlag zurückkommen, durch den ich das von uns beanspruchte Gebiet grundsätzlich und allgemein abgrenzen wollte. Wir müssen das Bereich allgemeiner und theoretischer Erwägungen verlassen, um endlich in das Gebiet bestimmter, greifbarer, praktisch-legislativer Vorschläge zu gelangen.

II. Ausschlaggebend für Art und Maß der Strafe ist nach unserer Forderung die antisoziale Gesinnung des Täters.

Es ist für mich von der größten Wichtigkeit, daß dieser Satz richtig verstanden und daß er nicht etwa mit scheinbar verwandten, aber von meinem Standpunkt aus unbedingt abzulehnenden Vorschlägen verwechselt wird.

1) Der leitende Grundgedanke darf nicht etwa gefunden werden in der ausschlaggebenden Bedeutung des Motivs der Tat.

Die „Berücksichtigung des Motivs" gehört heute zu den beliebtesten Schlagworten. Nachdem schon Wahlberg, auf diesem wie auf anderen Gebieten einer der Vorläufer der modernen strafrechtlichen Wissenschaft, auf die Bedeutung des Motivs für die Strafzumessung aufmerksam gemacht hat, ist dieser Gedanke vor wenigen Jahren von Garçon (jetzt in Paris) mit großer Klarheit und Bestimmtheit aufgenommen worden [2]).

Garçon teilt die Motive zum Verbrechen in ehrenhafte und unehrenhafte, und verlangt, dieser Einteilung entsprechend, ein Doppelsystem von parallel laufenden Strafen. Custodia honesta, etwa im Sinne unserer deutschen Festungshaft, soll eintreten, wenn die Handlung nicht aus einem unehrenhaften Motiv entsprungen und nicht mit Mitteln ausgeführt ist, welche die öffentliche Entrüstung gegen den Täter erregen und die Gefühle des Mitleids mit dem Opfer und der Menschlichkeit wachrufen.

Ungefähr gleichzeitig hat auch Stooß in seinem Schweizer Vorentwurf 1893—1894, 1896 das „Motiv" nicht nur im besonderen Teile bei der Bestimmung der Ver-

1) Vergleiche etwa Zeitschrift für die gesamte Strafrechtswissenschaft XXI 122 (oben S. 309).

2) Revue pénitentiaire T. XX, 1896.

brechensbegriffe vielfach verwendet, sondern auch im allgemeinen Teil ihm einen wichtigen Einfluß auf die Strafzumessung eingeräumt.

Nach Art. 38 des Entwurfs von 1896 hat der Richter bei Bemessung der Strafe auch die Beweggründe des Täters in Betracht zu ziehen; und er kann nach Art. 39 die Strafe mildern, wenn die Tat aus „achtungswerten Beweggründen" begangen ist.

Durch diese von zwei ganz verschiedenen Seiten erfolgte Anregung ist die Frage nach der Bedeutung des Motivs für die Bestimmung der Strafe auf's neue in Fluß gekommen. Ich selbst habe in meinem Berliner Vortrag vom 21. Februar 1896 [1]) mich gegen die Stooß'schen Vorschläge erklärt. Ich habe darauf hingewiesen, daß der Begriff des Motivs an einer bedenklichen Unklarheit überhaupt und ganz besonders in dem Schweizer Vorentwurfe leidet; und ich habe weiter betont, daß die Unterscheidung in gute und schlechte, ehrenhafte und nicht ehrenhafte, achtungswerte und nicht achtungswerte Motive gar nicht durchführbar ist, daß es vielmehr nur darauf ankommen kann, die gesamte Eigenart des Täters bei Bestimmung der Strafe nach Art und Maß in Betracht zu ziehen. Der Begriff „Motiv" ist seither Gegenstand eingehender, wissenschaftlicher Untersuchungen gewesen. Es sei hier auf von Lilienthal [2]), Liepmann [3]) und ganz besonders auf M. E. Meyer [4]) ausdrücklich hingewiesen. Wenn wir heute von dem „Motiv" des Verbrechens sprechen, so verstehen wir darunter „die auf den Willen einwirkende Vorstellung des aus der Tat erwarteten Lustgefühls". Damit ist mein erster, aus der Unklarheit des Begriffes hergeleiteter Einwand gegen die legislative Verwertung des Begriffes beseitigt. Aber der zweite Einwand bleibt. Das wird auch von Liepmann und M. E. Meyer zugegeben. Der erstere wendet sich ausdrücklich und mit besonderer Schärfe gegen die Unterscheidung von edlen

1) Zeitschrift für die gesamte Strafrechtswissenschaft XVI 477 (oben S. 170).

2) In einem in Wien am 14. März 1900 gehaltenen Vortrag (Zeitschrift für die gesamte Strafrechtswissenschaft XX 440).

3) Einleitung in das Strafrecht 1900.

4) Die schuldhafte Handlung und ihre Arten 1901.

und nicht edlen Motiven, wie sie von Stooß und Garçon „mit ebenso großer Sicherheit wie Unklarheit über die leitenden Gesichtspunkte aufgestellt worden ist“ [1]); und beide gelangen zu dem für die moderne Anschauung charakteristischen, aber hier nicht näher ins Auge zu fassenden Satz: „Das Motiv entlastet, der Charakter belastet.“ In der Tat muß es auch bei genauer Betrachtung einleuchten, daß kein Motiv an sich gut oder schlecht ist, daß die Wertung der Handlung nicht von dem Motiv selbst, sondern von dem Verhältnis des Motivs zu anderen Momenten abhängt. Die Beseitigung eines vorhandenen Unlustgefühls, die Befriedigung etwa des Geschlechtstriebes oder des Hungers, entzieht sich als solche, abgesehen von den sie begleitenden Umständen, jeder Beurteilung vom individuell-ethischen, wie vom rechtlichen oder sozial-ethischen Standpunkte aus. Es ist eitel Selbsttäuschung und nur durch den völligen Mangel an begrifflicher Klarheit zu erklären, wenn man meint, in der Berücksichtigung des Motivs den Grundstein für den Aufbau des strafrechtlichen Systems gefunden zu haben. Ich halte nach den Ergebnissen der angeführten Untersuchungen den Streit über diese Frage ein für allemal für erledigt.

2) Es handelt sich also nicht um das Motiv, sondern um die Gesinnung des Täters. Insoweit stimme ich mit van Calker durchaus überein [2]).

Ich kann den Satz durchaus unterschreiben, den er als die „feste Grundlage für die Reform des Strafensystems“ aufgestellt hat: „Die der Vergeltungsidee zu Grunde liegende Wertanschauung über das Verbrechen einerseits, die Strafe andererseits fordert eine Berücksichtigung der der Tat zu Grunde liegenden verbrecherischen Gesinnung, insbesondere bei der Wahl der Strafart“ [3]). Haben wir doch von unserem Standpunkte aus, viele Jahre vor van Calker, dieselbe Forderung aufgestellt und begründet! Aber dagegen muß

---

1) S. 127.

2) van Calker in einer Reihe von kleineren Schriften, besonders in seinem am 10. Dezember 1898 in der Berliner juristischen Gesellschaft gehaltenen Vortrag: „Vergeltungsidee und Zweckgedanke im System der Freiheitsstrafe“, erschienen 1899.

3) S. 19.

ich mit aller Bestimmtheit mich aussprechen, daß van Calker sofort und ohne jede weitere Erläuterung, das Kriterium der verbrecherischen Gesinnung aufgibt, und in Anlehnung an den § 20 unseres Strafgesetzbuches die Ehrlosigkeit und Nichtehrlosigkeit der Gesinnung für ausschlaggebend erklärt.

§ 20 ist bekanntlich erst vom Reichstag in das Gesetz aufgenommen und bei der dritten Beratung aufrecht erhalten worden, obgleich die Bundesregierungen seine Beseitigung als „dringend wünschenswert" erklärt hatten. Daß er in das System unseres Reichsstrafgesetzbuchs nicht hineinpaßt, wird nicht bestritten werden; und daß er besonders klar gefaßt wäre, läßt sich gewiß nicht behaupten. Selbst sein eifrigster Verteidiger, van Calker, gibt ausdrücklich zu, „daß er kein sehr exakter genannt werden kann".

Aber mehr als das: der Begriff der „ehrlosen" Gesinnung ist nicht nur unklar; er ist als Grundlage für das Strafensystem direkt falsch. Für das Strafrecht kann es sich immer nur darum handeln, wie sich der Verbrecher zu der Rechtsordnung stellt. Die verbrecherische Gesinnung ist die rechtswidrige, oder was dasselbe sagen will, die antisoziale Gesinnung. Wer aus tiefster religiöser oder nationaler, politischer oder sozialer Ueberzeugung heraus zum erbittertsten Feind der bestehenden Rechtsordnung geworden ist, handelt durchaus nicht unehrenhaft, wenn er diese Ueberzeugung durch seine Handlungen betätigt. Die Rechtsordnung aber würde sich selbst preisgeben, wenn sie diesen „Ehrenmann" als etwas anderes ansehen und behandeln wollte, wie als ihren Todfeind. Kann man etwa wirklich, ohne allen Begriffen Gewalt anzutun, behaupten, daß die von einem überzeugungstreuen Anarchisten, der sein Leben in den Dienst seiner „Ideen" gestellt hat, betriebene „Propaganda der Tat" ehrlos sei? Oder glaubt man andererseits wirklich einer solchen blutigen Gewalttat gegenüber von der Strenge des Gesetzes absehen zu können, ohne daß das Rechtsbewußtsein des Volkes, ohne daß die Sicherheit des gesellschaftlichen Zusammenlebens auf das Tiefste erschüttert werden? Ich habe vergeblich in unseren Kommentaren und Lehrbüchern nach einer Begriffsbestimmung der „ehrlosen"

Gesinnung mich umgesehen; es ist kein unbilliges Verlangen, daß uns die Vertreter des an van Calkers Namen anknüpfenden Vorschlags doch einmal klipp und klar sagen möchten, was sie unter diesem ihren Schlagwort verstehen.

Das deutsche Strafgesetzbuch der Zukunft muß sich auf den sozial-ethischen Standpunkt stellen, wenn es unser heutiges Rechtsbewußtsein befriedigen soll. Nach seinem Unwert für die Gesellschaftsordnung, d. h. für die Rechtsordnung, ist das Verbrechen zu beurteilen. Nicht die Ehrlosigkeit, sondern die antisoziale Richtung, die Richtung gegen die Lebensgüter der Gesellschaft, kennzeichnet objektiv das Verbrechen; nicht die Unehrenhaftigkeit, sondern die antisoziale Gesinnung, kennzeichnet subjektiv den Verbrecher. Es kann einer ein verächtlicher Schuft sein, ohne daß er zum Verbrecher wird; und auch das Gegenteil ist möglich. Ein Kriterium aber, das durchaus ungeeignet ist, die verbrecherische Handlung von der nicht verbrecherischen abzugrenzen, kann erst recht nicht dazu dienen, um innerhalb des Gebietes der verbrecherischen Handlung Art und Maß der Strafe zu bestimmen.

Van Calkers Vorschlag ist gut gemeint; aber nicht nur wegen seiner Unklarheit, sondern vor allem wegen seiner inneren Unrichtigkeit ist er abzulehnen.

Van Calker selbst vermag den von ihm aufgestellten Grundgedanken aber auch gar nicht folgerichtig durchzuführen. Er versagt ihm bei der ersten ernstlichen Probe. Nach van Calkers Vorschlag soll die Gesinnung des Täters nur maßgebend sein für die Art der Strafe. Demgemäß verlangt er insbesondere innerhalb der Freiheitsstrafen zwei parallel laufende Strafarten: Zuchthaus und Haft. Beide sollen sowohl als lebenslange als auch als zeitige Freiheitsstrafen Verwendung finden; beide sollen als zeitige Freiheitsstrafen im Höchstmaß bis auf zwanzig Jahre hinaufgehen; das Mindestmaß der Zuchthausstrafe soll acht Tage, das der Haft einen Tag betragen.

Innerhalb der Strafart aber wäre das Strafmaß wie bisher insbesondere mit Rücksicht auf die Schwere des äußeren Erfolges zu normieren. Diese starre Trennung von Strafart und Strafmaß ist durchaus doktrinär und schon darum nicht zu empfehlen. Sie ist aber, konsequent durchgeführt, auch völlig verfehlt. Wenn wir eine bestimmte Strafart charakterisieren wollen, so wird ihr Maß dabei nicht völlig unberücksichtigt bleiben dürfen. Wenn wir etwa vierzehn Tage Zuchthaus im Sinne der van Calkerschen Vorschläge und lebenslange Haft nebeneinander stellen und vergleichen, so wird der Unterschied der beiden Strafen sicherlich nicht bloß als ein quantitativer, sondern als ein qualitativer erscheinen; und zwar ganz so in der Anschauung des ganzen Volkes, wie in der des einzelnen Verbrechers, der die Strafe erleidet. Aber gerade umgekehrt als van Calker sich das vorstellt: Die lebenslange Haft wird als die ungleich schwerere, nicht als die leichtere Strafart von allen Seiten angesehen und empfunden werden. Solange mir der Gegenbeweis gegen diese meine Behauptung nicht geführt wird, halte ich das vorgeschlagene Strafensystem für völlig ungeeignet dazu, die „feste Grundlage" für die Reform unseres Strafgesetzbuches abzugeben.

Die Unhaltbarkeit des aufgestellten Prinzips und die Undurchführbarkeit des geforderten Strafensystems zeigt sich aber besonders deutlich bei der Frage des Rückfalls. Van Calker verlangt[1]) eine „prinzipielle und erhebliche" Rückfallsschärfung, insbesondere dem Gewohnheitsverbrechertum gegenüber. Das ist eine augenscheinliche Inkonsequenz. Die wiederholte Begehung strafbarer Handlungen ist weder notwendig ein Beweis besonders ehrloser Gesinnung, noch hat sie notwendig einen besonders schweren äußern Erfolg zur Wirkung. Ist der überzeugte Impfgegner, ist der opferwillige Vorkämpfer einer oppositionellen Partei darum ein ehrloser Schuft, weil er trotz wiederholter Bestrafung seine Ueberzeugung immer wieder aufs neue betätigt? Auch der Maßstab, der dem äußeren Erfolg entnommen werden soll, versagt. Ganz abgesehen davon, daß gerade die Anhänger der „vergeltenden Gerechtigkeit" unmöglich dazu gelangen können, den äußeren Erfolg der früher begangenen, aber durch die Strafverbüßung „gesühnten" Verbrechen mit dem Erfolg des jetzt zur Aburteilung stehenden Einzel-

1) S. 23.

verbrechens zu einer Gesamtsumme zusammen zu rechnen und jene also nochmals zur Anrechnung zu bringen, — ist es auch durchaus nicht ausgeschlossen, daß selbst eine solche Zusammenrechnung immer noch einen geringeren äußeren Erfolg ergibt, als die einmalige Begehung. Will man überhaupt den äußeren Erfolg als entscheidend für das Strafmaß hinstellen, so kann die sechsmal wiederholte Begehung eines Diebstahles von je 10 Mk. unmöglich schwerer bestraft werden, als der einmalige Diebstahl von 1000 Mk.

Van Calker hat nun allerdings versucht, diesen naheliegenden Einwand zu widerlegen. Er sagt[1]: „Vom Standpunkt der hier vertretenen Auffassung über den Inhalt der Vergeltungsidee ist die Rückfallsschärfung nur konsequent, da ja die Intensität der verbrecherischen Gesinnung sicherlich nicht nur durch die Qualität der begangenen Handlung sondern ebenso auch durch die Quantität der verübten Delikte zur Aeußerung gelangt, insbesondere natürlich dann, wenn zwischen der Begehung der einzelnen Handlungen die wirkungslos gebliebene Verbüßung von Freiheitsstrafen liegt". Ich bin mit diesem Satze durchaus einverstanden; ich verstehe nur nicht, wie er in das System der van Calkerschen Vorschläge hineinpaßt. Von der „Intensität der verbrecherischen Gesinnung" ist ja bisher bei ihm nur ganz nebenher die Rede gewesen. Für die Strafart soll die Ehrlosigkeit oder Nichtehrlosigkeit der Gesinnung maßgebend sein; für das Strafmaß dagegen der äußere Erfolg. Diesen beiden bisher eingeführten Maßstäben wird jetzt mit einem Male ein neuer dritter angefügt. Ob die Rückfallsschärfung nun eine Erhöhung des Strafmaßes innerhalb der Strafart oder aber die Anwendung einer andern Strafart bedeuten soll (was vollständig im unklaren bleibt): Jedenfalls ist damit die Undurchführbarkeit der beiden bisher aufgestellten Maßstäbe erwiesen.

Aus diesen Irrgängen führt nur ein Weg ins Freie: die Erkenntniß, daß es für Art wie für Maß der Strafe nur einen einzigen grundsätzlichen Maßstab geben kann: die Intensität der verbrecherischen,

---

1) S. 22.

d. h. der antisozialen Gesinnung des Täters. Inwieweit daneben, an zweiter Stelle, auch der äußere Erfolg der Tat Berücksichtigung finden kann, das habe ich hier noch nicht zu untersuchen.

3) Damit ist aber zugleich gesagt — und ich lege auf diesen Punkt großes Gewicht, — daß eine systematische Regelung der Rückfallsschärfung von mir als eine genügende Abschlagszahlung auf unsere Hauptforderung nicht betrachtet werden kann. Die Rückfallsschärfung, auf die ich unten noch einmal zurückkommen werde, trägt allerdings unsrer Forderung Rechnung: sie kann nur gerechtfertigt werden, wenn man die Intensität der antisozialen Gesinnung als obersten Maßstab bei Bestimmung der Strafe nach Art und Maß anerkennt. Aber sie erschöpft diese Forderung nicht: bei dem bisher nicht vorbestraften Verbrecher, der etwa trotz gewerbsmäßigen Betriebs von strafbaren Handlungen sich bisher dem Strafrichter zu entziehen gewußt hat, kann die antisoziale Gesinnung ungleich größer sein als bei einem mehrfach vorbestraften Individuum. Und sie geht über unsre Forderung hinaus: dem Jugendlichen gegenüber ist trotz wiederholter Vorbestrafung die Rückfallsschärfung die ungeeignetste Maßregel.

Das Prinzip der Rückfallsschärfung ist mithin an sich, von den technischen Schwierigkeiten seiner Durchführung abgesehen, zwar geeignet, unsere Hauptforderung zu ergänzen; es ist aber völlig ungeeignet, an ihre Stelle zu treten. Als die Grundlage des von allen Seiten gewünschten Kompromisses ist es mithin abzulehnen.

III. Die Intensität der antisozialen Gesinnung ist insbesondere von ausschlaggebender Bedeutung für Aufstellung und Verwertung des Strafensystems.

1) Der aufgestellte Grundsatz wird nach den verschiedensten Richtungen hin seine befruchtende Kraft erweisen. Er wird auch von Bedeutung werden für die gesamte Gestaltung des besonderen Teiles. Daß an dem Grundsatz nullum crimen sine lege nicht gerüttelt werden soll, ist oft genug von mir und von andern

ausgesprochen worden. Ob das Festhalten an diesem Grundsatze von uns wissenschaftlich gerechtfertigt werden kann oder nicht, ist wenigstens für den Gesetzgeber durchaus gleichgültig. Die Bedenken Birkmeyers[1]) sind daher schon aus diesem Grunde gegenstandslos, soweit es sich um das Zusammenarbeiten auf legislativem Gebiet handelt. Wir verlangen eine möglichst scharfe Abgrenzung der einzelnen Tatbestände, an welche die Rechtsfolge der Strafe sich knüpfen soll. Wir verlangen zu diesem Zwecke eine möglichst klare Erfassung des Rechtsgutes, dessen Schutz die Strafdrohung bezweckt, und eine möglichst genaue Umschreibung des Angriffes, gegen welchen das Rechtsgut geschützt werden soll. Aber wir wenden uns gegen die von Lammasch, Stooß und anderen vertretene Ansicht, nach welcher die wichtigste Aufgabe des Strafgesetzgebers in der feinsten Differenzierung der Deliktstatbestände nach allen möglichen objektiven Unterschieden gegeben wäre. Demgegenüber verlangen wir die möglichste Differenzierung nach der Persönlichkeit des Täters, genauer gesprochen, nach den Intensitätsgraden seiner verbrecherischen Gesinnung. Ich kann mit größtem Vergnügen auf den ganzen § 243 mit seinen zumeist völlig veralteten Strafschärfungen verzichten; ich muß aber mit möglichster Bestimmtheit verlangen, daß der Täter, der in drückender Notlage an fremdem Eigentum das erste Mal sich vergriffen hat und der professionelle Taschendieb in grundsätzlich verschiedener Weise bestraft werden.

Von diesem Standpunkte aus ergibt sich für mich eine wesentliche Vereinfachung des besonderen Teiles des Strafgesetzbuches, zugleich mit einer wesentlichen Erweiterung und Komplizierung des allgemeinen Teils.

Das aufgestellte Prinzip wird weiter in der Behandlung der Schuldarten seinen Einfluß äußern. Wer die verbrecherische Gesinnung als das Ausschlaggebende betrachtet, für den hat die Fahrlässigkeit eine ganz andere Bedeutung als der Vorsatz. Die Strafdrohungen gegen Fahrlässigkeit werden auf eine möglichst geringe Zahl von Fällen zusammen-

---

1) S. 74; insbesondere Note 52 auf S. 90.

gedrängt werden können; fast überall wird bei genauer Betrachtung sich ergeben, daß gegen fahrlässige Eingriffe in fremde Rechtsgüter die zivilrechtliche Ersatzpflicht in ihrer heutigen Regelung durch das Bürgerliche Gesetzbuch und die Zivilprozeßordnung (ausreicht, zu der ja meist noch eine ganze Reihe weiterer nachteiliger Folgen für den Täter hinzutritt: Dienstentlassung, Schmälerung seiner Praxis u. s. w. Im Zusammenhange damit steht die Frage nach dem Erfordernisse des Bewußtseins der Rechtswidrigkeit. Sind erst einmal die Polizeidelikte aus dem Strafgesetzbuch ausgeschieden, so werden die Anhänger der heute herrschenden, auch von mir vertretenen Ansicht gerne zugeben, daß von antisozialer Gesinnung des Täters dort nicht gesprochen werden kann, wo das Bewußtsein von dem antisozialen Charakter der Handlung gefehlt hat. Ich erinnere weiter an die Behandlung des Versuches und der Teilnahme. Dort wird die grundsätzliche Gleichstellung der Versuchsstrafe und der Vollendungsstrafe, hier die grundsätzliche Gleichstellung des Gehilfen und des Täters als die notwendige Folgerung aus dem aufgestellten Grundsatz sich ergeben. Ganz besonders aber wird, von dem eingenommenen Standpunkte aus, die Beseitigung der Strafschärfung bei den „durch den Erfolg qualifizierten Delikten" gefordert werden müssen: wenigstens insoweit, wie nach geltendem Recht, in Beziehung auf den eingetretenen strafschärfenden Erfolg weder Vorsatz noch Fahrlässigkeit von dem Täter verlangt wird.

Diese und eine ganze Reihe weiterer Folgerungen aus dem aufgestellten Grundsatz sollen hier nicht besprochen werden. Für ihre Erörterung wird die Zeit gekommen sein, wenn über den Grundsatz selbst eine Verständigung erzielt ist. Nur nach einer einzigen, allerdings nach der wichtigsten Seite hin bedarf es schon an dieser Stelle einer eingehenderen Betrachtung.

2) In der Verständigung über das Strafensystem des künftigen Gesetzbuches liegt nach meiner Meinung die erste grundlegende Aufgabe des deutschen Juristentages. Ob diese Verständigung bereits auf der nächsten Tagung erzielt werden kann, das weiß ich nicht.

Aber diese Verständigung muß herbeigeführt sein, ehe mit den weiteren Vorarbeiten begonnen werden kann. Auch hier handelt es sich nur um die großen, allgemeinen Gesichtspunkte, nicht um die Einzelheiten. Die Betrachtung der Nebenstrafen kann und muß zunächst beiseite bleiben, bis das System der Hauptstrafen feststeht. Das ganze große Gebiet des Vollzugs der Freiheitsstrafen ist einstweilen aus unseren Beratungen auszuscheiden, weil ja ganz zweifellos gleichzeitig mit der Einführung des neuen Strafgesetzbuches die Einführung eines Reichsgesetzes über den Strafvollzug erfolgen muß, soll nicht die Rechtseinheit auf dem Gebiete des Strafrechtes wieder gerade in dem wichtigsten und einschneidendsten Punkte lediglich auf dem Papier stehen. Es handelt sich also um die folgenden Fragen:

a) Welche Strafen sind in das System der Hauptstrafen aufzunehmen?

b) Nach welchem Grundsatze sind diese Strafarten bei der Aufstellung der Strafdrohungen zu verwerten?

c) Nach welchem Grundsatze sind die angedrohten Strafarten gegen das einzelne Verbrechen anzuwenden?

Bei meinen Ausführungen werde ich diese logische Reihenfolge der einzelnen Fragen nicht festhalten. Es sollen vielmehr diejenigen Forderungen in den Vordergrund gerückt werden, auf deren Erfüllung von dem hier eingenommenen Standpunkt aus das entscheidende Gewicht gelegt wird. Die Beantwortung der aufgestellten Fragen wird sich daraus von selbst ergeben.

4. Das Strafensystem.

I. Die Anknüpfung an das geltende Recht. Die beiden Hauptforderungen unseres kriminalpolitischen Programms, an deren Erfüllung wir unbedingt festhalten müssen, sind: 1) Die erziehende Behandlung der Besserungsfähigen und 2) die Sicherung der Gesellschaft gegenüber den unverbesserlichen und gemeingefährlichen Verbrechern. Zwischen diesen beiden Gruppen der zu bessernden und der unverbesserlichen Verbrecher liegt das weite Gebiet der Fälle, in denen die Aufgabe der Strafe in der Bewährung des

Rechtes sich erschöpft, in denen es sich lediglich darum handelt, dem Verbrecher die Macht der von ihm übertretenen Rechtsordnung eindringlich zu Gemüte zu führen; das Gebiet, das wir bei dem legislativen Kompromiß zwischen den Anhängern der alten und der neuen Richtung, ohne welches eine Reform unserer Strafgesetzgebung überhaupt unmöglich ist, unseren Gegner zu überlassen bereit sind; auf dem die bisher unsere Strafgesetzgebung beherrschenden Grundgedanken auch fernerhin im wesentlichen in Geltung bleiben können; auf dem wie bisher Art und Maß der Strafe bestimmt werden mag nach der objektiven Schwere der Tat [1]).

Damit ist zugleich gesagt, daß das Strafensystem des künftigen Entwurfes im allgemeinen und grundsätzlich an das Strafensystem des geltenden Rechts anknüpfen kann und soll; daß also die Umgestaltung der Strafgesetzgebung, die wir verlangen, keine Revolution, sondern eine Reformation des heute bestehenden Rechtszustandes bedeutet. Es liegt mir im Interesse einer Verständigung über jene beiden Hauptpunkte unseres Programms ganz besonders am Herzen, daß diese Anknüpfung an das Strafensystem des geltenden Rechts von allem Anfang an betont und in den Beratungen des Juristentages festgehalten wird.

1) Es kann sich also für mich nicht darum handeln, das Strafensystem des geltenden Rechts hier kritisch zu prüfen. Und ich halte es auch für verfrüht, und darum gefährlich, wollte der deutsche Juristentag an die Besprechung der Mängel des geltenden Systems der Haupt- und Nebenstrafen herantreten, ehe die Verständigung über jene beiden Hauptpunkte erzielt ist. Ich darf mich daher an dieser Stelle auf wenige Andeutungen beschränken.

a) Das eben Gesagte gilt zunächst bezüglich der Todesstrafe. Es hat gar keinen Zweck, die Verständigung über die Grundgedanken des künftigen Entwurfes durch die Besprechung dieser von allen Seiten bereits bis zum Ueberdruß erörterten Frage zu gefährden. Die

---

1) Vergl. Zeitschrift für die gesamte Strafrechtswissenschaft XXI 122 (oben S. 309).

Zahl der in dem geltendem deutschen Recht mit der Todesstrafe bedrohten Delikte, die Zahl der jährlich gefällten Todesurteile und der vollzogenen Hinrichtungen ist so gering, daß die Abschaffung der Todesstrafe vom ruhigen kriminal-politischen Standpunkte aus gewiß nicht als eine der brennendsten Fragen wird betrachtet werden können. Eine künftige Gesetzgebung wird, wenn sie die Todesstrafe überhaupt beibehält, das Schwergewicht darauf legen müssen, die Anwendungsfälle der Todesstrafe gründlich zu revidieren. Dabei wird wohl hoffentlich auch die gegenwärtige Unterscheidung von Mord und Totschlag fallen, deren Handhabung durch die bürgerlichen wie durch die militärischen Gerichte gerade in den letzten Monaten zu den schwersten Bedenken Anlaß gegeben hat. Aber das sind curae posteriores.

b) Die Zahl der Freiheitsstrafen vermindert sich jedenfalls um die Haft. Diese hat nach Ausscheidung der Polizeiübertretungen aus dem Bereich des Strafgesetzbuches in dessen Strafensystem keine Daseinsberechtigung mehr. Für die leichteren Fälle des kriminellen Unrechts ist sie um so entbehrlicher, als der praktische Unterschied zwischen Haft und Gefängnis völlig verwischt ist. Auch die Festungshaft kann, bei entsprechender Gestaltung des Gefängnisses, entbehrt werden. Es bleiben also als Freiheitsstrafen nur Zuchthaus und Gefängnis. Bei der Wahl zwischen diesen beiden Strafarten mag zunächst, wie im geltenden Recht, die Schwere der Tat, ohne Berücksichtigung der Gesinnung des Täters, den Ausschlag geben. Von entscheidender Bedeutung wäre es aber, daß schon im Strafgesetzbuch selbst, mehr noch in dem Gesetz über den Vollzug der Freiheitsstrafen, der Unterschied zwischen Zuchthaus und Gefängnis möglichst scharf und greifbar ausgebildet wird [1].

c) Ueber die Gestaltung der Geldstrafe ist bereits heute in allem Wesentlichen eine Uebereinstimmung zwischen dem deutschen Juristentag und der internationalen kriminalistischen Vereinigung erzielt. Es kann hier also auf

1) Vergl. meine Vorschläge in Zeitschrift für die gesamte Strafrechtswissenschaft X 57 (oben I 396).

die früheren Beschlüsse des deutschen Juristentages verwiesen werden. Das gilt insbesondere von der Bemessung der Geldstrafe im Einzelfalle nach den Einkommensverhältnissen des Verurteilten, sowie von dem Abverdienen der uneinbringlichen Geldstrafe durch Zwangsarbeit ohne Einsperrung.

d) Da ich die Ausdehnung des Verweises auf die Straftaten Erwachsener heute ebensowenig wie im Jahre 1889 zu empfehlen vermag [1]), von der Bestrafung der Jugendlichen aber noch die Rede sein wird, scheidet auch diese Strafart hier aus der Betrachtung aus.

2. Ich möchte aber weiter auch empfehlen, von der Besprechung neuer Strafarten, zunächst wenigstens, abzusehen.

Die Einführung der Deportation hat den deutschen Juristentag bereits beschäftigt. Es ist seither von den Anhängern dieser Strafart nichts vorgebracht worden, was eine Erneuerung der Diskussion als notwendig erscheinen ließe. Und vor der Wiedereinführung der Prügelstrafe schützt uns wohl auf absehbare Zeit, selbst wenn diese Strafart in anderen Kreisen an Anhängern gewinnen sollte, das Ehrgefühl unseres deutschen Heeres.

Das feste Gerüst in dem Strafensysteme des künftigen Entwurfes wird also gebildet durch vier Hauptstrafen: durch die Todesstrafe, durch die beiden, möglichst voneinander zu unterscheidenden Freiheitsstrafen Zuchthaus und Gefängnis, sowie endlich durch die wesentlich umzugestaltende Geldstrafe. An diese Hauptstrafen hätten sich die Nebenstrafen anzuschließen, die nach verschiedenen Richtungen hin dem geltenden Rechte gegenüber einer Umgestaltung bedürfen, von deren Besprechung aber hier abgesehen werden kann.

Daß wir von unserem Standpunkt aus nach wie vor die reichsrechtliche Einführung der bedingten Verurteilung im Sinne der vom deutschen Juristentag früher gefaßten Beschlüsse fordern müssen, versteht sich von selbst. Ich habe keine Veranlassung, die Gründe für diese Forderung hier abermals zu entwickeln.

---

1) Vergl. Zeitschrift für die gesamte Strafrechtswissenschaft IX 777 (oben I 384).

Auch die Verwertung dieser Strafarten in dem besonderen Teile des Strafgesetzbuches mag unmittelbar an das geltende Recht anknüpfen. Die objektive Schwere der Tat, gegeben durch Art und Maß der Verletzung, mag für die Strafdrohung im Gesetz und für die Strafzumessung durch den Richter maßgebend sein. Die von uns vertretenen Reformvorschläge liegen auf einem anderen Gebiet.

II. Wir verlangen in erster Linie die erziehende Behandlung der Besserungsfähigen; und da die erziehende Umgestaltung des Charakters durch körperliche und geistige Ausbildung wie durch Gewöhnung an regelmäßige Lebensweise, insbesondere an regelmäßige Arbeit, nur bis zu einem gewissen Lebensalter überhaupt möglich ist, können wir wohl sagen: die erziehende Behandlung der Jugendlichen. Auch hier ist durch die bisherigen Verhandlungen bereits die feste Grundlage geschaffen worden, von der aus die Durchführung der aufgestellten Forderung keine wesentlichen Schwierigkeiten mehr bietet. Der deutsche Juristentag kann daher getrost auch die Erörterung dieser Frage hinausschieben. Immerhin empfiehlt es sich, hier in den äußersten Umrissen anzudeuten, wie ich mir die Durchführung dieser ersten unserer beiden Hauptforderungen vorstelle.

1) Die bisherigen Altersgrenzen von 12 und 18 Jahren sind auf 14 und 21 Jahre zu erweitern. Bis zum vollendeten 14. Lebensjahr (bei Begehung der Tat) bleibt jede strafrechtliche Verfolgung ausgeschlossen; ihre Stelle vertritt die Einleitung der staatlich überwachten Erziehung (Fürsorgeerziehung). Zwischen dem 14. und 21. Jahre hat der Richter im Einzelfalle völlig frei zu prüfen, ob Strafe oder staatlich überwachte Erziehung einzutreten hat. Die Feststellung „der zur Erkenntnis der Strafbarkeit der Handlung erforderlichen Einsicht" kommt mithin in Wegfall. Maßgebend ist lediglich, ob die Besserung durch Fürsorgeerziehung noch zu erwarten ist oder ob die Verhängung der Strafe unvermeidlich erscheint. Die Fürsorgeerziehung ist in ihren Grundzügen durch Reichsgesetz und zwar am besten durch ein besonderes Gesetz außerhalb des Strafgesetzbuches zu regeln.

2) In dem Strafensystem für die zu Strafen verurteilten Jugendlichen spielt die **Gefängnisstrafe** als Besserungsstrafe die ausschlaggebende Rolle; neben ihr tritt die **Geldstrafe**, deren erziehlicher Charakter nicht völlig geleugnet werden soll, wesentlich in den Hintergrund. Beide, Freiheitsstrafe wie Geldstrafe, können durch die reichsrechtlich und zwar im Strafgesetzbuch selbst zu regelnde **bedingte Verurteilung** abgewendet werden. Todesstrafe und Zuchthausstrafe bleiben ausgeschieden wie bisher, und der Verweis wird am besten mit der bedingten Verurteilung verbunden. Für die Freiheitsstrafe bedarf es eines bestimmten, nicht zu niedrig gegriffenen Mindestmaßes: in einigen Wochen oder Monaten läßt sich die Gewöhnung an regelmäßige Arbeit, die Umgestaltung des Charakters, nicht erwarten. Das Höchstmaß darf nicht zu hoch gegriffen werden. Ist die Besserung nicht binnen einer bestimmten Reihe von Jahren erreicht worden, so ist die Hoffnung, sie durch Verlängerung der Strafdauer zu erzielen, als ausgeschlossen zu betrachten. Ich schlage, wie schon früher [1]) mithin eine **Freiheitsstrafe von zwei bis zu fünf Jahren** vor.

Die Strafe ist in **besonderen Anstalten** zu verbüßen. Wie man diese nennen will. ist Nebensache. **Hermann Seuffert** [2]) hat den Ausdruck „Besserungshaus" vorgeschlagen, mir selbst erschien 1896 die Bezeichnung „Arbeitshaus" als die bessere. Zur Vereinfachung des Strafensystems würde es beitragen, wenn für diese Besserungsstrafe der Ausdruck „Gefängnis" beibehalten würde. Damit wäre wohl auch der Charakter der Einsperrung als einer eigentlichen Strafe am besten gewahrt. Der Strafvollzug ist unbedingt progressiv zu gestalten. Er beginnt mit Einzelhaft, führt dann zu gemeinsamer Tagesarbeit mit nächtlicher Trennung und schließt mit der bedingten Entlassung, die nicht als ausnahmsweise gewährte Begünstigung, sondern als integrierender Bestandteil des Strafvollzuges aufzufassen ist.

---

1) Zeitschrift für die gesamte Strafrechtswissenschaft XVI 513 (oben S. 209).

2) Mitteilungen der Internationalen kriminalistischen Vereinigung V 381.

Hier halte ich denn auch mit aller Entschiedenheit daran fest, daß die Verurteilung nicht auf eine bestimmte Zahl von Jahren oder Jahresteilen, sondern, innerhalb der Mindest- und der Höchstgrenze, auf unbestimmte Zeit lautet.

Der Richter erkennt auf „Gefängnis von zwei bis zu fünf Jahren". Die Anhaltung darf mithin nicht weniger als zwei Jahre und in keinem Falle mehr als fünf Jahre betragen. Eine besonders dazu berufene Behörde, über deren Zusammensetzung hier nicht gesprochen werden soll, hat darüber zu entscheiden, in welchem Zeitpunkt innerhalb dieses Zeitraumes die Entlassung eintreten soll. Mit dem Ablauf der fünf Jahre hat sie unter allen Umständen einzutreten. Die Entlassung vor Ablauf der fünf Jahre ist stets bedingte Entlassung, so daß bei schlechter Führung die Rückberufung in die Strafanstalt erfolgen kann. Ist nach Ablauf der fünf Jahre, von dem Beginn der Einsperrung an gerechnet, die Gefahr sittlicher Verwahrlosung nicht beseitigt, so ist die Zwangserziehung einzuleiten.

Es bedarf keiner besonderen Betonung, daß das hier vorgeschlagene System der Behandlung jugendlicher Verbrecher den Charakter eines Kompromisses an sich trägt. Die unbestimmte Verurteilung, die mit dem Begriff der Besserungsstrafe notwendig gegeben ist, wird hier nur innerhalb engbemessener Grenzen gefordert. Ist die höchste Dauer der Strafe erreicht, ohne daß die Besserung erzielt wird, so treten an die Stelle der Strafe die Verwaltungsmaßregeln.

Damit dürfte das Hauptbedenken der Gegner, wenn auch nicht völlig beseitigt, so doch sehr wesentlich abgeschwächt sein. Dagegen muß mit dem gegenwärtigen System allerdings gründlich gebrochen werden, das gerade gegen Jugendliche kurze Freiheitsstrafen, auch bei wiederholter Verurteilung, zur Anwendung bringt.

3) Bei Annahme dieser Vorschläge, insbesondere bei Erweiterung der Höchstgrenze des jugendlichen Alters auf 21 Jahre, entfällt die Notwendigkeit, für erwachsene Besserungsfähige besondere Bestimmungen zu treffen. Besserung, im Sinne der bürgerlichen Besserung, also der

Anpassung an die Forderungen des gesellschaftlichen Lebens, dürfte ausgeschlossen sein, wenn der Verbrecher das 21. Lebensjahr bei Begehung der Tat überschritten hat. In einem solchen Falle kann es sich nach meiner Auffassung nur mehr darum handeln, durch einen Appel an die egoistischen Motive die künftige Begehung strafbarer Handlungen zu verhindern, also abzuschrecken. Und wo auch diese Möglichkeit versagt, da bleibt eben nichts anderes übrig als die Unschädlichmachung. Dem Erstlingsverbrecher gegenüber steht uns überdies in leichteren Fällen die bedingte Verurteilung zu Gebote. Jedenfalls wäre nach meiner Meinung abzuwarten, ob die vorgeschlagenen Maßregeln gegen Jugendliche in der praktischen Handhabung sich bewähren. Ist das der Fall, so steht ja der späteren Ausdehnung dieser Bestimmungen auf höhere Altersklassen von Verbrechern keine besondere Schwierigkeit im Wege.

III. Unsere zweite Hauptforderung betrifft die Sicherung der Gesellschaft gegen unverbesserliche und gemeingefährliche Verbrecher.

In dieser Gruppe müssen aber zwei Untergruppen auseinander gehalten werden, die eine wesentlich verschiedene Behandlung erfordern.

1) Die erste dieser Untergruppen wird gebildet durch die gewerbsmäßigen Verbrecher.

Ich habe über diese Untergruppen mich eingehend in meinem Vortrage vom 13. Oktober 1900 geäußert und darf an dieser Stelle wohl auf meine damaligen Ausführungen verweisen [1]).

Der legislative Vorschlag, den ich damals der Berliner juristischen Gesellschaft vorlegte und den ich auch dem deutschen Juristentag zur Prüfung vorlege, ging auf Aufnahme der folgenden Bestimmung:

„Wird bei Verurteilung wegen eines Verbrechens oder Vergehens festgestellt, daß der Verurteilte die Begehung strafbarer Handlungen gewerbsmäßig betreibt, so tritt, wenn die von ihm begangene Handlung nicht mit einer schwereren Strafe bedroht ist, Zuchthaus nicht unter fünf

---

1) Zeitschrift für die gesamte Strafrechtswissenschaft XXI 122 (oben S. 308).

Jahren, und wenn er bereits mindestens einmal wegen gewerbsmäßiger Begehung strafbarer Handlungen verurteilt worden ist, Zuchthaus nicht unter zehn Jahren ein.

Die Feststellung erfolgt durch einen besonderen Beschluß des erkennenden Gerichts, im Schwurgerichtsverfahren durch den Wahrspruch der Geschworenen."

Es dürfte ohne weiteres klar sein, daß ich auch hier bemüht gewesen bin, den Gegnern möglichst entgegen zu kommen. Die folgerichtige Durchführung des von mir eingenommenen Standpunktes würde verlangen, daß Einsperrung der Unverbesserlichen auf Lebensdauer erfolge. An eine Besserung der antisozialen Elemente ist nicht mehr zu denken. Da aber ein Irrtum des erkennenden Richters über den Charakter des von ihm verurteilten Verbrechers nicht ausgeschlossen ist, wäre zwar im Urteil die Anhaltung auf Lebenszeit auszusprechen; es könnte aber der Gefängnisverwaltung oder einer besonders dazu berufenen Behörde die Befugnis gegeben werden, von Zeit zu Zeit, etwa alle fünf Jahre, festzustellen, ob die Voraussetzungen, von welchen der erkennende Richter ausgegangen ist, noch vorhanden sind oder ob nicht eine bedingte Entlassung des Verurteilten unter gleichzeitigem Eintritt der Schutzaufsicht zu verfügen sei. Dahin ging auch der von mir im Jahre 1896 gemachte Vorschlag. Ich habe mich inzwischen überzeugt, daß jeder derartige Vorschlag bei den Anhängern der klassischen Richtung innerhalb des Strafrechtes den lebhaftesten Widerspruch findet. Man pflegt sich nicht nur an der lebenslangen Freiheitsstrafe für den gewerbsmäßigen Taschendieb oder Hochstapler, sondern ganz besonders auch an der Ueberprüfung des richterlichen Urteils durch eine Verwaltungsbehörde zu stoßen. Und wenn ich auch das eine Bedenken für ebenso unbegründet halte, wie das andere, so wollte ich ihnen doch durch die Umgestaltung meines Vorschlages Rechnung tragen. Die hier geforderten Maßregeln werden jedenfalls ausreichen, um das gewerbsmäßige Verbrechen ungleich wirksamer zu bekämpfen, als dies nach unserem heute geltenden Recht möglich war.

Die Vertreter der „Vergeltungsidee" werden kaum in

der Lage sein, auch meinem Vorschlag gegenüber den beliebten Einwand vorzubringen, daß man Strafe und Sicherungsmaßregel mit einander vermenge [1]).

Mein Vorschlag bleibt weit zurück hinter dem norwegischen und dem schweizerischen Entwurf.

Der norwegische Entwurf hat in § 65 die unbestimmte Verurteilung für eine ganze Reihe von Fällen vorgesehen. Hat jemand sich mehrerer Verbrechen der im Gesetz aufgezählten Art schuldig gemacht, so kann das Gericht beschließen, den Geschworenen die Frage vorzulegen, ob der Täter in Anbetracht der Art der Verbrechen, der ihnen zu Grunde liegenden Beweggründe, oder der in ihnen sich offenbarenden Gesinnung als besonders gefährlich für die menschliche Gesellschaft oder das Leben, die Gesundheit oder das Wohl einzelner angesehen werden muß. Wird die Frage bejaht, so kann das Urteil bestimmen, daß der Verurteilte, so lange es erforderlich erscheint, im Gefängnis zurückbehalten werden kann, jedoch nach Verbüßung der festgesetzten Strafzeit nicht über das Dreifache dieser Zeit hinaus, und in keinem Falle länger als fünfzehn Jahre über die Strafzeit. Die aufgezählten Delikte sind gewisse Fälle der gemeingefährlichen Verbrechen, der Münzfälschung, der Sittlichkeitsverbrechen, der Freiheitsdelikte, der Verbrechen gegen Leben, Leib und Gesundheit, von Diebstahl, Erpressung, Raub und Sachbeschädigung. Der von mir gemachte Vorschlag trifft nur die gewerbsmäßige Begehung, umfaßt also einen ganz wesentlich kleineren Kreis von Delikten. Auch die längste Dauer der Anhaltung, die nach dem norwegischen Entwurf dreißig bis fünfunddreißig Jahre beträgt, übersteigt ganz beträchtlich den von mir gemachten Vorschlag.

Auch der schweizerische Entwurf geht mit seiner „Verwahrung wiederholt Rückfälliger", Artikel 44 des Entwurfs von 1896, weit über meinen Vorschlag hinaus. Die Ver-

---

1) Die vorgeschlagene Maßregel kennzeichnet sich unzweideutig als Strafe im strengen technischen Sinn; sie findet auch vom Standpunkt der vergeltenden Gerechtigkeit ihre Rechtfertigung in der Intensität der antisozialen Gesinnung des gewerbsmäßigen Verbrechers.

wahrung kann eintreten, wenn jemand wegen eines Verbrechens gegen Leib und Leben, gegen das Vermögen, gegen Treue und Glauben, gegen die geschlechtliche Sittlichkeit und Freiheit oder wegen eines gemeingefährlichen Verbrechens zu einer Freiheitsstrafe verurteilt wird, der wegen solcher Verbrechen schon viele Freiheitsstrafen erstanden hatte, und wenn zur Zeit der Begehung des neuen Verbrechens noch nicht drei Jahre seit Verbüßung der letzten Freiheitsstrafe verstrichen waren. In einem solchen Falle kann das urteilende Gericht die Verwahrung bei der zuständigen Bundesbehörde beantragen, „wenn es überzeugt ist, daß der Verurteilte nach Erstehung der Strafe wieder rückfällig würde, und es die Verwahrung als geboten erachtet". Die Bundesbehörde ordnet, wenn sie nach Prüfung des Falles die Ueberzeugung des Gerichts teilt, die Verwahrung für mindestens zehn und höchstens zwanzig Jahre an. Auch hier ist nicht nur der Kreis der Fälle, in welchen die Maßregel eintreten kann, größer, als nach meinem Vorschlage, sondern auch die Dauer der Sicherheitshaft wesentlich länger. Die engen Grenzen, die ich für meinen Vorschlag in sachlicher, wie in zeitlicher Beziehung gezogen habe, sind dem Wunsche nach Verständigung entsprungen. Ausdrücklich aber möchte ich auch hier wieder betonen, daß ich die Rückfallsschärfung, wie sie von manchen Seiten vorgeschlagen worden ist und wieder vorgeschlagen werden dürfte, in keinem Falle als ausreichenden Ersatz für meinen Vorschlag betrachten könnte. Sie mag außerhalb des gewerbsmäßigen Verbrechens, gerade bei Roheits- und Sittlichkeitsvergehen, am Platze sein: Für die Bekämpfung des gewerbsmäßigen Verbrechens reicht sie schon aus legislativ-technischen Gründen, insbesondere deshalb nicht aus, weil sie wiederholte Vorbestrafungen wegen verwandter Delikte voraussetzen muß. Es ist aber bisher noch keinem Gesetz und keinem Entwurf gelungen, den Kreis „der verwandten Delikte", also den Begriff des „gleichartigen Rückfalles", in auch nur einigermaßen befriedigender Weise festzustellen. Daß aber z. B. die gewerbsmäßig betriebene Abtreibung, auch wenn Vorstrafen noch nicht vorliegen, eine einschneidende Sicherung der Rechtsordnung verlangt, die durch die Rückfallsschärfung nicht gewährleistet wird, dürfte kaum bestritten werden.

Ein Bedenken könnte gegen meinen Vorschlag allerdings erhoben werden: daß er auch gewerbsmäßige Bettler und die gewerbsmäßigen Landstreicher mitumfasse, und daß bei der geringen objektiven Schwere dieser Delikte die vorgeschlagene Sicherheitshaft nach Inhalt und Umfang weit über das durch die „vergeltende Gerechtigkeit" geforderte und zugelassene Maß hinausgehe. Das Bedenken kann ich als begründet nicht anerkennen. Betteln und Landstreichen, sowie die verwandten Delikte erheischen, auch wenn sie der Entwurf im Gegensatz zum geltenden Recht nicht mehr als Uebertretungen, sondern als kriminelles Unrecht auffassen sollte, eine besondere Behandlung. Es würde sich diesen „sozialen Neurasthenikern" gegenüber die Ausbildung des Arbeitshauses, etwa im Sinne des schweizerischen Entwurfs, empfehlen. Diese Frage aber kann späteren Erörterungen vorbehalten bleiben. Findet die von mir vorgeschlagene Behandlung des professionellen Verbrechertums den Beifall des deutschen Juristentages, so wird die Einigung über die Behandlung der Bettler und Landstreicher unschwer zu erzielen sein.

2) Es gibt aber noch eine zweite Gruppe von unverbesserlichen und gemeingefährlichen Verbrechern, die mit dem gewerbsmäßigen Verbrechen nichts zu tun hat und, im Interesse der Rechtsordnung, eine wesentlich andere Behandlung erheischt. Nicht nur die wiederholte Begehung strafbarer Handlungen, sondern auch ein erstes und bisher einziges schweres Verbrechen kann unter Umständen der Ausfluß eines tiefgewurzelten und unausrottbar gewordenen verbrecherischen Hanges sein, ohne daß dabei die für das gewerbsmäßige Verbrechen charakteristische Erwerbsabsicht eine Rolle spielt. Ich habe bereits oben S. 361 auf den neuropathischen Zug hingewiesen, der unsere moderne nicht-gewerbsmäßige Kriminalität mehr und mehr charakterisiert. Diesen Fällen gegenüber, in denen die Zurechnungsfähigkeit ausgeschlossen oder vermindert, die Gemeingefährlichkeit

aber ganz wesentlich erhöht ist, versagt unser geltendes Strafrecht völlig. Der § 51 unseres Strafgesetzbuchs läßt uns nur die Wahl zwischen Freisprechung oder schwerer Bestrafung. Er kennt weder die Sicherung der Gesellschaft gegen den zweifellos geisteskranken gemeingefährlichen Verbrecher, noch kennt er die verminderte Zurechnungsfähigkeit und die mit ihr meist Hand in Hand gehende erhöhte Gemeingefährlichkeit.

Daß, um ein uns allen noch nahe liegendes Beispiel zu erwähnen, in dem Gothaer Fall (stud. jur. Fischer) weder die Freisprechung wegen mangelnder Zurechnungsfähigkeit, noch auch die Verurteilung zum Tode unserem Gerechtigkeitsgefühl entsprochen haben würde, bedarf keines Nachweises; daß aber die zehn Jahre Zuchthaus, die wegen des „Totschlages" verhängt worden sind, nicht nur der Gerechtigkeit, sondern auch aller Zweckmäßigkeit zuwiderlaufen, dürfte ebenso klar sein.

Nach beiden Richtungen hin bedarf unser Gesetz der Umgestaltung.

a) Zunächst muß dem erkennenden Strafgericht die Befugnis eingeräumt werden, den wegen mangelnder Zurechnungsfähigkeit Freigesprochenen, falls die öffentliche Sicherheit[1]) das erfordert, in eine Heil- oder Pflegeanstalt zu verweisen. Die Verweisung muß sich unmittelbar an die Freisprechung anschließen und mit dieser einen Bestandteil des strafgerichtlichen Urteils bilden. Das verlangt nicht nur die Rücksicht auf die öffentliche Sicherheit, die auf das Schwerste gefährdet würde, wenn die Einleitung des Entmündigungsverfahrens abgewartet werden sollte; sondern das verlangt auch die Rücksicht auf das Rechtsbewußtsein des Volkes. Der Kampf um die Zurechnungsfähigkeit des Angeklagten, der sich so oft zwischen dem sachverständigen Arzte und dem Staatsanwalt oder gar dem Richter abspielt: er hat ja doch zumeist seinen Grund

---

1) Mit der Einleitung des Heil- und Pflegeverfahrens im individuellen Interesse des harmlosen Geisteskranken hat sich das Strafrecht meines Erachtens nicht su befassen.

darin, daß der Richter (und das gilt ganz ebenso auch von den Geschworenen) sich scheut, das gemeingefährliche Individuum mit dem freisprechenden Urteil auf die Gesellschaft loszulassen. Je deutlicher aus der Tat und aus dem Verhalten des Täters nach der Tat, insbesondere aus seinem Benehmen im Gerichtssaale, die „Bestie" im Menschen erkennbar wird, desto mehr scheuen wir vor dem Gedanken zurück, als sei mit dem freisprechenden Urteil das letzte Wort in dieser Sache von der Rechtsordnung gesprochen. Ganz anders liegt die Sache, wenn mit der Freisprechung sofort die Ueberweisung in eine Irrenanstalt verbunden wird. Daher schlage ich vor, dem § 51 des Strafgesetzbuchs einen zweiten Absatz anzufügen, der etwa die folgende Fassung haben könnte:

> „Erscheint der Beschuldigte als gemeingefährlich, so ist in dem Einstellungsbeschluß oder dem freisprechenden Urteile zugleich seine Ueberweisung an eine Heil- oder Pflegeanstalt zu verfügen."

b) Der § 51 bedarf auch einer weiteren Ergänzung durch Aufnahme von Bestimmungen über die verminderte Zurechnungsfähigkeit. Diese Fälle sind ungleich wichtiger als die eben besprochenen. Nicht nur wegen ihrer stets wachsenden Zahl, sondern wegen der häufig gegebenen besonderen Gemeingefährlichkeit der hierher gehörigen Personen. Die Milderung der Strafe in diesen Fällen dürfte den heute überwiegend herrschenden Rechtsanschauungen entsprechen und mag daher von dem Gesetzgeber ausdrücklich ausgesprochen werden. Ich lege auf sie aber geringeres Gewicht, da die Spannweite unserer Strafrahmen meist groß genug ist, um die Eigenart des Einzelfalles zu berücksichtigen.

Ungleich wichtiger ist es, daß auch hier dem Strafrichter die Befugnis gegeben wird, die Einweisung in eine Heil- oder Pflegeanstalt zu verfügen, wenn dies im Interesse der öffentlichen Sicherheit als notwendig erscheint.

Ich schlage demnach einen neuen § 51a vor, der etwa so gefaßt werden könnte:

„Ist die Zurechnungsfähigkeit des Beschuldigten nicht aufgehoben, sondern nur gemindert, so kann der Richter die angedrohte Strafart bis unter das angedrohte Mindestmaß mildern.

Erscheint der vermindert Zurechnungsfähige als gemeingefährlich, so ist in dem Urteil die Ueberweisung an eine Heil- oder Pflegeanstalt nach verbüßter Strafe zu verfügen."

c) Die nähere Ausgestaltung der Fürsorge für die wegen Unzurechnungsfähigkeit Freigesprochenen wie für die vermindert Zurechnungsfähigen habe ich hier, wo es sich nur um die Aufstellung des Grundsatzes handelt, nicht zu besprechen. Ob besondere Anstalten zu errichten sind (in Preußen etwa durch die Provinzialverbände mit staatlicher Unterstützung), oder ob die Unterbringung in den bestehenden Irrenanstalten erfolgen kann, bleibe späteren Erörterungen vorbehalten.

Keiner besonderen Betonung bedarf es, daß die Anhaltung in der Anstalt solange dauern muß, bis der Zustand der Gemeingefährlichkeit gehoben ist, und daß durch besondere Bestimmungen das bei der Entscheidung über die Entlassung einzuhaltende Verfahren geregelt werden muß. Ebenso möchte ich hier nicht auf die Besonderheiten eingehen, welche die Behandlung der Alkoholiker erfordert. Nur das eine sei hervorgehoben, daß durch die Ueberweisung an eine Anstalt die Unterbringung des Ueberwiesenen in einer geeigneten Familie unter Aufsicht des Anstaltsleiters nach meiner Auffassung in keiner Weise ausgeschlossen werden soll.

Auch in dieser Frage sei es mir gestattet, statt auf die reiche Literatur der Frage, auf analoge Bestimmungen des schweizerischen und des norwegischen Entwurfs hinzuweisen.

So bestimmt § 39 des norwegischen Entwurfs: „Wenn das Gericht annimmt, daß ein Angeklagter, der freigesprochen oder gemäß den §§ 45 oder 56 zu einer herabgesetzten Strafe verurteilt wird, wegen Unzurechnungsfähigkeit oder verminderter Zurechnungsfähigkeit die Rechtssicherheit gefährdet, so kann es bestimmen, daß er in einer Irren- oder Heilanstalt oder Arbeitshausabteilung für Trunksüchtige unterzubringen, oder daß ihm ein bestimmter Aufenthaltsort anzuweisen oder zu verbieten ist. Die getroffene Maßregel ist durch die Obrigkeit wieder aufzuheben, wenn sie nach eingeholtem erziehlichen Gutachten nicht mehr nötig ist."

Und Art. 13 Absatz 1 des Schweizer Entwurfs: „Erfordert die öffentliche Sicherheit die Verwahrung eines Unzurechnungsfähigen oder vermindert Zurechnungsfähigen in einer Heil- oder Pflegeanstalt, so ordnet sie das Gericht an. Ebenso verfügt das Gericht die Entlassung, wenn der Grund der Verwahrung weggefallen ist."

IV. Meine Vorschläge ergeben also, was ich besonders hervorheben möchte, nicht nur keine Komplizierung, sondern sogar eine Vereinfachung gegenüber dem geltenden Strafensystem. Neben der Todesstrafe und der Geldstrafe bleiben nur zwei Arten der Freiheitsstrafen: Gefängnis und Zuchthaus. Das erstere findet insbesondere auch gegenüber den besserungsfähigen Jugendlichen, das letztere insbesondere auch gegenüber den unverbesserlichen gewerbsmäßigen Verbrechern Anwendung. Auch in der Verwendung dieser Strafarten bemühen sich meine Vorschläge, möglichst an das geltende Recht anzuknüpfen. Sie verzichten auf die Folgerichtigkeit in der Durchführung des prinzipiellen Standpunktes. In doppelter Beziehung kommen sie mithin den Vertretern des Vergeltungsgedankens entgegen:

1) Soweit es sich nicht um die erziehende Besserung der Jugendlichen und um die Sicherung der Gesellschaft gegen unverbesserliche und gemeingefährliche Verbrecher handelt, soll nach wie vor Art und Maß der Strafe in erster Linie nach der objektiven Schwere der Tat bestimmt werden.

2) Auch soweit es sich um jene beiden Hauptforderungen handelt, wird dem Vergeltungsgedanken weitgehende Rechnung getragen. Bei der Besserungsstrafe gegen Jugendliche wie bei der Sicherungsstrafe gegen gewerbsmäßige Verbrecher wird auf die folgerichtige Durchführung der unbestimmten Verurteilung verzichtet; bei der Behandlung der vermindert Zurechnungsfähigen wird an der Straf-

verbüßung vor der Vollziehung der Sicherungsmaßregel festgehalten.

Ob eine Verständigung auf dieser Grundlage möglich ist, muß die weitere Beratung im Schoße des deutschen Juristentages zeigen. Gelingt die Verständigung, dann ist damit auch der Beweis erbracht, daß die Vertreter des Vergeltungsgedankens und die Anhänger der neuen Richtung einträchtig zusammenwirken können an dem weiteren Aufbau unseres künftigen deutschen Strafgesetzbuchs.

Thesen.

1) Das künftige deutsche Strafgesetzbuch hat das Gesamtgebiet des kriminellen Unrechts unter Einarbeitung der in den Nebengesetzen enthaltenen Tatbestände zu umfassen, dagegen die Polizeiübertretungen vollständig auszuscheiden.

2) Für Bestimmung der Strafe nach Art und Maß ist in erster Linie nicht der äußere Erfolg der Tat, sondern die verbrecherische (antisoziale) Gesinnung des Täters ausschlaggebend.

3) Das Strafensystem des geltenden Rechts ist im allgemeinen beizubehalten. Haft, Festungshaft und Verweis scheiden aus; die Geldstrafe ist den früheren Beschlüssen des deutschen Juristentages gemäß umzugestalten.

4) Jugendlichen vom 14. bis 21. Lebensjahr gegenüber ist, soweit nicht Fürsorgeerziehung eintritt, Gefängnisstrafe von zwei bis fünf Jahren als Besserungsstrafe, eventuell mit anschließender Fürsorgeerziehung anzuwenden.

5) Gegen gewerbsmäßige Verbrecher tritt als Sicherungsstrafe Zuchthaus nicht unter fünf beziehungsweise nicht unter zehn Jahren ein.

6) Gemeingefährliche Verbrecher, die wegen Unzurechnungsfähigkeit freigesprochen oder wegen verminderter Zurechnungsfähigkeit zu milderer Strafe verurteilt werden, sind, und zwar erstere sofort, letztere nach Verbüßung der

Strafe, durch den Strafrichter in Heil- oder Pflegeanstalten zu verweisen.

7) Die bedingte Verurteilung ist im Sinne der früheren Beschlüsse des deutschen Juristentages reichsrechtlich zu regeln.

8) Die weitere Ausgestaltung des Strafensystems sowie des ganzen allgemeinen Teils des Strafgesetzbuches bleibt späteren Verhandlungen des deutschen Juristentages vorbehalten; die Behandlung des besonderen Teiles wird der amtlichen Kommission überlassen.

30. Zur Vorbereitung des Strafgesetzentwurfs.

1902. Aus der Festschrift, dem Deutschen Juristentag dargebracht von J. Guttentag, Verlagsbuchhandlung (G. m. b. H.)

Ueber die Aufgabe, die, der bevorstehenden Umgestaltung unserer Strafgesetzgebung gegenüber, den Beratungen des deutschen Juristentages gestellt ist, wird sich, nach den bisher in die Oeffentlichkeit gedrungenen Aeußerungen, eine Verständigung unschwer erzielen lassen. Mit dieser durch die körperschaftliche Tätigkeit des Juristentages zu leistenden Vorarbeit ist aber die breite und sichere Grundlage noch lange nicht geschaffen, auf der allein der Neubau unseres Strafgesetzbuchs mit Aussicht auf dauernden Bestand aufgeführt werden kann. Weitere Vorarbeiten von wesentlich anderer Art werden hinzutreten müssen; mit der amtlichen Arbeit unserer leitenden Stellen wird die freie Forschung der deutschen Wissenschaft Hand in Hand zu gehen haben. Wenn wir den Feind nicht kennen, den wir mit unserer Strafgesetzgebung bekämpfen wollen; und wenn uns die Technik der Waffen nicht geläufig ist, mit denen wir diesen Kampf zu führen unternehmen — dann haben wir kein Recht, auf den Sieg zu hoffen.

Auf zwei Reihen von Untersuchungen möchte ich daher in diesen Tagen, in denen die Juristen des ganzen Deutschen Reichs in Berlin zum ersten Mal die Umgestaltung des deutschen Reichsstrafgesetzbuchs erfolgessicher und arbeitsbereit in ernste Beratung nehmen, die Aufmerksamkeit der beteiligten Kreise lenken. Die eine von ihnen fällt in das Gebiet der Kriminalstatistik, die andere in das der Rechtsvergleichung. Beide müssen unverzüglich in Angriff genommen werden, wenn die Aufstellung des neuen Entwurfs nicht, sei es schon in ihrem Beginn, sei es in ihrer Fortführung, mehr als nötig verzögert werden soll.

1. Die kriminalstatistische Grundlage des Entwurfs.

I. Wie der einzelne auch zu den Fragen nach Rechtsgrund und Zweck der Strafe sich stellen mag — in dem einen Satze begegnen sich doch alle Meinungen: daß die Strafe eine der Waffen sein soll, die dem Staate in seinem Kampf gegen das Verbrechen zur Verfügung gestellt werden. Und daraus folgt mit logischer Notwendigkeit, daß der Gesetzgeber, der mit der Strafe das Uebel der Kriminalität an seiner Wurzel treffen will, die Kriminalität nicht nur in ihrer *äußeren Erscheinung*, sondern auch in ihren tiefer liegenden, *inneren Ursachen* kennen muß. Ohne eine wissenschaftlich begründete *Aetiologie des Verbrechens* ist eine erfolgreiche *Kriminalpolitik* nicht möglich.

Von *dieser wissenschaftlichen Erkenntnis der Faktoren, die auf die Gestaltung und Entwicklung der Kriminalität entscheidenden Einfluß üben, sind wir aber heute noch ebensoweit entfernt wie etwa im Jahre 1870.*

Es ist unerläßlich, sich diese Tatsache stets vor Augen zu halten; denn aus ihr ergibt sich nicht nur die *Einsicht*, daß für die Umgestaltung der Strafgesetzgebung auch heute noch die feste Grundlage fehlt; sondern zugleich auch die *Forderung*, diese Grundlage zu beschaffen.

II. Die Kriminalstatistik hat eine zweifache Aufgabe: sie soll die Kriminalität nicht nur beschreiben, sondern auch sie erklären.

Als *beschreibende* Wissenschaft hat sie die Kriminalität unserer Tage zahlenmäßig darzustellen. Vollständigkeit und Zuverlässigkeit des in den statistischen Tabellen niedergelegten Beobachtungsstoffes, reiche Gliederung uud anschauliche Darstellung des Urmaterials: das ist das anzustrebende Ziel. Unsere Reichskriminalstatistik hat dieses Ziel stets vor Augen gehabt; und sie ist ihm näher gekommen als irgend eine amtliche Statistik eines andern Staates. Daß auch sie es nicht völlig zu erreichen vermochte, liegt in der Natur der Dinge.

Als *erklärende* Wissenschaft aber soll die Kriminalstatistik die von ihr beobachteten und dargestellten Erscheinungen auf ihre zureichende Ursache zurückzuführen; sie soll das Problem der Kriminalität kausal stellen und lösen, die Aetiologie des Verbrechens liefern.

Und hier scheint mir auch die Grenzlinie zu Tage zu treten, die zwischen der amtlichen und der wissenschaftlichen Tätigkeit auf kriminalstatistischem Gebiet grundsätzlich gezogen werden muß. Die systematische Massenbeobachtung selbst, also die Sammlung und Darstellung des Urmaterials, sowie die Herausgabe des Tabellenwerks und seine Erläuterung geht über die Kräfte des einzelnen hinaus; hier muß der staatliche Verwaltungsapparat eingreifen. Die kausale Betrachtung aber, die Verarbeitung und Verwertung des durch die Massenbeobachtung gewonnenen Materials ist Sache des einzelnen Forschers; hier hat die freie, rein wissenschaftliche Tätigkeit einzusetzen.

Diese Grenzlinie kann aber nicht immer und darf nicht immer streng festgehalten werden. Privat-Enqueten haben auf volkswirtschaftlichem Gebiet wertvolles statistisches Material zusammengetragen; sie würden auch die amtliche Kriminalstatistik nach den verschiedensten Richtungen hin wesentlich zu ergänzen vermögen. Und umgekehrt finden sich fast in jedem Bande unserer Reichskriminalstatistik Untersuchungen über den Zusammenhang der Kriminalität mit anderen Verhältnissen und Betätigungen unseres gesellschaftlichen Lebens, wertvolle Ansätze also zur kausalen Erklärung.

Ein solches Zusammenwirken von amtlicher Tätigkeit und freier Forschung wird auch gar nicht entbehrt werden können, soll das Problem ausreichende Erörterung und vollständige Lösung finden. Denn auch die umfassendste und eindringendste Statistik bedarf der Ergänzung durch systematische Einzelbeobachtung. Kausale Zusammenhänge vermag nur die Beobachtung des Einzelfalls einwandfrei nachzuweisen; und diese geht über die Aufgabe und über die Kräfte der statistischen Aemter hinaus.

An einem solchen Zusammenwirken aber fehlt es; und das ist der Grund, weshalb wir bis zum heutigen Tage eine wissenschaftliche Aetiologie der Kriminalität nicht haben und daher mit unserer Kriminalpolitik im Dunkeln tappen.

III. Nicht die an der Reichskriminalstatistik beteiligten Reichsämter sind es, die an dieser Tatsache die Schuld tragen. Unermüdlich haben sowohl das Reichsjustizamt wie das kaiserliche Statistische Amt es unternommen, auf die Fragen der Kriminalpolitik Auskunft zu suchen und die Wissenschaft zu neuen Untersuchungen anzuregen. Von besonderem Interesse ist gerade in dieser Beziehung der jüngst erschiene Erläuterungsband zu dem Tabellenwerke des Jahres 1899 (Statistik des Deutschen Reichs, Neue Folge, Bd. 132).

Nachdem die Kriminalität der Jugendlichen, insbesondere auch in der Altersstufe von zwölf bis vierzehn Jahren, bereits wiederholt in früheren Jahrgängen eingehend erörtert worden ist, bildet hier das zweite von den großen kriminalpolitischen Problemen der Gegenwart, das gewerbsmäßige Verbrechen, den Gegenstand sorgfältigster Untersuchung. Freunde wie Gegner der Reformbewegung werden die Ausführungen des Verfassers mit lebhaftem Dank begrüßen; denn die Entscheidung der Frage, ob besondere Maßregeln gegen das gewerbsmäßige Verbrechen notwendig sind und in welcher Richtung diese sich zu bewegen haben, kann doch erst dann mit Sicherheit beantwortet werden, wenn wir von dem Dasein, von der Gestaltung und Ausdehnung des gewerbsmäßigen Verbrechens sichere Kenntnis haben.

Diese Untersuchungen bieten zugleich aber auch methodologisch besonderes Interesse. Sie zeigen uns deutlich, daß unsere heutige amtliche Kriminalstatistik ihre Betrachtungen nicht über eine gewisse Grenze hinaus ausdehnen darf, will sie nicht Gefahr laufen, zu unzureichend begründeten oder geradezu unrichtigen Ergebnissen zu gelangen. Es sei mir gestattet, das näher darzulegen.

Das negative Ergebnis, zu dem die Untersuchungen des Reichsjustizamts über das gewerbsmäßige Verbrechen gelangen, hat wohl nicht bloß mich verblüfft. Ich hebe dieses Ergebnis noch einmal hervor. Schon die Betrachtung der Vorbestraften legt den Schluß nahe (so lesen wir I 32),

„daß das eigentliche gewerbsmäßige Verbrechen an dem Wachstum der Verurteilungen Vorbestrafter nicht erheblich beteiligt sein kann. Vielmehr wird das Wachstum und damit die Steigerung der Kriminalität überhaupt vor allem darauf zurückzuführen sein, daß die Rohheitsdelikte und namentlich die von vorbestraften Personen begangenen Körperverletzungen sich mehren." Auch wenn wir die Deliktsarten ins Auge fassen, bei denen die gewerbsmäßige Begehung zum Tatbestand gehört oder doch einen Strafschärfungsgrund bildet, zeigt sich (I 34), „daß das eigentliche gewerbsmäßige Verbrechen innerhalb der Gesamtkriminalität nicht sehr ins Gewicht fällt und auch auf die Steigerung dieser Kriminalität erheblichen Einfluß nicht ausgeübt hat". Dieses negative Ergebnis soll endlich bestätigt werden durch die Untersuchung derjenigen Arten von strafbaren Handlungen, bei denen der Rückfall nach besonderer gesetzlicher Vorschrift einen Strafschärfungsgrund bildet. Beim Raub spielt die Gewerbsmäßigkeit (die bei wiederholtem Rückfall angenommen wird) kaum irgend eine Rolle; bei Diebstahl und Hehlerei fällt die Zunahme der Verurteilungen wegen gewerbsmäßiger Begehung nicht ins Gewicht; und selbst beim Betrug, bei dem die Verurteilungen nach mehr als drei Vorbestrafungen von 1882 bis 1896 auf das Vier- bis Fünffache angewachsen sind, ist diese Zunahme im Verhältnis zur Steigerung der allgemeinen Kriminalität nicht erheblich.

Mir scheint diese ganze Beweisführung verfehlt. Den Zählkarten der Reichskriminalstatistik ist hier eine Aufgabe zugemutet, die sie gar nicht erfüllen können.

Die spezifische Rückfallsschärfung bei Diebstahl, Raub, Hehlerei und Betrug kann zur Beweisführung überhaupt nicht herangezogen werden. Denn einmal bleiben dabei die ausländischen Vorstrafen außer Betracht, ein Punkt, auf den die „Erläuterungen" selbst aufmerksam machen. Dann aber ist die Auswahl der die Schärfung bedingenden Vorverurteilungen so willkürlich, so unpraktisch, daß in den ausgesprochensten Fällen gewerbsmäßiger Kriminalität die Rückfallsschärfung dennoch ausgeschlossen sein kann und tatsächlich meist auch ausgeschlossen ist.

Aber auch mit den Deliktsarten, bei denen die Gewerbsmäßigkeit selbst Tatbestandsmerkmal oder Strafschärfungsgrund ist, läßt sich nichts anfangen. Die Auswahl dieser Fälle durch den Gesetzgeber entbehrt des einheitlichen Grundgedankens; die meisten der einschlagenden Deliktsarten (man denke an den Wucher) entziehen sich überhaupt in der übergroßen Mehrzahl der Fälle der gerichtlichen Feststellung; und die ganze große Masse der gesellschaftlichen Parasiten, die Bettler und Landstreicher, die Müßiggänger und Trunkenbolde, die Dirnen und Zuhälter — sie sind ja überhaupt in dem berücksichtigten Material gar nicht enthalten. Wie will man auf eine solche Grundlage irgend welche Folgerungen stützen?! Der schwerste Fehler der „Erläuterungen" aber liegt in der Gegenüberstellung der Vermögensdelikte und der Roheitsverbrechen. Woher weiß man denn, daß die mehrfach vorbestraften Messerhelden dem gewerbsmäßigen Verbrechertum nicht angehören? Die Zählkarte enthält ja doch nur die letzte Straftat; von den früheren meldet sie nichts weiter als die Tatsache der Verurteilung. Und dennoch soll aus der Zunahme der Vorstrafen bei Rohheitsverbrechen gefolgert werden, daß das gewerbsmäßige Verbrechen nicht zugenommen habe?!

Der Nachweis also, daß das gewerbsmäßige Verbrechen innerhalb der deutschen Kriminalität nicht erheblich ins Gewicht falle, ist nicht erbracht. Das schließt ja nicht aus, daß die behauptete Tatsache dennoch richtig sein kann. Aber um das festzustellen, bedarf es anderer Erkenntnisquellen, als sie heute dem Reichsjustizamte zur Verfügung stehen.

Gerade hier aber kann und soll die systematische Einzeluntersuchung ergänzend eingreifen. Und zwar ist es in erster Linie die Gefängnisverwaltung (mit Einschluß der Verwaltung der Arbeitshäuser und der Zwangserziehungsanstalten), die dazu berufen wäre, das zu ihrer Verfügung stehende reiche Material zu verwerten. Die von dem preußischen Ministerium des Innern seit einer Reihe von Jahren angestellten Erhebungen können in dieser Beziehung als mustergültig angesehen werden. Für das Reichsjustizamt aber ergibt sich daraus die Aufgabe, die Gefängnisverwaltungen der deutschen Einzelstaaten zu gleichmäßigen Erhebungen zu veranlassen, um den Umfang und die Gestaltung des gewerbsmäßigen Verbrechertums im Deutschen Reiche festzustellen.

Es genügt mir an diesem Orte, auf die Zweckmäßigkeit und Notwendigkeit einer solchen Ergänzung an der Hand einer besonderen Frage hingewiesen zu haben. Die Verallgemeinerung meiner Forderung ergibt sich von selbst.

Neben die systematische Massenbeobachtung, also die Statistik, muß die systematische Einzelbeobachtung treten. Nur diese vermag uns über die individuelle Gestaltung der verbrecherischen Laufbahn, über Ursache und Zeitpunkt des sozialen Schiffbruchs, über die grundlegende Unterscheidung von akuter und chronischer Kriminalität sowie endlich über die Sonderstellung aufzuklären, die innerhalb der chronischen Kriminalität dem gewerbsmäßigen Verbrechen zukommt. Diese Einzelbeobachtungen anzustellen, wäre eine der lohnendsten Aufgaben der Gefängnisverwaltung.

IV. Hinter den Leistungen unserer Reichskriminalstatistik ist die deutsche Wissenschaft weit zurückgeblieben. Den vielfachen Anregungen, die ihr von jener Seite gegeben worden sind, hat sie keine Folge geleistet. Die wissenschaftliche Klarlegung der Faktoren, durch welche die eigenartige und wahrhaftig wenig erfreuliche Entwicklung der Kriminalität im Deutschen Reiche bestimmt wird, ist noch gar nicht begonnen worden. Einzelne Ausnahmen bestätigen die Regel. Die führenden Meister der klassischen kriminalistischen Schule haben für die Erforschung dieser Faktoren so gut wie gar nichts getan. Was in dieser Richtung geleistet worden ist, geschah außerhalb des Bannkreises unserer juristischen Fakultäten.

Ich erhebe, indem ich das hier betone, keinen Vorwurf; ich stelle lediglich eine unbestreitbare Tatsache fest. Und die Erklärung für diese Tatsache liegt nahe genug. Solange man die Ursache des Verbrechens in der Schlechtigkeit des Verbrechers erblickte und von dessen „freiem Willen" erwartete, daß er durch einen plötzlichen, aller kausalen

Bedingtheit entrückten Entschluß die Schlechtigkeit in ihr Gegenteil verwandle: so lange konnte die Aetiologie über eine naive Behandlung der „Motive“ zum Verbrechen nicht hinauskommen. Aber auch die italienischen Kriminalanthropologen haben uns wenig über den Standpunkt der klassischen Schule hinausgebracht. Denn auch die Zurückführung des Verbrechens auf die „natürliche Anlage“ des Verbrechers ist nichts als eine vorsichtige, zugleich aber kurzsichtige Vermeidung der wissenschaftlichen Fragestellung. Nur daß Lombroso an die Stelle des blinden Optimismus, der seine klassizistischen Gegner kennzeichnet, die Hoffnungslosigkeit eines rein materialistischen Pessimismus setzte. Wenn der Lustmörder nur in der Tötung des Opfers geschlechtliche Befriedigung zu finden vermag, so ist es kindliche Torheit, zu erwarten, daß etwa durch geistlichen Zuspruch oder gutes Bespiel die sexuelle Perversion verscheucht werden könne. Aber als greisenhaftes Unvermögen mutet uns das Achselzucken des Psychiaters an: „Der Mann ist nun einmal nicht anders“. Wir wollen doch wissen, *warum er so ist*, und warum so viele andere sind wie er; wir wollen wissen, *warum* solche Fälle, die früher ab und zu einmal sich ereignet haben, heute eine stehende Rubrik in unseren Tageszeitungen bilden; wir wollen wissen, *warum* — ich denke an einen in diesen Tagen abgeurteilten Fall — das beginnende Jahrhundert dreizehnjährige Lustmörder zeitigt. Und wenn wir auf den Alkoholismus des Vaters und die Syphilis der Mutter verwiesen werden, so ist uns auch das kein Trost, sondern wir fragen weiter: *warum* denn in unseren Tagen die Fälle von Entartung auf erblicher Grundlage sich so erschreckend mehren?

Das Problem der Kriminalität deckt sich — nicht ganz, aber zum weitaus größten Teil — mit der Frage nach den *gesellschaftlichen* Faktoren des Verbrechens. Ich habe diese meine oft genug vertretene Ansicht hier nicht zu begründen oder auszuführen. Aber das will ich hier betonen, *daß wir über diesen Einfluß der gesellschaftlichen Faktoren auch heute noch gar nichts wissen, was über platte Redensarten hinausginge.*

Gewiß: die „wirtschaftlichen Verhältnisse" spielen eine große, wohl die entscheidende Rolle. Aber welche wirtschaftlichen Verhältnisse? Das Deutsche Reich hat eine lange, wenn auch nicht ununterbrochene Periode eines beispiellos glänzenden wirtschaftlichen Aufschwunges erlebt, und gleichzeitig damit eine erschreckende Zunahme der Kriminalität. Wie hängt das zusammen? Die Lebenshaltung unserer arbeitenden Klassen hat sich unstreitig gehoben; sollte diese erfreuliche Tatsache in ursächlichem Zusammenhang mit dem Wachstum der Rohheitsverbrechen stehen? Wer sollte es wagen, das zu behaupten; wer es unternehmen, das zu beweisen! Die Wissenschaft bleibt die Antwort auf unsere Fragen schuldig. Und die Herren Elster, Lexis, Conrad und Loening, die Herausgeber des vielbändigen und vielseitigen Handwörterbuchs der Staatswissenschaften, scheinen von der Existenz des Problems selbst nicht einmal eine Ahnung zu haben. Oder vermag etwa die Wissenschaft uns darüber sichere Auskunft zu geben, welchen Einfluß die Getreidepreise, also auch die Lebensmittelzölle, auf die Gestaltung der Kriminalität ausüben?

Ich betone noch einmal: wir haben verschiedene kleinere Versuche, der Lösung des Problems näher zu kommen. Aber das interessiert mich hier gar nicht. Mir kommt es auf ein anderes an: *Es fehlt uns die wissenschaftliche Methode, mit der wir die Antwort auf die aufgeworfene Frage suchen und finden könnten. Und der erste Fehler unserer bisherigen Methode liegt darin, daß wir über das Rechnen mit den großen Durchschnittszahlen nicht hinausgekommen sind.*

Wollen wir heute z. B. den Einfluß der Getreidepreise auf die Kriminalität untersuchen, so stellen wir in die eine Reihe den Jahresdurchschnitt der Getreidepreise für eine bestimmte Periode von Jahren, in die andere die entsprechenden Kriminalitätsziffern für das Deutsche Reich. Wollen wir ganz vorsichtig zu Werke gehen, so lösen wir die Ziffer der Gesamtkriminalität auf in die Durchschnitte für die vier großen Deliktsgruppen oder gar für die einzelnen Deliktsarten. *Immer aber arbeiten wir mit* dem Reichsdurchschnitt oder doch mit dem Durchschnitt für Preußen und die übrigen deutschen Einzelstaaten.

Und darin liegt der schwere methodische Fehler. Denn dieser Durchschnitt hat gar keinen realen Wert. Er setzt sich aus Tausenden von Einzelziffern zusammen, die aus ganz verschieden gearteten Gebietsteilen des Reichs genommen sind und daher in einem weiten Spielraum sich bewegen. Man denke etwa an den agrarischen Osten und den industriellen Westen. Welchen wissenschaftlichen Wert kann eine Untersuchung beanspruchen, die von der Annahme ausgeht, daß eine Aenderung der Getreidepreise hier denselben Einfluß ausübt, wie dort? Und der begangene Fehler wird um so größer, je weiter wir in der Unterscheidung nach Gruppen, Gattungen, Arten fortschreiten.

Dazu tritt ein Zweites. Bei jeder solchen Untersuchung isolieren wir einen einzelnen Faktor. Und doch ist die Gestaltung der Kriminalität durch eine ganze Reihe von Faktoren bestimmt, deren Einflüsse sich verbinden, sich steigern, sich durchkreuzen, sich hemmen, vielleicht sich aufheben. Angenommen, daß durch eine Erhöhung der Lebensmittelpreise die Lebenshaltung der arbeitenden Klassen herabgedrückt und dadurch die Tendenz zu krimineller Betätigung verstärkt wird: kann nicht diese Wirkung ausgeglichen, ja geradezu in ihr Gegenteil verkehrt werden, wenn gleichzeitig durch einen Aufschwung der Industrie die Arbeitsgelegenheit vermehrt und der Arbeitslohn gesteigert wird?

Ist das Gesagte richtig — und ich kann mir nicht denken, daß die Berechtigung dieser Kritik bestritten werden könnte —, so ist damit zugleich auch der Weg gewiesen, auf dem die Wissenschaft zu brauchbaren Ergebnissen gelangen kann. Wir müssen für möglichst kleine, örtlich abgegrenzte Gebiete die sämtlichen Faktoren untersuchen, die auf die Gestaltung der Kriminalität bestimmenden Einfluß ausüben.

Diese kleinen Gebiete sind uns gegeben in den preußischen Kreisen und den entsprechenden Bezirken der übrigen Gliedstaaten des Deutschen Reichs. Die Erläuterungen zu dem Tabellenwerk für das Jahr 1899 enthalten für diese Gebiete die Durchschnittsziffern aus den Jahren 1893 bis 1897. Für frühere Perioden finden wir sie in den älteren Jahrgängen der Reichskriminalstatistik. Hier hat die wissenschaftliche Einzelforschung einzusetzen.

Aber auch hier muß die Arbeitsmethode erst gewonnen werden. Am besten werden zunächst einzelne Gebiete herausgegriffen, die durch irgend welche Eigentümlichkeiten, etwa in Beziehung auf die Weiberkriminalität oder auf die Körperverletzungen u. s. w., von den benachbarten Gebieten günstig oder ungünstig sich abheben; oder aber es werden mehrere benachbarte Gebiete mit verschiedenartiger Kriminalität zum Gegenstande derselben Untersuchung gemacht

Die Nachforschungen müssen unbedingt an Ort und Stelle selbst angestellt werden; am besten durch Jemanden, der das Gebiet aus eigener Erfahrung kennt und ausgebreitete persönliche Beziehungen besitzt oder anzuknüpfen versteht. Amtsrichter und Landrat, Fabrikbesitzer und Arbeiter, Pastoren und Lehrer müssen um Auskünfte, um Zahlen, um Meinungen und Ratschläge angegangen werden. Es muß doch auf diesem Wege z. B. festgestellt werden können, auf welche Umstände die auffallend starke Kriminalität der Weiber in Mannheim zurückzuführen ist. Faktoren, die in der Reichskriminalstatistik keinen Ausdruck finden, wie etwa die Eigenart oder die Zusammensetzung der Bevölkerung, werden dann zu Tage treten. Die einzelnen Einflüsse werden gesondert wie in ihrem Zusammenwirken erkennbar werden.

Die ersten derartigen Untersuchungen, für welche es an Vorbildern ja nicht völlig mangelt, werden notwendig unsicher und tastend, unvollständig, vielleicht fehlerhaft sein. Aber mit jeder neuen Untersuchung wird die Methode an Sicherheit gewinnen. Es wird allmählich möglich werden, ein systematisches Schema der Faktoren aufzustellen, auf welche jede einzelne Untersuchung sich zu erstrecken hat. Mit diesem Schema ist die anzustrebende Methode im wesentlichen festgestellt.

Seit einer Reihe von Jahren bemühe ich mich, meine jungen Freunde für solche Arbeiten zu gewinnen; bis in die jüngste Zeit hinein vergebens. Und das läßt sich ja auch verstehen. Denn mag eine solche Arbeit auch ungleich höheren wissenschaftlichen Wert besitzen, als die landläufigen Dissertationen über längst erschöpfte dogmatische Fragen: es wird heute doch recht schwer halten, auf sie hin den juristischen Doktor zu machen. Und der Zopf einer eingebildeten Gelehrsamkeit wird nicht von heut auf morgen fallen.

Trotzdem bin ich in der Lage, demnächst eine Untersuchung über die Kriminalität in Meiningen veröffentlichen zu können, die nach dieser Methode angestellt ist. Sie hat alle die Schwächen eines ersten und noch dazu die eines recht flüchtigen Versuches. Aber sie zeigt, was ich meine. Und andere Untersuchungen werden hoffentlich in Kürze folgen.

Dann erst aber, wenn über die gesellschaftlichen Faktoren der Kriminalität volle Klarheit gewonnen ist, wird der Streit über das Verhältnis der Strafe zu den Vorbeugungsmitteln überhaupt, zu den ins Strafgesetzbuch aufzunehmenden Sicherungsmaßregeln insbesondere, entschieden werden können. Dann wird es wohl auch nicht mehr möglich sein, daß man z. B. aus der erschreckend schweren Kriminalität der zwischen zwölf und vierzehn Jahre alten Jugendlichen Gründe gegen die Heraufsetzung der Strafmündigkeitsgrenzen ableiten zu dürfen vermeint.

Gewinnung einer wissenschaftlichen Aetiologie der Kriminalität durch einheitliche Heranziehung der Gefängnisstatistik einerseits, durch monographische Behandlung einer Reihe von kleinen Bezirken anderseits: das wäre die eine der beiden Vorarbeiten zu dem künftigen Strafgesetzentwurf, die außerhalb des deutschen Juristentages unternommen werden müssen.

2. Die rechtsvergleichende Grundlage des Entwurfs.

I. Ueber meine Auffassung des Begriffs und der Aufgabe der Rechtsvergleichung habe ich mich in der „Einführung" zu dem 1. Bande unserer „Strafgesetzgebung der Gegenwart" ausgesprochen. Ich halte auch heute an der damals vorgetragenen Ansicht fest. Nicht die Nebeneinanderstellung mehrerer Rechte ist Rechtsvergleichung. Auch nicht ihre Vergleichung schlechthin, d. h. die Hervorhebung des Gemeinsamen und des Verschiedenen. Sondern ihre Vergleichung im Hinblick auf ein Neues, Selbständiges, auf ein erst zu Findendes, das von den einzelnen verglichenen Rechten grundsätzlich verschieden ist. Dieses Neue kann entweder gegeben sein in den aus der Geschichte erkennbaren Entwicklungsgesetzen des überlieferten Rechts oder aber, was hier allein in Frage kommt, in dem durch bewußte Neuschöpfung zu bildenden künftigen Recht.

„Die Gewinnung einheitlicher Grundgedanken für eine den Forderungen der Kriminalpolitik Rechnung tragende Strafgesetzgebung der Zukunft": das war die große Aufgabe, die sich das von der Internationalen kriminalistischen Vereinigung begonnene Unternehmen gestellt hatte. Die Aufgabe, die ich hier im Auge habe, beschränkt sich auf die Gewinnung der Grundlagen für die deutsche Strafgesetzgebung der Zukunft. Aber die Methode der Lösung bleibt dieselbe.

II. Sollte es wirklich notwendig sein, die Wichtigkeit rechtsvergleichender Untersuchungen als einer der Grundlagen für den Aufbau unseres Entwurfs näher zu begründen? Wer der Einwände sich erinnert, die gegen die von uns gemachten Vorschläge seinerzeit von ernst zu nehmenden Juristen erhoben worden sind; wer die Schlagworte sich ins Gedächtnis zurückruft, mit denen vor etwa zehn Jahren gegen die „Vertreter ausländischer Rechtsgedanken" nicht ohne Erfolg Stimmung zu machen versucht wurde; wer die engherzige Beschränktheit nicht vergessen hat, mit der man das „deutsche" Rechtsbewußtsein wachrief, um die Herrschaft des französischen Rechts im Deutschen Reich zu verteidigen — der wird den Mut nicht finden, die aufgeworfene Frage schlankweg zu verneinen. Aber vielleicht darf ich mich doch auf die Hervorhebung zweier Gesichtspunkte beschränken, um die Forderung nach einer rechtsvergleichenden Grundlage für unsern Strafgesetzentwurf zu begründen.

1) Einmal handelt es sich um die legislative Technik. Wie sehr uns diese auf strafrechtlichem Gebiet

abhanden gekommen ist, lehrt nicht nur ein Blick in unser Strafgesetzbuch, sondern vor allem auch die oberflächlichste Betrachtung aller seither erlassenen Strafdrohungen. Eines Beweises für diese notorische Tatsache bedarf es wohl nicht. Ich kann abwarten, ob sie bestritten werden wird. Die Technik also müssen wir uns erst wieder aneignen. Und dabei werden wir sehr viel von allen andern Völkern lernen können; am meisten aber von denen, die unser Strafgesetzbuch kannten und seine Fehler zu vermeiden sich bemüht haben.

Das gilt für den besonderen, wie für den allgemeinen Teil des Strafgesetzbuchs.

Wollen wir die Verbrechenstatbestände des besonderen Teils befriedigend aufbauen, so müssen wir zunächst über die Rechtsgüter uns klar sein, die wir durch unsre Strafdrohungen schützen wollen. Die Systematik der strafrechtlich zu schützenden Rechtsgüter, in der ein jedes genau bestimmt und an den richtigen Platz gestellt ist: das ist und bleibt die erste Voraussetzung für ein praktisch brauchbares Strafgesetzbuch. Man hat nur an die verworrenen Bestimmungen über den Bankbruch, an die zerfahrene Kasuistik der Untreue, an die legislative Mißgeburt des Zuhälterparagraphen zu denken, um sich klar zu machen, was ich meine. Daran schließt sich aber als zweites die Klarheit über die Beschaffenheit der gegen jene Rechtsgüter gerichteten Angriffe, die durch die Strafdrohung hintangehalten werden sollen. Rechtsgut einerseits, Angriffshandlung anderseits: das sind die beiden Teile eines jeden Verbrechensbegriffs. Sind sie beide klar erfaßt, dann baut sich der Begriff leicht und übersichtlich auf. Tötung, Sachbeschädigung, Aneignung, Betrug, Notzucht u. s. w. sind Beispiele solch klarer und einfacher Begriffe.

Daß nach beiden Richtungen hin die wissenschaftliche Durchforschung ausländischer Gesetzgebungen reiche Ausbeute bietet, wird nur der bestreiten können, der sie niemals daraufhin durchgesehen hat.

Das Gesagte gilt aber auch für den allgemeinen Teil. Auch hier ist die Aufstellung klarer und einfacher Begriffe unerläßlich, soll das Gesetzbuch in der Praxis sich bewähren. Und auch hier werden wir reiche Belehrung in rechtsvergleichenden Untersuchungen finden. Man nehme z. B. an, daß eine Bestimmung über die Strafbarkeit des untauglichen Versuchs in das Gesetzbuch aufgenommen werden soll. Auch der beschränkteste Verächter des außerdeutschen Rechts wird hier keine Bedenken tragen, ausländische Vorbilder zu Rate zu ziehen.

2) Aber viel wichtiger als diese technische Förderung ist ein anderer Gewinn, den wir aus streng wissenschaftlicher Rechtsvergleichung ziehen können. Wir werden annehmen dürfen, daß die Entwicklung des gesellschaftlichen Lebens bei den verschiedenen Kulturvölkern derselben Entwicklungstendenz folgt. Diese gesetzmäßige Entwicklung des gesellschaftlichen Lebens, in erster Linie der wirtschaftlichen Produktion und des Güteraustausches, muß sich aber widerspiegeln in der Gestaltung des Rechts überhaupt und des Strafrechts insbesondere, das ja für solche Wandlungen ganz besonders empfindlich ist. Es muß daher möglich sein, in den Rechtssystemen der heutigen Kulturvölker diese einheitliche Entwicklungstendenz festzustellen und zugleich zu zeigen, zu welchen legislativen Bildungen auf strafrechtlichem Gebiete diese Tendenz geführt hat oder zu führen im Begriffe steht.

Ein oder das andere Beispiel mag klar machen, was ich meine.

Wohin der kapitalistische Großbetrieb mit seiner Maschinentechnik dringt, hat er die Entstehung eines industriellen Proletariats zur Folge. Darin besteht die „soziale Frage" im landläufigen Sinne des Wortes. Wie stellt sich nun die Strafgesetzgebung der werdenden oder gewordenen Industriestaaten zu dieser universellen Erscheinung? Arbeitet sie mit Umsturz- oder Zuchthausvorlagen, um den Unternehmer zu schützen und den emporstrebenden Arbeiterstand gewaltsam auf einer niedrigeren Stufe der Lebensführung festzuhalten oder sucht sie den wirtschaftlich Schwachen gegen Ausbeutung sicher zu stellen? Schützt sie das Koalitionsrecht der Arbeiter oder bestraft sie die Streikposten? Und an diese großen Fragen schließt sich eine ganze Reihe von kleineren: der unlautere Wettbewerb, die Entziehung fremder elektrischer Arbeit, die Kartelle und Trusts, der Mißbrauch all unserer modernsten Entdeckungen, Erfindungen, Produktionsformen u. s. w. — sind das nicht Erscheinungen, die in allen Kulturländern wiederkehren?

Ich denke dabei aber auch an die Entwicklung, die sich in unserem geistigen Leben vollzieht. Auch sie folgt bestimmten Entwicklungsgesetzen; auch sie bewegt sich trotz nationaler Verschiedenheiten im großen und ganzen nach derselben Richtung. Auch hier also wird eine einheitliche Entwicklungstendenz sich feststellen lassen. Das wird von ausschlaggebender Bedeutung werden in dem Augenblick, in dem der Abschluß des Kompromisses zwischen den Anhängern der klassischen und der neuen Richtung in Frage kommt. Sollte in anderen Ländern, die mit uns auf derselben Kulturstufe stehen, der alte Vergeltungsgedanke seine Wiedergeburt feiern, sollte das Rechtsbewußtsein anderer Völker noch Sühne für jede Missetat verlangen und die dem Erstlingsverbrecher gewährte Verzeihung als eine unfaßbare Versündigung an den ethischen Grundgedanken alles Rechtes empfinden: dann werden wir Gegner der Vergeltungsstrafe im Deutschen Reiche uns bescheiden müssen, weiter zu warten, bis unsere Zeit gekommen sein wird — wenn sie überhaupt kommt. Läßt sich aber nachweisen, daß der mosaische Talionsgedanke auch in seinen christlich abgeblaßten Formen im Schwinden begriffen ist, daß die Gedanken der Besserung des Schwachen und der Sicherung der Gesellschaft überall gegen die Idee der Sühne in siegreichem Vordringen sich befinden, daß das Staatswohl immer bestimmter über die Freiheit des Verbrechers gestellt wird — dann ist auch für das Deutsche Reich die Berechtigung unserer Forderungen außer Zweifel gestellt. Denn nicht darauf kann es ankommen, wie weit die zünftige Wissenschaft der deutschen Juristenfakultäten vorgeschritten ist; und auch der deutsche Juristentag wird für sich nicht die Autorität eines in letzter Linie entscheidenden Areopags in Anspruch nehmen können. Einer klar erkannten legislativen Entwicklungstendenz gegenüber ist vielmehr ohne weiteres zunächst die Teilung der Parteien gegeben und die Parteirolle bestimmt. Die eine der beiden Parteien wird bemüht sein, die Entwicklung zu fördern; die andere wird alle Kräfte einsetzen, sie zu hemmen. Beide Parteien sind gleichberechtigt; denn beide vertreten geistige Mächte. Das neue Gesetz aber wird von den neuen Ideen erfüllt sein müssen, soll es nicht im Augenblicke der Geburt bereits greisenhafte Züge tragen. Bei dem Kompromiß kann es sich mithin nur um das Tempo der Entwicklung, niemals aber um ihre Richtung handeln.

III. Aus dem Gesagten ergibt sich aber auch der Umfang des zur Vergleichung heranzuziehenden Rechtsstoffes.

1) Es handelt sich um die Entwicklung, die das materielle und geistige Leben der Kulturvölker seit dem Inslebentreten des Reichsstrafgesetzbuchs genommen hat. Die Zeit vor 1870 kommt nur insoweit in Betracht, als sie die Keime für spätere Gestaltungen in sich birgt. Rechtsgebiete, die außerhalb der Kulturgemeinschaft liegen, wie das türkische, persische, chinesische u. s. w. Recht, haben grundsätzlich unberücksichtigt zu bleiben. Aber das Gebiet der Kulturgemeinschaft muß vollständig ins Auge gefaßt werden. Es wird sich sofort zeigen, daß die jüngsten Großmächte, die Vereinigten Staaten und Japan, uns viel mehr zu bieten haben, als das in der Strafgesetzgebung völlig stagnierende Frankreich. Und gerade auch die kleinen und kleinsten Staatsgebilde verdienen sorgfältigste Beachtung: in den tastenden, unruhigen Gesetzen und Entwürfen Mittel- und Südamerikas spiegelt sich der Widerstreit alter und neuer Gedanken ungleich deutlicher wieder, als etwa in der Strafgesetzgebung Italiens. Nur darum also kann es sich handeln, die Grenze der Kulturgemeinschaft abzustecken; was innerhalb dieser Grenze seit 1870 gearbeitet worden ist, muß ausnahmslos berücksichtigt werden.

Und dabei versteht es sich ganz von selbst, daß gerade die in den Gesetzentwürfen niedergelegten legislativen Gedanken besondere Beachtung verlangen, Nicht nur wegen ihres Inhaltes; sondern vor allem wegen des Maßes ihrer Kraft, sich durchzusetzen. Es liegt nicht nur an der politischen Zerfahrenheit, wenn die österreichischen Entwürfe wertvolles Material geblieben sind; die Ursache ist vielmehr darin zu suchen, daß den österreichischen Gesetzgebern die

Kraft einer klaren Ueberzeugung fehlte. Es ist kein Zufall, daß der vorsichtig vermittelnde Schweizer Entwurf ins stille Fahrwasser geraten ist, während der norwegische, trotz des Todes seines unbeirrt die eigene Bahn verfolgenden Verfassers, Gesetzeskraft erlangt hat. Wer die Schicksale der Strafgesetzreform in Frankreich und in Rußland vergleicht, wird sich gar bald überzeugen, daß man kein neues Gesetzbuch zu stande bringt, wenn man den neuen Ideen den Zutritt verschließt. Gerade aus der wissenschaftlichen Durchforschung der Entwürfe und aus der Betrachtung ihres Schicksals werden wir Kraft und Mut zu einer dem geänderten Rechtsbewußtsein entsprechenden Neuschöpfung gewinnen.

2) Aber nicht nur um Gesetze und Gesetzentwürfe handelt es sich. Den Gegenstand der Rechtsvergleichung muß vielmehr die gesamte Rechtsentwicklung der Kulturstaaten seit 1870 bilden. Diese aber wird mitbestimmt durch Wissenschaft und Rechtsprechung. Wer diese nicht kennt und zu verarbeiten vermag, bleibt Dilettant auf dem schwierigen Gebiete der Rechtsvergleichung. Das muß mit unzweideutiger Klarheit und mit rücksichtsloser Entschiedenheit ausgesprochen werden.

Man denke etwa daran, ein Ausländer wolle Auskunft über die Behandlung des untauglichen Versuchs nach deutschem Recht. Was kann ihm § 43 unseres R.St.G.B. sagen? etwa, daß, „was nicht zu Ende geführt, auch nicht begonnen werden kann“? Wenn der ausländische Jurist die Rechtsprechung unseres Reichsgerichts nicht kennt oder nicht weiß, daß die deutsche Wissenschaft und mit ihr die Praxis der deutschen Gerichte dem Reichsgericht die Gefolgschaft versagt, so wird seine Darstellung des deutschen Rechts wissenschaftlich wertlos, ja sie wird notwendig inhaltlich falsch sein. Und so in allen Fragen des allgemeinen Teils. Die Behandlung der Unterlassungsdelikte, die Abgrenzung von Mittäterschaft und Beihülfe, die Auffassung der Idealkonkurrenz oder des fortgesetzten Verbrechens — aus dem Gesetz allein läßt sich das nicht entnehmen. Und in Beziehung auf den besonderen Teil ist es genau ebenso. Ob die Elektrizität eine „Sache“, ob der Zweikampf nach französischem Recht strafbar ist, ob die deutschen Landesrechte den Konkubinat unter Strafe stellen dürfen — und hunderte von anderen Fragen können nur aus der Berücksichtigung der Wissenschaft und der Rechtsprechung Beantwortung finden. Eine Rechtsvergleichung, die nur auf der Gesetzgebung sich aufbaut, kann auf wissenschaftlichen Wert keinen Anspruch machen.

IV. Aber noch eine weitere, wichtige Folgerung ist unabweislich, wenn man sich die Aufgabe rechtsvergleichender Untersuchung im Hinblick auf den auszuarbeitenden Strafgesetzentwurf klar gemacht hat. Sie soll diesem Entwurf als Grundlage dienen. Sie muß daher alles enthalten, was dieser zu behandeln hat. Die rechtsvergleichende Darstellung als Grundlage des Entwurfs muß daher ein vollständiges System des Strafrechts geben, soweit dieses den Gegenstand des Entwurfs bilden soll. Dabei ist es für mich hier gleichgültig, wie weit der Entwurf selbst sich seine Grenzen zieht. Aber innerhalb dieser Grenzen muß die rechtsvergleichende Darstellung erschöpfend sein. Nichts wäre verkehrter als der beliebte Gedanke, etwa nur die „wichtigsten Materien" rechtsvergleichend behandeln zu wollen. Von einem solchen dilettantischen Gebaren müßte auf das Entschiedenste abgeraten werden.

Für den besonderen Teil dürfte das klar sein. Wollen wir wissen, welche Rechtsgüter andere Rechte unter strafrechtlichen Schutz stellen, so bleibt uns gar nichts anderes übrig, als sie sämtlich aufzuzählen. Gerade diejenigen Materien, die unser geltendes Recht nicht behandelt, während andere Gesetzgebungen sie eingehend berücksichtigen, werden unsere Aufmerksamkeit besonders in Anspruch nehmen. Wollten wir hier von vornherein eine Auswahl treffen, so würden wir das erst zu gewinnende Ergebnis vorwegnehmen. Es ist ja nicht ausgeschlossen, daß über Singularitäten einzelner Rechte rasch hinweggegangen wird; aber ihren festen Platz im System müssen sie haben.

Aber auch für den allgemeinen Teil läßt sich eine Auswahl nicht treffen. Hier ist alles gleich wichtig. Auch hier also muß eine vollständige Systematik verlangt werden, die naturgemäß durch die Dreiteilung: Gesetz, Verbrechen, Strafe gegeben wird.

Ich möchte aber noch einen weiteren Gesichtspunkt dabei besonders betonen. Den Abschnitten über Verbrechen und Strafe, die in der herkömmlichen Weise gegliedert und ohne Nachteil für die Sache verschiedenen Bearbeitern zugewiesen werden können, muß unbedingt je eine allgemeine Darstellung des Verbrechensbegriffs und des Begriffs der Strafe vorangeschickt werden. Beide Darlegungen sind von grundlegender Bedeutung.

Bei der Behandlung des Verbrechensbegriffs wäre nach meiner Ansicht insbesondere zu untersuchen, ob und inwieweit in den verschiedenen Rechten die grundlegende Auffassung des Verbrechens als Handlung zur klaren Erfassung gelangt ist; wie die Frage nach dem Kausalzusammenhang, nach der Strafbarkeit der Unterlassung gestellt und gelöst ist; ob Vorsatz und Fahrlässigkeit an den Handlungsbegriff anknüpfen, ob Versuch und Täterschaft mit dem Unterbegriff der Ausführungshandlung gegeben sind u. s. w. Meine alte Ansicht, daß der Artbegriff der strafbaren Handlung nicht festgestellt werden kann, ehe der Gattungsbegriff der Handlung klargelegt ist, mag ja vielleicht unrichtig sein. Und diejenigen mögen vielleicht recht haben, die, mit der Normentheorie, den Begriff des Verbrechens aus dem Begriff des Gesetzes ableiten. Aber eins ist in jedem Falle sicher: daß ohne Klarheit über den Verbrechensbegriff weder der allgemeine noch der besondere Teil eines Strafgesetzbuchs befriedigend gestaltet werden kann. Und gerade hier kann es der teilweise tief in die ödeste Begriffsjurisprudenz hineingeratenen deutschen Strafrechtswissenschaft nur förderlich sein, wenn sie mit den jugendkräftigeren Arbeiten anderer Völker wieder einmal Fühlung nimmt.

Andere, aber nicht geringere, Bedeutung hat die Feststellung des Strafbegriffes. Man sehe doch einmal zu, wie die Wissenschaft und die Gesetzgebung anderer Staaten diesen Begriff bestimmt haben. Halten sie, soweit sie fortschreiten, an der starren Scheidung von Strafe und Sicherungsmaßregel fest? Weisen sie diese aus dem Strafgesetzbuch heraus? Oder wird vom Strafrichter im Strafverfahren auf Sicherungsmaßregeln erkannt? Der Streit der deutschen

Schulen wird an Schärfe wesentlich verlieren, wenn das Problem auf der breiten Grundlage rechtsvergleichender Forschung gestellt und zu lösen unternommen wird.

V. Ich verkenne die Schwierigkeiten keineswegs, welche eine rechtsvergleichende Systematik des gesamten Strafrechts bietet. Die Schwierigkeiten werden nur quantitativ, nicht qualitativ geringer, wenn man den gesamten Stoff auf eine Reihe von Mitarbeitern verteilt. Wer die Lehre vom Versuch behandelt, wird es doch nicht vermeiden können, den gesamten Rechtsstoff durchzuarbeiten; er wird auch den ganzen besonderen Teil aller Strafgesetze und Entwürfe kennen und beherrschen müssen, soll seine Darstellung wissenschaftlichen Wert beanspruchen dürfen. Und wer die Religionsdelikte darstellen will, muß in dem Strafensystem wie in dem gesamten allgemeinen Teil sämtlicher von ihm behandelter Gesetzbücher zu Hause sein, wenn die einzelnen Strafdrohungen richtig gewürdigt werden sollen.

Trotz dieser von uns klar erkannten Schwierigkeiten hat die Internationale kriminalistische Vereinigung in ihrer „Strafgesetzgebung der Gegenwart“ die große Aufgabe in Angriff genommen. Sie rechnete dabei auf die Leistungsfähigkeit und die Opferwilligkeit ihrer Mitglieder. Die beiden ersten Bände, die wir bisher der Oeffentlichkeit übergeben konnten, dürften trotz mancher Mängel und Schwächen den Beweis dafür erbracht haben, daß unsere Hoffnung keine trügerische war. Wenn das Unternehmen ins Stocken geriet, so lag das an einer äußeren Ursache: die von unserem Verleger geforderte Zahl von Abnehmern des Gesamtwerkes hatte sich nicht gefunden. Seit wenigen Wochen ist auch dieses Hindernis beseitigt. Dank der werktätigen Unterstützung der bayerischen Regierung ist heute die Fortführung unseres Unternehmens auch buchhändlerisch gesichert. Es ist eine Ehrenpflicht der I.K.V., das begonnene Werk nunmehr mit aller Kraft zu Ende zu bringen. Und der große Aufschwung, den die Vereinigung inzwischen genommen hat, ihre wachsende Verbreitung und ihr steigender Einfluß in den verschiedenen Ländern sichert uns heute mehr denn je die Erreichung des gesteckten Zieles.

Dieses Ziel war allerdings nicht die Vorbereitung irgend

eines nationalen Gesetzbuchs; wir hatten es uns höher gesteckt. Aber nichts steht im Wege, bei der Fortführung in erster Linie die Interessen der deutschen Gesetzgebung ins Auge zu fassen. Ich habe kein Recht, schon heute im Namen meiner Freunde zu sprechen. Aber ich glaube doch sagen zu dürfen, daß eine solche Umgestaltung des Programms den lebhaften Beifall der großen Mehrheit unserer Mitglieder finden dürfte. Wird doch durch die engere Umschreibung der nächsten Aufgabe die Erreichung des letzten Zieles in keiner Weise gefährdet. Dabei muß freilich die wissenschaftliche Grundlage, die wir nach reiflicher Ueberlegung für unser Unternehmen aufgestellt haben, unberührt festgehalten werden, soll nicht dilettantisches Herumtasten an die Stelle eines klaren Arbeitsplanes treten. Wird diese grundsätzliche Forderung erfüllt, dann wird auch die Mitarbeit von Männern, die der Vereinigung nicht angehören, uns herzlich willkommen und der Sache selbst sicher nur förderlich sein.

Während im Schoße des deutschen Juristentages die Auseinandersetzung über die richtunggebenden Grundgedanken des künftigen Entwurfes erfolgt, muß von anderer Seite in kriminalstatistischer und rechtsvergleichender Untersuchung ihm die breite wissenschaftliche Grundlage gesichert werden. Es schadet gar nichts, wenn noch Jahre vergehen, ehe mit der Ausarbeitung des Entwurfes selbst begonnen wird. Nicht in ungestüm drängender Hast, wie bei der Herstellung des Friedbergschen Entwurfes, sondern mit ruhig prüfender Sorgfalt wollen wir an das nationale Werk herantreten. Erst wenn sie reif ist, wollen wir die Frucht vom Baume pflücken.

31. Die gesellschaftlichen Faktoren der Kriminalität.

Vortrag, gehalten auf der Petersburger Tagung der I.K.V. am 21. September 1902 (Z. XXIII 203). (Ins Französische übertragen von Paul Cuche.)

Meine Herren!

I. Aeußerungen, die an einem der vorangegangenen Tage im Laufe der Beratungen gefallen sind, veranlassen mich, noch einmal in wenigen Worten, aber mit möglichster Bestimmtheit, festzustellen, wie nach meiner Auffassung das Verhältnis unsrer Richtung zur sogenannten klassischen Schule zu bestimmen ist.

Ich leugne nicht, daß tiefgreifende, in letzter Linie auf die verschiedene Weltanschauung zurückführende Gegensätze zwischen den Vertretern der beiden Richtungen bestehen; Gegensätze, die so alt sind, wie die kritische Selbstbesinnung des Menschen, und die unüberbrückt und unüberbrückbar bestehen werden, so lange die Menschen nicht aufhören werden, über die Lösung der Lebensrätsel zu sinnen. Aber, gestützt auf die Erfahrung der Jahrhunderte, behaupte ich: es ist nicht nötig, daß diese Gegensätze in Gesetzgebung, Rechtsprechung und Wissenschaft über die Schwelle des Bewußtseins treten und gemeinschaftliche Arbeit unmöglich machen.

Von einem erhöhten Standpunkte aus, unter dem Gesichtswinkel weltgeschichtlicher Entwicklung, liegt der kennzeichnende Unterschied vielmehr in einem andern: in der veränderten, richtiger, in der erweiterten Fragestellung. Die klassische Schule hatte sich eine einzige Aufgabe gestellt: den Auf- und Ausbau des dogmatischen Systems des Strafrechts; wir haben dieser Aufgabe eine neue hinzugefügt: die Erforschung der Ursachen des Verbrechens, die Gewinnung einer wissenschaftlichen Aetiologie der Kriminalität.

Jene erste Aufgabe hat die klassische Schule in glänzender Weise gelöst. Mag sie auch da und dort in die Irrgänge metaphysischer Spekulation sich verloren haben oder auf die Abwege formaljuristischer Spitzfindigkeit geraten sein, im großen und ganzen hat sie mit der richtigen Methode gearbeitet. Sie ist von der breiten empirischen Grundlage ausgegangen, die durch die Fülle der positivrechtlichen Bestimmungen geboten wird; und sie hat in unablässiger, durch Jahrhunderte fortgesetzter Arbeit sich bemüht, durch immer weitergeführte sorgfältigste Abstraktion die obersten Grundsätze, die höchsten und feinsten Begriffe zu gewinnen, und so das geschlossene System des Strafrechts aufzubauen.

An diesem System ist gewiß noch vieles im einzelnen zu ändern und zu bessern; da kann noch manches einfacher und klarer herausgearbeitet werden, und mancher unnütze Zubau, mancher verschnörkelte Zierrat harrt der Beseitigung. Aber an den Grundmauern des Systems selbst wollen wir nicht rütteln; und der Männer, die es aufgebaut, wollen wir dankbar gedenken. Ausdrücklich möchte ich es zur Vermeidung von Mißverständnissen aussprechen: ich halte die Behauptung für einen folgenschweren Irrtum, daß die Kriminalsoziologie berufen sei, an die Stelle des Strafrechts zu treten. Solange wir bestrebt sind, die Freiheit des einzelnen Staatsbürgers vor der schrankenlosen Willkür der Staatsgewalt zu schützen, solange wir an dem Satze „nullum crimen sine lege, nulla poena sine lege" festhalten, ebenso lange wird auch die strenge Kunst einer nach festen wissenschaftlichen Grundsätzen operierenden Gesetzesauslegung ihre hochpolitische Bedeutung behalten. Ich brauche an dieser Stelle nur an die Rechtsprechung unsrer deutschen Gerichte über den groben Unfug zu erinnern, und die große Gefahr einer durch technisch-juristisch festumgrenzte Begriffe nicht gebundenen Handhabung des Strafgesetzes dürfte uns allen in voller Klarheit entgegentreten. Als vor wenigen Jahren das deutsche Reichsgericht es ablehnte, die Entziehung elektrischer Arbeit als Sachentziehung nach dem Diebstahlsparagraphen zu bestrafen, da mochten wohl die Kurzsichtigen über diese Buchstabenjurisprudenz spotten: wer politisch zu denken vermag, der war wohl darüber sich klar, daß gerade in dieser dogmatischen Gebundenheit des Strafrichters eines der wichtigsten Bollwerke der bürgerlichen Freiheit uns gegeben ist.

Aber neben diese erste und ursprünglichste Aufgabe unsrer Wissenschaft stellen wir mit vollster Bestimmtheit eine zweite: die Gewinnung einer wissenschaftlichen Aetiologie der Kriminalität.

Die klassische Schule — das kann nicht oft genug und nicht scharf genug gesagt werden — hat sich niemals ernstlich die Aufgabe gestellt, die Ursachen der Kriminalität zu erforschen. Die psychologische Analyse des Verbrechens hat sie den Dichtern überlassen; Anselm von Feuerbach hat unter den Kriminalisten keinen ihm ebenbürtigen Nachfolger gefunden. Und jeden Fortschritt der Psychiatrie hat die klassische Schule als einen feindlichen Einbruch in das unter ihrer ausschließlichen Herrschaft stehende Gebiet betrachtet, den sie abzuwehren sich bemühte, so lange es nur immer ging, um sich, sobald ihre Niederlage entschieden war, hinter der neu geregelten Grenze aufs neue gegen den siegreich weiter dringenden Feind zu verschanzen. Selbst die Arbeiten der Kriminalstatistiker haben die klassische Schule doch eigentlich nur insoweit aus ihrer olympischen Ruhe aufgerüttelt, als sie von dem Nachweis der Regelmäßigkeit in den Erscheinungen des gesellschaftlichen Lebens eine Erschütterung des Dogmas der Willensfreiheit fürchtete, das sie als die unentbehrliche Grundlage ihres Systems zu betrachten sich gewöhnt hatte.

Die ganze Tragweite unsrer neuen Problemstellung brauche ich in diesem Kreise nicht auseinanderzusetzen. Wer das Verbrechen wirksam bekämpfen will, muß es wissenschaftlich, d. h. in seinen Ursachen erkannt haben. Diese Erkenntnis zu gewinnen, werden wir alle unsre Kräfte einsetzen. Wer an der Lösung dieser Aufgabe nicht mitarbeiten, wer sich in Selbstgenügsamkeit auf die Dogmatik des geltenden Rechts beschränken will, den tadeln wir nicht; aber wir lassen ihn auf seinem beschränkten Standpunkte stehen, und gehen, unbekümmert um ihn, unsre Wege. Und wenn jemand etwa das System wissenschaftlicher Erkenntnisse, das wir zu finden uns bemühen, als „Kompott" oder als „Salat" oder als „Ragout" zu bezeichnen die besondere Liebenswürdigkeit haben sollte, so werden uns auch diese und ähnliche aus der Küche entnommenen Ausdrücke nicht irre machen; wir werden uns erinnern, daß über den Geschmack überhaupt, über den guten Geschmack in wissenschaftlichen Debatten insbesondere, nicht gestritten werden kann.

II. Aber nun erwarte ich den Einwand von befreundeter Seite, daß das von mir in den Vordergrund unsrer heutigen Betrachtung gestellte Problem durch die Arbeiten der neuen Schule im wesentlichen bereits gelöst sei; durch Lombroso und seine kriminalanthropologischen Freunde, oder durch die anthropologisch-soziologische Richtung Enrico Ferris, oder doch wenigstens durch die Soziologen unter den Vertretern der neuen Schule. Es ist die wichtigste Aufgabe meines heutigen Vortrages, zu zeigen, daß wir erst am Anfange der Arbeit stehen, ja, daß wir nicht einmal noch die Methode gefunden haben, mit der die Lösung der Aufgabe in der gegründeten Hoffnung auf Erfolg unternommen werden kann. Dabei werde ich allerdings auch gezwungen sein, die Behauptungen einer Revision zu unterziehen, die ich selbst erst vor drei Jahren, in meiner Berliner Antrittsrede, aufgestellt habe.

Bei der kritischen Beurteilung der Leistungen Lombrosos kommt es mir an dieser Stelle auf eine Reihe von Bedenken gar nicht an, die in einem andern Zusammenhange vielleicht von entscheidender Bedeutung sein mögen.

Es kommt mir gar nicht darauf an, ob die von Lombroso behaupteten Tatsachen richtig beobachtet sind oder nicht, ob also die zahlreichen Atypieen, die Abweichungen vom Typus, die wir ganz unzweifelhaft bei einem großen Prozentsatze der Verbrecher festzustellen in der Lage sind, auf einen einheitlichen Verbrechertypus zurückgeführt werden können oder nicht. Nehmen wir einmal ruhig an, der Typus des geborenen Verbrechers wäre in allen seinen Einzelheiten einwandsfrei festgestellt.

Es kommt mir ferner gar nicht darauf an, ob die von Lombroso behaupteten Tatsachen richtig erklärt sind oder nicht, ob also die atavistische oder eine der andern von Lombroso zur Erklärung des Verbrechens aufgestellten Hypothesen kritischen Bedenken gegenüber stand zu halten vermag oder nicht. Nehmen wir ruhig an, es sei einwandsfrei festgestellt, daß das Verbrechen als atavistische Erscheinung zu betrachten sei.

Auch darauf kommt es mir nicht an, daß Lombroso den Schleier, der das Wesen der Kriminalität umhüllt, doch nur für den Teil der Verbrecher gelüftet hat, bei dem sich die Kennzeichen des Verbrechertypus finden, daß mithin für den übrig bleibenden Teil die Aetiologie immer noch erst zu finden bleibt. Nehmen wir einmal ruhig an, daß für alle Verbrecher ohne Ausnahme des Verbrechertypus festgestellt und in dem Atavismus die ausreichende Erklärung gefunden sei.

Auch wenn wir alles das annehmen, bleibt doch die nicht abzuweisende Frage unbeantwortet: woher stammen denn diese atavistischen Rückschläge? und insbesondere, woher kommt es, daß die Zahl dieser Erscheinungen in den verschiedenen Zeiten und in den verschiedenen Ländern eine verschiedene ist? daß sie in unsern Tagen in einer ganz eigenartigen, teils auf-, teils absteigenden Bewegung begriffen sind? Die Antwort auf diese Frage vermag die Kriminalanthropologie nicht zu geben.

Es ist bekannt, daß Ferri von seinem ersten Auftreten an, ungleich vorsichtiger als Lombroso, die Unzulänglichkeit einer rein anthropologischen Auffassung des Verbrechens erkannt, wenn auch nicht immer mit der wünschenswerten Entschiedenheit betont hat.

Er unterscheidet drei Gruppen von Faktoren der Kriminalität: die anthropologischen, die physischen und die sozialen Faktoren. Ich habe mich jahrelang bemüht, auf Grund dieser Dreiteilung in meinen akademischen Vorlesungen das System der Kriminal-Aetiologie zu entwickeln. Dabei ist es mir aber immer klarer geworden, daß es mit diesem System nicht stimmen will. Das liegt zum Teil ganz sicher daran, daß Ferri, statt einer begrifflichen Bestimmung der sozialen Faktoren, die ihre Abgrenzung von den beiden andern Gruppen ermöglichen würde, nichts gibt als eine völlig tumultuarische Aufzählung. Es liegt aber zum andern Teile daran, daß die Gruppe der physischen oder physikalischen Faktoren als selbständige Gruppe an einer bedenklichen Unklarheit leidet. Ein Beispiel sei mir gestattet. Zugegeben, daß in den warmen Monaten die Zahl der Sittlichkeitsverbrechen steigt — nur nebenher möchte ich erwähnen, daß diese Bewegung lange nicht so einfach verläuft, wie man das nach Ferris Darstellung anzunehmen geneigt sein könnte — so ist es doch klar, daß die einzelnen Individuen auf die Einwirkung der Wärme in ihrem sexuellen Leben in ganz verschiedener Weise reagieren, daß also der individuelle, der anthropologische Faktor bei dem Zustandekommen des Verbrechens eine entscheidende Rolle spielt. Und umgekehrt: daß das Aufsteigen der Diebstahlskurve in den Wintermonaten unmittelbar nicht durch die Kälte, sondern durch die Steigerung der Bedürfnisse und die Verminderung der Arbeitsgelegenheit, also durch soziale Faktoren verursacht wird, liegt auf der Hand.

Ich habe daher versucht, an die Stelle dieser Dreiteilung eine Zweiteilung zu setzen. Die von mir bisher verwendete Fassung geht dahin: Das Verbrechen ist das Produkt aus der Eigenart des Verbrechers im Augenblicke der Tat einerseits, und den den Verbrecher im Augenblicke der Tat umgebenden äußeren, insbesondere wirtschaftlichen Verhältnissen anderseits. Aber auch bei Festhaltung dieser Fassung stellten sich dem Aufbau des Systems unüberwindliche Schwierigkeiten in den Weg.

Diese Erfahrung legte es mir nahe, auch diese Fassung einer erneuten kritischen Betrachtung zu unterwerfen. Und dabei zeigte sich denn alsbald, daß die Fragestellung selbst an einem schweren Fehler krankt.

Nur wenn ich eine bestimmte Tat eines bestimmten Täters ins Auge fasse, interessiert mich seine Eigenart, also der individuelle Faktor des Verbrechens. Handelt es sich etwa um ein anarchistisches Attentat, so werde ich die Individualität des Täters einer genauen Untersuchung unterziehen, um zu einem Verständnis der Tat zu gelangen; ich werde den Täter anatomisch, physiologisch und psychologisch studieren; ich werde seine gesamte bisherige Entwicklung genau durchforschen und nicht unterlassen, auch die Eigenart seiner Erzeuger, vielleicht auch die seiner Geschwister, ins Auge zu fassen. Und wenn ich so die Eigenart des Täters zergliedert habe, wie sie sich uns im Augenblick der Tat darstellt . . . dann wird die Gruppe der äußeren Faktoren, die für die Begehung gerade dieser Tat bestimmend gewesen sind, auf ein Minimum zusammengeschmolzen sein. Alles, was dem Augenblick der Tat vorausgegangen ist, hat ja schon Berücksichtigung gefunden, als die Entwicklung der Eigenart des Täters untersucht und festgestellt wurde.

Ganz anders, wenn etwa in einem bestimmten Lande die anarchistischen Verbrechen sich häufen. Dann tritt sofort das Interesse an der Persönlichkeit der Täter in den Hintergrund; statt dessen taucht die Frage auf: liegt etwa in den politischen oder den wirtschaftlichen Verhältnissen des Landes, oder liegt irgendwo anders in der Gestaltung des gesamten sozialen Lebens der Grund für diese auffallende Erscheinung?

Es sind eben zwei gänzlich verschiedene Fragestellungen, die sich in dem einen und in dem andern Falle aufdrängen. Dort handelt es sich um das Verbrechen als eine Erscheinung im Leben des einzelnen, hier um das Verbrechen als eine Erscheinung des gesellschaftlichen Lebens. Die eine Fragestellung interessiert den Arzt, den Richter, den Psychologen, den Gefängnisbeamten; die andere den Soziologen. Daß das Interesse ein ganz verschiedenes ist, läßt sich leicht erkennen: ein Verbrechen, das wegen seiner Beispiellosigkeit, wegen seiner noch nie dagewesenen Eigenart den Psychologen zu dem eingehendsten Studium reizt, läßt den Soziologen, gerade deshalb, weil es einzigartig dasteht, völlig gleichgültig; und umgekehrt: mit den für eine gegebene Gesellschaftsordnung typischen und darum in einer kaum übersehbaren Reihe von Einzelfällen vorkommenden Verbrechen, mit Bettel und Landstreicherei, mit Holz- und Forstdiebstählen und dgl., weiß der Psychologe nichts anzufangen.

Die beiden Fragestellungen sind wissenschaftlich unzweifelhaft gleichberechtigt. Aber ebenso sicher ist es, daß von einer wissenschaftlichen Aetiologie des Verbrechens erst dann die Rede sein kann, wenn sie beide beantwortet sind.

Ist das Gesagte richtig, so folgt daraus:

1) daß die Auffassung des Verbrechens als des Produktes aus Eigenart und Milieu der ungleichen Bedeutung nicht gerecht wird, welche diese beiden Faktoren je nach der verschiedenen Fragestellung haben;
2) daß bei der Betrachtung des Verbrechens als einer Erscheinung im Leben des Einzelmenschen, sobald der Augenblick der Tat ins Auge gefaßt wird, nur der individuelle Faktor interessiert;
3) daß bei einer Betrachtung des Verbrechens als einer Erscheinung des gesellschaftlichen Lebens die gesellschaftlichen Faktoren ausschließlich in Betracht kommen.

Es ist ja bei der Betrachtung anderer sozialer Erscheinungen auch nicht anders. Wenn wir den Alkoholismus als soziale Erscheinung ins Auge fassen, so interessiert es uns in keiner Weise, wie der einzelne dazu gekommen ist, Alkoholiker zu werden; sondern wir wollen ausschließlich wissen, in welchen gesellschaftlichen Zuständen der Alkoholismus seinen Grund hat; inwieweit er etwa mit den Arbeits- und Ernährungsbedingungen der unteren Volksklassen zusammenhängt.

Fragen wir also nach den gesellschaftlichen Faktoren des Verbrechens, so haben wir dabei ausschließlich das Verbrechen als eine gesellschaftliche Erscheinung im Auge.

III. Welches sind nun die gesellschaftlichen Faktoren der Kriminalität? Läßt sich ein Begriffsmerkmal aufstellen, durch welches sich diese gesellschaftlichen Verhältnisse von anderen für die Gestaltung der Kriminalität einflußlosen unterscheiden lassen? Wie ist das System der die Kriminalität bestimmenden gesellschaftlichen Faktoren aufzubauen?

Der Untersuchung dieser Fragen möchte ich eine Vorbemerkung voranschicken.

Man pflegt von der Kriminalität als einer sozialpathologischen Erscheinung zu sprechen. Ist diese Bezeichnung berechtigt?

Wir werden eine gesellschaftliche Erscheinung als eine

sozial-pathologische dann bezeichnen dürfen, wenn sie den Bestand des Gemeinwesens, sei es unmittelbar, sei es mittelbar, durch Hemmung der Weiterentwicklung, gefährdet. Daß der Bestand der Gesellschaft durch das Vorkommen von Verbrechen unter allen Umständen in Frage gestellt werde, dürfte von keiner Seite behauptet werden. Die Kriminalität ist mithin nicht unbedingt, sondern nur unter gewissen Voraussetzungen als eine sozial-pathologische Erscheinung aufzufassen. Welches diese Voraussetzungen sind, interessiert mich an dieser Stelle nicht. Aus jener Erkenntnis ergibt sich aber unmittelbar die wichtige Folgerung, daß die Wurzeln der Kriminalität, soweit sie eine gesellschaftliche Krankheitserscheinung nicht ist, in dem normalen gesellschaftlichen Leben zu suchen sind.

Auch auf einem anderen Wege gelangen wir zu demselben Ergebnisse. Virchow hat den Satz aufgestellt und zu einem Grundpfeiler seines ganzen Lehrgebäudes gemacht, daß die Krankheit nicht etwas dem Leben des Organismus fremdes, sondern nur eine andere Erscheinungsweise des Lebens selbst ist, ein Abweichen von dem normalen Verhalten, eine Herabsetzung oder eine Steigerung der normalen Funktionen des Organismus. Kann nun der Begriff der Krankheit überhaupt auf das gesellschaftliche Leben übertragen werden, so werden wir auch die sozial-pathologischen Erscheinungen nur durch ein Zurückgehen auf das normale gesellschaftliche Leben begreifen und erklären können. Die Wurzeln der Kriminalität müssen mithin in den Lebensäußerungen der Gesellschaft überhaupt gesucht werden. Eine erschöpfende Systematik der gesellschaftlichen Faktoren der Kriminalität würde daher mit einer Systematik der gesellschaftlichen Lebenserscheinungen überhaupt zusammenfallen. Um ein Beispiel zu gebrauchen: eine Systematik der für die Berufskrankheiten oder für die Berufsverbrechen bestimmenden Faktoren würde gar nichts anderes ergeben als eine Systematik der verschiedenen Berufe. Damit wäre aber nichts gewonnen. Es ist also ein vergebliches Bemühen, ein System derjenigen gesellschaftlichen Faktoren aufstellen zu wollen, durch welche die Gestaltung der Kriminalität bestimmt wird.

Die ganze Problemstellung, die auf die Gewinnung eines solchen Systems abzielte, war mithin falsch.

Vielleicht läßt sich aber aus Virchows wissenschaftlichen Anschauungen noch ein weiterer Fingerzeig für die Methode der Kriminal-Aetiologie gewinnen.

Wollen wir das normale oder das krankhafte Leben des Einzelwesens untersuchen, so müssen wir zurückgreifen auf die Zelle. Auch das Leben des gesellschaftlichen Körpers wird sich erst dann unserem Verständnis erschließen, wenn wir auf die gesellschaftliche Zelle zurückgreifen.

Die gesellschaftliche Zelle aber wird gebildet — ich brauche diesen in der Soziologie heute allgemein anerkannten Satz an dieser Stelle nicht in seiner Richtigkeit nachzuweisen — durch die Individuengruppe, also durch die einzelnen, die durch die Gemeinsamkeit ihrer Interessen miteinander verbunden sind. Wir werden also die Lebensäußerungen dieser gesellschaftlichen Gruppen ins Auge fassen müssen, wollen wir einen Einblick in die Ursachen derjenigen Erscheinungen gewinnen, die wir als Kriminalität anzusprechen gewöhnt sind.

Als die wichtigste soziale Gruppe kommt in erster Linie die Rasse in Betracht. Die Rasse ist es, die die Bildung und die erste Entwicklung des gesellschaftlichen Lebens bestimmt hat. Und wenn auch seit der Annahme fester Wohnsitze die Bedeutung der Rasse in den Hintergrund gedrängt worden ist durch andere Gruppierungen, so spielt sie doch auch heute noch ihre bedeutsame Rolle. Das ist der berechtigte Kern in der Rassentheorie, wie sie in unseren Tagen mit so viel Pathos und mit so wenig wissenschaftlicher Gründlichkeit von Gobineau, Chamberlain u. a. in der soziologischen Literatur vertreten worden ist. Es scheint mir ganz zweifellos, daß auch die Gestaltung der Kriminalität durch Rasseneinflüsse bestimmt wird. Eine wichtige Unterstützung findet diese Annahme in der durch die deutsche Kriminalstatistik festgestellten Tatsache, daß die Juden bei den Beleidigungen, die Bayern dagegen bei den Körperverletzungen mit außerordentlich hohen Prozentsätzen vertreten sind, daß also jene in ganz anderer Weise als diese auf Eingriffe in ihre Rechtssphäre reagieren. Die Statistik hat dieser Frage bisher viel zu wenig Beachtung geschenkt. Es bedarf keines Nachweises, daß die sogenannte internationale Kriminalstatistik diese Lücke nicht auszufüllen vermag. Denn die Staatsgrenzen fallen mit den Rassegebieten in keiner Weise zusammen. Den meisten Erfolg würden Untersuchungen versprechen, die innerhalb eines von verschiedenen Rassen mit getrennten Wohnsitzen bevölkerten Staates angestellt werden. Gerade das Russische Reich könnte für solche Untersuchungen einen überaus fruchtbaren Boden abgeben.

Neben der Rasse im ethnologischen Sinne des Wortes kommen als gesellschaftliche Gruppen die nationalen, religiösen, die politischen, ganz besonders aber die wirtschaftlichen Gruppen, die durch Erzeugung und Verteilung der Güter gegeben werden, in Betracht.

So erscheint die noch von niemandem geschriebene Geschichte der Kriminalität — man denke etwa an die Kriminalität der spätrömischen Kaiserzeit — als die Geschichte des gesamten gesellschaftlichen Lebens. Sie kann gar nicht getrennt von diesem ins Auge gefaßt werden. Wie könnte die Erscheinung des Raubrittertums, wie das Heer der fahrenden Leute, das mit dem Ausgange des Mittelalters das ganze bewohnte Europa überschwemmte, anders erklärt werden, als aus dem Umschwung in den wirtschaftlichen Verhältnissen, insbesondere aus dem Uebergang von der Naturalwirtschaft zur Geldwirtschaft, aus dem Aufblühen der Städte und dem Zerfall der ständischen Gliederung?

Von ganz besonderem Interesse sind für den kundigen Beobachter diejenigen Zeitperioden, in denen eine Zersetzung der bisher das gesellschaftliche Leben bestimmenden Gruppen, ihre allmähliche Verdrängung durch neue Gruppenbildung, stattfindet. In diesen Zeiten, in welchen die bisherigen Werturteile der gesellschaftlich maßgebenden Kreise erschüttert, die an ihre Stelle sich drängenden aber noch nicht anerkannt sind, zeigt die Kriminalität meist eine gewaltige Steigerung. Typisch für diese Erscheinung ist das Italien der Renaissance. Der alte Sippenverband, der den einzelnen in seinem gesamten Leben, in seinem Denken, Empfinden und Handeln mit kaum übersteigbaren Schranken umgeben hatte, ist gelockert und wird allmählich gesprengt; „die Individualitäten"

— wie Burckhardt sich ausdrückt — fangen an „zu wimmeln", der einzelne ringt sich los aus der bisherigen Gebundenheit seines Strebens und gibt sich schrankenlos dem durch keinerlei Hemmungsvorstellungen eingedämmten Egoismus hin. Das ist das Zeitalter einer ungebundenen Herrenmoral; das heroische Zeitalter der Kriminalität, wie es etwa durch den Namen Cesare Borgia uns vergegenwärtigt wird. Die großen Männer der Zeit, die als Heerführer und Staatsmänner wie als die feinsinnigsten Förderer von Kunst und Wissenschaft die gesamte Kulturblüte ihres Jahrhunderts in ihrer Person zum harmonischen Ausdruck bringen, sie sind zugleich auch die großartigsten Repräsentanten der zeitgenössischen Kriminalität. Glänzend bewährt sich auch hier der Satz, daß die Geschichte des Verbrechens nichts ist als die Geschichte der gesellschaftlichen Gruppen in allen ihren Lebensäußerungen.

IV. Diese Auffassung erschließt uns auch das Verständnis für die eigentümlichen Erscheinungen, durch die sich die Kriminalität der Gegenwart auszeichnet.

Unser heutiges gesellschaftliches Leben charakterisiert sich durch den gewaltigen Umschwung der wirtschaftlichen Verhältnisse, den wir als den Uebergang von der einzelstaatlichen Wirtschaft zur Weltwirtschaft zu bezeichnen pflegen. Für die Länder des westlichen Europas hat dieser Umschwung eine doppelte Erscheinung im Gefolge: im Innern den Aufschwung der Industrie, die Ausdehnung des großkapitalistischen Fabrikbetriebes und des überseeischen Großhandels, und damit das riesenhafte Anschwellen des großstädtischen Proletariats; nach außen hin eine noch nie dagewesene Anspannung aller Kräfte im Wettbewerb der Staaten untereinander. Aus dieser Doppelerscheinung lassen sich die beiden charakteristischen Eigentümlichkeiten der heutigen Kriminalität schon auf rein deduktivem Wege ableiten. Die eine dieser beiden Erscheinungen möchte ich bezeichnen als die Proletarisierung der Kriminalität, die sich in dem Anwachsen einer parasitären Bevölkerungsschicht zur Geltung bringt. Der Ausdruck „gewerbsmäßige Verbrecher" paßt für diese Schicht nicht recht; es handelt sich vielmehr um Individuen, die nur ab und zu dem Verbrechen anheimfallen, die aber dem regelmäßigen ehrlichen Lebenserwerb dauernd abgeneigt bleiben. Die Angehörigen dieser Schicht kennzeichnen sich zugleich durch die Roheit ihrer ganzen Lebensführung, die sich notwendig auch in ihrer verbrecherischen Betätigung kundgeben muß. Es ist die Schicht, die inmitten des allgemeinen Vorwärtshastens zurückbleiben muß, weil sie bei ihrer unterdurchschnittlichen körperlichen und geistigen Beanlagung mit den anderen gleichen Schritt zu halten nicht im stande ist. Die zweite der beiden für unsere heutige Kriminalität charakteristischen Erscheinungen erblicke ich in der kriminellen Betätigung der Neurasthenischen. Der Kampf um das Dasein zehrt die Nervenkraft des einzelnen ungleich rascher auf, als das früher der Fall gewesen ist. Und in erster Linie ist es die nächste Generation, die an den Folgen der Nervenerschöpfung ihrer Erzeuger krankt. Wie oft sind es die Kinder gerade der tüchtigsten unter unseren Mitbürgern, die wir als die Täter irgend einer schweren Bluttat vor den Schranken des Gerichts finden! Die Alkoholiker, die Epileptischen, die Hysterischen, die Neuropathischen aller Art — sie bilden die zweite, die heutige Kriminalität charakterisierende Gruppe. Ihre verbrecherische Domäne ist die leidenschaftliche Gewalttat in allen ihren Formen.

Die beiden Gruppen aber sind unmittelbar hervorgegewachsen aus der vollkräftigsten Lebensbetätigung der heutigen Gesellschaft. Sie können gar nicht verstanden werden, ohne daß das gesellschaftliche Leben der Gegenwart gerade in seinen großartigsten und bedeutsamsten Leistungen ins Auge gefaßt wird.

V. Aus der hier vertretenen Grundanschauung ergibt sich zunächst eine Anforderung an die Wissenschaft. Diese muß bei ihren Untersuchungen über die Kriminalität unmittelbar anknüpfen an die normale Lebensbetätigung der einzelnen gesellschaftlichen Gruppen. Einen wertvollen, freilich noch recht bescheidenen Ansatz zu solchen Untersuchungen bietet die amtliche Kriminalstatistik, soweit sie, wie die deutsche, die Kriminalitätsziffern mit der Berufszählung in Verbindung setzt. Aber wie viel bleibt auf diesem Gebiet noch zu tun übrig!

Eine zweite Anforderung, die sich unmittelbar aus jener Auffassung ergibt, richtet sich an den Gesetzgeber. Als Politiker muß er sich darüber klar sein, daß seine Aufgabe niemals darin bestehen kann, den großen Entwicklungsströmungen entgegenzutreten, die zu einer gegebenen Zeit das gesellschaftliche Leben beherrschen. Ebensogut könnte er versuchen, den Lauf eines großen Stromes zu hemmen oder dessen Wasser aufwärts zu führen. Er kann dafür Sorge tragen, daß der Strom in ein ruhiges Bett geleitet werde; er soll auf Mittel und Wege sinnen, damit die unaufhaltbare Bewegung langsam, gleichmäßig und ohne zu große Erschütterungen, sowie unter möglichster Schonung der in den Hintergrund gedrängten gesellschaftlichen Gruppen vor sich geht: er kann die vorhandene Bewegung regeln, er kann ihr aber nicht die Richtung vorzeichnen. Als Kriminalpolitiker aber hat er eine doppelte Aufgabe. Er hat die Schwächeren zu schützen, so lange es irgend möglich ist, damit sie im Kampfe ums Dasein nicht unterliegen. Er hat aber überall dort, wo Hilfe nicht mehr möglich ist, dafür Sorge zu tragen, daß die für das gesellschaftliche Zusammenleben mit seinen jeweiligen Anforderungen völlig ungeeigneten Elemente ausgeschieden werden. Es ist ja richtig, daß die Gesellschaft selbst diese Ausscheidung vollzieht: die Untauglichen gehen rettungslos zu Grunde, nach ein oder zwei Generationen ist die Fähigkeit der Fortpflanzung erschöpft. Aber dieser gesellschaftliche Selektionsprozeß geht nur langsam vor sich und ist mit schweren Opfern für die Gesellschaft verbunden. Das Wohl der Gesamtheit, wie die Fürsorge für den einzelnen, verlangt gebieterisch das Eingreifen der Staatsgewalt. Ohne jede Schwäche, aber auch ohne unnötige Härte hat der Gesetzgeber selbst die Ausscheidung zu vollziehen.

So treten neben die erzieherischen Maßregeln, die mein Freund van Hamel in seinem Vortrage allein erwähnt hat, die nicht minder wichtigen Maßregeln der Ausscheidung. Ich weiß, daß ich auch in dieser Auffassung mit ihm durchaus übereinstimme. Beide Gruppen von Maßregeln zusammen bilden erst das System der Kriminalpolitik, das dem Gesetzgeber zur Verfügung zu stellen sich die Internationale kriminalistische Vereinigung zur Aufgabe gemacht hat.

Leo Tolstoi hat in seiner „Auferstehung“ die Frage nach dem Strafrecht der Gesellschaft mit einer Schärfe und Eindringlichkeit gestellt, wie keiner der kriminalistischen Theoretiker vor ihm. Wie kommt ihr, so ruft er, sündige Menschen, die ihr seid, dazu, über einem eurer Mitmenschen zu Gerichte zu sitzen? Dürft ihr euch noch Christen nennen, wenn ihr den Lehren eures Herrn und Heilands tagtäglich in euren Gerichtsälen ins Gesicht schlagt? — Wer mit den Anhängern der Vergeltungstheorie sich anmaßt, mit der Strafe die Sühne zu vollstrecken, die einzig und allein Gottes ist, wer mit den Vertretern der klassischen Schule das Schwert Gottes zu schwingen sich unterfängt, der wird auf Tolstois flammende Anklage keine Antwort finden. Wer aber in der Strafe nur ein Mittel sieht, um den Schwachen aufzurichten und den rettungslos Verlorenen vor der Gefahr zu schützen, daß er sich und anderen unabsehbaren Schaden zufüge — der wird durch die von Tolstoi erhobene Anklage nicht berührt. Er weiß sich im Einklang nicht nur mit den Forderungen der Staatsklugheit, sondern auch mit den Grundlehren des Christentums.

Vielleicht, meine Herren, sind Sie geneigt, mir in diesem Augenblicke, in dem ich an dem Schlusse meines Vortrages angelangt bin, den Vorwurf zu machen, daß ich Ihnen keine Ergebnisse gebracht, daß ich vielmehr nur Probleme aufgeworfen, nur Aufgaben gestellt habe, deren Lösung erst in Angriff genommen werden muß. Ich glaubte aber, das gerade an diesem Tage tun zu dürfen, an dem unsere Vereinigung eine an Arbeit wie an Ehren überreiche Verhandlungswoche schließt. Wir wollen uns der errungenen Erfolge freuen; sie sollen zugleich aber uns ein Sporn sein zu erneuter Arbeit. Lassen Sie uns, meine Herren, eingedenk bleiben des deutschen Wortes:

Wer rastet, der rostet!

---

32. Hermann Seuffert.

Ein Nachruf.

(1902. Z. XXIII 323.)

Wer in der Vollkraft des Lebens, in der Freude des befruchtenden Schaffens, abberufen wird, stirbt einen beneidenswerten Tod. Mit tieferschütternder Tragik aber wirkt das Hinscheiden eines Mannes, der nach Jahren und Jahrzehnten fortgesetzten Kampfes eben an die Schwelle eines neuen Abschnittes seines Lebens herangetreten ist, in dem er die reichen Früchte unausgesetzter Arbeit im freundschaftlichen Wettbewerb mit den alten Kampfgenossen wie mit den bisherigen Gegnern für sich und für sein Land zu ernten zuversichtlich hoffen durfte.

Das war Hermann Seufferts Los. Am 28. November 1902 ist in den Räumen des Reichsjustizamts das „freie, wissenschaftliche Komitee" zusammengetreten, das, auf Einladung des Staatssekretärs, unter Mitwirkung der deutschen Kriminalisten aller Richtungen, die rechtsvergleichende Grundlage für den Neubau unserer Strafgesetzgebung schaffen soll. Als Mitglied dieses Komitees war Hermann Seuffert wie kein anderer eine führende Rolle zu spielen berufen. Sein reiches Wissen, die Lauterkeit seines Wesens, die Wärme seiner Ueberzeugung, die Klarheit seiner Gedanken, die vornehme Milde seines Auftretens: gerade diese seltene Verbindung bester Eigenschaften hatten wir alle als die sicherste Gewähr für das Gelingen des großen und schwierigen Unternehmens betrachtet. Als der anerkannte Vertreter der neuen Richtung hätte er den Freunden die Bahn gewiesen und die Gegner gewonnen, hätte er mit sicherer Hand und ruhiger Klarheit das Feld abgesteckt für die gemeinsame Arbeit.

Es ist anders gekommen, als wir alle erwartet haben. Als die Mitglieder des Komitees sich zur ersten Tagung versammelten, war der Mann, auf dessen Mitwirkung sie die größte Hoffnung gesetzt hatten, seit wenigen Stunden der Erde zurückgegeben worden. Am 23. November ist Hermann Seuffert einem tückischen Leiden erlegen, dessen Gefährlichkeit ihm selbst ebenso unbekannt geblieben war, wie seinen wissenschaftlichen Freunden.

Hermann Seuffert wurde am 28. August 1836 zu Ansbach geboren. Er besuchte das Maximilian-Gymnasium zu München und studierte an den Universitäten München und Heidelberg. In München promovierte er, wie Stier-Somlo in der „Bonner Zeitung" vom 28. Dezember 1902 mitteilt, im Jahre 1861; in demselben Jahre trat er als Privatdozent in den weiteren Lehrkörper der juristischen Fakultät ein. Seine Inauguralschrift behandelte „Die reformatio in pejus im neuern, insbesondere bayrischen Strafprozeß"; ein Thema, das ihm durch seine eifrig gepflegte praktische Tätigkeit als Verteidiger in Strafsachen nahegelegt war.

Im Jahre 1869 gründete Seuffert seinen Hausstand, der ihm für die ganze Zeit seines Lebens die Quelle reichsten und reinsten Glückes wurde. Am 15. August verheiratete er sich mit der Tochter des bekannten Klinikers Schönlein, des ehemaligen Leiters der Berliner Charité. Dieser Ehe entstammen zwei Kinder: ein Sohn, heute Rechtsanwalt in München; und eine Tochter, die mit dem Staatsanwalt Bluhme in Frankfurt a. M. verheiratet ist.

1868 war Seuffert zum außerordentlichen Professor in München ernannt worden. 1872 folgte er einem Ruf als ordentlicher Professor des Strafrechts und Zivilprozeßrechts nach Gießen, wo er bis 1879 tätig war. Hier begründete er seinen Ruf als hervorragender, die Zuhörer mit sich fortreißender Lehrer und als unermüdlicher Arbeiter in der Selbstverwaltung der Universität. Um die Beseitigung der Mißstände, die dem damaligen Promotionswesen in Gießen anhafteten, hat er sich ein hervorragendes und bleibendes Verdienst erworben. Während seiner Lehrtätigkeit in Gießen ist Seuffert der Vorliebe für den Strafprozeß treu geblieben. Seine Antrittsvorlesung behandelte das Thema: „Ueber Schwurgerichte und Schöffengerichte" (1873 in München bei Christian Kaiser erschienen). Mit jugendlicher Wärme zieht

Seuffert hier für das Schwurgericht und gegen das Schöffengericht ins Feld. Seine Stellung faßt er in dem Satz zusammen (S. 26): „Ich behaupte, daß die Ersetzung der Jury durch das moderne Schöffengericht gleichbedeutend wäre mit dem Verfall des Volksgerichts und im weiteren Verlauf mit dem abermaligen Zurücksinken unseres im Aufschwung begriffenen Rechts in die Fesseln der Scholastik." Es scheint, daß Seuffert an dieser Ansicht bis zu seinem Lebensende festgehalten hat; wenigstens findet sich in seiner letzten Veröffentlichung „Ein neues Strafgesetzbuch für das Deutsche Reich" auf S. 41 der Satz: „Der Begriff der mildernden Umstände ist zu unbestimmt, zu vage für die Rechtspflege, namentlich wenn man Geschworene daran beteiligen will, auf die wir doch hoffentlich nicht verzichten werden!" Es stammt aus dieser Zeit ferner eine Abhandlung zu § 34 des Gerichtsverfassungsgesetzes, die in Band 31 des Gerichtssaals veröffentlicht wurde.

Im Jahre 1879 ging Seuffert mit demselben Lehrauftrag, wie in Gießen, nach Breslau. Seinem Vorschlag habe ich es zu verdanken, daß ich, damals Privatdozent in Graz, ohne irgendwelche persönliche Beziehungen als sein Nachfolger nach Gießen berufen wurde. Ihm näher zu treten hatte ich damals noch nicht das Glück. Auch die wissenschaftlichen Berührungspunkte fehlten so gut wie vollständig.

Die erste Schrift, die Seuffert als Breslauer Professor veröffentlichte, weist noch auf seine Gießener Periode zurück. Sie ist nicht strafrechtlichen, sondern prozeßrechtlichen Inhalts und trägt den Titel: „Erörterungen über die Besetzung der Schöffengerichte nach dem deutschen Gerichtsverfassungsgesetz" (Breslau bei Schletter 1879 erschienen). Abgesehen von einer sehr sorgfältigen Analyse der einschlagenden reichsrechtlichen Bestimmungen, ist sie insbesondere dem Hessischen Ausführungsgesetz vom 3. September 1878 gewidmet, dessen Artikel 15 (abgesehen von seiner Nummer 3) für ungültig und wirkungslos erklärt wird (S. 57). Von allen Veröffentlichungen Seufferts scheint mir diese Schrift diejenige zu sein, die den geringsten Anspruch auf bleibende Bedeutung erheben kann.

Aber schon nach wenigen Jahren seines Breslauer

Aufenthaltes beginnt für Seuffert jene wissenschaftliche Entwicklung, die seinem Lebensbild die eigenartige Anziehungskraft verleiht. Beim Antritt des Rektorats, am 15. Oktober 1885, hielt Seuffert eine Rede über „einige Grundfragen des Strafrechts", die 1886 in Breslau bei Schletter im Druck erschienen ist. Sie macht den Eindruck einer jugendlichen Gärung, die bei dem fast 50jährigen Gelehrten geradezu überrascht. Der Redner spricht von dem heftigen Zwiespalt der Meinungen, der in der ersten Hälfte der achtziger Jahre innerhalb der Vertreter der Strafechtswissenschaft zum Ausdruck gelangt war. Er wendet sich gegen die „anthropologisch-kriminalistische Schule" Lombrosos. Er scheint sie aber nur aus den Mitteilungen zu kennen, die in der „Zeitschrift" über die einschlagenden Schriften gebracht wurden. Wenigstens sind nur diese Mitteilungen, nicht die Originalarbeiten selbst, zitiert. Und manches Mißverständnis (so wird Seite 10 Ferri als Gegner Lombrosos hingestellt), bestärkt diese Vermutung. Der Vergeltungsstrafe steht Seuffert skeptisch gegenüber. „Ist nicht doch die Vergeltungsstrafe nur ein feinerer, ein beruhigender Ausdruck für die Rache, welche die geschichtliche Forschung als einen der Keime der Strafe erklärt?" (S. 17). Aber er hat doch nicht den Mut, den Gedanken der Vergeltung bestimmt abzulehnen. „Die Rechtswissenschaft muß die Idee der Vergeltung hoch und heilig halten, solange sie dieselbe als ein Volkselement vorfindet. . . . . . Zur Zeit und voraussichtlich noch lange darf nicht daran gedacht werden, die Vergeltungsidee aus dem deutschen Strafrecht zu verbannen" (S. 19). Die Zwecktheorien werden als „Stationen zu der naturalistischen Auffassung der Italiener" bezeichnet (S. 26). Nach Seuffert dient die Strafe zugleich dem Vergeltungsgedanken und dem Zweckgedanken. Und er wirft die Frage auf, ob nicht diese beiden Elemente in der Strafe voneinander geschieden, die Vergeltungsstrafe von der Sicherungsstrafe losgelöst werden könne. Aber neben diesem Versuch, alte und neue Ideen miteinander zu verknüpfen, finden wir doch auch schon jene Grundanschauung angedeutet, durch welche die ganze Richtung der spätern Arbeiten Seufferts gekennzeichnet wird. Er wendet sich bereits gegen die übertriebene

Berücksichtigung des äußeren Erfolges und verlangt die Berücksichtigung der Gesinnung, der „Rücksichtslosigkeit" des Täters (S. 20). Die mildere Bestrafung des Versuchs und die strafschärfende Wirkung des unverschuldeten Erfolges werden bereits mit voller Bestimmtheit verworfen. Und noch bezeichnender ist es, daß er der Schaffung von „Nachurteilsstationen" das Wort redet (S. 37), also bei allen längeren Freiheitsstrafen die Dauer der Freiheitsentziehung innerhalb der durch Gesetz und Urteil gezogenen Grenzen der Ueberprüfung durch eine besondere Behörde unterstellen will.

Auf demselben Standpunkt steht Seuffert auch in seinen „Mitteilungen aus dem Entwurf eines Strafgesetzbuchs für Italien", die in der Rudolf von Gneist am 20. November 1888 von der juristischen Fakultät Breslau überreichten Festschrift abgedruckt sind (Breslau, Schletter, 1888). Die eingehende und scharfsinnige Kritik des italienischen Entwurfs braucht an dieser Stelle nicht weiter verfolgt zu werden. Sie ist aber deshalb für Seufferts Entwicklungsgang von Bedeutung, weil sie uns zeigt, mit welcher Gewissenhaftigkeit er, zunächst wohl angeregt durch den russischen Entwurf, den rechtsvergleichenden Studien sich hingab. Wichtiger noch sind die in der Einleitung niedergelegten Anschauungen über die notwendige Ausrüstung der praktischen und theoretischen Kriminalisten. Sie sollen wissen, was aus denen wird, die sie in Zuchthäuser und Gefängnisse schicken; die Gefängniswissenschaft soll einen Teil des Rechtsunterrichts ausmachen und ein Teil der Vorbereitungspraxis soll der Gefängnisverwaltung zugewendet werden. „Und die Zeit wird nicht mehr fern sein, da die Juristen sich auch mit der Erforschung der Genesis der Verbrechen, der Kriminalstatistik, und mit der anthropologischen Behandlung der Verbrecher werden befassen müssen" (S. 82). Charakteristisch sind auch die Worte, mit denen Seuffert seine Besprechung schließt: „Alle aber, die unbefangen urteilen, werden dem Entwurf die Anerkennung nicht versagen, daß er einen gewaltigen Fortschritt darstellt in der Erkenntnis der Leidenschaften und Schwächen des Menschengeschlechtes, sowie in der Behandlung der fehlhaften Menschen, — zu Nutz und Frommen ihrer selbst und der Menschheit. Wir haben auch die Italiener dankbaren Sinnes zu beglückwünschen für das, was sie der Menschheit geleistet."

So ringen auch noch in dieser Schrift die alten und die neuen Gedanken um die Herrschaft miteinander, die Idee der Vergeltung und das Streben, die Strafe als ein Schutzmittel der Gesellschaft aufzubauen auf die sorgfältigste Erforschung der Ursachen der Kriminalität. Und es entspricht durchaus diesem Zwiespalt in Seufferts Brust, wenn er mich noch in einem Briefe vom 24. November 1888 als seinen Gegner bezeichnet.

Aber noch in demselben Jahre sollte diese Gegnerschaft in ein Waffenbündnis sich verwandeln, das uns beide bis zu Seufferts Tod eng aneinander geschlossen hat. Diesem gemeinsamen Kampfe um die Umgestaltung unsrer Wissenschaft wie um die Reform unsrer Strafgesetzgebung verdanke ich auch die persönliche Freundschaft Seufferts, die er mir bis zum Lebensende treu bewahrt hat. In dem Vorwort zu der neunten Auflage meines Lehrbuchs des Strafrechts, die Hermann Seuffert gewidmet ist, habe ich es dankbar ausgesprochen, daß ich diese sachliche und persönliche enge Beziehung zu dem Schönsten und Wertvollsten rechne, was mir die zwanzig Jahre von 1879 bis 1899 gebracht haben.

Den äußeren Anstoß zu dieser längst vorbereiteten Wendung gab die Gründung der Internationalen kriminalistischen Vereinigung, der Seuffert noch vor Schluß des Jahres 1888 beitrat. Auf der ersten allgemeinen Versammlung der Vereinigung zu Brüssel im August des folgenden Jahres hat er bereits hervorragenden Anteil an der Beratung genommen. Seither ist Seuffert, der sowohl die allgemeinen Versammlungen wie die Sitzungen der deutschen Landesgruppe regelmäßig zu besuchen pflegte, uns stets ein treuer Berater, unsern Ideen ein unermüdlicher Vorkämpfer gewesen.

Im Jahre 1890 ging Seuffert von Breslau nach Bonn. Und hier beginnt sofort für ihn eine Zeit reichster, nach den verschiedensten Richtungen hin befruchtender Tätigkeit.

Sie war zunächst fast ausschließlich der I.K.V. gewidmet. Noch in einem Briefe aus Breslau aus dem Jahre 1889 schreibt Seuffert im Hinblick auf die bevorstehende erste Landesversammlung der deutschen Gruppe an mich: „Wir werden nicht so leichtes Spiel haben, wie es nach der ersten Aufnahme, welche die Vereinigung fand, den Anschein hatte. Aber siegen werden wir, denn wir haben die Vernunft für uns! Ob ich selbst den Sieg noch erleben werde, ist mir zweifelhaft; trotzdem hänge ich an der Sache, wie kaum je an einer andern Angelegenheit." Insbesondere lag ihm die bedingte Verurteilung am Herzen, für die er schon in Brüssel warm eingetreten war, und deren Besprechung auch auf der Tagesordnung unsrer ersten Landesversammlung zu Halle im März 1890 stand. Mit seinem ganzen Herzen war denn auch Seuffert beteiligt, als er, auch noch im Jahre 1890, dem 21. Deutschen Juristentag ein Gutachten über die Frage erstattete: „Ist die bedingte Verurteilung im Strafrecht einzuführen?" In eingehender Begründung rechtfertigt Seuffert diese damals im Mittelpunkt der kriminalpolitischen Erörterungen stehende Einrichtung. Das Gutachten schließt mit einem sorgfältig gearbeiteten, 14 Paragraphen umfassenden Gesetzesvorschlag. Aber nicht wegen dieses Ergebnisses verdient diese Schrift an dieser Stelle besonders hervorgehoben zu werden: zu dem gleichen Ergebnis sind vor und nach Seuffert andre auch gelangt. Sondern deshalb, weil in der Begründung der Schrift nicht nur der Bruch mit dem Vergeltungsgedanken endgültig vollzogen wird, sondern auch bereits die meisten jener Gedanken sich angedeutet finden, die dann später, in der Bonner Rektoratsrede von 1896 und dem Bremer Vortrag von 1902 wie in dem letzten Buch von Seuffert die Grundlage seines gesamten kriminalpolitischen Lehrgebäudes bilden. Ich meine die Auseinandersetzung mit dem Vergeltungsgedanken. Seuffert weist auf die Breslauer Rektoratsrede von 1885 hin und fährt fort (Verhandlungen des 21. Deutschen Juristentages I 251): „Die Frage hat mich seitdem kaum mehr verlassen. Und ich kann heute nicht mehr die früheren Konzessionen für berechtigt halten." Mit aller Entschiedenheit wird jetzt die Vergeltungsstrafe verworfen. „Wie kommen wir unvollkommenen, dem Irrtum und der Schwäche unterworfenen Menschen dazu, die Vorsehung auf Erden zu spielen, in der Strafe die Herrlichkeit Gottes auf Erden darzustellen? Sind wir fehlerhaften Menschen denn im stande, nur annähernd im stande, gerechte Vergeltung, also wirkliche Vergeltung zu üben und Ausgleichung zu schaffen? Seid ihr im stande, den Beschuldigten in Herz und Nieren zu blicken, um den Schuldanteil zu finden, für den ihr dann strafen wollt? . . . . Ist Vergeltung nötig, dann überlassen wir sie doch der allwissenden, der leidenschaftslosen Macht, die sie gesetzt hat! Befolgen wir die Mahnung im Buche Mosis: mein ist die Rache, spricht der Herr, ich will vergelten." Mit diesem Gutachten ist Seuffert in die erste Reihe unter den Vorkämpfern der neuen Richtnng getreten, hat er die führende Rolle übernommen, die er bis zu seinem Tode unbestritten inne hatte. Darin liegt die Bedeutung der Schrift für seinen Entwicklungsgang und für die Geschichte unsrer Wissenschaft.

Seit 1894 erscheint Hermann Seuffert unter den ständigen Mitarbeitern der Zeitschrift. Hier veröffentlichte er im 14. bis 16. Band die Uebersichten über die deutsche Strafgesetzgebung in den Jahren 1893, 1894 und 1895: Kabinettsstücke sorgfältigster Analyse, feinfühligster Kritik.

Wenn der warme Nachruf in der „Bonner Zeitung" Seuffert die produktive Kraft abspricht und ihn einen „Meister im Kleinen" nennt, so muß ich diesem Urteil auf das entschiedenste widersprechen. Die zahlreichen Beiträge zu Stengels Wörterbuch des deutschen Verwaltungsrechts, unter denen ich die über „Gefängnisverwaltung" und „Strafregister" hervorheben möchte, zeichnen sich allerdings nicht sowohl durch neue Gedanken, als vielmehr durch die peinlichste Sorgfalt in der Sammlung und Darstellung des Stoffes aus. Aber das lag in der Aufgabe, die den Mitarbeitern gestellt war. Und die Darstellung des deutschen Strafrechts, die Seuffert für den ersten, 1894 herausgegebenen Band der „Strafgesetzgebung der Gegenwart" geliefert hat, konnte von v. Lilienthal (Deutsche Juristenzeitung vom 15. Dezember 1902) mit vollem Recht „ein wahres Meisterwerk" genannt werden. Auch hier verleugnet Seuffert nicht den

Grundzug seiner wissenschaftlichen Tätigkeit: die bis ins kleinste hinein treue Gewissenhaftigkeit des Forschers; aber dazu tritt die souveräne Beherrschung des reichen Stoffes, die künstlerische Gestaltungskraft, wie sie nur dem freischaffenden Meister, niemals aber dem bloßen Sammler, eignet. Diese Darstellung des deutschen Strafrechts auf 112 Seiten Lexikonoktav kann sich getrost allen unsern Lehr- und Handbüchern an die Seite stellen. Wieviel leichter wäre es wohl gewesen, denselben Stoff nach berühmten Mustern etwa in drei starken Bänden zu behandeln und damit den Anschein der Produktivität zu erwecken, der nur zu oft mit der mangelnden Fähigkeit zur Konzentration verknüpft ist!

In vollendetster Klarheit tritt die wissenschaftliche Grundauffassung, zu der Hermann Seuffert im Laufe eines halben Jahrhundert sich durchgerungen hatte, uns entgegen in seiner Bonner Rektoratsrede vom 18. Oktober 1896 (Bonn, bei Friedrich Cohen 1897 erschienen): „Was will, was wirkt, was soll die staatliche Strafe?“ Es ist dasselbe Thema, über das er im Jahre 1885 als Rektor der Breslauer Universität gesprochen und das ihn seither nicht mehr verlassen hatte. „Jene“ Rede, sagt Seuffert, „ist mehrmals gegen mich zitiert worden; nicht, weil ich mißverstanden wurde, sondern weil meine Stellung zu dem Problem der Strafe eine andere geworden ist, und ich das zum Ausdruck gebracht habe. In Breslau glaubte ich der Vergeltungslehre noch Konzessionen machen zu müssen. Ich kann sie heute nicht mehr machen“ (S. 4).

Zwar unterliegt es keinem Zweifel, daß die „geschichtliche Strafe“, und zwar an erster Stelle, Rache, Sühne, Genugtuung, Vergeltung gewollt hat. Auch „in unsern Tagen, neustens nach meiner Beobachtung wieder mehr als vor 25 Jahren, ist die vergeltende Genugtuung das Ziel der Strafe, besonders bei den schwereren, in den Strafgesetzbüchern zumeist vorgesehenen Verbrechen“ (S. 8). Und daß die Strafe tatsächlich als Vergeltung wirkt, davon „kann jeder, der sehen und hören will, sich selbst überzeugen“ (S. 17).

Anders aber beantwortet sich für den Kriminalpolitiker die Frage nach dem, was die Strafe soll. Hier wird von dem Verfasser, ohne jede Konzession, die Vergeltungsstrafe verworfen. Denn nichts von den Existenz- und Entwicklungsbedingungen, sei es des einzelnen, sei es der Gesamtheit, wird gefördert, „wenn zu dem malum actionis das malum passionis tritt, wenn zu dem Weh, das der Verbrecher zugefügt hat, das Weh tritt, das er in der Strafe erleidet" (S. 22). Nur die Beförderung jener Bedingungen, nicht die Gewährung von Lust oder Befriedigung aber ist das Ziel der Staatstätigkeit.

Nicht Vergeltung, sondern Sicherung ist mithin die Aufgabe. Und zwar Sicherung nicht durch Einwirkung auf das Publikum, sondern auf den Verbrecher selbst, um ihn von weiterem Unrechttun abzuhalten (Spezialprävention). Von diesem Standpunkt aus entwickelt Seuffert, in gedrängtester Kürze, aber unter Hervorhebung alles Wichtigen, „das Programm des Sicherungskriminalisten". Es handelt sich für ihn nicht mehr bloß um ein wissenschaftliches Glaubensbekenntnis, sondern um einen Mahnruf an den Gesetzgeber.

Diesem legislativen Programm, das sich mit dem der I.K.V. in allem wesentlichen deckte, seiner Ausführung und Durchführung, gehörte fortan Seufferts beste Arbeitskraft.

Nur einmal noch lenkte ein äußeres Ereignis sein Interesse in eine andere Bahn. Die Ermordung der Kaiserin von Oesterreich (10. September 1898) veranlaßte ihn, der Frage nach der strafrechtlichen Bekämpfung des Anarchismus seine Aufmerksamkeit zu widmen. Zunächst dachte er nur an einen größeren Zeitungsartikel. Aber die einmal begonnene Arbeit führte ihn immer weiter. Die Frucht seiner Studien war das 1899 (bei Otto Liebmann in Berlin) erschienene, 219 Seiten umfassende Buch: „Anarchismus und Strafrecht". Es schildert uns das „Wesen und Walten des Anarchismus" und die zu seiner Bekämpfung in den verschiedenen Ländern erlassenen Strafbestimmungen. Es prüft die Waffen, die das geltende deutsche Recht der Staatsgewalt verleiht, und mündet, nach einer Hervorhebung der Mängel und Lücken der deutschen Gesetzgebung, in einen ausführlichen, 24 Paragraphen umfassenden Gesetzesvorschlag aus. Es ist hier nicht der Ort, zu diesen Vorschlägen Stellung zu nehmen. Aber es sei ausdrücklich hervorgehoben, daß die ganze Schrift nichts ist, als die Anwendung der kriminalpolitischen Grundsätze, denen der Verfasser huldigte, auf ein besonderes Problem. Wesen und Zweck der Strafe überhaupt, die Wirksamkeit der einzelnen Strafarten, die Unzweckmäßigkeit der milderen Behandlung von Versuch und Beihilfe, die Ueberschätzung des äußeren Erfolgs — alle die Fragen, die Seufferts gesamtes Denken erfüllten, werden an der Hand des Sonderproblems aufs neue geprüft und entschieden. Durch die Sorgfalt in der Beschaffung des schwer zugänglichen Materials, durch die Schärfe in der Auslegung und Kritik des geltenden Rechts, durch die Klarheit und Einfachheit der Darstellung reiht sich auch diese Schrift würdig an das oben erwähnte System der deutschen Strafgesetzgebung.

Das Schwergewicht von Seufferts Wirken aber ruht während dieser ganzen Zeit in seiner Tätigkeit für die I.K.V. Er war eines ihrer angesehensten, und sicher das von allen am meisten verehrte Mitglied. Die deutsche Landesgruppe verdankt ihm ihre schönsten Erfolge. Den Eindruck, den er hier hinterlassen hat, kann ich nicht besser schildern, als mit den Worten v. Lilienthals: „Wer je das Glück gehabt hat, ihn als Redner zu hören, dem wird die Erinnerung daran unvergeßlich sein. Ohne rhetorischen Aufputz, schlicht und einfach, aber von einem inneren Feuer wahrer Begeisterung und tiefernster Ueberzeugung durchglüht, gingen seine Worte zu Herzen und schlugen alle Hörer in den Bann der lebensvollen Individualität des Sprechers, dem es allezeit um die Sache und niemals um seine Person zu tun war, der es in heiligem Eifer dem Jüngsten gleichtat und doch niemals die Besonnenheit des reifen Mannes vermissen ließ, dessen gütiges Herz stets auch dem Gegner volle Anerkennung entgegenbrachte, und dessen schärfster Angriff darum niemals verletzte."

Innerhalb der deutschen Landesgruppe der I.K.V. trat die führende Stellung Seufferts von 1895 ab deutlich hervor. Schon für die vierte Versammlung der Landesgruppe, die im Jahre 1895 zu Gießen abgehalten wurde, hatte Seuffert über das Thema: „Das bei einer Revision des Reichsstrafgesetzbuchs zu Grunde zu legende Strafensystem" eine Reihe von Thesen vorgelegt (Mitteilungen, V 381), die eine nach allen Richtungen erschöpfende Ausgestaltung der Schutzstrafe enthielt. Der Gegenstand gelangte jedoch nicht mehr zur Verhandlung und wurde auf die Tagesordnung der nächsten Versammlung gesetzt. Für diese, die in Heidelberg 1897 stattfand, lag eine mit einer Begründung versehene Neubearbeitung der Seuffertschen Thesen vor. Die Verhandlung ergab eine tiefgehende Meinungsverschiedenheit zwischen dem Referenten Seuffert und dem Korreferenten Krohne und zeigte überdies, daß die Entscheidung über die weitreichende Frage noch lange nicht spruchreif vor. Wenn schließlich doch eine Anzahl von Leitsätzen einstimmig oder mit großer Mehrheit angenommen wurde, so konnte dieser etwas gekünstelten Ueberbrückung der Gegensätze wesentliche Bedeutung nicht beigelegt werden.

Einen vollen und entscheidenden Sieg erfocht Seuffert dagegen auf der 7. und 8. Generalversammlung. Bereits für die 7. Versammlung hatte er neun Thesen vorgelegt, von denen je drei die durch den Erfolg qualifizierten Delikte, den Versuch und die Teilnahme betrafen, die aber alle miteinander durch den gemeinsamen Gedanken verknüpft waren, daß an die Stelle der Erfolgshaftung die Schuldhaftung zu treten habe. Der wesentliche Inhalt dieser Thesen, die nicht nur für Seufferts wissenschaftliche Grundanschauung kennzeichnend, sondern auch für die Weiterentwicklung der deutschen Gesetzgebung von größter Bedeutung sind, geht dahin:

I. Die Abstufung der Strafen nach dem Erfolg ohne Rücksicht auf das Verschulden ist zu verwerfen. Insbesondere ist eine Straferhöhung wegen schwerer Körperverletzung oder wegen tödlichen Verlaufs einer Verletzung nur dann zu rechtfertigen, wenn diese Folgen vom Täter vorausgesehen werden konnten.

II. Die Strafermäßigung bei Versuch steht, bis zu einer bestimmten Grenze, in dem Ermessen des Richters. Der Versuch mit abergläubischen oder andern nicht ernst zu nehmenden Mitteln bleibt als solcher straflos.

III. Die Teilnehmer trifft grundsätzlich dieselbe Strafe wie den Täter. Die Gerichte sind ermächtigt, die Strafe des Gehülfen herabzusetzen. Mißlungene oder erfolglose Anstiftung ist nur in den durch das Gesetz bestimmten Fällen strafbar.

Auf der Versammlung zu Straßburg im Jahre 1900 (Mitteilungen, IX 108) und der zu Bremen im Jahre 1902 (Mitteilungen, X 448) hat Seuffert seine Thesen in zwei anderthalbstündigen Vorträgen gerechtfertigt, die zu den glänzendsten Leistungen auf diesem Gebiete gehören. Ohne jede Spur von Ermüdung folgten die Zuhörer den Auseinandersetzungen des Redners, die sich mit den schwierigsten Problemen des Strafrechts befaßten. Wir alle, die wir damals anwesend waren, standen unter dem Zauber des Mannes, der uns die in einem arbeitsreichen Leben errungene Ueberzeugung in warmen, aber durchaus schlichten, jedes Pathos vermeidenden Worten entwickelte. Der Vortrag in Bremen zumal enthält ein wissenschaftliches Glaubensbekenntnis, so bestimmt und zugleich so bescheiden, wie es wohl selten ein Lehrer des Rechts auf einer juristischen Versammlung ausgesprochen hat.

„Aufgewachsen bin ich mit dem Vergeltungsgedanken. Meine Breslauer Rektoratsrede hat ihm noch Rechnung getragen. Das Vergeltungsbedürfnis war überwunden, als ich elf Jahre später die Bonner Rektoratsrede hielt. Gerechtigkeit ist noch heute meine Göttin. . . . . . Aber ich suche nicht mehr Ausgleichung oder Vergeltung für das Verbrechen mit der staatlichen Strafe."

„Ich suche sie nicht, weil die Vergeltungsstrafe die Bedingungen meines Daseins und meines Wohlergehens nicht erhöht. Das freilich ist Empfindungssache . . . . ."

„Ich suche aber Ausgleichung und Vergeltung auch deshalb nicht, weil ich auf Grund von Erfahrung und Beobachtung überzeugt bin, daß ich sie nicht finden kann." Wir können nicht vergelten, weil uns der Maßstab fehlt, weil bei unserer Erwiderung „eine tastende Empfindung ein Zufallswerk verrichtet . . . . ."

„Wir können nicht vergelten, weil wir den Anteil nicht messen können, den der einzelne an seinen Taten hat . . . . Wir können auch das Strafübel nicht wägen, das — äußerlich gleich — den einen schwer, den anderen leicht trifft. . . . Ich halte den Glauben der Menschen, daß sie mit der Strafrechtspflege vergeltende Gerechtigkeit üben, für eine Selbsttäuschung, an der ich nicht teilnehmen möchte."

Aber nicht nur wegen dieser allgemeinen Einleitung und auch nicht nur wegen der besonderen Ausführungen über den Versuch möchte ich allen Freunden des Verstorbenen und allen Vertretern unserer Wissenschaft das Bremer Referat von Seuffert zum eindringlichen Studium empfehlen, sondern ganz besonders wegen der darin enthaltenen wertvollen und durchaus eigenartigen Fingerzeige, die Seuffert den Gesetzgebern aller Länder gibt. Es ist ein goldenes Wort, das er dem „freien wissenschaftlichen Komitee" als Leitsatz hinterlassen hat: „Der allgemeine Teil soll die Ergänzung des speziellen und nicht der spezielle die Entwicklung des allgemeinen sein" (S. 456). Und das gleiche gilt von der Bemerkung, daß der Gesetzgeber bei Fassung der Tatbestände stets die Erwägung sich vor Augen halten soll, in welcher Weise auf Grund dieses Tatbestandes die Schuldfrage im Richterkollegium oder im schwurgerichtlichen Verfahren zu stellen sei.

In Straßburg fand eine Beschlußfassung nicht statt. In Bremen einigte sich die Versammlung auf die folgenden Thesen, die (unter Ausscheidung der Frage des untauglichen Versuchs) den Anträgen Seufferts entsprachen:

1) Die Aufnahme einer Versuchsdefinition in das Strafgesetzbuch ist wünschenswert.
2) Diese Definition hat sich von dem überlieferten „Anfang der Ausführung" frei zu machen.
3) Der Versuch ist nur in denjenigen Fällen strafbar, in welchen das Gesetz dieses bestimmt.
4) Die Strafbarkeit des Versuchs ist grundsätzlich dieselbe, wie die der Vollendung, vorbehaltlich einer zu begrenzenden richterlichen Ermäßigungsbefugnis.
5) Bei Versuchsreue tritt Straflosigkeit ein für diejenigen Beteiligten, die sie betätigt haben.

Die Thesen über die Teilnahme sollten auf der Jahresversammlung von 1903 beraten werden. Unter Seufferts Führung wäre es auch in dieser Frage zu einer Verständigung gekommen. Dann hätte Seuffert mit gerechter Befriedigung sich sagen können, daß er in der wichtigsten Frage der Strafgesetzgebung: „Erfolgshaftung oder Schuldhaftung“ eine entscheidende Wendung der Anschauungen bewirkt habe. Auch dieser abschließende Erfolg ist ihm versagt geblieben. Aber seine Anregung wird weiter wirken und früher oder später den von ihm vertretenen Gedanken die allgemeine Anerkennung erringen.

Zwischen die beiden Versammlungen der deutschen Landesgruppe der I.K.V. fällt der Vortrag, den Seuffert am 16. März 1901 in der Gehestiftung zu Dresden gehalten hat (Dresden, bei v. Zahn und Jaensch 1901 erschienen). Er trägt den Titel: „Die Bewegung im Strafrecht während der letzten dreißig Jahre“ und läßt dem Fernerstehenden den Verfasser in einem ganz neuen Licht erscheinen. Auf all den weiten Gebieten des Strafrechts, so führt der Verfasser aus, herrscht lebhafte Bewegung. So in der Rechtspflege insbesondere durch die Neigung zu stärkerer Kriminalisierung; so in dem Strafvollzugswesen, wo die erfahrenen Leiter der Strafvollstreckung an der Spitze der Bewegung stehen; so in der Strafrechtswissenschaft, wo die Realpolitiker mit den Anhängern der Vergeltungsidee im Kampf liegen. Von diesen vielfachen Bewegungen will der Redner nur zwei zum Gegenstand seiner Erörterung machen: die Kriminalität des Volkes und die „kriminelle Reizbarkeit“ des Publikums. Der Vortrag bringt in seinem ersten Teil in übersichtlicher und vielfach anregender Gestalt die Ergebnisse der Kriminalstatistik. Der zweite Teil behandelt die „kriminelle Reizbarkeit“ und erläutert einen von Seuffert neu aufgestellten Begriff. Er versteht darunter das gesteigerte Verlangen nach strafrechtlicher Verfolgung. Als Beweis für die kriminelle Nervosität unserer Tage führt der Redner verschiedene Tatsachen an. So, daß die Staatsanwaltschaft in mehr als 50 Proz. der Fälle (jährlich also in mehr als 300 000 Fällen) die Strafanzeigen und Anträge zurückweist oder das von ihr eingeleitete Verfahren einstellt; daß die Beleidigungsklagen, sowie die Anträge und Klagen bei leichten Körperverletzungen wesentlich zugenommen haben. Insbesondere wird auch darauf hingewiesen, daß das Attentatsjahr 1878 die Zahl der Majestätsbeleidigungsprozesse um mehr als das 13-fache vermehrt und auf die Höhe von 1994 Prozessen gebracht hat.

„Aus der erhöhten Reizbarkeit im Publikum heraus hat ein Denunziant dem andern die Klinke an der Tür der Staatsanwaltschaft in die Hand gedrückt.“ Auch die große Zahl der an den Reichstag gerichteten Petitionen auf strafrechtliche Behandlung von wirklichen oder vermeintlichen Schäden des Volkslebens weist auf diese Reizbarkeit des Publikums hin. „Der ganze Zug unserer Zeit geht nach Staatshülfe. Und überall soll die Strafhülfe im Hintergrund stehen. Das ist keine erfreuliche Erscheinung! Die Strafe soll Arznei sein gegen Schädlichkeiten, die das Gemeinwohl bedrohen! Im Uebermaß angewendet wird die Strafe Gift!“

Wer Seufferts Entwicklungsgang verfolgt hat, der weiß auch, daß die Beschäftigung mit der Kriminalätiologie und ganz besonders mit der Kriminalstatistik ihm schon seit zwanzig Jahren am Herzen lag. Stier-Somlo teilt uns mit, daß Seuffert in den letzten Jahren sich mit umfassenden kriminalstatistischen Untersuchungen abgegeben habe und daß nur ein verhältnismäßig kleiner Teil dieser Forschungen in dem Dresdner Vortrag zur Verwertung und Veröffentlichung gelangt ist. Diese Mitteilung, die ich zu überprüfen nicht in der Lage bin, hat viel innere Wahrscheinlichkeit für sich. Sie zeigt uns aber zugleich, daß auch auf diesem Gebiete Seufferts früher Tod uns um manche langsam heranreifende Frucht seiner rastlosen Arbeit gebracht hat.

Ich komme zu der letzten schriftstellerischen Arbeit Seufferts, zu seinem im Herbst 1902 (in München bei C. H. Beck) erschienenen Buch: „Ein neues Strafgesetzbuch für Deutschland“ (87 Seiten).

Es könnte den Anschein haben, als stände die Veröffentlichung dieser Schrift im schroffsten Widerspruch zu den Worten, mit welchen Seuffert im März 1901 seinen Dresdner Vortrag geschlossen hatte: „Für die große Strafrechtsreform erscheint mir die Jetztzeit nicht günstig“. In der Tat haben Freunde wie Gegner die Tragweite dieses Satzes überschätzt. Seuffert selbst hatte ihn schon auf der Versammlung zu Straßburg im Jahre 1900 dahin eingeschränkt: „Aber für die Vorbereitung des neuen Gesetzeswerkes, da ist kein Tag zu früh“; und er hat diesen

Satz in Bremen ausdrücklich wiederholt (Mitteilungen X 448). Und auch hier hat er sich nicht damit begnügt, eine Anregung zu geben, sondern sofort selbst mit Hand angelegt, um die Vorarbeiten in Gang zu bringen. So enthält die letzte Schrift zugleich das kriminalpolitische Testament Seufferts. Als hätte er den herannahenden Tod geahnt, hat er in diesem Buch noch einmal die Summe seiner Erfahrungen und Ueberzeugungen gezogen, und die Grundzüge der Reform, die er immer und immer wieder auf das Gewissenhafteste überprüft hatte, nicht nur den Fachgenossen, sondern dem ganzen deutschen Volk (S. 2) übergeben. Das Buch zerfällt in 26 kurze Abschnitte, die in durchsichtiger Klarheit und in vollendeter Darstellung die Gedanken des Verfassers zusammenfassen. Eine kurze Inhaltsangabe muß an dieser Stelle genügen. Auf diese aber möchte ich nicht verzichten; läßt sie uns doch das ganze Lebenswerk des Verstorbenen vor die Seele treten.

I. Das Ziel der Strafe: in der Hauptsache dem Bremer Vortrag vom April 1902 entnommen. „Das Ziel aber, das ich anstrebe, wenn ich die Grundsätze für die Strafrechtsreform erörtere, das ist: Verminderung der Verbrechen durch Einwirkung auf die Verbrecher.“ II. Die Gesetzgebungsarbeit: ein Mann muß den Vorentwurf aus einem Guß machen: dann Prüfung durch die Oeffentlichkeit und durch eine Kommission von Sachverständigen. Die Abschnitte III (gesetzliche Strafschranken), IV (der allgemeine und der besondre Teil des Strafgesetzbuchs bei der Gesetzgebungsarbeit) und V (die Prüfung von Gesetzesvorschlägen durch Formulierung von Fragen an die Geschworenen) sind im wesentlichen dem Bremer Vortrag entnommen. VI. Die Frage der Strafbarkeit: wo man ohne Strafe auskommen kann, soll man nicht strafen. VII. Einteilung der Straftaten. Strafgesetzbuch. Polizeistrafgesetzbuch. Nebengesetze: gegen die Dreiteilung; Ausscheidung der Polizeiübertretungen; Einarbeitung der Nebengesetze. VIII. Die Zurechnungsfähigkeit: ihr Wesen liegt in der Bestimmbarkeit durch das übertretene Gesetz; Unterbringung gemeingefährlicher

Geisteskranker. IX. Die Altersstufen: Beginn der Strafmündigkeit mit dem 14. Lebensjahr; Ersetzung der „Einsicht“ bei Jugendlichen durch „Bestimmbarkeit“. X. Strafrechtsirrtum: Freisprechung bei unvermeidlicher Unkenntnis des übertretenen Gesetzes. XI. Die geminderte Zurechnungsfähigkeit: Zwischenanstalten eventuell mit Uebergang in Straf- oder Irrenanstalten. XII. Die minder schweren Fälle. XIII. Das Willensmoment: das Gesetz soll bei den einzelnen Tatbeständen ausdrücklich sagen, ob das Wissen genügt oder ob das Wollen erforderlich ist. XIV. Die Erfolgshaftung: der Erfolg darf nur in Betracht kommen, insoweit er uns ein Strafbarkeitsmerkmal in der Person des Täters offenbart, also wenn er willentlich, wissentlich oder fahrlässig verursacht wurde. XV. Die Versuchsfrage: gegen die grundsätzlich mildere Bestrafung des Versuchs. XVI. Die Teilnahme: gegen die grundsätzlich mildere Bestrafung des Gehülfen. XVII. Die Strafe im allgemeinen. Todesstrafe. Körperliche Züchtigung: gegen diese beiden besonders angeführten Strafarten. XVIII. Bodenkulturarbeiten. Deportation: die erstern werden vor der letztern empfohlen. XIX. Die Arten der Freiheitsstrafen: Einfachheit im Gesetz und Unterscheidung im Strafvollzug; Gefängnis, angelegt auf methodische Erziehung zum Normengehorsam; Haft gegen Leidenschaftlichkeit, Unbotmäßigkeit, Auflehnung, Nachlässigkeit; Arbeitshaus gegen wiederholt Rückfällige. XX. Die Ausgestaltung der Freiheitsstrafen: gegen ein Reichsgesetz über den Strafvollzug; Einzelhaft als Grundstrafe; bedingte Entlassung, bewilligt von der Gefängniskommission. XXI. Die Nachbehandlung: Wiedereinführung des Entlassenen in die Gesellschaft. XXII. Bedingte Verurteilung und bedingte Begnadigung: für reichsrechtliche Einführung der erstern, obwohl die gute Wirkung der letztern anerkannt wird. XXIII. Die Geldstrafe: Bemessung nach dem Einkommen, bei Uneinbringlichkeit Arbeitsleistung ohne Einsperrung. XXIV. Die Rückfälligen: gegen Rückfällige Nachhaft im Arbeitshaus bis zu drei Jahren, bei wiederholt Rückfälligen bis zu zehn Jahren. XXV. Inlandstaaten und

Auslandstaaten: Einschreiten der deutschen Staatsgewalt gegen alle Auslandstaten, durch welche deutsche Interessen berührt werden. XXVI. Schlußbetrachtung: im wesentlichen dem Bremer Vortrag entnommen.

Seuffert hat in dem Vorwort (S. 2) ausdrücklich hervorgehoben, daß er mit dem von mir an den Deutschen Juristentag erstatteten Gutachten in den meisten Punkten zusammentreffe. Das ist zweifellos richtig und trifft insbesondere bezüglich der Behandlung der Erfolgshaftung sowie des Versuchs und der Teilnahme zu. Ich möchte aber meinerseits nicht unterlassen, ausdrücklich hervorzuheben, daß Seufferts Vorschläge fast das gesamte Gebiet des „Allgemeinen Teils" umfassen und daher viel weiter gehen, als die von mir in meinem Gutachten gegebenen Anregungen. Sein Buch enthält tatsächlich das vollständigste Reformprogramm, das bisher aufgestellt worden ist. Fast alle einzelnen Vorschläge, von denen die wichtigeren in die greifbare Gestalt von Gesetzesparagraphen gebracht sind, hat Seuffert bereits früher gemacht und begründet. Es handelt sich also nicht um eine jener zahlreichen kriminalpolitischen Arbeiten, die augenblicklicher Eingebung oder einem flüchtigen äußern Anlaß entspringen, sondern um die Ergebnisse der durch fast zwei Jahrzehnte hindurch fortgesetzten, immer wieder aufs neue überprüften Untersuchungen. Wer Seufferts Schriften genau kennt, vermag fast jeden einzelnen Leitsatz zurückzuverfolgen bis auf sein erstes Auftauchen. Und nur wer das tut, dem eröffnet sich der Einblick in das innerste Wesen des Verstorbenen.

Den Kriminalpolitiker Seuffert haben diese Zeilen unsern Lesern in seinem ganzen Entwicklungsgange ins Gedächtnis zurückrufen wollen. Diese Beschränkung der Aufgabe findet nicht nur in dem engern Rahmen ihre Rechtfertigung, der den Darstellungen einer Fachzeitung gezogen ist. Sie hat ihren tieferen Grund in der Erkenntnis, daß gerade Seufferts kriminalpolitische Wirksamkeit ihm einen dauernden Platz in der Geschichte unseres deutschen Volkes sichert. Was er seinen Freunden gewesen ist, wird in deren dankerfüllten Herzen in treuer Erinnerung fortleben. Und über seine Tätigkeit als Lehrer können seine Bonner

Kollegen bessere Auskunft geben, als ich das vermöchte. Es sei mir daher gestattet, hier Zitelmann für mich sprechen zu lassen. Bei der Trauerfeierlichkeit am 27. November hat Zitelmann als Rektor der Universität Seufferts Lehrtätigkeit mit folgenden Worten geschildert:

„Jeder weiß es: er war ein geborener Lehrer. Mit nie ermüdender Treue bereitete er Vorlesungen wie Uebungen vor. Jedem seiner Studierenden widmete er einzeln und persönlich Aufmerksamkeit. Mit fast übergroßer Gewissenhaftigkeit suchte er die Verdienste derer, die unter seiner Anleitung arbeiteten, abzuwägen; immer und immer wieder beschäftigte er sich mit dem Gegenstand seiner Vorlesungen und Uebungen. Bis zum letzten Sommer hat er nicht aufgehört, weiter an ihnen zu arbeiten, wo andere schon längst mit fertigem Ergebnis abgeschlossen hätten. .... Nie war er ein Fertiger, nie hat er aufgehört, wie ein rechter Lehrer so auch ein rechter Lernender zu sein. .... Nur wenige Tage lang vor seinem Tode hat er seine Lehrtätigkeit ausgesetzt, er starb wie ein Soldat auf dem Schlachtfeld, mitten in der Ausübung seines Berufes."

Und wie die Kollegen über ihn dachten, das zeigt die zweimal, in Breslau wie in Bonn, erfolgte Berufung zu der höchsten Ehre, die der Lehrkörper einem der Seinigen zu verleihen vermag: im Jahre 1885 wie im Jahre 1896 hat er das Rektorat bekleidet.

Dennoch glaube ich, daß Seufferts innerstes Wesen nirgends so klar zu Tage tritt, als gerade in seiner kriminalpolitischen Tätigkeit. Und darum möchte ich auf sie noch einmal zurückkommen.

Zwei Züge scheinen mir die Eigenart Seufferts als kriminalpolitischen Fachmanns zu kennzeichnen. Der eine, das ist die selbstlose Hingabe an die Sache. Aus ihr entsprang das unabläßliche Suchen nach der Wahrheit, das Ringen nach Erkenntnis, die Treue im Kleinen und der Drang nach Zusammenfassung, Ordnung, Weiterbildung des Erkannten; aus ihr aber auch die vornehme Milde, die liebenswürdige Bescheidenheit, die Herzensgüte im Verkehr mit den Arbeitsgenossen. Niemals hätte Seuffert es vermocht, die Person über die Sache zu stellen, im eignen Interesse die erkannte Wahrheit zu verschweigen oder in eitler Selbstbespiegelung sich der Erkenntnis der Wahrheit zu verschließen. Der andre Zug aber, der ihn kennzeichnet, das ist der Drang nach praktischer Verwirklichung des von ihm als richtig Erkannten. Hat Seuffert den richtigen Rechtssatz gefunden, so muß er ihn sofort in die Gestalt von Gesetzesparagraphen gießen; und bei der Fassung der Gesetzesvorschläge denkt er sogleich daran, ob sie auch im Strafverfahren, insbesondere bei der Fragestellung an die Geschworenen, sich bewähren werden. Dieser Wesenszug ist es, der Seuffert in die Reihen der modernen Kriminalpolitiker führen mußte. Für ihn hatte die juristische Konstruktion nur Wert durch ihre Eignung, dem Rechtsleben zu dienen; der Formalismus war seiner innersten Natur zuwider, und trotz jahrelangen Bemühens (seine Briefe an mich beweisen das) ist es ihm nicht gelungen, zu seinen typischen Erscheinungen innerlich Stellung zu gewinnen. Derselbe Zug seines Wesens führt ihn zu dem unausgesetzten Kampf gegen die Vergeltungsstrafe. Sein tief ethisches Empfinden verlangte nach Einklang zwischen Ethik und Strafrechtspflege; und der Gedanke, daß sterbliche Menschen das Schwert Gottes führen und über ihre Brüder Vergeltung üben sollten, verletzte ihn in seinem tiefsten Innern. Wie v. Lilienthal es ausdrückt: „Er mochte dem Staat nicht zumuten, was ihn im Privatleben sein ethisches Empfinden verabscheuen ließ.“ Aber bei dieser Abwehr des Vergeltungsgedankens konnte es nicht bleiben; den Einklang konnte ihm nur die positive Fassung geben. Nach ihr ringt er in unausgesetzer Arbeit. Und er glaubt sie endlich gefunden zu haben in dem schlichten Satz: „Verminderung der Verbrechen durch Einwirkung auf den Verbrecher.“

Gerade den Kriminalpolitiker scheint mir der Nachruf in der „Bonner Zeitung“ nicht richtig gewürdigt zu haben. Es ist nicht bloß die Herzensgüte, die seine Reformvorschläge bestimmte. Und es ist ganz falsch, zu sagen, Seuffert habe die ganze Strafvollstreckung unter das Zeichen der Besserung stellen wollen. Gewiß, solange die Besserung noch möglich ist, soll nach Seufferts Grundauffassung die Strafe das Ziel der Besserung mit aller Folgerichtigkeit verfolgen. Aber wo sie ausgeschlossen erscheint, da tritt die Sicherungsstrafe, oder sagen wir lieber, die Ausscheidungsstrafe, in ihr volles Recht. Aus Seufferts Vorschlag spricht wahrhaftig nicht der schwache Schwärmer, der sentimentale Menschheitsbeglücker; keiner hat mit größerer Bestimmtheit als er den Schutz der Gesellschaft gegen die wiederholt Rückfälligen verlangt. Wer das Gegenteil behauptet, der kennt weder Seufferts Schriften, noch die strafrechtliche Reformbewegung überhaupt.

In den beiden von mir hervorgehobenen Zügen lag Seufferts Anspruch begründet, bei der Neugestaltung unserer Strafgesetzgebung die leitende Rolle zu übernehmen. Stets hat er als wissenschaftlicher Forscher für den Gesetzgeber gearbeitet; die legislative Technik hat sein Interesse mehr und mehr in Anspruch genommen; seine Vorschläge haben zum größeren Teil bereits die Form von Gesetzesparagraphen.

Durch die reine Sachlichkeit seines Urteils aber war zugleich die Gewähr dafür geboten, daß ein auf gegenseitiger Achtung beruhendes Zusammenwirken von Männern verschiedener Richtungen möglich werde. Er hätte es verstanden, die sachlichen Gegensätze des persönlichen Einschlags zu entkleiden, Empfindlichkeiten zu schonen, durch das Beispiel seiner Vornehmheit das Vordringen kleinlicher Eitelkeit im Keim zu ersticken. Es war daher begreiflich, daß, als die erste Vorbesprechung stattfand, die in ihrem Verlauf zur Einberufung des „freien wissenschaftlichen Komitees" führte, auf Seufferts Mitwirkung von allen Seiten das größte Gewicht gelegt wurde. Mit lebhafter Freude hat auch er selbst seine Einberufung begrüßt. Bis in die letzten Tage hinein hat er gehofft, ihr Folge leisten zu können. Es ist ihm und uns nicht beschieden gewesen.

In seinem Bremer Vortrag sprach Seuffert von der Möglichkeit, den Versuchsbegriff überhaupt aus dem Allgemeinen Teil des Strafgesetzbuchs auszumerzen. Der Gedanke hat ihn so lebhaft interessiert, daß er es, in der Anlage zu seinem Vortrag (Mitteilungen X 481), sogar versuchte, die Abschnitte über Tötung und Körperverletzungen so umzuarbeiten, daß dabei der Versuchsbegriff entbehrlich sei. Er fügte diesem angedeuteten Vorschlage die Worte hinzu: „Doch das sind Zukunftsgedanken, auf die man vielleicht bei der übernächsten Revision des Strafgesetzbuchs zurückkommen wird. Ich bedauere, daß ich nicht mehr dabei sein kann."

Keiner von uns hat in jenen Tagen wohl geahnt, daß die tödliche Krankheit dem arbeitsreichen und hoffnungsfrohen Leben bereits das Ziel gesetzt hatte, daß Seuffert nicht erst bei der übernächsten, sondern schon bei der nächsten Revision uns fehlen würde. Mit tiefem Schmerz haben wir uns in das Unabänderliche zu fügen. Den Angehörigen und den Freunden des Verstorbenen mag ein versöhnender Gedanke vor die Seele gerufen werden: wenn Seuffert auch das gelobte Land, nach dem er sein Leben lang gestrebt, nicht mehr betreten hat — sein brechender Blick hat es gesehen, er ist von uns geschieden in der festen Zuversicht, daß die Arbeit seines Lebens früher als er selbst noch vor Jahr und Tag es erwartete, seinem Volke zu gute kommen werde. Daß er selbst dabei mitwirken werde, wie er annehmen durfte, das war eine Täuschung; aber es hat ihm die letzten Lebenstage verklärt, und dafür wollen wir dem Schicksal danken. Ihm aber, dem Verstorbenen, danken wir für das Vermächtnis, das er uns hinterlassen hat: für sein mahnendes Beispiel. In seinem Sinne wollen wir nach seinem Ziele streben: in selbstloser Sachlichkeit mit willensstarker Tatkraft wollen wir arbeiten an dem Werke seines Lebens, an der Umgestaltung unserer Strafgesetzgebung auf der Grundlage einer von den Schlacken des mosaischen Vergeltungsgedankens gereinigten, das Recht mit der Sittlichkeit versöhnenden Anschauung.

33. Der strafrechtliche Schutz gegen Gesundheitsgefährdung durch Geschlechtskranke.

Ein Gutachten.

(Zeitschrift für Bekämpfung der Geschlechtskrankheiten, Bd. I 1 [1903].)

I. Die Aufgabe.

I. Es kann nicht die Aufgabe eines juristischen Gutachtens sein, die verhängnisvolle Bedeutung klarlegen zu wollen, welche die Verbreitung der venerischen Krankheiten für das Volksleben aller Kulturstaaten und leider gerade auch für das deutsche Volksleben gewonnen hat. Diese Bedeutung wird heute wohl auch von keiner Seite bestritten. Unter den Staaten, deren Regierungen dem Problem der Bekämpfung der Geschlechtskrankheiten ihre Aufmerksamkeit zugewendet haben, stehen das Deutsche Reich und Preußen mit an erster Stelle. Für sie bedarf die Frage, ob das Bedürfnis nach staatlichem Eingreifen vorliegt, einer Erörterung überhaupt nicht mehr.

Die Aufgabe des Kriminalisten kann vielmehr nur darin bestehen, daß er als technischer Sachverständiger die Frage prüft, welche Rolle die staatliche Strafe in dem System der präventiven und repressiven Kampfmittel gegen die venerischen Krankheiten zu spielen berufen ist.

Aber auch diese Fassung der Aufgabe bedarf noch einer weiteren Einschränkung. Das umfassende und schwierige Problem der Prostitution scheidet aus dem Umkreis der hier anzustellenden Erörterung völlig aus. Dieser Frage gegenüber spielt das Strafrecht eine durchaus nebensächliche Rolle. Ob die Prostitution überhaupt, ob sie unter gewissen Voraussetzungen zu bestrafen sei, ist an dieser Stelle mithin nicht zu untersuchen.

Die Frage ist vielmehr lediglich dahin zu stellen, ob

gegenüber den Gefahren, welche dem Gesunden aus dem Verkehr mit an Geschlechtskrankheiten leidenden Personen drohen, ein über das geltende deutsche Reichsrecht hinausgehender Strafschutz wünschenswert und durchführbar ist.

Um diese Frage überzeugend beantworten zu können, ist ein Doppeltes erforderlich. Es muß zunächst durch eine eingehende rechtsvergleichende Untersuchung eine möglichst breite Grundlage für legislative Vorschläge gewonnen werden. Es ist aber weiter auch notwendig, daß der Zweck, den die neuen Strafdrohungen erreichen sollen, in voller Klarheit erkannt werde, damit ein sicherer Maßstab für Art und Maß der anzudrohenden Strafe gefunden werden kann.

II. Die geschichtliche Entwicklung, welche die Literatur der hier zu untersuchenden Frage in den letzten Jahren genommen hat, vor allem der Gang der Erörterungen des zweiten Kongresses in Brüssel (1902), legt ein Mißverständnis nahe, vor dem von allem Anfang an gewarnt werden muß, soll nicht die ganze Untersuchung in eine falsche Bahn gedrängt werden. Es könnte den Anschein haben, als gebühre das Verdienst, die Frage in Fluß gebracht und zuerst den Begriff des „délit de contamination" aufgestellt zu haben, den Franzosen, namentlich dem Doktor Fiaux. Diese Auffassung der Sachlage wäre verfehlt. Es ist zwar in dankbarer Anerkennung zugegeben, daß die französische Gruppe der „Fédération abolitionniste internationale" die Frage aufgeworfen und mit großer Entschiedenheit auf den Kongressen zu Lyon (1901) und Paris (April 1902) behandelt hat. Dieser Anregung ist auch der internationale Kongreß zur Bekämpfung der Syphilis und der venerischen Krankheiten (Conférence internationale pour la prophylaxie de la syphilis et des maladies vénériennes), der im September 1902 zu Brüssel zusammentrat, gefolgt. Er hatte auf die Tagesordnung die Frage gesetzt: „Y a-t-il lieu d'appliquer les principes de la responsabilité civile et pénale à la transmission des maladies vénériennes?" Aber obwohl dem Kongreß eine Anzahl von Gutachten über diese Frage vorgelegen hat, ist es doch, soviel ich sehen kann, zu einer Beschlußfassung nicht gekommen. Und man wird kaum Bedauern darüber empfinden können, daß es bei diesem negativen Ergebnis geblieben ist. Denn in der Tat ist der französische Einfluß für die klare Erfassung des Problems nicht vorteilhaft gewesen.

Zwei Fehler sind es vor allem, die von den französischen Bearbeitern des Themas begangen worden sind.

1) Sie haben übersehen, daß die Herbeiführung einer Infektion schon nach dem geltenden Recht der meisten Staaten strafbar ist, daß es also in dieser Beziehung der Schaffung eines neuen Deliktbegriffes nicht bedarf.

2) Fiaux hat sich darauf beschränkt, die Minderjährigen unter 21 Jahren gegen Infektion zu schützen, indem er von der angeblichen Erfahrungstatsache ausgeht, daß die große Mehrzahl der Infektionen in diesem Lebensalter erfolgt. Zu dieser Beschränkung liegt aber ein ausreichender Grund um so weniger vor, als nach den deutschen Untersuchungen zwei Drittel aller Erkrankungen die jungen Männer in dem Alter von 20 bis 30 Jahren trifft. Der Gesichtspunkt des Jugendschutzes im Sinne der französischen Abolitionisten versagt also gerade für die große Masse der Infektionen.

Die französischen Schriftsteller wären in diesen zweifachen Fehler wohl nicht verfallen, wenn sie die Gesetzgebung und die Rechtsprechung der übrigen Länder ausreichend berücksichtigt hätten. Die Aufstellung eines besonderen „délit de contamination" ist nicht nur überflüssig, sondern auch irreführend. Denn sie verschiebt die ganze Fragestellung. Die außerfranzösische Gesetzgebung weist uns den richtigen Weg: nicht die Gesundheitsbeschädigung durch erfolgte Ansteckung, sondern die Gesundheitsgefährdung durch einen die Gefahr der Ansteckung mit sich bringenden geschlechtlichen Verkehr stellt uns den Tatbestand dar, an den die neuen Strafandrohungen des Gesetzgebers anzuknüpfen haben.

Es wird mir daher gestattet sein, in den folgenden Untersuchungen die französische Literatur der Frage beiseite zu lassen.

III. Die Gliederung der Darstellung ist durch den Stoff selbst vorgezeichnet. Es wird zunächst festzustellen sein, daß bei nachweisbar erfolgter Ansteckung die Strafdrohungen des geltenden Rechts durchaus ausreichenden Schutz gewähren. Es ist aber weiter zu zeigen, daß eine wirksame Strafdrohung gerade von der Tatsache einer erfolgten Infektion absehen muß, und daß die Fortschritte der Gesetzgebung sich auch in der Tat in dieser Richtung bewegen. Endlich muß die Frage aufgeworfen und beantwortet werden, ob die neue Strafdrohung auf den Geschlechtsverkehr des Infizierten zu beschränken oder auf andere Fälle der Gesundheitsgefährdung auszudehnen sei.

II. Die Strafbarkeit der erfolgten Ansteckung.

I. Daß eine syphilitische Infektion, mag sie durch Vollziehung des Beischlafs, mag sie auf anderem Wege herbeigeführt sein, objektiv als Körperverletzung erscheint, wird heute wohl allgemein zugegeben. Schwierigkeiten können sich nur nach jenen Strafgesetzbüchern ergeben, die den Begriff der Körperverletzung, etwa wie der Code pénal, auf „coups et blessures" beschränken. Doch hat die französische wie die belgische Praxis sich über die durch diese enge Fassung hervorgerufenen Bedenken hinweggesetzt.

Für das deutsche Recht wird, soviel ich sehen kann, an der Anwendbarkeit der §§ 223 fg. nicht gezweifelt. Schon die gemeinrechtliche Literatur hat die richtige Auffassung mit aller Entschiedenheit vertreten. Es wird hier genügen, wenn ich statt aller anderen auf Tittmanns Handbuch der Strafrechtswissenschaft verweise. Im ersten Band, der in zweiter Auflage 1822 erschienen ist, sagt der Verfasser in § 184:

„Auch in Fällen, wo jemand einem Menschen wissentlich oder vorsätzlich eine ansteckende Krankheit (Lustseuche, Krätze u. dergl.) mitteilt, kann mehrjährige Freiheitsberaubung eintreten. Besonders gehört der Fall hierher, wenn Weibspersonen, welche sich bewußt sind, mit einer ansteckenden Krankheit behaftet zu sein, mit Verschweigung oder Verheimlichung dieses Umstandes als Ammen Dienst leisten."

Auf demselben Standpunkt steht auch die gesamte neuere deutsche Literatur. Wie Binding, Olshausen, Frank und andere, habe auch ich stets die Ansicht vertreten, daß syphilitische Ansteckung als Körperverletzung zu betrachten ist. Auf dem Brüsseler Kongreß von 1902 haben sich auch Rethaan-Macaré, der niederländische Generaladvokat, und der norwegische Rechtslehrer Morgenstierne in demselben Sinne ausgesprochen.

II. Auch die subjektive Seite bietet theoretisch keine besonderen Schwierigkeiten. Die Begriffe Vorsatz und Fahrlässigkeit sind den allgemeinen Grundsätzen gemäß auch hier zur Anwendung zu bringen. War die Absicht des Täters auf Beschädigung der Gesundheit gerichtet, was freilich nur ausnahmsweise vorkommen dürfte, so liegt Vergiftung im Sinne des § 229 vor.

Auch bei eventuellem Vorsatz ist § 223 gegeben. Wer also weiß, daß er durch die Vollziehung des Beischlafs den Konkumbenten anstecken wird und diesen von ihm als möglich vorausgesehenen Erfolg billigt, haftet wegen Vorsatzes. Gerade in diesem Falle treten aber die Schwächen des Begriffs „dolus eventualis" besonders deutlich hervor. Ob der Täter den Erfolg „gebilligt", ob er ihn „eventuell gewollt" hat, läßt sich aus äußeren Umständen nur sehr schwer, wenn überhaupt, feststellen. Das Bewußtsein aber allein, geschlechtlich krank zu sein, und die Erkenntnis der Gefahr, in die der andere Teil gebracht wird, reichen nach der in der deutschen Wissenschaft und Rechtsprechung allgemein herrschenden Ansicht nicht aus, um eine Verurteilung wegen vorsätzlicher Körperverletzung zu rechtfertigen. Auf medizinischer Seite scheint man diese praktisch sehr wichtige Einschränkung nicht immer richtig zu würdigen. Aber auch die Ausführungen von Rethaan-Macaré auf dem Brüsseler Kongreß müssen in dieser Beziehung als sehr bedenklich bezeichnet werden; und seine Bezugnahme auf die von Frank und mir vertretene Ansicht ist entschieden verfehlt. Die „insouciance", wie er es nennt, reicht nicht aus, den Begriff des eventuellen Vorsatzes zu erfüllen. Wer sich um die Folgen seines Tuns nicht kümmert, handelt fahrlässig, aber, wenn nicht die Billigung des Erfolges hinzutritt, niemals vorsätzlich.

Schon diese Beweisschwierigkeit also läßt eine Bestimmung wünschenswert erscheinen, die von dem Eintritt eines vorsätzlich oder fahrlässig herbeigeführten Erfolges absieht.

III. Dazu tritt aber entscheidend die weitere Schwierigkeit, die der Nachweis des Kausalzusammenhanges mit sich bringt. Um die Paragraphen über Körperverletzung anwenden zu können, muß der Ankläger nachweisen, daß die Infektion gerade durch den Beischlaf mit dem Angeklagten verursacht worden ist. Dieser Nachweis wird zunächst durch die lange Inkubationsdauer bei venerischen Infektionen besonders erschwert. Bis zum Ausbruch der Krankheit hat der Infizierte vielleicht mit einer ganzen Reihe von Personen geschlechtlich verkehrt. Wie soll da in einwandfreier Weise festgestellt werden, daß gerade dieser und nicht ein anderer Geschlechtsverkehr die Ursache der Ansteckung gewesen ist? Es kommt ein weiterer Umstand hinzu. Die wissenschaftliche Untersuchungen der neuesten Zeit haben den Nachweis erbracht, daß die Fälle, in denen die Infektion auf anderem Wege als durch geschlechtlichen Verkehr herbeigeführt wird, also die Fälle der „Syphilis insontium", viel häufiger sind als bisher angenommen zu werden pflegte. Wird dem Sachverständigen die Frage vorgelegt, ob der Kausalzusammenhang zwischen der Infektion und einem bestimmten Geschlechtsverkehr festgestellt sei, so wird er meist mit einem non liquet antworten müssen, das die Freisprechung des Angeklagten zur notwendigen Folge hat. Wie groß ist doch die Zahl der Möglichkeiten, daß auf irgend einem anderen Wege als durch Vollziehung des Beischlafs mit dem Angeklagten die Erkrankung herbeigeführt worden ist!

In dieser doppelten Beweisschwierigkeit liegt wohl auch der Grund dafür, daß die Strafbestimmungen über Körperverletzung in den uns interessierenden Fällen so überaus selten zur Anwendung gelangen.

Daraus folgt: der Gesetzgeber, der der Verbreitung der venerischen Krankheiten entgegentreten will, muß von dem Erfordernis einer erfolgten Infektion gänzlich absehen und den geschlechtlichen Verkehr einer infizierten Person als solchen unter Frage stellen.

IV. Aber noch ein anderes ist zu betonen.

Ist die Auffassung richtig, die auf den Fall der erfolgten Ansteckung die Bestimmungen über Körperverletzung anwenden will, so kann es kaum eine verkehrtere Maßregel geben, als Sonderstrafdrohungen gegen die Ansteckung aufzustellen. Sie werden stets, wie sie auch gefaßt sein mögen, Verwirrung in den Zusammenhang der Strafbestimmungen bringen und der Rechtsprechung die größten Schwierigkeiten bereiten. Ich halte daher auch die Bestimmung des finländischen Strafgesetzbuchs, auf die bei den Beratungen der sogen. lex Heinze in den Reichstagkommissionen mehrfach Bezug genommen worden ist, für durchaus verfehlt. Sie lautet:

Finland St.G.B. vom 19. Dezember 1899.

Kap. XX. § 13. „Wer eine an ihm haftende venerische Krankheit durch Beischlaf wissentlich auf einen anderen überträgt, wird mit Zuchthaus oder Gefängnis bis zu zwei Jahren bestraft."

Der Entwurf hatte den richtigen Standpunkt vertreten und wesentlich weitergehend, den Beischlaf eines Infizierten an sich unter Strafe gestellt.

Dieselben Bedenken gelten selbstverständlich in erhöhtem Maße gegenüber denjenigen Gesetzen, welche nur die von einer Dirne ausgehende Ansteckung mit einer besonderen Strafe belegen.

III. Der Stand der Gesetzgebung.

Obwohl schon die bisherigen Betrachtungen uns auf den richtigen Weg gewiesen haben, soll doch im folgenden ohne jede vorgefaßte Meinung untersucht werden, in welcher Weise die Gesetzgebung der verschiedenen Staaten zu unserer Frage Stellung genommen hat. Neben den Gesetzbüchern selbst werden dabei gerade die nicht oder noch nicht zum Gesetz erhobenen Entwürfe Berücksichtigung finden müssen, da ja in ihnen die nach Anerkennung ringende Rechtsauffassung des Volkes sich am greifbarsten zum Ausdruck bringt.

1. Die deutsche Landesgesetzgebung bis 1870.

Nur ein kleinerer Teil der deutschen Strafgesetzbücher befaßt sich mit der „Lustseuche". Ein einheitlicher Gesichtspunkt fehlt.

1) Mehrfach finden sich Strafschärfungen gegen die syphilitisch infizierte Dirne. So in Altenburg, Baden und in dem thüringischen Strafgesetzbuch. Auch

das österreichische Strafgesetzbuch von 1852 gehört in diese Gruppe.

Altenburg 1814.

Art. 305. „Weibspersonen, welche die Unzucht als Gewerbe betreiben . . .“ Abs. 2: „Ist eine solche Weibsperson zu der Zeit des Beischlafes wissentlich mit der Lustseuche behaftet gewesen, so findet sechsmonatliche bis einjährige Arbeitshausstrafe statt.“

Baden 1845.

§ 369. „Lustdirnen, die sich preisgeben, während sie mit der Lustseuche behaftet sind, werden, auf Antrag der Polizeibehörde, mit geschärftem Amtsgefängnis, und im Falle der Wiederholung nach Verkündigung eines früheren verurteilenden Erkenntnisses, mit geschärftem Kreisgefängnis bis zu sechs Monaten bestraft.“

Thüringen.

Art. 300. „Frauenspersonen, welche den Beischlaf gewerbsmäßig betreiben, sind mit drei- bis sechswöchentlicher Gefängnisstrafe zu belegen.

Ist eine solche Frauensperson zur Zeit des Beischlafes wissentlich mit der Lustseuche behaftet gewesen, so ist auf sechswöchentliche bis einjährige Arbeitshausstrafe zu erkennen.“

Oesterreich 1852.

§ 509. „Die Bestrafung derjenigen, die mit ihrem Körper unzüchtiges Gewerbe treiben, ist der Ortspolizei überlassen. Wenn jedoch die Schanddirne durch die Oeffentlichkeit auffallendes Aergernis veranlaßt, junge Leute verführt, oder, da sie wußte, daß sie mit einer venerischen Krankheit behaftet war, dennoch ihr unzüchtiges Gewerbe fortgesetzt hat, so soll dieselbe für diese Uebertretung mit strengem Arrest von einem bis zu drei Monaten bestraft werden.“

2) Das besondere Delikt der erfolgten Ansteckung findet sich, in technisch wenig befriedigender Gestalt, in Sachsen 1855.

Art. 359. „Ist bei Ausübung des Beischlafes oder widernatürlicher Unzucht der eine Teil wissentlich mit der Lustseuche behaftet gewesen, und dadurch eine Ansteckung herbeigeführt worden, so wird er mit Gefängnis von zwei bis vier Monaten oder Arbeitshaus bis zu einem Jahre bestraft.

Das Strafverfahren. ist, wenn die Handlung, durch welche die Ansteckung bewirkt worden, schon an sich, sei es infolge eines gestellten Antrages, oder von Amtswegen, zur Bestrafung zu ziehen ist, auf die stattgefundene Ansteckung mit zu erstrecken, sonst aber wegen der letzteren nur auf Antrag einzuleiten."

In das sächsische Strafgesetzbuch von 1868 ist diese Bestimmung nicht übergegangen.

3) Dagegen kennt Oldenburg 1814 bereits den strafbaren Beischlaf eines Infizierten ohne Rücksicht auf die erfolgte Ansteckung.

Oldenburg 1814.

Art. 387. „Wer, da er wußte, daß er mit einer venerischen Krankheit behaftet war, den Beischlaf mit einer anderen Person vollzieht, soll, wenn solche Handlung nicht durch böse Absicht oder die Folgen in ein größeres Verbrechen übergegangen, auf Denunziation des angesteckten Teiles und im Falle des Art. 426 auch von Amtswegen mit Gefängnis von einem Monat bis zu einem Jahre bestraft werden."

Art. 426 bedroht die Schanddirne.

2. Die außerdeutsche Gesetzgebung.

Erste Gruppe. Ich stelle in diese alle diejenigen Gesetze und Entwürfe, welche eine besondere und zwar allgemein gehaltene Strafdrohung gegen Gesundheitsgefährdung durch den Geschlechtsverkehr infizierter Personen kennen.

a) Von den hierher gehörenden Strafgesetzbüchern ist wohl das älteste das von Schaffhausen aus dem Jahre 1859. Dieses bestimmt in § 185:

„Wer mit der Lustseuche behaftet, im Bewußtsein dieses Zustandes den Beischlaf ausübt, soll mit Gefängnis ersten Grades bis auf drei Monate bestraft werden."

b) Daran schließt sich

Dänemark St.G.B. 1866.

§ 181. „Wenn jemand, der weiß oder vermutet, daß er mit einer ansteckenden venerischen Krankheit behaftet ist, mit einer anderen Person Unzucht übt, so ist Gefängnisstrafe oder unter erschwerenden Umständen Besserungshausstrafe anzuwenden."

c) Von besonderer Wichtigkeit sind die österreichischen Entwürfe. Bereits der Glasersche Entwurf I (1874) enthielt die Bestimmung:

§ 463. „Wer mit einer venerischen oder syphilitischen Krankheit behaftet zu sein sich bewußt ist und dennoch mit Jemandem Beischlaf pflegt, ist mit Haft zu bestrafen."

Leider sind dem besonderen Teile des Entwurfs keine Motive beigegeben. Ueber die Gründe, die Glaser zu dieser Abweichung sowohl von dem geltenden österreichischen als auch von dem deutschen Recht bestimmten, erhalten wir mithin keinen Aufschluß.

In Entwurf II ist § 455 Abs. 1 gleichlautend. Absatz 2 dagegen sagt:

„Im Falle ehelichen Beischlafes erfolgt die Bestrafung nur auf Grund einer Privatklage."

Dazu Motive: „Die Ausschließung der öffentlichen Klage bezweckt die Schonung der Familienehre."

Entwurf VI (1891) § 483 wiederholt die beiden ersten Absätze des zweiten Entwurfs und fügt als dritten Absatz bei:

„Gegen die Verurteilten kann auf Anhaltung zur Arbeit (§ 13) und auf Verschärfung der Freiheitsstrafe (§ 14) erkannt werden."

Damit stimmt Entwurf VII § 477 überein.

d) Schon das norwegische Strafgesetzbuch von 1874 hatte in Kap. 18 § 30 bestimmt:

„Wer wissend, daß er mit einer venerischen Krankheit behaftet ist, mit einem andern Unzucht treibt und ihn dabei ansteckt, wird mit Gefängnis oder Strafarbeit im fünften Grade bestraft."

Auf demselben Standpunkt stand Getz noch in seinem Entwurf eines Gesetzes zur Bekämpfung der Geschlechtskrankheiten von 1893. Dagegen hebt Getz in der Begründung des Strafgesetz-Entwurfs von 1896 hervor, daß die Strafdrohung des Strafgesetzbuchs toter Buchstabe geblieben ist, und zwar aus den oben S. 474 von mir angegebenen Gründen. Es handle sich darum, den Beischlaf an sich, ohne Rücksicht auf eine erfolgte Ansteckung unter Strafe zu stellen. Demgemäß lautet § 155 des norwegischen Strafgesetzbuches vom 22. Mai 1900:

„Wer, obwohl er weiß oder vermutet, daß er an einer ansteckenden Geschlechtskrankheit leidet, durch geschlechtlichen Verkehr oder Unzucht einen andern ansteckt, oder der Ansteckung aussetzt, wird mit Gefängnis bis zu (zwei) fünf Jahren bestraft.

Gleiche Strafe trifft den, der dazu mitwirkt, daß jemand, von dem er weiß oder vermutet, daß er an einer ansteckenden Geschlechtskrankheit leidet, durch das erwähnte Verhalten einen andern ansteckt oder der Ansteckung aussetzt.

Ist der Angesteckte oder der Ansteckung Ausgesetzte der Ehegatte des Täters, so tritt die öffentliche Verfolgung nur auf dessen Antrag ein."

e) Das niederländische Strafgesetzbuch von 1881 hat keine einschlagende Bestimmung. Ein Entwurf, den der Justizminister Curt van der Linden im Jahre 1890 einbrachte, schlug folgende Strafdrohung vor:

„Wer, obwohl er weiß, daß er an einer Geschlechtskrankheit leidet, oder daß aller Wahrscheinlichkeit nach eine Ansteckung eintreten wird, außerehelichen Geschlechtsverkehr mit einem Dritten pflegt, ohne diesen zu warnen, wird mit Gefängnis bis zu drei Jahren bestraft."

Der Entwurf ist nicht Gesetz geworden.

f) Interessant ist die Behandlung der Frage in dem Schweizer Entwurf. Art. 161 des Entwurfs von 1896 lautete:

„Wer vorsätzlich eine gemeingefährliche, ansteckende menschliche Krankheit verbreitet, wird mit Zuchthaus bestraft.

Wer eine gemeingefährliche, ansteckende, menschliche Krankheit fahrlässig verbreitet, wird mit Gefängnis bestraft."

Die Verhandlungen der Expertenkommission (Bd. 1 S. 218 fg., Bd. 2 S. 653 fg.) beweisen, daß der Verfasser des Vorentwurfs, Prof. Stooß, damit auch den Fall getroffen zu haben meinte, wenn eine syphilitisch erkrankte Dirne in Kenntnis ihres Zustandes den Geschlechtsakt vollzieht. Diese Auffassung fand aber in der Kommission fast allgemeinen Widerspruch. Mit 10 gegen 4 Stimmen wurde schließlich festgestellt, daß die Verbreitung der Syphilis nicht unter den Artikel falle. Ein von Correvon gestellter Antrag, die Verbreitung der Syphilis ausdrücklich unter Strafe zu stellen, blieb in der Minderheit. Seitdem hat sich aber auch in der Schweiz eine wesentliche Klärung der Ansichten vollzogen. Ihren Ausdruck findet diese Tatsache in dem neuen, noch nicht veröffentlichten Entwurf von 1902.

Hier lautet der, wohl auf W. Mittermaiers Anregung zurückzuführende Art. 75:

„Wer an einer ansteckenden Geschlechtskrankheit leidet und in Kenntnis dieses Zustandes den Beischlaf ausübt, oder einen Menschen in andrer Weise wissentlich der unmittelbaren Gefahr aussetzt, von ihm angesteckt zu werden, wird mit Gefängnis bestraft. Die Gefährdung des Ehegatten wird nur auf Antrag gestraft."

Eine *zweite Gruppe* von Strafdrohungen betrifft die Dirne, die trotz ihrer ihr bekannten syphilitischen Erkrankung dem Beischlaf sich hingibt. Auch hier wird nicht Gesundheitsbeschädigung durch erfolgte Ansteckung, sondern nur Gesundheitsgefährdung verlangt; der Unterschied von der ersten Gruppe liegt aber in der Beschränkung der Strafbarkeit auf einen bestimmten Kreis von Personen.

a) Hierher gehören Schaffhausen 1859 und Tessin 1873.

Schaffhausen.

§ 184. „Weibspersonen, welche gewerbsmäßig Unzucht treiben, werden mit Gefängnis bis zu sechs Wochen, im Rückfall aber, oder wenn eine solche Weibsperson mit der Lustseuche behaftet ist, mit geschärftem Gefängnis bis auf sechs Monate bestraft.

Kantonsfremde Dirnen werden überdies noch aus dem Kanton verwiesen."

Tessin.

§ 425. „La prostituzione é punita coll' aresto da giorni tre a cinque. Se la prostituta é infetta da malattia venerea e, ciò nonostante, continua nella prostituzione, serà punita con aresto di giorni sette e amenda in terzo grado. Se la colpevole e Ticinese, dopo subita la condanna, si consegna alla Municipilità del suo Commune per essere survegliata. Se è straniera, si espelle dal Cantone."

b) Hierher gehört auch die bereits oben S. 478 erwähnte Bestimmung des geltenden österreichischen Rechtes.

Eine *dritte und letzte Gruppe* bilden diejenigen Bestimmungen, durch welche die Gesundheitsgefährdung in anderen Fällen, also außerhalb des Geschlechtsverkehrs, getroffen werden soll. Es handelt sich dabei um Uebertragung von der stillenden Mutter oder Amme auf das Kind und umgekehrt; um Gefährdung des Hausstandes durch angesteckte Dienstboten und ähnliche Fälle.

a) Auch hier ist das geltende österreichische Recht zu erwähnen. § 379 des Strafgesetzbuchs von 1852 bestimmt:

„Eine Frauensperson, die sich bewußt ist, mit einer schändlichen oder sonst ansteckenden Krankheit behaftet zu sein, und mit Verschweigung oder Verheimlichung dieses Umstandes als Amme Dienste genommen hat, soll für diese Uebertretung mit dreimonatlichem strengen Arrest bestraft werden."

Diesem Beispiel folgen die österreichischen Entwürfe.

Entwurf VII.

§ 475. „Wer sich bewußt ist, daß er an einem ansteckenden Uebel leidet und mit Verschweigung desselben dennoch als Dienstbote, Gewerbsgehülfe, Lehrling, als Bergs- oder Fabriksarbeiter sich verdingt, oder, wenn er erst nach Antritt des Dienstes oder der Arbeit befallen wird, solches dem Dienst- oder Arbeitgeber anzuzeigen unterläßt, ist, wenn dadurch die Gefahr der Ansteckung für andere entstehen kann, mit Haft oder an Geld bis zu 300 fl. zu bestrafen.

Gegen die zur Strafe der Haft Verurteilten kann auf Anhaltung zur Arbeit (§ 12) und auf Verschärfung der Freiheitsstrafe (§ 13) erkannt werden."

§ 476. „Frauenspersonen, welche sich bewußt sind, daß sie an einem ansteckenden Uebel leiden und dennoch als Ammen in Dienst treten, oder, wenn sie erst nach Antritt des Dienstes davon befallen werden, ihren Dienst als Ammen fortsetzen, sind mit Haft zu bestrafen.

Gegen die Verurteilten kann auf Anhaltung zur Arbeit (§ 12) und auf Verschärfung der Freiheitsstrafe (§ 13) erkannt werden."

b) Ferner gehört Dänemark in diese Gruppe. Ein Gesetz vom 10. April 1874, erweitert durch Gesetz vom 1. März 1895, dehnte die oben S. 480 angeführten Bestimmungen des § 181 des Strafgesetzbuchs auf die Fälle aus, in denen eine Amme, welche weiß oder vermutet, daß sie venerisch krank ist, ein anderes Kind als ihr eigenes stillt. Ebenso auf die Mutter, die ihr venerisch erkranktes Kind einer andern Person zum Stillen gibt.

Diese Bestimmungen finden auch Anwendung auf die Behörden, die Kinder zur Stillung unterbringen.

c) Das norwegische Strafgesetzbuch bestimmt ebenfalls in § 358:

„Mit Geldstrafe oder mit Gefängnis bis zu 6 Monaten wird bestraft, wer ohne auf die Ansteckungsgefahr aufmerksam zu machen: 1. ein Kind in Pflege gibt, von dem er weiß oder vermutet, daß es an einer ansteckenden syphilitischen Krankheit leidet, oder jemanden zur Pflege eines solchen Kindes annimmt; oder 2. trotz der Kenntnis oder Vermutung, daß er an einer ansteckenden syphilitischen Krankheit leidet, in dem Hausstande eines andern Dienste nimmt oder in solchem Dienste verbleibt oder ein fremdes Kind in Pflege nimmt, oder wer dazu mitwirkt. In gleicher Weise wird bestraft, wer jemanden zur Pflege eines Kindes annimmt oder beibehält, von dem er weiß oder vermutet, daß er an einer ansteckenden syphilitischen Krankheit leidet, oder wer dazu mitwirkt."

3. Die Erörterungen im deutschen Reichstag.

Innerhalb der deutschen gesetzgebenden Faktoren wurde die Frage bei Beratung der sogen. lex Heinze eingehend besprochen, ohne daß jedoch diese Besprechungen zu abschließenden Ergebnissen geführt hätten.

1) Die Regierungsvorlage von 1892 hatte eine einschlagende Bestimmung nicht enthalten. Wohl aber wurde in der Kommission nach wiederholten Beratungen (Sten.

Ber. Session 1892/93 Bd. 1 S. 22—24) die Aufnahme eines § 327a beschlossen. Dieser lautete:

„Wer wissend, daß er an einer ansteckenden Geschlechtskrankheit leidet, den Beischlaf ausübt, wird mit Gefängnis bis zu einem Jahre und mit Geldstrafe bis zu eintausend Mark bestraft.

Ist die Handlung von einem Ehegatten verübt, so tritt die Verfolgung nur auf Antrag ein."

Der Bericht der VIII. Kommission vom 22. März 1893 begnügte sich mit einer recht summarischen Begründung. Als Hauptargument wurde auf die generalprävenierende Wirkung einer solchen Strafdrohung verwiesen. Außer der außerdeutschen Gesetzgebung wurden Norwegen (St.G.B. 1874 Kap. 18 § 30), Schaffhausen und der Oesterreichische Entwurf angeführt. Der Hinweis auf Finnland, Tessin und das geltende österreichische Recht hatte keine unmittelbar beweisende Kraft, da diese Bestimmungen, wie wir gesehen haben, andere Fälle betreffen.

Der Vertreter des Kaiserlichen Gesundheitsamtes hatte in der Kommission vom ärztlichen Standpunkte aus gegen die Durchführbarkeit der Strafdrohung schwerwiegende Bedenken geltend gemacht. Schon bei den Vorarbeiten für den Entwurf eines Gesetzes zur Bekämpfung gemeingefährlicher Krankheiten seien die Sachverständigen zu dem Ergebnis gelangt, daß die venerischen Krankheiten nicht zu denjenigen gehörten, deren Uebertragung und Verbreitung durch reichsgesetzliche Maßnahmen mit Aussicht auf Erfolg sich beschränken lasse. Das Haupterfordernis eines erfolgreichen Einschreitens gegen ansteckende Krankheiten sei die Anzeigepflicht, die sich für die Mehrzahl der von Syphilis u. s. w. betroffenen Personen nicht durchführen lasse. Der Verlauf der venerischen Erkrankungen sei ferner ein so langwieriger, daß eine wirksame Beobachtung der Erkrankten während der ganzen Dauer der Erkrankung in den meisten Fällen unmöglich sei. Es werde daher immer nur eine beschränkte Zahl von Fällen zur Kenntnis der Gerichte gelangen und die Mehrzahl der Schuldigen sich der Bestrafung entziehen. Der Nachweis, daß der Angeschuldigte zur Zeit der Vollziehung des Beischlafes mit einer venerischen Krankheit behaftet gewesen sei, werde den besser situierten Bevölkerungsklassen gegenüber, die ihrer Körper- und Gesundheitspflege größere Sorgfalt widmen, in der Regel auf erhebliche Schwierigkeiten stoßen. Der langwierige Verlauf der Krankheit bringe es mit sich, daß den Erkrankten in vielen Fällen das Bewußtsein der Ansteckungsfähigkeit fehlen werde. Der Nachweis, von welcher der beteiligten Personen die Ansteckung ausgegangen sei, werde dem Richter oft unüberwindliche Schwierigkeiten bereiten. Gehässige Angebereien seitens der Prostituierten und ihres Anhanges sowie Erpressungsversuche würden viele peinliche Untersuchungen gegen unschuldige Personen veranlassen.

Die Mehrzahl der Kommissionsmitglieder hielt diese Bedenken nicht für durchschlagend und so wurde mit 14 Stimmen gegen 7 Stimmen der Paragraph in der oben mitgeteilten Fassung nach Ablehnung verschiedener Aenderungsvorschläge angenommen.

2) Die Auflösung des Reichstags im Mai 1893 verhinderte die weitere Beratung des Entwurfs.

Doch kehrte die Bestimmung in der Fassung von 1893 wieder in dem vom Zentrum im Dezember 1897 eingebrachten Entwurf (Sten. Ber. Session 1895/97 Anlageband V Nr. 618.)

In den sich anschließenden Kommissionsberatungen wurde die Strafbarkeit auf den außerehelichen Beischlaf beschränkt und demgemäß der zweite Absatz gestrichen. (Sten. Ber. Session 1897/98 Anlageband III S. 1762.)

An das Plenum gelangte der Paragraph in der folgenden Fassung:

„Wer die Gesundheit einer Person dadurch gefährdet, daß er wissend, daß er mit einer ansteckenden Geschlechtskrankheit behaftet ist, außerehelich den Beischlaf ausübt, wird mit Gefängnis bis zu einem Jahre oder mit Geldstrafe bis zu eintausend Mark bestraft."

In der zweiten Lesung im Plenum, im April 1898, fand diese Fassung keinen Widerspruch.

3) Es kann daher nicht überraschen, daß sich dieselbe Fassung in dem Entwurf wiederfindet, den das Zentrum im Dezember 1899 dem neuen Reichstag überreichte (Sten. Ber. Session 1898/1900 Anlageband I Nr. 31). Dagegen

war die Bestimmung, als nicht in den Rahmen des Gesetzes passend, in der Regierungsvorlage vom Februar 1899 weggelassen worden. Bei der ersten Lesung der Vorlage, am 9. März 1899, wurde die Bestimmung nur kurz gestreift. Es schien die von der Regierung vertretene Auffassung zu überwiegen, daß der vom Zentrum vorgeschlagene Paragraph nicht in den Rahmen des Gesetzes hineingehöre (Sten. Ber. Bd. II S. 1407 fg.). In der Kommission wurde er denn auch ohne Diskussion abgelehnt. (Anlageband III S. 2109.) Das gleiche Ergebnis hatte auch die zweite Lesung im Plenum. (Sten. Ber. 1900 S. 3953.)

Der in dritter Lesung gestellte Antrag des Abgeordneten Heine, den § 327a wieder in das Gesetz einzufügen (Drucksachen Nr. 664) wurde in der geheimen Sitzung des Reichstags vom 17. März 1900 abgelehnt. Damit war das Schicksal der Bestimmung besiegelt. Der Antrag Hompesch und Genossen hat sie nicht wieder aufgenommen.

IV. Die Strafbarkeit des von einem Geschlechtskranken vollzogenen Beischlafes.

1. Der Wert einer Strafdrohung.

Das Hauptbedenken, das gegen die Aufstellung einer Strafdrohung gegen den Geschlechtsverkehr syphilitisch Erkrankter geltend gemacht zu werden pflegt, ist ihre geringe praktische Bedeutung. Darauf hat, wie oben S. 486 hervorgehoben, insbesondere auch der Vertreter des Reichsgesundheitsamtes in der Reichstagskommission aufmerksam gemacht. Die Tragweite dieses Bedenkens darf gewiß nicht unterschätzt werden. Strafdrohungen, die toter Buchstabe bleiben, verwirren das Rechtsbewußtsein des Volkes. Und es unterliegt wohl keinem Zweifel, daß die eigentümliche Natur der Geschlechtskrankheiten den Nachweis, der Angeschuldigte sei zur Zeit des Beischlafes syphilitisch erkrankt gewesen, sehr erschwert, unter Umständen ganz unmöglich macht. Dennoch halte ich dieses Bedenken nicht für durchschlagend. Mit Beweisschwierigkeiten haben wir auch in andern Fällen zu kämpfen. Und das wird doch nicht in Abrede gestellt werden können, daß die Beweisschwierigkeiten viel geringere sind, als wenn nicht nur die Erkrankung im kritischen Zeitpunkt, sondern außerdem noch, wie nach geltendem Recht, die erfolgte Ansteckung, nachgewiesen werden muß. Gerade aus dieser Erwägung heraus sind ja die verschiedenen Gesetzgebungen des Auslandes dazu gelangt, schon den Beischlaf Infizierter an sich unter Strafe zu stellen. Eine Erleichterung gegenüber dem jetzigen Stande der Dinge würde also durch Aufnahme einer Sonderbestimmung zweifellos erreicht werden. Es scheint mir auch — doch kann ich hier nur als Laie urteilen —, als ob die Beweisschwierigkeiten überschätzt würden. In zahlreichen, insbesondere in frischen Fällen, wird sich nicht nur die Erkrankung, sondern auch der Geschlechtsverkehr während der Erkrankung leicht feststellen lassen. Und das genügt.

Die Gegner übersehen aber bei ihrem Bedenken — und das ist das Entscheidende —, daß die Bedeutung der Strafe sich in der Wirkung des Strafvollzuges, insbesondere in dem, was wir Kriminalisten die Spezialprävention nennen, keineswegs erschöpft. Die erste und nicht die geringste Wirkung der Strafe liegt in der Strafdrohung selbst. Sie enthält, indem sie das sozialethische Unwerturteil über die unter Strafe gestellte Tat in feierlicher Form ausspricht, eine Warnung der Staatsbürger, deren Wirkung uns in der vollendetsten Gestalt gerade dann entgegentreten würde, wenn die Strafe selbst niemals verhängt zu werden brauchte. Das ist aber für den uns hier beschäftigenden Tatbestand von der allergrößten Bedeutung. Mag immerhin die weibliche Prostitution den Herd für die Verbreitung der Geschlechtskrankheiten darstellen, so liegt doch die Gemeingefährlichkeit dieser Krankheiten gerade darin, daß die von den Dirnen infizierten Männer die Infektion in weitere Kreise, in ihre eigene wie in fremde Familien hineintragen. Der Dirne gegenüber mag eine Strafdrohung, die nur in seltenen Fällen zur Anwendung gelangt, von geringer Wirkung sein. Den jungen Männern aus allen Schichten des Volkes, die eine Zukunft vor sich haben, wird die Strafdrohung eine ernste Warnung sein. Die statistischen Erhebungen haben uns gezeigt, daß unserer männlichen Jugend die Erkenntnis von dem verbrecherischen Charakter einer Gefährdung der

Gesundheit andrer durch Geschlechtsverkehr im infizierten Zustand völlig verloren gegangen ist. Hier handelt es sich darum, das schlaff gewordene Gewissen wieder zu stärken. Gerade das soll und wird eine Strafdrohung bewirken. Sie wird sich in erster Linie nicht an die Dirne, sondern an den Mann wenden. Sie wird ihm ins Gedächtnis zurückrufen, was er vergessen hat, weil auch keiner seiner Freunde und Bekannten daran zu denken gewöhnt war: daß er nicht nur eine sittlich verwerfliche, sondern auch eine vom Staate gebrandmarkte Tat begeht, wenn er, um ein augenblickliches Bedürfnis zu befriedigen, einen seiner Nebenmenschen der Gefahr aussetzt, die Gesundheit vielleicht für sein ganzes Leben einzubüßen. Dieser hohen sozialpolitischen Bedeutung des Gesetzes gegenüber kann der Einwand nicht ins Gewicht fallen, daß gar mancher Schuldige sich der Bestrafung entziehen wird.

Alle übrigen Einwendungen gegen den Vorschlag haben geringeres Gewicht. Man befürchtet falsche Anschuldigungen und Erpressungen. Die sind aber auch heute schon möglich. Auch jetzt schon steht nichts im Wege, daß die Dirne oder deren Zuhälter den Kunden beschuldigt, die Dirne angesteckt zu haben. Dennoch hört man nichts von solchen Versuchen. In keinem Falle dürfen diejenigen, die sich gegen eine Strafdrohung aussprechen, weil sie die Beweisschwierigkeiten fürchten, gleichzeitig die Gefahr von Verleumdungen und Erpressungen ins Feld führen: denn diese werden erst recht an den Schwierigkeiten der Beweisführung scheitern.

Man hat auch darauf hingewiesen, daß jeder, der mit einer Dirne verkehrt, die Gefahr kennt, die er dabei läuft, daß er also in das mit einem solchen Verkehr notwendig verbundene Risiko einwilligt und daher nicht verlangen kann, daß die infizierte Dirne gestraft werde. Dieser Einwand fällt in dem Augenblick in sich zusammen, in dem der Zweck der Strafdrohung richtig erkannt wird. Es handelt sich ja gar nicht darum, den außerehelichen Geschlechtsverkehr von Staatswegen unter erhöhten Schutz zu stellen. Die Gemeingefährlichkeit der Geschlechtskrankheiten bildet den Grund für das Einschreiten der Staatsgewalt, nicht aber die Gefahr für die Gesundheit des einzelnen Lebemanns.

Pasquale di Fratta hat in seinem dem Brüsseler Kongreß von 1902 erstatteten Gutachten es als eine Inkonsequenz bezeichnet, die Ansteckung durch den Geschlechtsverkehr unter Strafe zu stellen, die Uebertragung auf anderm Wege aber, etwa durch einen Kuß auf die Lippen, straflos zu lassen. Auch dieser Einwand beweist nichts. Die Uebertragung durch Vollziehung des Beischlafs ist doch jedenfalls die wichtigste und greifbarste Art der Infektion. Ob nicht außer diesem auch noch andere Fälle der Gefährdung fremder Gesundheit durch Infizierte mit Strafe bedroht werden sollen und können, bedarf aber allerdings noch besonderer Untersuchung.

Die oben S. 479 fg. aufgeführten Gesetze und Entwürfe haben daher meines Erachtens mit ihren Strafdrohungen das Richtige getroffen. In der Literatur haben sich insbesondere Morgenstierne in seinem Gutachten für die Brüsseler Konferenz von 1902 und Neißer in dem ersten Heft der Mitteilungen der deutschen Gesellschaft zur Bekämpfung der Geschlechtskrankheiten auf denselben Standpunkt gestellt.

2. Der Tatbestand.

1) Die Fassung des mit Strafe zu bedrohenden Tatbestandes bietet keine Schwierigkeit. Ist doch auch der Wortlaut in fast allen einschlagenden Gesetzen und Entwürfen im wesentlichen derselbe.

Es wird sich empfehlen, die Fassung festzuhalten, die der deutsche Kommissionsentwurf von 1892 gewählt hat:

„Wer wissend, daß er an einer ansteckenden Geschlechtskrankheit leidet, den Beischlaf ausübt, u. s. w."

Der Ausdruck „ansteckende Geschlechtskrankheit" empfiehlt sich deshalb, weil er nicht bloß die Syphilis, sondern auch die Gonorrhöe umfaßt.

Die Gesundheitsgefährdung besonders in dem Tatbestand zu erfordern, wie das der deutsche Kommissionsentwurf von 1898 getan hat, empfiehlt sich nicht. Sie ist mit dem Vorliegen einer „ansteckenden Krankheit" notwendig gegeben. Denn eine ansteckende Krankheit ist eben diejenige, mit welcher die Gefahr einer Uebertragung verbunden ist.

Ein Häufung der Ausdrücke, die beide dasselbe sagen, kann der Auslegung gefährlich werden.

2) Keinem Zweifel sollte es unterliegen, daß die Strafbarkeit nicht auf die Dirne zu beschränken ist, welche trotz der ihr bekannten Ansteckungsmöglichkeit den Beischlaf vollzieht. Das war der Standpunkt der älteren Gesetze, so des österreichischen, sowie der Strafgesetze von Schaffhausen und Tessin, die die infizierte Dirne einer Strafschärfung unterwarfen. Die moderne Gesetzgebung hat diesen rein polizeilichen Standpunkt mit Recht aufgegeben. Die Strafwürdigkeit ist beim Manne nicht geringer, als beim Weibe. Auch der infizierte Mann vermag die Keime der Krankheit nach allen Richtungen hin zu verbreiten. Die generalprävenierende Kraft einer derartigen Strafdrohung aber, und damit ihre praktische Bedeutung, wird in erster Linie sich dem Manne gegenüber zur Geltung bringen.

Die entgegengesetzte Ansicht ist namentlich von Oberlandesgerichtsrat Schmölder in Hamm in einem Artikel vertreten worden, der in der „Zukunft" vom 15. November 1902 erschienen ist. Schmölder verlangt eine reichsrechtliche Bestimmung dahin: „Bestraft wird eine Frau, die mit ihrem Körper ein unzüchtiges Gewerbe treibt und dabei den öffentlichen Anstand, die öffentliche Ordnung oder die allgemeine Gesundheit gefährdet." Der Tatbestand soll mit einer wenigstens im Maximalsatz langzeitigen Freiheitsstrafe bedroht werden. Dennoch glaube ich nicht, Schmölder als wirklichen Gegner des von mir gemachten Vorschlages betrachten zu müssen. Den eigentlichen Gegenstand seines Angriffs bildet die Behandlung, welche die gewerbsmäßige Unzucht in dem geltenden deutschen Strafgesetzbuch unter dem Einfluß des französischen code pénal gefunden hat. Es ist begreiflich, daß er bei dieser Fragestellung auch nur die Strafbarkeit der Dirne, nicht die der Männer, ins Auge gefaßt hat. Zudem lesen wir auf S. 271: „Ein solches Vorgehen in Verbindung mit den hohen Strafen, die dann gegen alle verhängt werden, die man auf dem Unzuchtspfad mit einer geschlechtlichen Krankheit angetroffen hat, muß einen gewaltigen Erfolg haben: sämtliche Prostituierte werden veranlaßt sein, stets mit der allergrößten Sorgfalt auf ihren Gesundheitszustand zu achten und sich bei jeder Erkrankung sofort in die sich ihnen überall öffnenden Hospitäler zurückzuziehen."

Hier findet sich also der ausdrückliche Hinweis auf die Strafbarkeit eines jeden, der auf dem Unzuchtspfade mit einer geschlechtlichen Krankheit behaftet angetroffen wird. Diese Wendung kann, wie ich annehme, nur in dem Sinne des von mir gemachten Vorschlages verstanden werden.

3) In subjektiver Beziehung ist Vorsatz des Täters zu verlangen. Dieser Vorsatz ist Gefährdungsvorsatz, d. h. der Täter muß wissen, daß er mit einer ansteckenden Geschlechtskrankheit behaftet ist. Der Nachweis dieses Bewußtseins wird freilich nicht in allen Fällen zu erbringen sein. Es ist aber zu erwarten, daß die deutschen Aerzte nach Erlaß eines solchen Gesetzes noch mehr als bisher darauf bedacht sein werden, ihre Patienten auf die Ansteckungsgefahr aufmerksam zu machen.

Weiter zu gehen halte ich weder für erforderlich noch für zweckmäßig. Dänemark und Norwegen freilich gehen noch weiter. Sie bestrafen nicht nur den, der weiß, sondern auch den, der vermutet, daß er angesteckt sei. Damit ist auch die fahrlässige Gefährdung unter Strafe gestellt. Gegen diese Ausdehnung spricht nicht nur die Schwierigkeit der Beweisführung, sondern auch entscheidend die Erwägung, daß damit der bisher in unserem deutschen Strafrecht festgehaltene Standpunkt preisgegeben würde. Die übrigen Gesetzgebungen begnügen sich denn auch damit, nur die wissentliche Gefährdung unter Strafe zu stellen. Dabei sollte es auch die deutsche Gesetzgebung belassen.

3. Verfolgung und Bestrafung.

1) Soll die Strafdrohung nicht illusorisch gemacht werden, so muß die Verfolgung unabhängig sein von dem Antrag des Verletzten. Dafür spricht auch die Erwägung, daß der Grund der Strafdrohung in der Rücksicht auf die allgemeine Gesundheit, nicht aber auf die Gesundheit der einzelnen im Geschlechtsverkehr stehenden Personen liegt. In dieser Beziehung besteht denn auch unter allen in Frage kommenden Gesetzgebungen vollste Uebereinstimmung.

Viel zweifelhafter ist die Frage, ob der eheliche Beischlaf eine Sonderbehandlung beanspruchen darf. Hier weichen die einzelnen Gesetze und Entwürfe voneinander ab. Dänemark und Finnland stellen den ehelichen und außerehelichen Beischlaf einander völlig gleich. Der niederländische Entwurf von 1900 schließt die Bestrafung des ehelichen Beischlafs ganz aus. Der Schweizer Entwurf läßt die Bestrafung nur auf Antrag des verletzten Ehegatten zu. Die österreichischen und deutschen Entwürfe schwanken.

Mir scheint es keinem Zweifel unterliegen zu können, daß die Infektion in der Ehe noch strafwürdiger ist, als außerhalb der Ehe. Der Bruch des Vertrauens ist hier viel größer als beim außerehelichen Geschlechtsverkehr. Und dasselbe gilt von der Gefahr der weiteren Verbreitung auf die ganze Familie. Trotzdem wird nicht übersehen werden dürfen, daß der Staat sich hüten muß, in das Innere des ehelichen Lebens einzudringen. Daraus ergibt sich für mich die Folgerung, daß die öffentliche Verfolgung in einem solchen Falle von dem Antrag des verletzten Ehegatten abhängig gemacht werden muß. Es wäre mithin ein zweiter Absatz anzufügen: „Ist die Handlung von einem Ehegatten gegen den anderen verübt, so tritt die Verfolgung nur auf Antrag ein."

2) Bei Bestimmung der anzudrohenden Strafe nach Art und Maß ist der Strafzweck im Auge zu behalten. Nach meiner Auffassung handelt es sich gerade bei diesem neu zu schaffenden Delikt darum, das sozialethische Unwerturteil, also die gesellschaftliche Brandmarkung der Tat, in unzweideutiger Weise zum Ausdruck zu bringen. Es muß in klarer und bestimmter Weise ausgesprochen werden, daß kein bloßes Polizeidelikt vorliegt, sondern eine frivole Versündigung an den heiligsten Interessen des Nebenmenschen. Ich halte es daher für einen schweren Fehler, daß die österreichischen Entwürfe die Handlung unter die Uebertretungen stellen und mit einer Uebertretungsstrafe bedrohen. Hält man eine Vergehensstrafe für zu hart, so mag man lieber von jeder Strafdrohung Abstand nehmen.

Mir scheint Gefängnisstrafe bis zu zwei Jahren die geeignete Strafe zu sein. Die außerdeutsche Gesetzgebung hat sich im allgemeinen auch auf diesen Standpunkt gestellt. Der deutsche Kommissionsentwurf von 1892 meinte, sich mit Gefängnis bis zu einem Jahr begnügen zu sollen. Mit diesem wollte er Geldstrafe bis zu tausend Mark verbinden. Ich möchte diese Verbindung nicht befürworten. Die Doppelbestrafung, wie sie überall dort eintritt, wo zwei Strafarten miteinander verbunden verhängt werden, trübt fast stets die klare Einsicht in den Strafzweck. Bei Uneinbringlichkeit der Geldstrafe führt sie überdies zu all den bekannten Schwierigkeiten und Ungereimtheiten. Noch weniger freilich scheint mir der deutsche Kommissionsentwurf von 1898 Billigung zu verdienen, der dem Richter Freiheits- und Geldstrafe zur Wahl stellte. Damit wird das gesellschaftliche Unwerturteil über die Tat ganz bedeutend abgeschwächt und die generalprävenierende Wirkung der Strafdrohung wesentlich gefährdet. Dazu tritt die nicht in Abrede zu stellende Möglichkeit, daß die Gerichte gerade den Männern der sogenannten besseren Stände gegenüber die Geldstrafe zur Anwendung bringen und so den Vorwurf einer Klassenjustiz heraufbeschwören könnten.

Ich möchte es also bei Gefängnis bis zu zwei Jahren bewenden lassen.

3) Besondere Betrachtung verdient der Gedanke, die Aberkennung der bürgerlichen Ehrenrechte neben der Verurteilung zur Gefängnisstrafe zuzulassen. Nach meiner Meinung liegt die Zulassung dieser Nebenstrafe durchaus in dem Zweck der Strafdrohung. Die Brandmarkung der Tat und des Täters kann gar nicht deutlicher zum Ausdruck gebracht werden, als durch die Androhung einer Ehrenstrafe. Man vergesse nicht: gerade unserer männlichen Jugend, gleichviel welches Standes, ob hoch oder niedrig, soll ins Gedächtnis zurückgerufen werden, was sie vergessen zu haben scheint, daß der Geschlechtsverkehr während der Dauer einer Geschlechtskrankheit eine Gewissenlosigkeit gegen die Nebenmenschen bedeutet, wie sie schlimmer kaum gedacht werden kann. Die Möglichkeit, daß der Richter auf Verlust der bürgerlichen Ehrenrechte erkennen kann, wird der neuen Strafdrohung eine abhaltende

Kraft verleihen, welche die Androhung der Freiheitsstrafe allein niemals besitzen würde.

Dabei würde § 32 des Strafgesetzbuchs unberührt bleiben. Die Aberkennung der bürgerlichen Ehrenrechte bleibt an die allgemeine Voraussetzung geknüpft, daß die Dauer der erkannten Gefängnisstrafe drei Monate erreicht. Damit ist die Möglichkeit einer individualisierenden Behandlung des Einzelfalles genügend gewahrt. In allen leichteren Fällen wird der Richter ohnehin unter drei Monaten zurückbleiben und somit der Verlust der Ehrenrechte ausgeschlossen sein. Aber auch, wenn auf mehr als drei Monate erkannt worden ist, steht die Aberkennung im freien Ermessen des Richters. Eine der Schwere des Einzelfalles nicht angemessene Härte ist mithin auch hier nicht zu besorgen.

4. Ergebnis.

Der Wortlaut der vorgeschlagenen Bestimmung geht nach dem Gesagten dahin:

„Wer wissend, daß er an einer ansteckenden Geschlechtskrankheit leidet, den Beischlaf ausübt, wird mit Gefängnis bis zu zwei Jahren bestraft, neben welchem auf Verlust der bürgerlichen Ehrenrechte erkannt werden kann.

Ist die Handlung von einem Ehegatten gegen den andern begangen, so tritt die Verfolgung nur auf Antrag ein."

Es kann fraglich erscheinen, ob es sich rechtfertigen läßt, eine solche neue Strafdrohung durch ein Sondergesetz einzuführen, und ob es nicht zweckmäßiger wäre, damit zu warten, bis an die Ausarbeitung des Entwurfs eines neuen Strafgesetzbuches herangegangen wird. Für die zweite dieser beiden Ansichten könnte geltend gemacht werden, daß die vorgeschlagene Bestimmung eine grundsätzliche und tief einschneidende Neuerung enthalte. Die Gesundheitsgefährdung sei bisher nur in ganz wenigen Ausnahmefällen unter Strafe gestellt worden. Es wäre zu erwägen, ob hier nicht eine allgemein gehaltene Bestimmung am Platze ist. Die Beantwortung dieser Frage sei von grundlegender Bedeutung für das System der Strafdrohungen; sie könne daher nur im Zusammenhang mit dem Gesamtsystem des Strafgesetzbuchs erfolgen. Eine Sonderbestimmung über Gesundheitsgefährdung durch den Geschlechtsverkehr infizierter Personen würde jener grundsätzlich zu fassenden Entscheidung vorgreifen und dieser daher in bedenklicher Weise präjudizieren.

Dieser Einwand wäre gewiß sehr beachtlich, wenn die Umarbeitung unseres Strafgesetzbuches wirklich vor der Türe stände. Das ist aber ganz gewiß nicht der Fall. Es wird Jahre dauern, ehe die Vorarbeiten zu den Vorarbeiten abgeschlossen sind. Und eine Reihe weiterer Jahre wird vergehen, bis der neue Entwurf aufgestellt und für die parlamentarische Beratung reif ist. So lange kann aber mit dem Eingreifen nicht gewartet werden. Die schwere Bedrohung unserer Volkskraft erfordert ein rasches Einschreiten. Wird durch das Sondergesetz die Gesundheitsgefährdung in einem genau umschriebenen Fall für strafbar erklärt, so ist damit zugleich allerdings auch die grundsätzliche Frage angeschnitten. Aber dieses Ergebnis ist nicht bedenklich, sondern umgekehrt mit lebhafter Freude zu begrüßen. Das Sondergesetz weist dem Strafgesetzgeber der Zukunft in einer der wichtigsten Fragen den Weg.

V. Die Strafbarkeit der Gesundheitsgefährdung durch Geschlechtskranke überhaupt.

I. Die Vollziehung des Beischlafs ist der praktisch wichtigste, aber nicht der einzige Fall der Uebertragung von Geschlechtskrankheiten. Es liegt daher die Erwägung nahe, ob nicht auch diese anderen Fälle der Gesundheitsgefährdung unter Strafe zu stellen seien. Diese Frage ist meines Erachtens grundsätzlich zu bejahen. Die sogenannte Syphilis insontium ist es gerade gewesen, durch welche die allgemeine Aufmerksamkeit auf die Gemeingefährlichkeit der Geschlechtskrankheiten gelenkt wurde. Die hierher gehörenden Fälle fordern die öffentliche Meinung geradezu heraus. Die Lebewelt mag die Folgen ihres Leichtsinns tragen; wenn aber der „Unschuldige“ syphilitisch infiziert wird, so wird das allgemeine Gerechtigkeitsgefühl auf das Empfindlichste verletzt. Strafe ohne Schuld! Die völlige Zerrüttung der Gesundheit, die gänzliche Vernichtung des Lebensglücks — herbeigeführt durch den frevelhaften Leichtsinn, durch die Gewissenlosigkeit eines Dritten! Man konnte diese Fälle außer acht lassen, solange man meinte, daß sie nur ganz ausnahmsweise, wenn überhaupt, vorkommen; sie verlangen aber gebieterisch das Einschreiten der Staatsgewalt, seitdem wir wissen, daß sie zu den alltäglichsten Erscheinungen gehören. Es wäre ein schreiender Widerspruch, wollte der Gesetzgeber die Gefährdung durch den Geschlechtsverkehr unter Strafe stellen, die noch viel schwereren Fälle der Gefährdung dagegen straflos lassen.

II. Die Gesetzgebungen, welche diese anderen Fälle berücksichtigen zu müssen glaubten, haben zwei verschiedene Wege dabei eingeschlagen.

1) Die Mehrzahl von ihnen begnügt sich damit, einzelne Fälle herauszugreifen. Sie denken an die Amme, die das ihr anvertraute Kind infiziert, oder an das Hausgesinde, das, in die häusliche Gemeinschaft aufgenommen, die Seuche auf die Mitglieder der Familie überträgt. So das geltende österreichische Recht und die österreichischen Entwürfe, so auch die Gesetzbücher von Dänemark und Norwegen. Dabei ist eine eigentümliche Tatsache festzustellen. Nur schwer vermag der Gesetzgeber von der Anschauung sich frei zu machen, daß die Infektion von den niederen Ständen auf die besser situierten übertragen wird; er denkt meist gar nicht daran, daß die Verbreitung der Geschlechtskrankheiten auch auf dem umgekehrten Wege erfolgen kann und oft genug tatsächlich erfolgt. Die Amme wird gestraft, die das Kind ansteckt: wird umgekehrt eine gesunde Amme durch ein erblich durchseuchtes Kind infiziert, so kümmert er sich nicht weiter darum. Er spricht von dem geschlechtskranken Dienst- oder Arbeitnehmer, und übersieht, daß auch der Dienst- oder Arbeitgeber syphilitisch erkrankt sein und die Krankheit auf sein Gesinde oder andere von ihm beschäftigte Personen übertragen kann. Mir scheint es keinem Zweifel zu unterliegen, daß die beiden Fälle ganz gleich behandelt werden müssen.

2) Aber jede solche Hervorhebung einzelner Fälle wird eine Reihe von Lücken lassen. Wie das Dienstmädchen oder der Lehrling, so kann auch der in die Familie aufgenommene Gast, der Kunde eines Barbiers, der Besucher eines Restaurants die Krankheit weiter verbreiten und eine ganze

Reihe von Personen unglücklich machen. An die Stelle einer mehr oder weniger lückenhaften Kasuistik muß daher eine grundsätzliche und begriffliche Regelung der Frage treten. Diesen Weg hat der oben S. 482 angeführte Schweizer Entwurf in nachahmenswerter Weise beschritten. Er bestimmt: „Wer an einer ansteckenden Geschlechtskrankheit leidet und in Kenntnis dieses Zustandes .... einen Menschen in anderer Weise der unmittelbaren Gefahr aussetzt, von ihm angesteckt zu werden ....“ Damit sind die sämtlichen denkbaren Fälle getroffen.

Auch ich möchte eine solche Bestimmung empfehlen. Der vorzuschlagende Paragraph würde demnach lauten:

„Wer wissend, daß er an einer ansteckenden Geschlechtskrankheit leidet, den Beischlaf ausübt oder auf andere Weise einen Menschen der Gefahr der Ansteckung aussetzt, wird mit Gefängnis bis zu zwei Jahren bestraft, neben welchem auf Verlust der bürgerlichen Ehrenrechte erkannt werden kann.

Ist die Handlung von einem Ehegatten gegen den anderen begangen, so tritt die Verfolgung nur auf Antrag ein.“

34. Entwurf eines Gesetzes betreffend die Verwahrung gemeingefährlicher Geisteskranker und vermindert Zurechnungsfähiger.

(1904. Mitteilungen der Internationalen kriminalistischen Vereinigung XI 637.)

I. Vorbemerkung.

I. Auf der Versammlung der deutschen Landesgruppe der Internationalen kriminalistischen Vereinigung, die in der Pfingstwoche des Jahres 1903 zu Dresden stattgefunden hat, sind auf Grund der von Direktor Delbrück-Bremen und Prof. von Liszt-Berlin erstatteten Berichte die folgenden Leitsätze angenommen worden:

1) Schon im Interesse der Begutachtung zahlreicher Geisteszustände vor Gericht ist eine Aenderung des § 51 St.G.B. notwendig in dem Sinne, daß außer der völligen Unzurechnungsfähigkeit auch eine verminderte Zurechnungsfähigkeit im Gesetz Berücksichtigung findet.

2) Der vermindert Zurechnungsfähige ist mit einer milderen Strafe zu belegen; die Vollstreckung der Freiheitsstrafe erfolgt in besonderen Anstalten oder Räumen unter Berücksichtigung der medizinischen Grundsätze.

3) Erscheint der vermindert Zurechnungsfähige nach dem Gutachten der Sachverständigen als gemeingefährlich, so hat der Strafrichter auf Verwahrung des Verurteilten in einer Heil- oder Pflegeanstalt zu erkennen. Die Durchführung dieser Anordnung ist Aufgabe der zuständigen Verwaltungsbehörde.

4) Ist der Verurteilte straffähig, so tritt die Verwahrung nach Verbüßung der Strafe ein. Andernfalls ist die Zeit des Aufenthaltes in der Verwahrungsanstalt auf die Strafverbüßung in Anrechnung zu bringen.

5) Die Verwahrung hat so lange zu dauern, als der Zustand der Gemeingefährlichkeit es erfordert. Die Entlassung aus der Anstalt wird auf Grund des Gutachtens der Sachverständigen von dem Strafrichter ausgesprochen.

6) Als Anstalten für vermindert Zurechnungsfähige kommen, neben Irrenanstalten, Anstalten für Nervenkranke und Trinkerheilanstalten, vor allem Verwahrungsanstalten für unheilbare Alkoholiker und andere geistig Minderwertige in Betracht. Die Errichtung solcher Anstalten und der Ausbau derartiger im Keim vorhandener Institute entsprechen einem dringenden Bedürfnis.

Zugleich wurde auf Antrag von Liszts eine Kommission von Kriminalisten und Psychiatern eingesetzt, um das wissenschaftliche und forensische Material zu sammeln und für die nächste Tagung der Landesversammlung einen Gesetzentwurf auszuarbeiten.

In die Kommission wurden, außer den beiden Berichterstattern, noch die Herren Medizinalrat Dr. Leppmann-Berlin und Landgerichtsrat Weingart-Dresden berufen.

II. In Ausführung dieses Beschlusses habe ich einen Gesetzentwurf mit Begründung ausgearbeitet und, zur Herbeiführung einer Besprechung, in der Aerztlichen Sachverständigen Zeitung vom 15. Januar und 1. Februar 1904 veröffentlicht. Zugleich wurde der Entwurf an die übrigen Mitglieder der Kommission mit der Bitte um Aeußerung verschickt. Die Herren Landgerichtsdirektor Weingart und Professor Delbrück haben schriftlich ihre Zustimmung zu den Grundgedanken des Entwurfs geäußert, aber verschiedene Aenderungen im einzelnen vorgeschlagen. Herr Medizinalrat Leppmann dagegen hat mündlich erklärt, daß er die Entscheidung im Entmündigungsverfahren, auf der mein Entwurf beruht, nicht billige; eine schriftliche Aeußerung von ihm liegt nicht vor. Auf Grund der von den Kommissionsmitgliedern wie von andrer Seite geäußerten Bedenken und Anregungen habe ich meinen Entwurf nochmals durchgearbeitet und lege ihn nunmehr in dieser neuen Gestalt vor. Ich darf für die jetzige Fassung die Zustimmung der Herren Delbrück und Weingart in Anspruch nehmen; da aber die Grundlagen (Entmündigungsverfahren) unverändert geblieben sind, muß Herr Medizinalrat Leppmann als Gegner des Entwurfs bezeichnet werden.

III. Die Sammlung des literarischen Materials zu der Frage der verminderten Zurechnungsfähigkeit wurde von mir einer besonderen Kommission übertragen. Diese bestand aus den Mitgliedern der kriminalpsychologischen Sektion des unter meiner Leitung stehenden kriminalistischen Seminars und mehreren weiteren Mitarbeitern. Die Sammlung ist soweit gefördert, daß der Druck Ende März beginnen kann. Die Ausgabe wird also jedenfalls rechtzeitig vor unsrer nächsten Tagung erfolgen.

II. Gesetzentwurf.

§ 1. § 51 St.G.B. enthält folgende Fassung:

Eine strafbare Handlung ist nicht vorhanden, wenn der Täter zur Zeit der Begehung der Handlung sich in einem Zustand von Bewußtlosigkeit oder krankhafter Störung der Geistestätigkeit befand, durch welchen seine freie Willensbestimmung ausgeschlossen war.

Erachtet das Gericht den Täter nach dem Gutachten der psychiatrischen Sachverständigen als gemeingefährlich, so hat es von Amts wegen durch besondern Beschluß die vorläufige Verwahrung des Freigesprochenen anzuordnen und zugleich die Akten zur Veranlassung des Entmündigungsverfahrens an die zuständige Staatsanwaltschaft (Z.P.O. § 646, Absatz 2) abzugeben. Dem Angeschuldigten, welcher einen Verteidiger nicht hat, ist ein solcher gleichzeitig zu bestellen.

Gegen den Beschluß, durch welchen die vorläufige Verwahrung angeordnet wird, ist sofortige Beschwerde ohne aufschiebende Wirkung zulässig. Die Entscheidung über die Beschwerde erfolgt in einem Termin, zu dem die Staatsanwaltschaft, der Angeschuldigte und der Verteidiger zu laden sind. Der Angeschuldigte kann beantragen, daß die von ihm benannten Sachverständigen zu dem Termin geladen werden und, wenn das Gericht den Antrag ablehnt, sie selbst laden lassen. Beweisaufnahme und Verhandlung beschränkt sich auf die Feststellung der Gemeingefährlichkeit. Gegen den Beschluß des Beschwerdegerichts ist weitere Beschwerde zulässig; die Entscheidung über sie erfolgt ohne vorhergehende mündliche Verhandlung.

Die vorläufige Verwahrung erfolgt in besonderen Abteilungen der Strafanstalten und Gefängnisse oder in anderen dazu geeigneten Räumen unter ärztlicher Beaufsichtigung.

Durch rechtskräftige Entscheidung im Entmündigungsverfahren verliert der Beschluß seine Wirksamkeit.

§ 2. Hinter § 51 St.G.B. werden die folgenden §§ 51a und b eingeschoben.

§ 51a. Ist die Zurechnungsfähigkeit nicht ausgeschlossen, wohl aber erheblich vermindert, so ist die Strafe nach den Grundsätzen des § 57 zu mildern.

Erachtet das Gericht den vermindert Zurechnungsfähigen nach den Gutachten der Sachverständigen als gemeingefährlich, so hat es von Amts wegen durch besondern Beschluß die vorläufige Verwahrung des Verurteilten anzuordnen und zugleich die Akten zur Veranlassung des Entmündigungsverfahrens an die zuständige Staatsanwaltschaft (Z.P.O. § 646 Absatz 2) abzugeben.

Auf das weitere Verfahren finden die Bestimmungen des § 51 Anwendung.

§ 51b. Ist der nach § 51a Verurteilte straffähig, so wird die vorläufige Verwahrung durch die nach Rechtskraft des Urteils eintretende Vollstreckung der Freiheitsstrafe unterbrochen; sie tritt nach der Strafverbüßung wieder ein, wenn bis dahin das Entmündigungsverfahren noch nicht rechtskräftig erledigt ist.

Ist der Verurteilte nicht straffähig, so wird die Strafvollstreckung ausgesetzt. Die Dauer der vorläufigen Verwahrung wird auf die erkannte Strafe angerechnet. Für die Anrechnung ist St.P.O. § 494 maßgebend,

Auf die Entscheidung über die Straffähigkeit finden die §§ 487 und 490 St.P.O. Anwendung.

§ 3. Im B.G.B. § 6 wird als Ziffer 4 eingeschaltet:

Ziffer 4. Wer infolge von Geisteskrankheit oder verminderter Zurechnungsfähigkeit als gemeingefährlich erscheint.

§ 4. B.G.B. § 114 erhält folgende Fassung:

Wer wegen Geistesschwäche, wegen Verschwendung, wegen Trunksucht oder infolge von verminderter Zurechnungsfähigkeit wegen Gemeingefährlichkeit entmündigt, oder wer nach § 1906 unter vorläufige Vormundschaft gestellt ist, steht in Ansehung der Geschäftsfähigkeit einem Minderjährigen gleich, der das 7. Lebensjahr vollendet hat.

§ 5. Z.P.O. § 680 erhält folgende Fassung:

Die Entmündigung wegen Verschwendung, wegen Trunksucht oder wegen Gemeingefährlichkeit infolge von verminderter Zurechnungsfähigkeit erfolgt durch Beschluß des Amtsgerichts.

Der Beschluß wird nur auf Antrag erlassen.

Auf das Verfahren finden die Vorschriften des § 646, Absatz 1 und der §§ 647, 648, 653, 657, 663 entsprechende Anwendung.

Bei Entmündigung wegen Verschwendung oder wegen Trunksucht findet eine Mitwirkung der Staatsanwaltschaft nicht statt. Bei Entmündigung wegen Gemeingefährlichkeit infolge von verminderter Zurechnungsfähigkeit richtet sich die Mitwirkung der Staatsanwaltschaft nach den Vorschriften der §§ 646 bis 679.

§ 6. Wird die Entmündigung wegen Gemeingefährlichkeit infolge von Geisteskrankheit oder verminderter Zurechnungsfähigkeit ausgesprochen, so hat das Gericht die Unterbringung des Entmündigten in eine Heil- oder Pflegeanstalt während der Dauer der Entmündigung anzuordnen.

Für die Durchführung dieser Anordnung hat die zuständige Verwaltungsbehörde unter Zuziehung von Sachverständigen Sorge zu tragen. Auf Antrag oder mit Zustimmung des Leiters der Anstalt kann der Untergebrachte durch Anordnung der Verwaltungsbehörde bis auf weiteres seiner eigenen oder einer fremden Familie zur Pflege und Beaufsichtigung überwiesen werden. Während dieses Familienaufenthaltes steht der Entmündigte unter der Oberaufsicht des Anstaltsleiters. Die Verwaltungsbehörde kann jederzeit, wenn Unzuträglichkeiten sich herausstellen, die Anordnung widerrufen und die Zurückführung des Entmündigten in die Anstalt anordnen.

§ 7. Stellt sich während der Verbüßung einer Freiheitsstrafe heraus, daß der Verurteilte infolge von Geisteskrankheit oder verminderter Zurechnungsfähigkeit gemeingefährlich ist, so entscheidet auf Antrag der strafvollstreckenden Behörde das in § 494 bezeichnete Gericht über die Anordnung der vorläufigen Verwahrung. Die §§ 51, 51a und b finden Anwendung.

III. Begründung des Entwurfs.

I. Bei Aufstellung des Entwurfs bin ich von folgenden allgemeinen Erwägungen ausgegangen.

1) Nur die Erlassung eines besonderen Reichsgesetzes vermag das vorhandene Bedürfnis wirklich zu befriedigen.

Es lag ja nahe, daß man zunächst lediglich an eine Abänderung des St.G.B., etwa an die Einschaltung eines neuen § 51a über die verminderte Zurechnungsfähigkeit, gedacht hat. Man konnte zu Gunsten dieses Vorschlages auf die Tatsache hinweisen, daß das St.G.B. in seiner heutigen Fassung bereits Bestimmungen über die Einleitung der Zwangserziehung (§§ 55, 56) enthält, mithin an die Stelle der Strafe Verwaltungsmaßregeln gegenüber verbrecherischen Kindern und Jugendlichen setzt. Nähere Betrachtung zeigt aber sofort, daß mit der Durchführung dieses Vorschlages nur halbe Arbeit getan wäre. Sowie die Fürsorgeerziehung auf die Dauer nicht beschränkt werden konnte auf die Fälle, in welchen die Begehung einer objektiv strafbaren Handlung durch das Kind oder den Jugendlichen festgestellt wird, so kann auch der Schutz des Gesellschaft gegen gemeingefährliche Geisteskranke und vermindert Zurechnungsfähige nicht von der Voraussetzung abhängig gemacht werden, daß der Tatbestand einer strafbaren Handlung bereits vorliegt. Sobald aber die Anordnung von Sicherheitsmaßregeln von dieser Voraussetzung losgelöst wird, ist die Grenze überschritten, bis zu welcher auch bei freiester Auffassung die Zuständigkeit des Strafgesetzgebers reicht.

Dazu kommt eine andere Erwägung. Es wird sich, wie noch gezeigt werden soll, nicht vermeiden lassen, die Behandlung der gemeingefährlichen Geisteskranken und vermindert Zurechnungsfähigen an das reichsrechtlich geregelte Entmündigungsverfahren anzugliedern. Damit sind Abänderungen des B.G.B. sowie der Zivilprozeßordnung, vielleicht auch der Strafprozeßordnung, notwendig verbunden. Die Zusammenfassung dieser auf verschiedene Rechtsgebiete sich erstreckenden Gesetzesänderungen kann aber nur durch ein besonderes Gesetz, und zwar selbstverständlich nur durch ein Reichsgesetz erfolgen.

2) Dieses Reichsgesetz kann sich auf die vermindert Zurechnungsfähigen nicht beschränken; es muß auch die Sicherung der Gesellschaft gegen die nicht zurechnungsfähigen Geisteskranken ins Auge fassen.

Gerade in den Fällen des § 51 Str.G.B. hat sich ja die Lücke in unserer Gesetzgebung besonders fühlbar gemacht. Der Strafrichter, der nur die Wahl zwischen der Verurteilung und der sofortigen Freilassung des freigesprochenen Geisteskranken hat, wird sich nur ungern dazu entschließen, alle Bedürfnisse der Rechtssicherheit beiseite zu lassen, er wird nur zu leicht geneigt sein, trotz begründeter Bedenken gegen die Zurechnungsfähigkeit des Angeklagten, diesen zu verurteilen, wenn die Verurteilung das einzige Mittel ist, das gemeingefährliche Individuum unschädlich zu machen. Hier muß Wandel geschaffen werden.

Es muß dem Strafrichter die Möglichkeit gegeben werden, mit der Freisprechung diejenigen Maßnahmen zu verbinden, die im Interesse der Rechtssicherheit erforderlich sind. Knüpft sich an die Freisprechung die sofortige Verwahrung des Geisteskranken an, dann wird auch das Rechtsbewußtsein des Volkes, das heute an der Freilassung solcher Personen vielfach und nicht mit Unrecht Anstoß nimmt, seine Beruhigung finden.

3) Dagegen hat dieses Reichsgesetz die Reform der Irrengesetzgebung nicht mitzuumfassen.

Daß diese Reform dringend wünschenswert ist, steht außer Zweifel. Sie hat aber von andern Gesichtspunkten auszugehen als die Behandlung der gemeingefährlichen Geisteskranken und der vermindert Zurechnungsfähigen. Hier muß der Schutz der Gesellschaft den leitenden Gedanken bilden. Bei dem harmlosen Geisteskranken oder Geistesschwachen dagegen sind Heilung oder Verpflegung des Erkrankten die einzig maßgebenden Zwecke. Dasselbe gilt auch von den Trunksüchtigen. Auch hier wird, wenn auch nicht für den Arzt, so doch für den Gesetzgeber, die Unterscheidung zwischen harmlosen und gemeingefährlichen Trinkern eine ausschlaggebende Rolle spielen.

4) Somit kann die Aufgabe des zu erlassenden Reichsgesetzes dahin festgestellt werden: Schutz der Gesellschaft gegenüber den gemeingefährlichen Geisteskranken und vermindert Zurechnungsfähigen.

Die Gemeingefährlichkeit des Individuums bildet daher den Fundamentalbegriff des Gesetzes. Einer gesetzlichen Bestimmung dieses Begriffes bedarf es wohl nicht. Gemeingefährlich im Sinne dieses Gesetzes ist dasjenige Individuum, von welchem, und zwar infolge seiner Geisteskrankheit oder seiner geistigen Minderwertigkeit [1]), die Begehung strafbarer Handluugen zu besorgen ist. Die auf die geistige Beschaffenheit zurückzuführende verbrecherische Neigung rechtfertigt das Einschreiten der Staatsgewalt. Die Anwendung dieses Begriffes wird der Rechtsprechung keine besonderen Schwierigkeiten bereiten. Mag auch das Vorliegen eines bereits begangenen Verbrechens der zuverlässigste Beweis für die verbrecherische Neigung sein, so wird doch in zahlreichen Fällen aus dem Gutachten der Sachverständigen ein sicherer Schluß auch dort sich ableiten lassen, wo es infolge günstiger äußerer Umstände noch nicht zur Begehung eines Verbrechens gekommen ist.

II. Aus diesen grundlegenden Gesichtspunkten ergibt sich der Aufbau des Gesetzes.

1) Es bedarf zunächst einer Ergänzung des § 51 St.G.B.

Dabei mag der bisher im Gesetz festgehaltene Begriff der Zurechnungsfähigkeit ruhig übernommen werden. Zu seiner Aenderung ist es Zeit, wenn überhaupt erst einmal an die Reform unseres St.G.B. herangetreten wird. Bis

---

1) Bemerkung von Weingart: „mit Rücksicht auf sein bisheriges Verhalten (Verübung von Verbrechen, vorbereitenden Handlungen, Drohungen, Aeußerungen)“.

dahin wird sich die Rechtsprechung mit der verunglückten Bestimmung abfinden, wie sie es bisher getan hat.

In dem ersten Absatz des vorgeschlagenen § 51 habe ich, abweichend von meinem Vorentwurf, die Fassung des Gesetzes: „eine strafbare Handlung ist nicht vorhanden" wieder hergestellt. Ich folge damit dem beachtenswerten Einwand Weingarts, daß die Feststellung der Gemeingefährlichkeit im Vorverfahren ebenso wichtig sein kann, wie in der Hauptverhandlung, und daß die Fassung meines Vorentwurfs nur den Fall des freisprechenden Urteils berücksichtige. Weingart bemerkt dann weiter:

> Es wird nicht selten vorkommen, daß schon die Staatsanwaltschaft auf Grund eines herbeigezogenen Gutachtens oder auf Grund früherer bekannt gewordener Gutachten zu dem Beschluß kommt, das Verfahren einzustellen. In solchen Fällen würde das Gericht gar nicht Kenntnis von der betreffenden Tat erlangen. Wenn man, wie es wohl richtig sein würde, auch für solche Fälle einen Beschluß des Gerichts herbeiführen will, so könnte sich vielleicht folgende Fassung empfehlen:
>
> „Scheint bei einem Verbrechen oder Vergehen der Täter gemeingefährlich zu sein, so hat die Staatsanwaltschaft beim Gericht eine Entscheidung darüber zu beantragen, ob der Täter gemeingefährlich sei. Erklärt das Gericht ihn für gemeingefährlich, so hat es u. s. w."

Ich halte eine besondere Bestimmung für diesen Fall nicht für notwendig. Der Staatsanwalt hat hier die doppelte Möglichkeit, entweder die Klage zu erheben, so daß der Strafrichter mit der Sache befaßt wird, oder aber die Einleitung des Entmündigungsverfahrens zu veranlassen. Diese Möglichkeit genügt wohl; eine ausdrückliche Verpflichtung des Staatsanwalts scheint entbehrlich.

Von entscheidender Bedeutung ist die Frage nach den Maßregeln, die der Strafrichter bei vorliegender Gemeingefährlichkeit des Freigesprochenen zu treffen hat. Man hat vielfach vorgeschlagen, die endgültige Entscheidung über die Behandlung des gemeingefährlichen Geisteskranken dem Strafrichter selbst zu übertragen. Das tut auch der schweizerische Strafgesetzentwurf, wie das norwegische

Strafgesetzbuch. Auch ich habe früher diese Auffassung vertreten. Bei genauerer Ueberlegung bin ich von diesem Vorschlag abgekommen. Auch die gegen meinen Vorentwurf geltend gemachten Bedenken haben mich in meiner nach reiflicher Ueberlegung gewonnenen Ansicht nicht zu erschüttern vermocht. Die Rücksicht auf die persönliche Freiheit des Kranken fordert, daß er seinem ordentlichen Richter nicht entzogen werde, daß vielmehr das ordentliche Verfahren auch gegen ihn zur Anwendung komme. Dieses ist aber das Entmündigungsverfahren, wie es durch die Z.P.O. reichsrechtlich geregelt ist; und es liegt kein Grund vor, an der ausschließlichen Zuständigkeit des Amtsrichters zu rütteln, bei welchem der zu Entmündigende seinen allgemeinen Gerichtsstand hat (Z.P.O. § 648 in Verbindung mit Artikel 8 E.G. zum B.G.B.). Das Interesse der Rechtsordnung aber wird genügend gewahrt, wenn der Strafrichter die sofortige vorläufige Verwahrung anordnet und die Akten an die Staatsanwaltschaft abgibt, die nach § 646 Absatz 2 Z.P.O. zur Stellung des Antrags auf Einleitung des Entmündigungsverfahrens berufen ist.

Diese Anordnung hat nach meinem Vorschlag das Gericht durch Beschluß zu treffen. Im schöffengerichtlichem Vorverfahren ist der Amtsrichter, im land- und schwurgerichtlichen Vorverfahren die Beschlußkammer, in der Hauptverhandlung das erkennende Gericht zuständig. Einer ausdrücklichen Bestimmung im Gesetz darüber bedarf es wohl nicht. Im Schwurgericht sind es also nicht die Geschworenen, sondern die Richter allein, die die Gemeingefährlichkeit festzustellen und die vorläufige Verwahrung anzuordnen haben. Ob damit das Richtige getroffen ist, mag zweifelhaft erscheinen. Aber bei dem geringen Verständnis, das heute in Laienkreisen den Fragen der Geistesstörung entgegengebracht wird, habe ich es für gefährlich gehalten, die Entscheidung den Geschworenen zu überlassen. Die Grundlage des Beschlusses bildet das Gutachten der Sachverständigen; auf dieser Grundlage entscheidet das Gericht nach pflichtmäßigem Ermessen. Da mein Vorentwurf in dieser Richtung zu Mißverständnissen Anlaß gegeben hat, wurde die Fassung entsprechend geändert. Der Beschluß muß wegen seiner weittragenden Bedeutung anfechtbar sein; auch die Zulassung der weiteren Beschwerde dürfte sich aus diesem Grunde rechtfertigen. Jedenfalls aber darf die Beschwerde nicht aufschiebende Wirkung haben; denn sonst würde die sofortige Freilassung, die ja gerade vermieden werden soll, nicht zu umgehen sein.

Dem Vorentwurf gegenüber neu sind die Bestimmungen über die Gestaltung des Beschwerdeverfahrens. Es muß mit der Möglichkeit gerechnet werden, daß der Beschluß des Gerichtes auf ungenügender oder einseitiger Information durch die Sachverständigen beruht. Dem Beschluß der Beschwerdeinstanz muß daher eine mündliche Verhandlung vorangehen, in welcher der Angeschuldigte persönlich vernommen wird, eine Begutachtung des Falles durch weitere Sachverständige, sowie eine sonstige Beweisaufnahme stattfinden kann, die Parteien zu Worte kommen. Daher ist auch, entsprechend dem § 81 St.P.O., die Bestellung eines Verteidigers vorgeschrieben, sobald der Beschluß auf vorläufige Verwahrung ergeht.

Das Verhältnis der Beschwerde zu den Rechtsmitteln der Berufung und der Revision bedarf keiner ausdrücklichen Regelung im Gesetz. Legt die Staatsanwaltschaft gegen das freisprechende Urteil des Schöffengerichts die Berufung ein, so wird dadurch die Entscheidung über die rechtzeitig eingelegte Beschwerde des Freigesprochenen aufgeschoben. Wird die Berufung verworfen, so geht das Beschwerdeverfahren seinen Gang weiter; wird ihr stattgegeben, so entfällt der durch die Beschwerde angefochtene Beschluß. Ebenso bei Einlegung der Revision. Die Sache liegt nicht wesentlich anders als nach dem Gesetz vom 20. Mai 1898, betr. die Entschädigung der im Wiederaufnahmeverfahren freigesprochenen Personen, das ebenfalls einen selbständigen, neben dem Urteil zu erlassenden (allerdings nicht anfechtbaren) Gerichtsbeschluß vorsieht.

Für die vorläufige Verwahrung selbst ergibt sich die doppelte Forderung; einmal Trennung des Verwahrten von den übrigen Gefangenen, sei es in den Irrenabteilungen unserer Strafanstalten und Gefängnisse, sei es, wo solche nicht bestehen, in anderen geeigneten Räumen; dann aber, da es sich ja um Kranke handelt, die ärztliche Beaufsichtigung der Verwahrung. Inzwischen geht das Entmündigungsverfahren seinen geregelten Gang. Wird die Entmündigung ausgesprochen, so tritt an die Stelle der vorläufigen die endgültige Verwahrung; wird sie rechtskräftig abgelehnt, so nimmt die Verwahrung ihr Ende und der Verwahrte ist sofort in volle Freiheit zu setzen.

2) Zu dieser Ergänzung des § 51 St.G.B. muß weiter eine neue Bestimmung über verminderte Zurechnungsfähigkeit hinzutreten.

Diese hat nach einer doppelten Richtung hin Fürsorge zu treffen.

Es handelt sich einmal darum, der verminderten Zurechnungsfähigkeit durch Strafmilderung Rechnung zu tragen. Ueber ihre Durchführung mag man verschiedener Meinung sein. Die Anwendung des § 44 empfiehlt sich schon deshalb nicht, weil es hier im allgemeinen bei der im Gesetz angedrohten Strafart bleibt und nur deren Höchst- und Mindestmaß geändert wird. § 57 scheint deshalb als das geeignetste Vorbild, weil ja auch bei dem Jugendlichen, der mit der zur Erkenntnis der Strafbarkeit erforderlichen Einsicht gehandelt hat, im Sinne des Gesetzes ein besonderer Fall der verminderten Zurechnungsfähigkeit vorliegt [1]). Die durch § 57 ausgeschlossenen Strafarten erscheinen auch in den übrigen Fällen der verminderten Zurechnungsfähigkeit als nicht geeignet. Neben dem Verweis wird gerade auch hier die bedingte Verurteilung oder bedingte Begnadigung, wie Leppmann in Dresden betont hat, besonders am Platz sein; freilich nur unter der Voraussetzung, daß eine entsprechende Ueberwachung des bedingt Verurteilten stattfindet.

Die Entscheidung, ob die Zurechnungsfähigkeit zwar nicht aufgehoben, wohl aber gemindert ist, steht dem erkennenden Gericht, im schwurgerichtlichen Verfahren daher den Geschworenen zu. Eine besondere Bestimmung im Gesetz, daß eine entsprechende Frage an die Geschworenen zu richten sei, scheint mir im Hinblick auf St.P.O. § 295,

---

1) Weingart schlägt vor, nur die Ziffer 1—4 des § 57 anzuwenden, also Aberkennung der bürgerlichen Ehrenrechte und Polizeiaufsicht zuzulassen. Ich kann mich diesem Vorschlage nicht anschließen.

Absatz 1. überflüssig zu sein. Es liegt zweifellos ein „vom Strafgesetz besonders vorgesehener Umstand vor, welcher die Strafbarkeit vermindert"; es kann daher in jedem einzelnen Falle von Amts wegen und ist (nach St.P.O. § 296) auf Antrag der Staatsanwaltschaft oder des Angeklagten oder eines der Geschworenen eine solche Frage an die letzteren zu richten.

Auf der anderen Seite muß auch hier für die vorläufige Verwahrung des Gemeingefährlichen und für die Einleitung des Entmündigungsverfahrens Sorge getragen werden. Mein Vorschlag schließt sich hier wesentlich an die vorgeschlagene Neufassung des § 51 an.

Ein einziger Punkt bedarf der Erwägung. Ist der Verurteilte straffähig, so steht nichts im Wege, daß mit der Vollstreckung der Strafe, also auch der Freiheitsstrafe, begonnen werde. Da dies aber erst nach Rechtskraft des Urteils erfolgen kann und diese vielleicht erst nach Wochen oder Monaten eintritt, muß der Beschluß auf vorläufige Verwahrung sofort durchgeführt werden. Durch den Beginn der Strafvollstreckung wird die vorläufige Verwahrung unterbrochen; sie tritt erst nach Beendigung der Strafverbüßung wieder ein, wenn bis dahin nicht rechtskräftig über Eintritt oder Nichteintritt der Entmündigung entschieden sein sollte. Ist der Verurteilte nicht straffähig, so wird während der Dauer dieses Zustandes die Strafvollstreckung aufgeschoben. Daß in diesem Fall die Dauer des Aufenthaltes in der Verwahrungshaft auf die Strafzeit angerechnet werden soll, entspricht der Vorschrift in § 493 St.P.O.

3) Die bisher vorgeschlagenen Bestimmungen gehen von der Annahme aus, daß nach bürgerlichem Recht die Entmündigung wegen Gemeingefährlichkeit infolge von Geisteskrankheit oder von verminderter Zurechnungsfähigkeit ausgesprochen werden kann. Dazu bedarf es einer Erweiterung des § 6 B.G.B. Die bisherigen Ziffern 1 bis 3 dieses Paragraphen können unverändert beibehalten werden. Aber sie reichen nicht aus. Ziffer 1 läßt die Entmündigung nur zu, wenn der Geisteskranke oder Geistesschwache seine Angelegenheiten nicht zu besorgen vermag; diese Unfähigkeit kann bei Gemeingefährlichkeit des Geisteskranken oder

Geistesschwachen gegeben sein, sie kann aber auch fehlen Ziffer 3 geht allerdings weiter und ordnet die Entmündigung auch dann an, wenn der Trunksüchtige „die Sicherheit anderer gefährdet“; es wird aber zweckmäßig sein, diese Bestimmung, die allerdings auch die hier interessierenden Fälle teilweise umfaßt, wegen der Eigenart dieser Fälle unangetastet zu lassen. Daher empfiehlt sich die Anfügung einer neuen Ziffer, in welcher der neue Gedanke zum selbständigen Ausdruck gelangt. Und zwar ohne Beschränkung auf diejenigen Fälle, die bereits den Strafrichter beschäftigt haben. Ich schlage als Ziffer 4 daher die Fassung vor: „Wer infolge von ausgeschlossener oder verminderter Zurechnungsfähigkeit als gemeingefährlich erscheint“. Die Entmündigung ist also nicht bloß dann zulässig, wenn der Strafrichter den Geisteskranken freigesprochen oder den vermindert Zurechnungsfähigen zu einer milderen Strafe verurteilt hat, sondern in allen Fällen, in welchen der Geisteszustand eines Menschen diesen als gemeingefährlich erscheinen läßt.

Die Feststellung der Wirkung, welche die Entmündigung auf die Geschäftsfähigkeit des Entmündigten äußert, bietet keine Schwierigkeiten. Ist die Entmündigung wegen Geisteskrankheit erfolgt, so tritt die *Geschäftsunfähigkeit* nach B.G.B. § 104 Ziffer 3 ein, ohne Rücksicht darauf, ob es sich um einen gemeingefährlichen Geisteskranken handelt oder nicht. Ist dagegen die Entmündigung wegen Gemeingefährlichkeit infolge von verminderter Zurechnungsfähigkeit ausgesprochen, so genügt die *Beschränkung der Geschäftsfähigkeit*. Das ist in § 114 B.G.B. ausdrücklich zu sagen; ich habe daher die entsprechende Ergänzung des Paragraphen vorgeschlagen.

4) *Durch die gemachten Vorschläge wird auch die Z.P.O. in Mitleidenschaft gezogen.*

Hier ergeben sich gewisse technische Schwierigkeiten aus dem Umstand, daß die Z.P.O. die Entmündigung wegen Geisteskrankheit und Geisteschwäche einerseits und die Entmündigung wegen Verschwendung und Trunksucht anderseits verschieden behandelt. Liegt Gemeingefährlichkeit wegen Geisteskrankheit vor, so finden, ohne daß es einer besonderen neuen Bestimmung im Gesetze bedarf, die §§ 645 bis 679 Anwendung. Anders wenn die Entmündigung ausgesprochen wird wegen Gemeingefährlichkeit infolge von verminderter Zurechnungsfähigkeit. Dieser Fall muß durch eine neue Bestimmung ausdrücklich geregelt werden. Und zwar empfiehlt sich hier die Angliederung an die Fälle der Entmündigung wegen Verschwendung und Trunksucht, wie das s hon bezüglich der Wirkungen der Entmündigung auf die ' eschäftsfähigkeit geschehen ist. Es hätten also die §§ 6 ɔ bis 687 der Z.P.O. Anwendung zu finden. Mit dem einz ;en Unterschied, daß auf die Mitwirkung der ıtsanwaltschaft gerade in diesem Fall nicht zichtet werden kann. Aus diesen Erwägungen bt sich der Wortlaut der von mir gemachten Vorschläge einer Aenderung des § 680.

In meinem Vorentwurf hatte ich als § 6 weiter folgenden orschlag gemacht:

§ 6. Z.P.O. § 681 erhält folgende Fassung:

Ist die Entmündigung wegen Trunksucht oder wegen Gemeingefährlichkeit infolge von verminderter Zurechnungsfähigkeit beantragt, so kann das Gericht die Beschlußfassung über die Entmündigung aussetzen, wenn Aussicht besteht, daß der zu Entmündigende sich bessern wird.

Meine Begründung bemerkte dazu:

„Die Bestimmung in § 681, durch welche das Institut der Aussetzung der Urteilsvollstreckung ohne Sang und Klang in das Privatrecht und den Zivilprozeß aufgenommen worden ist, wird sich gerade auch für die Fälle der verminderten Zurechnungsfähigkeit empfehlen; vorausgesetzt freilich, daß eine genügende Ueberwachung des vermindert Zurechnungsfähigen durch seine Familie oder andere Personen sichergestellt ist."

Die gegen diesen Vorschlag geltend gemachten Bedenken veranlassen mich, ihn zurückzuziehen. Für die Fälle, in welchen der Strafrichter die vorläufige Verwahrung des Angeschuldigten angeordnet hat, würde der Beschluß des Entmündigungsrichters unmittelbar in jene Anordnung eingreifen; das muß unbedingt vermieden werden. Läßt man aber in diesen Fällen die Aussetzung der Beschlußfassung nicht zu, so muß sie auch dort entfallen, wo wegen Gemeingefährlichkeit das Entmündigungsverfahren eingeleitet worden ist, ohne daß die Begehung einer strafbaren Handlung und die Strafverfolgung vorangegangen wären. Es empfiehlt sich also, den § 681 der Z.P.O. unverändert zu lassen.

5) Mit dem Ausspruch der Entmündigung ist das Bedürfnis der Rechtssicherheit noch nicht befriedigt: es bedarf der dauernden Verwahrung des gemeingefährlichen Individuums.

Diese ist durch den Richter zu verfügen, der die Entmündigung ausgesprochen hat. Die Durchführung dieser Anordnung aber ist Sache der Verwaltungsbehörde, die dabei das Gutachten der Sachverständigen einzuholen hat. Der Richter ordnet mithin die Unterbringung des Entmündigten in eine Heil- oder Pflegeanstalt an; die Verwaltungsbehörde sorgt dafür, daß sie in geeigneter Weise erfolgt. Das muß vom Gesetzgeber ausdrücklich gesagt werden; und zwar besser wohl in einem besonderen Paragraphen des neuen Reichsgesetzes als durch Einschaltung der Bestimmung in die Z.P.O. Ueber die Einrichtung dieser Anstalten kann der Reichsgesetzgeber keine näheren Vorschriften treffen; das muß der Landesgesetzgebung und der Landesverwaltung überlassen bleiben. Ich möchte in dem Reichsgesetz nur ausdrücklich hervorgehoben wissen, daß durch die Unterbringung in eine Anstalt die bedingte Ueberweisung an eine geeignete Familie nicht ausgeschlossen ist. Diese Ueberweisung wird in zahlreichen Fällen als möglich und als zweckmäßig sich herausstellen und viel dazu beitragen, die scheinbaren Härten des neuen Gesetzes in milderem Lichte erscheinen zu lassen.

6) Eine letzte Möglichkeit bedarf der ausdrücklichen Berücksichtigung im Gesetz. Die Fälle sind nicht selten, in welchen erst während der Strafverbüßung sich herausstellt, daß der auf Grund des § 51 zur vollen Strafe Verurteilte geisteskrank oder vermindert zurechnungsfähig, und zugleich, daß er gemeingefährlich ist. Das kann seinen Grund in einer erst nach Beginn der Strafvollstreckung aufgetretenen Geistesstörung oder aber darin haben, daß bei der Urteilsfällung der Geisteszustand des Angeklagten verkannt worden

ist. Auch in diesem Fall sind die notwendigen Sicherungsmaßregeln sofort zu ergreifen. Bei Geisteskrankheit ist die Strafvollstreckung zu unterbrechen, die vorläufige Verwahrung anzuordnen und die zuständige Staatsanwaltschaft wegen Veranlassung des Entmündigungsverfahrens zu verständigen. Bei verminderter Zurechnungsfähigkeit muß auch hier unterschieden werden: Ist der Verurteilte nicht straffähig, so ist ebenso wie bei Geisteskrankheit zu verfahren. Ist dagegen trotz der verminderten Zurechnungsfähigkeit die Straffähigkeit nicht aufgehoben, so ist die Vollstreckung fortzusetzen, zugleich aber die vorläufige Verwahrung für den Augenblick anzuordnen, in welchem die Strafverbüßung beendigt, das eingeleitete Entmündigungsverfahren aber noch nicht abgeschlossen ist. Die Entscheidung hat in allen diesen Fällen das nach St.P.O. § 494 zuständige Gericht zu treffen.

IV. Anlagen.

1. Aelterer Vorschlag v. Liszt.

In meinem Gutachten für den 26. deutschen Juristentag hatte ich folgende Fassung vorgeschlagen (S. 299).

§ 51. „Erscheint der Beschuldigte als gemeingefährlich, so ist in dem Einstellungsbeschluß oder dem freisprechenden Urteile zugleich seine Ueberweisung an eine Heil- oder Pflegeanstalt zu verfügen."

§ 51a. „Ist die Zurechnungsfähigkeit des Beschuldigten nicht aufgehoben, sondern nur gemindert, so kann der Richter die angedrohte Strafart bis unter das angedrohte Mindestmaß mildern.

Erscheint der vermindert Zurechnungsfähige als gemeingefährlich, so ist in dem Urteil die Ueberweisung an eine Heil- oder Pflegeanstalt nach verbüßter Strafe zu verfügen."

2. Vorschlag von Hermann Seuffert. Ein neues Strafgesetzbuch für Deutschland.

I. Bei ausgeschlossener Zurechnungsfähigkeit (S. 32).

§ 1. Wird ein Angeklagter freigesprochen, weil er zur Zeit der Tat wegen Schwachsinn oder Blödsinn oder wegen krankhafter Störung der Geistestätigkeit unzurechnungsfähig war, oder es wird das Vorverfahren aus diesem Grunde eingestellt, so kann das Gericht auf Antrag der Staatsanwaltschaft und nach Anhörung eines ärztlichen Sachverständigen beschließen, daß der Angeklagte wegen Gemeingefährlichkeit in einer Irrenanstalt unterzubringen sei.

§ 2. Gegen den die Unterbringung anordnenden Beschluß steht dem Angeklagten und dessen gesetzlichem Vertreter die sofortige Beschwerde zu. Die Beschwerde hat aufschiebende Wirkung.

§ 3. Drei Jahre nach der Rechtskraft des Beschlusses hat das Gericht darüber Erhebungen zu veranlassen, ob die Verwahrung in der Irrenanstalt fortzudauern habe. Vor der Beschlußfassung sind die Staatsanwaltschaft und der gesetzliche Vertreter des Verwahrten zu hören.

Gegen den Beschluß, daß die Verwahrung fortzudauern habe, steht der Staatsanwaltschaft und dem gesetzlichen Vertreter des Verwahrten die sofortige Beschwerde zu.

§ 4. Schon vor Ablauf der drei Jahre, und jederzeit später, kann die Entlassung des Verwahrten beantragt werden:

1) von dem Vorstande der Irrenanstalt;

2) von der Staatsanwaltschaft;

3) von dem gesetzlichen Vertreter des Verwahrten.

Gegen den die Entlassung ablehnenden Beschluß steht dem Antragsteller die sofortige Beschwerde zu.

Eine Erneuerung des Antrages seitens des gesetzlichen Vertreters ist erst nach Ablauf eines Jahres nach der Rechtskraft des ablehnenden Beschlusses zulässig.

§ 5. Das auf die Unterbringung und Entlassung sich beziehende Verfahren ist gebührenfrei. Kosten sind von der Staatskasse zu tragen.

II. Bei verminderter Zurechnungsfähigkeit (S. 43).

§ 1. Wird festgestellt, daß die Tat im Zustand verminderter Zurechnungsfähigkeit begangen wurde, so ist statt auf Todesstrafe oder lebenslängliche Freiheitsstrafe auf Freiheitsstrafe nicht unter 2 Jahren zu erkennen.

§ 2. Wird festgestellt, daß die geminderte Zurechnungsfähigkeit auf krankhafter oder mangelhafter Geistesbeschaffenheit des Verurteilten beruhe, so kann das Gericht in allen Fällen der Verurteilung zu einer Freiheitsstrafe nach Einholung eines Arztgutachtens beschließen, daß der Verurteilte in eine Zwischenanstalt verbracht und da während der Strafzeit verwahrt und behandelt werde.

§ 3. Ergibt sich während der Dauer der Strafzeit, daß eine weitere Verwahrung des Verurteilten in der Zwischenanstalt nicht mehr erforderlich ist, so hat das Gericht nach Einholung eines Arztgutachtens und nach Anhörung des Vorstandes der Anstalt, der Staatsanwaltschaft und eines Verteidigers darüber zu beschließen, ob der Verurteilte bis zur Beendigung der Strafzeit einer Strafanstalt zu überweisen, oder vorläufig zu entlassen sei.

Der Antrag kann von dem Vorstande der Anstalt, von der Staatsanwaltschaft und von einem Verteidiger gestellt werden.

§ 4. Auf Antrag des Vorstandes der Zwischenanstalt und jedenfalls vor Beendigung der Strafzeit hat das Gericht, wenn nicht vorher die Verbringung in eine Strafanstalt oder die vorläufige Entlassung beschlossen worden ist, nach Anhörung eines ärztlichen Sachverständigen, der Staatsanwaltschaft und eines Verteidigers darüber zu beschließen, ob der Verurteilte nach Beendigung der Strafzeit als gemeingefährlicher Geisteskranker in einer Irrenanstalt unterzubringen sei.

§ 5. Gegen den die Unterbringung anordnenden Beschluß (§ 4) steht dem Untergebrachten, dessen gesetzlichem Vertreter und der Staatsanwaltschaft die sofortige Beschwerde zu.

§ 6. Auf Antrag der Staatsanwaltschaft oder des gesetzlichen Vertreters kann das Gericht nach Einholung eines Arztgutachtens beschließen, daß der in der Irrenanstalt wegen Gemeingefährlichkeit Untergebrachte zu entlassen sei.

§ 7. Gegen die Ablehnung des Antrages steht dem Antragsteller die sofortige Beschwerde zu.

Eine Erneuerung des Antrages seitens des gesetzlichen Vertreters ist erst nach Ablauf eines Jahres nach der Rechtskraft des ablehnenden Beschlusses zulässig.

3. Vorschlag von van Calker in seinem Gutachten für den 26. deutschen Juristentag (S. 259).

„Die zukünftige Gesetzgebung wird deshalb hier zwar einerseits an dem Prinzip festhalten müssen, daß nur der Zurechnungsfähige bestraft werden kann und daß bei verminderter Zurechnungsfähigkeit auf eine mildere Strafe zu erkennen ist, sie wird aber andererseits den Standpunkt einzunehmen haben, daß, gegenüber der sich aus dem Zustand der betreffenden Personen ergebenden Gemeingefahr, entsprechende Schutzmaßregeln ergriffen werden müssen, die durch das St.G.B. zu regeln und vom Strafrichter anzuordnen sind. Es empfiehlt sich meines Erachtens, im Gesetzbuch in dieser Richtung zu bestimmen, daß das Gericht gegenüber gemeingefährlichen Personen, die wegen Zurechnungsunfähigkeit freigesprochen oder wegen verminderter Zurechnungsfähigkeit zu einer milderen Strafe verurteilt worden sind, die Ueberweisung an die Landespolizeibehörde zum Zwecke der Unterbringung in eine ausschließlich für solche Personen bestimmte Anstalt auszusprechen hat. Die Unterbringung muß sofort nach der Freisprechung bezw. nach der Verbüßung der Strafe erfolgen. Die Entlassung aus der Anstalt aber hat zu geschehen, sobald der Zustand, welcher die Unterbringung als notwendig erscheinen ließ, nicht mehr besteht."

4. Schweizerischer Entwurf in der Fassung vom Juni 1903.

Art. 16. Wer zur Zeit der Tat außer stande war, vernunftgemäß zu handeln, wer insbesondere zur Zeit der Tat in seiner geistigen Gesundheit oder in seinem Bewußtsein in hohem Grade gestört war, ist nicht strafbar.

War die Fähigkeit des Täters, vernunftgemäß zu handeln, zur Zeit der Tat vermindert, war insbesondere die geistige Gesundheit oder das Bewußtsein des Täters wesentlich beeinträchtigt, so mildert der Richter die Strafe nach freiem Ermessen (Art. 50).

Art. 17. Erfordert die öffentliche Sicherheit die Verwahrung eines Unzurechnungsfähigen oder vermindert Zurechnungsfähigen in einer Heil- oder Pflegeanstalt, so ordnet sie das Gericht an. Ebenso verfügt das Gericht die Entlassung aus der Anstalt, wenn der Grund der Verwahrung weggefallen ist.

Erfordert der Zustand eines Unzurechnungsfähigen oder vermindert Zurechnungsfähigen seine Behandlung oder Versorgung in einer Heil- oder Pflegeanstalt, so überweist das Gericht den Kranken der Verwaltungsbehörde zur Aufnahme in eine solche Anstalt.

5. § 39 des Norwegischen Strafgesetzbuchs vom 22. Mai 1902.

„Wenn das Gericht annimmt, daß ein Angeklagter, der entweder freigesprochen oder im Hinblick auf § 45 oder 56 zu einer verminderten Strafe verurteilt wird, infolge seiner Unzurechnungsfähigkeit oder seiner verminderten Zurechnungsfähigkeit für die Rechtssicherheit gefährlich ist, so kann es beschließen, daß ihm nach näherer Bestimmung der Obrigkeit ein bestimmter Aufenthaltsort angewiesen oder verboten, oder daß er, soweit es nach allgemeinen Anordnungen, die vom König oder in dessen Auftrag erlassen werden, angeht, in einer Irrenanstalt oder in einer Kur- und Pflegeanstalt oder in einem Arbeitshaus untergebracht werde. Die getroffene Maßregel ist durch das zuständige Regierungsdepartement aufzuheben, wenn es sie nach eingeholtem ärztlichen Gutachten nicht mehr für notwendig hält.

In Schwurgerichtssachen soll das Gericht, bevor es den im vorigen Absatz behandelten Beschluß faßt, den Geschworenen die Frage vorlegen, ob der Angeklagte auf Grund von Unzurechnungsfähigkeit oder von verminderter Zurechnungsfähigkeit für die Rechtssicherheit gefährlich ist. Nur ein dem Angeklagten günstiger Wahrspruch ist für das Gericht bindend."

Kolibri 360 GmbH
Ferdinand-Jühlke-Straße 7
99095 Erfurt, Deutschland
produktsicherheit@kolibri360.de